1997

中国包装年鉴

CHINA PACKAGING YEARBOOK

中国包装技术协会编

EDITED BY CHINA PACKAGING TECHNOLOGY ASSOCIATION

中国物资出版社

Edited by

China Packaging Yearbook Editorial Office

Address: No. 161, Li shi hu tong Dongshi nan da jie Beijing China

Post Code: 100010

ISBN 7-5047-1292-2

9 787504 712929 >

中国包装年鉴

中 国 包 装 技 术 协 会 主 编

中 国 物 资 出 版 社 出 版

《中国包装年鉴》编辑部

北京东四南大街礼士胡同 161 号

邮编:100010　电话:65261996

新华书店北京发行所发行　各地新华书店经售

北京市文星福利印刷厂印制

787×1092 毫米　16 开本　印张 37　字数 900 千字

1997 年 10 月第一版　1997 年 10 月第一次印刷

印数:1—6000 册

ISBN 7-5047-1292-2

F·0474

定价:100 元

中国包装年鉴

CHINA PACKAGING YEARBOOK

中 国 包 装 年 鉴(1997)

目 录

重要讲话

CHINA PACKAGING YEARBOOK

(1997)

CONTENTS

IMPORTANT SPEECHES

EXCHANGE BETWEEN PACKAGING ENTERPRISES

(National Exemplary Packaging Enterprises and Enterpreneurs)

PRESENT SITUATION AND DEVELOPING PROSPECT OF PROVINCIAL AND MUNICIPAL PACKAGING INDUSTRY

PRESENT SITUATION AND DEVELOPING PROSPECT OF PACKAGING TRADES

重要讲话

INPORTANT SPEECHES

在96’行业管理论坛上的书面讲话

王忠禹

一九九七年一月十二日

同志们：

我们几家联合举办行业管理论坛今年是第三次了。政府部门、工业协会的同志和企业界人士以及专家、学者聚在一起，共同研讨行业管理问题，非常有必要，这是一件很有意义的事情。因为国家经济体制改革的问题已经客观地、迫切地摆到了我们的面前。

几次论坛都得到了国务院领导和各方面的大力支持，这次国务院两位领导和薄一波同志都给会议写来了贺信和书面讲话。吕东同志前两次都亲自参加了会议并作主题报告，这次因为身体原因不能到会，但还是写来了书面报告。有关领导对论坛十分关注与支持，对此，我们表示感谢。

行业管理是个很重要的问题，已引起社会各方面的关注，今天吴邦国副总理又在书面讲话中作了很明确的指示，我们要认真贯彻邦国同志的指示精神，切实把这项工作抓好。前两次论坛都取得了很好的成果，这次还要进一步研讨，借此机会我谈三点意见与大家交流。

一、深入探讨

是要在理论上进行深入的探索。理论的真正意义在于对实践有所指导。因此理论一定要正确，要科学。前两次论坛在这方面已取得了相当的成果，提出了一些很有见地的认识和观点。随着我国改革形势的发展，这方面的理论需要不断地深入研究和完善。这个理论的指导思想就是党的十四届三中、五中全会精神，尤其是五中全会，讲得更明确。我们要紧密结合我国的实际，同时借鉴国外的有益经验，逐步形成适合我国国情的一套理论。希望这次论坛能取得更好的研究成果。

二、积极实践

在建立社会主义市场经济体制的过程中，如何发挥行业协会的作用，实施行业管理，逐步建立起具有中国特色的、符合社会主义市场经济要求的行业管理体制，只有通过实践才能找到答案。我们大家都清楚，市场经济体制下的行业管理有别于传统的计划经济体制下的所谓行业管理。计划经济体制下的行业管理实则是部门管理、行政管理。而市场经济体制下的行业管理是按照市场经济规律打破地区、部门、所有制界限的一种科学管理体系。这是一个庞大的社会系统工程，解决好其中的问题和关系，只有通过实践。比如在行业管理中，政府部门和行业协会的关系、地位、职能、作用是什么，尽管十四届三中、五中全会都提出了原则性意见，但具体内容是怎样，如何运作，只有通过实践才能搞清楚。

改革不允许我们等待，不主动积极去工作就闯不出路子来。当然也不能急于求成，中国这么大，情况复杂，搞行业管理恐怕也要像搞现代企业制度试点工作那样，先从试点做起，取得一定经验、摸清一些规律后再行展开。国家经贸委办公厅正在着手试点工作，已开始在一些省市调研并和一些城市商量在适当时机进行试点。在行业管理方面，很多省市大胆探索，积极实践，已经取得了一些成果，今天在座的大多数同志都是这方面的支持者和探索者，我们要携起手来，共同努力，在实践中探索我国行业管理的路子。

三、重在建设

行业协会是市场经济发展到一定阶段的产物，是行业管理的主要职能部门，应该在行业管理中发挥重要作用。大家知道，发达国家的行业协会在经济发展中扮演着很重要的角色，起着重要的作用。我们国家的行业协会应该而且也必将在行业管理和国民经济发展中发挥应有的重要作用。

为什么讲行业协会重在建设？因为我们国家的行业协会虽然已有十几年的历史，也做了大量工作，但按照社会主义市场经济的要求，还有很大的距离，这里既有客观方面的原因，也有主观方面的问题。需要很好地研究。如何搞好行业协会建设，使其具有应有的地位，发挥应有的作用。我认为，一是要按照社会主义市场经济的要求和国家经济体制改革的进程规范行业协会的分类、组织结构，确立行业协会的地位，完善行业协会的职能。二是要按照党的十四届三中、五中、六中全会的要求来建设行业协会。三是要依法建设行业协会，要依法规范其行为。根据人大常委会立法规则，国家经贸委正在进一步研究商会和行业协会法，一些省市也都陆续制定实施了关于行业协会的地方法规，这是很重要的。行业协会一定要依法建设，这一点对今后新组建的行业协会尤为重要。

最后我再强调一点，发展行业协会是一个方向，但行业协会发展不能刮风，一定要根据体制改革的要求逐步发展，宁可少但要好，要切实保证质量，要真正能发挥作用，切不可一哄而上。祝论坛圆满成功！

加强包装信息服务的几点思考

天津市副市长　杨新成

随着建立社会主义市场经济的进程不断深入，包装工业在国民经济中所处地位越来越重要。包装信息服务作为促进国民经济发展的一个重要手段，以其特有的方式在经济、科技、文化等各个领域发挥着积极的作用。“九五”期间，包装工业要努力实现高新技术化、生产规模化、装备现代化，信息服务工作必须适应这一发展的需要，并要围绕实现“九五”奋斗目标做出应有的贡献。

第一、优化包装信息服务功能。充分利用现有条件，及时、准确地收集、整理、分析有关信息，实施信息服务，为宏观决策和企业生产经营活动服务，为包装工业持续、快速、健康发展当好参谋。

第二、健全信息网络，拓宽信息渠道。从现在开始，包装信息部门应在建立区域性网络的同时，逐步形成全国纵横联网，加快信息传递速度，强化信息反馈功能。不断加强同国际间信息机构联系，及时反馈国际包装市场信息，为信息的开发和综合分析提供依据。

第三、努力为决策部门搞好信息服务。信息服务工作要做到新、快、准，为政府部门编制包装工业发展纲要、规划、计划以及制定产业结构调整和产业技术政策提供可靠的参考依据。

第四、加强行业信息咨询服务。让企业及时了解市场动态，搞好产品结构的调整，解决企业生产经营和市场供求之间的矛盾，促进企业健康发展。

第五、为金融业务的开展提供信息服务。金融部门通过参考、分析有关信息确定信贷投向和工作方针，从而将金融计划和实际需要有效地结合起来。

愿我国包装信息服务网络在“九五”期间再创佳绩，不断发展。

拓展新思维　振兴包装工业

山西省副省长　彭致圭

山西是国家能源重化工基地，山西的经济发展关系着我国经济建设的全局。

山西包装行业在山西经济发展中起着举足轻重的作用。近年来山西包装工业经过深化改革各方面都得到长足发展。但由于我省包装工业基础差，底子薄，不适应市场需要，同全国包装工业发展水平比，仍居下游。所以，我们要充分认识到，山西包装工业不加大改革的力度，快速发展，就会拖整个经济发展的后腿。这就需要关心支持全省包装机构的建设和发展，在项目安排上给予适当的照顾和政策上的倾斜。同时要求包装行业的主管部门，在行业管理中呈现出自己的特点，在抓经济体制和经济增长方式转变的同时，要搞好统筹规划和政策引导。既要避免盲目投资，又要避免重复发展。首先，要把重点放在国有企业的改革上，不仅要注重发展大型企业和企业集团，而且要根据包装行业中中、小型企业占多数的特点，加快国有中、小型企业的改革，并同改组、改造、加强管理结合起来，走集约化生产、经营的路子。二是包装改进工作要与开拓市场相结合；与环境保护相结合；与创山西名牌战略相结合；与树立企业形象相结合。三是包装企业要加大技术改造的力度，充分利用本省资源优势，技术优势，提高技术改造和创新的水平，大力发展玻璃、铝箔终端产品和包装机械制造等，促进包装产品升级换代和产业结构的优化。

包装工业是因市场需求产生，随市场经济发展而壮大的新兴行业。我深信，只要坚持按照省委、省政府体制改革的战略目标和部署，围绕捕捉市场信息，形成高效的管理组织，不断优化配置企业的各类资源，充分运用市场经济允许的手段，认真地抓好包装行业的改革工作，必定能在“九五”规划中实现我们的宏伟目标。

适应经济发展　注重科技进步
江西包装工业要大发展大提高

江西省副省长　朱英培

江西省包装工业要大发展、大提高，以适应全省经济的发展和人民消费水平的提高。

“七五”和“八五”期间，江西包装工业确实得到长足的发展。全省包装工业总产值，1985年为4.9亿元，1995年预计可达30亿元，年平均递增约20%；全省包装工业企业由1985年的249家发展到1995年的439家。目前全省包装工业已形成门类齐全的工业体系。

包装改进十多年来也取得了可喜的成绩，特别是一些大宗产品和名优产品，如食盐、陶瓷、茶叶和烟酒等产品的包装改进，取得了明显的经济效益和社会效益。

"九五"期间，江西省包装工业的发展一是要适应市场经济的发展和人民消费结构的变化。

随着市场经济的发展和对外开放的扩大，各行各业对包装提出了更高更新的要求。包装工业一定要适应这一新的形势，狠抓经济体制和经济增长方式的转变。

"九五"期间的包装改进要注意三个结合，即包装改进要与开拓市场相结合，要与争创名牌产品相结合；要与树立企业形象相结合。

二是包装工业的发展要注重科技进步。目前江西省包装工业门类齐全，但规模相对较小，总体水平还不高。"九五"包装工业要上新台阶，必须加大技改力度，但在上技改项目时一定要以市场为导向，以经济效益为标准，还要注意搞好市场调研和可行性研究等项目前期工作。省包协、省包装公司作为行业主管部门，要做好这方面的统筹规划和政策引导。

今年是"九五"计划实施的第一年，我希望江西包装工业的广大干部职工要统一思想，奋力拼搏，扎扎实实地做好今年的各项工作，迈好"九五"头一步。

邱纯甫会长在1997年全国包协秘书长工作会议上的讲话

同志们：

今天，我们在风光秀丽的海南岛召开全国包协秘书长工作会议，首先我代表中国包装技术协会对各位秘书长和参加会议的来客、有关方面的领导表示热烈欢迎！对各位秘书长及参加会议的有关企业领导同志们在本年度为包装事业所付出的辛劳表示亲切的慰问和衷心的感谢！

我看了这次会议的议程和有关文件，印象是内容较多，希望大家集中精力，利用好每年一次交流、总结、研究工作的机会，解决一些实际问题，要明确今后的工作方向和目标。对有些定论性的东西，达成了共识，就要去办，而且一定要把它办好！对有些值得探索的问题，一定要去积极探索。总之是要按着我们协会的团结、协作、创新、求实的会风去把事情办好。下面，我想就市场经济体制下如何做好行业管理工作的几个具体问题谈点看法：

改革与发展的实践证明，我们所走的行业管理之路完全符合建立社会主义市场经济体系的基本要求。十六年来的工作使我们体会到，在市场经济体制下要搞好行业管理工作，应做到以下几点：

一、作为未来行业管理的主体，首先应做好三个坚持

第一坚持以服务为宗旨。协会的生命源于"服务"。只有在为政府的宏观决策服务，为发展行业的政策服务，为企业服务，为相关行业服务的过程中，协会方能生存和发展。自律性行业管理内容一定要符合政府在宏观调控过程中对行业管理的需要；符合行业的发展和维护行业的利益。自律性行业管理的形式是服务性的，而不是行政指令性的。所以要求我们做具体工作的同志要尽快适应这种管理形式，一定不能站在企业的对立面来实施管理。这样，在"服务"中才能不断提高协会的凝聚力和实力，不断树立协会的威信和权威性。

第二是要坚持公平、公正、公开的原则。大家都清楚，行业协会作为社会中介组织，在实施行业管理中要坚持公平、公正和公开。要通过服务引导会员企业与发展本行业总要求相一致,使企业在平等竞争的环境中增强自我保护能力,积极参与竞争,不断提高竞争力。促使全行业的健康发展。

第三是要坚持以会员企业为依托来开展工作,注意发挥骨干企业的作用。

行业协会只要做好这三个坚持,就能形成行业协会进行管理的特色。

二、从事行业管理工作一定要有很高的觉悟,逐步提高觉悟,坚决消除惰性

要有韧性是指从事行业管理工作,要有百折不挠的精神。大家知道,社会主义市场经济体系刚刚建立,国家出台的各方面改革措施还没有完全配套,真正的宏观调控机制尚待进一步完善,从全局意义上来讲,还需要我们从方方面面作出不懈的努力。由于受过去旧的管理体系制约的影响,要想从部门割据的状态下完全解脱出来,还存在一定困难,还要经过一个很曲折的过程。因此,需要我们干具体工作的同志去开拓进取,要把工作做到位,一次不行两次,一天不行两天,持之以恒。总之,只要是从事行业管理工作,就需要有坚韧不拔的毅力,否则,即使条件具备了,你照样抓不住机会。

培养悟性就是要解决在相同条件下的领悟能力。大家都是从事行业管理工作的,面对的都是政府和企业。如何把握全局、协调全局,这里面学问很深。说具体是书本上的东西是死的,人脑是活的。如何让书本上的东西变活,这是一个觉悟问题,觉悟高深了,一切问题在你们心中就活了,这些东西都活了,处理起来就得心应手了,那么全局也就活了。

再有就是要防止隋性。在我们包协和包装行业创业之初,我们提出了"包装工业大家办,包装工业大家做"。如今面对市场经济新形势,面对国民经济发展对包装工业的新要求,我们如何经过协商、协调、协作把它有序地办好。现在,有些人以为包装是一个新兴的行业,钱容易赚、事容易做、饭容易吃,我说没那么简单。各位秘书长同志们,我想都尝到了其中的酸甜苦辣,应该说体会最深。但也不是说就没路可走,只要你能积极进取和开拓了,就一定会得到各方面的认可,也一定会取得满意的效果。否则大家都在等,机构改好了,职能到位了,经费给足了,再去干事,我看不可能,永远也不会有这种结果。一切事情只能是先干起来再说,而不是什么条件都具备了再干。我们有些省市,如上海、江苏、浙江、西安等地,因为他们工作干起来了,政府和企业都认可了,有些东西自然也就到手了,相对而言工作也就好干了。另外,我想说明的一点是要把眼光放在圈子以外,放在行业上,而不是整天在组织内部那几个人身上兜圈子,要提倡团结协作创新求实。哪些地方,哪个机构做到了这一点,工作就能开展的好。

要开展好行业管理工作,只做到了三个坚持,要有觉悟、逐渐提高觉悟、坚决防止隋性还不够。最关键的是通过这些条件积极搞好工作。最终通过协商、协调、协作达到政府满意、企业满意和相关行业的满意,那时才可以说我们的工作就做到家了。这时也一定会取得三个效果,政府宏观调控有力、行业组织中观管理得体、企业适应市场微观搞活的和谐运行状态。

同志们,以上是我就新时期如何开展好行业管理工作谈的一些看法,供大家在工作中参考。新的一年又开始了,今年香港要回归祖国,党的十五大要召开,这是中华民族的大事,我们要满怀信心地去迎接新世纪的到来。新的形势给包装工业提出了新的要求,我们要面对新的挑战,抓住机遇,做好我们各自的本职工作。最后祝大家新年好、春节愉快,全家幸福,身体健康,在工作中取得更大的成绩!

谢谢!

一九九七年一月十二日

加大经济结构调整力度
保持包装工业持续发展(摘要)

中国包装总公司总经理　黄顺康

中央指出,加大经济结构调整力度,是一项关系国民经济全局的战略性任务,是进行经济体制和经济增长方式两个根本性转变的关键步骤,是解决当前国有企业困难,保持宏观经济稳定和提高国民经济整体素质的重要基础。包装行业的结构调整,我认为要重点从以下几个方面着手。

一、通过抓大放小,促进国有企业的改革和发展。要根据改革、改组、改造和加强管理相结合的原则,结合现代企业制度试点,从行业中择优扶强,通过资产重组,发展一批国有包装大型骨干企业和实行科、工、贸一体化经营的企业集团,集中力量建立几个以大型企业为核心的现代包装工业基地。这批重点企业的发展方向,要紧紧围绕包装行业"九五"规划中的重要发展领域,选择技术含量高,市场潜力大,规模效益显著,覆盖面广的产品,通过技术进步,使企业的规模、消耗、技术、质量、效益和管理达到国内领先水平,其中部分企业达到国际九十年代水平。重点企业的发展,要采取集中投入的办法,利用国家专项贷款,集中力量安排技术改造。

包装行业小企业所占比重较高,放活小企业显得尤为重要。要采取改组、联合、兼并、股份合作制、租赁、承包经营和出售等多种形式,积极放活小企业,使小企业焕发生机。同时,要注意防止国有和集体财产流失。要鼓励小企业提高专业化水平,发挥小而活的优势,走小而专、小而精、小而特的路子。

二、通过发挥地区优势,促进中西部地区包装工业加快发展。中西部包装工业的发展,需要有一个经济基础提高和市场培育发展的过程。中西部包装工业要发挥地区特点,制定好发展规划,选择适合本地区资源和市场的包装产品优先发展,形成优势,注意避免与东部地区产业结构的趋同化。

要通过协调和引导,制定有利于中西部发展的政策措施。鼓励东部省市向中西部地区在投资、经济技术合作、市场开拓、信息交流等各方面开展对口支持。

三、通过科技进步,促进包装产品结构的优化升级。要在全行业进一步落实"科技兴包"战略,贯彻"振兴包装,科技先行"方针,通过加深认识,加强领导,加大投入,实现包装科技的加快发展和包装人才的加速培养。要通过科技进步,努力改变目前高档包装制品不能满足出口商品包装需要的状况。

要把培育包装行业新的经济增长点和结构调整有机地结合起来。大力发展那些适应社会经济发展客观要求,符合城乡居民消费结构变化,市场需求量大,对关联产业具有明显带动作用的产品,以促进包装产品结构的优化升级。

四、通过改组和改造相结合,促进规模经济效益的发展,应鼓励和支持同类包装产品生产企业通过兼并重组,实行低成本的经济扩张,实现包装产品生产的规模化和专业化。根据包装产品的不同特点和市场半径,按规模经济的原则组织生产,避免"大而全"、"小而全"的现象继续出现。特别是包装基材项目,要适当集中资金,确定合理规模,避免重复浪费,逐步改变目前"一个工厂一条线",分散落后的状况。

在'96全国绿色包装研讨会上的讲话

中国包装总公司总经理　黄顺康

同志们：

今天我们大家在这里相聚，举行全国绿色包装研讨会。请允许我首先代表中国包装总公司，向亲临到会指导的国家有关部门的领导，向辛苦来京的全国各地包装主管部门的领导，向到会积极参加研讨的各位专家和学者，以及有关企业的厂长和经理，向热情关注这次研讨会的新闻界朋友们，向参加这次研讨会的所有代表和同志们，表示热烈的欢迎和衷心的感谢！

这次研讨会是一次重要会议，实际也是在包装行业贯彻落实前不久召开的第四次全国环保会议精神的一次会议。会议得到了全国人大环境与资源保护委员会、国家计委、国家经贸委、国家科委和国家环保局等领导部门的关心和支持，并派出有关部门领导同志参加和指导我们的会议。全国人大环境与资源保护委员会主任委员曲格平同志亲笔为这次研讨会写了"绿色包装，时代标志"的题词，给了我们很大鼓舞。全国各地包装主管部门和许多专家、学者及企业厂长、经理，为开好这次研讨会作了积极认真的准备。因此，希望到会同志在研讨会期间，畅所欲言，通过沟通交流，共同研讨，为进一步加强我国环境保护工作，更好地发展我国包装工业，实施绿色包装工程献计献策，共同努力把这次会议开好。

这次研讨会将主要讨论包装与环境的问题，这也是目前世界各国普遍关注的问题。会议的目的是：通过本次研讨会，来提高人们对包装与环保关系的认识，探讨发展我国绿色包装的前景与措施，引导我国包装工业向减少污染的方向发展。在这方面，我想先简单谈谈我的一点看法和想法，供同志们在研讨中参考。等一会儿中国包装总公司李文虎副总经理还将作研讨会主题讲话。

大家知道，改革开放十多年来，我国包装工业在党中央、国务院的关怀和领导下，在国家各有关部门和各地政府的重视和支持下，在包装行业几百万职工的奋斗和努力下，发展很快。至1995年，包装工业总产值已经达到1145亿元，比八十年代初的72亿元增长了十几倍。包装工业已经成为我国经济发展中一个独立的新兴行业。随着包装工业的发展，我国商品包装的落后面貌正在逐步改变，过去出口包装中存在的"一等产品、二等包装、三等价格"的状况也有一定改善，包装在商品中的附加值在提高。随着包装的发展，给商品运输提供了更好的保护，给人们消费提供了更多的方便，初步解决了经济发展中的一个薄弱环节。这是我们可喜的一面。

但是，我们又清楚地看到，随着包装工业的迅速发展，也产生了给环境造成污染的问题，而且这种情况在加剧发展和日趋严重。我们在日常生活中不难看到，各类包装废弃物在家庭和公共场所到处都是，越来越多，而其中一部分包装废弃物是很难回收和处理的。这就造成了一个环境污染的问题。而且目前商品包装中，还出现了一种不可忽视的新苗头，就是某些商品出现不必要的过分包装问题，这不仅增加了消费者不必要的负担，还浪费了资源和加剧了环境污染。同时随着世界各国对保护环境越来越重视，对进口商品的包装规定越来越严格，这就为我国出品商品的包装改进提出了新的课题。所有这些，又是我们忧的一面。

进一步重视环境保护工作，已经成为我国经济发展中不可忽视的一个重要方面。我们党和国家在改善我国生态环境方面，已经做了大量工作并取得了明显成绩。但仍要清醒地看到，目前我国的环境形势仍很严峻。为了进一步加强我国的环境保护工作，推动我国环境保护事业的发展，前不久党中央、国务院召开了第四次全国环境保护会议，江泽民总书记、李鹏总理都到会作了重要讲话。江总书记在讲话中深刻指出："环境保护很重要，是关系我国长远发展和全局性的战略问题"，"环境保护是一项崇高的事业，是'积德'的事业，功在当代，利在千秋"。李鹏总理在讲话中明确指出："我们要实现国民经济持续、快速、健康发展，既要解决历史遗留下来的环境污染问题，又要控制发展过程中出现的新的环境问题，环境保护工作的任务是非常艰巨的"。要求国务院有关部门和各级政府，要切实加强对环境保护工作的领导，进一步提高认识，采取有效措施，确保未来15年环境保护目标的实现。

中国包装总公司是由国务院批准成立，并负有对全国包装企事业单位有计划管理和一定的行政管理权力的全国性公司。在推进中国包装工业发展进程中，深深感到，随着经济建设和包装工业的迅速发展，如何正确处理发展包装与保护环境的关系，已是推动发展包装工业进程中不可忽视的重要问题，应尽快提到包装行业各级领导，各企事业单位，各科研机构的重要议事日程上来。因此，自1993年以来，中国包装总公司通过各种导向和媒介，明确提出了发展"绿色包装"的新思路。并在调研和制定《全国包装行业"九五"发展规划和2010年远景目标》以及"九五"包装科技发展规划时，明确把发展"绿色包装"作为规划的重要指导思想和发展方向，以此来推动绿色包装工程的实施。

我们已经高兴地看到，近几年来，随着国家对环保工作的高度重视，随着人们环保意识的增强，国家有关部门和各地政府，正在把减少包装对环境的污染，以及积极发展"绿色包装"的工作，进一步提到各级领导的重要议事日程，一些包装企业出于当前市场需求和长远发展战略，也在积极开发和生产"绿色包装"制品。但我们还要清醒地看到，在发展包装工业中，发展"绿色包装"，总的说还只是刚起步，可以说是任重道远。我们必须大力宣传，积极倡导，加速开发，努力推进，使绿色包装工程在不远的将来，有一个明显的较大的发展。

因此，在这样的新形势下召开这次研讨会，就显得更有重要意义了。我相信，通过这次研讨会，一定会在如何发展我国绿色包装方面，取得丰硕的研讨成果。

黄顺康总经理在中国包装总公司召开企业改革座谈会上的讲话

中国包装总公司总经理　黄顺康

为了进一步推动和促进包装行业改革，中国包装总公司上月在京召开企业改革座谈会。中国包装总公司总经理黄顺康、副总经理倪根仙、李文虎、李瑛、赵凤来出席了会议，中国包装总公司各直属企业的厂长、经理和中国包装总公司各部门的负责同志80余人参加了会议。与会者认真学习了江泽民总书记题为《坚定信心，加强领导，狠抓落实，加快国有企业改革和发展步伐》的重要讲话，听取了国家经贸委主任王忠禹、副主任陈清泰学习江总书记讲话的体会的录音，听取了中国包装总公司总经理黄顺康的讲话。

国家经贸委主任王忠禹和副主任陈清泰的讲话中，都对当前国有企业改革问题进行了细致、深入的分析。他们指出，国有企业目前处于消化不良状态，改革中存在的问题不少，克服和消化这些因素，要有一个适应的过程。而且，必须认识到，困难不是改革带来的，企业改革和企业面临的困难并不矛盾。国有企业要坚持江总书记关于国有企业改革的8条基本方针，要积极推进建立现代企业制度，推进企业改革、改造、改组，加强管理。多渠道增资减债，推动配套改革，加速实现两个转变。

会上，中国包装总公司总经理黄顺康发表了题为《认真学习贯彻落实江泽民总书记重要讲话，进一步推进和加快总公司企业改革步伐》的讲话。他指出，这次企业改革座谈会的主要任务就是要认真学习江总书记的重要讲话，统一思想，提高认识，增强搞好国有企业的信心，并结合总公司实际，就如何加快总公司企业改革和发展步伐，进一步明确工作思路，提出切实可行的措施。

他在讲话中讲了两个问题，一是几年来总公司企业改革工作简要回顾，二是坚定信心，加强领导，狠抓落实，推进总公司企业改革深入发展。

黄顺康说，中国包装总公司已成为以工为主、科工贸结合，拥有教育、科研、新闻出版机构的全国性公司，并正向集团化的国家控股公司模式发展。具体表现在，制定了总公司《1994—2000年实体发展规划》；有步骤地推进了直属企业集团化进程；推动联合，实现生产要素优化组合；积极利用外资，加速企业的改组和改造；进行了建立现代企业制度试点工作；全面开展了总公司及直属企业的清产核资工作；依靠技术进步，加强对老企业的技术改造，取得了较好成绩；处理企业难点问题取得明显成效。

黄顺康强调指出，根据党的十四届三中全会《决定》和江泽民总书记关于国有企业改革讲话的精神，总公司企业改革要坚定信心，加强领导，狠抓落实，认真贯彻国有企业改革的基本方针，加大改革力度，通过改制、改组、改造和加强管理的协调推进，到2000年，总公司中型以上企业要初步建立起现代企业制度，成为自主经营、自负盈亏、自我发展、自我约束的法人实体和市场竞争主体，总公司要基本建成跨地区、跨行业的高科技、高效益的集团化国家控股公司。

黄顺康总经理说，总公司国有企业改革今后的方向是：

一是深刻领会江总书记讲话精神，统一认识，转变观念，坚定搞好国有企业改革的信心。江总书记关于国有企业改革的重要讲话，在内容上，对国有企业改革的一些重大问题作了系统的阐述，是党的十四届三中全会以后，指导国有企业改革的又一纲领性文件。在发表时间上，是在国有企业改革的关键时刻发表的，具有很强的针对性，对推进国有企业改革将起到巨大的促进和指导作用。我们学习贯彻江总书记的讲话，就要深刻领会讲话的精神实质，把思想真正统一到江总书记讲话精神上来。

要充分认识国有企业的历史地位和重要作用，增强搞好国有企业改革的责任感。国有企业是我国社会主义制度的主要经济基础，是巩固工人阶级领导的人民政权的主要阵地，是在社会主义市场经济中起主导作用的重要力量。正如江总书记在讲话中指出的“国有企业的改革和发展，是关系到整个国民经济发展的重大经济问题，也是关系到社会主义制度命运的重大政治问题。”我们只有从这样的高度认识这个问题，才能增强搞好国有企业改革的责任感和使命感。

要正确认识国有企业改革的形势，坚定搞好国有企业改革的信心。十多年来，国有企业改革取得了相当大的成就，许多国有企业在改革中转换了机制，壮大了实力，不仅积累了改革和发展的新鲜经验，而且在国民经济改革正处在攻坚阶段，要解决长期以来计划经济体制所形成的深层次矛盾，还需要付出很大的代价。同时，国有企业的总体状况尚未根本改观，有相当数量的国有企业尚未摆脱困境。对这些，我们要保持清醒头脑，正确分析和认识当前国有企业改革和发展的形势，既要对国有企业改革的成就有正确的评价，又要对当前的困难有充分的估计，不可被表面现象所障目。要看到当前存在的问题和困难，是改革发展中的问题，是前进中的问题，只要我们按照江总书记讲话的要求狠抓落实,国有企业改革是完全可以搞好的。

要准确理解现代企业制度基本特征,正确把握国有企业改革的方向。建立现代企业制度是国有企业改革的方向,其基本特征是"产权清晰,权责明确,政企分开,管理科学"。这四句话各有其确定的含义,同时又是一个完整、统一的有机整体。要全面准确理解和把握其基本特征,保证改革按正确方向健康发展。

二是要认真贯彻国有企业改革的基本方针,扎扎实实地抓好总公司企业改革。江总书记在讲话中提出的国有企业改革的8条方针,是对国有企业改革实践经验的高度概括和科学总结。我们必须全面准确理解,并坚定不移地贯彻到企业改革的实际工作中去。

要继续抓好建立现代企业制度的试点工作。在认真总结近两年建立现代企业制度试点工作的基础上,今年要再选择一批企业继续进行试点。凡被批准试点的企业,要尽快制定实施方案,在实施方案中全面体现现代企业制度的四项基本特征,坚持把企业改制、改组、改造和加强管理有机地结合起来,联系实际,既有侧重,又要协调推进。对于需要上级部门或当地政府解决的问题,要写出专题报告,由上级部门或当地政府协调解决。尚未进行现代企业制度试点的企业,要继续按照《企业法》和《全民所有制工业企业转换经营机制条例》,面向市场,转换企业经营机制,抓好企业内部三项制度改革,盘活存量资产,抓好技改项目的投产和达产达标,完善企业内部经济责任制,为建立现代企业制度创造条件。

要继续推进企业集团化进程。实践证明,按地区或专业化原则组建企业集团,在加强企业管理,调整企业组织结构,推进技术进步和进行资产重组等方面发挥了很好的作用,是适应经济体制和经济增长方式转变的重要措施,有利于企业改革与改组、改造和加强管理的有机结合,推进企业技术进步和资源优化配置。同时,也是发展规模经济,实现集约经营的有效途径。今年,要在规范、完善已经组建集团的基础上,抓好新集团的组建工作。要通过今后两三年的努力,使总公司在各地的企业,经过集团化建设,成为规模经济、集约经营和抗风险能力较强的联合舰队。

要盘活存量资产,优化资源配置。到去年底,总公司系统的资产存量中有相当一部分不能发挥其应有的效率。如何通过资产重组盘活现有资产存量,实现资源的优化配置,不仅是企业改革的重要任务,也是实现生产方式从粗放型向集约型转变的基本要求。对此,一是在清产核资的基础上,对现有资产的运营情况要进行认真分析,对闲置和长期不能发挥应有效率的资产要积极寻找合作伙伴,通过联合、兼并、有偿转让等方式,使这部分资产充分利用起来。也可采取以强带弱、以强并弱的方式让优势企业对劣势企业进行整体管理或兼并;二是通过增量投入实现存量调整。安排技术改造项目和引进外资项目,在坚持市场导向的前提下,通过增量资产启动原有资产,在整体上使资产的使用效率大大提高一步;三是开展资产经营,搞好资产调剂。根据国家对国有资产实行保值增值的要求,要树立资产经营意识,按照价值规律,通过经营变换资产存在的形式,获取最佳经济效益。

要解放思想,大胆探索,放开放活小型企业。"抓大放小"是搞好国有企业改革的两个方面,抓大是改革,放小也是改革,只有通过分类指导,把两个方面的改革都搞好,才能促进国有企业的战略性改组和结构性调整。对小型企业要区别不同情况采取改组、联合、兼并、股份合作制、租赁、承包经营和出售等形式,加快小型企业改革、改组步伐。放开放活小型企业,要从实际出发,不搞一个模式,适合哪种形式就采取哪种形式。

要充分利用国家有关政策,做好企业增资减债工作。近几年来,国务院和地方各级政府为推进企业改革的不断深入,相继出台一些鼓励改革的优惠政策。比如优化资本结构试点城市的企业兼并政策,一些城市试行的债权变股权的政策,企业暗亏转为明亏后所占用银行贷款不加罚利息的政策，以及出售闲置资产所得收入继续留给企业使用的政策等。这些政策都有利于企业改善资本结构，缓解资金紧张压力，盘活经营。

要加强科技工作，建立起企业技术进步机制。建立有利于自主创新的企业技术进步机制，是经济体制改革的重要内容，也是实现两个根本性转变的重要条件。我们要认真贯彻"振兴包装，科技先行"的方针，使企业逐步成为技术开发的主体。一是要千方百计办好总公司技术中心和挂靠在企业的十个专业技术中心。由企业创办技术中心，是总公司为促进科研同生产紧密结合，增强企业技术创新能力的一项重要措施。这些企业要逐步建立起企业技术进步体系，形成技术创新机制。技术中心要为企业不断开发新工艺，实现产品结构升级换代，提高产品市场竞争能力服务。二是要抓好企业的技术改造。技术改造在技术进步中占有重要的位置，要十分重视这项工作，千方百计加大技改力度。要进一步做好总公司实体发展规划中技术改造方面的细化工作。要从实现两个根本性转变的高度，认真分析企业的现状，坚持"三改一加强"的方针，提出实现实体发展目标的具体步骤和措施。三是要培养、造就一支稳定的水平较高的科技队伍。在生产力发展中，人才永远是决定性因素。我们要尊重人才，爱惜人才，充分调动广大科技人员的积极性。各企业要制定出相应的鼓励政策，给科技人员以施展才能的机会。

学邯钢，抓管理，增效益。邯钢的经验是以"模拟市场核算，实行成本否决"为核心的企业内部管理。邯钢的经验说明，紧紧围绕"实现两个根本性的转变"，坚持"三改一加强"的方针，眼睛向内，着力挖掘企业内部的潜力，是企业走出困境、提高经济效益最现实的途径，也是实现集约化经营，进入良性循环的重要措施。面对实际情况，扎扎实实学邯钢，就更具有现实意义。各级领导要把学邯钢作为企业转换机制，走向市场的有力措施来抓。要把学邯钢经验的重点放在"三个提高一个降低"上。要在狠抓提高产销率，提高资金运营效率，提高产品质量，降低产品成本上下功夫，学习邯钢用市场成本来约束从原材料采购到生产。三是加强领导，把企业改革放到更加突出的位置。切实加快国有企业改革步伐，是中央在统观改革和发展全局，分析经济工作主要矛盾基础上作出的重要决策。国企改革成功与否，关系到改革开放的成败，关系到建立社会主义市场经济体制的进程，关系到党心民心。企业领导班子是搞好企业的关键。加强领导班子建设，重点是选配好党政主要负责人，同时也要重视选配领导班子其他成员的工作，使领导班子成员中既有懂得市场经济规律，多谋善断，会经营管理的人才，又有熟悉党务工作，善于做思想政治工作的同志。

我们制定企业改革和发展方案时，一定要走群众路线，经职工代表讨论，认真听取他们的意见，要注意切实关心群众生活和群众利益。

会议期间，与会代表就国有企业改革问题分组进行了讨论。代表们普遍认为，总公司的这个座谈会开得很必要，很及时。他们各抒己见，针对本企业改革的情况，谈了对国有企业改革的看法。河北公司经理杜日芳认为，国有企业改革很有必要，但存在的问题很多。人员多、资金紧张、产品不能适销对路等，使得企业的包袱很重。这就要求企业拿出很好的办法来，理清各种矛盾，使企业正常运转。总公司工业开发公司经理沙志强说，企业的困难是多种原因造成的，不是一天两天形成的。等，什么也等不来，只能靠自己去干。浙江嘉兴包装材料总厂韩厂长认为，企业的转动是大局。目前，企业都处在十字路口，困难都存在，关键看怎么干。厂长必须有忍耐力，要为企业寻找进入市场的机遇。

代表们表示，一定要把国家经贸委领导和总公司领导的讲话精神带回企业，认真学习，努力搞好企业改革。

做好质量认证工作促进企业提高管理水平

中国包装总公司副总经理　李文虎

党的十一届三中全会以后，随着改革开放，我国的包装工业得到了迅速发展。目前，全国县级以上包装企业已达1万余家，包装工业总产值已达1260亿元，平均年增长10%以上，在全国40个主要行业中占第16位，每年承担着3万多亿工农业产品及上千亿美元出口商品的包装，包装工业主要产品，纸制品、塑料包装制品、玻璃包装制品、金属包装制品以及包装印刷和包装机械在产量和品种上都有大幅度增长，随着包装工业的迅速发展，为适应社会主义市场经济与国际贸易接轨的需要，必须尽快开展包装产品质量认证工作。根据包装行业的发展情况，为满足许多包装企业进入国际市场和扩大出口的需要，中国包装总公司于1993年底、1994年初开始筹备包装产品质量认证工作，经过多次反复与各方面协调，终于在1995年8月获得国家技术监督局授权批准，由中国包装总公司牵头组建中国包装产品质量认证管理委员会。其后，中国包装总公司遵照国家技术监督局文件的批示，积极开展有关组建工作。经与国家有关部委、中国包装技术协会以及生产、经销、使用、质量监督等单位多次积极磋商，我们起草并确定了"中国包装产品质量认证管理委员会组建方案"、"中国包装产品质量认证管理委员会章程"、"包装产品质量认证管理办法"、"包装产品质量认证标志"等一系列文件。依据管理委员会组建方案，中国包装总公司于1995年10月20日向有关单位发出了"关于推荐中国包装产品质量认证管理委员会委员的通知"，接文的各个单位均积极给予支持配合，按期报来了推荐委员名单，据此，我们拟定了中国包装质量认证管理委员会第一届委员组成名单，共24个单位25人，并于1996年1月30日召开了"中国包装产品质量认证管理委员会筹备会议"，会上，全体委员讨论通过了管理委员会主任、副主任人选以及讨论了管理委员会章程、包装产品质量认证管理办法和标志等一系列文件。会后，中国包装总公司于1996年12月予以批准。在组建管理委员会工作过程中，我们始终遵循国家产品质量认证的有关规定和国家技术监督局质量认证办公室的指示，在与各方面达成共识的情况下，逐步完成了管理委员会的组建工作。在组建过程中，我们得到了有关部委和企事业单位的积极支持与配合，工作开展的比较顺利。

今后一段时期包装产品质量认证工作的重点

党的十四届五中全会提出了"九五"时期和2010年我国国民经济和社会发展的主要奋斗目标，同时提出：为实现跨世纪的奋斗目标，关键是实现两个具有全局意义的根本转变，一是经济体制从传统的计划经济体制向社会主义市场经济体制转变。二是经济增长方式从粗放型向集约型转变。这两个根本转变是我们党在客观总结历史经验的基础上，在科学分析我国经济现状发展规律和国际竞争后，作出的科学决策，是我国经济体制改革和经济发展的重大战略举措。随着经济体制转变，企业将面临更加激烈的竞争局面，从而促进企业进一步强化竞争意识；随着经济增长方式的转变，企业将从单纯追求"外延"；发展走向"内涵"发展，更加注重技术进步，更加注重科学管理，更加注重产品开发和实物质量的提高，这无疑会促使我国质量认证事业的进一步发展。

前不久,党中央召开了中央经济工作会议,在对经济形势作出正确分析的基础上,确定了1997年全国经济工作的总体要求、宏观调控目标和重要政策措施,这也为包装行业的改革和发展指明了方向。1997年包装行业质量管理工作要根据江泽民同志关于质量第一是我国在经济建设方面的一个长期战略方针的重要指示,以及中央经济工作会议关于要着力提高经济增长的质量效益要求,进一步加强质量管理工作。为尽快提高包装行业企业管理水平和产品的实物质量上台阶,在强化质量监督的同时,全面推进包装行业的产品质量认证工作,具体作法主要是:

认真做好《质量振兴纲要》的学习宣贯,并通过质量认证工作的开展,促进《质量振兴纲要》的贯彻实施。

《质量振兴纲要》经国务院讨论通过,已经下发实施。"纲要"明确了"九五"和2010年我国质量振兴的主要目标是从根本上提高我国主要产业的整体素质和企业的质量管理水平,使我国的产品、工程、服务质量提高到一个新水平。同时强调了加强企业基础工作,严格内部管理,促进企业积极采用科学的质量管理方法,建立全面、科学的质量管理方法,建立全面、科学的质量管理制度,按照《质量管理和质量保证》国家标准及其他国际通行的先进管理标准,结合企业实际,推行全面质量管理,建立健全质量体系。这是我们今后一段时期做好包装质量管理工作的指南。我们要认真学习好"纲要",同时在包装行业要加强"纲要"的宣贯,采取多种形式,宣传质量振兴的必要性、紧迫性,促进包装企业质量意识的提高。在开展产品质量认证工作中,我们要把建立健全企业质量保证体系和提高产品质量水平,作为提高经济增长质量和效益的组成部分,通过质量认证工作,促进"纲要"的贯彻实施。

加强质量认证的宣传和培训工作

质量认证对包装行业是一项新的质量管理工作,为推动质量认证工作在包装行业开展,我们在组建管理委员会的同时,举办了一系列的质量认证的宣贯培训活动,共有来自200余家企业的700多名学员参加了学习;与此同时,还举办了一期总公司直属企业质量认证学习班。通过宣贯培训,许多包装企业有认证意向,并与我们保持着密切的联系。包装行业中产生了质量认证热,为今后开展包装质量认证营造了一个很好的气氛。我们应进一步加强对质量认证的宣传,包括质量认证法律、法规、方针、政策的宣传;对我国质量认证制度的宣传;对质量认证基本知识的宣传;以及对获准认证的企业和产品的宣传。为了增加宣传力度,除依靠传播媒介外,还可以组织多种形式的培训活动,对包装企业内部审查员的培训,以推进质量认证在包装行业上的全面开展。

发挥管理委员会的宏观领导作用

管理委员会是包装产品认证归口管理和决策机构,为使包装行业质量认证工作健康、有序,有效地发展,在包装行业质量认证工作中,应发挥管理委员会的宏观领导作用,管理委员会要搞好规划和工作计划,要在重点包装产品中大力推进质量认证,提高其质量水平和市场竞争力。选择的原则是:①量大面广的;②绿色包装,保护环境的;③涉及人身健康、财产安全的;④国际通行认证的。要在这些企业中大力推动产品质量认证,促进企业建立符合GB/T19000—ISO9000系列标准的质量体系,确实有效地促进产品实物质量的提高。

在质量认证工作中,注意发挥各省市包装管理机构和各级包装质检中心的作用

管理委员会和中国包装产品质量认证中心在归口管理和个体实施包装产品质量认证的基础上,应注意发挥各省市包装管理机构和各级包装质检中心的作用。各省市的工作原则可概括为:宣传发动、正确引导、参与审查、实施监督。具体是:①宣传贯彻国家有关质量认证的法律、法规和方针、政策,推动包装产品质量认证在本地区的发展;②开展包装产品质量认证工作的咨询,采取多种形式推动和正确引导本地区企业积极参与质量认证,并帮助企业解决认证活动中各类实际问题;③积极参加质量认证的有关活动,协助做好本地区申请认证企业的申请、审查工作。④通过各种渠道广泛调查研究,切实了解获得认证企业和产品的状况,并进行有效的监督。各级包装质检中心要承担起质量认证工作中产品质量检验工作。管理委员会和中国包装产品质量认证中心一起将通过审查选定一批质检中心负责质量认证工作中的产品检验任务。

建立一支高水平的审核员队伍

审核人员的水平将直接关系到包装产品质量认证工作的质量,同时也是今后进行国际双边和多边合作,相互承认认证审核结果的重要基础。1996 年 2 月中国包装总公司组织了部分省市人员参加了国家注册质量体系审核员的培训,同时也对包装行业已取得国家注册资格的审核员情况进行了统计。目前,包装行业有国家注册质量体系审核员 40 余名,今后对企业质量认证的审查工作,应依靠这一支审核员队伍,同时认证管理委员会应加强对这些注册审核员的监督管理,要求审核员在工作中树立起公正、廉洁、权威的形象。

在开展质量认证工作中,要帮助包装企业在有效性上下功夫

在社会主义市场经济体制下,企业作为市场的主体,在实行"两个根本转变"中,将面临着更加激烈的竞争,面对全球质量竞争带来的挑战,包装企业要进一步强化市场意识、竞争意识、质量意识和风险意识,自觉利用质量认证这一手段,加强质量管理、完善质量体系、提高产品质量、扩大市场占有率,进而增加企业的经济效益。在开展质量认证的过程中,要帮助企业在有效性上下功夫。具体表现在:

第一、企业要通过开展质量认证活动的全过程,切实建立和完善质量体系、把提高产品实物质量落实到实处。

第二、企业开展质量认证活动,完善质量体系,要十分重视产品质量形成全过程的有效控制,要通过建立内审员队伍,加强内部质量审核;要十分重视人员培训,确保质量体系持续、有效地运行。

第三、企业开展质量认证活动,要与推动技术进步相结合,大力加强各项技术基础工作,包括加强标准化工作,积极采用国际标准和国外先进标准,健全和完善计量检测体系,建立和加强信息管理。

大力倡导绿色包装更好地为国民经济可持续发展服务

中国包装总公司副总经理　李文虎

各位领导、专家、同志们:

'96 全国绿色包装研讨会经过半年多的酝酿和筹备,今天正式召开了。本次会议是中国包装总公司成立 15 年来主持召开的一次重要的学术会议。会议得到了全国人大环境与资源保护委员会、国家计委、国家经贸委、国家科委、国家环保局等各级领导机关的大力支持,也得到了全国包装界和关心我国包装事业的各界专家学者的关心和支持。从今年初发出预备通知以来,我们先后收到 50 多位各界人士提交的论文近 50 篇,其中绝大多数都已编入本次会议的论文集。会前,我们还召集有关专家评选出优秀论文 10 篇,将在大会上宣讲。在此,我代表中国包装总公司对关心和支持我国包装事业的各级领导和各界人士表示衷心的感谢。

这次会议适逢我国实施“九五”计划和2010年远景目标的开局之年，开好这次大会，将直接关系到我国包装工业在今后15年里的发展方向和奋斗目标。

这次会议的主题是：发展绿色包装，减少包装对环境的污染，保护和改善生态环境，促进国民经济可持续发展。在会议期间我们将研究如何进一步贯彻国务院最近召开的第四次全国环境保护会议精神，讨论发展适合我国特色的绿色包装途径和措施，以便更好地为我国国民经济可持续发展服务。

下面，我先讲几点意见，供大家研讨时参考。

一、包装持续发展与环境

1. 包装工业是国民经济不可分割的组成部分。改革开放以来，我国包装工业随着国民经济的发展逐步壮大。特别是国务院1981年批准成立中国包装总公司以来，我国包装工业在党中央、国务院的正确领导下，在国务院有关部门和各级地方政府的重视、支持下，在全行业广大干部职工的共同努力下，取得了令人瞩目的成就。

1995年全行业实现工业总产值达1145亿元，比上年增长17%；实现利税84亿元，增长12%。各种主要包装产品的生产也有不同程度的增长。其中，纸包装制品570万吨，比上年增长22.5%；塑料包装制品190万吨，增长11%；玻璃包装制品670万吨，增长5.8%；金属包装制品137万吨，增长10%；包装印刷1950亿印，增长18.5%；包装机械31万台(套)，增长20%。包装工业各项指标已全面完成“八五”规划所提出的目标，预计今年全国包装工业产值比去年可增长10%以上，超过1260亿元，实现利税可增长9%以上，超过90亿元。我国包装工业已能初步适应国民经济各行业的要求。

在已经开始实施的《全国包装行业“九五”发展规划及2010年远景发展目标》中，我们提出：到“九五”末期(2000年)，全行业要实现工业总产值1844～1930亿元，实现利税129～135亿元，工业增加值354～370亿元；主要包装产品的产量分别要达到：纸包装制品880～920万吨，塑料包装制品320～335万吨，玻璃包装制品897～940万吨，金属包装制品220～230万吨，包装印刷3000～3140亿印，包装机械52～55万台(套)。到2000年，全行业要实现工业总产值4400亿元，利税280亿元，工业增加值760亿元；主要包装产品的产量分别要达到：纸包装制品1900万吨，塑料包装制品760万吨，玻璃包装制品1600万吨，金属包装制品475万吨，包装印刷7100亿印，包装机械135万台(套)。规划和远景目标显示出，经过15年的努力，我国包装行业将逐步成为一个高科技、高效益、现代化、国际化的产业。

2. 随着市场经济的发展，包装与国民经济的关系愈来愈密切。包装不仅是联系原料、工具与生产的重要手段，而且是联系产品、市场和人类生活的不可缺少的纽带。由于包装在经济生活中的作用越来越得到人们的认同，也更多地得到国家政府政策和发展战略的支持。因此，包装在国民经济各部门中的作用和地位迅速提高。在工业发达国家中，包装在国民经济中一般属于第九或第十大产业。我国的包装工业在国民经济中的排序也已由原来的19位上升到第14位。目前，我国包装工业每年承担着3万多亿元国内产品和上千亿美元出口商品的包装任务。党中央和国务院充分肯定了我国包装工业在国民经济中的作用和地位。江泽民总书记在1991年参观全国工业企业技术进步展览会包装工业馆时，明确指出：“包装很重要，不仅是保护商品的问题，要通过搞好包装来提高产品的附加值”。李鹏总理在参观包装工业馆时指出：“包装是个大行业，我国工业产品的包装现在达到这么好的程度，同过去比变化这么大很不容易”。

除了在国民经济中的作用，包装对改善我们赖以生存的生态环境也是一个十分重要的因素。大家都知道，包装的传统功能是在商品的储存和流通中保护商品。如果没有包装，或者包装不善，产品的储存、运输和流通都将受到很大的限制，同时也会造成资源和能源的大量浪费。没有包装，社会生产所需的生产资料和机械设备不可能及时安全地进入生产状态，产品也不能完全地进入市场和消费者手中，就会造成物资的大量流失、损坏和对环境的污染。所以说包装本身就是对资源的有效利用，对生态环境的改善和保护。

3. 我国包装工业"八五"期间取得的成绩是有目共睹的。但是，我们也应清楚地认识到在全球关注环境与发展的今天，因包装废弃物造成的环境污染，尚未得到包装行业内部应有的重视。在包装工业迅速发展的过程中，在合理利用资源、节约能源、废弃物管理、处置和回收利用等方面未能及时采取有力措施。这已成为包装工业健康发展的阻力，同时也已引起社会各界的广泛关注。

由于包装产品大多属于一次性消费品，从原材料到制品加工成型、消耗乃至废弃的周期一般较短，废弃物的排放比例大。据统计，1995年我国包装废弃物已达到1200～1500万吨，并且每年以将近10%的速度递增。这些废弃物又主要集中在消费层次较高的大中城市。据有关报道，在我国城市固态废弃物中，包装废弃物所占的比重是其重量的15%，体积的25%。同时随着市场经济愈发达，包装废弃物的排放量就愈多。据西方工业发达国家统计，包装废弃物的排放量约占城市固态废弃物重量的1/3，体积的1/2，每年人均包装废弃物的排放量为100公斤左右。当然，我国目前包装废弃物还没达到西方发达国家那样高的比例。但是可以看出，随着包装工业的迅速发展，如果不加以治理，包装废弃物将逐步成为一种新的污染源。对此，我们须有清醒的认识。比如，目前已置于人们的注目之下、成为众矢之的铁路两旁的白色污染，街道、公园四处散落的纸、塑包装袋已给环境造成了污染和破坏，引起社会舆论的广泛关注。

从包装与环境的关系我们可以看到，包装工业的发展与其它工业一样，要不断地消耗地球上有限资源，而且随着包装占国民经济中的比重越大，对资源、能源的消耗就越多。由于包装产品多属一次性消耗而且使用周期比较短，所以节省资源、能源是保持包装可持续发展的一项重要任务。包装废弃物的回收、复用、再生就成为节省能源和资源，同时又是保护环境的重要途径。纸包装、塑料包装、金属包装、玻璃包装的回收再生的前景都非常广阔。比如1吨铝易拉罐材料的重熔再生与新冶炼铝相比，不仅能节省4吨铝土矿，而且降低能源消耗50%。每吨碎玻璃加入熔炉重熔比用原材料节约纯碱25公斤，降低能耗1.5%，降低成本260元。从以上可以看到，随着包装技术的发展及人们对包装与环境关系的研究，包装对环境存在着正负两个方面的效应。因此，我们在发展包装的同时，应该正确地处理好包装与环境的关系。

二、坚持发展包装与环境保护同步，控制包装对环境的污染

国际上工业发达国家包装工业的发展水平领先我国20～30年。但是，对包装废弃物的认识却是近10年的事，再加上经济利益的驱动，他们走的是一条"先污染后治理"的道路。我国包装工业正处于发展阶段，在国民经济中所占的比重还较低，包装对环境的污染还没有西方国家那样严重。因此从包装发展的初期阶段就高度重视生态环境的保护问题，坚持包装发展与生态环境保护同步的原则，把包装废弃物对环境的污染处理在萌芽状态，走出一条适合我国国情的可持续发展的新路。

党中央、国务院非常重视环境保护问题。李鹏总理代表中国政府参加了1992年联合国环境与发展首脑会议，并作了重要讲话。随后国务院又颁布了《中国环境与发展十大对策》、《中国21世纪议程》，强调在我国实施可持续发展战略，今年又陆续发布了《中国环境保护(白皮书)》，做出了《国务院关于环境保护若干问题的决定》。最近国务院还原则上同意国家环保局提出的在"九五"期间到2010年实施《污染物排放总量控制计划》和《跨世纪绿色工程规则》，这些文件为我们包装工业可持续发展指明了方向，是我们发展包装工业、保护生态环境的重要依据。

国务院在1981年批准成立中国包装总公司时，赋予"总公司对全国包装企业、事业单位有计划管理和一定的行政管理的权力"。总公司在推进包装工业发展的进程中认真贯彻执行党中央、国务院和国家环保局有关生态环境保护的有关方针政策，在制定包装行业"八五"规划中就已提出了保护环境、减少包装废弃物的问题。1989年，中国包装总公司和中国包装技术协会联合在青岛召开了首次有关包装废弃物的回收与利用方面的研讨会；1992年在国家制定《中国21世纪议程》的同时，总公司制定了《包装工业持续发展与环境纲要》，作为包装对发展和环境所采取的对策和措施。1993年中国包装总公司向全行业正式提出了"发展绿色包装、保护生态环境"的口号，同时制定了逐步实施绿色包装工程的计划。1995年又将发展绿色包装正式列入了《全国包装行业"九五"发展规划及2010年远景目标》之中。规划中强调，在包装工业快速发展的同时必须加强环境保护，要坚持包装发展与环境保护同步的原则，把包装对环境的污染减少到最低程度，避免重蹈发达国家"先污染，后治理"的老路。同时提出了从包装原辅材料生产到包装制品、机械设备、包装废弃物的管理和处置等方面，逐步实施"绿色包装"工程的计划，并会同有关部门制定配套政策、法规，扶植绿色包装的发展。从1994年开始经过两年的调查研究，由总公司牵头会同有关部门制定的《包装废弃物处理与利用通则》国家标准，已报国家技术监督局审批。

在组织实施上，总公司近几年来也做了大量工作，并取得了一些成绩。例如："七五"、"八五"期间在全国通过项目计划安排，建起了三十多家纸浆模塑企业，这些企业的原料以回收废弃纸包装为主，成为废弃纸包装制品的回收处理主要渠道；在塑料包装方面，中国包装总公司在中国包装科研测试中心建立了首家塑料包装回收利用专业技术中心，在废聚酯包装回收利用方面，已取得了很好的社会效益和经济效益。这个中心目前又着手对其他高分子包装材料的回收利用技术的研究；在金属包装方面，我们依托北方工业大学就铝质易开盖两片罐的回收利用进行了研究，并获得成功，现已通过计划立项，正在着手建立铝质易开盖两片罐回收重熔再生产基地；玻璃包装制品一直就是在回收复用方面做得比较好的。在复用方面，玻璃包装如果使用、周转得当，清洗、消毒认真并进行严格的压力检查后，是可以反复使用的。在再生方面，废弃的碎玻璃是玻璃生产中最好的原料，目前在玻璃包装企业使用的原料中，复用料已占到30%，好的企业达到40%；一些复合包装材料的回收利用也已开始研究。中国建材科学研究院在"利乐包"的回收利用上已取得成功。另外在科技开发方面，对节省资源、减少环境污染的功能性包装材料的研究项目给予倾斜，投入了较大的人力和财力来研究开发。比如重庆华亚现代纸业有限责任公司引进开发的双拱复合瓦楞纸板，在强度增加的情况下，纸板的厚度减少了30%，仅此一项每年节约纸张1200吨。同时，沙柳、红麻杆制浆造纸的研究，利用麦杆、稻草生产包装膜的研究等均取得可喜的成就。这些都为包装环境保护和可持续发展提供了广阔的前景。

三、发展绿色包装，实现包装环保目标

关于什么叫绿色包装，学术上还没有统一的定义。绿色包装发端于1987年联合国环境与发展委员会发表《我们共同的未来》，到1992年6月联合国环境与发展大会通过《里约环境与发展宣言》、《21世纪议程》，在全世界范围内掀起了一个以保护生态环境为核心的绿色浪潮。"绿色工业"、"绿色城市"、"绿色食品"、"绿色包装"等相继出现。"绿色包装"（GREEN PACKAGE）有人称作环境之友包装（ENVIRO-MENTAL FRIENDLY PACKAGE）或生态包装（ECOLOGICAL PACKAGE）。按照目前的认识，我们认为绿色包装应是：对生态环境和人体健康无害，能循环复用和再生利用，可促进持续发展的包装。也就是说，包装产品从原材料选择、产品制造、使用、回收和废弃的整个过程

均应符合生态环境保护的要求。它包括了节省资源、能源、减量、避免废弃物产生,易回收复用,再循环利用,可焚烧或降解等具有生态环境保护要求的内容。也就是世界工业发达国家要求包装做到的“3R”和“1D”(“REDUCE 减量化、REUSE 重复使用、RECYCLE 再循环”和“DEGRADABLE 可降解”)原则。绿色包装的内容随着科技的进步,包装的发展还可有新的内涵。由此可见,绿色包装是一个系统工程,是包装工业的一项技术革命,是对未来负责的千秋基业。在今后的市场竞争中,有利于环境的包装就被生存和发展,有害于环境的包装就能淘汰,这就是包装发展的必然趋势。

“九五”期间发展绿色包装的指导思想是:深入贯彻环境保护基本国策和“三同步”(同步规划、同步实施、同步发展)方针,以科技为先导,认真实施包装“九五”发展计划,努力实现发展绿色包装的目标。加强包装环保政策法规建设,开创包装环保工作的新局面,促进包装工业持续、快速、健康发展。

“九五”末期发展绿色包装的一些具体目标是:包装制品总的回收利用率要达到43%。其中,纸制品包装的回收利用率达到40%,塑料包装达到20%,玻璃包装达到50%,金属包装达到60%;在喷雾包装领域,积极开发氟里昂替代品,到1998年,除医用气雾剂外全面停止氟里昂的应用;大力推广废聚酯包装和铝质两片罐的回收综合利用技术,并使其尽快达到规模经济和产业化生产经营;同时要积极开展低能耗、高功能、防污染的绿色包装材料和回收再生技术的研究开发,并加强包装废弃物的管理工作,建立健全包装废弃物丢弃、分捡和处理的配套法规。同志们,要实现“九五”全国包装环保目标,需要我们全体包装行业 的同心协力,也需要国家有关部门和全社会的关心和支持。依靠全社会的力量,来解决包装的环境问题。下面就目前做好发展绿色包装工作谈几点意见:

1. 强化产业政策引导,限制和淘汰对环境有害的包装产品

国务院最近做出的“关于环境保护若干问题的决定”中明确指出:要在1996年9月30日前,对现有年产5000吨以下的造纸厂责令取缔。所有大、中、小型新建、扩建、改建和技术改造等建设项目,要提高技术起点,要用能耗小、污染物产生量少的清洁生产工艺,严禁采用国家明令禁止的设备和工艺。建设对环境有影响的项目必须依法严格执行环境影响评价制度和环境保护设施与主体工程同时设计、同时施工、同时投产的“三同时”制度。在建设项目总投资中,必须确保有关环境保护设施建设的投资。

我们在包装工业的发展建设中,必须认真贯彻国家这些规定,从产业政策上和投资结构上支持发展绿色包装,限制和淘汰落后的工艺及对环境污染严重的包装产品。在1990年,经国家计委批准颁布的“包装行业贯彻《国务院关于当前产业政策要点的规定》实施办法”中,明确禁止生产和使用一次性塑料软管饮料包装,今后,我们还要对污染环境,容易造成污染的发泡聚苯乙烯、聚氯乙烯等进行限制,并逐步解决降低有害成分和回收利用问题。

2. 贯彻科技兴包战略,依靠科学技术发展绿色包装

科学技术是经济发展的动力,也是推动绿色包装发展的动力。我们要认真贯彻科技兴包战略,依靠科技进步推动绿色包装的发展。应大力开展新设计、新工艺、新技术、新材料的研究。在包装生产和设计中尽量做到减量化,提倡适度包装,反对过分包装。依靠科技进步,节省资源,减少包装废弃物,同时加强包装废弃物回收复用与再生利用技术的研究,使包装废弃物最终减少到最小程度,并化害为利。逐步在我国建立起绿色包装体系,使包装发展与环境保护走向良性循环的轨道。

3. 加强包装与环境的宣传,提高全行业绿色包装认识

要结合学习《中华人民共和国环境保护法》、《国务院关于环境保护若干问题的决定》和贯彻实施《包装行业“九五”计划和2010年远景发展目标》、《包装行业“九五”科技发展计划》。

加强包装与环境关系的宣传，提高全民的环保意识。要通过各种媒介加强包装与环境的宣传教育，提高全民的环保意识与参与意识，在使用和处理包装废弃物时，严格按环保要求行事。使绿色包装的思想深入人心，并转化为自觉行动。

4．建立健全配套规章制度

通过立法来管理包装的生产、流通和使用，以法来促进绿色包装的发展，这是世界各工业国普遍采用的一项系统和有效的措施。我们将会同有关部门，从减少包装废弃物入手，对包装废弃物的收集——分检——利用——焚烧——掩埋等程序制订严格的规章制度。同时，我们还准备尽快推动符合我国国情的绿色包装标志制度的建立，并积极采用经国际标准化组织(ISO)认可的绿色包装标志，以促进包装回收再利用和与国际经贸合作。

同志们，我们正处在世纪之交的关键时期，时代赋予了我们包装工作者保护生态环境的光荣使命。让我们以本次会议为契机，以对为中华民族生存发展，文明昌盛高度负责的历史责任感，大力倡导绿色包装，保护和改善生态环境，真抓实干，为减少和治理包装对环境的污染，为我国国民经济的健康发展做出新的贡献。

认清形势　开拓进取　真抓实干

——在全国包协秘书长工作会议上的总结讲话

谢荣全

各位秘书长、同志们：

一九九七年全国包协秘书长工作会议就要结束了。会上，邱纯甫会长作了很重要的讲话；国家经贸委负责行业协会的有关领导，通报了关于协会试点方案的有关情况；同时传达了全国经贸工作会议上有关领导的重要讲话；介绍了全国行业管理高层论坛上的有关情况；召开了价格协调经验交流会、包装企业改革与发展座谈会，和包装立法座谈会。另外，各地方协会汇报交流了有关组织机构情况。首次表彰了全国包协先进秘书长。为了使会议召开得富有成效，还进行了专项技术交流。可以说我们这次会议是时间紧、内容多、任务重。虽然如此，大家反映还是不错的，达到了预期的目的。下面我想就一九九六年的工作做一简要回顾，对一九九七年的工作安排与要求谈几点看法和意见：

一、在一九九六年里，我们积极开展行业管理，使整个行业呈现了新的活力和持续、快速、健康发展的势头。

一九九六年是我国实施“九五”计划和2010年远景目标纲要的第一年。我们包装行业按“九五”包装发展规划，在邓小平同志建设有中国特色社会主义理论指导下，在党的十四届五中、六中全会精神鼓舞下，积极开展了行业管理，推进了经济体制和经济增长方式的转变，使全行业获得很大发展。预计一九九六年全国包装工业总产值可达到1260亿元，比上年增长10％以上，不仅保持了速度而且提高了包装产品和产品包装的质量，为实施包装行业“九五”发展规划和2010年远景目标创造了一个良好的开端。这一成绩的取得，是广大包装行业各级管理工作者和200万干部职工团结一致、开拓进取、努力奋斗的结果。在此新春佳节即将来临之际，我谨代表邱会长和中国包装技术协会，向全国包装行业的各级干部和广大职工，向在座的各位秘书长和企业代表致以崇高的敬意和亲切的慰问。

二、在新的一年里，我们包装行业要再接再励、以优异成绩迎接党的十五次代表大会召开，庆祝香港回归祖国。

刚刚到来的一九九七年，是实施“九五”计划和2010年远景目标纲要的第二年，也是我们国家发展历史上很重要的一年。我党将召开第十五次全国代表大会。对香港将恢复行使主权。在这具有特殊重要意义的一年中，我们包装行业的广大干部职工，要更加紧密地团结在江泽民同志为核心的党中央周围，按照十四届五中、六中全会的精神和中央经济工作会议的总体部署，抓住机遇，把握大局，为推进我国包装工业持续、快速、健康地发展做出新的贡献！

下面我谨就这次会议和今后如何开展行业管理工作的几项具体工作谈一些看法。

(一)认真领会邱会长的讲话，从速提高行业管理工作人员的素质，搞好协会内部建设，迎接市场经济的挑战。

邱会长在讲话中提到：作为未来行业管理的主体，首先应做到三个坚持，这是至关重要的。这不仅点明了协会工作的宗旨，更主要的是为协会工作定了位；不仅设定了协会工作的基本内容，更重要的是明确了协会工作应遵从的基本原则；不仅确定了协会工作的基本对象，更重要的是阐明和提出了行业管理工作应采取的管理方式。也就是说，只要做到这三个坚持，就是抓住了市场经济体制下开展行业管理工作的实质。

邱会长在讲话中强调，从事行业管理工作的同志一定要有韧性，逐渐培养悟性，坚决消除惰性，这是对我们行业管理工作者提出的严格要求，也是行业管理工作者应具备的基本素质。这三句话说起来容易，真正做起来绝非易事，我理解这三句话的核心思想是要乐业和敬业。只有乐业，才能有韧性、才能锲而不舍地去疏通协调各方面关系，去开拓工作。只有敬业，才能在工作中培养出悟性，才能竭尽全力去思考工作；只有敬业，才能在具备较高悟性的前提下，去得心应手地处理和解决存在的一些疑难和棘手的问题。也只有乐业和敬业才能有工作的积极性和主动性，才能遇到困难和问题知难而进，想方设法解决它，才能消除“一慢、二看、三通过”和“等、靠、要”的惰性。当具备了韧性，产生和提高了悟性，则又消除了惰性的时候，不论条件多么恶劣，不论行业管理工作多难搞，你一定能够开拓进取地去工作。到那时你所做的工作也一定会达到政府、企业和相关行业三方面的满意。一定会收到会长在讲话中所提到的三方面效果。因此，我们提出要加深对“三个坚持、三个特性、三个满意、三个效果”深刻涵义的理解，并且要求在工作实践中逐步体现出来。

(二)携手共进，抓好九七年行业管理的几项重点工作。

第一是要加快包装立法工作的进程。这次会上，协会已就起草《商品包装管理办法》提出了若干设想和意见，希望各地包协和我们的有关委员会、分会，都能按着本地区、本专业的实际情况，进行认真的研究并加以细化。立法工作是一项复杂的系统工程。我们觉得首先必须及早进入工作状态，应该从基础做起，理清这项工作应该从哪里入手，哪个环节是关键环节，只有摸清了脉络才好起步。这项工作难度很大，一是因为我们这个行业是一个大而杂的配套行业，涉及的法律条款牵扯到方方面面和诸多行业；涉及的问题是关系到诸多产品贮、运、销等各个环节；规定的原则也一定是分门别类。其次是因为我们大家虽然从事包装工业多年，但谁也没有系统地进行过这方面的工作研究，更没有这方面的工作实践；三是在包装立法方面，我们没有直接可以借用的先例。虽然我们这几年注意收集了一些发达国家关于包装法规方面的资料，但很不系统、很不完整。另外加之消化吸收不够以及各国情况不一样等难度。尽管如此，但作为协会我们责无旁贷，还是要干，而且必须干出结果。各地方包协、各委员会、分会可以根据自己的实际情况设定一个方案。要学会借助外部和左邻右舍的力量，善于采取横断和反求的方法，这样就可以事半功倍。不仅能赢得时间，同时也更容易取得实效；不仅能出成果，而且也会有自己的特色，更容易有所发展。

在此我们要求各地方协会和中国包协各委员会、分会，都要在今年五月一日前，组成各自立法的工作班子，形式上或松散或集中不限，但一定要有专人负责和专人联系，制定出工作进度。工作班子组成并开展工作的情况，要上报中国包协，以便及时联系和给予必要的帮助，同时也便于推广经验，促进这一工作的深入。

第二是要完善和抓好价格协调工作，使行业内价格协调工作富有成效。做到工作范围不断拓展，每年都能迈上一个新台阶。这项工作有些省市已经走在前列，诸如我们在"关于包装价格协调工作的若干意见"中所提到的省市和委员会。其它单位完全可以借鉴其成功的经验。具体的要求和想法在意见中都已经提到，这里我仅想就区域协作和部门配合问题讲一点想法。大家都知道，价格问题是一个非常敏感的问题，牵一发而动全身，搞好了是一件对企业和行业都非常有益的事。若搞不好就是一把双刃剑，既伤及别人更伤自身。因此，加强区域间的协作，联合统一行动是至关重要的，千万不可孤军深入。特别需要指出的是绝不是联合起来不顾用户和相关行业的利益，而是要在达成基本共识的前提下统一行动，应该是双方都能认同和承受的。既然是整体行动，就一定要得到相关部门，诸如工商税务、物价计量以及技术监督等部门的协同与支持，否则你就无法行动。要想做到多部门协同和支持，是件很不容易的事情。由于旧体制的影响和有些地方改革不到位，对于有些部门来讲尚存在少一权不如多一权的想法，而做一些协商协调事情时，则认为多一事不如少一事。这就是我们开展这项工作的困难所在。因此，需要我们具体工作人员多做工作，要做深入细致的宣传鼓动工作，甚至要做积极耐心的说服工作，不但要晓之以理，而且也要动之以情，应以你的工作诚意、以你的工作精神来打动人家，然后才能达到你要达到的目的。

第三是如何帮助行业内企业适应改革与市场经济发展的需要，提高各方面素质，提高经济效益。

从目前包装行业发展情况看，还有很多企业产品产量和经济效益的提高不同步，有些企业产品结构、产品质量存在问题，也有些企业是管理上存在问题。总之是我们行业上的企业，仍然存在着许多需要解决的问题。如何帮助企业尽快走出困境、适应市场经济发展的需要，以便产生良好的社会效益和经济效益，这是我们行业组织参与行业经济活动的重要工作内容之一，工作有无成就的基本标志，因此，我们提出，各级行业组织要适应市场经济发展的需要，积极开展帮助企业解困的活动。帮助企业解困，不一定仅仅是资金问题，有些同志总是认为只要为地方或企业搞到钱就是办了实事，这种看法不全面。现在有些地方办了那么多包装企业，他们需要技术上的指导，需要新技术、新产品开发信息，尤其是需要有价值的信息；他们需要我们帮助他们推销产品，打开和占领市场，他们更需要我们帮助他们协调价格，以使大家处在同一起跑线上平等竞争。这些，作为我们行业组织都做了没有？我看这还并不到位。这就需要我们各地协会和我们的专业委员会、分会具体负责的同志们去思考。对一个企业来说，如果你三年五年不上一次门，不给人家提供有用信息，没有给人家任何形式的服务，上门就收会费、就收钱、就吃饭，人家能欢迎吗？我想一定不会。至于服务的范围和深度，这要有个循序渐进的过程，这是对我们工作人员素质的检验，以其昏昏，使人昭昭是不行的，打铁首先要本身硬。为企业服务的内容是很多的，也是具有实际意义的。希望各地各级行业组织，要从这方面起步，这是我们的立足之本。中国包协有专家工作委员会，各地各级行业组织旗下也都聚集了一批专家和有用的人才，要充分发挥他们的作用。如果他们都变得无声无息甚至无用武之地了，我们的行业能有大发展吗？如果反之，我们行业则一定会持续、稳定、健康地发展下去。

第四是各地各级包装行业组织要在"九五"初始，协助地方政府和各部门调整好包装这一配套行业的结构和布局。

今年是"九五"规划实施的第二年，去年全

行业发展势头很不错，但“八五”期间在包装工业发展中存在的诸如产品质量不高、原辅基材开发缓慢、质量不过关、产品和行业布局结构不合理、盲目上马重复引进、生产能力过剩等情况还比较严重。这会给今后行业的发展和改造带来很多障碍。造成这些问题的主要原因是由于不掌握市场动态，更不了解产品的供求信息，不跟着市场走。而是跟着感觉和臆测走以及急功近利的结果。在某种程度上行业组织应是会员单位和行业企业的耳目或助听器，只要你反馈给企业的信息是准确的，你给予的指导是正确的，上述现象出现的机率就会大大降低。行业组织做到了耳聪目明，企业就会发聩振聋，不会再走弯路了。要做到这一点，首先要求行业组织自身和我们的工作人员，要对本地区、本专业以及相关地区、相关专业；本地市场、国内市场、国际市场的情况都要有底数。虽然不能说是了然于胸，至少应该是心中有数，否则你怎么指导，怎么服务？在这方面也要从基础做起，先做到熟识本专业本地区的情况，然后再逐步拓展，同时要借助现代化的手段，同时要学会嫁接，要学会利用一切有利的条件，否则时间不等人，也会时过景迁。

以上我们提到了几个方面的工作，哪一件干好了，都是一大德政。希望今天到会的秘书长同志们要认真开展工作研究，只要研究透了，工作方向明确了，再加上乐业和敬业，我想我们行业管理工作会大有起色，一定会得到各方面的认可和赞许。

(三)谈谈协会工作方法的问题。

我们大家经常挂在嘴上的话是，协会是助手，是纽带，是桥梁，这就是协会定义的内涵。既然有了这样的内涵就有个如何开展工作，遵循什么样的准则问题。我们协会的会风邱会长早已提出，是“团结、协作、创新、求实”。我们发展行业的原则是“包装工业大家办，包装工作大家做”。前几年我记得有人对“大家办和大家做”提出了质疑，认为这样会产生管理上的无序。我们认为这种观点只看到了问题的表面，而不了解我们这个大配套行业的特性。同时持这种观点的同志也是对市场经济规律研究的不透彻。应该肯定包装行业首先是一个配套行业；其次是因为它又是一个跨产业的横向型的行业。在我们实行计划经济的岁月里，尚没有哪个部门将其统起来自行运作，我们现在搞社会主义市场经济，企业面向市场，行业自然也是面向市场。包装又分散在众多部门和行业，也是无力独自统起来。只有行业的自愿联合才是大家的主动选择，这也正是我们行业组织能存在并不断发展的关键所在。这就是说，还是要大家办，大家干，而且是大家走到一起主动地办和积极地干。正是因为如此，所以才要求我们在发展包装行业整体指导思想和大原则下确定我们具体开展工作的方法。我们总结了四句话供大家参考，第一是“上通下达两满意”；第二是“有机配合都受益”；第三是“外引内联是大计”；第四是“循序渐进走下去”。

所谓上通下达，就是要禀承政府的旨意，把政府的方针、政策及一些法律法规性的东西传达落实到企业，使企业的行为既符合政府的宏观战略，又适应市场经济规律；反过来就是要把企业的愿望和要求反映给政府，使政府了解企业的实际情况，了解行业的实际情况，从宏观的角度去为企业和行业服务。如果企业在适应市场经济需要的前提下，按照政府的要求得到了发展，而且也取得了理想的效益，企业一定是满意的；同时，政府意图得到了贯彻实施，使经济得到发展，增加了财税收入，政府也一定满意。

所谓有机配合，就是要在发展行业自身的同时，一定要考虑到相关行业，二者要相互协调配套发展；另外，就是在发展包装生产企业的同时，也要考虑到包装产品的使用企业；也就是说既要和相关行业有机配合，还要和相关企业有机配合，这样才能使本行业及企业与相关行业及企业在发展包装和使用包装上都受益。

所谓的外引内联，就是要通过协会，促使企业能把国外的或本地区以外的先进技术设备以及先进的管理办法引进来为已所用，以便提高发展质量和加快发展速度；加强本国、本区域或本专业的内部联合，形成合力优势，形成规模效益，这是我们行业和行业内企业的发展大计。

所谓的循序渐进，就是因为我们现代包装工业发展的历史不长，我们行业实行行业管理的历史也不太长，在国内又没有特别成功的案例可以借鉴，我们国家又刚刚开始建立社会主义市场经济体系，我们的各方面改革还没有完全到位，各方面的关系尚待逐步理顺，也就是说我们要进行行业管理和实行真正到位的行业管理，还不具备完全充分的条件。而这就需要我们去探索，去开拓，无论是趟到哪一步，我们作为配套行业，一定是要配合国家改革的步伐，顺应企业的改革与发展。这就要求我们必须是循序渐进地走下去，绝不能停滞不前。走在前面的要积极稳妥地开拓进取；走在后面的要稳健而又快速地打好基础迎头赶上去。归结一句话就是切忌坐而论道——只说不干或者是常说不干！

最后请允许我代表中国包协和这次与会的全体代表，对海南省政府、省工业厅、省包协及有关部门的领导和同志们表示衷心感谢！谢谢大家！

及早构建中观调控体系

中国包装技术协会副会长兼秘书长　谢荣全

一、改革的现实需要中观调控层

众所周知，当前的改革正在推动政府职能的转变，政府职能转变后，其职能主要是控制国民经济全局的总量，从事宏观调控。企业职能是在市场调控下从事生产经营和成本核算。政府对企业的管理是通过市场管理进行的。企业一方面接受政府的宏观间接调控，另一方面接受市场的直接调节。这种来自政府的市场的调控方式，对处于市场经济中的企业而言，自然比直接由政府调控进步了很多。根据历史经验，借鉴东西方发达国家成功地操作市场经济运行的做法，这种双行机遇调控方式仍然不是完整的调控方式，还需要有一个中层次的调控——中观调控，来加以完善。

1. 在市场和政府出现调控失灵时，中观调控可以起补充作用。

就社会资源而言，在市场经济中是通过市场调节得到优化配置的。但是，市场调节也不是无所不及的，市场不是理想的，也存在着市场调控失灵的现象：

在垄断的情况下，市场的某个供给和需要者可以控制市场价格，导致市场价格无法反映供给和需求的变化，使价格机制的作用受到破坏，从而使市场的调节机制失灵：

当存在外部效应的条件下，市场价格不能正确地反映成本或收益，市场不能准确地发出信号，市场调节也会失灵；

市场的供给者和需求者彼此是独立的，相互是依靠契约关系和市场规则联系在一起的，如果某一部分市场参与者为了自身的利益破坏了契约关系和市场规则，市场调节也必然失灵。

因此，当以上这些情况出现时，必须依靠政府的干预和管理，才能纠正市场调控失灵的现象。但是，政府对经济的调节不一定都能改善经济的效率。这是因为由于在政府部门中没有一种压力能像企业中市场惩罚的压力那样推动人们提高效率，所以：

政府往往缺乏效率；

政府部门对决策的成本和收益缺少认真核算；

在作出经济决策的时候，政府难以掌握充分的信息，即使能够掌握充分的信息，也不一定能作出准确的决策，即使作出准确的决策，也难以掌握政策实行的程度；

目前绝大多数社会经济资源如资金、物资、人才、信息等掌握在政府官员手中，尽管大多数政府官员能够按章办事，但也有一部分官员会从事寻租活动，作出一些违背实际的决断。

在以上这种情况下，都可能产生政府调控的失灵。

当市场失灵时，可以通过加强政府的干预和管理来纠正；那么，政府失灵时怎么办？只能通过中观调控来缓和补充。

中观调控的职能主要是进行交易协调和战略管理。首先是可以对市场交易进行协调，起市场调节不能起的作用。其次是可以对受其影响的企业进行战略管理，起宏观调控不能起的作用。这样，既可在一定程度减轻市场调控失灵造成的负效应，又可缓冲、协调政府调控失调造成的对企业的损伤。第三是由于中观调控不仅可以起到对宏观调控的补充，而且它是经济运行过程中的有效的主要预警系统。因此，中观调控是市场、政府可能出现调控失灵时必要的中间缓冲的补充层次，也是一个必不可少的层次。

2. 在实行政企分开，政府职能转换后，在政府与企业的关系中，需要介入中观调控。

在政企分开后，从对企业的直接管理转向对宏观经济的调控，管理的范围主要是：

弥补市场调节的不足和缝隙，在市场失控时，采取法律、行政手段对部分资源配置进行直接干预，以矫正市场；

矫正调节可能出现的偏差，在市场缺损的状态下，通过有关管理法规和有关制度的调整，消除市场机制的缺损；

强化市场调节的积极效果，有利于市场机制的正常运行，并且还要体现和反映社会利益或社会效益。

总之，政府的宏观调控主要表现为对市场的调控，并通过市场来引导企业。

政府只专事调控市场，丝毫不管企业，在我国实质上只是一种模式。在实际运作中政府不可能不管企业，像我国这样国有企业占主导地位的国家，要政府丝毫不管企业是难以想象的。特别是建立现代企业制度后，国家作为主要股东，将委派许多代表进入企业，掌管许多国家股占主要份额的企业，要彻底割断政府与企业的脐带是很难的。因而，在这种特殊国情下，政企分开后，既要保证政府不再以行政手段直接管理企业，使政府的职能主要用于对市场的调控，又要照顾到政府对企业的关心，唯一的办法是加强中观层次的调控，用以协调政府与企业的联系。这种中观调控，既缓冲政府对企业直接管理，又满足政府对企业的关心。

二、及早构建中观调控体系以消除该环节滞后改革与发展带来的阻碍

根据第一部分分析，随着改革的进行，政企分开后，应当建立三个层次的调控；宏观调控、中观调控、微观调控，形成一个完整的调控体系，使企业、政府有效地运转。政府的职能是宏观调控，市场的功能是微观调控，那么何谓中观调控呢？目前我们中观调控的体系没有完善建立的副作用是什么呢？中观调控的职能由什么样的组织来承担呢？这些问题需要逐一作出论述。

1. 所谓中观调控，实质上是属于在市场经济大的管理体系中，介于宏观经济和微观经济管理之间的中观经济管理范畴。

在传统的中国经济中，是由中央专业部委和地方专业厅局负责所谓的中观调控的。中央专业部委和地方专业厅局是政府部门，它们是担负着政府的职能运行的，它们的调控实质上是政府宏观调控的组成部分，确切地说，根本不是中观调控。

按各种管理范畴在社会经济管理中的地位而言，行业按其地位及本质恰好正处在这个环节上。确切地说，行业管理就是中观经济管理，它不仅仅是一个环节，而且是一个体系，同时也是一种体制。这种体制在我国的出现，标志着一种时代的变化，即部门管理旧时代已经基本结束，行业管理的新时代已经开始来到。

行业管理所处的地位和内在本质决定着它具有以下基本特征：

第一，行业管理是一种“群体型”的管理。

行业是由许多相同或基本相同的企业通过程序而组织起来的群体。这个群体一旦在自愿和互利的基础上组织起来，就要选举产生领导机构，相应地开展本行业的管理工作，由于这个组织背靠的是本行业这个群体制，因而它要为这个群体服务，所以它具有鲜明的群体性。

第二，行业管理是一种“民主型”的管理。其民主性体现在：首先参与管理的主体不再是政府，而是由一个个企业通过民主程序而组成的行业组织。行业组织不会对会员下达任何一种形式的指令，更不会强迫会员企业去执行。一切行业管理的方案和方法都是在民主协商的基础上产生的；其次行业组织是一个自律性组织，无上级，有行政法规，自觉行事。

第三，行业管理是一种“开放型”管理。其在管理对象上是多元的、开放的。行业管理打破了块块分割和条条独统的局面，相应地克服了地区封锁和行业垄断的状态，从而可以在全国范围内实行全行业的开放管理，真正克服了过去那种由部门管理所形成的能管理全国却不能平衡全局的弊端。

2. 我们国家在十几年的经济体制改革中，为什么会经常出现宏观调控不理想和企业经济效益不佳的现象呢？就是因为没有相对稳定的中观管理层次。

正因为没有构建好这种中观管理层次，使得政府只注重自己的改革，而企业更是围绕自己的“小社会”兜圈子。这就造成：

政府在改革自己的同时，势必要求企业适应其管理方式。要求企业按照政府的意见，而不一定是市场规律去行事；

企业改革自己的同时，势必要求政府在大多数通道上都开绿灯，找自身的原因少，找政府和政策的原因多。久而久之，便不能适应市场经济对企业自身素质的要求；

正因为二者都在自己的体系内兜圈子，长此以往就造成政府觉得企业几乎成了包袱，改不好的原因在于企业；对企业而言，则觉着处处受“婆婆”有形或无形的制约，政府成了企业自身改革的障碍，只要政府改好了，自身自然就改好了，把希望完全寄托在政府的改革上；

正是因为二者都寄希望于对方，问题长期得不到解决，企业的“离心倾向”越来越大，政府的“包袱感”则越来越强。

出现上述问题的原因，就是没有解决好中间缓冲和沟通的环节。

通常市场经济体制国家干预企业的手段有两种：一种是法律，一种是章程。法律是国家的意志，章程是当事人的意志。矛盾的产生在于两种意志的不沟通。中观管理层次（行业管理）正是起到对各方意志的沟通作用。首先沟通政府与企业之间的意志，缓冲两种意志之间的矛盾，使企业能按政府的宏观意志去办事，而又能使政府充分了解企业的意志，尽量做出符合市场规则和企业愿望的决策；其次，中观管理层次可以沟通众多企业之间的意志，使其达到互通情况、把握市场的效果；第三，中观调控层次能够在一定程度上规范政府经济活动的界限和宏观调控的范围，防止权力进入市场权钱交易，破坏公平竞争行为。仲裁、协调、维护众多企业的意志，使它们按照公平竞争、平等互利的原则达到各自的期望值。

3. 中观调控的职能必须由中介组织——行业协会（或其他形式的经济中介组织）来承担。

这是因为担负中观调控的组织必须具备几个条件：

一是具有实施中观调控的手段；

二是必须具有承上启下的协调功能；

三是能够接受市场信号并能作出迅速反应的功能；

四是没有自身利益的介入，具有“公正、公允、公利和服务”的功能；

五是能纵观全局、平衡全局的功能。

按此五项条件，只有行业协会完全具备了这种功能。

通过第二部分论述可见，要使改革和发展能顺利进行，必须及早构建中观调控体系，以清除由此环节的滞后给改革与发展带来的障碍。

三、清除构建中观调控体系的障碍性因素

1. 如果通过行业协会、商会这类中介组织实施行业管理，完成中观调控的任务，仍然存在不少问题。

突出表现为三个关系不顺和一个不适应：

一是地位不顺。由于政企还没能完全分开，企业仍然依赖政府，期待政府解决一些问题，二者关系不顺，与之并行的一条路没有断，所以行业协会和中介组织这座桥也没人走；

二是职能不顺。现在我们政府机构仍然庞大，权力集中，好多行业协会是政府派生出来的，是政府部门的延伸，官方色彩浓，削弱了对企业的吸引力；

三是体制不顺。行业协会本身应是跨部门、跨地区的民间团体，但实际目前没有跳出部门管理的框框，没有实现真正意义的行业管理。

四是行业组织的结构和人员不适应。如若现在真正让行业协会来实施行业管理，对于很多行业协会等中介组织来讲，仍有很多不适应。因为其组织机构是政府部门的延伸，人员又大多数来自政府部门，在管理上还不适应“群体型”、“民主型”和“开放型”的管理方式，所以很难实施市场经济条件下真正意义上的行业管理。

正因为存在着“三个不顺”和“一个不适应”，目前不少行业协会都存在着名不符实的状况，有的甚至已降为联谊会，名存而实亡，没有实现有效的行业管理。这些问题的存在不是政府部门不支持协会的工作，也不是从事行业协会工作的人不努力，而是因为我国经济体制仍处于转轨时期的特殊状况决定的。从当前看，我们国家的政企实际上还没有完全分开，而政企分开的程度又决定着行业管理的地位和作用。可以肯定地说，在政企不分的时候，这种行业中介组织没有存在的必要，实际上已是一条被“闲置的桥梁”。只有在政企真正分开的时候，才能显示出行业中介组织的积极作用。因此，说到底，行业中介组织真正能够发挥作用，有赖于社会主义市场经济体制的建立。转过来社会主义市场经济呼唤着行业管理，呼唤着中观调控。

2. 政府机构改革未能取得应有成效，机构臃肿、效率低下问题基本上没有改变。

在某种意义上讲，就改革现有经济体制而言，不得不承认它是一个管理权力再分配的过程。长期以来，由于部门的割据，国家的权力逐渐变成“我家的权力(本部门的权力)”，使其让出某部分权力，无疑是一个不情愿而痛苦的过程。也正是由于部门割据和权力的封锁，就导致在权力上少一权不如多一权，在做事上(尤其是服务和协调、承担和责任的事)就多一事不如少一事。因此，要政府部门把那些“不应管也不便管”的事(实际上权力)转移出去的时候，来自各方面的阻力是很大的。因此，就形成了维护部门、地区利益的条块分割状况。到目前为止，这些状况不但没有解决，有些方面反而加剧了。也正是由于这样，造成了中观调控体系构建过程中的巨大阻力。

3. 由于我们过去实行的是计划经济，企业靠的是政府，长期处于“婆婆”约束下的麻木状态。现在刚刚开始搞市场经济，大多数企业还处于“刚刚苏醒”期间，面临市场经济对企业的要求，需要逐步适应，各方面也亟待提高。

如果说让企业完全不依靠政府势必要多一个渐进的过程，因此，有时企业有了困难出了问题，往往不是“靠市场”，而是“找市长”。正是由于这样，即使是有“桥”可走，也不如走原来的“路”来得稳当和保险，更何况出了问题政府还可以兜着。

综上所述可知，正是由于来自上述方面的障碍性因素，要想构建中观调控系统，尚不能一步到位，需要有一个过程。有些学者提出，只要政府和企业两方面都改好了，中观调控体系也就建立起来了。对于这种观点，笔者不敢苟同。我认为应该是三方面同步进行，如果长期缺乏中观调控层次，势必要造成宏观和微观两极矛盾的富集，达到一定程度产生激化，以致改革的失败。所以，须从速消除构建中观调控体系的障碍性因素，建立起既适应社会主义市场经济管理需要，又符合中国国情的中观调控体系，及早达到经济发展的宏观调控、中观补充、微观搞活的和谐运行状态。

包装行业三资企业的发展

在第一届全国包装三资企业发展研讨会上的讲话

谢荣全

改革开放十几年来，在我国建立了大批的三资企业，在我们包装行业也是如此。这些企业的建立与发展对改变我国包装业的落后面貌，对促进我国经济的发展起到了很大的推动作用。为总结十多年来包装企业发展的经验与教训，向三资企业介绍我国改革、开放的新决策、新法规，就当前三资企业所面临的实际问题进行研究和探讨，了解包装三资企业在发展中还存在哪些问题，对行业协会及政府有哪些要求，今后行业组织应如何为三资企业服务，应如何做政府与企业之间的桥梁，等等。总之，我们想通过这种形式的座谈研讨，来了解企业的愿望，来了解企业的困难，然后再向政府有关部门反映，以达到替企业排忧，做政府的参谋助手，起到桥梁作用。

下面，我想谨就与这次会议有关的问题讲四方面的情况：

一、合资经营企业的产生与发展；

二、包装三资企业近些年的发展与我们招商引资的情况；

三、本世纪末到下世纪初中国对外经济关系；

四、中国包装行业的发展和包装三资企业在下一步发展中应注意的一些问题。

一、合资企业的产生与发展

1. 第二次世界大战前合资经营企业的产生。

从定义上讲，合资经营企业是在资本主义上升到帝国主义阶段，随着大规模的工业生产和资本输出的扩展和经济发展而逐步产生和发展起来的。大家都知道，资本输出是和帝国主义对外掠夺与侵略相联系的。第一次世界大战以前，当时的英、法、德等先进的工业国家都具有大量的资金和技术，向其本土以外进行了大量的投资，在其殖民地盘上建立企业，利用当地的资源和廉价的劳动力，经营矿藏的采掘和种植经济作物，是殖民地的主要经济掠夺者。这些老牌工业国家的直接投资，促进了加拿大、美国、俄国、日本、澳大利亚等一批新工业化国家的兴起。它们在当地建立了矿产资源和石油的采掘工业，发展了纺织、化学、冶金等轻重工业，改善了多种公共事业。另外，还培训了大批的当地技术人员。这些后起的工业化国家由于先进的工业化国家的直接投资(其中也包括相当一部分合资企业)，得到了迅速的发展。与此同时，一些工业先进的国家在亚、非、拉殖民地和其它经济落后地区也建立了子公司和外国公司，这是在这些地区的主要投资形式。除了石油和矿产开发和种植园的经营外，也有一定数量的加工工业。

第一次世界大战以后，随着民族意识的觉醒，外国公司遭到了当地人的抵制，要求没收外国企业和要求参加管理的呼声强烈。迫于形势，外国资本家作出了一些让步，又加之在自然资源开发、原材料的采购、当地市场的控制、劳动力的雇佣等方面，没有当地政府和人们的合作也是不好办的。因此，他们采取雇佣当地代理人，向所在国的民间发行部分股票等办法，来缓和当地人的对抗。这就出现了形式上的合资企业，而其实际上的经营权仍牢固地掌握在外国资本所有者手中,当地投资者仅参与了少量股权,只分享少量收益。

苏联十月革命的胜利,世界上诞生了第一个社会主义国家。列宁为了改变国内极度困难的状况,主张实行租让制,同西方资本主义国家一起建立合资企业。但是列宁的这一正确主张却不能被当时的许多人士甚至一些苏维埃的领导干部所理解。为此,列宁反复地进行这方面的宣传教育。当时,苏联颁布了《租让法令》和《关于开展合资合营企业的决定》。外国投资者可占股份的49%,苏联的股份不低于51%。在人事方面可以允许外国投资者担任总经理和总工程师等职务。外国投资者可用设备和技术专利等入股;苏方可用其它不动产、资源等入股。据统计,1922—1925年的三年时间里,这种合资企业共办起了数十个,连同其它形式的合作经营(如租让企业)共达到200多个,吸收外资达到几千万金卢布,主要从事对外贸易和工业生产,比如苏美贸易公司、苏英木材公司、苏德五金公司等等。但是列宁1924年逝世以后,租让制和合资经营都得不到支持。从1928年起,这种政策便趋向结束。1930年,在斯大林主持下,苏联政府通过决议,取消了这一国家资本主义形式的租让制和合资企业。

2. 第二次世界大战以后合资经营企业的发展。

大家都比较清楚,二战后,虽然大大小小的局部战争不曾中断,可从世界范围看,正是由于第三世界新兴力量的成长,美苏为争夺霸权,力求保持均势,从而产生了一个相对稳定的国际环境,为国际间的投资活动创造了一个前所未有的良好环境。50年代,美国的对外投资额和增长速度都占世界首位,但主要集中在西欧、加拿大及拉美少数国家。60年代初,随着大批跨国公司的出现和科学技术的迅速发展,国际投资具备新的因素,出现了一个新的规模。跨国公司以其巨额的资金和领先的技术,用多种经营方式在世界各地寻找市场。英国、法国、联邦德国、日本、意大利等国在吸收美国技术和资本后,充实了各自的经济力量,建立了新型工业。到60年代后期,由过去资金和技术输入国变为资金和技术的输出国。它们的跨国公司追随美国,争先恐后地向发展中国家进行投资。特别是联邦德国和日本对外投资飞速增长,从1960年至1976年,联邦德国对海外投资增长了3倍多。70年代以来,西欧和日本垄断集团也开始转而向美国投资。一些石油输出国也开始向美国投资。于是,美国国内也出现了较多合营企业。工业发达国家之间建立的合营企业,大多是由于先进技术和国家贸易上的需要。除合营形式之外,资本主义国家间的投资方式,主要是在当地设立公司或按所在国法律立子公司。

自60年代以来,世界政治经济形式发生了剧烈的变化,亚、非、拉诸多国家纷纷宣告独立,并采取措施取消外资独占企业。因此,过去不少的外国合资公司,迅速地转为合营企业。同时,发展中国家为了在坚持主权独立、经济自主的前提下发展民族经济,又愿意采取合营企业形式,吸收外资和使用先进技术。这样,合营企业在世界范围内有了比较广泛的发展,成为当前国际经济交往中一种通常使用的方式。但是合营企业在发展中国家的发展是不平衡的,有些国家合营企业发展的较快,效果也比较好,如拉丁美洲的巴西、墨西哥、阿根廷等,东南亚的新加坡、马来西亚、菲律宾等,南亚的印度等。

比如墨西哥的合营企业,外国投资比例占51%的有2812个,外资占49%以下的合营企业有2044个,两种合营企业共4856个。

马来西亚采取鼓励外国直接投资的政策,外资来自30多个国家和地区,600多家跨国公司对各行各业进行投资,美、英、日三国的投资就占85.7%。

新加坡是个资源缺乏的国家,经过十几年的利用外资、引进先进技术,现已成为工业、金融贸易、旅游、航运等多元经济中心。1967年新加坡颁布《经济扩展鼓励法案》,用减税免税的办法吸收外资,同年底外资项目就达到3234个,外国直接投资占当地投资总额的二分之一。新加坡的经济依靠美国、西欧、日本等资本的"多边卷入"来发展,因此外国垄断集团试图控制该国的经济命脉。新加坡政府采取了三种形式来对付外国对新加坡经济的控制。一是政府直接投资;二是合资经营,即由政府投资的国家企业和外国私人资本合资经营;三是政府同本地私人资本合资经营。这些措施已有成效。新加坡为鼓励外资并加强有效的管理还设立了裕廊工业区,其中493个企业为合资经营,日本和新加坡合资的裕廊造船厂是新加坡最大的造船厂。

印度的经济情况有它的特征,在科学技术和某些经济部门有相当地发展。70年代中期,已拥有4个原子能发电站,能自己制造原子能发电站85%的设备,并进行了核试验,发射了人造地球卫星。农业生产发展很快,粮食还可部分出口。本国的垄断资本集团已经形成,其第二代、第三代都接受过英、美教育并采用西方的企业管理经验,因而为他们之间开展合资经营创造了条件。外国对印度的企业投资是很多的,到1974年3月已近25亿美元,其中直接投资占47%,证券投资占53%。目前仍以英国居投资首位,但比重从1953年占外资总额的83%下降到1967年的48%;而美国则由8%上升到25%;联邦德国居第三位。除英国投资制药和汽车等部门。1957年——1978年,印度政府批准的同外国技术合作项目共达5500余项,其中1/5为合资经营。目前印度合资企业已超过在印度设立的外国分公司和在印度注册的外国独资公司,而成为最主要的利用外资形式。印度政府为了控制外资,不允许外资在金融、贸易、消费品生产等部门投资。另一方面印度也向国外进行投资,到1981年止,印度在发展中国家建立160个合资企业,向国外提供了工业技术设备,扩大了印度的对外经济贸易关系。

在利用外资方面,发展中国家与跨国公司是经过一番斗争的。跨国公司向发展中国家投资,企图垄断生产和销售,甚至操纵这些国家的经济命脉。发展中国家虽然在开发自然资源、增加劳动就业以及提高经济效益等方面获得一些好处,但也认识到对外资如不加以限制,其危害性是很大的。因此采取一系列的限制措施,其中包括将外国公司国有化、分享外国公司的股权并参加其管理、对新建合营企业在股权比例、经营范围、经营管理等方面也作出一些规定。可以说,从60年代后期到70年代的十几年中,不论是股权式的合资企业,还是契约式的合作企业,在发展中国家都取得高速度的发展。实践证明,发展中国家对合资经营只有采取既鼓励又限制的双重政策,在双方都可以接受的基础上,才能取得平等互利的地位。

合营企业之所以能在较短的时期内成为发展中国家吸收外资和技术的主要形式,有以下几个原因:

①合营企业是发展中国家普遍乐意接受的一种投资形式,与外国子公司相比,受到更广泛的欢迎,因为它符合民族主义国家强烈要求当地企业能参加外贸企业的股权和管理的愿望。

②许可证贸易往往包括大量技术转让,这些技术的使用会给受让国家带来困难。从长远看,通过合营企业取得全部技术对受让国来说更为适当。

③发展中国家不熟悉外国经营模式,开始时会有困难;发达国家不熟悉当地情况,也会不适应,利用合营企业的形式可以解决彼此存在的困难。

④合营企业对于财力不大的中小型企业特别具有吸引力。

⑤合营企业是使产品进入新市场的有利途径。外国公司从战略出发,也会欢迎当地企业参加合资经营。

3. 新中国利用外资的回顾。

利用外资,是我国对外经济关系的一个重要组成部分。我们所讲的利用外资,通俗地讲就是借外国的资金,来为我国的社会主义建设服务。在这里,外国资金不只是货币,应该包括货币、生产资料性商品和一般商品。

我国利用外资通常采用的方式可归纳为三种:一种是吸收国外的直接投资,包括办合资经营企业、合作经营企业、合作开发等;一种是利用国外的各种信贷,如外国政府和国际金融组织的贷款,一般银行贷款,发行国际债券以及吸收国外存款等;一种是国外的各类无偿援助。

中华人民共和国建立以来,我国人民在中国共产党的领导下,坚持“自力更生为主,争取外援为辅”的方针,一方面通过自己的力量发展国内的工农业生产;另一方面,对利用外国资金来补充国内建设资金的不足也是很重视的。

但总的说来,我国利用外资经历了复杂而曲折的历程,大体分为三个阶段:

①建国初期,以美国为首的世界主要资本主义国家对我国实行经济封锁和禁运,为了迅速恢复和发展我国的民族经济,50 年代,我国从前苏联获得了折合美元十几个亿的贷款,用于引进一百多项成套项目;与此同时,同前苏联合资经营了中长铁路、新疆有色金属公司、大连中苏修船造船股份有限公司。1951 年,同波兰成立合资经营中波轮船股份公司。1959 年同捷克斯洛伐克成立合资经营中捷国际海运股份公司。但是,1960 年由于前苏联单方面撕毁了中苏贸易合同,撤走在中国工作的苏联专家,废除了科学技术合作项目,逼迫中国还债,中苏合资经营的企业也因此中止了。我国人民在党的领导下,自力更生,艰苦奋斗,于 1965 年全部还清了对苏联的债务。1967 年,中捷国际海运股份公司也因中苏关系破裂的原因而中止。只有中波轮船股份公司保留下来,并得到发展壮大。

②60 年代,我国利用外资形式主要是由设在香港、澳门的银行吸收存款和接受我国银行存款。在对外贸易中则使用延期付款方式。60 年代中期,从主要资本主义国家引进一些急需的石油、化工、冶金、电子和精密机械等技术和设备;70 年代前期,从日本、联邦德国、美国等十几个资本主义国家引进包括化肥、化纤、石油化工等技术和成套设备。其中有相当一部分是用延期付款方式支付的。1962 年同阿尔巴尼亚建立合资经营的中阿轮船股份公司。1967 年同坦桑尼亚建立合资经营的中坦联合海运公司。但由于中阿两国关系恶化,1978 年中阿轮船股份公司中止经营。中坦联合海运公司不断发展并发挥着重要的作用。

50—60 年代,我国利用外资虽有曲折,但作用却是明显的。一是利用前苏联的贷款和其他国家的延期付款引进了一批关键项目和技术设备,对建立我国工业化基础起到了重要作用,很多项目至今仍是国民经济发展中的骨干。二是通过引进项目的建设及办合资经营企业,学到了一些重要的技术和管理经验,培养了人才。三是建立中波轮船股份公司对打破帝国主义国家对中国的海上封锁发挥了作用。我国又相继利用在港澳银行吸收和存款建立和壮大了我国的远洋船队。四是支持了外贸的资金周转,并对国内一些企业发放了小额外汇贷款,对引进技术、扩大出口产品生产起到了积极作用。五是我国同坦桑尼亚经济合作的尝试,不仅双方在运输方面受益,也为坦桑尼亚培养了人才,在一些非洲国家中产生良好影响,对我国发展同这些国家的经济技术合作起到一定的示范作用。

但应该承认,在这一时期,不论是对利用外资的认识上,还是在使用规模、领域和方式上,还是在使用规模、领域和方式上,都有很大的局限性。特别是 60 年代后期,利用外资几乎成为禁区。当然,其中原因是很复杂的。从主观上讲,一是我国经历了两千多年封建统治,商品经济很不发达,自给自足的自然经济思想根深蒂固,加上在帝国主义经济封锁条件下,经过我们自己的艰苦努力,取得了一些了不起的成绩,因此产生了某些无需利用外资的思想。二是我国经历了半封建半殖民地的历史时期,饱受帝国主义的掠夺和欺凌,特别是又深受 60 年代前苏联逼债之苦,产生了利用外资“危险”的思想,不敢用。三是经济建设中“左”的思想影响,特别是“四人帮”的干扰,把很多是非都搞颠倒了,把利用外资看作是向资本主义国家“乞讨”,是与社会主义制度不相容的、丢脸的事。所以一段时间内,除吸收国外存款和使用延期付款外,其他方式都成了禁区。

③党的十一届三中全会以来,党中央在各方面进行了拨乱反正的艰巨工作,在把全党工作的重点转移到社会主义现代化建设上来的过程中,分析了国际国内形势发生的深刻变化,在

总结经验的基础上，适时地作出了对外开放的重大决策。要求彻底抛弃自给自足的自然经济观点，把视野从国内范围扩展到国际范围，同国际经济联系起来考虑社会主义现代化建设问题。

二、包装三资企业这些年的发展和招商引资的简况

1979年7月，我国政府颁布并实施了“中华人民共和国中外合资经营企业法”，在政策上明确了在坚持平等互利原则下，同国外合资或由国外独资兴办企业。当年9月，我国批准了改革开放后第一家与外商合资的企业——福建建侨企业公司，生产热收缩塑料薄膜，由此揭开了我国经济生活的重要篇章。值得指出的是，福建建侨企业公司不仅是我们第一家中外合资包装企业，也是第一家中外合资包装企业，也是第一家中外合资企业。该公司投资总额虽然只有24万美元，外方投资仅9.6万美元，但它对中国包装行业对外开放的影响不可低估。1991年以前，中外合资包装企业(不包括合作与独资企业)共206家，协议外资2.45亿美元，超过了当时中央通过中国包装总公司下达的三项资金(专项、贴息、技措)的总和。从全国各行业来看，1979—1991年我国吸收外资额约相当于同期国家基本建设和技术改造资金总额的49%，而包装行业吸收外资的比例应超过其它行业的比例。在包装行业投资的外商来自20个国家与地区：其中香港最多，达138家，协议外资1.41亿美元；美国20家，332万美元；日本14家，1314万美元；法国3家，202万美元；新加坡9家，1276万美元；澳门6家，756万美元；泰国5家，702万美元；菲律宾、意大利、法国、英国、丹麦、挪威、瑞士、瑞典、澳大利亚等11家，1096万美元。在各省、市包装行业中，兴办中外合资包装企业最多的是广东(56家)，其它依次是福建、江苏、上海、山东、河北、浙江、天津、江西。协议外资最多的也是广东(7024万美元)，其它依次是上海、江苏、福建、天津、山东、北京、河北、辽宁、陕西。

1991年度，全国规模最大的300家外商投资工业企业中，包装行业占20家，1990年度，全国规模最大的500家外商投资工业企业中，包装行业占31家。由此可以看出，包装行业具有一定规模的外商投资工业企业在全国占有一席之地。近3年来，中国和亚洲成为国际经济发展最快的地区，这里投资环境最好，市场较大，回收率高，所以各工业发达国家都积极来华投资办厂，形势越来越猛。据不完全统计，1994年包装行业利用外资近6亿美元，如天津美特制罐有限公司，上海皇冠包装有限公司、广东中山普基包装有限公司等，都吸引了很多资金。

1995和1996两年，招商引资、合作、合营等势头仍然很猛，除东南沿海以外，正在向西南、西北等内陆省份发展。

三、本世纪末到下世纪初的中国对外经济关系

了解这些经济关系，有助于我们更进一步掌握与国外合作的主动权。

1．中欧关系：

欧盟加强与中国的经济贸易关系主要是出于经济利益的考虑，经济关系是核心，欧盟与华矛盾主要是意识形态上的。1995年欧盟制定了《北欧关系长期政策》，其对华新政策的宗旨是最大限度地维护欧盟自身利益，以便在21世纪与美、日三分天下。中国经济迅速发展所显示的巨大潜力深深吸引着欧盟，发展与中国的经贸关系，有利于给欧盟疲软的经济注入活力。

在欧盟中，德国是中国最主要的贸易伙伴。德国占中国外贸总额的比重已达6.1%，是中国在欧洲的最大贸易伙伴；中国是德国在亚洲的第二大贸易伙伴，仅次于日本。德国最大的25家企业已有14家在中国投资建厂，重点在汽车制造、电子工业、化学工业等领域。两国之间不但经济互补性很强，而且技术合作交流领域广阔。因为，目前在六大高新技术产业方面，尽管德国与美国相比不占优势，但德国在汽车、机械、化工等传统工业领域仍保持着世界领先的优势，而这些产业又是中国在2010年前重点发展的产业。可见，加强与德国的经贸联系不但有助于我国避免日美经济依赖过深，而且由

于德国没有美日两国那种害怕中国崛起的戒心,相对来讲德国更愿向中国转让技术。我国更容易实行用市场换取对方某种让步,换取高技术、高精尖产品,而这些技术和产品又是难以从日美两国获得的。由于欧盟是由十几个国家组成的集团,尽管欧盟制定"欧盟对华长期政策",但并不具备实际约束力。对华政策各国态度是有很大差别的,如尊重一个中国的原则和拒绝向台湾出售军火问题,德国政府对此一直明白无误地执行。而有些欧盟国家含糊其辞。与对华友好,同时又是欧盟的火车头的德国发展经贸关系,有利于影响和促进欧盟与华的经贸联系,在互惠互利的基础上达到共同反对美国称霸世界的目的。

尽管中欧有大力发展经贸关系的愿望和潜力,但目前双边的经贸关系与其在世界经济格局中地位很不相称,中欧贸易只占欧盟外贸的1%左右。从发展前景看,由于欧盟目前失业率居高不下,经济增长乏力,又在为形成欧洲货币联盟进行内部调整,无力对外大力投资。从历史、文化传统看,中东欧地区对欧盟企业更有吸引力,可以预计10年内,欧盟难以成为中国最主要的贸易伙伴。

2. 中俄关系:

前苏联解体后,俄罗斯的国际影响力大大下降,经济上元气大伤,短期内也难以恢复。中俄两国的经济互补性很强。一方面俄罗斯可以向中国提供原材料、燃料及成套设备,对能源、煤炭、冶金等方面的工业项目进行技术改造或新建。同时由于中国还有很多五、六十年代的苏联援建项目或引进的设备和军事装备,俄罗斯可以提供技术设备进行改造、改建或更新。另一方面俄罗斯是以重工业为主的工业体系,轻工消费品不发达,中国的日用消费品在俄罗斯有很大的市场。

中国的"九五"规划和2010年远景目标也为中俄两国经贸合作开辟了广阔的前景。长江三峡和黄河小浪底水利枢纽工程的机械设备、核电站的兴建、军事技术的提高均为俄罗斯重工业企业和军事工业企业提供了广阔市场。而对中国来说,有些技术是难以从欧、美、日获得的。俄罗斯的产品难以在其他地区找到如此大的市场,发展与中国的经贸关系,有利于使俄罗斯经济走出低谷;同时俄罗斯的原材料、燃料又弥补了我国产业瓶颈。加强这种互惠互利的经贸合作不但有重大的战略意义,而且有巨大的经济利益。但我们也不能不看到由于双边贸易和结算方式不规范、贸易伙伴缺乏信任等原因,1994年进出口额仅为51亿美元,在中国的对外贸易中占很小比重,双方投资也很少。因此在俄罗斯转轨完成前,即在2010年之前,尽管双方经贸关系有很大的发展前景,但俄罗斯难以上升为中国的主要经贸伙伴。

3. 中美关系:

随着中国综合国力的迅速增强,美国害怕中国成为经济实力最强的国家,变成另一个"苏联",提出了所谓"中国威胁论",并希望借助各种途径和手段牵制中国发展,防止中国过早、过快崛起。但美国不可能全面遏制中国,而只能通过与中国发展经贸关系,实行含有遏制的"融入"战略。这是由于:首先,美在冷战后面对的不只是一个对手,而是包括欧、日、俄等在内的多个对手,美国在冷战后的全球战略核心就是确保其超级大国的地位,如果与中国全面对抗,美国的总体实力也不够。尽管美国的总体经济实力仍居世界首位,但其国内生产总值占全世界的比重已大大下降(1965年为34.3%,1990即冷战结束前下降到24.1%),而欧盟各国国民生产总值的总和已超过美国,日本则在人均产值方面居美国之上。在全球很多问题上,美国已力不从心,不得不求助于盟国的帮助和支持。最明显的例子莫过于海湾战争,盟国出钱,美国出力。但在遏制中国这个问题上,日本、欧盟、俄罗斯从其自身利益出发不但不会支持美国,反而会从中谋利,从而出现扼杀了一个对手,反而冒出两、三个对手的局面。同时,遏制中国必然破坏东亚的力量平衡,有利于日本走上政治军事大国,成为美国所要面对的真正的挑战者。目前,在高科技领域,日本不仅有可能超过美国目前略微领先的一些领域,而且正在威胁美国现阶段优势相当明显的领域。日本实际是美国真正的潜在对手。和平与发展是当今世界的主题,中国的领国,包括东盟也难以站在美国那边,因此全面遏制是难以得逞的。其次,国际竞争是综合国力的较量。美国近年综合国力迅速提高,除了自身结构调整外,很大程度上得益于东亚经济的快速增长。遏制中国就会影响东亚经济增长,最终影响美国综合国力的提高,危及其超级大国的基础。再次,中国是美国开列的十大新兴市场中最大、也是最重要的市场。中美两国经济的互补性很强。从美中贸易的结构来看,中国对美国出口的产品则主要为技术、资本密集型产品。中国的市场对美国农业及航空等产业起着重要的作用。随着中国的发展,电子信息、服务、核能、航空航天等产业均为美国的优势产品提供了广阔的市场。第四,美国遏制中国,又不希望俄罗斯东山再起,就可能把中俄两国逼成真正的同盟,把美国花费了巨大代价的冷战成果丧失殆尽。最后,由于中国是联合国安理会常任理事国、核大国,综合国力将于 2010 年左右居前三位,对于很多不确定因素和重大国际问题如朝鲜半岛稳定、核扩散、环境污梁等问题仍需与中国合作,并争取中国的支持。

4.中日关系:

90 年代以来,中日经济贸易往来呈现不断扩大的趋势,两国的经济上互补关系进一步加强。1994 年两国贸易总额为 478.9 亿美元,出口为 215.7 亿美元,进口为 262.2 亿元。日本是我国第二贸易伙伴,第四位投资伙伴。

日本一直把中国当作潜在的主要对手。无论是对华投资还是转让技术,一直都很谨慎。日美都把中国的崛起和强大看作“威胁”,认为需联手进行牵制和遏制。目前,美国正加强日美同盟,美国在战略上对日本的需要日益大于日本对美国的需要。从 90 年代起,日本就开始对美说“不”,改变过去完全听从美国的姿态。日本加强与美国的关系,一方面是为了抗衡中国以及将来的俄罗斯。另一方面也是为了应付如朝鲜半岛危机之类的不测事件。美国加强日美同盟除了遏制中国的目的外,还有另一方面考虑:对日本的政治企图很不放心,担心日本挑战其超级大国地位,在亚洲构筑排美势力范围。日本虽然在相当长时期内不会脱离日美同盟,但两国今后在经济上的相互需要将逐步减少,争夺和摩擦会增强,尤其表现在对中国市场的争夺及高科技领域的竞争上。日本不会甘于“第二”的位置,也不会甘于“经济动物”,一定会向政治大国、军事大国迈进,政治上美日的密切程度也会降低。美日之间的矛盾,为中国周旋于美日之间,以市场为武器,以经济规模为后盾,发展中国经济创造了条件。

日本自从经历了 80 年代末 90 年代初的泡沫经济后,一蹶难振。从 1992 年以来,GDP 年增长率(按 1990 年价格计)均低于 1%,居所有发达国家之末。特别是通讯、信息、金融服务业等新兴产业已落后于美国,生产率增长也已落后于美国。连一向在汽车、电子等产业中具有的优势地位也荡然无存,甚至在造船、钢铁等某些产业中的竞争力竟开始落后于韩国。日本无论在国内还是在国外均面对着一个非常严峻的局势。同时由于东亚变成日美全球经济竞争的主要战场,中国市场又是重中之重,而且日本在中国市场不仅面对美国的挑战,还要面对欧盟各国,甚至“四小龙”,所以原先不希望投资中国生产的尖端技术产品,也不得不建立生产基地。目前,日本有些电机生产企业已从投资生产一般家电转向投资高技术含量的半导体、微机等类端技术领域。这些类端技术领域将成为日资企业在华投资的重点。

四、中国包装行业的发展和包装三资企业下一步发展需要注意的问题

中国包装工业自改革开放以来,确实有了很大发展,到 1996 年底工业产值已经达到了 1260 亿人民币,16 年来的增长速度平均在 15—20%之间,门类、档次和花色品种都比较齐全,为国民经济的发展做出了巨大的贡献。但是在发展过程中也出现了这样或那样的问题,诸如,结构不合理,区域间发展极为不平衡,有些行业效益低下。基础原材料国产化率低下,等等。这些都要在下一步的发展进程中逐步中予以解决。下面笔者就本包装行业中发展规模经济讲一点看法。

一是要重“质”。现在,有些企业领导对发展规模经济的认识存在着偏差,以为发展规模经济就是扩大企业经营规模。其实,发展规模经济有着丰富的内涵。企业经营规模的大小总与效益的好坏联系在一起。一般说来,扩大企业经营规模固然重要,而更重要的是要看规模是怎样形成的。看规模的内容,看规模扩大后的效益。发展规模内容,看规模扩大后的效益。发展规模经济,不应是低水平产品的简单相加,也不是现有企业的“同类项”合并,而应是在生产要素合理配置和有效利用基础上“质”的转换,“质”的升华,是高起点上“量”的扩张。为此,发展规模经济不仅要注重扩大经营规模,更应注重提高经济运行质量和效益,应从主要依靠上新摊子、上新项目,扩大建设规模,转到立足现有基础,把发展的重点放在现有企业挖潜、改造、充实和提高上;从主要追求社会生产总量增加,偏重产值速度和产品数量,转到以市场需求为导向,注重品种、质量、优化生产要素配置,提高经济增长质量和效益;从主要靠生产要素扩张,增加财力、物力和人力投入,转到依靠科技进步和提高劳动者素质,提高科技进步在经济增长中的贡献份额。二是要适“度”。所谓适度,就是企业生产要素的配置规模和结构与生产力水平相适应,与企业经营者、生产者的素质能力相适应,有利于企业生产要素的优化配置,有利于提高企业投入产出率和经济效益。换句话说,成本最低、盈利最大、有较高投入产出率的企业规模,才是企业的适度规模。

由于经济发展的不均衡性,无法使各类企业都有统一的或共同认可的适度规模。因此应立足国情,全面分析、正确估量决定企业规模的因素,分析对比企业规模方案,从中确定企业的适度规模。首先,要正确估量企业发展所面临的外部条件。把作为发展规模经济主体或载体的产品或企业,放到市场大背景中去评判、分析,既要了解产品在市场上的占有率,更要分析产品的市场需求量特别是潜在市场有多大,生命周期有多长;是处于上升期还是衰退期,是否符合国家产业政策,等等。在此基础上,分析研究企业内部因纱,即企业采用的技术、工艺、管理和组织结构的特性,根据最小因子定律即“木桶”原理,测算出应有和可能实现的规模程度。这才是发展规模经济的科学态度。

三是要并存。企业规模呈集中化的趋势,是工业生产社会化和科学技术发展的必然趋势,但不同规模企业的并存发展也是经济运行的普遍规律。发展规模经济也不能排斥中小企业的存在和发展。

那么,在突出发展规模经济的大气候下,又如何支持中小企业的发展呢?我们认为,这个问题有两个方面:一、作为中小企业本身,要以市场为导向,按照社会化分工和专业化协作的要求,坚持科技进步和强化管理,走“小而专、小而精、小而高、小而特”的发展路子。二、确立开放观念,打破地区、行业和所有制的界限,开展多角经营,发展横向协作,加快企业集团步伐,形成“大而专”、“大而高”、“大而优”的生产格局,从而拉长产业链,增强辐射功能,使中小企业的专业化成为可能,使规模经济效应达到最大化。这样一来,就能使不同规模的企业各得其所,相得益彰,形成优势互补、风险共担、合力增强的利益共同体,把少数规模企业的产品优势转化为主导产业长远的产业优势。

四是要同步:规模经济的发展,是市场因素、企业行为、政府调控三者有机作用的结果。实施规模经济战略,必须统筹兼顾,综合运作,坚持企业改革、改组、改制的有机结合,坚持企业改革与发展的有机结合,坚持企业改革与发展的有机结合,并认真做到以下“三个同步”,才能真正落实到实处,收到实效。

首先是与科技进步同步。规模经济的发展关键在于依靠科技进步,有“大提高”才有“大发展”。规模企业要率先并坚定不移地实施科技进步战略,在产业核心技术的主导下进行全面的技术改造,通过引进、消化、吸引先进技术、改进装备、革新工艺和技术攻关等途径,切实提高企业科技含量和产品品位，把规模企业的发展纳入科技进步型的发展轨道。

其次是与对外开放同步。规模经济是开放的系统，在发展过程中应坚持规模化与开放化相结合，全方位借助外力，联合投产与合作，实现对外开放与扩大规模双轨并进的目的。

第三是与企业家队伍建设同步。实现规模企业的发展，需要有一大批具有经营才干、战略头脑和创新精神的现代企业家。因此以企业家的素质为标准加大对企业经营者的培养力度，建立健全激励机制和约束机制，优化对企业经营者业绩的考核，创造有利于企业家成长发展的内外环境，造成一批能承担发展规模经济重任的企业家。

充分认识质量认证作用
全面推进质量认证工作

国家技术监督局局长　李传卿

党的十四届五中全会提出了“九五”时期和2010年我国国民经济和社会发展的奋斗目标，同时指出，要实现这些奋斗目标，“关键是实行两个具有全局意义的根本性转变”。这两个根本转变，是我国经济体制改革和经济发展的重大战略举措，对于今后15年我国经济能否持续、快速、健康发展具有决定性的影响。质量认证，作为企业提高产品质量，增强市场竞争能力的有效途径，在实现两个根本转变中面临着繁重的任务。

——今后一个时期，经济体制改革的中心环节是，深化国有企业改革，目标是在本世纪末初步建立起现代企业制度。管理科学是现代企业制度的重要组成部分。质量认证，作为企业按照先进的国际标准强化质量管理的基础工作，在建立现代企业制度，加强科学管理中，需要大力推行。

——到2010年，我国要形成比较完善的社会主义市场经济体制。质量认证，作为规范市场、促进经济贸易发展和保护消费者合法权益的重要手段，在建立和完善社会主义市场经济体制中，必须围绕这个总体目标来规范和改进。

——经济增长方式的转变，要求经济发展从主要依靠增加投入、铺新摊子、追求数量，转到主要依靠科技进步，提高产品质量和增进效益的轨道上来。实施质量认证，有利于企业优化资源配置和重视内涵发展，在经济增长方式的转变中，必须进一步加强。

——今后15年经济社会发展的重要方针之一，是坚定不移地实行对外开放，积极参与国际经济大循环。质量认证是发展我国外向型经济，实施“以质取胜”战略的重要条件。为更好地帮助企业参与国际竞争，质量认证必须进一步加快与国际接轨。

国家技术监督局作为统一管理全国标准化、计量、质量工作的综合管理部门，在国务院批准的三定方案中，明确具有依法统一管理全国质量认证工作的职责，同时我们提出了“充分发挥各部门、各地方和各方面作用”的一些措施。

各认可机构、认证机构、培训机构和咨询机构，要切实按第二次全国质量认证工作会议的要求，对照认可准则及有关规范加强自身建设，努力提高工作质量和工作效率，以良好的服务，为开创我国质量认证工作新局面作出新贡献。

改革促进发展　发展需要改革

中国经济体制改革研究会会长　安志文

我国包装工业是在改革开放中成长壮大起来的,在包装行业进行行业管理试点工作也走过了不平凡的15年。

15年前,包装工业在我国国民经济中是一个十分薄弱的环节。行业发展缺乏统筹规划,科技落后,人才紧缺,包装产品质量和数量都难以满足商品生产的需要。因此,国务院决定成立中国包装总公司,以加强对包装工作的指导,并对全行业进行统筹协调,把包装材料和包装加工工业列入国民经济的发展规划。国务院指出,成立中国包装总公司是经济体制改革中的一项新工作,涉及面较广,又缺乏经验,希望认真做好这一工作。

中国包装总公司成立以后,遵照国务院批文精神,以满足国民经济发展为包装行业的首要目标,围绕行业发展开展行业管理工作。实践证明,中国包装总公司在15年中开展的一系列带有改革试点性质的新工作取得了成功。

经过三个五年计划的实施,我国包装工业用15年时间走完了发达国家包装工业近30年的发展历程,成为国民经济中发展最快的一个行业。

改革是我国经济发展最主要的动力。包装工业的发展充分证明了这一点。从包装行业的情况看,目前4万余家包装企业中,四分之三是在这15年内因市场需求兴办的。原有的企业也逐步在市场上重新确立了位置。并且形成以公有制为主体的多种经济形式的企业并存的局面。这是一个因市场需要而产生,随市场发展而壮大的新兴行业。因此,包装行业的企业在市场上进行经济活动时,不但对深化改革和向社会主义市场经济体制的转变有迫切的需要,而且对行业管理部门的服务也不断提出新的要求。我们高兴地看到,中国包装总公司在进行行业管理时,能够依据微观经济放开搞活的程度和社会主义市场经济的进展,不断改善和加强宏观调控,同时注意改善宏观调控形式和手段。通过制定和实施包装行业发展规划、产业政策和投资政策引导行业发展,保持了市场包装供需总量的基本平衡。

15年来,中国包装总公司按照我国经济体制改革的战略目标和部署,积极稳妥地领导包装行业企业事业单位的改革工作,进行了行业管理的大胆实践和自身经济实体建设,取得了较好的成果和经验。这些都需要加以总结,用以指导今后的工作。

我相信,我国包装工业只要坚持深化改革、扩大开放必定能为国民经济在今后15年中持续、快速、健康发展做出更大贡献。

贯彻“科教兴药”战略
提高医药包装行业的整体水平

国家医药管理局副局长　张鹤镛

一、回顾与展望

1. 成就和发展

改革开放以来,我国医药事业飞速发展,形成了基本配套的医药工业体系、科技教育体系和遍布城乡的医药流通体系。这为“九五”及到2010年的长远发展奠定了较为坚实的基础。

作为医药行业的一个重要组成部分,医药包装行业也取得了长足的发展。国家医药管理局历来十分重视医药包装工作,不断从立法、规划、基建、技改、科技、教育、标准化和质量监督等方面加强医药包装行业管理,并从1992年开始实施国家医药管理局第10号令,对生产直接接触药品的包装材料、容器的企业实行许可证制度,规范了药品包装生产秩序,促进了医药包装工业发展。截止到1995年3月底,全国获得许可证的企业为1771个,工业总产值约90亿元,固定资产原值约76亿元,职工总数33万,有工程技术人员2万人,占职工总数的6%。医药包装工业(直接接触药品的包装材料、容器(1994年的产值已占全国医药工业总产值的13.7%,占全国包装工业总产值的13%。目前,已有约占制剂总量67%的药品包装有了不同程度的改进、提高,约占35%的药品包装达到国际80年代末水平。

2. *差距和问题*

在高速发展的同时,我们应当清醒的认识到,医药行业过去走的基本上是一条高速度、低效益、高消耗的粗放型增长的道路,经济总量的增长主要是依靠大量投入、铺摊子、上项目、扩大外延得到的,效益没有与产值同步增长。

与国际先进水平相比,我国的药品包装还存在相当大的差距,落后的包装仍然制约着我国制剂整体水平的提高。(1)在药包材生产企业中,大中型企业仅占7%,其余93%均为小企业,其中固定资产原值不足100万元的小企业就有1037个,占58.6%;大多数药包材企业的硬件,包括厂房、设备、检测仪器等都很简陋,机械化、自动化水平很低。(2)大多数药包材产品的质量、档次偏低,与国际上的同类产品相比,从内在质量到外观规格尺寸、从结构造型到使用性能、从产品的包装到在线质量检测,都存在着很大差距,占制剂总量约65%的药品包装达不到国际80年代末的水平;新的低水平重复建设依然严重,得不到有效的控制。(3)医药包装新产品的研究开发还比较滞后,医药包装行业科技人员占职工总数的比例偏低,整体素质亟待提高。这些问题严重阻碍着医药包装行业的进一步发展,要在不断深化改革中加以解决。

3. *发展目标*

党的十四届五中全会为全国人民描绘出跨入21世纪的宏伟蓝图,根据全国人大八届四次会议批准的国民经济和社会主义发展“九五”计划和2010年远景目标纲要,国家医药管理局动员组织全行业各方面的力量编制了《医药行业“九五”计划和2010年长远规划》。规划提出,医药行业的总体奋斗目标是:坚持党的基本路线,以科技进步为先导,以调整结构为重点,以提高质量效益为中心,到2010年医药行业要发展成为高技术、外向型的主导产业,规划做出了医药工业的发展分两步走的战略部署。药用包装材料(容器)工业“九五”时期的总目标是80%的药品包装实现更新换代,达到国际先进水平。

医药包装“九五”至2010年发展的基本方针是:依法加强管理,坚持引导企业把提高产品质量、加速产品更新换代放在首位,合理布局、大力发展具有八九十年代国际先进水平的药用包装材料、容器、机械,为我国药品和医药包装产品打入国际市场,参与竞争创造条件。药品包装“九五”发展规划提出的目标是:重点解决粉针、输液等药剂包装用优质丁基橡胶瓶塞和易开合金铝盖的生产供应,继续完成改变包装材料、容器结构比例和产品更新换代的任务。要坚持不懈地在全行业强制性的逐步淘汰落后的包装材料、容器和落后的包装工艺,推广具有八九十年代国际先进水平的优质产品;在贯彻国家医药管理局第10号令 基础上,进一步贯彻推行第15号令,即药包材GMP,以便从根本上改变我国药用材料(容器)工业和药品包装的落后面貌。

二、积极推进两个根本转变

《中共中央关于我国国民经济和社会发展“九五”计划和2010年远景目标的建议》指出:实现“九五”和2010年的奋斗目标,关键是实行两个具有全局意义的根本性转变。医药行业规划提出把提高效益作为医药经济工作的中心，要实现医药经济增长方式从粗放型到集约型的根本性转变。即由生产要素数量的扩张向提高生产要素配置效率的转变，必须依靠经济体制改革，形成全行业节约能源、降低消耗、增加效益的企业经营机制，形成自主创新的技术进步机制，形成有利于市场公平竞争和资源优化配置的经济运行机制。向结构优化要效益，向规模经济要效益，向科技进步要效益，向科学管理要效益。

为了实现医药行业的跨世纪宏伟目标，必须实施以下发展战略：

(1)以提高经济运行质量和效益为中心的发展战略。以提高科学管理水平和科技进步为突破口，加快结构调整，合理配置资源，发展集约型规模经济，显著提高经济效益，并加快全行业劳动生产率提高的步伐；

(2)医药产业布局和结构调整的发展战略。在产业结构上，除继续发展化学药物外，要大力扶植医疗器械、卫生材料、制药机械、医药包装材料工业的发展，使其在整个医药业中的比重上升。在产品结构上，要调整原料药与制剂的比重，品种比例由1:2增加到1:3，加快制剂的开发，特别是新剂型、新品种的开发；

(3)大公司、大集团的发展战略。要按照市场经济优胜劣汰的基本法则，对国有医药企业采取“择优扶强”的方针。把改革、改组、改造和加强管理结合起来，重点抓好一批国有(包括国有控股)的大企业，大集团，以资本为纽带，连结和带动一批企业的改组和发展，发挥它们在医药经济中的骨干和辐射作用。

药品包装是药品生产的一个重要环节，包装的水平和档次的高低直接影响着药品质量。只有从整体上提高我国药品包装的水平和档次，才能为我国制剂水平的提高创造条件，从而促进医药行业发展成为高技术、外向型的主导产业。因此，也必须在医药包装行业实行两个根本性转变。

1．要通过健全法规，组织实施行业规章。推行药包材GMP，换发生产企业许可证，淘汰落后包装等宏观管理手段，加强对药用包装材料、容器、机械生产企业的政策引导、行业管理和质量监督，支持重点企业的科技进步和技术改造，引导药品包装行业扩大经济规模，发展集约化生产，克服低水平重复，使医药包装工业真正走上不断提高内涵、质量和效益和集约型发展道路。

2．坚持逐步淘汰落后包装产品，发展推广国际八九十年代的先进产品，鼓励包装材料厂生产、制药厂使用优质包装材料、容器。对合理采用先进、新型、优质包装材料、容器的药品，实行优质优价，采取各种政策和措施促进医药包装水平和档次不断提高。

3．通过制、修订和宣传贯彻药包材产品标准及加强对产品质量的监督、认证、管理，促进产品质量稳步提高，从而保证药品质量稳定可靠，人民用药安全有效。特别是对于推荐鼓励使用的先进、新型包装产品，更要加强质量监督管理，这样才能保证产品的更新换代坚持下去和包装水平的逐步提高。

三、实施“科教兴药”战略

1995年5月，中共中央、国务院召开了全国科技大会，做出了关于加速科学技术进步的决定，号召全党、全国人民实施“科教兴国”的伟大战略。为了在医药行业贯彻落实党中央、国务院的战略部署，国家医药管理局于今年4月召开了全国医药科技工作会议，研究确定了《国家医药管理局关于加速医药科学技术进步的意见》，研究部署实施“科教兴药”战略，加速医药科技进步，把医药产业的发展真正转移到依靠科技进步和提高劳动者素质的轨道上来。

今后10年到15年医药科技工作的主要任务是：(1)加强医药产品、技术创新研究，逐步实现医药工业技术结构向创新和高新技术转移的战略调整。其中，要突破制剂品种和制剂技术的研究开发，提高药物的疗效和制剂的质量，重视优质药用包装材料、容器和先进医药装备研究，增强药品的国际市场竞争能力；(2)积极努力开发医药新产品，加快我国医药产业结构调整的步伐。其中医药装备及医药包装的研究开发要注重引进、消化、吸收国外先进技术,努力创制新产品;(3)推进企业技术进步,加速科技成果转化,增强医药产业综合实力,提高医药工业增长质量和效益;采取有力措施推进企业GMP改造,争取在10年内医药生产企业达到GMP标准;(4)实施跨世纪人才工程,建设高水平的科技队伍,全面提高劳动者素质;(5)建立多渠道、多元化科技投资机制,增加科技投入,引导国有大中型企业的新产品、新技术研究开发费用不少于企业销售额的5%;(6)深化医药科技教育体制改革,建立科技经济结合的新体制,为实现"科教兴药"奠定体制和结构基础;(7)加强党和政府对科技工作的领导。

药用包装材料、容器工业在"六五"至"八五"期间能够取得长足的发展,是与科技进步的推动作用分不开的。十几年来,十多类药用包装材料、容器新产品,如优质药用塑料瓶、易折曲颈安瓿、丁基胶塞、Ⅱ型玻璃输液瓶、优质机制胶囊、软膏用优质铝管、泡罩包装用铝箔、硬片等引进、消化吸收、研制开发成功,逐步替代了落后的老产品;一批药用包装材料、容器生产装备的更新换代产品相继研制开发出来并推广应用,这些都加速了包装材料工业的技术进步。但是,医药包装行业的科技工作比制药工业更薄弱,问题和困难更多一些。如既懂医药又懂包装的复合型人才非常缺乏;制药工业的科技投入严重不足,医药包装行业则更为匮乏;既便是药包材大型企业,工程技术人员的比例也都达不到医药行业的平均水平,职工队伍的技术水平和文化素质都不能适应医药包装产业发展的需要,劳动者的整体素质亟待提高。

医药包装产品和技术的研究开发的落后状况,阻碍了医药包装水平的提高,进而影响了医药产业的发展。因此,郑筱萸局长在全国医药科技工作会议的讲话中,在阐述医药科技工作的指导原则时特别强调,要高度重视医药装备、医药包装产品和技术的研究开发。

医药包装行业迫切需要建立和加强企业的科研技术开发机构,增强企业的研究开发能力;要引导和鼓励企业增加科技投入,逐步使其成为科技投入的主体;要增强企业依靠科技进步的活力和动力,推动企业与高等院校、科研单位开展联合和合作,逐步形成以企业为中心的药用包装材料产品和技术的研究开发应用体系。

"科教兴药",人才是关键,教育是基础。既要充分发挥高等教育及其他各类教育在培训科技及管理人才方面的主渠道作用,同时,要加强继续教育,健全以岗位培训为主的职工教育体系,全面提高医药包装行业劳动者的整体素质。

四、几点意见和要求

1. 医药包装行业涉及玻璃、塑料、橡胶、冶金、机械、印刷等各个方面,药包材企业分属不同的部门和系统,发展医药包装产业既要充分调动各方面的积极性形成合力,又要加强监督管理使其健康、协调发展。为此重申、各省、自治区、直辖市医药管理部门一定要重视医药包装工作,在机构调整中,不要削弱甚至丢掉医药包装行业管理的职能和工作。负责这项工作的机构和人员如有变更,一定要认真地交接好工作;原来没有从事过医药包装行业管理工作同志,要很好学习有关的专业知识,尽快熟悉行业情况和有关的法规、文件、工作程序等,要及时与我局有关部门衔接和联系工作,尽量避免和减少对工作的影响。

2. 我局最近发布的第15号令是行业管理的一项重要依据和规范,第15号令即《直接接触药品的包装材料、容器生产质量管理规范》的贯彻推行是一项既紧迫、又长期的任务。药包材企业达到这个规范的进度目标应和制药企业实施GMP基本同步。推行15号令,既有硬件建设的任务,又有软件方面的要求。在陆续组织制订实施指南的这段时间里,应当采取软件硬件相结合,以软件为主的方针;大中型骨干企业和新建、扩建企业应当带头试行,作出示范,积累经验。

3. 在这次会上以及会后,请各省、自治区、直辖市医药管理部门根据药品包装"九五"和2010年发展规划的目标及下两个年度的重要工作,结合本地区药包材行业的实际,认真研究落实“科教兴药”战略、推进两个根本性转变的措施计划。重点研究如何择优扶强、支持大中型企业进一步发展成为更大规模的企业或企业集团,同时引导、促进有条件、有优势的小企业不断提高水平;研究如何促进、指导医药包装行业、药包材企业重视科技工作,加大科技投入,加强新型、优质产品的研制开发,同时组织好多种渠道,各种层次的职业教育、继续教育、技术教育和培训工作,提高职工整体素质。

同志们,让我们加强医药包装行业管理,加强质量监督,调动各方面的积极性,在“九五”和到2010年期间,依靠科技进步和提高劳动者素质积极推进两个根本性转变,提高医药包装行业的整体水平,促进医药经济持续、快速、健康发展。

认真做好军品包装工作

杨澄宇参谋长在军品包装委员会秘书长工作会议上的讲话

一九九六年九月二十六日

同志们:

军品包装委员会秘书长工作会议今天就要结束了。首先,我代表总后勤部,对中国包协谢荣全副会长和几位秘书长到会指导,表示热烈的欢迎;对中国包协一贯给予军品包装工作的有力指导和大力支持表示衷心的感谢!同时,对总参、各军区、各军兵种、国防科工委、武警部队以及总后有关部门的同志们,给予军品包装委员会工作的大力支持与协助表示真诚的谢意。

这次会议,是军品包装工作归口管理部门调整后召开的第一次秘书长工作会议。两天来,与会同志总结交流了开展军品包装工作的经验体会,收到了互相学习,相互促进的效果;修改了军品包装工作“九五”计划,使计划更加完善、可行。这对于进一步搞好军品包装工作,将会起到积极的作用。

物资包装是国民经济的一个大行业,对国家经济建设有着重要的作用。改革开放以来,我国的包装行业有了一个突飞猛进的发展,每年承担着1万亿元工农业产品和400多亿元出口商品的包装任务。包装工业总产值从1980年的72亿元增加到1995年的1145亿元。物资包装工作同时也是军队建设的一项重要工作,是军队后勤保障和技术保障的一项基础性工作。军品包装作为国家物资包装的一个重要组成部分,整体水平也不断提高。昨天,王宝荣同志对调整归口部门一年多来的军品包装工作做了一个很好的总结,既肯定了取得的成绩,也指出了存在的问题。这两天的讨论发言中,同志们对今后的工作提出了许多好的建议。下面,我就进一步做好军品包装工作,讲几点意见。

一、认清形势,增强做好军品包装工作的责任感

军品包装同民品包装相比,既有共性,又有特性。民品包装主要是一个适应市场的问题,而军品包装的根本在于如何使军品包装适应战场需要。现代条件下,特别是高技术条件下的作战,参战军事装备数量多,物资消耗大,部队机动速度快,对军品包装提出了新的更高的要求。海湾战争中,多国部队依靠先进的包装技术和适用的包装材料、容器,采用集装化和托盘化包装,成功地完成了大量装备和补给品的运送。其中,仅美军就空运物资544万吨,海运物资340万吨和610余万桶油料。它在定下“沙

漠盾牌”决心5个半小时以后，就将第82空降师及其作战物资运抵前线，并在随后的两周内，又运送了各种保障物资45.5万吨。由此可见，先进的包装技术对于实施快速保障、快速机动，有着重要的作用。

我军的军品包装同外军相比还存在着不少差距。这主要表现在：一是军事装备的设计生产与包装不配套。在研制新装备时，往往忽视对包装的要求，造成了新装备的包装先天不足，二次包装的问题十分突出。二是物资器材的包装不合理。在包装技术的采用以及包装材料和容器的选用上，存在着简陋包装、原始包装、不适用包装等问题。我军军品包装耗资在物品总价格中的比例仅为2.5%左右，远低于民品包装占商品价格比的7—15%。由于包装不善而造成的损失和包装破损比较严重。三是物资集装化程度低。集装化、托盘化包装发展缓慢，还不能顺利实施“快速保障”和“综合保障”。四是物资包装技术法规不健全。有些标准不统一，规格杂乱，标志不清，相同产品不同包装的现象还比较普遍。

以上问题的存在，与军委确定的新时期军事战略方针对后勤保障的要求还很不适应。我们应当充分认识到：军品包装是关系到实现“保障有力”和提高部队“战斗力”的大问题，没有科学、合理的物资包装，就难以实施快速高效的贮存和运输。我们必须按照军委新时期军事战略方针的要求，从适应高技术条件下局部战争的需要出发，增强做好军品包装工作的使命感、责任感和紧迫感，努力把军品包装工作提高到一个新水平。

二、健全机构，进一步搞好包装分会的组织建设

军品包装委员会是一个跨部门的组织，对各部门的军品包装工作起着“组织、协调、服务”的作用。因此，做好军品包装委员会的工作，必须依靠各军品包装分会，充分发挥各包装分会的作用。只有各分会的工作搞好了，我们整个军品包装委员会的工作才能搞好。

这些年来，军品包装工作之所以取得了一些进展，做出了一些成绩，其中一条基本的经验就是建立健全了各级包装分会的组织机构。军品包装工作调整以后，我们把“加强组织建设”当成一项首要的任务来抓。自去年军品包装委员会常务委员会会议以来，相继调整和组建了各系统的包装分会，有的分会还召开了工作会议，制订了章程和规划。但工作进展不平衡，一些部门和单位对包装工作的重视程度还不够，组织建设还没有健全，影响了本部门的军品包装工作的开展。

为此，提请同志们注意，要继续加强组织建设。没有建立军品包装组织机构的部门，要力争在今年底以前，将组织机构组建调整好，并建立健全必要的工作制度，加强管理。负责包装工作的同志要积极向部门领导请示、汇报工作，使主管领导了解包装工作，重视包装工作，支持包装工作，以便全面开展好分会的各项工作。

三、制订计划，认真抓好“九五”期间军品包装工作任务的落实

“九五”期间，是军队现代化建设的重要时期。要按照军队建设总体目标的要求，认真抓好“九五”期间的军品包装工作。在去年的军品包装常务委员会上，曾布置了这项工作。经过一年来各部门的共同努力，形成了一个“九五”计划初稿，并提交这次会议进行了认真的讨论修改。这个计划提出的“九五”期间军品包装工作的指导思想、总体目标和任务，大家认为基本上是可行的。“九五”期间的军品包装工作，要以新时期军事战略方针为指导，以保障打赢高技术条件下的局部战争，加强装备和物资的包装为立足点，注重包装科研，发展包装技术，通过包装新材料、新技术的研究和包装标准的制订，提高军品贮存、运输包装水平。

为落实好军品包装工作“九五”计划，希望同志们注意抓好以下几点：

落实“九五”包装计划，要突出重点，分步实施。“九五”期间，军品包装的工作任务很重，需要做的工作很多。因此，必须坚持统筹规划，合理布局，协调发展的原则，集中力量抓重点。从全军来看，要重点抓好那些三军通用、量大面广的物资和骨干装备的包装，并注重研究军品包装中迫切需要解决的关键技术，如物资运输集装化，物资供应包装组合化等科研项目，制定通用性包装标准，加强对重点方向、重点部队军品包装研究等问题。从各包装分会来讲，要依据新时期军事战略方针，按照“九五”包装计划的要求，确定本系统军品包装的重点，区分轻重缓急，分步加以实施。

落实“九五”包装计划，要加强科研，依靠科学技术。军委江主席指出：“军队要实现现代化，必须依靠科学技术的进步。”应该看到，我们的军品包装在设计思想、选材用料、包装工艺、包装技术上与发达国家军队相比还存在着一定的差距，有的甚至还落后于民品包装。要尽快缩小这个差距，必须依靠科技进步，积极开展包装科研工作。要加强包装发展论证和基础理论研究，加快研制包装技术、新材料，抓紧制订军品包装国家军用标准。力争在“九五”期间，完成一批上水平、上台阶、技术含量高、科学适用的军品包装科研成果，提高军品包装的整体技术水平，适应高技术条件下局部战争的需要。

落实“九五”包装计划，要引进和借鉴国内外先进的包装技术。要在学习、消化、吸收他人技术的基础上认真加强改进和提高，创造出适合我军物资保障特点的军品包装技术。这样，既可提高我们包装科研的起点，又可克服低水平重复研究，少走弯路，赢得时间，节约经费，提高效益，以充分发挥有限人力、物力、财力的作用。

落实“九五”包装计划，要大力推广应用科技成果。军品包装科学研究的最终目的是将成果转化为保障力、战斗力。我军在包装科研方面已经做了大量的工作，“八五”期间取得了60多项科研成果，其中，不少成果具有先进性、新颖性。各包装分会要结合本部门实际，制定科研成果推广计划，实现规模推广，产生规模效益。

落实“九五”包装计划，要加大投入。加大投入，要依靠各部门的共同努力。各部门要舍得拿出一些经费，开展包装科研和包装业务工作。要把包装科研工作纳人本部门的科研计划，统筹安排，统一管理。

四、加强学习，培养高素质的军品包装人才队伍

江泽民主席在纪念“七一”座谈会上的重要讲话中，号召各级干部要“刻苦学习，勤奋敬业，不断加强知识积累和经验积累，具备做好本职工作的专业知识和能力。”军品包装工作涉及的知识面较广，这就要求我们包装管理人员和科研人员要不断地加强学习。在学习政治理论的同时，要学习包装的专业知识和业务知识，学习包装领域的高科技知识，学习国内外先进的包装技术，积累包装工作的经验。

现在，我军包装技术力量还比较薄弱，缺少必要的专业包装技术人员。希望各有关单位要积极采取措施，多层次、多渠道地加强包装人才的培养，努力造就一支技术水平高、业务能力强、思想作风好的跨世纪军品包装骨干技术队伍，为军品包装的发展打下坚实基础。

今天参加会议的各分会秘书长及与会同志，更要认真落实江主席“讲学习”的指示，不断提高自己的政治素质和业务能力，更好地履行职责，积极宣传、贯彻、执行国家、军委、总部关于包装工作的方针、政策，调查研究本业务系统的军品包装情况，向业务主管部门提出包装改革的建议，组织开展包装工作经验交流，抓好包装人才的培训，认真搞好分会的各项工作。

这次秘书长工作会议，是一次分析形势，总结经验，交流情况，制定规划，落实工作的一次会议。我相信，这次会议的召开，对军品包装工作必将起到积极的促进作用，使军品包装工作再上一个新台阶，取得更大的成绩。

抓住机遇　深化改革

促进包装工业持续、快速、健康发展

山西省包装协会会长　张树彬　（摘要）

(一)包装工业稳步发展

我省包装战线上的广大干部和职工面对市场的激烈竞争,在原材料紧张和价格不断上浮的严峻形势下,认真学习邓小平同志建设有中国特色社会主义理论,以改革为动力,在加强企业管理和充分挖掘潜力的基础上,认真调整产业结构,保持了包装工业稳步发展。1995 年全省包装工业总产值达到 12 亿元,实现利税 9770 万元,分别比 1991 年增长 200% 和 291%。主要产品产量和品种都有所增加,产品质量也有了大幅度提高。这对于全省实现“八五”奋斗目标,起到了积极作用。

(二)包装改进工作成绩显著

包装改进一直是包装工作的重点。我省的包装改进工作,在全国包装改进办公室和省经贸委的正确领导下,经过各行各业职工的共同努力,累计取得减损、增收、节支 2 亿元的经济效益。我省的 22 种重点包装改进产品的破损率达到或接近国家要求水平。为此,我省的包装改进工作受到全国包装改进办公室的表彰。

由于包装改进工作的影响。使越来越多领导部门、生产企业和消费者体会到包装改进工作的好处,激发了他们对包装改进工作的积极性。太原市在牛奶采用软包装之后,酱油和醋也全部改用了软包装。它不仅使消费者感到卫生、方便,而且也给企业带来了效益。杏花村汾酒厂股份有限公司注重包装改进工作,五年取得经济效益 1000 万元。

(三)积极推动包装的技术进步

我省共完成中国包装总公司,省经贸委安排的包装技术改造项目 9 个,投资总额 7754 万元。全省新增各型瓦楞纸生产线 5 条,E 瓦彩面盒生产线 1 条和 3 条达到国际先进水平的酒瓶盖生产线。这些项目的投产,可以使我省包装工业的面貌发生较大的变化,全省新增产值 2.9 亿元,增加利税 5186 万元。包装工业的实力得到进一步加强。

(四)行业管理工作有了新的进展

包装是一个新兴行业,管理工作十分薄弱。在省经贸委直接领导下,根据国家的有关要求,加强了包装行业的管理工作。为顺利完成包装行业“九五”奋斗目标,奠定了基础。

1 是制定了《山西省“九五”包装改进规划》和《山西省“九五”技术改进规划》。组织召开了山西省“包装企业评价细则”研讨会。完成了山西省“九五”产品产业结构筛选项目工作。

2 是为了使包装企业有法可循,包装管理部门有法可依,起草了《山西省包装物标识注册管理规定》。在广泛征求省内有关部门和包装企业意见的基础上,进行了 7 次修改。在彭致圭副省长、孟立正副主任和省经贸委领导的关心和支持下,该规定已纳入《山西省九六年经济立法计划》。这一思路和举措受到了中国包协的肯定并在中国包装协会 96 年全国秘书长会议上做了交流。

3 是根据假冒伪劣商品利用包装进入流通领域的特点,在山西省打假领导小组的支持下,成立了“山西省包装行业打假办公室”。为了加大包装行业打假力度,经与省工商局和省技术监督局商讨,现已达成共识。山西省包装行业打假办公室的宗旨是“以打促销,以销促打”。在净化包装市场的前提下,维护了包装生产企业和消费者的利益,促进包装工业的健康发展。

4 是加强了自身队伍的建设。提出协会的

工作宗旨是“改变作风、重塑形象、立足服务”。在协会内部,实行了“讲究工作质量,提高工作效率”为核心的岗位责任制,增强了协会的凝聚力和吸引力。

5是针对省内一些单位领导对包装在社会主义市场经济中的地位和作用认识不足的问题,创办了《山西包装快讯》;并在《山西日报》经济专栏上,组织了各行各业有识之士,从不同角度开展了“包装研究与应用”讨论,达到了启发引深产品包装意识的目的。

(五)企业的质量管理工作得到加强

按照中国包装总公司的要求,从1991年开始,对全省240家生产企业的200L钢桶,柔性集装袋和瓦楞纸箱3个产品进行了生产许可证验收。现在领到国家生产许可证的企业94家(其中柔性集装袋企业1家,200L钢桶企业3家,瓦楞纸箱企业90家)。企业通过生产许可证验收,健全了内部质量保证体系,强化了质量管理工作。

(六)举办各种展览促进企业间交流

五年来,先后组织包装企业参加了国家和省里举办的多次展览。企业通过展览,收集了信息,开阔了视野,宣传了自己的产品,也促进了企业间的交流。

在中国包装技术协会、中国包装总公司和中国对外贸易促进会举办的CIP'90、92、94三届“国际包装展览会”上,我省的包装产品获得金奖8个、银奖14个、优秀奖2个,协会获得了全国唯一的优秀组织奖。在省政府举办的九四年“二会一节”和九五年“一会一节”上,组织了85家企业参加了展览,评出先进工作者13人,优秀企业7家,协会在九五年举办的“一会一节”上,又获得了省里的优秀组织奖。

(七)组织建设有了新发展

自包协第三次代表大会以来,协会的组织有了新发展。新吸收团体会员单位31个。九四年组建了纸制品委员会。在这次会议上,还将组建金属容器委员会和“山西省包装行业咨询委员会”,包协组织的发展和壮大,一定会在今后的工作中,做出新贡献。

综上所述,本届理事会在任期中做了大量的工作,取得了一些成就,但是必须看到,我省的包装有了发展,但和全国的平均发展水平相比,仍然很落后。主要表现在:

一是包装工业基础薄弱。多数包装企业得不到应有的技术改造,影响了全省包装工业的发展。

二是包装工业发展不平衡。如纸制品和塑料制品发展较快,其它产品比较落后,特别是包装机械、玻璃制品和包装设计等。

三是行业管理受到部门的限制。包装行业涉及到省里的各个生产部门,如果那一个部门不配合,都会给包装工作带来困难。以上这些问题,有待于我们在今后的工作中,采取切实可行的办法,加以解决。

今后的工作意见

一九九六年是“九五”计划的第一年。根据全省经济工作会议要求,要坚决贯彻邓小平同志有中国特色社会主义理论和党的基本路线,贯彻“抓住机遇,深化改革,扩大开放,促进发展,保持稳定”的基本方针,正确处理改革、发展、稳定的关系,积极推进经济体制和经济增长方式的转变,坚持以提高经济效益为中心,努力提高对外开放水平,拓宽市场渠道,促进我省包装工业持续、快速、健康发展。

要进一步加强对包装行业管理,按照国务院赋予包协的八项行业管理职能,根据省经贸委的具体要求,积极做好各项工作,起到协会在政府与企业之间的“桥梁”、“纽带”和“参谋”、“助手”作用。

鉴于上述指导思想,对第四届理事会提出如下建议,请审议。

(一)加强包装行业管理工作

根据国务院批复包协八项行业管理职能,加强包装行业的管理工作。

1. 长期以来包装行业无法可依,给包装行业管理工作增加了很多困难。《山西省包装物标识注册管理规定》是我省包装行业的第一个准备出台的地方法规。要配合有关部门搞好现阶段的调查研究工作,使我省包装行业立法工作有一个突破性进展。

2. 按照国家产业政策和市场经济规律，在优化产品结构的同时，合理地调整我省包装工业结构，建立健全我省的包装工业体系，使我省的包装工业逐步形成具有一定规模效益的集约型经营机制。

3. 随着包装工业发展和包装产品总量的增加，在包装产品价格上出现了许多不正当竞争现象，为了抑制产品销售中的不正当竞争，保护生产者的权益，要做好包装产品的价格协调工作。

4. 为了适应社会主义市场经济发展的需要，要按照国家建立现代企业制度的要求，通过联合、兼并和股份合作等方式，组建包装正业集团，使包装企业无论从规模上还是从产品的技术含量上，都能有一个大的改观。

5. 开展面对包装企业的咨询服务工作。重点解决包装企业的技术改造、生产和经营问题，使企业和社会都能取得较好的经济效益。

(二)抓好包装企业的技术改造

近年来通过引进资金和先进设备等方式，对一些企业进行了不同程度的技术改造，但是仍不能适应经济建设对包装工业的要求。因此，在抓好技术改造项目的投产和达产外，还要做好以下几方面工作；

1. 抓住国家发展中西部地区机会，多渠道、多方位筹集资金，完成“九五”包装技术改造任务。

2. 要充发利用我省地产资源优势，在借鉴国内外先进技术基础上，做好资源优势向产品优势转化工作。

3. 重点解决土特产品的包装配套工作，引导土特产品经营由粗放型向集约型方向发展。

(三)抓紧包装改进工作

包装改进工作是一项长期而又艰巨的任务。要使自己的产品能适应市场经济的发展要求，增加产品的附加值，就必须抓紧包装改进工作。

1. 各地市、各部门要抓紧全省“九五”包装改进规划的落实工作。实现全省每年减损2000万元的奋斗目标。

2. 要以市场为导向，以国家包装标准为要求，在防止出现过分包装的前提下，搞好产品的包装改进工作。

3. 要积极推广“绿色包装”。在提高包装物“复用率”和“回收利用率”的基础上，减少包装对环境造成的污染。

4. 集中力量抓好铁路运输包装注册管理工作。要同铁路和技术监督部门一起设立专门机构，明确其职责，促进铁路运输包装改进工作健康发展。

(四)加强包装行业质量管理工作

包装行业的质量管理工作，在省经贸委和省技术监督局的支持下，取得了一些可喜的成绩。要在总结前一段质量管理工作经验的基础上，做好以下几方面的工作。

1是加强包装产品的质量监督。凡产品监督抽查不合格的企业，要通报批评；问题严重的要报请有关部门后进行停产整顿。

2是继续做好包装产品生产许可证管理工作。根据国家对生产许可证有关规定和要求，按期完成金属包装桶罐生产许可证的发证工作。配合技术监督部门，做好瓦楞纸箱企业的行业整改工作。

(五)积极开展包装新产品的研究开发工作

由于受到人力和物力的限制，我省的包装新产品研究开发工作，一直处在停顿或半停顿状态。省外几年前开发研究的产品，至今我省仍是空白。不仅购买技术需要资金，而且生产出的产品也因价格高难以销售。因此要积极开展包装新产品的研究开发工作。

要做好包装新产品的研究开发工作，一定要注重包装人才的培养和包装科研机构的设置。

加速技术进步是转变包装工业经济增长方式的关键

邯郸市副市长、市包协会长　段耀先

实现经济增长方式由粗放型向集约型转变，是党的十四届五中全会根据我国经济和社会发展的实际，做出的调整未来15年我国生产力发展途径、方式的重大决策。因此，在整个“九五”或以后更长时期内，包装工业改革与发展的各项工作，都要紧紧围绕推进这个转变来进行，都要有利于实现这个根本转变。

首先，加强企业技术进步是实现经济增长方式转变的主要内容和基本途径。粗放型经济增长方式主要依靠生产要素的数量扩张来实现经济增长，集约型经济增长方式主要依靠提高生产要素的合理构成来实现经济增长。加速企业技术进步，可充分利用企业现有基础条件，迅速提高技术装备水平，有效地节约资源、降低消耗、增强产品开发和市场开拓能力。经验证明，技术改造与新建项目相比，具有投资省、见效快、效益高的明显优势，而且对通货膨胀的推动作用也低于新建。据对全国1984—1994年10年间有关统计数据与调查情况分析，技改投入产出比为1:2左右，每投入1元可创利税4—6角，投资仅为同样规模基本建设的40%，而产出和创利税比新建高出1倍，建设周期也短一半。

其次，加速企业技术进步是调整优化产品结构，增强国有大中型骨干企业竞争实力，促进经济持续、快速、健康发展的现实选择。现在有相当一部分国有企业后劲不足，缺乏活力，主要原因就是技术进步投入不足，设备陈旧老化，产品开发慢、档次低、规模小，缺乏竞争能力。要焕发国有企业生机与活力，充分发挥其在国民经济中的主导作用，就必须下大力气进行技术改造、产品开发，抢占市场竞争制高点。“九五”或更长的时间内，企业技术进步工作要始终坚持以市场为导向，以产品为龙头，以调整结构、增强市场开发能力为重点，以提高效益为目标，要努力推进“五个转变”，力争在较短时期内取得较大突破，收到明显效果。

“五个转变”：一是加快推进投资方向向以企业为主转变，逐步建立企业自主创新的技术进步机制。要把建立健全企业的技术创新体系作为现代企业制度的重要内容，积极创造条件，使企业对项目的规划、筹资、建设直至生产经营、归还借款本息以及资产保值增值实行全过程负责，真正做到“自主决策、自筹资金、自担风险、自求发展”。二是项目资金筹借由单纯依靠银行贷款向多层次、多渠道融资转变。向盘活存量要资金。继续大力推进企业兼并、租赁、联合、参股等，通过产权流动重组，盘活部分闲置或低效运转的资产，集中用于企业技术改造；扩大对内对外开放，在嫁接改造、合资合作上力争取得较大突破；同时充分利用各种渠道和有效形式，争取国家重点项目专项投资，重视发挥金融部门在技术进步投资中的投资主渠道作用，积极多方筹措建立中央和地方的技术进步基金，吸收国外或民间闲散资金，支持企业加快技术改造。三是择优扶强，把投资的重点向优势企业和名牌拳头产品转变，努力提高资金营效率。大力实施大公司、大集团战略，优先支持优势企业的技术改造和嫁接改造，把有限的资源和资金集中投向名牌和拳头产品，在各方面给予重点支持，尽快促其上档次、上水平，实现规模经济和结构优化效益。四是拓宽思路，产品开发向高技术含量、高附加值、高效益产品转变，要跳出现有企业、现有产品、现有装备的“三就地”局限，努力开发一批对产品结构调整能起到明显带动作用、市场潜力较大、投资回报率高的产品，尽快由适应性调整转向开发性调整，抢占市场竞争制高点。五是技术改造项目由低水平重复建设、简单扩大生产能力向高起点的技术更新、技术开发转变。要充分重视和支持用高新技术改造传统产品和现有企业，加快高新技术的研究攻关或引进，着力培植新型材料、大型机械一体化成套设备等新兴高技术产业，谋划实施一批振兴包装业的大项目，尽快培育形成新的经济增长点。

重要文件汇编

IMPORTANT DOCUMENTS

中国包装技术协会文件

包协[1997]1号

关于表彰'96包装敬业方正杯全国包协先进秘书长的决定

各省、自治区、直辖市、计划单列市及副省级省会城市包装技术协会、中国包装技术协会各委员会、分会、联合会、报刊编辑部:

改革开放以来,在我国包装事业发展过程中,各地方包装技术协会的秘书长为本地区、本行业的包装事业努力工作,无私奉献,做出了卓越贡献。为了肯定他们中的先进分子,促进各级协会工作的开展,鼓励各级协会适应市场经济体制的需要,进一步加强行业管理和为企业服务的工作,充分发挥他们在各地区、各专业包装工作中的模范作用,促进我国包装事业的不断发展,经中国包装技术协会一九九六年第五次会长办公会批准,决定授予庄英杰第二十一位秘书长以'96包装敬业方正杯全国包协先进秘书长的光荣称号,以示表彰和嘉奖。

附:'96包装敬业方正杯全国包协先进秘书长名单

'96包装敬业方正杯全国包协先进秘书长名单

上海市包协	庄英杰
江苏省包协	戴苏宁
浙江省包协	张耀权
天津市包协	曹德禄
安徽省包协	何云从
山西省包协	郭俊海
广州市包协	苏显猛
西安市包协	骆建民
长春市包协	张守福
重庆市包协	漆光富
金属容器委员会	翟之荣
塑料包装委员会	蔡明池
玻璃容器委员会	郭象信
纸制品包装委员	谭祖光
包装机械委员会	何南至
纸制品包装委员会	陆启明
军品包装委员会	郭宝华
包装规划委员会	吴　坚
包装教育委员会	刘玉生
建材包装分会	赵　淳
中国包协(兼职副秘书长、运输包装委员会主任)	李文驹

中国包装总公司文件

包科[1996]203号

关于公布1996年度中国包装总公司科技进步奖评审结果的通知

各有关单位：

1996年度中国包装总公司科技进步奖评审工作已经结束，现予公布。请各有关单位根据《中国包装总公司科技进步奖励办法》及其实施细则之有关规定，做好项目完成人的奖励工作，并做好获奖项目的推广工作。

附件：1996年度中国包装总公司科技进步奖评审结果

一九九六年八月二十八日

1996年度中国包装总公司科技进步奖获奖名单

项目名称	完成单位	主要完成人
DT-200型通用自动包装机	天津轻工机械厂	傅均和、何明、孙林
GB9106-94铝易开盖两片罐(国家标准)	国家包装产品质量监督检验中心(广州)	赵创杓、周锦昌、杜志强、甘燕平、李玉开
335ml、330ml轻量啤酒瓶	青岛晶华玻璃厂	郭象信、俞晓松、胡为春、杨永安、江守武
ZB42扁硬盒香烟包装机	天津第二轻工机械厂	张国维、钟玉宽、陈烨、张虹、杨丽娟
报纸自动封包机	哈尔滨包装设计研究院	王泽刚、周亚田、丁聚舟、程少林、王昭禄
钢珠自动包装机	中国包装科研测试中心	陈祥榕
YADK全自动电脑票证印刷机	温州神力集团有限公司	郑胜涛、陈文根、庄宏根
GB/T14449-93气雾剂产品检测方法(国家标准)	中山凯达精细化工股份有限公司	叶国珩、吴志坚、张伟光、余孟成、赖若红
自动配料微机控制系统	株洲工学院	刘苗生
双夹挤出复合喷铝茶叶包装袋	湖南复合包装厂	魏开明、曹海清、冯荣魏、粟志恒、罗利之

JH-3玻璃窑炉计算机控制系统	青岛晶华玻璃厂	杨永安、刘朝伟、邵春萍、李绍香、缪炼秋
自包式640ml×12瓶啤酒包装箱	青岛第二纸箱厂	邵瑞琦、袁有冽、梁同为、惠乃生、闵浩然
复合纸包装中缝软饮料盒	广东远东食品包装机械有限公司	吴章荣、刘瑛、吴章式、陆洪胜、颜裕周
GB/T15171-94软包装件密封性能试验方法国家标准	国家包装产品质量监督检验中心(济南)	周加彦、王兴东、刘永新

中国包装总公司文件

包企[1996]190号

关于贯彻《国务院批转国家经贸委等部门关于建立企业扭亏增盈工作目标责任制意见的通知》的通知

各集团公司、分公司、各直属企业：

最近，国务院以国发(1996)30号文发出了《国务院批转国家经贸委等部门关于建立企业扭亏增盈工作目标责任制意见的通知》，这对当前企业的扭亏增盈工作，将起重要的推动和指导作用。为认真贯彻执行国务院通知精神，进一步推动总公司直属企业的扭亏增盈工作，特提出以下意见：

一、提高认识，转变观念，增强扭亏增盈工作的紧迫感。

今年上半年，总公司直属企业的生产经营形势严峻，经济效益严重滑坡。盈利企业利润额下降，企业亏损面扩大，亏损企业亏损额增加。出现这种局面，一方面固然有去年底以来，市场需求不旺，能源、运输等提价，部分企业生产经营资金紧张等外部因素的影响；另一方面，是由于我们领导思想跟不上两个根本性转变的要求，企业机制不活，管理松驰，市场竞争能力差。如不尽快扭转这种被动局面，企业的生存和发展将受到严重威胁，对职工生活也将产生很大影响。因此，当务之急是各级领导必须转变观念，切实增强企业扭亏增盈的紧迫感，消除等待市场好转，资金松动，国家给优惠政策等思想，立即行动起来，自力更生，挖掘潜力，切实把扭亏增盈工作抓紧抓好。

二、建立分级管理，层层负责的扭亏增盈责任制。

根据国家提出的今年全国企业扭亏增盈工作目标，总公司今年的扭亏增盈目标为：企业亏损面和亏损企业亏损额均不大于1995年，力争有所减少；盈利企业的盈利额要稳定在去年的水平上。

为完成上述扭亏增盈目标，要建立分级管理、层层负责的扭亏增盈责任制，由主要领导亲自挂帅，一级抓一级，一级对一级负责。各级领导要深入企业，认真分析效益下滑的具体原因，因厂制宜地制定扭亏增盈措施。对利润下滑的企业，要挖掘潜力，尽快结束下滑的局面；对扭亏有望的企业，要加大工作力度，从多方面给予支持，确保年末摘掉亏损帽子，退出亏损行列；对年内扭亏难度大的企业，要千方百计采取措施，遏制继续亏损的势头，并在减亏上下功夫，为明年扭亏创造条件；对扭亏无望的企业，要在做好各方面工作并使大多数职工得到妥善安置前提下，把兼并、破产作为企业扭亏解困的重要措施，使企业获得新生。

各分公司、集团公司、直属企业要区别企业不同情况，抓紧确定今年的扭亏增盈目标，并按照国发(1996)30号文件提出的，企业扭亏增盈工作要做到“五个结合的要求，制定切实可行的扭亏增盈措施，于九月十五日前报总公司。

三、进一步加强亏损企业领导班子建设，为扭亏增盈工作提供组织保证。

各级公司要尽快组织力量，对亏损企业领导班子情况进行全面的调查和分析。对长期精神不振观念陈旧不求进取、能力低下，甚至内耗严重和以权谋私导致企业亏损的领导班子，要坚决采取组织调整措施。

所有亏损企业，在企业没有扭转亏损局面前，一律不得购置小轿车，不得购买和装饰高标准办公用房，厂长经理不得出国。没有实现扭亏增盈目标的企业，不准增提工资，发放奖金。

四、要认真做好企业扭亏增盈的统计工作。

为便于上报和供各级领导决策时参考，凡拥有两户以上(含两户)中央预算内企业和总公司全资和控股企业的分公司、集团公司(子公司)，自今年三季度起，对以下指标进行统计，并按季报总公司。

1. 亏损企业亏损额；

2. 亏损企业亏损额占全部企业实现利税总额的百分比(注明子项和母项，下同)。

3. 亏损企业资产总额占全部企业资产总额的百分比；

4. 亏损面(亏损企业个数占全部企业个数的百分比)；

5. 亏损企业职工平均人数占全部企业职工平均人数的百分比。

以上意见和要求，请各单位接此通知后，立即抓紧研究，结合实际，认真贯彻执行。并把情况及时报告总公司。

关于批准成立中国包装产品质量认证管理委员会暨中国包装产品质量认证中心的通知

技监局认发(1996)287号

国务院各有关部门、各有关单位：

按照我局《关于组建中国包装产品质量认证管理委员会暨中国包装产品质量认证中心的批复》(技监局认函[1995]347号)的要求，中国包装总公司在各有关单位的大力协助下，经过积极筹备，组建中国包装产品质量认证管理委员会暨中国包装产品质量认证中心的各项准备工作已基本就绪，特别是经中国包装总公司党组研究决定，组建了企业化管理、独立核算、自主经营、自负盈亏，具有独立法人资格的事业单位——中国包装产品质量认证中心，为今后包装产品质量认证工作规范化运作打下了一个良好的基础。现根据《中华人民共和国产品质量法》和《中华人民共和国产品质量认证管理条例》的有关规定，我局经研究决定，同意中国包装总公司报送的《关于申请批复中国包装产品质量认证管理委员会暨中国包装产品质量认证中心的报告》(包质[1996]231号)，批准成立中国包装产品质量认证管理委员会暨中国包装产品质量认证中心(以下分别简称“管理委员会”和“认证中心”)，该“认证中心”作为“管理委员会”领导下的工作实体，经我国产品质量认证机构国家认可委员会认可后，正式开展包装产品质量认证工作；同意各委员单位推荐的管理委员会委员人选(名单见附件)。

该“管理委员会”及其领导下的“认证中心”是我局授权的代表国家独立地对包装产品进行第三方公正评价的机构，依据产品标准和国家有关质量认证的法律、法规与规章，结合包装产品的特点开展认证活动。

为尽快开展工作，“管理委员会”、“认证中心”应抓紧做好以下工作：

一、将“中国包装产品质量认证管理委员会章程(草案)”、“中国包装产品质量认证中心认证管理办法(草案)”和“包装产品质量认证标志(样式)”提交全体委员会讨论通过后，报我局审批；

二、“认证中心”应尽快建立健全内部质量体系并编制“质量手册”，待正常运转后向中国产品质量认证机构国家认可委员会提出认可的申请；

三、抓紧研究并提出拟开展认证的产品目录，报我局审批；

四、包装产品企业质量体系检查员的考评注册和包装产品认证检验机构的认可按《中华人民共和国产品质量认证管理条例》及其配套规章的规定办理。

“管理委员会”暨“认证中心”成立大会的有关事宜由中国包装总公司商各委员单位确定。

附件：中国包装产品质量认证管理委员会第一届委员会委员名单

一九九六年十二月十七日

附件：

中国包装产品质量认证管理委员会
第一届委员会委员名单

姓　名	本委员会职务	工　作　单　位	职务或职称	聘书号码
李文虎	主任委员	中国包装总公司	副总经理	542
谢荣全	副主任委员	中国包装技术协会	副会长	543
张世环	副主任委员 兼秘书长	中国包装总公司质量管理部	主任	544
	副主任委员	轻工总会		545
金发忠	委　　员	农业部	副处长	546
徐自芬	委　　员	机械部机械科学研究院	副　总	547
钟汉明	委　　员	化工部研究院	副所长	548
杨春杰	委　　员	国内贸易部	主　科	549
熊才启	委　　员	交通部标准计量研究所	工程师	550
徐春海	委　　员	铁道部	处　长	551
叶祥清	委　　员	国家商检局	处　长	552
赵玉津	委　　员	国家医药局	工程师	553

姓　名	本委员会职务	工　作　单　位	职务或职称	聘书号码
郭宝华	委　　员	全军包装工作办公室	主　任	554
李建华	委　　员	外经贸部中国出口商品包装研究所	常务副所长	555
曹　阳	委　　员	中国包装科学技术研究所	常务副处长	556
张　维	委　　员	中国包装科研测试中心	副主任	557
袁启平	委　　员	全国包装标准化技术委员会	工程师	558
米国安	委　　员	重庆华亚现代纸业有限公司	副总经理	559
翟文兰	委　　员	北京南苑制桶厂	科　长	560
魏爱琴	委　　员	湖南纸浆模塑厂	科　长	561
李志见	委　　员	华东赛士托饮品有限公司	总经理助理	562
周加彦	委　　员	国家包装产品质量监督检验中心(山东)	室主任	563
何　丰	委　　员	国家包装产品质量监督检验中心(大连)	副主任	564
华克勤	委　　员	国家包装产品质量监督检验中心(天津)	副主任	565
王志丹	委　　员	国家包装产品质量监督检验中心(成都)	副总工	566

包装行业机电产品进口管理办法

一、总　　则

第一条　为保证全国包装行业“九五”计划的实施,特别是“双加”工程计划的实施,贯彻国家的产业政策,积极引进国外的先进技术设备,合理调整进口结构,根据国家有关规定,特制定本办法。

第二条　本办法所指机电产品机械设备、电子产品及其零部件、元器件等。

第三条　经国家机电产品进出口办公室(以下简称国家机电办)批准,设立中国包装总公司机电产品进口办公室,负责全国包装行业机电产品进口的协调、管理和检查监督工作。

第四条　国家对机电产品的进口实行配额与非配额管理。

配额管理:根据国家产业政策和行业发展规划,参照国际惯例,国家对尚需适量进口以调节市场供应,但过量进口会严重损害国内相关工业发展的机电产品和直接影响进口结构、产业结构调整的机电产品,以及危及国家外汇收支地位的机电产品,列入配额产品目录,实行配额管理。

非配额管理:国家对进口配额管理以外的其他机电产品,实行非配额管理。其中对国内已开发或引进生产技术,尚处于工业生产起步阶段,国家需要加速发展的机电产品,列入特定产品目录。

第五条　国家每年根据国内产业发展和进口政策需要,制定出本年度的配额产品和特定产品目录。

二、办理程序

第六条　进口单位从地方包装机构领取机电产品进口申请表(见附件),按要求进行填报后(一式三份),随项目可行性研究报告及批复文件(总公司安排的项目除外),一同报送地方包装机构,由地方包装机构在申请表“地方包装机构意见”一栏中,填写审核意见后上报总公司。总公司对实行自动登记的非配额机电产品,根据国家有关规定进行登记,海关凭准予登记的登记表给予放行。

第七条 进口单位凡进口配额、特定管理的机电产品,除按第六条的规定执行外,要提供一份引进产品情况说明,说明国内目前发展现状、企业发展情况及需要引进理由,并在申请表“备注”一栏中注明为配额或特定产品。配额产品由总公司转报国家机电办审批,发给配额证明。特定产品要实行公开招标,由总公司将中标结果及上述有关文件,转报国家机电办审批,发放进口证明。

第八条 进口证明的有效期为一年。进口产品在有效期内有合理原因没有到货的,进口单位向总公司申请延期。

第九条 按本办法规定需办理进口证明的机电产品,必须在领取进口证明后,才可对外签约。

第十条 按照总公司制定的《包装行业第二期“双加”工程项目管理办法》(包计[1996]214号)要求,“双加”二期项目中需引进国外进口设备的,必须在总公司机电进口办公室统一办理进口设备登记手续。

三、附　　则

第十一条 中国包装总公司机电产品进口办公室设在总公司综合计划部内。

第十二条 本办法解释权属中国包装总公司机电产品进口办公室。

附件:机电产品进口申请表

一九九七年二月三日

中国包装总公司文件

包质[1997]66号

关于下达一九九七年制、修订包装行业标准项目计划的通知

各有关单位:

根据国家技术监督局标发(1992)265号文《关于包装标准管理范围的通知》精神,包装行业标准代号为“BB”,由中国包装总公司进行统一管理。现经总公司研究决定,将一九九七年制、修订包装行业标准项目计划下达给你们(见附件1)。请你单位认真安排,抓紧工作,并将标准项目任务书(见附件2)填写后于一九九七年五月三十日前报中国包装总公司质量部(一式二份)。

地　址:北京市朝阳区建国路99号
邮　编:100020
联系人:王　利
电　话:65925588—3001　65930606

附:1.包装行业标准制、修订计划项目表。
　　2.标准项目任务书。

中国包装总公司文件

包质[1996]236 号

关于批准发布《喷雾罐用铝材》包装行业标准的函

各有关单位：

根据中国包装总公司包科技(1995)021 号文《关于下达一九九五年制、修订包装行业标准项目计划的通知》安排，《喷雾罐用铝材》包装行业标准已通过审查，业经我总公司批准。现将其编号和名称发布如下：

推荐性标准

BB0009—96　喷雾罐用铝材

该行业标准于一九九七年一月一日起实施。

中国包装总公司文件

包质[1996]142 号

关于批准发布《激光彩虹模压全息防伪标识》包装行业标准的函

各有关单位：

根据中国包装总公司包科[1994]008 号文《关于下达一九九四年包装行业标准制、修订项目计划的通知》的安排，《激光彩虹模压全息防伪标识》已通过审查。业经我总公司批准，现将其编号和名称发布如下：

强制性标准

BB0008—96　激光彩虹模压全息防伪标识

以上行业标准于一九九六年八月一日起实施。

中国包装总公司文件

包质[1997]08 号

关于批准发布《聚乙烯低发泡防水阻隔薄膜》包装行业标准的函

各有关单位：

根据中国包装总公司包科技(1995)012 号文《关于下达一九九五年制、修订包装行业标准项目计划的通知》安排，《聚乙烯低发泡防水阻隔薄膜》包装行业标准已通过审查，业经我总公司批准。现将其编号和名称发布如下：

推荐性标准

BB/T　0011—1997　聚乙烯低发泡防水阻隔薄膜

该行业标准于一九九七年三月一日起实

施。

中国包装总公司文件

包质[1997]05 号

关于批准发布《包装容器　易开盖三片罐》包装行业标准的函

各有关单位：

根据国家技术监督局技监局标函(1994)020 号文《关于发送“1994 年制、修订国家标准项目计划”的通知》安排，由国家包装产品质量监督检验中心(广州)等单位负责起草的《包装容器　易开盖三片罐》已通过审查。现批准为包装行业标准，现将其编号和名称发布如下：

强制性标准

BB　0010—1997　包装容器　易开盖三片罐

该行业标准于一九九七年二月一日起实施。

国家建筑材料工业局司文

建材生产字[1996]106 号

关于执行《水泥包装袋》国家标准的通知

各省、自治区、直辖市及计划单列市建材主管部门：

国家技术监督局已发文批准，发布了《水泥包装袋》国家标准，该标准的实施是我国水泥包装改进方面迈出的重要一步，为更好地贯彻执行《水泥包装袋》国家标准，现将有关项通知如下：

(一)GB9774—1996《水泥包装袋》为强制性国家标准，发布文号技监国标函[1996]153 号，自 1997 年 1 月 1 日起实施。

(二)为了保证新国标的实施，我局将陆续出台一些措施，在与水泥包装有关的工作中，对水泥包装的要求做出新的规定，近期具体措施如下：

(1)将水泥包装袋是否符合新国标列入取得水泥生产许可证的重要条件。对于新申请发证企业必须按新的条件执行。对于已换证企业，则在适当时机将其列入日常监督检查的主要内容，督促企业执行新国标。

(2)将水泥包装袋是否符合新国标列入水泥产品质量认证的必备条件，并做为明年年检的重要内容进行检查。对不符合的企业要按有关规定处理。

(3)我局正在与有关部门协调，加强对该产品的监督检查，争取将水泥包装袋列入 97 年度国家重点监督抽查产品，在全国范围内加大行政执法力度。

(4)水泥包装袋定点管理办法正在修订，明年将按新的管理办法对水泥包装袋生产企业进行定点管理。

(三)自新标准实施之日起，各地建材主管部门要认真做好本地执行 GB9774—1996《水泥包装袋》新标准的工作，使《水泥包装袋》新标准认真地贯彻执行下去。

(四)标准文本已送中国标准出版社做为急件出版,预计11月内可以发行,请各有关单位及时与建材标准的发行单位——国家建材局标准化研究所联系订购。联系电话:65761331—4707或4708。

国家建材局生产协调司

一九九六年十一月八日

关于包装信息研究和工作的若干意见

中国包协经济技术信息中心

一九九六年十二月

一、与INTERNET联网

自今年5月世界包装大会以后,中国包协信息中心即开始筹备加入INTERNET联网事宜。通过对多个互联网络提供商(ISP)的比较,9月选择中网公司联入INTERNET网。选择中网公司的主要原因是收费合理;上网时间不受限制;站点出口速率比较快(可达到2Mbps)。

以此为标志,中国包协的信息工作进入了一个新的时期。

所谓INTERNET其实就是国际计算机互联网络。从1994年起,我国实现了与INTERNET的TCP/IP连接,开通了INTERNET的全功能服务。几个全国范围的计算机网络项目相继启动,使INTERNET在我国得到了较快的发展。

按照国务院有关规定,有权直接与国外INTERNET连接的部及系统有四个:中国科学院、国家科委、邮电部和电子部。这四个单位称互连系统,网称互连网。

据统计,在1995年12月,我国INTERNET网上的装机数量为400台,用户仅3000人;到1996年7月,上网计算机猛增到6000名,上网用户达40000人。预计到1996年底,装机数量可突破1万台大关,用户数可达到10万人。有人预测随着全国30多个城市INTERNET全部开通,到96年底,全国INTERNET用户可能超过100万。

据估计,目前全球INTERNET用户已达7000万,并正以165%的年增长率在全球扩展。加入INTERNET国家已达175个(加入联合国的国家有187个)。预计1998年全球INTERNET用户将达1亿,2000年全球INTERNET用户将达2亿。

由于与INTERNET联网,中国包装技术协会已经得到以下服务:

1. 世界包装组织(WPO)为中国包装技术协会做了一个专门的网页(homepage),网址是http://www. packinfo-world. org/wpo/packmall/cpta29. html。其中介绍了协会的性质、通讯处。

中国包装技术协会也可以方便地济浏览世界包装组织(WPO)的网页,获取有关世界包装会议、世界包装展览、包装论坛、“世界之星”包装奖、世界包装公司介绍、包装新闻、包装问题讨论及人才、职业介绍等有关栏目的信息。

2. 国家信息中心也为中国包装技术协会做了专门网页(homepage),网址是:http://www. cei. go. co/homepage/org/package. htm。其中详细介绍了协会的性质、任务、下属机构和协会通讯处。

由于以上两个网页的建立,国内外的INTERNET用户可以很方便地了解中国包装技术协会并立即建立联系。

中国包装技术协会通过INTERNET网还可以得到以下服务:

1. www服务:即通过INTERNET,从世界任何地方调来你所需要的文本、图像(包括活动形象)和声音信息。中国包装技术协会通过网上查询(nets earch)已搜索到世界有关包装的站点500多个,从中获取大量信息。

2.FTP文件传送:是一种实时的联机服务。用户先登录到对方计算机上,然后使用FTP可传送所有类型的文件:文本文件、二进制可执行文件、图像文件、声音文件、数据压缩文件等。

3.USENET新闻组:与某个特定问题讨论小组的成员交换信息,进行有关包装的任何讨论。

4.E-mail电子邮件:是通过计算机网络与其他用户联系的快速、简便、高效、廉价的现代化通信手段。可以代替传真、电话、信件。如对方有中文系统,则可以用中文交流。1996年仅美国发送的电子邮件就达5600亿份,比通过邮局寄送,约节省1000亿美元。协会至今已向国外发出40多个E-mail,每发出一个E-mail仅相当打一个市内电话的费用,并且有的当时就能从E-mail上得到了答复,为协会节省了经费和时间。

二、局域网INTERNET

随着INTERNET的发展,在国内外都遇到了不少难题,主要有:

1.通道的超载问题,不少用户反映:在INTERNET上查阅信息速度太慢,要下载文件则速度更慢。用拨号方式联结INTERNET的用户就更不幸,在读取一个较大文件时,等了半天往往得到一个"网络错误,联结超时"的提示。主要原因是由于用户猛增,线路老化,通道狭窄,传送图像或声音信号需要更高的传输能力。通过电话联网的调制解调器可以处理14.4kbps的信息,一页文本在1秒钟内可以传收;一张屏幕大小完整图形,经过压缩约需10秒才能传收,而高质量的彩色照片传输时间将达几分钟。

2.管理问题。主要是在INTERNET上传输数据的安全问题、保密问题和病毒的传播问题。由于INTERNET网太庞大,网上的信息量达到天文数字。许多国家已研制出过滤病毒的软、硬件,但对意识形态、思想言论传播还没有有效的检测、控制手段。

3.语言障碍问题。目前80%的INTERNET节点位于使用英语的国家中,英语水平低和不懂英语的人很难利用其庞大的信息资源。我国目前使用的英汉、汉英翻译软件一般能双向翻译单词、词组、短语,但整句、整篇翻译英语时效果都不如广告宣传的那样好。这种语言障碍在短期内难以解决。

4.数据库建设落后。我国目前数据库建设存在结构失衡、容量小、规范性差、重复率高、服务能力弱、时效性和实用性差等缺陷,加上有关人员市场意识不浓,缺乏信息价值观念,没有数据库使用付费管理系统,资金投入不足等原因,能够联网使用的数据库很少。

针对INTERNET存在问题诞生的INTERNET已经成为新的热点。近90%的美国大公司将在一年内建立起自己的INTERNET网。1998年,INTERNET的市场容量可达近80亿美元。简单地说,INTERNET是采用INTERNET的技术和产品建立的公司内部专用网络,它不是公用网络,又与一般的公司内部网有区别,它使用TCP/IP技术使公司内部网自然地成为全球信息网络的一个组成部分。

INTERNET具有以下特点:

1.内部信息发布。它可以用WWW服务器向各地的雇员发布内部信息,各地雇员可方便地浏览内部信息。

2.充分利用现有数据库资源。它使用www技术访问各种结构复杂的数据库,而不必象以前那样安装复杂的客户软件。它同时使数据库的管理变得轻松起来,能把精力集中到改善数据库上面,不必被"客户支持""用户培训"所困扰。

3.改善内部管理的工具。INTERNET可以方便地实现内部资源文件共享,同时对外保密。可以及时地对每个人的工作项目、所用时间进行登记,因此容易实现办公室自动化,可以对每个人的工作进行实时了解及进行统计,便于领导的管理。

4. 协同工作环境。运用 www 页面,各工作群体可以消除相互间的“壁垒”,形成协同工作的理想环境。可以方便地了解各项工作的目标、计划、工作进度及所遇到的问题,开展交流和讨论,相互帮助,推动工作的开展。

建立自己的 INTERNET 网要比联接 INTERNET 网需要更大的投入,但是可以获得最现代的管理,取得高工作效率,凡是有条件的单位都应该考虑建立自己的 INTERNET。

三、包装数据库建设

1994 年在中国包协信息中心建立了中国包装企业和产品数据库(CPPCDB),收集了 25000 家包装企业的数据。这些数据多数是关于企业的数据,关于产品的数据很少,难以满足使用的具体要求。

在收集包装产品信息时,遇到的第一个困难就是国家统计系统中没有单列包装这个项目,所以包装产品是包含在其它产品中进行统计的,也是由其它主管部门进行统计的,这和多数国家中的情况是一样的。

在中国收集包装产品信息时遇到的最大障碍,是包装企业管理者观念上的障碍。由于经营状况的变化、竞争的需要等原因,一些包装企业的管理者往往不愿意把有关的信息报告给作统计的单位,相互封锁。但是对外商反而不保密,所以一些外商对我国某些包装企业的了解比我们自己的管理部门了解还多。

近期内,要大力宣传信息的价值观念。信息的采集是要付出劳动,是具有价值的。提供信息服务要付出更多的劳动,应该是有偿的。这种有效的信息服务可以为用户节约大量费用,保证用户的根本利益。所有准备上新项目的企业、打算开拓市场的企业都应该认识到接受行业组织的信息咨询服务是一种花钱少,见效快的有效途径。

中国包协信息中心今后将大力开展信息咨询服务工作,工作的重点是外国企业、外资企业和合资合作企业。工作的目的不是为了盈利而是为了完善包装数据库,更好地开展包装信息工作。

目前,协会的一些组织正在进行建立数据库的工作,中国包协信息中心将一如既往地支持协会各组织开展包装信息工作,将为协会各组织建库提供软件、硬件方面的协助;先期提供与该组织有关的信息,今后愿意与协会各信息单位建立友好、合作关系,定期进行有关信息的交流。

鉴于国际、国内多次发生的网上失密现象及中国包协信息中心还没有适用的网上自动收费管理软件,中国包装企业和产品数据库的信息还不能完全上网。由于该库已和 INTERNET 联接,对有联网要求的单位,信息中心将与之单独联系,可以通过 INTERNET 及时传送有关信息。

为了分析、整理、补充数据库中的信息,中国包装信息中心将启动开展包装信息研究的“宝网工程”。该工程的核心是组织一批技术人员,分专业、分产品对数据库内信息进行分析、研究、整理、补充,提出指导性意见,并在此基础上开展包装信息咨询服务。

中国包装信息中心将聘请一批顾问。信息中心顾问的条件是对包装某专业,某产品比较熟悉,有一定的计算机和外语能力,愿意从事包装信息的研究,咨询工作。信息中心欢迎协会各组织的有志于此的人员自我推荐。

信息中心将为顾问提供有关的信息和其它方便。对信息中心的顾问经济上补偿不采用固定津贴方式,而采用项目提成的办法。

“宝网工程”是一项庞大的工程,信息中心希望协会内有更多的人员加入这一活动,尤其欢迎青、中年的同志长期从事此项工作,通过此项活动也不断提高自己。

四、加强协会人员的继续教育,实施“宝梯工程”

自中国包协信息中心建立以来,工作每推进一步就会感到人才资源的相对缺乏。协会本身的人员较少,一些老同志的知识日益老化,外语与计算机的能力几乎没有;中年同志在包装专业、计算机与外语方面的能力也难以胜任工作对我们的要求，在计算机上一般仅能打印文件，达不到上网操作的要求，外语说、写的能力普遍较差；年青的同志有的计算机能力较强，但包装专业知识刚刚开始积累，还不能胜任研究和咨询的要求。

为使协会工作提高到一个新的水平，与国际通用工作方式接轨，建议在协会内实施“宝梯工程”。所谓“宝梯”并不是个人升官的梯子，而是一项继续教育工程，不断提高协会人员工作能力、业务水平的工程。

当前实施“宝梯工程”的重点在计算机培训，外语培训和包装专业知识培训方面。

在计算机培训方面：分以下三个层次进行：1. 计算机扫盲。目标要求是协会所有人员能够独立操作计算机，打印、存储一般工作文件。2. 达到上网水平。目标要求是协会 50 岁以下人员，能够独立地上网，获取网上信息。3. 达到网络维护管理水平。目标要求是少数 30 岁左右青年达到能安装、维护、管理网络的水平。

在外语培训方面：重点是英语实用培训。目标要求协会 50 岁以下的人员经过培训可以用英语打电话，接电话；使用英语接待外宾，作协会和工作的简介；用英文起草简单的传真，信件。

对以上两项专业技能的培训，经协会考核合格者发给协会的证书，并记录备查，作为使用、奖励的条件。

在包装专业知识培训方面，协会将随时请有关专业的专家来讲课，同时举行协会内部的信息发布、专项研讨等活动。凡是研究有成果者，协会将安排承担相应的工作；长期不能掌握包装专业知识的人员，协会将采取必要的惩罚措施。

为保证“宝梯工程”的实施，建议协会提供少量经费并在每周固定半天的时间，必要时也可考虑周六安排半天，协会人员自愿参加。

关于包装产品价格协调工作的若干意见

中国包协行业工作部

一九九六年十二月

在经济管理体制改革和社会主义市场经济体制逐步建立的新形势下，各地方包协和中国包协各委员会、分会积极适应新形势、开拓新思路，深入行业、贴近企业，时刻关注整个行业在发展中存在的热点、重点、焦点和难点问题，并进行了深入细致的调查研究，重点放在为企业服务、为企业排忧解难，为行业服务方面。同时代表行业的利益，主动向政府反映企业在发展中所存在的共性问题，发挥了行业协会的桥梁、纽带作用及行业管理组织的协调、协商、协作的作用，受到了包装企业的好评，维护了企业的合法利益。近几年来，一些地方协会和委员会、分会所开展的包装产品价格协调工作就是其中的一项重要内容。这项工作的开展与成功，说明协会工作应找准自身的定位，体现行业协会的作用和功能，证明了在市场经济中行业协会存在的必要性，起到了政府和企业所无法起到的作用，适应了企业在市场经济下竞争的需要，也是行业管理试点工作中的一项重要工作。

能否协调行业在经济运行中的重大问题，是评价一个协会是否成熟，是否能发挥其行业管理主体作用的一个重要标志。行业协会是介于政府宏观调控管理层和企业微观管理层之间的“中观管理层”。这种特殊的协调作用，对于保证本行业正常有序的市场竞争、合理配置资源，是企业和其它组织不可替代的。这种协调主要表现在政府与企业之间的关系，行业内企业之间的合作及防止行业内企业间的不正当竞争方面。国家经贸委在今年八月下发的关于《行业协会试点方案》(讨论稿)中重点明确和赋予行业协会职能时,就强调指出行业协会要“进行行业内部价格管理,组织同行议价。对行业内协定的商品价格进行指导、监督、协调。保护行业平等竞争,维护企业合法利益。”这就充分肯定了在过去几年中,各地方包协和委员会、分会所开展的价格协调工作是有益的。

在市场经济体制初步建立的过程中,由于受过去计划经济体制的影响,我国包装行业有诸多不适应。由于重复建设和布局不合理及产品的原辅材料、能源、运费、人工等大幅度提高,成本与市场销售价格上升不同步等原因,致使一些企业偷工减料,产品质量低劣,甚至采取不正当竞争手段,压价恶性竞争,形成“同室操戈”的不利局面,使行业利益受到很大影响。特别是一些产品质量好的企业受到的冲击就更加严重,很多企业严重亏损,难以生存,无法扩大再生产,甚至濒临倒闭的边缘。同时由于包装产品的质量不能急速提高,又使本来就因包装破损而居高不下的商品损失率有进一步扩大的趋势。面对这种现状,各级包协组织积极开展了工作,早在1990年就启动价格协调工作的是玻璃容器委员会。但在解决行业这个问题上由于“前不见古人”,只能沿袭计划经济的模式,通过中国包协向国家呼吁在原辅材料及能源上给予价格优惠倾斜,以保证企业的正常发展。但由于这种作法不符合市场经济规律,终未成功。经过一番痛苦的思考和探索后,最后价格协调的思路破茧而出。他们全面发动、统一思想、监督协调、做了大量深入细致的工作,使企业增强了自我保护意识,将价格竞争变为质量和管理的竞争。同时经过科学测算,在一定幅度上规定了玻璃瓶和有关制品的价格,带动全行业统一行动,终于出现了柳暗花明的新局面,大多数企业当年即扭亏为盈,行业内出现一片生机。

在价格协调工作中,涉及面最大的是纸箱行业。一些地方包协依靠有关政府部门,从抓产品质量和管理入手,开始制订出较为科学的保护价格及与之相配套的行规行约。如上海、浙江、江苏、安徽、南京、重庆、湖南、广东等省市包协都做了大量艰苦细致的调研、测算等工作,召集行业会议、统一价格、统一思想、统一步骤、协调各方面关系,使这项工作有声有势地开展起来。价格协调工作的开展,使不少企业走出困境,步入自我保护、自我约束、自我发展的良性循环。产品质量得到了明显提高,不仅企业扭亏为盈,而且保护了用户的利益,减少了因包装不善造成的损失,受到了行业和用户的欢迎。

以上海包协为例,自从行业协调价格执行后,几乎100%的纸箱企业都做了不同程度的调价,调价幅度有高有低,协会规定为2%的上下浮动。调价面一般在80%—90%,部分企业100%,价格调上去本身就是利润,许多企业利润增长在50%以上,企业一致反映协会为企业办了一件大好事,挽救了企业,使企业摆脱了困境,取得了很好的经济效益和社会效益,充分体现了行业协会为企业服务的宗旨。协会通过协调行业价格工作,增强了企业对协会的向心力、凝聚力。提高了协会的威信,有事即到协会商量,同时企业纷纷要求入会,仅开展价格协调工作以来就有近50家企业加入了协会,真正体现了协会是“企业之家”,企业离不开组织的重要作用。

近几年来,已陆续有十几个省市开展了价格协调工作,但由于这项工作涉及面广、难度较大,又囿于计划经济向市场经济过渡转变时期的特点,也遇到一些困难和阻力,感到执行监督起来没有手段,同时这项工作发展也不均衡,有些省市这项工作至今没有开展起来。

今年以来,上海市包协纸容器包装委员会不仅制订了《关于纸容器行业价格协调工作管理办法》,还积极争取政府部门的支持和授权取得了重大突破。今年6月20日《上海市价格管理条例》已由上海市第十届人大常委会28次会议通过,自10月1日起施行。整个《条例》共6章40条,其中对行业协会参予价格管理工作做了明确规定。在总则中明确行业协会或者行业价格协调组织接受价格主管部门的指导。监督或者委托,配合价格主管部门依法做好本行业的价格协调和监督工作。

《条例》在价格管理一章中明确行业协会或者行业价格协调组织应当依法开展行业内部的价格管理，协调工作，向政府及价格管理部门提出本行业有关实施政府定价或政府指导价建议，指导本行业经营者的定价行为，协调本行业的价格争议。引导、鼓励本行业的非会员单位参与行业的价格协商。在价格监督一章中，明确行业协会或行业价格协调组织可以接受价格监督检查机构的委托，对行业的商品价格实行检查。督促经营者报告政府定价、政府指导价和政府干预措施，监督本行业经营者的价格行为。并向价格监督检查机构提出对违法行为的处理建议。在法律责任一章中则明确规定了违反本《条例》经济处罚和行政处罚以及对经营者处罚的具体规定。情节严重构成犯罪的要依法追究刑事责任。

上海包协纸容委的工作是开创性的。这与他们的积极努力是分不开的，是“精诚所至，金石为开”。同时也因为上海市政府的高度重视和具有改革开拓精神。《上海市价格管理条例》的公布和实施，对行业协会有价格协调工作中的职责、职权、价格管理、价格监督等都有了明确的规定，对这项工作给予了很大支持，取得了行业管理工作部分领域中的法律依据和政府的认可，具有很好的示范和借鉴作用。今年国家经贸委将上海等省市作为协会工作试点，并委托上海工经协会起草了《行业协会试点方案》(讨论稿)。上海在发挥行业管理作用，加强行业协会工作，促进经济管理体制转变的路子已先行一步，是值得称赞的。上海市的作法对其它省、市、自治区无疑具有很大的启示作用，上海市对行业协会重视的今天，也许就是其他省市的明天。正如上海市经委副主任祝均一同志在行业协会例会上时风趣地说“目前是正确确立协会真正的、规范的功能和地位的时候了。政府将腾出手来花大力量来研究，估计将有一个飞跃，我估计一九九七年是一个协会年”。我们有理由相信，在近期内，包装技术协会会处在一个良好的发展阶段，将会对行业协会的工作有很大的促进作用。针对行业价格协调中存在的各种现状，提出以下几点意见：

一、学习上海包协纸容器委员会锲而不舍的工作精神，积极争取各级政府部门的支持，力争用法规的形式规范行业管理行为，真正发挥桥梁、纽带的作用。

二、各地方包协要积极开展包装行业各专业领域有关产品的价格协调工作，为企业真办事、办实事。要求在一九九七年底前都要成立地方包协的行业价格协调工作小组(或办公室)，制订行规行约，以促进企业在市场竞争中，健康、协调、快速地发展，维护行业的利益。条件成熟的委员会、分会也可以照此实施。要注意吸收有关部门和主要企业参加。

三、本着循序渐进的原则，根据生产同类产品企业的需要，可以以玻璃容器、纸箱为突破口，向钢桶、瓶盖、纸桶、纸杯、纸盘、纸浆模塑、塑料容器(瓶、箱、桶等)、铝制易拉罐、马口铁三片罐、罐头罐、水泥袋、塑编袋及包装印刷制品等产品方面扩展，争取在2000年前，大部分包装产品都实现行业指导价格、行业协调价格。

四、考虑到包装产品流通的需要和产品的共性，在以省、区、直辖市、单列市和中心城市为基础的价格协调工作上，提倡专业和区域性的联手合作，可成立专业或区域性的包装产品价格指导联合小组(或联合办公室)，以对本区域和本专业的产品实行协调。

五、坚持科学测算，民主协商取得共识。在制定协调价格中，一定要坚持科学测算，要兼顾企业和用户的利益，同时要召开相同产品企业领导人的会议，将调价方案提请民主协商，经大多数企业同意后方可通过，以增强企业坚持协调价格的自觉性。

六、适时进行价格调整。根据市场原辅材料等价格升降等共性问题，适时、适度、适量地对原协调价格予以合理调整，要兼顾调价前后及今后定价的衔接问题，以保护企业的合法利益。

七、中国包协每年将举办一次全国包装产品价格协调工作经验交流会，在介绍国内经验的同时，介绍国外行业在价格协调工作中的具体作法，以取得好的经验。各区域和专业也可定期举办交流活动，促进该项工作的发展。在适当的时候，由中国包协编印《价格协调工作动态》，及时反映情况，沟通相互信息，推广先进经验，揭露不正当竞争行为。

八、要认真借鉴国外尤其是发达国家同类行业和产品开展价格协调工作的经验为我们所用。

我们相信，只要我们上靠有关政府部门，下有广大企业支持，通过我们坚持不懈、扎实有效的工作，发挥行业协会的优势、坚持以价格协调为手段、以产品质量为根本、以企业经济效益为中心，我们的包装产品价格协调工作就会越做越好，协会的行业管理工作也会跃上一个新的台阶。

关于起草《商品包装管理办法》的若干设想和意见

中国包协行业工作部

一九九六年十二月

在社会主义市场经济的发展过程中，包装的重要性已日益为社会各界所公认。有产品就有包装，包装以其对产品的保护、美化及增值作用受到生产企业和消费者的高度重视。加强对商品包装的管理，保障国家、保护用户和消费者的合法权益，提高包装的产品质量，是经济健康发展的一件大事。

改革开放以来，国家和各级包装管理组织在商品包装管理工作方面，曾采取了许多措施，并收到了一定成效。但是，从整体上看，包装质量差，包装意识不强，造成商品的大量损失，仍然是我国经济发展中的一个突出问题。据不完全统计，我国每年因包装不善在全社会造成的经济损失不少于400亿元；因包装不合格影响出口创汇及好产品卖不出好价钱的问题也十分严重。一些不法产品生产者利用包装牟利，不顾国家利益和人民需要片面追求利润，甚至发展到借真包装生产假冒伪劣商品，图财害命，破坏国民经济发展的程度。以上问题极大地损害了国家和消费者的利益。

我国各级包装管理机构和生产企业在长期的经济运转中，迫切地感受到在商品包装管理方面无法可依，无章可循，制约了包装工业持续、稳定、有序地发展，影响为其它行业产品的配套服务。社会各界要求包装立法的呼声很高，全国人大和全国政协代表也多次提出议案，要求尽快进行包装立法，加强对商品包装的监督管理。

中国包协自成立以后，在原国家经委的领导下就十分重视包装立法工作，曾在1987年5月经国家经委审定并上报国务院法制局《包装管理暂行条例》(草案)，后因机构改革等因素未能实现。《包装管理暂行条例》因受当时条件的限制，即使上报已不能适应当前经济建设的需要，对有些内容未作规定或规定得不够明确，对违法行为形不成威慑力量。各地方包协也力图在本地区有所突破，先后有湖南、南京、江西、山西等省市制定了商品包装和包装行业管理的有关规定。中国包协也为包装立法做了大量的准备工作。

因制订《包装法》的条件尚未成熟，今年三月中国包协上报国家经贸委关于由法规司和中国包协牵头制订“国家经济贸易委员会关于商品包装管理的有关规定”的请示，已经国家经贸委国经贸厅法[1996]206号文件《关于落实国务院交办的立法任务和做好我委部门规章制定工作的通知》批准立项。责成国家经贸委法规司与中国包协共同牵头起草《商品包装管理办法》。这将是一个以国家经贸委主任令形式颁布的关于包装行业的部门规章，为将来进一步制订《包装法》奠定基础。

为了将国家经贸委交办的《商品包装管理办法》起草好，使之具有代表性、权威性、全面性、超前性、合理性等特点。总之，既要适应当前行业现状的需要，又要兼顾到今后不断发展的需要；既要考虑到重点，又要避免出现制约的死角；既要考虑到适应中国国情，又要与国际上的有关规定接轨……这是一个完整的系统工程，是我们全行业的一件大事，应引起所有包装管理机构及人员的高度重视。在国家经贸委的重视、支持下，我们决心与各地方包协、中国包协各委员会、分会一道，并会同国务院有关部委负责包装工作的同志，共同完成好起草任务。为此，我们拟订了以下有关起草《商品包装管理办法》的初步意见：

一、首先要研究和明确包装立法的必要性和目的。

1. 包装立法是建立社会主义市场经济体系的迫切需要：从国际国内看，市场经济就是法制经济。在市场经济体制下，一切经济运行都必须按规则运行。这些规则就是法律、法规和规章。作为包装立法，其主要作用：一是有利于规范中国包装工业的发展；二是有利于包装工业的规模管理；三是有利于全面保护知识产权；四是有利于打击伪劣假冒产品，保护消费者的合法权益；五是有利于保护环境、消除污染；六是有利于节约包装原辅材料；七是有利于中国名牌产品跻身于国际市场；八是有利于依法管理包装行业；九是有利于《产品质量法》的全面配套实施。从中国法制建设现状看，包装立法特别是专门的包装法律、法规，目前还是空白。作为社会主义法律体系重要组成部分的包装立法，需要加快步伐，才能适应中国市场经济发展的需要。

2. 包装立法是对包装工业发展的必然要求：改革开放十多年来，我国包装工业取得了很大的发展。包装工业产值从1980年的72亿元增长到1995年的1145亿元，年增长率在15%以上，其发展速度是很快的。同时，也对我们的管理工作提出了更高的要求。这就是：如何使包装工业适应市场经济发展，如何使包装工业按照市场经济的运行规则快速地健康地向前发展，以适应国民经济的发展，以满足人民生活的需要。答案只有一个，就是包装立法。因为包装是一个新兴的快速发展的跨地区、跨部门、跨行业的横向型的产业，在市场经济体制下出现的一系列新的问题、新的矛盾，都需要用法律加以调整和规范，以保证它的健康运行。这是在市场经济体制下国民经济发展对包装工业发展的必然要求。

3. 包装立法是与国际市场接轨和配套中国经济走向国际市场的需要：改革开放以来，我国包装工业得到了迅速的发展，已经受到社会各界的普遍重视。一方面随着市场经济的发展，商品的包装产生了价格上的差异，外向型经济更是迫切需要包装工业与国际市场接轨，进入国际大循环，朝着国际包装潮流的高档次、深加工、多品种的方向发展。另一方面无公害的绿色包装已引起世界各国的重视。我国是一个人口大国，也是一个包装大国。如何发展绿色包装，除对我国重视环境保护，充分利用资源以及建立资源再生体系等均有重大意义外，还要考虑到我国出口贸易的需要，这种与国际市场接轨的包装革命及其绿色标志工作，必须通过包装立法来管理包装生产，管理生活中使用的包装产品，才能使我国的商品在国际市场具有竞争力，在国内市场具有推动力，以此带动其它工作的发展，配套中国经济走向国际市场。

二、要进行包装立法的可行性。

1. 立法条件已趋于成熟：有关中国包装立法，一方面中国包协会同中国包装总公司和有关部、委及地方的包装组织，已经做了大量的准备工作，有关专家进行了充分的研讨和论证。另一方面，全国人大、国务院及有关部门所颁布制定的法律、法规为制定包装法提供了经验，一些发达国家的包装立法可以供我们借鉴。据此，制定一部适应中国包装工业发展的中国包装法的条件已基本成熟。

2. 相关法律、法规、规章的颁布，为包装立法奠定了基础：我国许多法律、法规中都有涉及包装方面的内容。特别是 1978 年以来，国务院及有关部委发布了一系列有关包装方面的法规和规章，制定了一系列有关包装的政策规定，全国人大常委会也颁布了一系列相关的法律，如：商标法、广告法、质量法、著作权保护法等。这些都为中国包装立法打下了坚实的基础。

3. 包装立法受到国家立法机关的高度重视：自全国人大徐复沛等 32 名代表提出制定中国商品包装法的立法议案后，引起全国人大常委会和国务院有关部门的高度重视。全国人大办公厅及国家有关立法机关已给予了足够的重视，这充分说明了包装立法工作已提到了国家的重要议事日程。

三、对包装立法的总体构想。

包装工业涉及国民经济的各行各业、各个领域。初步设想，中国包装法应设如下几章。

第一章　总则。主要规定立法的基本原则和指导思想。

第二章　管理体制。主要界定包装行业管理基本机制，确定包装行业管理体制及管理权限、管理范围。

第三章　商品包装。主要界定商品包装的范围和标准。分别对各类包装作出相应的规定，提出相应的要求。

第四章　包装质量监督。主要界定全国包装质量认证范围、包装质量监督的程序、办法，包装质量监督的基本要求和负责监督的部门。

第五章　包装标准化工作。主要界定各种包装标准化的有关问题。界定包装标准化范围，推进全国包装标准化工作。

第六章　包装改进。主要界定包装改进的内容、要求和重点以及逐步与国际惯例接轨方面的内容。

第七章　包装注册。主要界定包装产品注册的内容程序、要求和管理注册的部门，建立起系统化的管理体系。

第八章　法律责任。主要界定违反本法应当承担的法律责任。

第九章　执法主体或被委托的执法主体。

第十章　附则。主要界定本法的生效时间，解释权益内容。

四、在包装立法过程中应注意调整的一些关系。

1. 宏观调控与行业管理的关系：

社会主义市场经济体制的建立，需要加大宏观调控的力度。一方面，包装工业在市场经济的刺激下，发展很快；另一方面，包装行业是一个跨部门、跨地区的行业，它的特点是分散在各个领域、各种产业之中。包装行业如何做到持续、高速地发展，又不发生盲目、重复、低质的建设，这就需要宏观调控，而宏观调控的基础首先是管理。要搞好管理，各行各业的包装都必须在法制轨道上运行，否则，宏观调控就很难奏效。从这个意义上讲管理是基础，法律是手段，发展是目的。通过包装立法，加强行业管理，实现宏观调控，推动包装业健康、持续、高速的发展。

2. 名牌保护与组织打假的关系：

名牌产品是企业立于不败之地的基础，也可以说是一个企业艰苦奋斗，来之不易的成果。在包装立法中，对名牌产品应当予以保护，即界定保护名牌产品的具体规则。要保护名牌产品，首先从管理包装入手，而管理包装的事就不是名牌产品厂家所完全能够做得到的，是需要全社会的通力协作才能办到，这就必须借助法律手段才能完成。因此，包装立法既要规定保护名牌，又要规定打击假冒包装的内容，这二个方面相辅相成，不可偏废。

3. 规范包装与发展包装的关系：

包装事业的发展，需要依法管理，依法规范。通过法律手段规范包装，一是可以使中国包装工业能在宏观调控下按照市场经济的需要，持续、高速、合理地发展；二是保障消费者在社会生活中发生与包装有关的事项时，应当享受的权利和承担的义务。只有规范，包装工业才能摆脱无序和相对混乱的管理误区，也只有规范，包装工业才有可能获得更大的发展。只有包装工业发展了，才能够使包装立法达到一个更高的层次。同时,包装工业的发展,为进一步规范包装工业打下了坚实的基础。因此,规范包装是为了更好地发展包装。

4. 原则规定与可操作性的关系:

包装立法既要做出一些总的原则性的规定,同时也应当注意法的可操作性。作为一部具有中国特色的包装法,其界定的主要内容应当是包装工业带有普遍性、规律性、原则性的一些内容。同时,和任何立法一样,包装法还必须考虑到它的可操作性,努力做到易记、易做、易执行,以保证在具体执行中的实际效果。

5. 与相关行业、相关法的关系:

正因为包装是一个横向型的产业,内含横向型的企业,在制定其法规时,一定要考虑它与其相关行业和相关法的关系。注意其协调性和配套性,否则,包装法便是孤立的,有了成型的法也无法执行。

五、在操作包装立法过程中应注意的技术性问题:

包装立法是一项浩大的社会关系工程,应当动员全包装行业和社会各方面的力量积极配合,通力协作,方能达到理想的效果。

1. 加强领导,统一规划:包装立法应当作为国家经贸委和地方经贸委一项重要的基础性工作。应当加强对立法工作的领导,并列入重要议事日程中,统一规划,全面部署,真正使包装立法工作有组织、有领导、有计划地进行。并应制定出中国包装立法的规划的年度计划。

2. 组织力量,健全机构:立法必须由相应的组织保障。要抽调得力干部组成起草小组。起草小组既要有法学专家,又要有包装专家,还要有有关业务人员和领导同志。还应设立中国包装法起草小组办公室,积极开展包装立法方面的工作。应在国家和各地经贸委领导下,在各包装行业管理组织设立立法办事机构。

3. 调查研究,广泛考察;包装立法是一项新工作,必须建立在切实可行的基础之上,必须符合中国包装工业发展的实际。在动手起草之前,应当深入调查研究,广泛考察,掌握包装行业的真实情况。同时,应当从以下几方面去考虑(1)包装立法的目的和需要解决的主要问题。(2)包装法调整的范围和内容。(3)包装法涉及的主要矛盾及处理的原则和方法。(4)包装行业需要建立什么制度,采取哪些措施。(5)包装方面应当有计划的制定哪些法律、法规和政策规定。(6)国内外需要借鉴的有关立法材料。

组织开展广泛调查:一是调查研究各省、市、自治区包装工业的历史和现状及需要解决的问题;二是调查研究全国包装行业管理、经营中遇到的法律问题;三是组织到国外考察包装立法方面的情况,并学习借鉴国外立法经验,搞好我们的立法。

4. 收集资料、分析升华:包装立法工作涉及面很广,且又十分复杂,必须广泛而又全面地占有立法资料。一是国内有关包装工业的基础资料;二是国内有关包装立法的相关资料;三是国外有关包装工业的基础资料的立法资料;四是中央领导有关包装工业的指示、讲话;五是党和国家有关包装工业立法的方针、政策、文件。

5. 反复论证,力求严谨:立法工作技术性很强,必须征求有关专家学者的意见,并请专家、学者论证。聘请大专院校和研究单位的法学家和我们行业内的包装专家反复论证,反复征求意见,力求立法的严谨、科学、准确、可行。

6. 综合协调,抓紧起草,早日出台:包装立法小组及办公室负责人应当由国家经贸委经济法规司、中国包装技术协会牵头与有关的部门组成,指定专人负责,由各地方包装组织配合,全面铺开工作。

六、地方包协(或有关包装组织机构)可以按前五项的总体构想搞出本地区《商品包装管理办法》,争取在地方上得到主管部门的先行认可,作为地方包装法规先行实施。中国包协拟委托一两个地方协会搞试点,先行突破,然后加以汇总,作为起草《商品包装管理办法》的基本参考文本。

七、要求各地方包协、中国包协各委员会、分会尽快向主管部门和领导汇报关于开展这项工作的建议和设想,尽快组成工作班了,并开始这项工作。

八、中国包协议拟会同国家经贸委法规司于1997年5月份左右召开《商品包装管理办法》起草和工作开展经验交流会。以表彰地方开展这项工作比较好的单位，推广其经验，以推动这项工作的开展。

九、中国包协起草《商品包装管理办法》拟采取自下而上的办法。待讨论稿形成后将全面征求地方组织、相关行业部门的意见。

以上是关于开展这项工作的总体构想和意见，交全国包协秘书长工作会议讨论后修改下发，供各地参照执行。

关于公布"全国铁路货物运输包装注册管理联合办公室工作职责"和"铁路货物运输包装注册管理办法(试行)"的通知

[1996]铁运包第01号　　1996年11月1日

各铁路局、广铁(集团)公司，各省、市、自治区包装改进办公室，各省、市、自治区技术监督局：

现将"全国铁路货物运输包装注册管理联合办公室工作职责"和"铁路货物运输包装注册管理办法(试行)"发给你们，望遵照执地。

附件

1. 全国铁路货物运输包装注册管理联合办公室工作职责

2. 铁路货物运输包装注册管理办法(试行)

全国铁路货物运输包装注册管理联合办公室工作职责

1. 检查、督促企业贯彻执行国家有关运输包装的政策、法规、标准，加强横向联合，介绍和推广包装新材料、新技术，大力开展包装改进工作。

2. 组织协调各地铁路货物运输包装注册管理办公室开展铁路货物运输包装工作的监督、检查、抽查工作，制订运输包装改进规划，做好铁路货物运输包装的改进和推广工作。

3. 推广运输包装标准化，按照有关法规提出制订、修订铁路货物运输包装标准的建议，提供包装标准化的有关技术资料服务。

4. 制订、修订铁路货物运输包装注册管理办法，确定全路统一实施包装注册的货物品名。

5. 认定铁路货物运输包装检测机构。

铁路货物运输包装注册管理办法(试行)

第一条：为保证铁路货物运输安全，维护托运人、收货人和承运人利益，切实加强包装改进，提高货物运输质量，减少货物在运输途中的损失，提高社会经济效益，强化铁路货物运输包装科学管理。根据有关法规，制订本办法。

第二条：铁路货物运输包装注册的基本条件

1. 铁路货物运输包装必须与货物的性质、重量、运输距离、铁路货物运输方式及气候相适应。

2. 具有足够的强度，牢固、可靠、满装、成形，能够抗御运输过程中的正常冲击、挤压等。

3. 便于装卸搬运。

4. 具有相应的防震、防雨、防潮、防锈、防霉、防尘等防护措施。

5. 包装尺寸与铁路车辆的容积相匹配。

6. 标志正确、齐全。

第三条：铁路货物运输包装注册按零担、整车、集装箱三种货物运输方式的不同分别办理注册。

1. 符合《铁路零担货物运输包装管理办法》(铁运[1994]172 号文)规定的铁路零担货物运输包装可予以注册。

2. 包装类型符合《铁路零担货物运输包装管理办法》有关规定且满足本办法第二条要求的整车、集装箱货物运输包装可予以注册。

第四条：同一种货物有两种以上包装时，应分别办理注册。

第五条：托运人改变包装(规格、尺寸、材质、防护措施及生产单位等)时应重新办理注册。

第六条：铁路货物集装化用具(包括集装袋、集装架、集装专用箱、集装托盘、集装网、集装夹等)和个人日常生活用品及搬家货物免于注册。

进口原包装，经车辆确认未经开封并能保证货物运输安全的可免于注册。

第七条：运输包装类型不符合《铁路零担货物运输包装管理办法》有关规定的不得予以注册。但可按试运包装的有关规定办理。整车、集装箱货物运输的试运包装暂按《铁路零担 货物运输包装管理办法》的有关规定办理，超过试运期限未总结上报或铁道部未批准的，必须立即停止试运。

第八条：实行铁路货物运输包装注册的货物品名由各包装注册办公室根据各自的实际情况分期分批公布。其原则是首先对易碎、易损、易污及高档贵重物品实行包装注册管理。需要在全路统一实行运输包装注册管理的货物品名由全国铁路货物运输包装注册管理联合办公室统一确定公布。

第九条：铁路货物运输包装注册程序

1. 托运人根据所办理铁路货物运输方式(零担、整车、集装箱)详细填好铁路货物运输包装注册申请书(格式一)，经发站、铁路分局签注意见后向铁路局包装注册办公室提出申请。分局所在地有包装注册办公室的可直接向分局包装注册办公室提出申请。

2. 包装注册办公室受理申请后，即介绍其到指定的铁路货物运输包装检测机构进行包装检测并提出铁路货物运输包装检测报告一式四份(一份存档、一份送发站、一份送包装注册办公室、一份送被检单位)。

3. 包装注册办公室根据包装注册申请书和检测报告，通过调查研究确认符合铁路货物运输安全要求后发给铁路货物运输包装注册准运证(格式二)。

第十条：铁路货物运输包装注册准运证的注册编号方法

1. 注册编号采用 9 位阿拉伯数字，内容包括：发证单位缩写、注册年度号占 2 位数、运输种类号占 1 位数(零提编号为 1、整车编号为 2、集装箱编号为 3)、注册顺序号占 6 位数。最后形成 编号顺序为：发证单位缩写、注册年度号、运输种类号、注册顺序号。

2. 经批准按零担承运的运输包装(运输种类编号为 1 的可按零担、整车、集装箱办理承运；批准按整车承运的运输包装(运输种类编号为 2 的)可按整车、集装箱办理承运；批准按集装箱承运的运输包装(运输种类编号为 3 的)只能按集装箱办理承运。

第十一条：铁路货物运输包装注册后的托运和承运

凡已公布实行铁路货物运输包装注册后的

托运和承运

凡已公布实行铁路货物运输包装注册的货物，托运人一律凭铁路货物运输包装注册准运证办理托运手续，并在运单“托运人记载事项”栏内注明包装注册准运证号码。各铁路承运站一律凭包装注册准运证办理承运手续。

第十二条：铁路货物运输包装检测机构的认定

1. 铁路货物运输包装检测机构的基本条件：具备铁路货物运输包装检测的技术手段和能力，经过省级以上技术监督部门或中国实验室国家认可委员会的认可。

2. 详细填妥铁路货物运输包装检测机构认定申请书（格式三）经当地包装注册办公室签注意见后报全国铁路货物运输包装注册管理联合办公室认定。

3. 全国铁路货物运输包装注册管理联合办公室经考察论证后发给认定合格证书。

第十三条：铁路货物运输包装注册的监督管理

1. 各托运人领取铁路货物运输包装注册准运证后，不得擅自改变包装，否则必须重新办理注册登记，运输时须在运输包装明显部位涂打包装注册准运证编号。

2. 各铁路承运站在承运已实行包装注册的货物时，必须查验包装注册准运证和运单“托运人记载事项”栏的记载情况，不合要求的拒绝承运。

3. 各包装检测机构和包装注册办公室必须对包装检测样品和有关资料建档保管备查。

4. 对已注册的货物运输包装，包装注册办公室应进行定期检查和不定期抽查。检查和抽查不合格的应予以处罚并注销原发包装注册准运证，通知各有关单位。

第十四条：其它事项

1. 对托运人和承运人的奖惩办法由各包装注册办公室据各自情况制订。

2. 对已注册的货物运输包装在铁路货物运输过程中发生包装破损事故时，应请包装检测机构进行事故仲裁检测。据《铁路货物运输事故处理规则》和仲裁结果及铁路货物运输包装管理的有关规定确定事故责任。

第十五条：本办法由全国铁路货物运输包装注册管理联合办公室负责解释、修改和补充。各地包装注册办公室据各自情况制定补充实施细则，实施细则报全国铁路货物运输包装注册管理联合办公室备案。

第十六条：本办法自发布之日起实行。

格式一：

铁路货物运输包装注册申请书

申请单位：

企业负责人：

联系电话：

邮政编码：

详细地址：

申请日期：

<table>
<tr><td>申请单位</td><td colspan="3"></td></tr>
<tr><td>厂长姓名</td><td></td><td>企业性质</td><td>全民、集体、乡镇、其他</td></tr>
<tr><td>包装名称</td><td colspan="3"></td></tr>
<tr><td>外部尺寸</td><td></td><td>内部尺寸</td><td></td></tr>
<tr><td>自　　重</td><td></td><td>总　　重</td><td></td></tr>
<tr><td>生产单位</td><td colspan="3"></td></tr>
<tr><td>包装材质
说　　明</td><td colspan="3">主要、辅助、衬垫、加固、封口材质及来源情况</td></tr>
<tr><td>防护措施</td><td colspan="3"></td></tr>
<tr><td>内装货物</td><td></td><td>适合车种</td><td></td></tr>
<tr><td>主要到站</td><td colspan="3"></td></tr>
<tr><td>办理运输
种　　类</td><td colspan="3">1. 零担　　2. 整车　　3. 集装箱</td></tr>
</table>

申请书附件：

1. 包装标准依据
2. 包装技术鉴定书(复印件)
3. 包装设计说明及计算
4. 包装使用说明书
5. 包装铁路运输情况报告和证明
6. 包装生产单位主要生产设备和工艺装备明细表
7. 包装生产单位主要检验设备和计量器具明细表
8. 包装生产单位的质量管理制度
9. 包装使用单位的包装管理机构和管理办法
10. 包装检测报告

车站 意见	
分局 意见	
包装注 册办公 室意见	
备注	

格式二：
（封面）

铁路货物运输包装注册
准运证

XXX 包装注册办公室

持证单位					
包装名称					
包装材质					
生产单位					
包装规格	长×宽×高	容积		限重	
限办运输种别	1. 整车　2. 零担　3. 集装箱				
注册编号					
填发人					
有效时间	一九　年　月至一九　年　月				
备　注					

包装注册办公室(印章)

一九　年　月　日

格式三：

铁路货物运输包装检测机构认定申请书

申请单位：
负 责 人：
联系电话：
邮政编码：
详细地址：
申请日期：

<table>
<tr><td colspan="2">申请单位</td><td colspan="4"></td></tr>
<tr><td colspan="2">负责人姓名</td><td colspan="4"></td></tr>
<tr><td rowspan="3">人员情况</td><td colspan="3">总　人　数</td><td colspan="2"></td></tr>
<tr><td colspan="3">技术人员数</td><td colspan="2"></td></tr>
<tr><td colspan="3">工程师以上人数</td><td colspan="2"></td></tr>
<tr><td rowspan="3">技术领导人情况</td><td>姓　名</td><td colspan="2"></td><td>所学专业</td><td></td></tr>
<tr><td>年　龄</td><td colspan="2"></td><td>从事专业年限</td><td></td></tr>
<tr><td>职　称</td><td colspan="2"></td><td>外语水平</td><td></td></tr>
<tr><td rowspan="11">工程师以上人员情况</td><td>姓　名</td><td>年龄</td><td>职称</td><td>所学专业</td><td>从事专业工作年限</td></tr>
<tr><td></td><td></td><td></td><td></td><td></td></tr>
<tr><td></td><td></td><td></td><td></td><td></td></tr>
<tr><td></td><td></td><td></td><td></td><td></td></tr>
<tr><td></td><td></td><td></td><td></td><td></td></tr>
<tr><td></td><td></td><td></td><td></td><td></td></tr>
<tr><td></td><td></td><td></td><td></td><td></td></tr>
<tr><td></td><td></td><td></td><td></td><td></td></tr>
<tr><td></td><td></td><td></td><td></td><td></td></tr>
<tr><td></td><td></td><td></td><td></td><td></td></tr>
<tr><td></td><td></td><td></td><td></td><td></td></tr>
</table>

<table>
<tr><td colspan="2">设备固定资产</td><td></td><td rowspan="2">房屋
面积</td><td>恒　温</td><td></td></tr>
<tr><td colspan="2">设备总台数</td><td></td><td>非恒温</td><td></td></tr>
<tr><td rowspan="18">申
请
认
定
运
输
包
装
检
测
项
目</td><td colspan="2">运输包装检测项目名称</td><td colspan="3">相应标准(参数)</td></tr>
<tr><td colspan="2"></td><td colspan="3"></td></tr>
<tr><td colspan="2"></td><td colspan="3"></td></tr>
<tr><td colspan="2"></td><td colspan="3"></td></tr>
<tr><td colspan="2"></td><td colspan="3"></td></tr>
<tr><td colspan="2"></td><td colspan="3"></td></tr>
<tr><td colspan="2"></td><td colspan="3"></td></tr>
<tr><td colspan="2"></td><td colspan="3"></td></tr>
<tr><td colspan="2"></td><td colspan="3"></td></tr>
<tr><td colspan="2"></td><td colspan="3"></td></tr>
<tr><td colspan="2"></td><td colspan="3"></td></tr>
<tr><td colspan="2"></td><td colspan="3"></td></tr>
<tr><td colspan="2"></td><td colspan="3"></td></tr>
<tr><td colspan="2"></td><td colspan="3"></td></tr>
<tr><td colspan="2"></td><td colspan="3"></td></tr>
<tr><td colspan="2"></td><td colspan="3"></td></tr>
<tr><td colspan="2"></td><td colspan="3"></td></tr>
<tr><td colspan="2"></td><td colspan="3"></td></tr>
</table>

铁路分局包装注册办公室意见	
铁路局包装注册办公室意见	
全国铁路货物运输包装注册办公室意见	
备　　注	

申请书附件：

一、质量管理手册

1. 组织体系、人员配备情况及框图，技术领导人姓名，技术工作履历及业务水平。

2. 开展质量检测项目的检测用规程、规范、标准，主要仪器设备的操作规范。

3. 本单位的各种规章制度：

各级人员岗位责任制度；分析、检验、试验、测试、标准、鉴定工作的质量保证制度和工作报告的审查制度；事故的分析报告制度；计量标准、标准物质及仪器设备的使用、保管、校准制度；检测报告及原始记录的保管制度；测试样品的保管制度；测试的产品、图纸、资料的保密制度；保证测试公正性的有关规定；其它认为必要的制度。

二、运输包装检测能力表（设备明细表）

印刷业管理条例

第一章　总　则

第一条　为了加强印刷业管理，维护印刷业经营者的合法权益和社会公共利益，促进社会主义精神文明和物质文明建设，制定本条例。

第二条　本条例适用于出版物、包装装潢印刷品及其他印刷品的印刷经营活动。

本条例所称出版物，包括报纸、期刊、书籍、地图、年画、图片、挂历、画册及音像制品、电子出版物的装帧封面等。

本条例所称包装装潢印刷品，包括商标标识、彩色包装盒(袋)、纸制包装用品、印铁制罐、以介绍产品为内容的广告宣传品等。

本条例所称其他印刷品，包括文件、资料、图表、票证、名片等。

本条例所称印刷经营活动，是指经营排版、制版、印刷、装订、复印、影印、打印等活动。

第三条　印刷业经营者必须遵守有关法律、行政法规和国家有关印刷管理的其他规定，提高质量、不断满足社会需要。

禁止印刷含有反动、淫秽、迷信内容和国家明令禁止印制的其他内容的出版物、包装装潢印刷品及其他印刷品。

第四条　国务院新闻出版行政部门依照本条例的规定负责印刷业的监督管理工作；其中，包装装潢印刷品的印刷经营活动由国务院授权的机构负责监督管理。国务院公安部门、工商行政管理部门在各自的职责范围内负责对印刷业进行监督管理。

县级以上地方各级人民政府负责新闻出版、包装装潢印刷品的管理部门及其职责，由省、自治区、直辖市人民政府规定。

第五条　印刷行业的社会团体按照其章程，在业务主管部门的指导下，实行自律管理。

第二章　印刷企业的设立

第六条　国家实行印刷经营许可制度。未经批准，任何单位和个人不得从事印刷经营活动。

第七条　设立印刷企业，应当具备下列条件：

(一)有企业的名称、章程；

(二)有确定的业务范围；

(三)有生产经营场所和必要的设备等生产经营条件；

(四)有适应业务范围需要的组织机构和人员；

(五)有关法律、行政法规规定的其他条件。

审批设立印刷企业，除依照前款规定外，还应当符合国家有关印刷企业总量、结构和布局的规划。

第八条　设立出版物印刷企业，应当向所在地省、自治区、直辖市人民政府新闻出版行政部门提出申请，经审核批准，取得出版物印刷许可证，并按照国家有关规定持证向公安部门申请，经核准，取得特种行业许可证后，持出版物印制许可证、特种行业许可证向工商行政管理部门申请注册登记，取得营业执照后，方可印制出版物。

第九条　设立包装装潢印刷品印刷企业，应当向所在地省、自治区、直辖市人民政府规定的包装装潢印刷品管理部门提出申请，经审核批准，取得包装装潢印刷品印制许可证，并按照国家有关规定持证向公安部门提出申请，经核准，取得特种行业许可证后，持包装装潢印刷品印制许可证、特种行业许可证向工商行政管理部门申请注册登记，取得营业执照后，方可印制包装装潢印刷品。

第十条　已经设立的包装装潢印刷品印刷企业申请兼营出版物印刷的，应当向所在地省、自治区、直辖市人民政府新闻出版行政部门提出申请，经审核批准，取得出版物印制许可证后，按照国家有关规定向公安部门、工商行政管理部门申请变更登记，经核准，方可印制出版物。

第十一条 已经设立的出版物印刷企业申请兼营包装装潢印刷品印刷的，应当向所在地省、自治区、直辖市人民政府规定的包装装潢印刷品管理部门提出申请，经审核批准，取得包装装潢印刷品印制许可证后，按照国家有关规定向公安部门、工商行政管理部门申请变更登记，经核准，方可印制包装装潢印刷品。

第十二条 申请其他印刷品印刷经营活动的企业和个人，应当向所在地县级以上地方人民政府负责新闻出版的行政部门提出申请，经审核批准，取得其他印刷品印制许可证，并按照国家有关规定持证向公安部门提出申请，经核准，取得特种行业许可证后，持其他印刷品印制许可证、特种行业许可证向工商行政管理部门申请注册登记，取得营业执照后，方可开业。

取得出版物印制许可证或者包装装潢印刷品印制许可证的印刷企业，可以从事本条例规定的其他印刷品的印刷经营活动。

第十三条 设立印刷出版物或者其他印刷品的中外合资经营企业、中外合作经营企业，应当经所在地省、自治区、直辖市人民政府新闻出版行政部门同意，并报国家新闻出版行政部门审核批准后，依法办理其他手续。

第十四条 设立印刷包装装潢印刷品的中外合资经营企业、中外合作经营企业，应当经所在地省、自治区、直辖市人民政府规定的包装装潢印刷品管理部门同意，并报国务院授权的机构审核批准后，依法办理其他手续。

第十五条 禁止设立外商独资经营的各类印刷企业。

第十六条 印刷业经营者变更主要登记事项、停业、转业、合并、分立或者迁移，须经原审批部门审批，并向原办理登记的公安部门、工商行政管理部门办理变更登记、注销登记。

第十七条 单位内部设立印刷厂（所），必须向所在地县级以上地方人民政府负责新闻出版的行政部门、保密部门办理登记手续后，按照国家有关规定向公安部门备案，并不得从事印刷经营活动；从事印刷经营活动的，必须依照本章的规定办理手续。

第十八条 本章的规定适用于排版、制版、装订、复印、影印、打印等单项印刷经营活动。

第三章 出版物的印刷

第十九条 国家鼓励出版物印刷企业及时印刷体现国内外新的优秀文化成果的出版物，重视印刷传统文化精品和有价值的学术著作，提高印刷质量，正确使用祖国的语言文字。

第二十条 出版物印刷企业不得印制国家明令禁止出版的出版物和非出版单位出版的出版物。

第二十一条 印刷出版物实行印制合同制度。出版物的每一个印刷品种，委托印刷单位和承接印刷企业都应当按照国家有关规定签订印制合同。

第二十二条 承接出版单位委托印制图书、期刊的，印刷企业必须验证并收存出版单位盖章的图书、期刊印制委托书，承接出版单位委托印制报纸的，必须验证报纸登记证；承接出版单位委托印制报纸、期刊的增刊的，除验证登记证外，还必须验证新闻出版行政部门的批准文件或者准印证。

第二十三条 承接内部资料性出版物印制的，印刷企业必须验证省、自治区、直辖市人民政府新闻出版行政部门核发的准印证。

第二十四条 跨省、自治区、直辖市印制出版物的，印刷企业除必须验证委托印刷单位所在地省、自治区、直辖市人民政府新闻出版行政部门核发的批准文件外，还必须验证本印刷企业所在地省、自治区、直辖市人民政府新闻出版行政部门核发的准印证。

第二十五条 承接境外出版物印制的，印刷企业必须持有关著作权的合法证明文件，经省、自治区、直辖市人民政府新闻出版行政部门批准；印制的出版物必须全部运输出境，不得在境内销售。

第二十六条 委托印刷单位必须按照国家有关规定在委托印制的出版物上刊载出版单位的名称、地址，书号、刊号或者版号，出版日期或者刊期，承接印刷企业的真实名称和地址，以及其他有关事项。

第二十七条 承接印刷企业不得销售、擅自加印或者接受第三人委托加印受委托印制的出版物，不得盗印出版物。

第二十八条 承接印刷企业不得将出版单位委托印制的出版物纸型及印刷底片出租、出借、出售或者以其他任何方式转让给其他单位或者个人。

第二十九条 印刷企业不得编印、征订、销售出版物，不得假冒或者盗用他人名义印刷、销售出版物。

第四章 包装装潢印刷品的印刷

第三十条 包装装潢印刷企业不得印制假冒或者伪造他人的商标标识和商品包装装潢印刷品，不得印制可能对消费者产生误导的虚假广告、说明等宣传品。

第三十一条 承接以介绍产品为内容的广告宣传品印制的，印刷企业必须按照国家有关规定验证包装装潢印刷品管理部门核发的准印证，并验证委托印刷单位的营业执照和广告经营资格证明。

第三十二条 承接商标标识印制的，按照国家有关商标印制管理的规定执行。

第三十三条 承接包装装潢印刷品印制的，印刷企业应当将印制的成品、半成品、废品和印版、纸型、底片、原稿等全部交付委托印刷单位，不得擅自留存。

第三十四条 承接境外包装装潢印刷品印制的，必须经所在地省、自治区、直辖市人民政府规定的包装装潢印刷品管理部门审核；印制的包装装潢印刷品必须全部运输出境，不得在境内销售。

第五章 其他印刷品的印刷

第三十五条 印制标有密级的文件、资料、图表等，按照国家有关复制国家秘密载体管理的规定办理。

第三十六条 印制布告、通告、重大活动工作证、通行证、在社会上流通使用的票证的，委托印刷单位必须出具主管部门的证明，并按照国家有关规定向承接印刷企业所在地公安部门办理准印手续，在指定的印刷企业印刷。

印制机关、团体、部队、学校、企业事业单位内部使用的有价票证或者无价票证、有单位名称的介绍信、工作证、会员证、出入证等专用印件的，委托印刷单位必须出具委托印制证明。

承接印刷企业对前两款印件不得留样本、样张；确因业务参考需要留样本、样张的，应当征得委托印刷单位同意，在所留印件上加盖“样本”、“样张”戳记，并妥善保管，不得丢失。

第三十七条 印制宗教用品的，按照国家有关宗教印刷品管理的规定办理。

第六章 罚 则

第三十八条 违反本条例规定，擅自设立印刷企业，从事印刷经营活动的，由公安部门、工商行政管理部门予以取缔，没收违法所得和进行违法活动的主要专用工具、设备，并处违法所得2倍以上10倍以下的罚款；没有违法所得的，并处2万元以下的罚款。

第三十九条 违反本条例规定，未取得出版物印制许可证的印刷企业，擅自从事出版物印制的，由省、自治区、直辖市人民政府规定的县级以上地方人民政府负责新闻出版管理的部门责令停产停业，没收所印制的出版物和违法所得，并处所印制的出版物总定价2倍以上10倍以下的罚款。

第四十条 违反本条例规定，未取得包装装潢印刷品印制许可证的印刷企业，擅自从事包装装潢印刷品印制的，由省、自治区、直辖市人民政府规定的县级以上地方人民政府负责包装装潢印刷品管理的部门责令停产停业，没收所印制的包装装潢印刷品和违法所得，并处所印制的包装装潢印刷品总定价2倍以上10倍以下的罚款。

第四十一条 出版物印刷企业有下列行为之一的，由省、自治区、直辖市人民政府规定的县级以上地方人民政府负责新闻出版管理的部门根据情节给予警告、没收违法所得，并处所印制的出版物总定价2倍以上10倍以下的罚款；情节严重的，由原发证机关吊销许可证：

（一）非法承接印制他人委托的出版物的；

（二）假冒或者盗用他人名义，印制出版物的；

（三）盗印他人出版物的；

（四）非法加印或者销售受委托印制的出版物的；

（五）编印、征订、销售出版物的；

（六）擅自将出版单位委托印制出版物的纸型及印刷底片出租、出借、出售或者以其他任何方式转让他人的；

（七）未经批准，承接境外出版物印制的。

第四十二条 包装装潢印刷企业有下列行为之一的，由省、自治区、直辖市人民政府规定的县级以上地方人民政府负责包装装潢印刷品管理的部门根据情节给予警告、没收违法所得，并处所印制的印刷品总定价 2 倍以上 10 倍以下的罚款；情节严重的，由原发证机关吊销许可证：

（一）非法承接印制他人委托的包装装潢印刷品的；

（二）盗印他人包装装潢印刷品的；

（三）未经批准，擅自承接境外包装装潢印刷品印制的。

第四十三条 印刷企业或者个人印制含有反动、淫秽、迷信内容或者国家明令禁止印制的其他内容的出版物、包装装潢印刷品或者其他印刷品的，非法印制国家明令禁止出版的出版物或者非出版单位出版的出版物的，或者非法印制证件、文件、有价证券等其他印刷品的，依照有关的法律、行政法规给予处罚。

第四十四条 印刷管理部门的工作人员滥用职权、玩忽职守、徇私舞弊，构成犯罪的，依法追究刑事责任；尚不构成犯罪的，依法给予行政处分。

第七章 附 则

第四十五条 依据本条例发放许可证，除按照法定标准收取成本费外，不得收取其他任何费用。

第四十六条 本条例自 1997 年 5 月 1 日起施行。

三水健力宝富特容器有限公司是由广东健力宝有限公司与香港富特波尔容器集团有限公司联合兴办的中外合资企业，位于珠江三角洲距广州33公里的三水市西南镇，紧靠321国道和广茂铁路，离三水港仅一公里。 公司的前身是三水饮料罐制造厂，于1984年从意大利引进国内第一条两片罐生产线，填补了我国易拉罐生产的空白并积累了十余年宝贵的制罐经验。93年公司陆续投资6680万美元，建成占地面积12万平方米，建筑面积5万平方米的现代化大型包装企业，从美国、英国、德国、 瑞士等国家引进了世界上最先进的两片罐、三片罐、金属印刷和涂膜生产线。目前年生产两片罐13亿套，三片罐1.5亿套、印刷涂膜2千万张，是国内规模最大，设备、技术最先进的制罐企业，也是亚洲屈指可数的大型制罐企业之一。

副总经理：阮钜源

健力宝富特公司实行董事会领导下的总经理责任制，现有员工五百多人，其中管理人员占10%，工程技术人员占45%，具有国内一流的管理水平， 已形成年轻化与知识经验并重的人才结构。公司负责人阮钜源副总经理，这位67年毕业于华南理工大学的高材生、97年全国“五.一”劳动奖章获得者， 从中国第一条易拉罐生产线的引进，生产出饮料包装产品中称之为天之骄子的铝易开盖两片罐到配套健力宝系列饮料包装产品的塑料瓶和约箱等的生产都元不留下他奋斗的汗水。在他的带领下公司顺利完成生产线的第一期、第二期引进工程，并根据公司的具体实际和业务与国际接轨的需求，制订一系列促进生产经营向国际化迈进的经营管理方案，使公司在“以罐致冠”的道路上，达到与国际一流的制罐企业并驾齐驱的光辉未来。

公司主人产品有206/211 × 413规格的两片罐、200/202/200 × 402、 200/202/200 × 504、206/211/209 × 308、206/211/209 × 408、209/211/209 × 413 规格的马口铁三片罐以及对金属的印刷、涂膜加工。产品除配套健力宝系列饮料外，还具有对外出口及供应国内其他用户的能力。

为了保证卓越的品质，健力宝富特公司先后引进了世界一流的生产设备和质量检测仪器。产品在经过各种形式的检测，直至完全符合国家标准规定或用户要求的各项技术参数后，方可确认合格品包装出厂。同时，还引进在国际上得到广泛应用的MRPII制造资源计划管理软件系统，实施ISO9002质量保证体系认证，使企业技术、标准、管理迈向国际化。产品已获可口可乐、百事可乐公司的质量认证。

展望未来，社会主义市场经济的发展为健力宝富特容器有限公司的发展展示了广阔的前景，它将继续发扬“自强不息，以罐致冠”的企业精神，再攀高峰。

三水健力宝富特容器有限公司

地址：广东省三水市西南镇三达路　　邮编：528100

电话:(0757)7826988　7822928　7822938　7822968

总机:(0757)7811828 转各部门　　传真:(0757)7831888

武汉第二机床厂

一、企业情况

武汉第二机床厂始建于1895年，是有百余年历史的国有中型企业，是机械工业部、国家医药局、中国包装总公司生产机床、药用和纸塑系列包装机械的定点工厂，是我国机械行业中举足轻重的骨干企业，是武汉市首批十户现代企业制度试点企业和全国优秀包装企业之一。

工厂占地面积6.03万平方米，其中生产建筑面积3.47万平方米。设金切加工、热锻、装配、机修等八个车间和市场部等八个部室。现有职工1016人，其中各类专业人员229人，高级技术人员12人， 中级技术人员85人。固定资产一亿多元，现有各类生产设备448台， 拥有齐全的计量检测和理化试验手段，拥有价值100 万元的组合夹具站和较强的计算机辅助设计中心及完备的办公自动化设施。

工厂曾先后生产过煤气机、柴油机、钻床、金钢石镗床、卧式镗床及十余种药用包装机械，其中钻镗床有共607台出口到美国等十多个国家和地区， 产品质量受到国内外用户的好评。一九九一年四月一日工厂通过武汉市经委、武汉市质量管理协会的企业全面质量管理验收，获全面质量管理合格证书。

二、主要负责人介绍

武汉第二机床厂厂长张子林同志是高级经济师，1982年任厂党委副书记， 1986年任党委书记兼副厂长，1993年10月任厂长职务。

他曾被武汉市委授予“优秀党务工作者”称号，1992年荣获武汉市“五一”劳动奖章，1994年又荣获武汉市第四届百名民主意识强的“优秀厂长”称号，1995年8月被中国包装技术协会包装企业家联合评为全国优秀包装企业家。他任厂长后， 工厂曾被市政府评为1994年度质量效益先进企业， 并获1995 年湖北工交企业分行业综合实力五十强企业称号和全国优秀包装企业称号。他是一位献身事业、清正廉洁，深受全厂员工热爱和拥戴的好厂长。

三、主要产品介绍:

武汉第二机床厂主营:塑料、轻工、医药、食品包装机械、汽车零部件制造。兼营:镗床、钻床制造及修理；汽车货运。

主要产品有：1）印刷涂布复合生产线系列：TF-1250A型 TF-1450A型多功能低速生产线 TF-1250B型 TF-1450B 型多功能高速生产线

用途：A、OPP 封箱胶粘带，胶种为水溶型，线速度大于等于 50--80m/min

B、PET 粘带、胶种为溶剂型

C、牛皮纸、离型纸、胶种为溶剂型

D、商标纸、铝箔、双面胶带等具有复合功能的不干胶复合材料。

2)纸版涂布加工生产线

用于纸页和纸板的涂布加工，是将原纸通过涂布改性，使之更适用于印刷、包装及工农业生产的各种需要。可以改善纸页和纸板的表面质量，加强装饰效果。

3)SJ-30(45-65.90) 单螺杆塑料挤出机的挤出部分主要件机筒与螺杆材料均为变强度合金钢，经氮化处理后，硬度可达HV840-950， 并具有一定的抗蚀能力。该机可提供以下不同用途的螺杆：A、挤管螺杆:B、挤片材、板材螺杆 C、吹膜螺杆 D、回收料造粒螺杆 E、粉料直接造粒螺杆 F、可根据用户需要生产双螺杆塑料挤击机系列和大规格单螺杆挤击机。

4)2FDZ45-1100多功能制袋机组 集印刷、烘干、打孔、成型、 折边、切断于一体，采用光电跟踪，线速度、料长数字显示，涨力、温度自控等先进技术。用于水泥、化工、化肥、粮食、食盐、食糖、饮料等各类粉状、粒状物料领域的包装。本面组在生产复合袋的同时，还可生产复膜塑编袋和普通四层纸袋。是替代德国、奥地利生产线的最佳设备。

5)SJFM 系列挤击复合薄膜机组，集放料、烘干、表面处理、复合、切边、吸边、收卷为一体，采用光电跟踪；电火花处理；线速度、料长数字显示；全自动恒涨力，温度自控等先进技术。用于挤击流涎膜与纸类（牛皮纸、优质纸），布类、金属箔、塑袋以及其它合成材料。

6)纸塑强力复合包装成套机组，集双面复合、印刷、折边、打孔、功断于一体，采用自动连续一次性成型先进技术。是目前国内自动化程度最高、功能最完善的复合制袋成套设备。用于各类粉状、粒状物料领域的包装。

7)汽车制动阀：感载阀、手制动阀、弹簧制动室、四回路保护阀制动阀、卸载阀。

8)QB6/4 行列式制瓶机

9)WA 系列卧式安瓶机

10)WB300 卧式玻管生产线

11)粮食小包装自动糊底生产线

武汉第二机床厂通讯地址：湖北、武汉、武昌紫阳路 1 号
邮编：430060
电话：8041552
传真：(027) - 8042031 或 8041552

郑州玻璃厂创建于1958年，经过技改扩建，配套改造，内涵挖潜，已发展成为国家大型二类企业，河南省生产日用玻璃品大型骨干企业。该厂占地面积15万多平方米，职工1500多人，固定资产12707万元，年综合生产能力80000 吨。

该厂主要生产棕色料、普白料、绿色料，高白料四大系列的异型白酒瓶、啤酒瓶、果酒瓶、饮料瓶及各种药瓶等花色品种100余种。85年，500ml白酒瓶被评为河南省优质产品。92年，除10种瓶型分别荣获省优质产品。92年，除10种瓶型分别荣获省“冰熊杯”新产品设计二、三等奖外，500ml椭圆扁瓶还通过了省市　新产品鉴定，在国内同类产品中处于领先水平。93年，640ml 啤酒瓶在首届中国国际名优新工业产品交易会上荣获银奖。94年，八角异型瓶荣获省科技成果二等奖。95年，双龙扁酒瓶分别荣获中国轻工总会新产品设计二、二等奖。96年，“郑”牌异型白洒瓶被评为郑州市名牌产品。

该厂拥有各种设备1500多台(套)，各类专业技术人员150余人，设备先进，技术力量雄厚，并具有健全的质量管理体系和完善的检测系统。其重质量，抓管理，守信誉，上档次的同时，注意了解市场，研究市场，开拓市场，积极调整产品结构，以“新，特，优，廉”的高质量产品，赢得了全国数10省50多个地区的酿酒，饮料，食品，制药等行业用户的青睐，也伴随着林河、宋河、赊店，张弓等大批多优酒走进了万户千家。

该厂多年被评为“质量、计量信得过企业”，连续12年荣获“重合同守信誉企业”荣誉称号，93年，被命名为“高品质工厂”。企业曾先后荣获“河南省轻工100强企业”，“河南省轻工技术进步先进单位”、“中国经营管理先进企业”、“全国优秀包装企业”、“河南省优秀包装企业”、“郑州市销售收入百佳企业”等荣誉称号。

面对未来，信心百倍，郑玻将继续深化改革，转换机制，扩大规模，以啤酒瓶，白酒异型瓶，等拳头产品为龙头，与饮料瓶、果酒瓶、农药瓶、医药瓶以及瓶罐烤花、蒙砂、平板玻璃磨花等深加工工艺齐头并进，年产量突破10万吨，销售收入超亿元，利税超千万元，以全新的姿态迎接新世纪的挑战。

热诚欢迎各界朋友光临指导！

厂长：张丙寅

1935年生，中共党员，毕业于湖北财经学院，高级政工师和高级经济师，现任郑州玻璃厂厂长兼党委书记。主要社会职务有：中国日用玻璃协会常务理事、河南省行为科学学会副会长、郑州市企业管理协会、企业家协会理事、河南省包装协会瓶罐专业委员会主任、中国科联经济发展研究中心研究员等。曾荣获“郑州市优秀企业家”、“全国优秀包装企业家”、“中国经营管理先进企业杰出企业家”等荣誉称号。其论文曾荣获中国轻工总会现代管理成果二等奖。

地址：郑州市郑汴路西段35号
电话：0371-6322535　　6310924
传真：0371-6322535
邮编：450004

青岛人民印刷厂是一个具有四十多年历史的国有大型印刷企业， 现有职工1000多人，占地3万多平方米，建筑面积2.5万多平方米，固定资产1.3亿元。 主要生产设备有：德国连诺海尔彩色电子制版系统，德国海德堡对开四色胶印机、海德堡八开五色无水胶印机，意大利塞露蒂R920型六色轮转凹印机、八色轮转凹印机，以及其它多种国际上90年代先进的制版、印刷和后加工等设备130多台（ 套）， 能生产各种高档印刷产品，产品质量达到国内同行业领先水平。该厂主要生产：一、高档商品包装印刷品，包括种类烟标、酒标、香皂、牙膏、食品及外贸出口产品的包装等；二、各种书刊；三、纸制品类；四、各类报纸；五、不干胶印刷品；六、双线环产品。产品远销东北、华北、华东、中南等 地区，并为出口企业配套，远销国际市场。

该厂是山东省青岛市指定商标印刷单位，书刊印刷国家定点企业，中国烟草物资公司卷烟配套材料生产基地定点企业。获得“条码印刷资格认可证书”和“印刷食品包装材料、食品包装盒卫生许可证书”。88年晋升为省级先进企业，95年被评为全国优秀包装企业，青岛市“八五”企业档案管理合格证书。92年以来， 计有2种产品获国家级优秀产品奖，10种产品获青岛市优秀产品奖。厂长王义君为“全国优秀包装企业家”、“全国森泽信夫奖”获得者，并获得青岛市劳动模范、青岛市优秀企业经营管理者等称号。

该厂有各类专业技术人员201人，技术力量雄厚，生产经验丰富，工艺先进，管理严格，有完善的质量保证体系，注重信誉。

该厂位于有“东方瑞士”之称的海滨城市青岛市区，地理位置优越，海、陆、空交通十分方便。

不断满足人民美的追求和精神文明的需求是“人印”人永恒的主题。

本企业全称：青岛人民印刷厂

本企业地址：中国青岛市兴华路15号

邮政编码：266041

电话：0532-4630542、4630543、4630565、4630571

传真：0532-4630576、4630587

“优秀会员单位”，“重合同守信用单位”，九五年被中国包装总公司评为“全国优秀包装企业”。

明珠耀紫塞 事业正辉煌

承德包装工贸有限公司座落在风景秀丽的历史文化名城，旅游胜地——河北省承德市，位于承德市高新技术开发区内，紧邻京承高速公路，距承德市火车站仅六公里，交通异常便利。承德包装工贸有限公司是隶属中国包装总公司河北公司的国有制企业，于1958年在承德市建立，经过三十多年的发展，已经成为河北省承德市规模较大，设备精良的印刷企业之一，拥有经营场所面积12766平方米；固定资产3437.2万元；现职工370多人。“八五”期间，公司以科技为先导、以技改为重点，在董事长兼总经理宫学林的带领下，抢抓机遇、立足超前，成功地引进了美国激光照排系统、日本电子分色制版系统和德国海得堡四色胶印机。从而形成了从美术设计、文字编排、制版到印刷、印后加工完整的生产线。公司技术力量雄厚，拥有高级工程师5人、工程师15人、技术人员61人，都具有多年彩印工作经验。在改革开放的新形势下，公司全体职工本着艰苦创业精神，深化企业改革，强化管理，现已成为融工业加工与商贸经营为一体的中型一类骨干企业，在国内包装行业中具有较高的声誉。公司多次被省、市评为“一级信用优等企业”，

董事长兼总经理、公司党委书记、高级经济师宫学林有着从车间主任、副厂长、到厂长的不平凡经历，目睹了厂子的今昔变化，深深地懂得“企业要发展，改革必先行”的道理，以果敢、干练、敏捷的作风，带领全体职工奋力拼搏，锐意进取，艰苦创业，加强结构调整，转换经营机制，使得一家名不见经传的小厂发展成今天集工贸于一体的重点包装企业，其本人在九五年也被中国包装总公司评为“全国优秀包装企业家”，承德市政府授予“优秀企业家”的称号，九三年到九六年连续被承德市轻工业局评为“开明厂长”…

承德包装工贸有限公司本着“一流的设备、一流的管理、一流的产品”原则，强化管理，严把产品质量关。其主要产品是各种精美高档挂历、画册、装潢、商标、彩盒、纸盒、套盒、瓦楞盒及制版软片的加工业务。公司以精湛的技术，上乘的质量，优质的服务，良好的信誉为各届服务。

“与名优企业为伍，与名优产品为伴”，企业本着这个宗旨，为进一步提高包装工业整体水平，拟引进目前先进的丝网磨砂印刷生产线，以填补北方印刷市场的空白。“九五”期间要争取进入大型企业行列，尽快走向企业集团。正如一颗璀璨的明珠照耀这文明福地，承德包装工贸有限公司的明天更加辉煌。

地址：承德市下二道河子京承公路西侧
电话：(0314)2122026
传真：(0314)2122026
邮编：067000

外贸无锡印刷厂

外贸无锡印刷厂是中国包装进出口总公司的直属厂，专门为出口商品包装装璜服务，也为国内商品包装和书刊印刷服务。产品结构主要有高中档包装盒、样本、画册、广告、贺卡、立体图片及不干胶商标等，还可为客户承办画稿设计，样品摄影和代制版。业务遍及全国二十六个省市自治区。工厂占地30000平方米， 建筑面积达30000余平方米。年纸张吞吐量4000余吨。

外贸无锡印刷厂自改革开放以来，由企业自筹和贷款组织了四次较大规模的技术改造，工厂拥有英国产电分拼版系统和苹果系列桌面系统，日本产的电分机、拷贝机、打样机等系列制版设备；德国海德堡公司的多色胶印机和凸版印刷机、烫金机、轧刀机；瑞士博斯特公司的全自动模切机、粘盒机以及专门为医药针剂包装配套的全自动仿伪瓦楞托架成型机，日本产立体摄影机、商标印刷机等印刷设备，纸制品印刷后加工的上光机、贴塑机、瓦楞等设备一并俱全。工厂在全国５０家最大印刷企业中排列第３９位，综合经济效益列江苏省第一位。是全国优秀包装企业。

外贸无锡印刷厂坚决贯彻“用户第一、质量第一、效益第一”的办厂宗旨，努力创建“团结、勤奋、求实、进取”的企业精神，现已基本实现了设计排版电脑化，制版电子化，印刷作业程序化，印后加工联动化。工厂的技术水平和管理水平达到国内较先进的水平。多年来已有百余个产品被评为江苏省、华东地区和全行业的优秀产品和特优产品，是“中国十佳包装印刷企业”之一。“牧田牌”电动工具包装彩盒，九六年七月被评为“中华包装精品”。

外贸无锡印刷厂将竭诚为国内外客户提供一流的印刷包装服务，热忱欢迎各界朋友惠顾指导。

厂长： 严永忠　　**地址：** 江苏省无锡市梁溪路５号

电话： 5804923　5801643　　**电传：** (0510)5804928

邮编： 214062　　**电挂：** 0603

许昌市纸箱厂概况

许昌市纸箱厂位于许昌市工农路10号，厂长陈明林。全厂现有职工700人，占地面积66700平方米，建筑面积37500平方米，拥有固定资产1600万元。是一家集机制纸及纸制品包装于一体的初具规模的中二型企业。拥有国内先进的纸箱自动生产线一条，机制纸及纸板生产线四条。纸制品年生产能力3000万平方米，机制纸及纸板年生产能力13000吨。一九九六年实现工业总产值6000万元(现行价)，税利480万元。固定资产原值1400万元。生产的高强度瓦楞原纸畅销全国十几个省、市及地区。一九九四年我厂生产的出口纸箱在国家商检局举办的山西、河南、北京两省一市出口纸箱质量统检中获第一名。由于我厂"重全同、守信用"所以和省内外大、中型企业建立了稳固的业务关系。近年来提高了我厂的知名度。因此取得了较好的经济效益。

许昌市纸箱厂是河南省出口包装一类企业。魏都区工业经济效益龙头企业。全区创利纳税首户。许昌市经济效益50强。河南省城镇集体企业100强之一。一九九0年到一九九六年获河南省包装行业优秀产品奖。瓦楞原纸及出口纸箱均获河南省商检局质量许可证。瓦楞原纸被河南省商检局认可为替代进口瓦楞原纸用于出口包装纸箱。一九九三年至一九九六年获河南省出口包装一类企业称号，一九九二年至一九九六年连续获魏都区、许昌市先进企业，河南省轻工优秀企业。一九九五年又获全国优秀包装企业。厂长陈明林同志连年获区、市级先进工作者及优秀共产党员称号。一九九二年被魏都区区委、区政府命名为"技术拔尖"人才。一九九四年被河南省轻工厅评为河南省轻工优秀企业工作者,同年,河南省包装技术协会授予"河南省包装优秀企业家"称号。一九九五年五月被魏都区人民政府授予"劳动模范"称号。同年八月，被许昌市人民政府授予"劳动模范"称号。一九九五年被国家包装技术协会授予"全国包装优秀企业家"称号。

许昌市纸箱厂现在已经拥有单联机纸合生产线四条、纸箱自动生产线一条、造纸生产线四条。既有造纸又有纸箱；既能生产普通运输包装又能生产高档彩合包装的全面发展的企业。一九九七年将组建许昌包装制品股份有限公司。一个拥有"五厂一司"(两个瓦楞原纸生产厂、一个单联机纸箱厂、一个自动线纸箱厂、一个彩合生产厂、一个三产业经营公司）的现代企业已经形成。一九九七年末纸箱厂将成为河南省包装行业一流的企业集团。力争在本世纪末产值超亿元，税利超千万。

通讯地址：河南省许昌市工农路10号
邮编：461000
电话：0374-3313575

全国优秀包装企业郑州市制桶厂，位于河南省郑州市北郊，东接107国道， 西邻邙山黄河游览区，南接京广铁路南阳寨车站，北连黄河公路大桥，距市区7 公里，厂区与环城公路相接，交通极为方便。郑州市制桶厂建已二十年有余，现已成为河南省同行业中规模最大、品种最全、质量最优的制桶骨干企业，现有职工300 名，其中工程技术人员人员30名。企业先后获得了“河南省质量领先信得过企业”、“河南省优秀包装企业”、“全国优秀包装企业”等多种荣誉。这一切都离不开全厂职工的团结努力，更离不开好带头人弓三喜同志。

弓三喜同志自一九八五年就任厂长职务以来，大力推行企业内部改革，他主要从“人”字上做文章，以人为本，以德治厂，从各方面培养提高职工的主观能动性，逐步提高广大职工的操作技能和思想水准，并处处以身作则，率先垂范。以过数年的不懈努力和广大干部职工的团结奋斗，终于使一个年产值只有六七十万的小厂一跃发展成为令同行业刮目相看，闻名全国的具有一定规模的制桶企业。然而弓三喜同志却把按协议规定本该属于自己的那份巨额利润全部无偿献给企业，用于企业改造，设备更新和提高职工待遇，从根本上改变了企业面貌，增强了企业的市场竞争力。政府为表彰他无私奉献的创业精神，授予他“区首批专业技术拔尖人才”、“先进个人标兵”、“河南省农民企业家”、“河南省优秀共产党员。”九五年十一月被中国包装技术协会包装企业家联合会评为“全国优秀包装企业家”的光荣称号。

为适应激烈的市场竞争，我厂进一步挖掘内部潜力，在产品结构方面进行了重大改革。现在能生产20 － 200升各种规格型号的闭品、开口、异形、内喷涂防腐、铁塑复合等金属包装容器。产品遍布全国20多个省、市、自治区，并随化工产品出口日本、朝鲜、比利时等国。我厂生产的内喷涂防腐钢桶，采用PVF型、EPD型涂料，无毒无味，是当前盛装蜂蜜、食品、医药以及高档化工、石油、农药等产品最为理想的金属包装窗口。主导产品200 升闭口钢桶早在一九八九年就已被评为“部优产品”，一九九0年荣获“中国十年包装成果展览金奖，”并在历次全国同行业评优活动中均以优异的产品质量名列河南省榜首。企业自一九八八年以来连年被郑州市工商局评为“重合同，守信用先进单位。”

一百年的思念、一百年的等待、一百年的耻辱、一百年的奋斗。在香港回归祖国之际，在这特殊的年代里，社会需要人才，国家需要栋梁，做为中国优秀包装企业家，做为乡镇企业带头人，弓三喜同志为实现自己的诺言，为振兴我国的民族企业，已拿出数倍于别人的精力与斗志，带领郑州市制桶厂全体职工努力奋斗，为中国包装事业添砖加瓦。

郑州市制桶厂
厂址：河南省郑州市南阳路北弓寨
厂长：弓三喜　　电话：(0371)3983004　3983331　3983321
联系人：邵新安　　传真：(0371)3983042
邮编：450044　　电挂：7267

宁波八方集团股份有限公司其前身是鄞县工艺包装厂，是一家以造纸、包装业为主体，集针织服装，商贸运输，建筑建材、房地产开发、中外合资金属加工为一体的综合性集团公司。

公司现有总资产1.4亿元，占地8.5万平方米，有下辖企业20余家，员工1200余名，其中专业技术人员40余名，年生产能力达六亿元以上。

公司现为国家级企业集团，国家中型企业，全国行业百强企业，全国优秀包装单位和全国科技先进单位，省、县行政重点骨干企业。主导产品中、高档牛皮纸和出口纸箱曾荣获'94北京全国博览会银奖和金奖，其中八方牌BF中、高档牛皮纸为宁波市级名牌产品。

公司董事长兼总裁毛伟芳同志曾获全国优秀包装企业家，浙江省首届青年改革家，省、市优秀乡镇企业家，市、县优秀党总支书记。取得了十年内年年翻一番的可喜成就，靠的是什么呢？高级经济师毛伟芳是这样说的：一靠知人善任，二靠技改投入，三靠政策优势，四靠加强管理。

一靠知人善任。我是农民的儿子，是地道的农民干部，要创大业需要的是克服小农经济意识和观念，充分认识到事在人为，人的因素第一，企业的兴衰成败，关键在于用人。只有用人唯贤，量才录用，发挥每个人的积极性，形成一股合力，才能使企业兴旺发达起来。

二靠技改投入。要作市场调查，看中方向，有针对性地投入，才能收到预期的效果。我从1986年到1994年先后投入巨资，建成了造纸厂，扩展了外贸包装等，使企业走上了快速、高效、健康发展的良性循环轨道。也有劝我花300 万造一幢办公大楼，但我感到时机尚未成熟，而把这300万元用于技改投入，增强发展后劲。 也有人劝我丢掉牛皮纸，搞时髦的塑料食品袋，但市场调研后，发现生产过剩，塑料垃圾化学分解不掉等，盲目投入，势必带来危险，因此扬长避短，着力提高中、高档牛皮纸生产的质量和规模，使其名牌优势进一步得到发挥。

三靠政策优势。乡镇企业之所以在宁波经济总量中“五分天下有其四”，关键在于比国企先走一步，提早进入市场经济，乡镇企业已处在国有企业如猛虎下山，个体私营企业如猴子上树的夹攻之中，一定要抓住机遇，自我加压，负重拼搏，用足用好政策，紧紧围绕二个转变，开展二次创业，以主人翁的满腔热情和坚韧不拔的毅力，揭开乡企崭新的一页。

四靠加强管理。企业要注重抓好质量管理，财务管理，经营、生产现场及各项基础管理工作，运用现代企业管理办法，切实提高产品质量，实施名牌战略。尤其要抓好职工的精神状态，使全体员工树立起厂兴我荣，厂衰我耻，诚实劳动忠于企业的主人翁观念，为提高产品档次和拓展市场尽心尽力。

目前公司正以脚踏实地的工作作风，开放灵活的经营机制，现代科学的管理方法，并以“引资扩产、引才兴技、引新换代、建制兴业”发展战略和“团结拼搏、超越自我、克服困难、求真务实”企业精神，不断向现代化“巨人型 ”企业迈进。

青岛联合包装有限公司简介

青岛联合包装有限公司是在青岛纸箱厂的基础上，增加了日本联合株式会社的投资，嫁接改造而成的大型纸箱包装企业。

合资前的青岛纸箱厂是全国最大的纸箱生产企业之一，有四十余年的管理经验和生产技术，以青岛啤酒包装纸箱为代表的产品多次荣获部优等诸多荣誉称号，在同行业具有很高的知名度，也得到了广大客户的充分信任和肯定。

合资日方－－联合株式分社，是日本最大的包装企业，96年销售额2310亿日元，在日本和海外建有几十家生产技术先进的工厂和合资企业。目前，在中国的上海、北京等地已建有7家具有相当规模的合资公司。联合株式会社建有代表国际瓦楞纸箱、纸箱生产先进水平和发展方向的样板工厂－－三田工厂。

青岛联合包装有限公司注册资本1.34亿元人民币，占地70余亩，拥有从美国和日本引进和瓦楞纸板生产线二条及全套辅助设备。青岛纸箱厂以其全部生产设备和绝大部

分土地、厂房经评估后作为出资，联合株式会社以现汇作为出资。96年11月份开始试营业，到目前为止，合资公司已经基本完成了老企业全厂性嫁接改造所需进行的有关过渡工作，开始按合资企业模式进行动作和管理。青岛联合包装有限公司在秉承青岛纸箱厂优良传统的基础上，充分发挥了日本联合株式会社的管理和技术优势，为许多客户重新设计了不同式样的包装纸箱。青岛地区的名优产品和出口商品的纸箱包装大都来自其生产供应。与此同时，合资公司还利用其市场渠道畅通、信息灵敏的优势，对物资供应随时进行价格和质量比较，不断地降低成本，为客户提供了品质高、价格优惠的包装。在今后的时间里，企业的目标是以更优良的产品和服务，为客户设计、生产出更适宜和具有国际水准的纸箱包装，为中国的包装工业做出积极的贡献。

通讯地址：青岛市市北区东吴家村2号

邮　　编：266034　　传　真：5612145

电　　话：5625775

总　　机：5625181-85

上海印刷包装机械(集团)有限公司是国家大一型企业，是我国印刷包装机械行业南北二大主要开发设计，生产制造和出口的企业集团之一。全公司有10家合资企业，七家全民企业，一家研究所和公司本部。占地面积31万平方米，建筑面积19.2万平方米；企业资产总额9.3亿元，职工7000余人，工业总产值5.2亿无，销售收入6.4亿元，出口交货值1.3亿元。

上海印刷包装机械(集团)有限公司纸箱机械分公司是由具有数十年开发经验的科研单位与集团公司内大中型企业强强联合成立的一个全新体制的新的经济增长点。自成立开始就得到了上海市机械工业部等领导的重视和支持。分公司充分利用总公司集团效应，依托上海的工业优势和技术优势，发挥科工贸一体的特长，增强国内外市场竞争能力；奉行“以科技为先导，以经营为中心，以市场为导向，以服务为保证”的原则；以“一流的质量，一流的服务，一流的品牌”取信于中外客户。纸箱机械分公司的组建，标志着总公司的纸箱机械生产走上产业化、规模化台阶。

公司具备制造生产四大类百余项产品的能力。著名的“健力宝”饮料和“红塔山”香烟均采用我公司纸箱生产线生产的纸箱包装，日本三菱重工株式会社对中国市场经过二年多的调查研究后，决定与我司合作生产与国际先进水平同步的瓦楞纸箱机械产品，我司的产品遍及全国各地，并远销日本、俄罗斯、东南亚及非洲等国家、地区、其产品质量、性能和服务受到中外客户的一致好评。

上海印刷包装机械(集团)有限公司纸箱机械分公司

SHANGHAI PRINTING & PACKAGING MACHINERY (GROUP) CO.,LTD.

PAPERBOARD BOX MACHINERY BRANCH

地址：上海市天通庵路465号　编码：200071

电话：021-56978290 56721667　传真：021-56636895

Add:465 Tian Tong An Road, Shanghai, China P.Code.200071

Tel:0086-021-56978290　Fax:0086-021-56636895

总经理：唐树伟　销售经理：祝建国

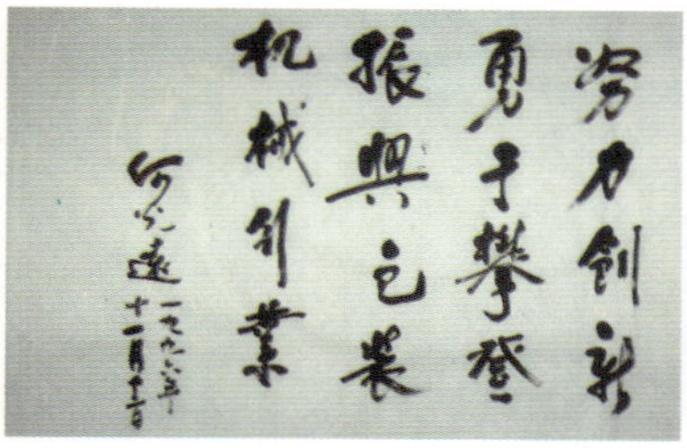

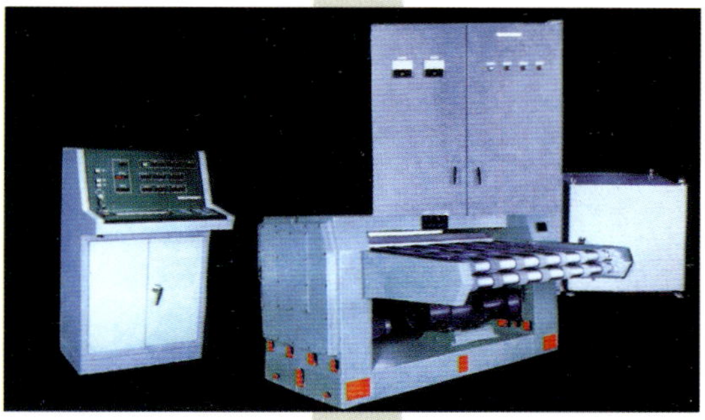

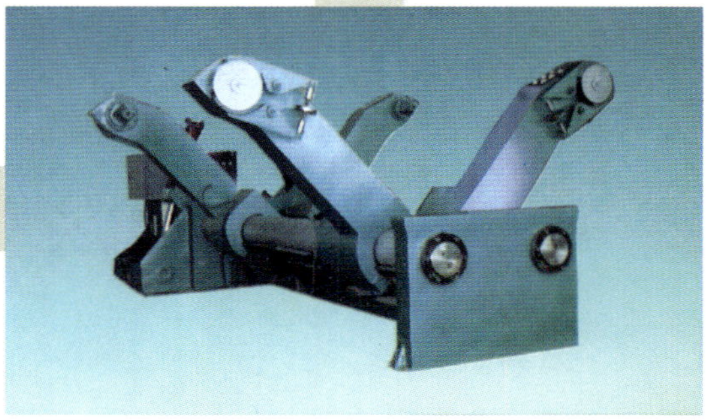
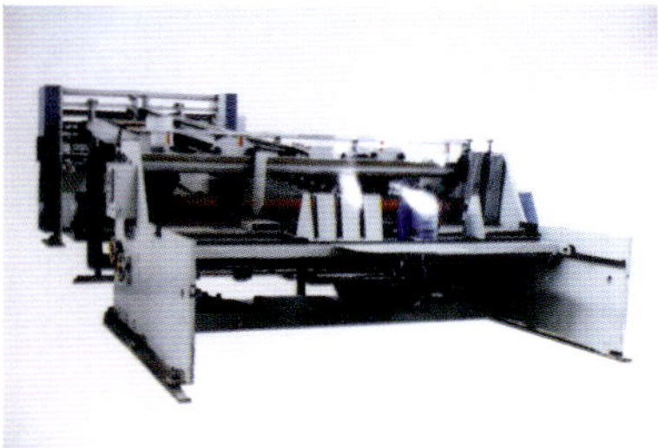
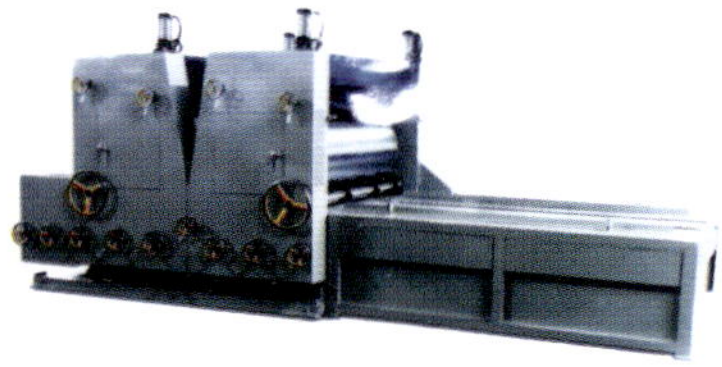
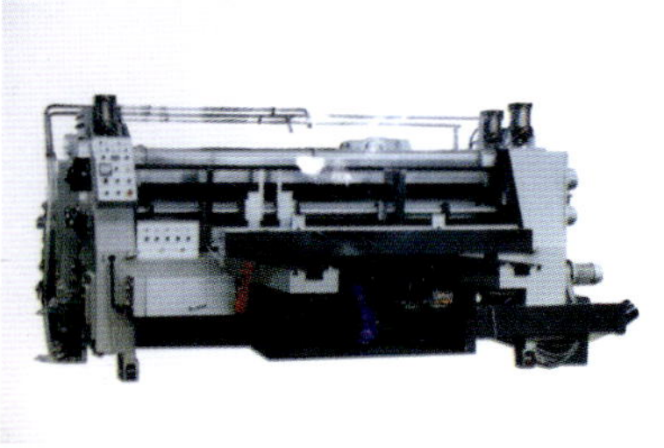
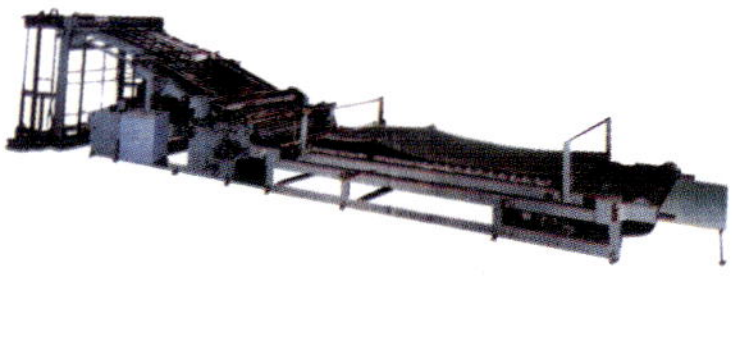

迈向辉煌的上海人民印刷八厂

厂长：陈乃烺

上海人民印刷八厂创建于1932年，经过几十年的发展，已成为国家重点包装印刷最大企业之一，并以彩色印刷的最先进水平而在国内外享有声誉。该厂主要印刷外贸、合资企业及全国大中型企业的名牌、高档出口产品包装，样本，大型广告招贴画，不干胶标贴，挂历和精细瓦楞中小包装等。

上海人民印刷八厂现有职工1254人，总资产达三亿多元，企业占地面积近60亩，由于该厂较早具有市场意识，因而，他们的印刷质量和服务配套工作受到了客户广泛赞誉。该厂印刷的产品行业有：食品、日化、医药、纺织、名烟、名酒，客户遍及全国。

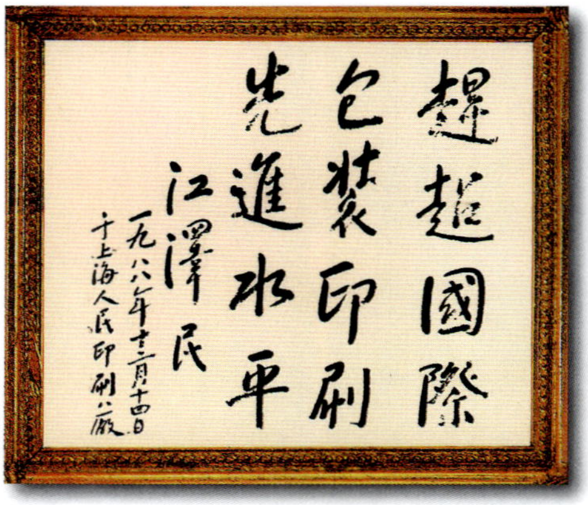

加强技术改革，引进一流的先进设备，是该厂腾飞的关键。七十年代末，该厂固定资产仅达280万元，印刷的品种则为中低档的小包装。进入八十年代，随着国门的打开和党中央推行的改革开放政策，八厂先后引进了德国的多色胶印机、瑞士的"BOBST"大型烫金模切机、日本的全自动丝网印刷机、美国的整套激光全息设备、七色柔版印刷机、意大利的六色凹印机，并配置系列的印后加工设备，如：多功能粘盒机、紫外线上光机、瓦楞制作设备等，引进设备达百台套，截止96年，该厂的固定资产达1.54亿元，比七十年代末净增了55倍。

在引进先进设备基础上，该厂不断开发"四新"产品，和全力为客户设计出款新、档高、具有商品保护功能又能反映产品性能的新包装。由于该厂以一流的设备、一流的工艺和一流的设计力量为客户服务，因而使全国绝大多数的名酒包装和高档的食品包装、化妆品包装及西安杨森、美国强生、上海庄臣、上海技监局质量认可标志等一大批企业的产品包装都落户在上海人民印刷八厂。

在取得良好社会效益和经济效益的基础上，1995年12月，上海人民印刷八厂又合并了本行业的上海人民印刷十一厂。经过一年"磨合"，该厂以"八部二室一中心"的企业管理框架面向市场，九六年，该厂的销售收入为二亿四千六百万元，列上海包装装潢公司之寇。

企业法人(厂长)陈乃烺　　企业地址：上海市付家街65号
电话：63260670　　邮编：200010　　传真：6320299

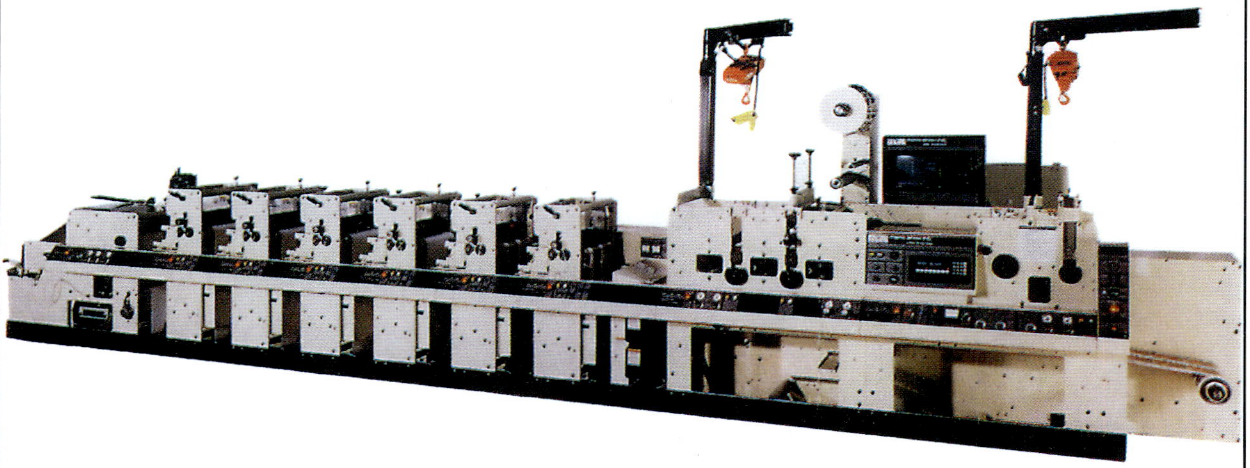

柔性版印刷机

上海人民印刷八厂

六色凹印机

上海人民印刷十厂

厂长 ：周介炎

上海人民印刷十厂创建于本世纪20年代，其前身为申江印刷所，企业发展至今已成为上海乃至全国包装装潢行业的大型骨干企业之一。

经营国内外各类包装设计，制版，商标、装潢、瓦楞、复合彩印、纸袋、样本、日历本等包装装潢印刷及丝网印刷业务，96年产品销售收入6800万元，获产值7000万元，在参与社会主义市场经济活动中取得了较好的成绩。

近年来我们以“科技兴厂”为先导，加大对科技的投入和设备的更新改造，抓住机遇，相继从德国、美国、瑞典、台湾等国家和地区引进高速胶印机，彩印纸袋机，丝网印刷机，电脑模切机，自动粘盒机等设备，从而形成了原料品进车间到制成品包装出厂的生产全过程，大大提高了企业综合配套生产的整体实力。

上海人民印刷十厂厂长周介炎带领全体员工坚持“创新、务实、励精、自强”的企业精神，积极地，主动地以市场为导向，以客户为中心的经营策略，受到了轻工、五金、丝绸、家化、食品、针织、制药等各行业的中、外客户的好评。我们的目标是"创造一流的产品和优良的服务态度为国内外客户服务"。使您的产品锦上添花，身价百倍。

上海陈家宅路46号
电话：56625668
传真：56636471
邮编：200070

上海人民印刷十厂

德国海得堡四开五色胶印机

日本三菱全张五色胶印机

美国维伯公司纸袋机

包装产品

纸袋样品

瑞典丝维雅丝网印刷机

公用电话亭丝网印灯箱体

荣获1995年上海名牌产品称号

狮印 ®

全国印机行业首家通过GB/T9001-ISO9001质量体系认证

公司简介　上海亚华印刷机械有限公司是全国印刷包装机械行业首家中外合资企业，是国内同行业中第一家通过ISO9001质量体系认证,是机械行业中出口创汇先进企业。公司凭人才和技术优势，不断推出具有当代国际先进水平的印刷、包装装潢机械产品适应国内外市场需要，并被评为上海市高新技术企业、产品荣获首批上海名牌产品标志，自动烫印模切两用机荣获国家重大技术装备奖。

MW系列模切机

MW780　MW920　MW1050A　MW1300

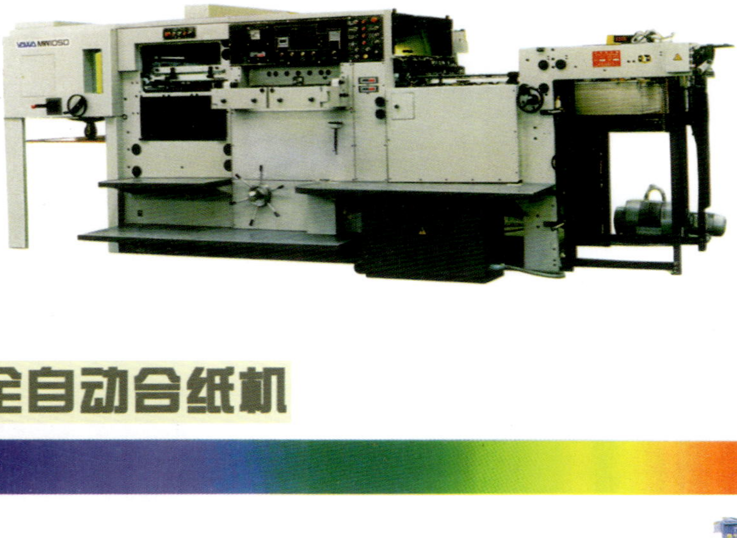

HZ全自动合纸机

HZ1300

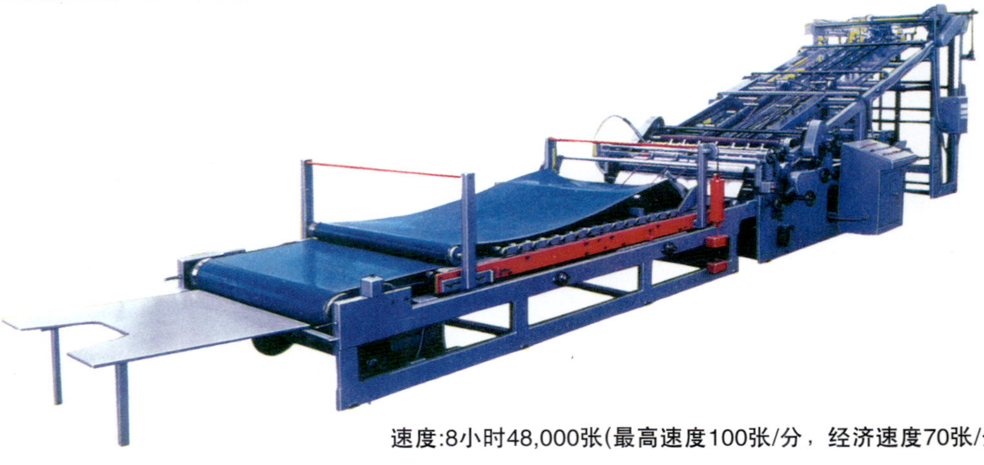

速度:8小时48,000张(最高速度100张/分，经济速度70张/分)

TYM 系列烫印模切两用机

TYM780 TYM920 TYML750

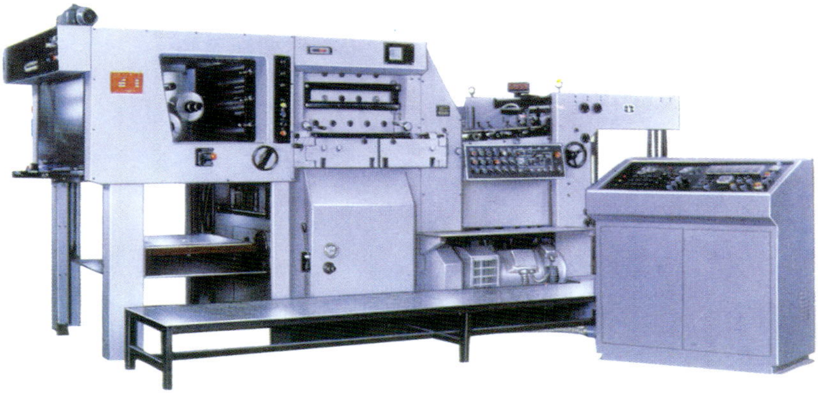

ZH 系列高速折叠粘盒机

ZH450 ZH800 ZH1000

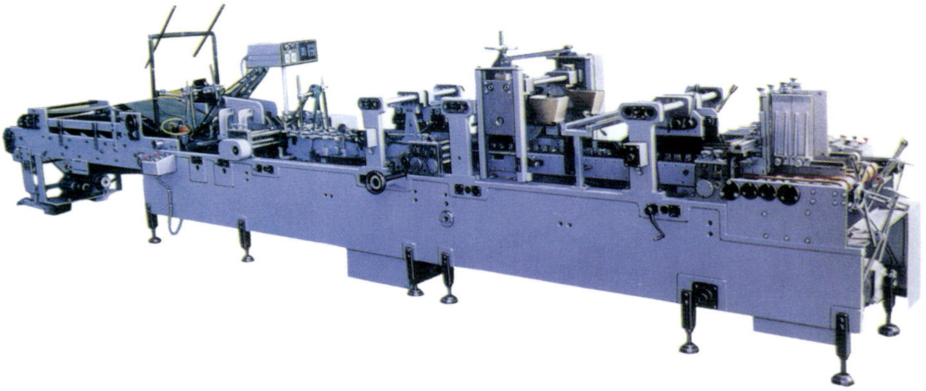

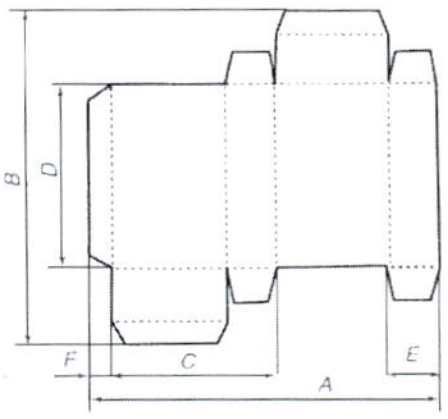

MODEL		ZH450	ZH800	ZH1000
A	MAX	480	800	1020
	MIN	100	140	140
B	MAX	380	700	700
	MIN	120	75	150
C	MAX	220	380	500
	MIN	40	50	65
D	MAX	380	700	700
	MIN	55	75	70
E	MAX	110	210	230
	MIN	15	10	15
F	MAX	20	35	35
	MIN	7	8	8

适用纸质：一般纸板。

基本型式：一般边贴、两侧边贴、底贴。

上海亞華印刷機械有限公司

注：可在國際互連網上查詢亞華産品資料，亞華公司的網址是：http://W W W,ya wainc.com

地址：上海市茶陵北路20號
電話：64045160 64046194
郵政編碼：200032 電挂：2425
傳真：(021)64041244

杭州人民玻璃厂

一、企业概况：

杭州人民玻璃厂建于1951年，93年迁入位于杭州市莫干山路949号的新厂区，是中国日用玻璃行业的大二型国有骨干企业，也是省内同行中规模最大、技术力量最强的企业，由于具有科学的管理和较好的技术装备，历年来各项技术经济指标名列全国同行前茅　，曾先后荣获全国日用玻璃行业和省轻纺工业排头兵、省轻工系统唯一的质量效益型先进企业、全国优秀包装企业、全中同行中唯一的现场管理优秀表彰企业和浙江省最佳效益工业企业等称号。

人民玻璃厂现有职工1393人，其中专业技术人员141人；占地面积91570平方米，建筑面积43014平方米；拥有资产总额为1.8亿元；现有玻璃池窑4座，　设有输液瓶生产线、棕色瓶生产线、白料食品瓶生产线、白料小容量瓶生产线各一条，配有八组单滴、六组单滴、四组单滴行列机及六组双滴行列机共十台，年产各品种规格的玻璃瓶罐5万余吨；　此外还拥有一台国产挤出复合机和全套意大利引进的挤出复合机、柔性版印刷机等设备，年产涂塑纸、防粘纸、涂塑布、纸碟与纸饭盒专用纸等各类复合材料2500吨。由于有优良的产品质量和服务质量，产品畅销全国二十六个省、市，并有部分产品出口，在用户中有较好信誉。人民玻璃厂还拥有较强的新品开发队伍，并拥有玻璃瓶罐模具CAD系统及加工设备，　可以根据用户要求在短时间内设计、生产出各种是高档玻璃瓶罐。

二、主要产品介绍

人民玻璃厂的玻璃瓶罐产品中，有曾获部优、省优产品称号的输液瓶、罐头瓶和农药瓶，还有各种规格形状的食品瓶、饮料瓶、酒瓶、营养液瓶、　药用瓶共100多个品种。年有的玻璃瓶罐以富硅内表面为特色，有着比普通玻璃制品更优越的化学稳定性，可以延长内容物的贮藏期，长久保持其色、香、味和成分，是各类产品包装的首选品。此外，还可根据用户要求，对玻璃瓶进行磙砂、贴花等深加工，更显其档次。

人民玻璃厂的复合彩印产品中，由于采用了国际水平的意大利进口设备，除可以生产常规涂塑制品外，还可生产超薄及超厚型纸塑复合制品及双面涂塑制品，并可进行多色印刷，产品质量居国内领先水平，为广东、上海等地的粘胶带厂及商标厂配套。

六组双滴行列式制瓶机及部分产品

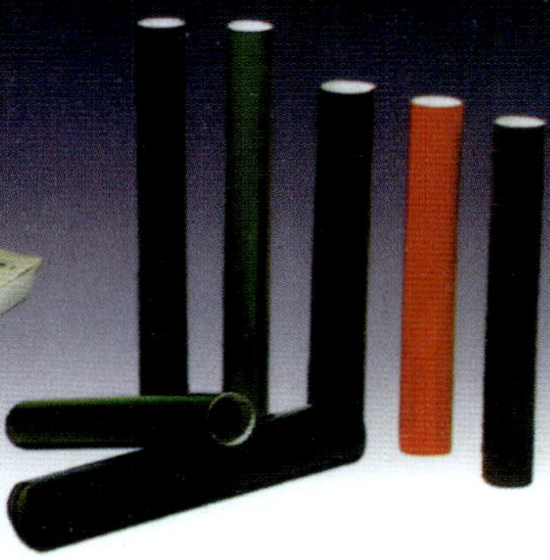

复合彩印分厂

Lamination Colour Printing Branch-Factory

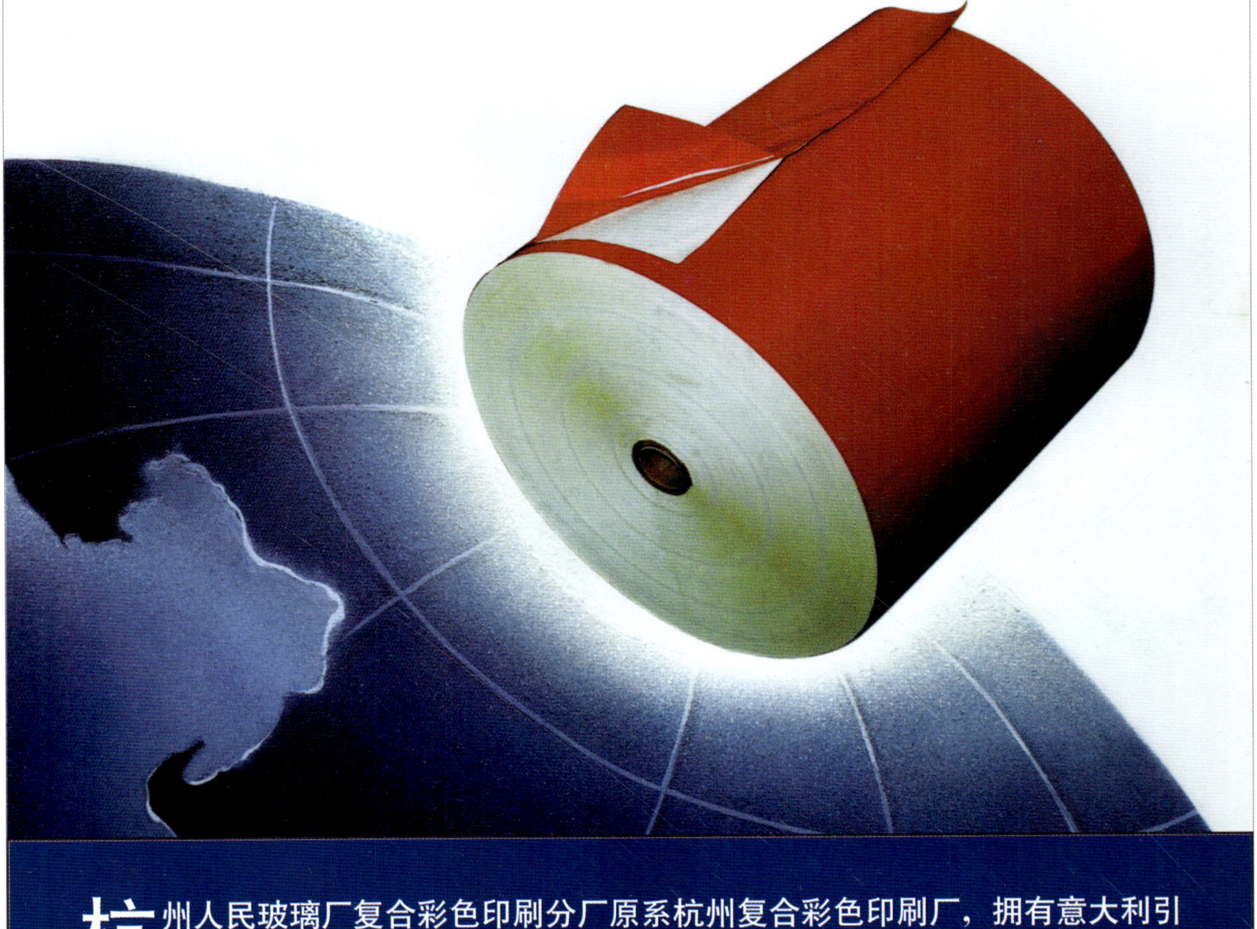

杭州人民玻璃厂复合彩色印刷分厂原系杭州复合彩色印刷厂，拥有意大利引进的柔性版印刷机、挤出复合机、分切机及柔性版制版设备。年产各类复合材料2500吨。主要产品有涂塑防粘纸、涂塑包装纸、涂塑布、贴体包装 胶片、食品包装袋及纸杯、纸碟和纸饭盒专用纸等。

中外合资　国家二级企业

永大胶粘制品厂有限公司

WING TAI ADHESIVE-PRODUCT FACTORY CO.,LTD

永大牌

高级胶粘带

公司领导深入基层，现场办工
左:卢铨枝总经理
右:方耀晃董事长

永大胶粘制品厂有限公司(以下简称永大公司)是中山市小榄镇永宁工业总公司与香港大华行合资经营的企业。专业生产胶粘带系列产品，1984年11月建厂，工厂位于珠江三角洲富裕侨乡中山市小榄镇永宁工业大道，公司下设永大胶粘制品厂有限公司，永华胶带厂，永昌胶带厂有限公司，同时在外省设立：承德北方胶带厂，杭州永冠胶粘制品公司二家联营厂。现有职工数一千多人，总投资２亿多元，占地面积１３万平方米的全新厂区“永大胶粘王国”基本竣工，建成后号称“中国的胶带城”。

永大公司拥有先进的生产设备和技术，现共有17条从国外引进的具有国际先进水平的全自动大型涂胶机组生产线，各种类分切设备100多台，并拥有微电脑控制的制胶整厂设备和专利技术配方。生产的产品有BOPP封箱胶粘带、商标品牌印刷胶粘带、文具胶粘带、彩色胶粘带、双面胶粘带、电脑绣花双面胶粘带、美纹纸胶粘带、铝箔胶粘带、PE保护胶粘带、PE冰箱发泡胶粘带、PVC保护胶粘带、电工胶粘带、单、双面工业泡棉胶粘带、牛皮纸胶粘带、牛皮纸发泡胶粘带、不干胶商标纸、装潢自粘胶布、自粘波音装饰软片等品种，压敏胶粘带年总产量达3亿多平方米，年生产丙稀酸酯胶粘剂达20000吨。

永大公司十分重视吸收国外的先进管理经验，建厂十多年来一直以市场需求为导向，重视产品质量和售后服务，建立了庞大的送货服务车队，并建立了完整的质量监测体系和计算机管理网络系统，为此，生产的“永大牌”系列产品连获广东省优、国家农业部优、国家轻工部优质产品奖；“七五”全国星火计划成果金奖。并被广东省经济委员会确认为“替代进口产品”。企业获得省级先进企业称号，荣获广东省外商投资企业协会颁发的“金匙奖”，九O年被国务院批准为国家二级企业。BOPP系列产品获1994年化工部“质量好的产品”奖。铝箔胶粘带获1995年农业部第二届农博会金奖。多年来共获各类大小奖项约80项。

永大公司的产品畅销全国各地，出口远销到美国、加拿大、日本、中东、香港等国和地区,产、销量一直位居国内同行业之首。通过多年的努力，永大公司在国内各省、市、自治区设立办事处、经营部、联营部近50多个，有了这成熟而庞大的销售网络，既保证了市场的占有率，也更便于服务社会、服务于客户。真诚地为您提供优质的产品，优质的服务，是“永大”的经营宗旨！成为“中国的胶粘王国”，是“永大”的奋斗目标！

WING TAI

高級膠粘帶

SERIES OF ADVANCED TAPES

WING TAI

高級膠粘帶

SERIES OF ADVANCED TAPES

永大牌

理想的膠粘帶
當然是永大牌
理想的膠粘帶
當然是永大牌

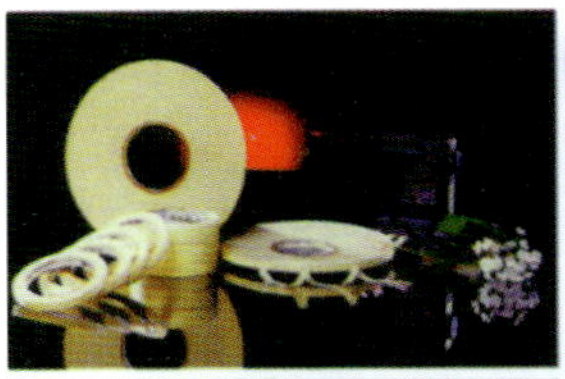

BOPP封箱胶粘带;文具粘胶带;彩色胶粘带;双面胶粘带;电脑绣花用双面胶粘带;美纹纸胶粘带;铝箔胶粘带;PE保护胶粘带;PVC保护胶粘带;电工胶粘带;泡棉胶粘带;不干胶商标纸;牛皮纸胶粘带;装潢自粘胶布;高级装饰软片等质量上乘、规格齐全，欢迎订购。

Welcome you to order the following products with supreme quality and various nixes:

BOPP PACKAGING TAPES
STATIONERY TAPES
COLOUR TAPES
DOUBLE-SIDED TAPES
MACHINE EMBROIDERY
DOUBLE-SIDED TAPES
MASKING TAPES
ALUMINUM FOIL TAPES
PE PROTECTIVE TAPES
PVC PROTECTIVE TAPES
ELECTRICAL TAPES
SELF-ADHESIVE LABEL STOCK
KRAFT PAPER TAPES
SELF-ADHESIVE DECOR FILM
SELF-ADHESIVE BOEING DECOR FILM
FOAMED TAPES

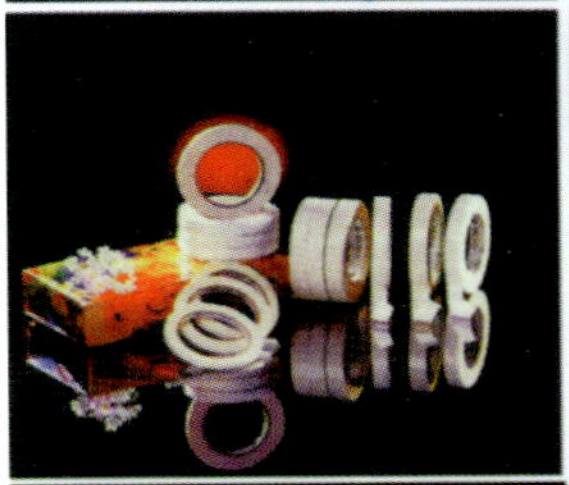

中外合资　　国家二级企业

永大胶粘制品厂有限公司

WING TAI ADHESIVE-PRODUCT FACTORY CO.,LTD.

工厂地址：广东省中山市小榄镇永宁工业大道　邮政编码:528415　电挂:7906
电话:2253110 2253112 2260110 2250273 2257028 2257038　图文传真:(0760)2250186

香港办事处：润和实业有限公司 香港九龙尖沙咀赫德道6-6A好德商业大厦16楼B座 电话:(852)23114699 传真:(852)27243803
电话:23698585-7 23680033　图文传真(00852)27397132　电挂:1802 HONGKONG

驻全国各地办事处电话：

北京:(010)65228318 广州:(020)83592310 佛山:(0757)3364045 石歧:(0760)8636345 顺德:(0765)6622195 东莞:(0769)5531953
天津:(022)7270908 上海:(021)63247015 湛江:(0759)3365179 杭州:(0571)6096674 合肥:(0551)2677927 苏州:(0512)5333913
南京:(025)4617642 武汉:(027)3634754 青岛:(0532)3820766 重庆:(0811)3832743 厦门:(0592)5088650 郑州:(0371)5977442
成都:(028)5586999 沈阳:(024)2709586 长沙:(0731)5507863 温州:(0577)8254199 常州:(0519)6600020 海口:(0898)6217198
长春:(0431)7623588 昆明:(0871)5152798 无锡:(0510)2414551 大连:(0411)3644039 哈尔滨:(0451)2310078 贵州:(0851)6838280
济南:(0531)7934242 广西:(0779)127-2562398

WING TAI

上海联盈塑料化工有限公司
上海联盈塑料印刷有限公司

根据市场需求，今年年初，又成立了上海联盈塑料印刷有限公司并引进七色彩印机，生产色彩鲜艳的各种塑料商标。我公司印刷的商标精品已销到香港、东南亚，美国等地区，深受外商好评。

热收缩商标规格：
印刷机宽度：1000mm
套色数：1-7色（配有电脑套色系统）
纵向收缩率：<5%
横向收缩率：40～50%
厚度：0.03～0.08mm
商标折径：20～250mm

上海联盈塑料印刷有限公司
地址：上海市沪定路60号　　邮编：200062
电话：62747013　　电挂：5587

中国百杰明星包装企业——

我公司由化工部上海化工研究院和香港盈亚发展有限公司于1991年合资兴建，生产PVC塑料热收缩膜，印刷膜。公司设备全部从台湾引进，年生产能力2000吨，产品遍及全国各地并出口东南亚。

热收缩膜产品规格：

品名 \ 规格	宽度（折径） mm	厚 度 mm	收缩率	
			直MD%	横TD%
收缩包装热膜	100～800	0.018～0.07	15～40	15～50
热收缩印刷膜	100～600	0.03～0.07	5～25	25～55
热收缩瓶套膜	100～450	0.045～0.07	<3	45～50

*特殊规格要求，可具体协商定制。

远东无菌包装一中国人的骄傲

荣获第二届中国农业博览会金质奖，1996年中国包装总公司科技进步奖

部分产品生产的远东无菌砖饮料，可与进口的相媲美

树立民族精神　选用民族精品

国产中封无菌砖形饮料包装机和中缝饮料盒的首创者一

中国广东远东食品包装机械有限公司

GUANGDONG FAR EAST FOOD PACKAGE MACHINERY CO.LTD CHINA

积十多年无菌包装经验专业研造的具有中国特色的砖形复合纸无菌包装饮料生产线和复合纸、饮料盒、以替代进口、质优价廉、投资少、见效快、收益大、实用可靠和便于推广等优点，被国家科委选定为全国“星火计划”推荐采用技术装备，荣获中国食品新成就优秀新成果的称号，并获三项金奖，14项国家专利,15项省市奖励。已覆盖全国65%的省市和出口创汇。机、纸配套国产化、工艺技术和售后服务一条龙,欢迎国内外客商经销和选用。远东机械，令您满意。远东，给您信心，助您成功!

With rich expericence of more than ten years in aseptic packaging, the corporation has developed a aseptic packaging production line for preducing brick-shaped compound paper and beverage boxes which substituted the import products. It is a recommended technology for the "Torch Plan" by the mational scientific commission due to such advantages as high quality ,reasonable price, less investment, quick result, big beafat. reliability and easy popularization etc. It was awarded the honorable tede of achievement in food industry of China as well as 3 national gokden prizes, 14 national patents and 15 provincial and municipal agarde. Products of the corporation have been sold to 65% area of the country and imported for foreign exchange eaming. Machines and material paper are China-made goods, process technology and aftersale servive are guarantee. Customers home and abroad are warmly welcome to deal with our proucts or select for your own use. Far east machinery is your satisfaction. Far East is your confidence and leads you to the success.

法人代表(legal representative):吴章荣Wu Zhangrong
地址(ADD):广东省信宜市教育路38号 38 jiaoyu rd.xingyi,guangdong.
邮编(p.c.):525300 电报挂号CABLE:信宜XINY16975
电话(tel):(0688)8812508 8812121
传真(fox):(0688)8810668 企业代码CODE:19507507-9

产量YELD
1800-2500盒／h
外形尺寸
OVERALL DIMENSIONS:
2000 × 2880 × 4390MM
总质量
TOTAL WEIGHT:2500Kg

立式砖形饮料无菌包装机
VERTILBRICK-LIK BEVERAGE PACKING MACHINE

中缝式生产线（主机）
MID-SEAM PRODUCE LINE
(MAIN MACIHINE)
产量yield:1200-1500盒／h
外形尺寸OVERALL DIMESIONS
21950 × 1200 × 1350MM
总质量TOTAL WEIGHT:3500Kg

设计·摄影·制版·印刷

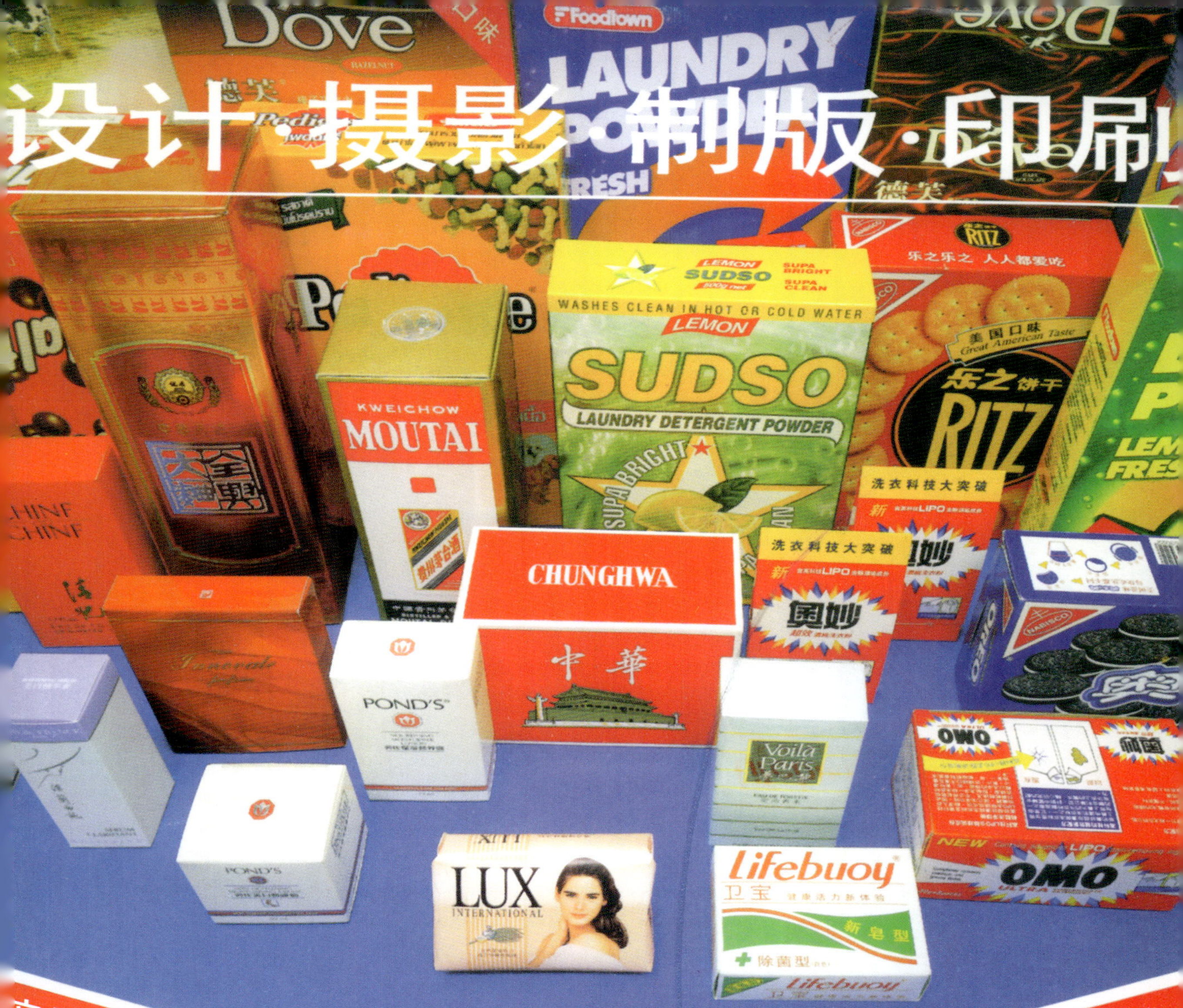

产品包装（纸、塑料及复合包装） 广告样本·贺卡月历·磁卡印刷

我们欢迎客户参观、指导、交流。

我们承接客户产品包装、广告样本、贺卡月历、磁卡印刷。

我们愿与客户共同开发新产品，创造企业新形象。

我们将向客户推荐研制成功的最新材料，最新工艺，为适应市场需要贡献我们的力量。

总经理：江帆湘

上海四凸彩印总公司

SHANGHAI EMBOSSING COLOR PRINT GENERAL CO.

总公司地址：上海顺昌路330号 电话：(021)63280129 传真：(021)63201922 邮编：200021

工厂地址：上海市石龙路77~79号 电话：(021)64821188 传真：(021)64702999 邮编：200232

广东省汕头市汕樟轻工机械厂

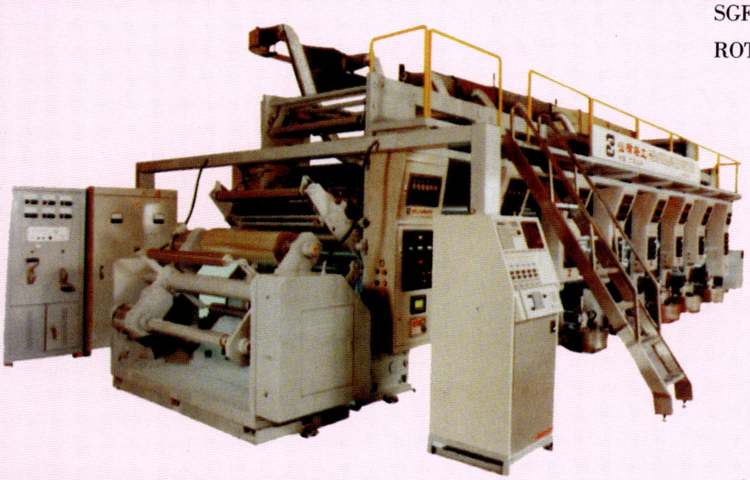

◀SGF 系列电脑全自动控制高速凹版彩印机

SGF SERIES FULLY COMPUTERIZED HIGH—SPEED ROTARY GRAVURE PRESS

本机是一台集机、光、电、气、液于一体的智能型凹版印刷机，整机采用具有当代先进水平的新型可编程控制器来控制整机各个部分。整机配有：走料自动纠编装置、同步自动控制装置、自动套印装置、预套印装置、张力自动控制装置、料卷自动裁接、干燥恒温控制装置、自动报警以及静电消除等装置。整机外型优美、结构合理、自动化程度高、精密度好，各技术指标和性能达到九十年代国际先进水平。

YS 系列组合式凹版印刷机▶

YS SERIES COMPOUND ROTARY PRESS

本机是多工位组合式凹版轮转印刷机，适用于各种塑料薄膜的多色彩、多层次印刷，也适用于塑料纺织布及纸类的印刷。

◀GF 系列干式复膜机

GF SERIES DRY FILM PACKAGER

本机适用于将各种卷筒状薄膜如：聚乙烯、聚丙烯、聚脂、聚酰铵、铝箔等基材均匀地涂布上一层有机化学粘合剂和第二基材复合，从而得到一种具有独特性能和复合材料，使其具有牢固度好，强度高、防潮和气密强，印刷油墨层被覆盖美观的综合性能。

地址：汕头市潮汕路金园工业城六片区　　邮 编：515064　　传 真：(0754)8226386

电 话：(0754)8228286，8226386　　厂 长：王镇臣　　联系人：李丽辉

热烈祝贺山东省郯城新亚轻工机械有限公司隆重开业

▲董事长、总经理:陈文昌

值山东省郯城造纸机械厂改制为郯城新亚轻工机械有限公司开业之际，董事长、总经理陈文昌携公司员工向关心支持公司开业的各级领导及全国新老用户表示诚挚的谢意，并愿把新一代高效纸箱印刷模切机及造纸设备奉献给大家!

◀董事长、总经理陈文昌同志在车间鉴赏双色印刷模切机试印成功的双色纸箱样片。

GY 型滚筒压痕切线机是当今包装装潢行业最理想的先进设备。主要结构为双辊筒滚压式。可进行无级调速、电磁计数、光电气动联合控制。用于纸板、单层、双层瓦楞纸等纸坯加工成成型箱片，能一次完成分纸、压线、去角等多道工序，同其它类型机相比独具高效、节能、安全之优点。

项目	GY—1200	GY—1600	GY—2000	GY—2400
生产效率	1—100片/分	1—100片/分	1—90片/分	1—100片/分
加工纸 最大	1200×1400	1600×1400	2000×1400	2400×1600
坯尺寸 最小	300×400×1400	400×600×1400	400×900×1400	400×1200×1400

GSM16 型印刷模切机是集送料、印刷、模切箱片的自动生产线。该机由进纸、单色、双色、三色、模切机组组合而成。具有结构紧凑、操作方便、套印精确、色泽鲜艳等特点，适合大、中、小纸箱厂使用。

工作效率	最大	100片/分	模板厚度	18mm(单瓦) 16mm(双瓦)
	经济	85片/分	刀具高度	23.6mm
印刷面积	最大	1350×1660mm	印刷板厚度	7mm 薄膜 0.13mm
	最小	400×600mm	总功率	9.025KW
模切面积	最大	1400×1600mm	重量	7500kg
	最小	400×600mm	外形尺寸	3500×2760×1440mm

同时供应：造纸制浆设备

1. ZSK 型振框式平筛；
2. ZSL 型离心筛浆机；
3. ZDM 型长刀磨床；
4. ZTM 型旋浆搅拌器；
5. ZNC 型侧压浓缩机；
6. ZNW 型圆网浓缩机；
7. ZBK 型罗茨真空泵；
8. ZBT 型二相流纸浆泵。

副总经理、销售部部长：张云龙　　手　机：(0539)9010535

销售热线：(0539)6221432　6220106　　传　真：(0539)6221109

地址：山东省临沂市郯城团结路 33 号　　邮　编：276100　　电　挂：6535

专用印刷刻字胶板实为纸箱、包装、塑编印刷理想的材料

我厂是专业生产印刷刻字橡胶板的厂家，从产品结构，性能上有了不断的提高及改进，适应了不同需求的纸箱包装印刷，塑编印刷，产品销往全国各地，以过硬的质量，良好的信誉，取得了用户的好评。

特点：耐油、耐酸碱、耐磨、平整度均匀、吸墨性好、质地细腻、易刻耐用、印刷图文清晰、层次感强、实为纸箱包装、塑编印刷极为理想的制版材料。

以上三大类专用刻字胶板、分片材、卷材、可根据用户需要一面或二面磨毛，并承制特殊规格及要求的刻字胶板。竭诚欢迎用户来人来函联系。

分类	包装	规格	适用
双色胶板	卷材	宽550mm　厚度4-10mm 宽520mm　厚度4-10mm	油墨，水性油墨印刷
单色胶板	片材	长500×宽400×厚度2-3mm 长500×宽500×厚度5-8mm 长600×宽450×厚度2-8mm	水性油墨印刷
	卷材	宽550mm　厚度3-8mm 宽520mm　厚度3-8mm	
复合胶板	卷材	宽550mm　厚度4-8mm 宽520mm　厚度4-8mm	水性油墨印刷
	片材	长1200×宽650×厚度4-8mm	

江苏省常熟市唐市垦植橡胶厂

厂址：唐市镇山塘址12i号　　电话（传真）：0520-2571946　2571962
电挂：5727　邮编：215542　用户：常熟市唐市信用社　帐号：4011401469

常熟市工业胶辊有限公司

常熟市工业胶辊有限公司地处江南沙家浜旅游地区，是专业生产各类工业胶辊的企业。其中公司自行研制的耐强溶剂胶辊，经省级技术鉴定，填补了省内空白，并荣获国家科技进步奖和被授予高新技术产品荣誉称号。产品配有现代检测设施，质量稳定，在国内一直享有较高荣誉。根据各类胶辊的不同使用性能要求，可为用户承制耐酯，苯，酮，醇类混合强溶剂，以及耐油、耐酸、耐碱、耐热、耐老化、耐磨、耐高低温、耐射线和耐特殊介质的各类特种胶辊。并还承制与胶辊相配套的金属钢铝型材轴芯，交货及时，服务周到。

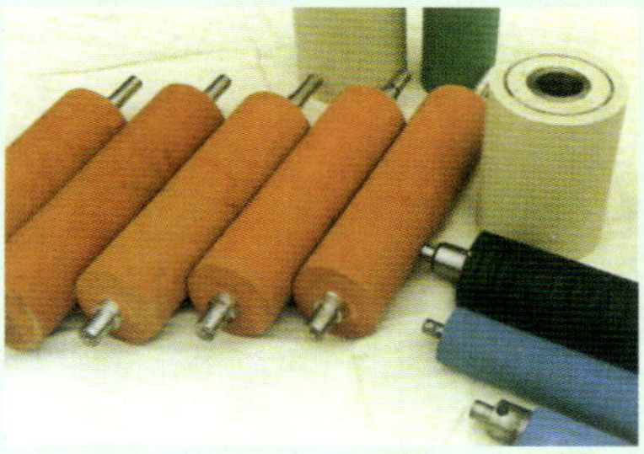

胶辊类别	所用橡胶及塑料性树脂材料	硬度范围（邵A）
印铁涂料，塑料压膜，复合印花，制革胶辊类	C11R、11R、EPDM、Q、CSM、CR	35~90
四色，六色，凹凸，制袋，分切，纸箱及其它印刷胶辊类	NBR、CR、PVC、PA、PU	25~90
造纸、印染，压布，皮革胶辊类	NR、SBR、BR、MBR、HSR	35~100

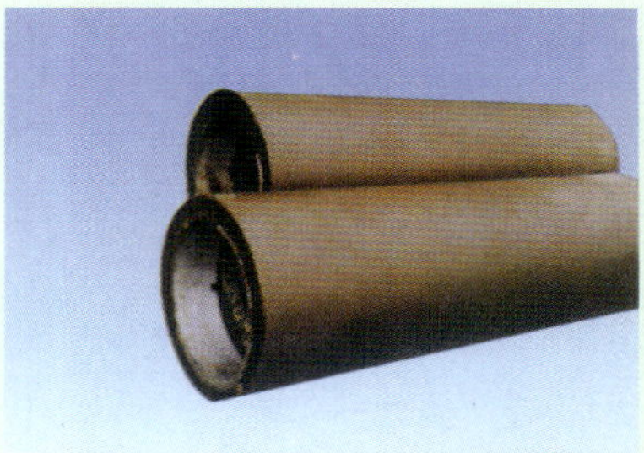

总经理：李水金
地址：江苏常熟唐市镇三塘址121号
电话：0520-2571528　传真：2571528　邮编：215542

山西亚华制盖有限公司

■ 董事长 侯兆钧

山西亚华制盖有限公司是一家中外合资企业，公司的总投资为人民币2800万元。从意大利和韩国引进的具有九十年代先进水平的制盖生产线及大连制盖生产线，可年产φ28.95×20.20，φ28.5×20.35，φ28.7×20.5系列，φ29.7×34.7，φ29.30×34.7，φ29.6×35 系列；φ28.2×16.1 φ28×18.8 φ27.6×25及φ30.9×24系列等多种规格的扭断式铝质螺纹防盗盖4亿只，马口铁冠形瓶盖、四旋盖2亿只。

山西亚华制盖有限公司的主导产品采用优质铝合金薄板冲制而成，质量优良，外观精美，密封性能良好，扭断力矩适中，经中国包装产品质量监督检验中心检测，各项技术指标均达到或超过国标GB/T13521-92 14803-93规定的要求。公司本着“用戶至上”的宗旨，满足客戶对高性能防火产品的要求，引进意大利先进生产线，在国內独家采用“颗粒模塑”工艺，在“盖里”自动做垫，自动检测和记数；从韩国引进的采用顶部凸字和侧面鼓字刨光工艺的生产线，实现了生产过程全自动化，既保证了产品的精度，又符合卫生要求，整体质量优于国內其它同类产品。

在山西亚华制盖有限公司成立和不断发展壮大过程中，得到了薄一波同志、中共山西省委书记胡富国同志、省长孙文盛同志、中国包装协会会长邱纯甫同志及地县各级领导的亲切关怀和大力支持，薄老为公司题名，胡书记为公司题词，中包协会副会长谢荣全亲临公司指导工作，都给公司员工以极大的鼓舞。

山西亚华制盖有限公司在“求实、创新、争优、重信”的企业精神指导下，诚望与社会各界朋友精诚合作，为用戶提供优良、快捷、周到的一流服务，竭诚欢迎各界垂询洽谈业务。

■ 薄老题名公司大门楼

■ 总经理刘继盛

电话：(0357)4522753　　邮编：043400

地址：山西省曲头县城　　传真：(0357) 4522753

■ 韩国生产线

■ 意大利生产线

全国包装工业统计资料

STATISTICS OF CHINA PACKAGING INDUSTRY

编者说明

《一九九五年包装工业统计年报》汇集了1995年全国各省、自治区、直辖市及计划单列市包装工业的主要经济技术指标及全国包装工业主要产品产量。

本年报中工业总产值指标分别按现价和1990年不变价格计算。

本资料在编制过程中进行了必要的核查，各部门、各地区在使用1995年包装工业统计数字时请以本年报为准。

一九九六年十二月

全国包装工业主要指标

	计算单位	1995 年
一、工业总产值(现价)	万元	11516468
其中:国有经济企业	〃	4556479
集体经济企业	〃	4727221
股份制经济企业	〃	220802
“三资”企业	〃	1753024
其中:纸包装制品企业	〃	3079654
塑料包装制品企业	〃	3056856
玻璃包装制品企业	〃	862174
金属包装制品企业	〃	1145021
包装印刷企业	〃	1958689
包装机械制造企业	〃	969709
其它包装企业	〃	444365
二、工业增加值(现价)	万元	2930443
其中:国有经济企业	〃	1159531
集体经济企业	〃	1202791
股份制经济企业	〃	80441
“三资”企业	〃	426041
其中:纸包装制品企业	〃	777795
塑料包装制品企业	〃	783642
玻璃包装制品企业	〃	209121
金属包装制品企业	〃	361417
包装印刷企业	〃	418362
包装机械制造企业	〃	266696
其它包装企业	〃	113410
三、企业单位数	个	14357
其中:国有经济企业	〃	6082
集体经济企业	〃	7074
股份制经济企业	〃	157
“三资”企业	〃	616
其中:纸包装制品企业	〃	4536
塑料包装制品企业	〃	3952
玻璃包装制品企业	〃	479
金属包装制品企业	〃	1034
包装印刷企业	〃	3171
包装机械制造企业	〃	687
其它包装企业	〃	498

全国包装工业主要指标

	计算单位	1995年
四、全部职工年平均人数	人	2139211
其中:国有经济企业	〃	956815
集体经济企业	〃	968312
股份制经济企业	〃	34974
“三资”企业	〃	93015
其中:纸包装制品企业	〃	547964
塑料包装制品企业	〃	561151
玻璃包装制品企业	〃	128575
金属包装制品企业	〃	183010
包装印刷企业	〃	393036
包装机械制造企业	〃	191731
其它包装企业	〃	133744
五、固定资产原值	万元	6237973
其中:国有经济企业	〃	2841806
集体经济企业	〃	2301283
股份制经济企业	〃	160156
“三资”企业	〃	847237
其中:纸包装制品企业	〃	1658713
塑料包装制品企业	〃	1646264
玻璃包装制品企业	〃	480633
金属包装制品企业	〃	624311
包装印刷企业	〃	1061229
包装机械制造企业	〃	525324
其它包装企业	〃	241499
六、固定资产净值	万元	4109324
其中:国有经济企业	〃	1925762
集体经济企业	〃	1237834
股份制经济企业	〃	110563
“三资”企业	〃	751953
其中:纸包装制品企业	〃	906593
塑料包装制品企业	〃	938816
玻璃包装制品企业	〃	392683
金属包装制品企业	〃	426919
包装印刷企业	〃	702056
包装机械制造企业	〃	407213
其它包装企业	〃	335044

全国包装工业主要指标

	计算单位	1995年
七、流动资产年平均余额	万元	5458878
其中:国有经济企业	″	1993173
集体经济企业	″	1867538
股份制经济企业	″	180956
“三资”企业	″	1295403
其中:纸包装制品企业	″	1055868
塑料包装制品企业	″	1070164
玻璃包装制品企业	″	314595
金属包装制品企业	″	784120
包装印刷企业	″	968962
包装机械制造企业	″	777435
其它包装企业	″	487734
八、产品销售收入	万元	10252278
其中:国有经济企业	″	4206467
集体经济企业	″	4055177
股份制经济企业	″	225709
“三资”企业	″	1559920
其中:纸包装制品企业	″	2520148
塑料包装制品企业	″	2666072
玻璃包装制品企业	″	770093
金属包装制品企业	″	1019161
包装印刷企业	″	1742898
包装机械制造企业	″	862760
其它包装企业	″	671146
九、全年利润总额	万元	361433
其中:国有经济企业	″	127620
集体经济企业	″	133982
股份制经济企业	″	18366
“三资”企业	″	75415
其中:纸包装制品企业	″	78267
塑料包装制品企业	″	81847
玻璃包装制品企业	″	9835
金属包装制品企业	″	59907
包装印刷企业	″	65409
包装机械制造企业	″	48946
其它包装企业	″	17222

全国包装工业主要指标

	计算单位	1995 年
十、利润和税金总额	万元	865704
其中:国有经济企业	〃	340347
集体经济企业	〃	353103
股份制经济企业	〃	30087
“三资”企业	〃	130922
其中:纸包装制品企业	〃	227905
塑料包装制品企业	〃	239615
玻璃包装制品企业	〃	44815
金属包装制品企业	〃	106595
包装印刷企业	〃	118795
包装机械制造企业	〃	73411
其它包装企业	〃	54568
十一、出口交货值(现价)	万元	765112
其中:国有经济企业	〃	179717
集体经济企业	〃	213284
股份制经济企业	〃	25438
“三资”企业	〃	339789
其中:纸包装制品企业	〃	237074
塑料包装制品企业	〃	186315
玻璃包装制品企业	〃	24453
金属包装制品企业	〃	177254
包装印刷企业	〃	48081
包装机械制造企业	〃	68296
其它包装企业	〃	23639

分地区包装工业主要指标(一)

计量单位:万元

地　区	企　业 单位数 (个)	亏损 企业	工业 总产值 (当年价)	工业 总产值 90年不变价	工业 增加值 (当年价)	工业中 间投入 合　计
总　计	14357	2668	11516468	10354064	2930443	8855188
北京市	72	15	285371	196804	54183	217845
天津市	83	24	138675	115145	28970	114250
河北省	1423	259	736064	627403	184738	574670
山西省	315	38	123000	108600	60400	98033
内蒙区	187	44	48366	43496	11990	36506
辽宁省	514	175	346663	301218	94062	205024
吉林省	251	129	156396	129425	31919	124995
黑龙江	471	149	275100	254805	62545	209325
上海市	211	51	798944	662113	224761	613609
江苏省	1207	269	1945206	1888444	353214	1611900
浙江省	355	48	537831	509832	139871	417874
安徽省	150	47	239349	206332	63566	175828
福建省	847	—	506293	430900	147500	358800
江西省	438	86	331700	309662	82248	268692
山东省	847	—	919700	809400	275900	643800
河南省	1104	200	385700	302050	117480	268290
湖北省	882	119	581200	528000	96168	480000
湖南省	439	185	331371	286453	94849	236522
广东省	433	136	1166964	1108646	419067	873899
海南省	70	—	40000	32000	10000	30000
广西区	730	85	328000	305600	34100	293900
四川省	1330	132	565220	533360	113000	461986
贵州省	374	22	98814	98100	49136	51825
云南省	249	92	205300	178619	70077	168625
陕西省	524	165	129073	127665	38720	95675
甘肃省	442	104	125127	111298	32275	97458
青海省	31	16	9626	8350	1484	7742
宁夏区	68	21	48756	42643	14585	36291
新疆区	310	57	112659	97701	23635	89024

分地区包装工业主要指标(二)

计量单位:万元

地　区	出口交货值(当年价)	全部职工年平均人数	产品销售收入	利润总额	利税总额	年末负债合计
总　计	765112	2139211	10252278	361433	865704	7056687
北京市	3736	26410	259344	3461	17303	772692
天津市	3761	25000	141994	6329	15130	147798
河北省	—	100500	685902	26635	57675	642495
山西省	800	50000	95700	5080	9080	44000
内蒙区	1534	25895	31122	1243	1285	31847
辽宁省	5994	110402	278753	12942	20819	326873
吉林省	2284	60600	137884	－4002	3614	241653
黑龙江	2628	95200	259491	－872	35852	220182
上海市	78352	69215	779856	32271	61211	725014
江苏省	294716	207771	1788940	36129	112975	—
浙江省	42283	89720	503411	23597	51103	305600
安徽省	17558	61642	195079	7148	20761	82929
福建省	—	74700	456293	16500	34400	—
江西省	—	110496	279755	4360	20443	408513
山东省	77000	130655	850700	36580	77622	—
河南省	—	120700	304000	6810	16410	258920
湖北省	36500	171020	540060	22500	46500	—
湖南省	1674	92000	313442	－274	24582	267220
广东省	181940	122399	866754	77125	98980	1840753
海南省	—	—	37500	500	2500	—
广西区	10600	69800	260000	9200	23000	—
四川省	—	101480	488500	8708	35619	—
贵州省	—	50018	87175	16254	34000	110205
云南省	3478	48700	204334	9894	22516	198750
陕西省	—	41000	117547	625	6848	160706
甘肃省	—	45655	121952	1148	6602	151529
青海省	98	5300	10970	－2779	－1498	25601
宁夏区	—	14215	46059	1091	3403	58423
新疆区	176	18718	109761	3230	6969	70984

分地区包装工业主要指标(三)

计量单位:万元

地　区	资本金合　计	国　家资本金	流动资产年平均余额	固定资产原价合计	累计折旧	固定资产净值年平均余额
总　计	2845921	1626685	5458878	6237973	1234635	3810626
北京市	75228	48474	17767	229889	45509	176966
天津市	66782	36074	109637	133852	38071	78088
河北省	222841	—	356195	441481	108354	295368
山西省	54359	52759	69700	84000	24760	63000
内蒙区	11977	8695	20400	24341	14068	19128
辽宁省	122957	63768	241713	233420	75353	139038
吉林省	68143	65371	134375	150826	35950	94787
黑龙江	155631	79919	146233	191802	60898	124679
上海市	345778	178098	516842	520253	164017	340996
江苏省	—	—	896327	716111	77301	561479
浙江省	175145	58896	241845	302105	58718	192498
安徽省	—	—	84642	129920	39813	—
福建省	—	—	—	—	—	—
江西省	122363	60784	189776	350724	55899	263428
山东省	—	—	—	553700	—	—
河南省	—	—	153320	169300	50400	128470
湖北省	—	—	—	234800	—	—
湖南省	146062	81533	137874	258466	88495	146119
广东省	942778	763025	1495431	673669	137885	589764
海南省	—	—	—	—	—	—
广西区	—	—	—	161300	—	142000
四川省	—	—	106224	—	—	—
贵州省	—	—	3183	167519	24399	132208
云南省	131383	47784	115683	151740	50811	135097
陕西省	67216	28453	92957	126196	24724	75035
甘肃省	63426	—	88766	107027	29926	62543
青海省	5902	5802	9291	15679	4315	8927
宁夏区	16390	9376	29671	46006	10865	34547
新疆区	51560	37874	41116	63847	14104	33461

计划单列市包装工业主要经济指标汇总表(一)

计量单位:万元

计划单列市	企业单位数（个）	亏损企业	工业总产值（当年价）	工业总产值90年不变价	工业增加值（当年价）	工业中间投入合计
沈阳	43	12	25350	24280	8745	17605
大连	343	104	331525	329603	69555	274825
长春	52	12	37565	35673	16509	21056
哈尔滨	196	34	68219	73464	21359	46860
南京	320	—	229436	257441	71070	160857
宁波	41	4	79111	70492	19304	59201
武汉	277	—	167576	—	56123	117303
成都	204	53	151752	126872	23689	125284
重庆	142	58	263345	208060	41918	213034
西安	37	10	34968	34575	18107	24427
广州	114	33	367727	257181	79771	283072

注:厦门、青岛因故未将本地区数据上报

计划单列市包装工业主要经济指标汇总表(二)

计量单位:万元

计划单列市	出口交货值(当年价)	全部职工年平均人数	产品销售收入	利润总额	利税总额	年末负债合计
沈阳	—	10540	25866	-219	1569	64918
大连	104319	45122	323977	8980	21774	297452
长春	12456	15632	38956	205	980	21089
哈尔滨	—	35651	52451	1905	11451	—
南京	5003	—	244569	2788	18063	—
宁波	5339	9867	64211	5319	9281	64823
武汉	—	—	152342	2353	16900	207385
成都	926	39600	136022	906	7656	130564
重庆	10004	46859	250809	-7617	7020	498456
西安	450	7000	33232	3068	8400	48476
广州	36038	19401	314840	9504	20516	11308

计划单列市包装工业主要经济指标汇总表(三)

计量单位:万元

计划单列市	资本金合计	国家资本金	流动资产年平均余额	固定资产原价合计	累计折旧	固定资产净值年平均余额
沈阳	19311	14051	27216	42930	11706	25069
大连	117362	17492	175704	247369	46681	153328
长春	21901	8757	17700	36897	6785	14576
哈尔滨	62457	—	—	42948	16475	22737
南京	—	—	122443	134160	—	105401
宁波	65353	24739	42610	41139	11787	30295
武汉	64333	39401	130887	130191	41318	77962
成都	55277	17704	79305	130751	37047	85319
重庆	115863	199620	191224	319439	90640	201352
西安	13764	7993	25689	44655	5137	18015
广州	147971	72966	7199	211103	2965	8212

全国包装工业主要产品产量

	计算单位	1995 年
纸包装制品	**万吨**	642.25
纸箱	〃	429.29
纸盒	〃	54.60
纸袋	〃	75.39
纸杯及纸餐盘	〃	63.37
其他纸包装制品	〃	19.60
塑料包装制品	**万吨**	202.55
包装用塑料薄膜	〃	76.29
包装用塑料片材	〃	15.11
塑料箱及容器	〃	45.89
塑料丝及编织制品	〃	40.21
包装用泡沫塑料	〃	10.86
其他塑料包装制品	〃	14.19
玻璃包装制品	**万吨**	608.86
饮料、罐头玻璃瓶	〃	160.25
酒瓶	〃	352.38
医药包装瓶	〃	60.14
其他包装用瓶	〃	36.09
金属包装制品	**万吨**	143.10
金属听、罐、盒	〃	43.36
其中：饮料用听、罐	〃	23.74
食品盒	〃	10.82
金属制包装用桶	〃	80.76
其他金属包装用桶		18.97
包装印刷	**亿印**	1955.17
纸质商标印刷	〃	1722.15
塑料印刷	〃	203.19
金属印刷	〃	29.83
包装机械	**台**	302853
包装容器制造机械	〃	29221
直接包装机械	〃	228183
其他包装机械	〃	45449

各省市包装工业现状与发展前景

STATUS QUO AND DEVELOPE TRENDS

北　京

BEIJING

加强行业管理 为企业服务

北京包装技术协会

1996年过去了，北京包装技术协会在加强行业管理，为企业办实事，扩大国际交流、争取合作，提供信息服务以及加强协会自身建设等方面做了很多工作。

一、加强行业管理，为企业服务

在做好完善“八五”包装技术改造项目填平补齐的基础上，重点抓住“九五”期间争取利用行业优势为北京包装行业的技术改造，技术进步与结合落实双加工程，多争取一些大项目。为此，北京包协召开了行业协调会、重点包装企业项目座谈会，还专门走访了市重点局（总公司）的项目主管部门，征求对“九五”北京市包装行业技术改造项目的意见，为企业争取行业立项贷款做好服务工作。

按照技术监督局的要求，并根据全国包装工业产品生产许可证办公室的工作部署，通过协会组织专家下厂对北京地区瓦楞纸箱生产企业进行咨询、帮带，按照国家标准基本完成了瓦楞纸箱包装产品生产许可证的验收、发证工作。

同时，还对200L钢桶、手提桶、喷雾罐、工业用圆罐包装产品等北京地区的生产企业召开了宣贯会议，宣传贯彻国家技术监督局、全国工业产品许可证办公室有关文件，金属包装桶罐产品生产许可证实施细则，及相关的标准等技术文件，并组织专家对部分企业进行重点帮助提高管理水平，充分做好验收前的准备工作。年底前北京制桶厂、北京房山制桶厂等企业已通过验收并获得了生产许可证。通过行业发证使企业在技术工艺水平、建立健全管理制度、增加技术装备、加强人才培养等方面都有很大提高。

依照中国包协关于推荐中华包装精品的通知，北京包协助组织专家，市政府包装专业顾问到北京包装设备器材厂对该厂生产的“多功能组合式纸箱加工机械设备”进行了现场表演观摩、技术性能、质量综合评价，因该设备具有设计新型操作简单、经济实用等特点，销售很好，因此，做为北京包装精品被推荐报送中国包协。经中国包协评审，荣获中华包装精品称号，并颁发证书及奖状。

二、扩大交流、争取合作、促进销售

北京包协与中国华阳技术公司合作共同组织北京、上海、江苏、四川、广西、国家环保局等生产包装机械、包装印刷、纸箱、塑料制品的30家包装企业的厂长、经理、技术管理人员38人于1996年11月17日至21日参加在美国芝加哥举办的’96美国芝加哥包装博览会。该展览会至今已有40年的历史，是世界包装行业著名的展览会之一，得到了美国政府和商界的支持。北京包协充分利用这一极好的宣传机会，除了宣传参展30家企业的产品以外，北京首都机械厂、北京包装设备器材厂生产的瓦楞纸板生产线、印刷开槽设备、纸箱生产设备及北京制药机械设备厂、北京商业机械研究所、北京平板玻璃集团等研制生产的制药机械、定量包装设备以及大型图片、样本均在展览会上展出。北京护

卡膜有限公司生产的护卡膜原材料样品吸引了很多南美客户，样本及样品发放一空，宣传了企业的产品，扩大了企业的知名度，展览会盛况空前，代表团成员在展览会上与许多公司、厂家进行了广泛直接的接触，建立了长期的联系，有的还商谈了合作或购买意向。直接了解了国际包装市场的情况收集了很多信息。

北京包协充分发挥对外联系多，渠道广的优势，积极组织包装企业的领导、技术管理人员赴国外进行包装技术交流和考察。三月份，北京包协应法国包装协会的邀请，组织部分包装企业的领导赴法国进行包装技术交流、考察、参观包装企业，学习先进的管理经验，开阔了眼界，直接收集了信息，了解了包装发展趋势，对把握包装发展方向，强化企业管理起到了借鉴作用。同时，还受法方的委托在国内帮助联系法国高级香水盒、瓦楞纸箱生产厂家，加工出口纸箱业务。另外，寻求合资合作办学，培养包装、法式西餐方面的专门人才。五月份已接待法方代表来京考察了学校和进行了第一轮洽谈合作条件。

北京包协与市二商局共同为解决本市鲜肉的保鲜包装、蔬菜保鲜问题，联系到奥地利最大的生产保鲜设备、材料厂家，利用其先进的保鲜技术和设备争取外商投资，来北京建立鲜肉、鲜菜保鲜加工基地。奥地利有关人员已来华并到市二商局所属的北京市食品公司进行了实地考察，并表示对北京这一巨大的购买市场很感兴趣。

三、为企业提供信息服务

北京包装资料馆作为全国包装行业首家专业资料馆，在为企业提供信息服务、专家顾问咨询服务、牵线搭桥等方面做了大量的工作，发挥了积极的作用。仅1996年全年接待全国各地及北京包协的会员单位、技术管理人员近千人查阅中、外文包装资料；为一些会员单位牵线搭桥提供市场销售信息200多条；举办各种包装信息交流活动10多次。例如：组织北京美特容器有限公司、长城日用品工业公司等20多家企业参加了比利时专家关于印前系统技术讲座，使这些企业了解了国外先进的包装印铁技术发展情况，有利于引进先进技术改造传统工业；又如：为塑料包装企业举办了以向拉伸聚苯乙烯包装材料加工技术交流会；还举办了包装产品样本展，北京首都机械厂等数10家包装企业参加了此次活动。北京包装资料馆与北京电视台合作通过新闻媒介对外宣传介绍北京地区的包装企业及新的包装产品，起到了很好的宣传作用。

1996年8月国际图书馆联合大会在北京召开，北京包装资料馆做为有特色的专业性图书馆被指定为图联大会期间接待外宾参观的图书馆。大会期间共接待了来自世界各国的与会代表外国专家100多人，他们对包装资料的成绩作用给予了很高的评价。国际图联大会期间，北京电视台在黄金时间专题报道了北京包装资料馆。北京包装资料馆在1996年已完成全部进入计算机管理，查询、检索全部自动化，并与 **Internet** 联网，**Internet** 是使用最广的国际计算机互联网络。增加了经济信息包装信息的广泛性、及时性。可为包装企业提供更多有效、实用的信息，为发展包装事业服务。

上　海

SHANGHAI

上海包装行业"九五"发展规划

包装行业是许多行业分支的横向集合，在国民经济中，既有其辅助性，为各行各业的产品配套服务；也具有独立性，它以种类繁多的包装产品，供应市场和出口创汇。

包装是一种多门类、多学科的综合性技术，涉及到轻工、纺织、化工、冶金、商业、交通以及教育、科研等许多部门，所以今天包装行业所取得的发展壮大的经验告诉我们，唯有实行横向的大联合，把包装集成一个大的行业，拧成一股力量，才能取得明显的发展与进步。

一、上海包装现状

上海是个商品经济发展的城市，包装工业原有一定基础，改革开放以来，发展速度明显加快，现已初步形成一个比较独立，门类齐全的新兴工业体系。众多的包装产品(除部分包装基材外)基本上满足了上海商品经济发展需要。

上海现有一定规模的包装企业 200 余家(包括主、兼营和乡镇小厂在内约 700 家以上)据不完全统计：1993 年 189 家市属和部分郊县大中型厂统计，包装工业总产值为 52.28 亿元。1994 年 200 家市属和部分郊县大中型厂统计，包装工业总产值为 59.62 亿元，较上年增长 13.70%。在国民经济中占有一定地位；在全国 30 个主要行业排名中，已从 1987 年的 19 位上升到目前的 16 位。

上海的重要包装产品，都有着不同程度的发展。据不完全统计：1994 年纸制包装容器产量 32.5 万吨，塑料包装制品产量 5.3 万吨，玻璃包装容器产量 15 万吨，金属包装容器产量 4.2 万吨，包装印刷产量 69.5 亿印，包装机械产量 5.64 万台套，包装原纸、纸板产量 11.6 万吨，其它(包括烫金膜、油墨等)1.7 万吨。

上海包装行业的技术装备水平，在"八五"期间继续有所提高。如用于瓦楞纸板的生产线在"八五"初期 仅 14 条，现已增加到 31 条；原上海属于空白并受发展限制的二片铝罐生产线，现已拥有年产 6 亿套的生产线 2 条。在医药包装生产中，上海已结束无机制硬胶囊壳生产的历史，引进美国和台湾生产线 8 条，年产量达 16 亿粒。包装印刷行业中近年来又增添了不少电脑整页拼版系统、纸凹印生产线等先进技术设备，随着包装机械的发展，目前包装机械行业已拥有主要生产设备 9860 台。

包装产品质量在"八五"期间有了进一步提高，结构也发生了明显变化。如包装机械行业的高新技术产品和机电一体系列产品比例逐渐增大，并形成产品成套、系列及主辅机配套齐全的新格局。通过行业结构调整，改变了行业"小而散"的被动局面，走上了规模经济集约化发展道路。商品包装的设计、制作提高，使包装装潢设计在国际和国内华东区展示评比中得到国内外设计人士的一片好评，同时丰富了上海商品市场，促进了工业生产和经济发展。

但总体上看，上海包装行业，各个专业间，发展互不平衡，包装机械、包装印刷增长较好，金属包装次之，而纸制容器、塑料包装制品，增长极少；玻璃包装容器和木制包装容器则显得平平，部分企业生产率低下经营艰难，效益较差。主要问题和差距是：

1. 包装制品在品种与规格、质量上，还不能完全适应经济发展的高新需要，主要体现在花色品种更新缓慢。

2. 部分包装基材自给率低的问题仍未解决，依然是上海包装行业的一个薄弱环节。特别在国内市场上档次商品包装需用的基材，有不少一部分需要进口或由兄弟省市调入。

3. 国产包装机械的品种、性能，仍不能满足日益提高的需要。出口包装机械尽管逐年增多，但品种较为单调，技术含量高的先进包装机械为数也不多。一些行业技术改造急需的装备，有的仍须进口。

二、"九五"发展规划的指导思想

根据党的十四届三中全会关于建立社会主义市场经济体制的精神，扩大再生产要符合我国国情，要坚持以市场为导向，以提高经济效益为中心，以大中型企业为重点，加大结构调整力度，加快技术改造步伐，努力实现在本世纪末，使上海包装工业生产、技术水平再上一个新的台阶。

三、"九五"发展规划的目标

1. 发展速度：包装工业总产值将每年递增10%，到2000年达100～110亿元。

各大类包装工业产品的发展速度为：

包装机械：年平均递增15%，到2000年达到8万台套。

纸制容器：年平均递增5%，到2000年达到4.35万吨。

塑料包装制品：年平均递增6%，到2000年达到7.4万吨。

金属包装制品：年平均递增4%，到2000年达到5.3万吨。

玻璃包装容器：年平均递增4%，到2000年达到19万吨。

包装印刷制品：年平均递增5%，到2000年达到15.4亿印。

木制包装容器：年平均递增5%，到2000年达到17.9万立方米。

四、"九五"发展规划的重点

在"九五"期间，重点培养一批能达国际同类企业九十年代水平的企业；其产品能填补国内空白，能与国际同类产品相抗衡，以解决高档次包装的需要，并带动整个上海包装行业技术水平、质量水平的发展与提高。

"九五"期间，将着重在以下方面作重点发展。

1. 对重点包装原材料企业，通过鼓励企业间联合、改组、改制，实现横向联系，淘汰规模小、质量差、效益低的企业，以提高大企业的规模经济效益。

2. 从设计、制作、印刷、装潢等各方面，重点支持为轻、纺等出口产品的配套，或增加出口产品附加值的高档次包装产品。

3. 借鉴国外包装工业发展的经验，重点发展可回收、再利用，无污染的包装制品，并使其生产形成一定规模。

4. 重点支持上海包装机械的生产制造，一方面支持研究生产缺门、急需的包装机械，一方面支持扩大提高品种、功能、质量的出口包装机械，建立生产基地，增加出口创汇。

五、实现规划的措施与建设

为确保"九五"发展规划的实施，建议采取以下措施。

1. 加强上海市包装行业管理。一九八八年三月国务院以国办通12号通知原则同意国家经委《关于加强中国包装技术行业管理职能的报告》，同年四月和九月上海市经委也批复上海市包装技术协会同意贯彻实施。在"九五"期将大力推行现代企业制度的改革，同时在政企分开、转变职能的新形势下，加强包装行业管理更加迫切、重要。为此，现行的上海市包装技术协会与上海市经委包装协调办公室两块牌子、合署办公、各有侧重，共同承担上海包装行业的管理职能，必须在工作职责上加以明确，在工作联系上进一步密切，加强自身组织建设，形成管理工作规范，不断提高行业协会的威望，真正承担起、发挥出包装行业管理的职能作用。

2. 对符合包装产品政策，重点支持生产和建设的包装产品，在资金、贷款、原材料供应，以及税收等方面给予优惠政策。包装制品与各种产品配套时，本着就低不高的原则，享受配套产品低利率、低税率的同等待遇。

3. 建立上海商品包装研究所，加强对商品包装设计的理论研究，如搜集国内外商品包装设计和技术资料，设立包装情报室，为包装企业提供包装改进服务。承接包装装潢设计和运输包装结构设计业务，提高商品包装设计质量。研究国内外包装发展动向；提出有关政策和研究项目指标；设立统一归口商品包装测验室，检查监督商品包装质量。

4. 为促进包装事业的发展，调动包装科技工作人员的积极性，建议设立全市包装改进奖励基金会，可向社会各界等多渠道筹集资金；用于奖励包装设计、包装新产品开发、包装改进、包装管理等方面作出贡献的人员。每年评一次，使人人宣传包装、关心包装、重视包装，为包装事业的发展共同努力。

上海市包装行业"九五"计划商品包装"九五"发展规划

随着社会主义商品经济的发展，上海包装工业得到迅速发展，包装新材料、新设备、新工艺、新技术的广泛应用；尤其是各个系统、各生产企业，以及广大包装工作人员增进了包装工作重要性的意识，提高了开发包装新产品、新设计的积极性、创造性，使上海工业产品的包装面貌，发生了明显的较大的变化。

一、销售包装方面

1. 当前上海销售包装的现状

近年来，销售包装对工业产品的宣传产品、保护产品、促进销售和增加附加值的作用，对发展上海工业经济、扩大出口贸易，在丰富商品市场和提高、满足人民生活需要方面，得到了尽情发挥，为扩大上海产品的市场占有率，立下了汗马功劳。

如一度被外地占领的上海饼干市场，现已恢复了"以我为主"的局面，商店反应：上海饼干不论风味与包装，都已超过了外地，在包装装潢设计的华东地区评比中，上海获得了大奖 7 项、优秀奖 14 项、设计奖 30 项、创作奖 4 项的榜首地位。第二届亚洲包装设计展示交流期间，日本包装设计权威金子修也先生曾私下对台湾代表团团长表示对大陆包装设计作品进步快速，非常惊讶。从实际情况看，上海是个开放型港口城市，在琳琅满目、五光十色的销售市场中，尽管存在着不少包装讲究、档次高的国外产品，但从总体上看，上海产品在市场中仍占有"半壁江山"，上海产品仍占着主导地位，其美好形象的形成，在很大程度上，"包装"是功不可没的。

2. 存在问题与差距

近些年来，尽管上海包装工业取得了较大发展，但与国际先进水平相比，仍有很大差距，与上海这个工业、科技高度发展的城市也不相称，主要问题与差距为：

(1)一此产品包装缺乏个性与特色；

(2)有些产品包装的标贴陈旧，印刷粗糙；

(3)仍有大量产品未应用或未正确使用条形编码；

(4)商品包装尚不能适应家庭结构小型化和消费观念、购买行为变化；

(5)销售包装的选材和制作工艺还显得落后；

(6)出口商品包装的改革、提高积极性，与前些年相比有所下降，如不加以注意促进，最终将会影响出口事业的发展。

3. "九五"期间发展目标与措施

(1)配合"名牌产品战略"，开展创新名牌包装。

实施名牌战略，发挥名牌效应，是今后市场竞争中的明显特点和有效手段。给名牌产品匹配优良包装，创造名牌需要它，发展名牌也需要它，既要搞好单个名牌产品包装，又要为名牌产品搞系列化包装，为相关的名牌产品搞组合包装。在搞企业形象 CI 设计中，要重视有包装结构形态及商标图案，在巩固名牌效应过程中，还要重视名牌产品包装的更新或再创造。

(2)适应"超市"发展，改进包装形式

当前上海和全国一样，自选商场和超级市场发展迅速，据不完全统计，上海自选和超市已达500家，今后如按每万居民配备2000平方米安排网点，到2000年将有超市千余家。超市的产品包装具有特殊的挑战性；为此，要求产品销售包装设计要简明、突出，能有效地发挥自我宣传作用。重视推广应用商品条形编码。单位包装定量要小，并有意识地搞一些不同数量和成组销售包装，更好地发挥包装的助销作用。

(3)结合开拓国外市场，重视改进出口包装

"九五"期间，上海对外贸易将有更大发展，为此，出口商品包装主要为扩大的新产品配备新包装，为传统的出口商品更新包装。经过提高产品和包装质量，逐步减少或消除"客供包装"，为拓展出口商品海外市场发挥包装的重要作用。

二、在运输包装方面

运输包装，经过发动全国包装大检查和广泛组织包装改进，近年来由于包装不善而造成的商品损失已明显减少，因而改进运输包装的呼声和意识已渐趋淡薄。随着瓦楞纸箱等生产许可证的审发和施行，使运输包装质量矛盾取得了根本性缓和效果，但运输包装和改进潜力依然很大，要做的工作仍很多。如畜产进出口公司，以纸代木，平均每年包装降低成本5%；兰生公司销往中东的胶鞋纸箱，改进纸箱用料配比后，每月需纸箱万只则每月节约万元等等，就是证明。

三、"九五"发展目标与措施

1. 抓住生产许可的监督施行环节，取得运输包装的质量保证。

2. 继续推行粮油小包装、禽肉小包装等，方便运输、方便销售，增加销售附加值。

3. 选择水果、水产等时鲜商品，推行气调保鲜包装和贮运保鲜一条龙试点。

4. 研究改进缓冲包装新形式和新材料的开发运用，在减少聚苯乙烯泡沫致成环境污染的环节上开辟新途径。

5. 在运输包装的设计制作上，一定要坚持：根据不同产品特点，合理用料，使之结构科学、牢固安全，以减少破损、节约费用。继续在防窃、防震、防潮、防漏、防霉、防锈、防破损等方面下功夫，有效地保护商品。

上海市包装行业"九五"计划包装机械"九五"发展规划

从世界范围看，包装和食品机械国际市场年销售额500亿美元左右，另据有关方面预计到2000年，仅全国菜蓝子工程在需要包装和食品机械1000亿元以上。看来市场潜力很大，也是一个需要大力加强的生产点。

一、当前上海包装机械行业的现状

随着包装工业和食品工业的发展，对包装机械行业的崛起，起到极大的促进作用。在近几年中，由于瓦楞纸箱审发生产许可证，普遍增添了设备，以及包装机械出口也有明显增加，故包装机械增长幅度高达30%以上。

上海现有包装机械企业200家，主要产品有：包装计量机械、充填机械、封口机械、贴标机械、糖果裹包机械、捆扎机械、塑料容器制造机械、容器清洗机械。包装装潢印刷机械等。1994年包装机械产量达56355台(套)，产值为13.5亿元，较上年增20%。

二、存在问题与差距

上海包装机械行业是个新生的年轻的行业，还经不起经济宏观调控和市场剧烈竞争的考验，行业发展极不平衡，部分产品仍存在低水平的重复，行业产品的技术水平，由于缺乏对机械基础技术的研究，相应的试验设备和测试手段不完善，所以产品技术经济指标不高，有的生产方法尚处于劳动密集型和在加工方法上、工艺手段上、零部件加工精度上和生产效率上，与国外先进的专业化流水线生产相比，有着一定的差距；存在着产品质量不稳定，品种发展不平

衡等状况。

三、"九五"期间发展目标与措施

1. 促进和鼓励联合，结合生产结构调整，组织跨地区、跨部门的企业集团，形成以大企业、大公司、大集团为主体的开发、生产、销售、服务体系，带动行业更好地发展。

2. 依靠科技进步，扩大机械规格、品种，提高产品档次质量。逐步扩大微机应用范围，研究生产一批集机、光、生、化、波为一体的高技术产品；不断向世界性的高科技、高智能、高竞争力的方向发展。

3. 抓住时机、创造条件，吸收外商直接投资。通过吸收外资，引进资金、技术和管理，特别要重视支持国外著名公司的大合资项目和具有滚动转让技术的合资项目。

4. 在已有国外市场和已在国外建立"桥头堡"联络点的基础上，主动出去，以较高技术水平的产品，扩大包装机械出口，提高上海包装机械在国外市场的占有率。

5. 加强现有生产设备的技术改进改造的同时，重视研制与新材料、新工艺相适应的机械设备和各种塑料包装的成型设备。

在"九五"期间以每年递增15%计算，到2000年上海包装机械总产量将为8万台(套)，产值将达到31亿元以上。

四、"九五"期间分大类发展重点

1. 瓦楞纸箱生产线

现状是速度、门幅和机电一体化程度与世界先进国家有一定差距。全国申请许可证企业六千家，具有机械化程序规范生产的只有455家，共拥有生产500多条，估算满足不了行业更新、发展和市场需要。"九五"期间应以重点发展宽幅多层重型和E型细瓦楞纸板生产线机械为基础，开发多种型式的纸袋、纸杯和纸盒的包装设备。

2. 袋(盒)成型充填封口包装设备

随着人民生活水平提高和商品经济的发展，商品流通走向市场商品包装化，促使销售包装机械需求猛增。九五"期间应重点发展一机多能的粉状、块状、液状、酱状和颗粒状的制袋(盒)、充填、封口、打印的包装设备。

3. 保鲜包装设备

当前真空包装机已发展有盒式、台式、箱式、外抽式、双工作室和回转型自动连续式系列规格产品；而气调包装机在国际上已非常流行，是我国保鲜包装设备的发展方向。为此"九五"期间应以发展真空包装机为基础，逐步发展气调果蔬食品保鲜技术和装备。

4. 捆扎包装设备

为改变商品包装不善减少损失，在重视发展商品运输过程中的捆扎、裹缠、封箱包装设备。"九五"期间"要发展小型台式捆扎机和全自动捆扎裹缠和封箱机械"。

5. 啤酒、饮料灌装成套设备

随着人民生活的提高和消费结构变化，近年来啤酒、饮料需求量大大增加；为此"九五"期间应重点发展大中型的瓶、罐、盒啤酒、饮料机电一体化灌装成套设备。

6. 塑料中空容器成型设备

塑料容器正在逐步取代玻璃瓶罐而成为食品饮料、建筑材料等行业的主要包装容器。为此，"九五"期间要以发展农用塑料薄膜的挤出吹膜机组为基础，大力发展以塑代钢为包装行业服务的双螺杆挤出机；同时要重点发展各种系列规格，特别是大容量塑料中空成型机械。

7. 包装装潢印刷设备

随着商品经济的发展和外贸发展的需要，商品高竞争率推动了包装装潢印刷行业的发展。"九五"期间应重点发展以提高商品包装装潢水平和产品附加值的苯胶、丝网、不干胶和多色凹型轮转印刷机，并同步发展制盒、模切、烫印、装潢印刷联动机。

8. 糕饼包装设备

当前中高档饼干的和特色糕点越来越受到欢迎，然而大多数糕点生产企业生产手段落后，为此，"九五"期间应重点发展中高档饼、冰淇淋、花色异形巧克力的整理包装设备为基础，适当发展大宗的方便食品，老年和幼儿的功能和传统等多种食品包装机械。

9. 日化行业包装设备

据市场预测，日化行业香皂、牙膏和电池等产品到“九五”末需求量要增加一倍，所以发展日化产品包装机械前景广阔。发展重点为：高效低能耗成型包装生产线，异型瓶高档化妆品灌装封口设备。

10. 医药包装设备

新技术、新材料、新设备、新产品在使我国药品不断发展提高，缩短了与世界先进水平的差距。“九五”期间应重点开发研制灌装、封口、密封、喷墨印字药品包装联动机和全自动各种金属、塑料、玻璃、橡胶等药用包装材料容器的生产机械。

上海市包装行业“九五”计划纸制包装容器发展规划

在整个包装工业体系中，纸制包装容器的生产继续在发展，技术水平也进一步有所提高。由于纸制包装容器具有原料较充足、价格较低廉、折叠性优异，并有一定弹性、卫生、无毒和良好的印刷性能，且可以回收、复制和复用，特别是在重视、开展避免环境污染的世界总趋势下，在塑料、木材、金属、玻璃等包装材料的长期竞争中，尤其占有得天独厚的优势，保持领先地位。据不完全统计，纸制运输包装的箱、桶和纸制的销售包装盒、罐等约占包装工业总数的40%以上。

一、上海纸制包装容器的现状

上海纸制容器行业近些年来已在产量、设备、技术进步和包装改革上，都发生了重大发展与变化。全市拥有大小纸箱厂近400家。由于国家改革开放和经济发展产量从80年代产1.5亿平方米发展到目前为止，已高达4亿多平方米以上。现上海共拥有瓦楞纸板生产线31条，95年将新增6条，瓦楞纸板单面机75台，95年将新增5台，但集体、乡镇企业占很大比重(工厂数占90%以上，产量约占80%)，其设备较为落后，质量参差甚大。

近二年中，由于审发瓦楞纸箱生产许可证，大多数厂在不同程度上投入了一批技改资金，增加生产线、单面机，以及各种检测设备，现有57家拥有纸箱、原纸物理性能检测室，质量管理有所加强，质量水平普遍有所提高。

上海纸制包装行业，据不完全统计，九四年产量为32.5万吨，另纸板、箱板纸11.6万吨；产值共11.1亿元；较上年约增长6%。

二、存在问题与差距

当前上海纸制容器行业由于缺乏宏观控制管理，纸箱企业仍有所发展，因而长期呈供大于求的状况，竞争激烈，部分先进设备的利用率不高，有的利用率只有30～50%，同时，不少单机生产的纸箱，仍存在着质量问题，而且有很多采用质次纸张和降低用纸克重，偷工减料，进行压价竞争，造成危害。

纸箱行业由于原纸和辅料等多次上涨，经常处于微利或个别出现亏损状况，虽然上海市包协价格工作组的协调，一般纸箱企业利润率在5%以下，超过5%的仅占企业数的10%左右。

三、“九五”期间发展目标与措施

“九五”期间纸制容器产品，以每年递增5%计算，到2000年产量可达4.35万吨；产值将达16～18亿元。

“九五”期间，主要应在结构调整和协调管理方面采取积极有效措施，以促其正常生产和健康发展。

1. 在“八五”期间试行的生产线大厂向单机小厂提供高质量纸板，由小厂进行后工序纸箱成型的基础上，由行业协会组织推动，扩大试行范围，促成划片合作，并制订合理供应办法、价格，从而提高行业总体质量水平。

2. 加强对获证企业在有效期内的监督管理工作，理顺检测、管理的关系和分工，以保证执证生产，逐步限制和淘汰20%无证纸箱企业的生产，维护用户利益，做好产品配套服务工作。

3. 加大现有纸箱工业的技术改造力度，与有关部门配合限制低档次生产企业上马，同时，对现有设备进行改造，以提高其性能，规格和效率。

4. 开发高档次彩印纸箱、纸与铝、塑等复合纸箱、筒的生产，以满足日益繁荣的商品市场发展需要。

5. 坚持瓦楞纸箱价格协调工作，使行业利润保持在不低于5%界限内，结合质量管理，制订行规行约，使协调和管理工作能科学、合理和走向制度化、规范化。

上海市包装行业“九五”计划塑料包装制品发展规划

随着商品经济和整个塑料工业的发展，塑料包装工业有了迅速和巨大的发展。在现有包装材料中，成为使用量仅次于纸制包装的重要包装材料，约占包装材料总量的三分之一。

从全国塑料包装材料发展情况看，1957年为1000吨，1985年即达到55万吨，1990年增到90万号，预计1995年可达150万吨，到2000年可达到200万吨以上。

一、塑料包装制品现状

目前，塑料包装制品主要有：塑料薄膜及复合材料，塑料包装片材，塑料筒、桶、瓶、罐、袋等塑料容器，以及泡沫塑料、捆扎绳、打包带等，塑料包装约占整个塑料工业总产值的30%左右。94年总产量5.3万吨，总产值11.55亿元，较上年递增6%。

近年来，虽受国外为防止环境污染而限制部分塑料材料使用影响，但由于塑料已装材料本身，存在着许多其它材料所不能比拟的优点，同时，塑料品种又在不断更新开发，故塑料用量仍无明显缩减的势头，而在稳步发展。由此，“九五”期间应致力于开发新品和科学合理地进行复合应用工作。

二、存在问题与差距

当前存在的主要问题是新品种发展缓慢，部分品种仍须由国外进口或外地调入加以补充填补。同时部分生产单位设备简陋，生产效率低、质量差、任务不足、竞争激烈、经营艰难。

塑料包装材料的废弃物回收、利用问题，在国际上已成为当今热门话题，而且舆论、政策和技术措施三管齐下，相比之下，作为国际城市的上海，对此尚无相应有力举借付诸实施。

三、“九五”发展目标与措施

1. 在塑料薄膜方面：

在正常生产发展BOPP、PET、CPP、PE、EVA等单膜及其复合膜同时，重视开发BOPVA、BOPA，以及扩大BOPP、BOPET薄膜生产，以适应烧烤、盐腌、粮食、海产品等食品包装广泛需要。

同时重视开发防锈、防放射线、抗静电等其它功能性薄膜。

在光分解及生物分解薄膜的研制生产方面，应在“九五”期间加速其工业化进程，并取得突破性进展。

2. 在塑料片材方面

在发展OPS等新型片材及各种复合片材如以PA、EVOH为阻隔层的多层共挤片材。同时，重视开发PET片材，以适应糖果、糕饼等高中档食品包装需要，以及医药品、化妆品等高档包装需要。

根据国家医药管理局规定，97年将淘汰PVC硬片水泡眼包装，现已着手从美国引进PET硬片生产线取代之，预计95年将可投产。

3. 从塑料容器方面

发展以PET、PP为代表的耐高温塑料容器，以适应微波炉及高温充填食品等需要。

发展以尼龙、EVOH等为阻隔层的多层中空容器。

4. 在药品包装方面，已从美国引进硬胶囊壳生产线8条，“九五”期间将全部投入生产。

强生、华英等药用包装材料厂将引进先进塑料瓶生产。

上海海昌塑胶厂和上玻厂将开发5种塑料异型瓶和PET高档次透明塑料瓶。

5. 在开拓新型塑料包装材料、容器中，应重视扩大品种、填补空白,满足日益发展的日用工业品、出口商品包装需要。开发生产中,注意少添设备,或改装等措施,充分利用原有设备和技术优势,进行低成本、高效率发展。

6. 由于绝大多数塑料包装材料不属于分解型和水溶型材料,易于造成所谓"白色污染",为此重视回收利用是重要途径。

"九五"期间在生产环节上开拓新型产品,限制易污染老化产品的生产和利用并研究;在销售和使用环节上,加强管理,鼓励回收,同时通过行政规定与政策优惠加以支持推动。

上海市包装行业"九五"计划金属包装容器发展规划

金属包装容器是包装行业中的一个重要门类。不仅适用于运输包装,而且在销售包装方面的用途越来越广泛。主要为食品罐头、饮料、日用化工、油脂、医药等工业配套服务。

据全国统计资料表明,金属包装容器在整个包装工业产量中约占6%。

金属包装容器品种类别很多,目前主要有钢桶、罐头容器、铝制易拉罐、马口铁易拉罐、喷雾罐,以及其它各类金属罐和各类瓶盖等。

一、当前金属包装容器现状

金属包装容器所用原材料主要为:镀锡薄钢板(马口铁)、铝及铝合金板等。如其中马口铁全年用量在10万吨以上,但90%依靠进口,因价格节节上涨,生产受到制约。现有印铁涂料厂12家,约30条印铁涂料生产线,年产印铁涂料马口铁约8万吨。食品空罐生产,除几家罐头厂引进的二条电阻焊连续生产线和为数不多的国产电阻焊生产线外,随着饮料工业和粥类罐头的发展,又形成一批生产易拉罐饮料和全开盖粥类罐头的空罐生产厂家。使上海各类罐头食品及饮料三片马口铁空罐达到年产8亿套的生产能力二片易开盖铝质空罐已打破了依赖进口或从广东购买的局面。梅林集团94年引进美国设备年产空罐5亿套,易拉罐6.5亿只。松江台资企业正筹建铲6亿套二片易拉罐生产线,将于96年投产。气雾空罐除原有日化制罐厂少量生产外,申威气雾剂公司引进二条电阻焊气雾罐生产线及一条制盖和气雾阀门生产设备,年生产能力为4000万只铝气雾空罐和4000万只马口铁电阻焊气雾空罐。

化工油脂大桶采用内外喷涂料防止腐蚀、密封填料及二重卷边封口等技术,提高了产量和质量,年产约120万只。

上海金属容器据不完全统计,94年产量约4.2万吨,年产值约4亿余元(部分新投产的企业和产品未统计在内)。

二、存在问题与差距

近年以来,金属包装容器行业,在纸制和塑料以及纸塑复合等软包装冲击下,发展缓慢,少数印铁制罐企业由于生产单一,缺少创新品种开拓市场,出现不景气状况。同时市场盛行的铝制二片罐原受到发展控制,大部分依赖外地供应,目前上海虽上马较晚,但供需等矛盾已可解决,问题是:上海和全国仍在发展,如不严加控制,似属堪忧。

三、"九五"发展目标与措施

随着我国市场经济的进一步发展,人民生活水平的进一步提高,食品工业和各类罐头食品、软饮料和果汁饮料、啤酒等的产量日益上升,加上日用化妆品、日用洗涤剂及杀虫剂等日化产品的普及,必将促进金属包装容器行业的进一步发展。

"九五"期间,金属包装容器将以每年4%的速度递增,到2000年产量将达到5万吨以上,产值将达到5.4亿元。

金属包装容器各大类发展目标如下:

1. 合金铝质易拉二片罐

目前全国共有15家生产厂,总产量超过30亿套,上海现有二座年产6亿套生产线,其中一条现已投产,另一条正在松江筹建中。预计"九五"期间还将有1~2条年产6亿只高速生产线在筹划,但除沿海地区及大城市外,二片罐仍属超前消费，且二片罐铝材需化费外汇进口，为此建议在"九五"期间应控制发展速度。

2. 食品罐头密封罐

"九五"期末总产量可达10亿套，较"八五"期末增加20～25%。主要应在技术工艺和装备等方面加以改进。

(1)三片马口铁罐头密封罐，应以电阻焊接工艺代替传统的锡焊，替代率应达到85～90%以上。

(2)罐身焊接工艺，少量应用激光焊接工艺。

(3)引进生产线发展二片马口铁冲压罐，代替传统的平圆马口铁三片罐，生产肉类或鱼类等特色罐头食品。

(4)发展全开易拉罐盖，进一步方便开罐，扩展市场需求。

(5)发展印铁罐，以美化商品，提高档次，防止生锈，延长货架寿命。

3. 气雾罐

现产量约4000多万罐，至"九五"期末铝和马口铁气雾罐总产量将分别达到8000万～1亿罐，将进一步满足各类产品对气雾罐的需求。

4. 化工大桶

"九五"期末产量约为120～150万套，拟进一步提高自动化程度，发展油漆罐头空罐的生产。

5. 印铁涂料

"九五"期间除原有一批小型印铁涂料厂生产外，引进日本二套全电脑控制带上光机的双色印铁生产线将全面投产，使我国的印铁质量大幅度提高，同时竞争必将激烈，部分小厂被淘汰，上海印铁涂料年生产马口铁将达到15～20万吨。

上海市包装行业"九五"计划玻璃包装容器发展规划

玻璃包装容器具有极高的稳定性，不易污染商品，而且透明性强等优点。广泛应用于饮料、食品、化工、化学试剂、药品等方面的包装。在轻工系统与多种工业产品配套。在全国包装工业总产值中占12%以上，是一个与人民生活息息相关的行业。

一、玻璃包装容器行业的现状

上海包装行业中玻璃容器专业，分布在轻工、化工、医药等各个系统和市郊乡镇。为了减少城市污染和调整生产布局，作为大宗产品的啤酒瓶、饮料用瓶等，基本上合并由一家合资企业(活联玻璃制品有限公司)采用较先进设备专厂生产：上海玻璃瓶三厂除生产出口古巴的盐水瓶外，还生产各类酒瓶、化妆品瓶、食品瓶等。用量较多的医药用瓶也集中由上海玻璃厂、上海玻璃三厂和大明玻璃厂等专厂生产，除生产盐水瓶、药瓶等各种瓶罐外，还生产大量的安瓿瓶，为医药行业配套。经调整兼并后，仍有为数众多的乡镇小厂，其缺点是：生产手段多数为坩锅炉生产或半自动、人工生产设备，规模不大、质量不够稳定，但具有少批量、多品种和安排灵活的特点，适应了一部分用户需要。

由于近年来原材料和燃料等价格上涨，玻璃容器行业不甚景气，预计九四年(不完全统计)产量15.1万吨，产值为2.8亿元，较上年增长4%。

二、存在问题与差距

近年来，上海玻璃包装容器生产企业，结构调整变动较大，大宗啤酒、饮料用瓶并入活联玻璃制品有限公司专业生产后，医药用瓶也基本上有专业厂生产，故部分日用化妆和食品瓶罐等，由于批量较少，品种规格较多，大多转向郊县和外地生产；有些设备、质量不够理想，成本、能耗较高，在适应工业产品包装更新换代需要方面，不无一定影响。

三、"九五"期间发展目标与措施

"九五"期间要加快引进技术设备的消化吸收与国产化工作的尽快推广，使玻璃包装容器产品，从数量主导型过渡到质量、品种、出口、效益主导型新的发展阶段。

"九五"期间,上海玻璃包装容器的发展以每年平均递增4%计算,到2000年,产量将达到19万吨,产值将达到3.4亿元以上。

在啤酒、饮料瓶方面:

1. 逐步实现"一次性"啤酒瓶,估计年需要量为4亿只。目前活联厂生产能力仅2.6亿只,为此自96年起要逐步增加生产线(二条)以满足更换需要。

随着一次性瓶使用扩大,加工回收一次工作和政府法规都应予以相应进行配套。

2. 加快啤酒瓶、白酒瓶等轻量化工作。如啤酒瓶在保证质量前提下,使重量从现在490克降达到480克或再轻些。

3. 推广应用微机控制自动检验与托盘热收缩自动包装,或捆扎包装,在"九五"期间,完全淘汰麻袋和草绳包装,减少损耗。

在医药瓶罐包装方面:

1. 上海玻璃厂将引进西班牙年产12亿只丁基橡胶塞生产线,淘汰天然橡胶塞和手工硬胶壳。

2. 安瓿瓶玻璃管采用国家最新标准组织生产,采用精切、圆口、封口新工艺和全封闭热塑包装。

3. 开发"安瓿烧结印字",满足医药高档次商品及出口外商需要。

4. 逐步推广,使抗生素等药品都应用铝塑易拉盖。

上海市包装行业"九五"计划包装印刷发展规划

随着我国轻纺、医药、食品等工业的发展,包装印刷已逐步发展成为一个独立的行业,并成为包装工业的重要组成部分,全国包装印刷企业约有2400家,产值110.9亿元,占整个包装工业总产值的17%以上。

一、上海包装印刷行业的现状

在上海大小印刷专业企业不下2000余家,但包装印刷仅大包装装潢公司所属的几家大厂,其产量即占到70%,起着举足轻重的先导作用。

近十年来,上海包装印刷行业引进了一批具有国际先进水平的电子分色制版系统、整页电脑拼版系统、高速多色印刷系统、纸凹印生产线、自动模切制盒联动机等设备,并消化吸收和自制了一些印刷机械设备,形成了一个集设计、制版、烫金、模切全面配套,过去制版长达二周,现在三天即可成;设计、印刷总体水平都有很大提高。

据不完全统计,94年上海包装印刷产量为69.5亿印,产值为11.6亿元,较上年增加6%。

二、存在问题与差距

但由于"七五"、"八五"以后期间,全国各地都先后引进了不少先进印刷设备,且印刷行业中的中小型企业众多,外资企业也在增加,竞争十分激烈;同时,欲要与国际接轨,挤进国外市场,尚有一定差距和难度。主要是:国外包装印刷设备不断更新,电脑、激光技术逐步推广应用,印刷质量效率又见提高。上海早在"六五"、"七五"期间引进的技术设备,时间也显得悠久,将面临着"第二次改造"。

三、"九五"期间 发展目标与措施

"九五"期间发展目标与措施

上海包装印刷在"九五"期间,应立足国内,力争保持设备技术和技工素质优势地位,以保持以高质量产品领先包装印刷领域的雄心和力量。同时力争补充添置先进设备技术,追逐国际先进水平,开拓国际包装印刷市场。

"九五"期间,上海包装印刷产量按年平均5%递增估算产量将达15.4亿印,产值将达到15亿元。

1. 在现有8条纸凹印生产线基础上,有控制地加以发展,以适应市场发展需要,并注意投入产出效果。

2. 在"九五"期间,适当发展苯胺印刷、胶印轮转机,重视发展制版电脑化和激光等设备技术,以提高产品质量水平。

3. 在生产和发展高质量包装印刷产品的同时，重视发展防伪、全息印刷技术，以适应打假、防伪，维护产品健康发展和生产企业的合法权益。

4. 加强包装印刷的科研和质量管理工作。在重点骨干企业中，建立相当于科技研究的组织机构，及时提出生产和技术改进提高的课题和建议，并在质量和经营管理上，逐步跟上现代化和国际接轨的步伐。

5. 与上海有关大专院校和包装科研单位结合，进行各种层次、正规教育或专题培训，不断提高工人技术素质，补充后备技术力量，充分发挥先进设备的有效操作与应用。

上海市包装行业“九五”计划木制包装容器发展规划

木制包装是我国产品的传统包装形式。因其具有加工简单、价格低廉、能负重、抗压强特点，被广泛使用于轻工、五金、化工、电子、仪表、食品和大型机电设备等方面。由于近年来纸制、塑料等包装的大替代，木制包装渐见减少，但无法被全部替代。

一、木制包装容器行业的现状

木制包装容器有板箱、托盘、胶合板箱和木桶等大类。随着木材资源的放开搞活，木包装生产也逐步打破了按系统计划生产的垄断性渠道，很快形成一个开放式的市场竞争新格局。由于板箱生产投资小、技术含量低，引发出一处盲目办厂的热潮。据不完全调查全市板箱企业达350多家，使生产供过于求，竞争十分激烈。

据统计行业会员单位的生产设备齐全，拥有各种据木设备107台，拼版车184台，钉坯机62台，机动铲车39辆，都具有规模生产条件。

生产出口木制品包装的技术要求较高，经国家商检局认可发证生产的企业有38家，据统计其中行业会员单位32家。

据不完全统计94年共生产供应各种木制包装容器折合木材12.69万立方米，产值约1.95亿元，其中出口箱为4.36万立方米。

二、存在问题与差距

当前，由于木制包装容器生产的盲目发展，使一些缺乏竞争能力的小厂自生自灭，但供大于求的矛盾远未彻底解决，除少数单位能维持正常生产外，绝大多数企业处于停工或间断生产的不景气状态。

木材价格的不断上涨，使木包装容器原料成本已达到销售价格的85%以上，加上其它费用增加，经营获利甚少，有者出现亏损，影响企业生产经营。同时行业中应收帐款为数庞大，预计行业会员单位应收帐款高达4000万元。

三、“九五”期间发展目标与措施

“九五”期间是我国国民经济进入距世纪发展规划的新时期，总需求的扩大将使各类物资和产品的生产，将出现一个较为旺盛的势头。为此，木制品包装容器行业应抓住机遇，开拓创新，提高质量，降低成本，加强服务。

以94年供应总量为发展基数，规划要求达到前三年的增长速度为5%，后三年为7%，到“九五”期末达到17.93万立方米，产值约达2.5亿元。

由于木材是国家的短线自然资源，随着国民经济的发展，将会越来越紧，同时木材价格不断上涨、木制容器价格将会被追上升，必会使一些难以承受的用户转而采用纸制、塑料包装容器包装。故“九五”规划目标的实现任重而道远，必须共同发扬优势，克服劣势，锐意进取，才能达到在新的历史时期中，夺取艰难的发展。

加强协作交流　共图行业发展
上海包协 96 年工作成绩喜人

缪惟民　俞建华

上海市包装技术协会面向市场经济，抓住行业管理和努力为会员服务的两个重点，一年来在市经委和市科协的领导下，经过全体理事的共同努力，完成了七件大事：顺利完成四届理事会的换届改选工作，并修改协会章程，协助市商委组织上海超市商品包装进行调研，提出起市存在问题及对策，进行行业间的价格协调工作和质量监督工作，举办国内外各种展览会；开展国内外包装专业学术交流活动；评选上海市优秀包装新产品；举办 **CAD** 电脑辅助设计培训班。取得了累累成果，同时不断加强协会自我建设和增强经济实力，充分发挥专业委员会的基础作用，使协会在社会上取得了良好的社会效益。

一、加强协会的行业管理，维护企业和消费者利益

1.96 年协会组织评选了上海地区各系统的商品销售包装，评出了 95 年度上海市优秀包装装潢 31 项。由来自各系统代表，高级设计师和来自大专院校的教授学者组成的评选组，对 200 余件作品进行充分酝酿、评议、初选、复选，最后评出二等奖 7 件，三等奖 24 件。

2. 九六年由于瓦楞纸、仿牛卡、箱板纸、茶版纸等价格保持稳定，而进口牛皮卡、国产 **A**、**B** 级箱板纸价格有较大幅度降价，根据市物价局、外贸公司的意见以及行业内部实际降价情况，上海包协价格工作组在听取有关企业的意见，根据公平、合理、公正的原则，一致通过九六年九月十五日起调低部分出口纸箱和内销高中档低箱价格，幅度在 6%～7%，受到用户和外贸公司的支持和好评。

3. 在开展价格工作的同时，对质量监督工作实行同步，促使产品质量有了较大提高。纸容器委员会加强技术改造的引导工作，企业加强设备改造和更新换代，提高了纸箱的质量，并在区县技术监督部门和商检局、市质检的领导下重视产品质量工作，加强抽样检测，监督纸箱行业的产品质量，取得了显著成效。96 年上海地区纸箱行业安装投产瓦楞纸板生产线 14 条，目前上海地区共有瓦楞纸板生产线 57 条，瓦楞单面机 88 台。

4. 木制品行业也引进了美国新型木制加固封口折叠箱，这种系统木制包装箱是传统木制包装箱升级换代产品，由于可以折叠，缩小了运输和储蓄的仓位，降低了生产成本为国家节约了大量木材，受到了有关领导好评。

5. 为维护企业和消费者的合法权益，适应社会主义市场经济的发展，促进会员之间的团结和相互协调，木、纸制品专业委员会制定了《上海木制品包装行业行规行约》、《上海市纸容器包装行业行规行约》。

二、开展行业调查，坚持为政府部门服务

1. 随着商品经济的发展，上海市商委、经委、农委联合开展超市商品的调研工作，上海包协积极派员参加超市商品包装的具体调查工作，经过三个月来，书面征询，开现场座谈，亲自调查，提出了超市存在的八个问题及对策措施，为今后继续提高商品包装质量水平，如何使商品包装适应超市发展需要，提供了依据和方向。

2. 在超市商品调查的基础上，包协还为包装生产厂家、商品生产厂家与超市商品销售进行引线搭桥，及时提供技术、信息，组织必要的专题研究和攻关，使之开拓更多适市的超市新包装，为迅速发展超市作出应有的贡献。

三、开展国内外技术交流，组织行业促销活动

1. 协会组织包装行业参加在美国芝加哥举办的“’96 美国芝加哥包装博览会”，通过参观、交流，使代表们学习了先进技术，交流了信息，同时也了解世界包装发展趋势。组团设计人员还出席了"'96第五届国际装潢设计展"并与世界各国设计师进行题为"设计与商业的趋势展望"的研讨交流和商务洽谈，为我国包装设计界提供走出国门的商业通道。

2．市包协还接待了由市人大领导陪同的法国包装设计专家，组织了上海市包装装潢著名的高级设计人员与这些法国高档化妆品，名酒和葡萄酒包装设计专家进行交流、讨论，受到双方专家的赞扬。

3．协会还先后接待了欧洲**SCA**集团公司，澳大利亚驻沪商务参赞，泰国正大集团塑料公司等代表团，就合作、合资进行多方面的探讨。

4．协会还协助有关单位举办"第二届国际联锁联市商品及技术展览会"、"第五届国际食品和包装机械展览会"。

5．为开拓视野，发挥同行业之间技术交流，纸、木包装专业委员会先后数次组织会员企业赴湖南长沙、河北秦皇岛市、哈尔滨市、江苏南通等地进行学习交流考察。

6．近年来，治理"白色污染"，发展"绿色包装"，成为全社会的热门话题，上海市包协抓住这一热点，开展推广绿色包装交流会，在会上重点解治了"绿色包装材料和制品"，具体有：生物降解聚苯乙烯、生物降解聚乙烯系列产品、纸浆模塑包装材料制品、防露保鲜膜等。

四、加强协会建设，共图行业发展

1．上海包协于去年十月召开了第五届理事会，正式选举了常务理事，正副理事长，正副秘书长，回顾四届理事会七年来工作和今后工作打算，修改了市包协章程，以及市包协第五届理事会各专业委员会、工作委员会机构设置和理事分工、这次新当选的理事，企业代表占53%，中青科技人员5.67%，女性占20%，高级职称者占57%，平均年龄为50岁能充分发挥作用。

2．在新的一年来临之时，协会没有忘记曾经为上海包装业作出贡献的老专家，老领导，他们进行节日慰问，欢聚宴请，并向老一辈包装专家汇报协会情况，并祝他们健康长寿，永保青春！

3．协会还对个人会员进行整顿和重新登记，完成了吐故纳新，在各系统，各专业广泛发展新会员，为壮大包装科技队伍打下基础，增强了企业对协会的凝聚力，向心力。

4．协会与厂合办的包装设计事务所，充分发挥了名人效应，为商品设计改进商品包装。如为"上海开开集团"设计高档的"开开"牌衬衫盒，为中国酿酒厂的"金梅酒瓶盒"设计包装，扩大了上海名牌产品的社会影响，并取得较好的经济效果。

上海市包装技术协会一九九七年工作计划

一九九七年将是中国共产党第十五大召开和香港回归的一年，亦是江泽民总书记年初指出"九七年我国经济改革关键性的一年"。在此大好形势下，上海包装协会对上海包装技术的提高，包装工业的发展，负有在宏观上策划和实践中大力推动的任务和使命。

一、继续加强行业管理工作和提高包装水平

1．协会坚持为政府部门服务，为行业服务为广大会员服务的方向。协会的活动，要面向经济建设，围绕政府部门对工业企业加大改革力度的重点工作。

①在行业价格协调工作的基础上，逐步建立价格监督机制，一九九七年必须根据《上海市价格管理条例》，在政府物价部门的领导和帮助下，建立行业价格监督检查机制，进一步稳定巩固行业价格协调，起草行业价格监督检查具体办法，在行业内试行。九七年拟在包装印刷塑料制品专业中试行价格协调，先从普遍性的产品着手、然后再逐步扩展。

②协会拟在资金回笼上采取必要措施、加快企业资金周转，缓解行业资金回笼的难题，帮

助企业在应收款方面有所突破,先于包装印刷和纸箱进行调查研究,摸清行业间具体应收款和应付款情况,有电脑的企业将调查资料汇编程序后输入电脑存档,从而召开专题研讨,提出解决应收款的具体办法和措施,为企业排忧解难。这一举措,工作难度大,但在行业间加强团结定能有所收获 。

2.继续开展市包装新产品、新设计的评优和华东大奖赛的组织工作。

①坚持做好一年一度的上海市优秀包装新产品、新设计的评优工作,做好九七年华东地区包装设计大赛的组织工作,要把工作抓早、抓紧,力争新品多、水平高、成绩好,为推动上海包装水平的提高和商品市场的繁荣作贡献。

②继续配合超市商品改进包装、开展设计新包装,组织对超市商品包装材料和设备的研究攻关。进行超市商品产、供、销信息协调,促进和推动上海超市的发展。

③组织优秀作品和专业设计人员参加第四届亚洲包装设计展示会于九七年十月在日本大阪召开。

二、在开展国际交流和促销活动方面

1.为发挥上海包装行业的整体优势,展示上海包装行业整体水平,由协会发起上海各包装专业公司作为协办单位,举办国际包装机械设备、技术展览会。本着风险共存,利益共享的原则,藉以加强与国际间的包装同行的联系,促进国内外技术、信息交流,搞大上海窗口优势和扩大影响。

2.为扩大上海包装企业和产品的影响,有选择地积极组团参加国内外包装展览、展销会以促进上海的包装生产之拓展。

三、充实和健全行业协会组织

1.专业委员会必须得到加强、健全,做到任务指标明确,上通下达,达到协会整体工作任务的完成。继年初包装印刷委员会的成立,年内对尚未组织的都应借鉴包装印刷委员会的经验,根据以往办事经验和体会,发挥理事的作用与挂靠单位的支持,是办好专业委员会的关键。

2.协会主要靠协会的各专业委员会开展学术交流活动,行业信息交流,为此,行业管理要靠行业的协会的积极工作者来实现,行业协会的机构运转,人员配备必须究实、提高。

四、加强包装信息和技术培训

1.坚持办好《上海包装》报和季刊,改进版幅、充实内容,扩大宣传报导中的信息量,与纸、木行业信息简报一起,以满足行业中技术信息交流和包装改进提高之需要。

2.在去年办好两期**CAD**计算机包装设计应用培训班的基础上,于年初续办中级班,以不断提高全行业包装设计人员的整体素质与技术水平。

天　　津
TIANJIN

天津市“九五”期间包装工业技术改造思路

一、指导思想

以十四届五中全会《建议》为动力，根据全国包装行业“九五”发展规划的主要精神，按照市政府“用八年左右时间，以改革为动力，把国有大中型企业嫁接、调整、改造一遍”的工作目标。加快包装工业技术改造步伐，加大包装工作力度和深度，调整产品结构，上水平、上档次、上经济规模。以在中型骨干企业为基础，组建集团、建基地、建中心，到本世纪末努力实现包装产业布局合理化，经济效益更上一层楼，使我市包装工业综合能力再上新台阶。

二、“九五”包装工业发展重点

(1)紧紧围绕全国“九五”包装行业技术改造规划，重点抓好“绿色包装、功能性包装材料、关键技术装备”三个专项，不失时机地编制我市包装发展规划，搞好具有可操作的九六年技改计划。大力开发无污染，可回收再利用的纸、塑料、玻璃、金属包装材料及制品；针对产品对包装的特殊要求，在功能性包装材料开发的基础上，向单层和多层复合方向发展，以满足多种包装制品的需要；积极研制光电一体化和自动化控制技术的包装关键技术装备。

(2)完成“天津包装工业基地”项目的建设，该项目已列入“双加”工程计划，它是一个高技术、高档次、大规模、高效益的重大项目，实现投产后，将成为我市包装工业的样板企业。“九五”期间在抓好包装基地建设的同时，逐步组建六个高新技术产品的开发、生产、经营型中心(集团、公司)，即：制版中心，“九五”期间计划投资6000万元，扩大固体感光树脂版材和涤纶软片基版材，使感光树脂版材年产量达到16万平方米，可成为我国最大的平、凹、凸的专业制版中心及防伪制造中心。包装关键技术装备制造中心(公司)，“九五”期间计划投资1.8亿元，开发研制自动化、半自动化控制技术的粮油灌装机械、印刷制袋机械(纸制品)、加碘盐包装机械等市场急需配套的多种机械。包装印刷加工中心(印刷城)，“九五”期间计划投资5700万元，引进柔性版印刷系统与纸凹印包装生产线，提高包装配套档次，逐步建成新机制、高科技、装备先进、管理一流的新型包装印刷加工中心。玻璃容器制造中心；“九五”期间计划投资2986万元，引进国际先进制瓶生产线，开发可着色蒙砂、贴花、印花等高档化妆瓶，要逐步集中技术优势，先进装备，建成开发生产新颖、异型、高档产品的制造中心。金属包装容器中心，“九五”期间计划投资5691万元，采用国际九十年代新技术、新工艺，开发油墨、油漆及各种涂料包装容器，满足出口需要。纸包装制品中心，“九五”期间大力发展出口包装用E型瓦楞彩印纸盒和金属化高档纸盒。

一个基地，六个中心在“九五”期间预计投资13.8亿元，到2000年新增产值24.9亿元，新增利税6.1亿元。“九五”期间“包装工业基地”和“中心”的建成投产运行，我市包装工业体系形成一个新的格局，对提高我市包装工业整体水平起到极其重要的作用。

“九五”包装行业管理，包装工业发展的任

务将会更加繁重。只要我们抓住机遇，真抓实干，我市包装工业必将得到持续、快速、健康发展。让我们团结起来，奋斗一年，再创包装行业辉煌，迎接二十一世纪的到来。

重　庆
CHONGQIN

·重庆包装工业“九五”计划及2010年远景目标纲要

为减少包装行业在今后发展中的盲目、无序、低效等现象并能抓住机遇，加快发展，促进地区经济繁荣，市包装工业管理办公室会同市包协和华西包装集团公司，并征求了有关专家的意见，共同提出了本纲要，以预测和指导重庆包装工业的发展。

一、发展历程、现状及形势

(1)包装工业作为一种新兴的工业门类，是市场经济的产物。中国包装工业也是在改革开放后，大力发展商品经济的条件下，从游离状态组织发展而成一个新兴行业的，而且仅用十五年的时间就走完了发达国家包装工业三、四十年的路径，达到了国际上八十年代初中期的水平，形成了一个现代包装工业体系。重庆是中国包装的发祥地，中国包装技术协会成立的第一次会议在此召开(1980年9月)、中国包装总公司成立后的第一个分公司就是重庆分公司(1982年3月)，重庆市包装技术协会也是在全国地区性协会中成立较早的(1981年3月)。在市政府的远见卓识和关心下，不仅将当时的印刷工业公司及其所属工业上划中国包装总公司作为其分公司而且从各行业、各区县中划出数十个包装企业，成立重庆包装工业公司对包装企业进行归口管理。一九九一年十二月，重庆市人民政府又批准成立了包装工业管理办公室，并将包协、包管办都挂靠在重庆包装工业公司，和中包重庆分公司一道“四位一体”对包装行业进行统筹管理。十几年中，重庆包装工业由于既有中央又有政府的支持，获得了长足的进步，包装工业产值由1980年的1.4亿元(占全市工业总产值的1.8%)上升到1994年的20.9亿元(占全市工业总产值的3.3%)，年递增率为21.2%，高于全国15%的水平。许多省市包装同行都赞叹重庆包装既靠中央，又靠地方，管理体制利于行业的发展，使落后、分散的包装业在重庆迅速建成了一个初具规模的现代包装工业体系，被中国包装总公司列为全国包装六大基地之一(内陆城市唯一的)。随着深化改革，扩大开放的形势，重庆包装工业企业先后兴办了一些合资企业，并在沿海城市开设窗口，还加强了城市间、地区间的经济技术协作，适时进行企业的优化和重组。一九九三年经国家经贸委批准组建了全国包装行业第一家企业集团——华西包装集团。将中国包装总公司重庆分公司及重庆包装工业公司所属的部分企业改造重组后形成的华西包装集团公司是集团的核心企业。据有关统计公布，它在全国一千家大型企业中排名第982位，在全国纸及纸制品企业中排名第13位，在四川省大型企业中排名第59位。目前该集团已有各层次的企业近90家(跨数省、市)，正以“联合起来，各展所长，互补互利，共同发展”的方针求得企业自身的发展并通过不断改进各地的包装，为西部地区的经济发展作贡献。

(2)经过六、七、八这三个五年计划的建设和发展，重庆包装工业已形成集科教工贸为一体的行业体系，计有：

——包装科研单位：专业研究所2家、兼业5家；

——包装专业教学单位：开设包装专业的全日制高校2所、成人高校2所，全日制中专1所、中技校1所，党政干校1所及其他职教培训班若干；

——包装检测单位：专业检测站2所，兼业6所，企业自备检测室若干；

——包装营销单位：材料14家，设备4家，企业自设经营部若干，近年中包总公司和市政府又批建了一家国家级区域性包装物资市场，华西包装集团公司已获外经部批准自营进出口并设立了下属的进口公司；

——包装工业公司：770余家，分布在全市23个系统，其中，生产纸质包装的158家（纸袋45家）、塑料包装的128家、玻璃包装的81家、金属包装的54家，包装装潢印刷230家，包装机械18家，其他包装企业100余家。

包装行业共有从业人员7万余人，专业技术人员3700多名，固定资产原值约22.82亿元。

1994年包装主要产品产量及1995年预计完成情况：

产品类别	1994年产量（万吨）	1995年预计（万吨）
纸质包装制品	15.60	16.50
塑料包装制品	9.37	]9.84
玻璃包装制品	14.43	15.15
金属包装制品	15.82	17.10
包装装潢印刷	27.35(亿印)	30.10(亿印)
包装机械	924(台、套)	1008(台、套)

十五年来，从包装原辅料到制品生产的装备水平都有了很大的提高，一些重点企业的装备已达到了国际上八十年代的水平。如原辅料方面的铝箔、铝板生产线、**PS**版板材生产线；纸质包装方面的幅宽2.5**m**复合（双拱）瓦楞纸板及纸箱生产线（国际先进水平、亚洲第一条）、纸型材、纸桶生产线、彩色细瓦楞纸箱（盒）生产线；塑料包装方面的从数百克到上万克的各类注塑机，彩印复合软包装生产线等；玻璃包装方面的8—10组双滴料制瓶机、曲颈易折安瓿生产线等；金属包装制品方面的铝质三片易拉罐生产线，马口铁三片罐自动线、皇冠盖、撕裂盖、防盗盖、四六旋盖、易开盖生产线及方便桶和多种容积的钢桶生产线等；在包装装潢印刷方面如计算机辅助设计、整页拼版系统、电子分色机及自动制版系统高速多色胶印机，六色凹印机，还有不干胶、曲面、丝网压痕纸记录纸特种印刷设备等；重庆市利用机械加工优势用先进的机加工设备生产了不少包装机械。

重庆包装业不仅从运输包装到销售包装等环节上为各行各业的商品流通进行配套服务（如重庆的摩托车、四川的名酒等），而且还带动和促进着相关工业的发展（如造纸、食品、饮料、调味品等）。目前重庆包装行业正在实施从配套到主导的战略转变。

从总体上看重庆包装既有先进设备技术也有落后装备乃至手工劳作。包装产品良莠不齐，包装市场尚有很大一部分被沿海地区占领。

(3)在这世纪交替，继往开来重要历史时期，世界经济活动的重心向亚太地区转移，中国经济建设的重点向中西部转移，给重庆经济的发展同时也给重庆包装工业的发展带来了空前良好的历史机遇。重庆包装有责任运用十五年来积累起来的较好基础去带动西部地区包装的发展，从而通过包装这一“实现商品价值和使用价值的重要手段”，尤其是能提高商品附加值的特殊作用，把西部地区的资源优势变成商品优势形成财富，继而走上自我积累、自我发展的良性循环的新路，不再走落后地区习惯性的先出卖资源和廉价劳动而后再来发展经济的老路。为此，重庆包装必须产品上规模、技术上水平、产品上档次并以包装为主导去开发产品、开发市场，创造大批具有中国西部特色的名牌商品。简言之，利用包装，开发资源，创造名牌，形成财富，繁荣西部便是重庆包装—西部包装行业的历史性机遇和责任。

在这一重要历史时期，重庆包装也受到严重的挑战，如发达地区资金、产品的逆向流动会增加我们竞争中的困难，包装企业对改革新潮还有诸多的不适应，旧体制的约束余力，企业内部管理不善，包装企业底子薄、块头不大等都是我们要迎战的困难。好在包装业有夹逢中求生存，在困难中求发展的优良传统。

二、指导思想和基本原则

(4)在“九五”期间和21世纪前十年，要遵循社会主义市场经济的基本规律，在党和政府的宏观指导下，以建设具有国际同等水平的现代包装工业体系为着眼点，立足西部，实施集团战略，走高起点、高技术、高效益、规模化、集约化、国际化的发展道路，加快包装工业发展并充分发挥包装促进市场繁荣和促进社会经济发展的重要作用。

(5)总结过去经验，包装工业在今后的发展中，应坚持下述基本原则：

——坚持包装工业为保证社会有效供给和扩大商品出口服务及包装产品要“科学、经济、适用、美观”的原则。防止伪劣包装和过分包装。

——坚持“包装工业大家办、包装工作大家做”和加强行业管理，进行统筹规划的原则，既要发挥各方面办包装的积极性，又要防止分散和低水平的重复。

——坚持发展包装与保护环境的两兼顾的原则。运用现代新技术从包装物设计开始到原辅材料采用、生产、使用、处理等各环节，都必须符合环境保护要求。

——坚持在包装工业发展建设中，实行“两个转变”的原则。即从劳动密集型向资金、技术密集型转变；从配套型包装向主导型包装转变。

——坚持在包装队伍建设中要物质文明和精神文明“两手抓、两手硬”的原则。要激励机制和约束机制并用，防止个人侵吞国有或集体资产去自办包装。

三、发展目标及重点

(6)重庆包装工业在今后十五年中总体发展目标是：

——基本解决重庆支柱产业和高新技术产业所需的运输包装和销售包装。

——满足食品、饮料等工业所需包装的数、质量要求，促进其发展。

——改进农业生产资料和农产品的包装，让现代包装进入农家，使果、蔬、肉、蛋等洁净上市。

——保证重庆及邻近省市的名优土特新商品的包装需求，使其从包装水平上具有市场竞争力。

——和西部有关地区、企业联合“以包装为主导开拓资源，生产中华西部特色商品形成规模经营，以自己的名牌进入国外、国内两个市场”。

(7)主要经济指标：到“九五”末，重庆包装工业产值将达到80.6亿元，为全市工业总产值(2300亿元)的3.5%左右；利税为8亿元；包装主要产品的产量为纸制品24.26万吨，塑料制品14.46万吨，玻璃制品22.27万吨，金属制品23.29万吨，包装装潢印刷40.20亿印，包装机械1388台(套)。在下世纪前十年中，包装工业再以15%的速度递增，考虑物价上涨因素为5%，则包装工业产值将达499.05亿元，届时为全市规划工业总产值10000亿元的5%左右。

(8)科技开发目标：

——开发节能低耗、防污染、高功能等性质的新型包装材料，在“四大基材”中，既进行单种基材的多品种系列化的开发，也进行多种基材复合品种的开发。

——实施“绿色包装工程”用高性能的材料代替传统材料，使包装制品减量化，利用新技术提高包装制品的复用率和再生率，节约资源、减少污染、保护环境。

——包装机械向机电一体化、智能化、自动化控制方向发展，重点放在包装工业中急需而量大面广的成套技术装备上。

“九五”期间，计划开发新产品30个。依靠科技进步增加产值的比重，在2000年达到50%，到2010年达到60%。

(9)人才培养目标：积聚和培养一批懂现代包装工业技术、管理知识、熟悉财税政策制度，能收集处理信息，善用经济法规，擅长国内外贸易、金融业务和能对市场进行预测判断进行包装项目投资决策等方面的人才。制定人才发展的专项规划和计划。作为头等重要工作认真实施，使企业技术人员数由目前占职工总数的6.9%，到2000年达到9.5%；到2010年达到15%。其中高中级人才由目前占专业人员总数的34%，到2000年达到50%，2010年达到65%。

(10)营销系统发展目标：

——为包装行业所需的主要原辅材料的正常供应，建立起环节少、费用低，及时而稳定的供应网络、销售网络，这个网络既能保证包装工业企业所需又能为其降低工业(原料)成本。

——按国家级区域性市场要求，在“九五”期间逐步建设好重庆包装物资市场。

——华西包装集团公司(进出口公司)要加大进出口工作力度；多供包装行业所需进口物资的“一手货”，不供“转手货”，建设一批出口产品基地并积极组织西部地区的名、特产品出口。到2000年，进出口预达2000万美元，2010年进出口额达1亿美元。

(11)分类发展的重点

——包装原辅材料生产中，要扬长避短，尽量利用已有基础，如利用重庆较大的包装用铝板、铝箔优势制造所需的PS版材，结合拥有聚乙烯醇膜优势，研制铝塑复合材料以供软包装用材等；要努力发展重庆包装用纸也要在市外寻求纸张纸板原料基地支持其发展；包装印刷用油墨、上光材料及各种用途的粘合剂、钉箱扁丝等都应利用原有基础大力发展。由于包装原料工业项目所需投资巨大，包装行业不宜去包揽。

——纸包装制品类。由于重庆已拥有较大的瓦楞纸板生产能力，因此，宜重点发展纸箱生产的后工序(印刷、模切、钉箱等)，使生产能力平衡配套并提高产品质量，纸饭盒、纸杯盘宜适量发展，但要保证废弃物的再生利用，以免造成新的白色污染。

——重庆塑料包装生产能力较大，重在发挥设备潜力，在选材方面注意用功能好、易回收利用的塑料。如膜类宜为BOPP、BOPET、BOPS、PVDC、EVOH、PA等，还宜和纸箱结合，生产PE箱中袋。

——玻璃包装要提高瓶罐口的平整光洁度，消除内应力形成的自破现象，降低容重比，多产新颖异型瓶，改麻袋包装为收缩膜托盘包装。

——金属包装制品利于复用和再生金属材料，加之重庆化工、饮料(含啤酒)工业较发达，因此金属包装发展较快，品种较齐，但规模不大、质量不高，发展受原料限制，宜解决原料问题再求大发展。

——包装装潢印刷的发展趋势是平、凹、凸印并举、平分秋色，谁也取代不了谁。重庆的印刷、制版设备也较先进，包装装潢印刷的重点应放在使原稿设计电脑化，推广彩色桌面系统；逐步实现印刷手段多样化、作业自动化、和印刷后工序(烫印、压痕、上光、压光、模切、折叠、装订等)联动化。

——重庆这个老工业城市应充分发挥机械加工能力强的优势，大力发展诸如包装制品生产用机械，直接打包机械、各类灌装机械及印刷业后工序机械等包装。

四、对策、措施和建议

(12)在社会主义市场经济确立并逐步发育完善的新形势下，属于竞争性行业的包装行业，宜采用以下对策：

——实施“双向利用求发展”的战略。即既利用国内的资金、资源、技术和市场也要利用国外的资金、资源、技术和市场，以求包装工业的大发展。不能再坐等国家分盘子投资，而要选好市场广、资源丰、技术精、投资省的项目，多方吸筹资金，生产不同档次的商品，既销国内，也销国外。

——实施“集团战略”。企业集团化也是经济发展的趋势，这对包装行业尤其重要。因此，国家经贸委在《关于同意成立华西包装集团的批复》中说：“希望集团成立后，进一步促进企业组织结构调整，推动生产要素合理流动，实现企业间的优势互补，形成群体优势和综合功能，增强国际市场竞争力”。

——实施“名牌战略”。企业在市场竞争中求生存、求发展一靠产品质优价廉，二靠营销有术，一个大型企业则必须运用具有相当规模的生产和营销共同推出的名牌产品。产品闻名、企业出名。而“名牌”就成了一种无形资产，使企业进入良性循环，不断发展，开创更多的新的名牌产品。

——运用绿色包装开发绿色食物。这是适应当今世界食品生产发展趋势和人们消费心态而和“名牌战略”配套实施一条重要战略对策。西部地区又具有天然资源较丰富的良好条件，利用包装开发诸如饮料、食品、滋补品、药品等食物，必须收到大大增加产品附加值而事半功倍的效果。

——一业为主，多种经营。随着企业的大型化，必须要走专业化协作和综合性生产经营的路子，使企业既有多角支撑又便于进行产品、人员结构的调整。大的集团公司，无一不搞多种经营战略。

(13)在今后的发展中，包装行业宜采取以下重要措施

——大量积聚和培养人才。由于过去包装企业相对的落后和分散，较其他行业更缺乏人才，而今发展较快，更有“纳百川而归大海”的条件，应从行业外大量吸收人才；另一方面，包装现有的职工队伍，也要进一步提高各方面的素质，以适应现代包装企业的需要。人才是竞争之本。

——进一步加强包装行业管理。包装是具有边缘学科性质的跨地区、部门的特殊的大行业，尤其需要加强行业管理工作，要吸收有关专家介入行业管理、指导、服务等工作，解决行业内企业的多种技术经济问题。

——按“建立现代企业制度”的要求建设包装企业。在行业企业中把改革同改组、改造和加强管理结合起来。当前尤其要加强企业内部管理的工作，建立起适应社会主义市场经济体制下的企业内部新机制和新秩序。

——加强信息和对外交流工作。地处内陆的重庆，交通、通讯相对困难落后、信息和对外交流工作尤需加强。要建立信息网络，在包装系统内进行市场、科技、物资等信息的及时传输；要与市外，包括国外同行进行交流，学习他们的管理经验，增长方式，竞争和敬业精神、先进工艺和技术标准等。

(14)对政府和中国包装总公司的几点建议：

——商品经济越发达，包装越发展，而涉及各行各业，各种竞争形式的包装问题，需要法律加以规划和治理，建议政府能出台“商品包装法”或“商品包装管理条例”。

——望市政府在把包装工业纳入全市经济发展规划、计划的基础上，再从政策、投资等方面鼓励和支持包装的发展，尤其是重庆包装对外地的联合协作行为。

——望中国包装总公司在统筹全国包装工业的发展中，更重视重庆这一内陆地区包装基地的作用，着眼西部的发展潜力，帮助西部包装克服暂时困难，在项目布局、投资、利用外资等方面适当倾斜，促进西部包装和经济的发展，缩小和东部的差距。

黑 龙 江

HEILONGJIANG

黑龙江省包装工业在改革中腾飞

黑龙江省包装工业原有一定基础,改革开放以来,包装工业迅速发展,出现了蓬蓬勃勃,蒸蒸日上的喜人局面。仅前年全行业完成工业总产值 25.4 亿元,占全省工业总产值的 1.9%。近年来,全省包装工业总产值年均增长率高出八个百分点。包装工业已成为国民经济的重要支柱产业。

全省包装工业在竞争中不断发展,在改革中稳步前进。在改变经营方式,加强科学管理,搞好技术改造、设备更新,提高包装产品质量的前提下,全省包装工业后劲增强。全省包装工业拥有一批国际先进水平的生产设备和一支素质较高的技术人员队伍,为包装工业的迅速发展打下了坚实基础。全省初步形成了以包装制品,纸张、彩色印刷等生产企业为主,以包装机械、化工、电子等生产企业为辅,包装产品门类齐全,生产手段先进的工业体系,包装行业形成了跨所有制、跨部门、跨地区、跨行业的多元化、全方位生产经营的崭新格局。

全省包装工业依靠科技进步和新技术发展生产。包装企业坚持科学技术是第一生产力,加强科技向经济切入的力度,运用新设备新技术开发产品,取得很好效果。双城包装实验厂为开发新产品,引进了国内塑料气压热成型机的先进设备,开发生产了食品、药品包装,颇受用户喜爱。哈尔滨市太平区团结乡和平纸箱厂于前年 10 月花了 600 万元从台湾引进一条三层瓦楞纸板生产的先进设备,生产质好价廉的纸箱包装材料。

随着企业规模的扩大,生产能力的提高,全省包装工业已在全省经济领域内占据重要位置。其中纸制品包装工业已从原有的几十家企业发展到目前的 199 家,新产值达 4.97 亿元,主要产品有数十种,企业经济效益逐年递增。全国重点制浆造纸企业之一的黑龙江造纸厂的主要产品是精制牛皮纸和工业包装纸,是首届轻工博览会获奖产品,生产效益一年比一年好。

塑料包装制品企业通过深化改革,转换经营机制,促进了塑料包装制品企业,迅速稳步发展。目前,已发展到 117 家,产值达 11 亿元,具备了成型加工的注射、挤出、吹塑、压延,主要产品有各种包装用膜、塑料编织袋、塑料容器(瓶、罐等)、塑料周转箱、吹塑吸塑包装、复合软包装等上百个品种。哈尔滨市大方塑料制品厂生产聚乙烯棚膜、农膜、地膜、白黑塑料袋、塑料桶等多种产品。

包装机械工业借助于省高等院校、科研院所技术人才优势,通过技术引进,消化吸收,开发新产品。目前,企业已有 21 家,产值达 2.2 亿元,开发研制出几十个系列品种,已初步形成包装机械生产基地。哈尔滨科华公司依靠科研院所、大专院校人才优势,挖掘内部技术人员的潜力,学习采用国际机械制造业的先进技术,研制开发生产粮食包装机械,产品投入市场后,深受消费者喜爱，远销十几个省市，效益大增。

包装印刷行业，企业已有80家，产值达2.9亿元。改革开放以来，包装印刷行业已增添了不少电脑整页拼版系统、纸凹印生产线等先进技术设备。哈尔滨理光彩印刷厂引进了国外先进印刷设备，能够搞彩色、胶版、塑料印刷，还能搞激光照排版、彩色设计等。

金属包装容器工业，企业已有27家，产值达1.4亿元。主要产品有闭口钢桶、印铁制罐、金属瓶盖、易拉罐等近百个品种。一些企业已成为外贸出口的定点骨干企业。哈尔滨市金属容器厂是生产各种规格钢桶的专业厂家，也是外贸出口商品金属包装定点生产的骨干企业。他们生产的200升和80升闭口钢桶分别荣获部、省优质产品，200升闭口钢桶还获首届全国博览会银牌奖，产品远销欧美、东南亚、日本等地。

改革开放的不断深入，促进了全省包装行业的转向外向型发展，已有一些中外合资包装企业。他们积极吸引外资，实行嫁接改造，使老企业增添了活力，扩大了生产规模；使新企业提高产品档次，开发增加新品种。牡丹江太平洋制罐有限公司是个中外合资企业，是铝质易开盖两片罐生产企业，引进了国外生产易拉罐的先进设备。

辽　宁
LIAONING

辽宁省包装工业"九五"发展规划及2010年远景发展目标

辽宁省包装技术协会

辽宁包装工业经过改革开放十几年的发展和建设，已基本形成相对独立，具有一定经济技术基础，各种门类比较齐全的新兴工业体系。截止1995年末，共有县以上企业430户，其中大中型企业和重点企业70户，占企业总数的16%。职工11万人，固定资产原值21.4亿元，净值13亿元。实现工业总产值34.1亿元，实现利润1.1亿元，税金1.96亿元。

一、"八五"计划执行情况

(一)主要经济指标完成情况

1. 生产继续保持较高的增长水平，行业总体实力有所增强。1995年全省包装工业总产值比1990年增长54%，年平均递增9%，基本上满足了全省经济发展需要。主要行业包装制品产量也相应增长。1995年纸包装产品产量已达23万吨，比1990年增加3万吨；塑料包装制品产量4.35万吨，增加了0.8万吨；玻璃包装制品16万吨，增加了5.12万吨；金属包装制品5.45万吨，增加了1.2万吨；包装装潢印刷185亿印，增加了30亿印；包装机械6277台(套)，增加了3841台(套)。

2. 企业技术进步步伐加快，完成投资增长较大，行业装备水平有所提高。5年合计实施技术改造项目50余项，完成投资10.8亿元，相当于"六五"、"七五"两个五年计划投资总额的1.8倍。全行业新增生产线21条，主要生产设备300多台(套)，其中部分引进的生产线、生产设备水平达到了国际当代水平。

3. 新产品科研开发取得新成果，产品结构发生新变化。据不完全统计，"八五"全省开发研制的包装新产品有60余种，申请获得国家专利的有3种，部分产品填补了国内和省内空白。如防水纸箱、大型塑料中空容器，高速制袋机，塑料安瓶灌封机，真空包装机，彩色瓦楞纸盒，三缩径马口铁三片罐，4升方筒均已投入批量生产。

4. 外向型经济建设初见成效。截止1995年末，全省包装行业外商投资企业已达34户，5年利用外资2300万美元。大连三井森包装有限公司在建设规模，产品水平方面均居全国同行业首位。

5. 包装改进工作继续取得成绩。"八五"通过改进产品包装，各省累计增收节支2.1亿元，社会效益近2亿元。鞍钢等25个企业荣获全国包装改进先进单位称号。

(二)存在的主要问题

1. 发展缓慢，位次后移，和经济发达省市差距加大。1982年辽宁包装工业产值位居全国第3位，占全国包装工业总产值的9%，目前已经降至第8位，占全国产值的比重为3%；"八五"全国包装工业产值年均递增速度20.3%，我省仅为9%，不足全国平均水平的一半。1995年江苏、广东、浙江、山东、上海等省市包装工产值分别达到170、120、90和60亿元,是我省几倍。

2. 产品结构初级化,销售包装制品发展滞后。受我省工业结构和商品经济不发达影响。大宗包装,易低易耗产品比重过高,具有高附加值的、代表现代包装产品水平的销售包装比重偏低。使得省内销售包装制品市场大部被省外占领,使得省内销售包装制品市场大部被省外占领。每年仅日化行业、化妆品产品省外包装制品流入额即在4000万元以上。一些新兴包装产品、如高档彩印纸盒、高档异型玻璃瓶、喷雾罐,专用包装膜等省内均不能自给。

3. 全行业总体水平低,装备落后,改造任务繁重。行业调查结果显示,在全省县以上430多户包装企业中,技术装备、产品水平达到国内先进水平的仅为10%,有一半以上的企业在总体水平上落后约10年以上,同国际先进水平相差在30年以上。全省现有的500多户纸箱企业,装备瓦楞纸板生产线的仅有16家,其余厂家多处于单机生产或手工操作,劳动强度大,生产效率十分低。要使我省包装行业总体水平有较大的提高,技术改造的任务十分繁重。

4. 经营管理水平低,人员队伍素质差,经营机制不活。我省除少数企业具有一定的经济规模和实力外,绝大多数是县区所属的小企业,基础薄弱,人员队伍素质较低。据调查,在县区以上430户企业中,有近40%的企业工程技术人员占职工总数不足2%,少数企业不到1%。由于规模小,技术力量薄弱,企业不具备新产品开发能力,产品更新换代跟不上市场竞争的要求,多数企业仅能维持简单再生产。又由于受传统观点束缚及影响,许多企业经营管理不活,缺乏竞争意识,市场应变能力较低,缺乏生机与活力。

5. 行业管理先天不足,缺乏必要的宏观调控手段。包装行业的一个特点是涉及的部门多,企业分散在各个行业。包装技术协会作为国家体制改革试点成立的第一个行业协会,在新旧体制交替过程中,如何行使行业管理职能十几年来一直处于摸索阶段,缺乏有效的宏观调控能力和手段。各项规划和计划纳入不进去地区经济发展总体战略,各自为战、盲目发展的现象较为严重。由于投资渠道不畅,规模经济上不去,全行业缺乏专业化生产及协作配套能力,不适应社会化大生产和市场经济的需要。由于行业管理力度上不去,处于无秩序发展,使得包装行业发展受到很大影响,远远落后于国内经济发达省份和地区。

我省包装工业目前比较落后,一定程度上制约了全省经济的协调发展,是一个薄弱环节。省委、省政府十分关注包装工业发展,省长闻世震同志先后做过重要批示。闻省长指出:“九五”要使我省包装工业上一个新台阶,要上一批水平高、规模大的包装材料。包装制品和包装机械,要搞一个可行方案,组织实施,彻底解决包装制品外进的状况,挡住进口,打出省外,使包装成为我省新兴的产业发展起来。要实现我省“九五”包装工业登上新台阶,快速发展起来,关键是要依靠全行业广大干部职工的共同努力,振奋精神,解放思想,转变观念,埋头苦干,努力开拓进取,开创包装工业新局面。

二、包装工业发展思路和奋斗目标

(一)基本思路

辽宁包装工业“九五”发展的总的指导思想是:根据省委、省政府确定的辽宁经济“九五”总体发展战略,认真贯彻落实省八届人大四次会议精神,坚持从辽宁的实际出发,坚持以市场为导向,依靠科技进步,大力调整产品结构。积极扩大利用外资,加速改造包装企业,缩小与国际先进水平的差距。以提高食品、饮料产品包装档次为重点,开发并形成一批在规模、市场、效益有较大优势的支柱产品和企业群体,再造辽宁包装新形象,为辽宁第二次创业服务,在2000年要使包装行业有显著变化,登上一个新台阶,为2010把辽宁包装建设成为发达的现代新兴产业奠定坚实的基础。

(二)奋斗目标

1. 产品开发和结构调整。“九五”全行业围绕四大类,80个品种大力开展技术开发和技术攻关,引进国外先进技术,实行“产学研”一条龙,上质量,上档次,上水平,提高产品科技含量和附加值。到2000年,包装制品优质名牌产品产值率争取达到25%以上,一般产品与市场适销对路的产品比例由目前的75:25调整到55:45。

2. 重点行业和企业技术装备水平明显提高。要通过技术引进和消化吸收等手段,大力改善企业装备条件,重点行业重点企业技术装备水平20%达到国际九十年代水平,50%达到国内先进水平。

3. 招商引资和外向型经济建设。认真贯彻省政府“外向牵动”战略,加大招商引资力度,2000年利用外国资金改造现有企业资金额争取达到6000万美元,兴建三资企业60家。扶持6个出口包装机械和原料基地,推进出口包装专厂的建设。

4. 行业技术进步和技术改造。按照市场经济规律,努力实现投资主体企业化,面向国内外两个市场,利用两种资金,加大投资力度,实施重点改造项目60项,投资21亿元,用汇1.2亿美元。

5. 包装改进。积极推广应用包装改造新技术、新工艺、新材料,提倡适度包装和绿色包装,注重包装物重复使用和包装废弃物的再生利用。外贸出口包装标准和规范要加速与国际接轨,促进出口换汇。在抓好运输包装环节降低破损的条件下,2000年达到年减损1亿元。

6. 工业总产值到2000年力争翻番,达到65亿元,年均增工13—14%,销售利润率争取有一个较大提高。2010年包装工业产值计划实现158亿元,年均增长9%,基本满足全省国民经济增长需要。

三、规划方向和发展重点

为实现上述奋斗目标,“九五”我省包装工业要认真贯彻执行“结构优化、外向牵动、科教兴省”之大战略,紧紧围绕全省经济发展重点及各项任务要求,依托辽宁老工业基地原材料、化工、机械和轻工业相对优势,突出抓好重点行业和重大产品的规划和计划执行,优先支持发展食品饮料包装、装璜设计及印刷、包装机械和新兴包装材料四大系列,形成具有辽宁特色的优势产品群体,带动全行业向前快速发展。

(一)食品饮料包装制品

包装工业对于促进食品工业发展有着特殊的意义。食品工业某些领域,特别是饮料行业,包装起着决定性的作用。近些年来,食品包装除了继续保持原有功能外,在延长食品保存期限,增加花色品种,提高食品质量和保持营养成份,增加食品附加值,促进市场销售,提高市场竞争力,丰富人民群众文化生活等方面发挥着越来越重要的作用。从一定意义上讲,包装现已是决定食品、尤其是饮料行业生存及发展的关键。

根据我省食品饮料行业发展计划,本着省情、行业实际条件,重点规划四个系列包装品的食品饮料行业配套。

1. 金属罐产品系列

(1)二片罐产品系列。二片罐是当今世界上最重要的包装产品之一,是我国近10年来发展最快的包装制品。“九五”期间我省首先要对大连太平洋制罐有限公司进行以扩大生产能力的技术改造,将其铝质二片罐生产能力由1.2亿只稳定在3亿只左右,提高质量,增强在国内市场竞争能力。其次,利用沈阳五三工厂现有技术力量,厂地新建年产3.5亿只左右的钢质二片罐生产线,为辽宁和东北地区啤酒、饮料行业配套。2000年形成6.5亿只生产能力。

(2)马口铁彩印三片罐系列。“九五”期间充分利用我省马口铁资源优势,进行延续加工。重点改造朝阳,本溪基础较好的金属制罐生产企业,利用外资,引进国外技术和设备,形成印铁、制罐、饮料灌装一条龙系列化生产,促进全省天然果汁,营养保健及天然饮料包装档次的提高。“九五”末期形成制罐能力3亿只。

2. 纸包装制品。随着人们消费水平的提高，“绿色食品”悄然兴起，这就要求有大量的“绿色包装”与其配套。所谓“绿色包装”就是包装从选材、设计到消费都应该是节约资源，减少废弃物，能复用或综合利用，对环境无损害等。纸包装制品是最理想的“绿色包装”之一。全省应加大高档纸包装制品的发展力度，特别是对省内已引进的彩色细瓦楞生产线要加紧完善，争取早日投产。积极开发纸杯、纸盘、食品包装纸袋、粮食包装纸袋、利乐包等。

3. 轻量化和异型玻璃容器。“九五”期间玻璃容器行业重点是降低能源和物料消耗，增加品种，提高质量，大力调整产品结构。依靠吸引外国资金，引进先进技术和设备，开发轻量化瓶，增加酒用异形瓶，磨砂瓶，彩印瓶，啤酒瓶产量，在沈阳，大连等主要生产厂家尽快形成多层次、多品种、高中低档比例较为合理的生产格局，大幅度提高经济效益，走出目前行业困境，步入良性循环轨道。

4. 软复合包装制品。近几年来，新兴技术、新工艺和新兴材料在包装领域发展极其迅速，体现在食品包装更新琳琅满目，花样繁多，尽管装潢设计，技术工艺和风格不尽相同，但在产品分类上都属于复合包装材料及其制品。“九五”期间，要充分利用和发挥我省轻工造纸、石油化工和有色金属加工优势及原材料资源优势，大力发展纸铝复合、纸塑铝复合、塑塑复合和塑塑铝复合等多种复合包装制品，为食品工业中的方便食品，儿童食品、饼干、调味品、冷冻食品，干鲜果品，土特食品，海产品，粮食小包装等服务配套。积极开发各种保鲜袋，中封袋，三边封、四边封、枕头包、利乐包、蒸蒸袋、复合软管，折叠桶等新兴包装制品，为食品工业提供一流的产品包装。

通过上述四个系列产品的扶持和发展，为食品、饮料提供不同类型的包装制品，提高省内地产产品档次，适应省内外、国内外市场需求，提高我省产品的竞争能力，创具有辽宁特色拳头产品。

（二）包装装潢与包装印刷

“九五”期间，我省包装装潢与包装印刷重点是提高设计水平和装潢印刷质量。要注意发挥我省装潢设计单位和大专院校的优势与力量，努力提高设计水平，增强包装装潢的美感，将民族性和时代感有机结合在一起，满足国内和国外两个市场的需要。需改进设计手段与装备，大力推广计算机辅助设计，激光照相，排版系统，提高制版能力和水平。纸制品和商标印刷企业要改造印刷设备，大力发展胶版印刷，柔性印刷，努力提高印刷装潢产品质量和劳动生产率；塑料印刷重点发展5层以上彩印复合制品，购置6色及以上印刷机，满足高档包装和出口包装要求。“九五”末期，我省包装装潢与包装印刷水平踏身于全国先进水平。

（三）包装机械

包装机械作为一个新兴行业，近年来发展变化较快，随着国民经济快速发展，自动高效包装机市场需求量越来越大。目前，国内一些省、市在这一领域发展较快，已走在我省前面。我省机械工业基础雄厚，具有研制开发新兴包装机械的各种有利条件，经过努力，完全可以成为全国包装机械生产基地。“九五”期间，包装机械行业重点改造、开发生产食品、医药和粮食包装机械，增加品种，提高产量，努力改变当前专业生产厂家少，品种单一，不适应市场需求的被动局面。

食品机械重点开发各种固体、液体、颗粒、粉末类灌装机，高速三边封、四边封和立式制袋机，真空包装机，复合软包装无菌灌装机和大型热收缩包装机等；

医药包装机械要在现有基础上，研究开发具有当代水平的高速泡罩包装机、塑料口服液灌封机、糖衣机及**PTP**铝箔涂敷生产线，继续保持在全国领先地位；

粮食包装机发展重点主要是适应粮食流通

领域改革要求，发展各种粮食小包装机械。通过引进技术、消化吸收和利用外资，尽快形成自动计量包装机等系列产品批量生产能力。

(四)新兴包装材料

我省是全国重要原材料生产基地，主要包装基材都具有一定生产能力，问题是品种和质量不能完全满足高档包装和出口产品包装要求。“九五”包装材料的主要任务是扩大利用外资，改造重点生产企业，上经济规模，提高产品档次，建设省及国家包装材料供应基地。金属包装原料重点抓好马口铁、包装铝箔等改造项目，尽快形成批量生产能力；纸包装原料主要是稳定提高白板纸质量，加快高强瓦楞原纸，封面纸板和高强牛皮箱板纸等项目建设进度；复合包装要抓好聚酯膜、镀铝膜、多层复合膜等项目前期工作论证，确保“九五”形成生产能力。经过上述努力，“九五”末期基本将我省包装原料行业建设成为品种齐全、具有较高档次、替代进口，供应省内，服务全国的包装原料生产基地。

四、战略措施和主要任务

(一)加强领导，转变观念，将包装工作落在实处

包装行业是国民经济重要部门，党中央和国务院十分重视。江泽民同志指出：包装很重要，是个大问题，我们一定要重视。李鹏总理也指出，包装是个大行业，希望在包装材料、技术装备和国产化方面迈出更大、更快的步子。加速发展包装工业，对于我省在本世纪末基本构筑社会主义市场经济总体框架，振兴老工业基地，促进全省国民经济持续、稳定、协调发展有着重要意义。各级政府和主管部门都应给予高度重视，将其纳入工作的议事日程，加强对这项工作的组织与领导。要将包装行业发展纳入到地区和行业“九五”规划，采取切实有效的政策措施，督促、指导、检查该项工作。要通过艰苦：细致、大量的基础性工作，推动广大企业改进产品包装，使其在外观装潢，品种质量等各方面普遍提高一个档次。各地应从本地实际和特点出发，化资源优势，企业优势，产品优势为市场竞争优势，建设和发展区域性的包装制品，包装机械和包装原材料生产加工基地和企业群体，构筑适应市场经济要求的辽宁包装新格局，开创包装工业发展新局面。

(二)依靠技术进步，加强企业改造，调整产品结构，塑造包装行业新形象。

以市场为导向，依靠技术进步，加速改造现有企业，开发适应市场需求的包装新产品，是振兴我省包装工业的重要措施和手段。要大力采用高新技术改造包装骨干企业，坚持高起点高技术，高附加值，进行精深加工；要坚持从市场出发，以上规模，上档次，上效益为主攻方向，努力实现规模经济；要坚持科学论证，科学决策，精心组织，缩短改造周期，不搞钓鱼工程；要按照国家投资体制，金融体制改革要求，坚持资金来源多源化，扩大利用外资。“九五”末期基本形成镀锡板、牛皮箱板纸、封面纸板、高强瓦楞原纸、包装铝箔、包装聚酯膜等主要包装原材料国家和地区性生产基地。基本形成食品，饮料包装配套供应体系，铝质二片罐，钢质二片罐，马口铁三片罐，轻体玻璃瓶，复合软包装材料等重要包装制品等初具规模。食品、医药和粮食包装机械生产能力有较大增加。全省商品包装在档次上，总体水平上登上一个新台阶，重塑辽宁包装新形象。

(三)转换经营机制，优化企业结构，发展包装企业集团。

根据国家产权制度改革，建立社会主义现代企业制度的有关规定，包装企业要彻底改变原有组织结构单一、观念陈旧，不适应市场经济要求的状态，从调整企业结构入手，加速经营机制转换，实现经济增长方式的转变，要按照包装产品生产规律，打破大而全、小而全、封闭落后的生产方式，优化资源配置，组织专业化协作配套生产，组织生产经营联合体，发展包装企业集团。大力发展县区和乡镇包装企业，积极开发批量小，品种变化快，市场有需求的新兴包装产

品，培育和扶持一批“包装工业小巨人”企业，扭转南方产品充斥省内市场的被动局面。要增大省内市场覆盖率，逐步扩大省外市场占有率，将辽宁产品推向全国。

（四）进一步扩大对外开放，招商引资，加速发展外向型经济

包装行业产品特点是花色品种更新快、周期短，受国际市场因素影响较大，迅速提高我省包装总体水平，缩小同国外先进水平的差距是我省包装行业众多厂家的当务之急。广大包装企业要自觉地将实施“外向牵动”战略摆放在重要地位，加大行业对外开放的力度，多渠道、多层次、多形式地广泛开展对外招商，大力兴办合资、合作企业，引进国外新包装、新设计、新工艺、新材料，开发新产品、新领域，加速与国际市场对接。大力提高包装装潢设计水平，开发新款式，增加新功能，实施名牌战略，创辽宁包装名牌产品，拳头产品和支柱产品，为全省经济结构调整、外向型经济建设服务。

（五）强化包装技术协会的管理职能，搞好行业协调服务

包装工业是一个涉及多行业多学科的新兴产业，承担着为国民经济各部门服务配套的重要功能。要注意研究包装行业不同于其它行业的特点，协调好各行各业的关系，调动各部门的积极性，“包装工业大家办、包装工作大家做”。广大企业要自觉投入到社会主义市场经济中去适应新形势，迎接新变化，经受住考验，不断地发展壮大。各级协会也要更新观念，向行业协调服务方向转变，真心实意为企业服务，办实事。要充实现有各级协会人员机构，逐步建成行业协调服务网络，强化服务功能和手段。要多组织企业参加国内外包装技术经济交流和展览会，为企业创造必要的对外交往和合作机会。要强化协会行业活动，举办技术讲座、短期培训和队伍在职后续教育。要协助政府的职能部门制定修改行业性标准，包装政策法规，逐渐同协调服务法规划管理过渡。各级协会要在为行业、企业协调服务过程中，逐步将协会建设成为行业的信息咨询服务中心、科研开发设计中心和职工教育培训中心，为辽宁经济第二次创业建功立业。

山 西 省

SANXI

山西省包装改进工作"九五"规划

"九五"是中国历史上非常关键的时期,我国的经济将进行历史性地腾飞,我国起步较晚的包装工业必将面临新的挑战,我们必须紧紧围绕包装工业改革发展总目标,以保证我省的包装工业继续快速、健康地发展。根据国家《全国包装改进工作"九五"规划》,结合我省的省情,制定了我省包装改进工作"九五"规划。

一、"八五"包装改进工作的回顾

"八五"期间,我省的包装改进工作,在全国包装改进办公室和省经贸委的正确领导下,经过全省各行各业职工的共同努力,累计取得减损、增收、节支2亿元的经济效益。我省的产品包装也发生了很大变化,原始落后包装正逐步被淘汰,销售包装达到了一个新水平,运输包装正走向标准化、规格化。

"八五"期间,我省在包装改进工作上,采用了"抓重点、防回潮、全面推进,重点突破"的方法,收到了较好的效果。现在国家要求的22种重点包装改进产品基本上达到或接近国家要求水平;铁路货物运输的综合治理工作有新的突破。这些成绩的取得,为"九五"包装改进工作的顺利进行,奠定了良好的基础。

虽然"八五"包装改进取得了一些成绩,但存在问题还不少。主要表现是:1. 由于历史形成的产业结构的影响,包装工作没有引起足够重视。2. 新型、高档包装和原辅基材发展较慢。3. 包装机械自治率低。4. 企业规模小,产品技术含量低,而且经济效益也不高。5. 缺乏达到国内先进水准和具有国际竞争能力或规模效益的大型骨干企业。6. 企业经营管理水平和职工队伍的专业技术素质低。7. 行业管理受到部门的影响。

二、"九五"包装改进工作的基本原则

1. 坚持改进包装为产品生产发展服务,使包装改进的步伐与产品的生产发展相一致。做到优质产品优质包装,普通产品合格包装,不搞过分包装。

2. 坚持谁的产品,谁负责包装;谁造成的损失,谁负责解决。企业除搞好自己产品的包装,还要根据市场的要求不断搞好包装改进,以适应社会主义市场经济发展的需要。

3. 产品的包装改进要坚持国家标准、国际标准。产品包装改进工作的目的,就是要使产品的包装达到国家标准、国际标准,使产品包装改进工作走向规范化、法制化的轨道。

4. 坚持科学技术是第一生产力。在包装改进工作中,要大力推广国内外包装新技术、新材料、新产品、新工艺,努力缩小我省产品包装与沿海地区的差距。

5. 突出重点,以点带面。优先支持名、特、优产品和出口创汇产品的包装改进,以此来带动普通产品的包装改进,进而提高本地区、本部门产品的包装质量水平。

6. 坚持包装改进和保护环境相结合。在改进产品包装的同时,尽量减少包装废弃物对环境的污染。

7. 坚持发展包装工业和改进产品包装一起抓。发展包装工业的目的,就是改进产品的

包装,改进产品包装又是发展包装工业的落脚点和归宿。在正确认识发展包装工业和改进产品包装的辨证关系基础上,使包装工业和改进产品包装能够协调发展。

8. 采用检查与改进并举的办法,特别是做好现有包装标准法规执行情况的检查与监督工作,用有效的手段,防止包装破损"回潮"。

三、"九五"包装改进工作的目标

1."九五"期间,全省产品包装改进完成每年减损、增收、节支2000万元任务,五年共计1亿元。力争"九五"末期因包装不善造成的占国民生产总值的损失率降至0.4%以下,达到国家要求。

2. 推进产品包装现代化、标准化和集装化的进程,全面提高产品的包装质量。把提高产品包装质量作为包装改进工作的中心。力争"九五"末80%以上重点产品包装达到沿海地区包装水平。

3. 推广使用各种新型包装材料和产品,不断提高被包装产品的保护性、保存性和流通的方便性。

4. 发展包装用纸、纸制包装物和包装机械。纸制品重点发展高强瓦楞纸和防锈纸。包装机械要加快和电子技术结合进程,使包装机械向智能化方向发展。

5. 按国家要求,推动实施"绿色包装"计划,开发各种可回收、可综合利用的新型材料。"九五"期末主要包装废物回收率40%,达到国家要求水平。

6. 加速产品集装箱和集装化运输包装的发展。"九五"期间要加大投入,重点发展。使铁路集装箱运输年平均增度由"八五"15%增加到20%;集装箱运输总量由现代产品总量的1.6%,提高到3%。

四、"九五"包装改进工作要求

(一)重点改进包装的产品

1. 粮食和副食品

A. 除大宗成品粮采用"散装、散运、散存"的同时,要加强改进粮食运输包装,即做好以下两方面的工作(1)推广符合环境保护要求和满足内容物特性要求的,价低质优的包装材料。(2)原粮包装推广袋重50**kg**标准。

B."九五"末期争取将粮食在运输、储存环节的损失由"八五"末期占总产量的5%降低到2.5%。

C. 加快粮食小包装机械的开发和推广工作,力争到"九五"末期把粮食小包装市场占有率提高到80%。

D. 油、肉、禽、蛋、果品、茶叶、酱油、食醋等人民生活必需品,是"菜蓝子工程"的重要组成部分,对这些商品包装既应增加现代化包装意识,又要防止过分包装,以实行小包装,方便消费、促进销售为主。

2. 化工产品

A. 炭黑

炭黑是"九五"期间重点解决的问题。要做好包装材料、袋型、包装方式、灌装设备的推广工作,争取在"九五"末期解决包装和运输过程中破损和污染严重的问题。

B. 农药

根据国家标准要求,重点做好防伪包装和小包装的推广工作,并按不同品种要求,使其标准化、规格化。

C. 油漆

重点抓有关国家标准的落实。加强包装质检工作,凡不符合危险品中"易燃液体"货物包装规定要求的,不准出厂,更不准运输。

3. 医药

重点解决固体药和部分液体药包装更新换代、粉针、输液等药剂包装,采用丁基橡胶和易开铝盖。

4. 玻璃瓶

推广使用托盘和缠绕包装,逐步淘汰原始、落后麻袋包装,使运输过程中破损率由16%降低到5%以下。

5. 机械产品

A. 加强标准的宣贯和实施监督,做好定期抽检工作。

B. 加强"框架木箱"国家标准的贯彻。"九五"期间,框架木箱结构设计的改进率要达

60%，出口产品要达到100%。

C. 推广新型防护内包装方法和材料的应用，提高产品防潮、防锈、防震、防腐水平。

D. 中小型机械产品，推广纸箱包装和集合包装。

6. 农产品

A. 根据饲料不同的特性，推广各种合适包装材料，解决返潮和霉变问题。

B. 重点解决高档水果、蔬菜的运输包装。对水果、蔬菜罐头，认真贯彻国家食品标签通用标准，坚决做到在包装物上注明配料比例、固形物含量、生产日期、保质期、标准代号、厂址等。出口转内销产品还要使用中文标识。

C. 除推广适合种子特性要求包装材料和方式外，重点要做好包装防伪工作。

(二)巩固提高重点产品包装改进

1. 出口商品

A. 做好出口商品包装情况普查工作，建立我省出口商品包装资料库。

B. 健全各级出口商品包装质量保证体系，全面提高产品包装质量水平，为出口商品包装无破损，无包装索赔事故打下基础。

C. 由于当前国际贸易集装箱运输中"门到门"比例的不断提高，可适当降低适箱货物出口商品包装强度，以降低商品成本。但对名、特、优产品包装不能降低要求。

2. 建材

(1)水泥

A. 大中型小泥厂使用传统纸袋与新材料袋之比，传统纸袋不超过30%，各种新袋型不低于70%。地方水泥厂使用传统袋与新材料袋之比，传统纸袋不超过40%，各种新袋型不低于60%。

B. 大中型水泥厂使用传统纸袋的，应全部为糊口袋；地方水泥厂使用传统纸袋，60%以上应为糊口袋。

C. 大中型水泥厂使用的糊口袋，应全部为机械化生产；地方水泥厂使用的糊口袋，50%以上应为机械化生产。

D. 水泥厂水泥出厂前的破包率不大于0.2%，包括流通环节在内的非因责任或违章事故造成的综合破包率不大于2%。

(2)平板玻璃

A. 大中型玻璃企业(包装所有浮法玻璃企业)，集装化运量与使用木箱之比，集装化运量不低于70%，地方玻璃企业使用木箱与集装化运量之比，木箱使用不超过70%。

B. 玻璃出厂前的破损率不大于0.3%，流通过程中综合破损率不大于2%。

(3)电子产品

认真抓好电子产品包装科研和新技术推广工作，保持电子产品包装改进领先水平。开发、改进瓦楞纸箱结构成型工艺，推广应用粘接工艺，以替代箱钉接拼工艺；开发、应用防静电包装材料，较好地保护电子产品；推广应用充气包装、纸基缓冲包装，逐步代替聚苯乙烯发泡材料，减少包装废弃物对环境的污染。

(三)普通产品的包装改进

普通产品的包装改进，是除前面所列的重点改进包装和巩固提高包装产品以外的其它产品。

普通产品的包装改进除满足产品的保护性、保存性的要求外，还要做到包装的多样性，对消费者的方便性和实用性，包装既要精美、给人琳琅满目的感觉；又不要搞过份包装，使消费者乐于接受。

五、"九五"包装改进工作的保证措施

1. 按照本规划的具体要求，各地区、各部门要制定各自包装改进规划，提供相应的包装改进工作目标和措施。

2. 各地市、各部门要增强包装意识，理顺行业管理和部门的关系，从组织上确保这项工作的顺利进行。

3. 产品的包装改进工作是一项系统工程，涉及到生产、运输、流通、仓储、使用等部门，必须加强综合治理，以达到"九五"包装改进工作的要求。

4. 依靠科技进步，提倡科技兴包，投入必要的资金，给予必要的物质保证。由主管部门负责的产品包装改进项目，所需的资金由主管部门负责解决;地市所属的包装改进项目,所需的资金由省包装办公室负责解决。

5. 做好产品包装质量的监督、管理工作,严禁生产、销售、使用劣质包装产品。凡不听劝告和制止的,依据国家有关法规、追究该企业法人的法律责任。

6. 加速包装人才培养,提高企业的整体素质。通过经常组织国内外包装改进技术交流,学习先进经验,开阔视野,加快包装改进步伐。

7. 进一步做好包装改进的宣传工作。充分发挥各种新闻媒介作用,广泛宣传包装改进带来的重大经济效益和社会效益。联合各界力量,共同完成"九五"包装改进任务。

山西省包装行业"九五"技术改造规划

包装行业作为国民经济的一个重要产业部门,在促进工农业生产发展,保证有效供给,增加出口创汇等方面,发挥着重要作用。我省的包装工业,在省委、省政府的直接领导下,在中国包装总公司的大力支持下,通过"七五"、"八五"的大力发展,对重点企业进行了技术改造,使原处于分散、落后状态,以手工操作为主的包装行业发展成为一个初具规模、门类较全的新兴工业分支。为使我省的包装工业紧紧跟上全国包装工业发展的步伐,为我省的经济腾飞配好套,服好务,根据国家经贸委国经贸改(1994)475号文,《关于制定"九五"技术改造规划纲要和重点项目建议的通知》及中国包装总公司《包装行业"九五"技术改造规划》(征求意见稿)精神,结合我省包装工业发展现状,本着以科技为先导,以提高经济效益为中心,走以内涵为主扩大再生产的技术改造道路提出本规划。

一、"八五"技术改造实施情况

(一)"八五"技改投资计划完成情况

"八五"期间,通过我办申报的包装项目9项,总投资为7754万元,其中得到国家专项7项,投资为4273万元,占总投资的55%,得到省里配套资金596万元,占总投资的7.7%。形成国家资产6212万元,其中设备5113万元,工房1099万元。

"八五"期间,我省重点对纸箱行业进行了技术改造,共申报了6项瓦楞纸箱国家专项,其中中型瓦楞纸板生产线1条,投资1122.5万元,轻型瓦楞纸板生产线4条,投资1133万元,E瓦彩面盒生产线1条,投资1207万元,另外,还对纸箱原材料企业改造一个,6900吨/年牛皮箱板纸和高强瓦楞原纸综合改造,投资1105万元。新建了三条酒瓶盖生产线,其中铝质螺纹防盗盖2条,马口铁皇冠盖1条,总投资为1714万元。新增了一条复合软包装生产线,投资为1473万元。

9个技改项目中,全部峻工形成生产能力的7个,其中纸箱项目5个,5条生产线形成三层(含五层)纸箱生产能力为3200万平米;制盖项目1个,生产线三条,形成三个品种四个规格年产6亿只的能力;复合软包装项目1个,新增能力1000吨。

9个技改项目中,还有两个项目未峻工,其中,长治县造纸厂高强瓦楞纸和牛皮箱板纸综合技术改造,该项目总投资1105万元,92年开始实施,1#纸机2#纸机已改造完毕,并已投入正常生产,收到良好效益,3#纸机因长治市的配套资金200万元一直未到位而影响其按时峻工。

其二,运城纸箱厂E型彩印纸盒生产线,该项目总投资1207万元,95年3月开始实施,主要引进设备下半年开始继续到货,预计明年上半年全部峻工。

(二)我省包装工业现状

通过十几年的发展,我省的包装工业形成了一定的生产规模,增加了为国民经济各部门综合配套的能力。

截止94年底,包装工业总产值为11亿元,利税为8800万元,包装工业国家资产原值由90年的4亿元增加到94年的8亿元。主要包装制品产量:纸包装制品11.3万吨,塑料包装制品2.7万吨,玻璃包装制品8.4万吨,金属包装制品4.7万吨;包装印刷17.8万印;包装机械300台(套)。

(三)目前制约我省包装行业发展的主要问题

1.与兄弟省市相比,我省包装工业企业起步晚、发展慢、规模小、产品技术含量低、效益差,花色品种少,技术装备落后、包装制品门类不齐全,现有的中低档产品只能满足低层次的需求,高档次、性能优异的包装产品十分短缺,尤其为出口配套的高档产品在质量、品种、数量方面有较大差距,远不能适应开放中的山西发展需要。

2.包装是新兴工业,又是个大行业,覆盖面很大,生产企业隶属关系复杂,行业跨度大,条块分割,各自为政。由于宏观体系不健全,调控能力薄弱,使行业管理职能未得到充分发挥,形成项目趋同低水平的重要建设,使企业在市场竞争中反处于劣势。

3.投入严重不足,“八五”期间,我省包装行业的技改投入仅7754万元,年均1500万元,我省的技改投入占总公司技改年投入的0.2%,占我省技改投入的1%。投入严重不足,在相当程度上制约了行业的发展。

二、“九五”技术改造的指导思想和基本目标

(一)“九五”技术改造工作的指导思想

“九五”期间,包装行业的技术改造要在建设有中国特色的社会主义理论指导下,遵循市场经济体制的基本方针,以科技为先导,以市场为导向,以提高经济效益为中心,以国有企业为重点,加大结构调整力度,加快技术改造步伐,努力实现到本世纪末通过技术改造使我省包装工业技术装备水平上一个新台阶。

“九五”期间,有重点的改造一批企业,促进其规模经济效益的提高。重点培养一批与省内名、优、特、出口产品包装配套的质量一流、管理一流、技术水平能达到国际同类企业九十年代水平的企业,其产品能量最大限度地占领省内及周边省份市场,与国际同类产品相抗衡,其企业能与国际同类企业相竞争,解决省内对高档次包装的需要,并带动全省包装行业技术水平,质量水平的提高。

(二)“九五”包装行业技术改造的主要任务和目标

1.选择一批重点企业集中力量、加快速度进行高起点、高技术水平的技术改造,使其技术装备达到国际八十年代末九十年代初的水平,以迎接“复关”对我国包装工业的挑战。

2.利用能源重化工基地优势发展包装原材料。“九五”期间,通过对重点包装原材料企业的技术改造,使其产品能满足包装制品的需求,使其产量达到规模经济效益的水平,或通过在技术改造上鼓励企业间的联合、改组、改制,实行横向联系,淘汰规模小、质量差、效益低的小企业,提高大企业的规模经济效益。

3.重点支持为食品饮料、名、优、特、出口产品配套或增加出口产品附加值的高档次包装产品。从设计、制作、印刷、装潢等各方面实行全过程的配套改造,以提高商品的附加值,增强商品的竞争力。

4.推广利用已开发出的、市场急需的成熟技术及覆盖率大、使用面广的项目,以加速技术改造的步伐,使科技成果迅速转化为现实的生产力。

5.借鉴国外包装工业发展的经验,重点发展可回收、再利用、无污染的包装制品,并使其生产形成一定的规模。

三、“九五”我省技术改造投资规模及资金估算

“九五”期间,预计技改项目16项,其中绿色包装专项11项,功能性包装材料专项4项,技术装备专项1项。预计总投资7.7亿元,用汇3648万美元,其中绿色包装专项投资5.3亿元,用汇2198万美元;功能性包装材料专项投资2.3亿元,用汇1450万美元,技术装备专项投资0.1亿元。“九五”期间,我省拟向中包总公司申请国家专项贷款6.3亿元,以支持重点专项的实施。

江　苏

JIANGSU

加强行业管理发挥协会功能

江苏省计划与经济委员会副主任
江苏省包装技术协会会长
李全林

在传统的计划经济体制下,我国工业管理体制特征之一就是部门管理。企业主要是国有经营,政府通过建立各个专业管理部门,按照行政级别,运用行政手段直接管理企业。这种体制在我国工业化初期曾经发挥了重要积极作用。改革开放以来,原有的经济体制突破,多种经济成分发展起来,面对社会化、多元化的经济主体,部门管理的弊端逐步暴露出来。而我国行业是国民经济管理的重要组成部分,在国民经济管理中具有重要的地位和作用,是实现资源优化配置、国民经济协调有序发展的重要手段。因此,经济体制从传统的计划经济向社会主义市场经济转变,具体到作为国民经济主导的工业经济及其管理体制,就是由部门管理向行业管理转变。

与传统体制的部门管理相比较,行业管理是以政府调控市场引导企业"为其主要管理体制基础。管理的对象不再是一个个的具体企业,而是整个行业;管理的范围不限于政府部门所属的国有企业,而是覆盖行业内部的各种所有制企业;管理的手段和方法不再是单纯的行政指令,而是一种统筹性、服务性、协调性的管理。现行的行业管理突破了狭隘的部门、地区和所有制界限,从行业的全局出发,以国内外市场需求为导向,把优化结构、形成规模经济、推动技术进步、实现投入产出快速循环等放在优先位置,克服企业盲目发展、重复建设等弊端,有利于行业和国民经济的协调发展。随着社会主义市场经济体制的建立,加强行业管理越来越受到重视,这本身也是建立社会主义市场经济体制的重要内容。

由部门管理转变为行业管理,涉及到管理思想、管理体制、管理手段、管理方法诸方面,是一项复杂的系统工程。我们现在进行的行业管理只是开始,起点低,水平不高,还在探索。因此,我们要加快转变,不断加强,加大行业管理的力度,向行业管理的广度和深度进展,以适应社会主义市场经济的要求。包装行业是一个跨地区、跨部门、跨企业所有制,涉及多学科、多技术,学科交叉、技术密集的行业。包装行业管理是社会主义市场经济体制中不可缺少的一个有效管理层次,是计经委的一项重要职能,它是一项综合性、技术性、专业性很强的工作。最近省委、省政府批准了省计经委关于体制改革的三定方案,其中确定包装处为行政机构,履行政府部门行政职能,与省包协秘书处继续两块牌子一套班子,合署办公,这种模式的管理机构及其职能、人员的确定,既赋予包装处行政管理职能,又能更好地发挥包协的行业管理职能,这为我省开展包装工作创造了一个十分重要的条件和十分有利的环境,我们希望有条件的省辖市尽可能采用这样的模式,以形成行之有效的工作网络。

现在部门管理和行业管理交错在一起。随

着改革，今后要逐步地转向行业管理，政企分开，政府变直接管理经济为间接管理经济，强化行业管理。行业管理的基本任务，就是统筹、规划、协调、服务。在目前这种条件下，怎么改善和加强行业管理？近期我们要做好这样一些工作：

首先要继续健全行业管理网络，建立一些工作制度。机构、人员和经费各方面的相配套，要详细研究。要使得我们行业协会地位、作用、职能更明确，要解放思想，转变观念，跳出部门管理、部门经济、各自为政这个框框。要理顺关系，就是作为行业管理主体的行业协会要理顺几个关系。一是要理顺行业协会的地位。行业协会是联系政府与企业的桥梁和纽带。二是要理顺行业协会的职能。行业协会要把国家宏观经济调控目标、政策取向传导给企业，把企业的意见和要求转达给政府，同时根据本行业的特点，制定行规行约，组织行检行评，开展联络、指导、培训、咨询等工作，对企业的发展加以扶植和引导。行业协会应履行政府不便管又管不好的行业管理职能，为行业和企业服务。三是要理顺行业协会的体制，行业协会是跨部门、跨地区、跨所有制的行业组织，应完全跳出部门管理的框架。

行业协会理顺关系后要积极开展工作，加强服务。一是要加强信息交流和咨询服务工作。当今社会是信息社会，信息已进入超高速公路时代，信息的作用非常大，有时一条信息能救活一个企业。行业协会联系各系统、各部门的包装管理机构和企事业单位，信息来源广，有活力，有条件，能够收集、整理、传播国内外包装信息，包括经济、科技、市场、政策等信息，给企业提供指导，为企业走向市场提供有效服务，引导企业改革和发展。我们要加强信息传播工作，尤其是把国际上包装新技术、新产品、新材料、新设备及新的进出口包装法规、要求等向国内作广泛的介绍，争取把最新科研成果和管理成果应用到我省包装行业，形成新的经济增长点，使我国包装工业尽早与国际接轨。要加强统计工作、检查工作，把我们省情了解清楚，把国情了解清楚，把行业发展情况和国际包装技术的发展方向了解清楚。要建立专家组，成立咨询组。今后要请高级专家。专家对整个行业从理论上讲、从专业水平上讲，都是高人一筹的。成立专家组，这个专家组提供的有效信息是可靠的。审查我们的项目，要不要布点，要不要上，要听专家组意见，听咨询组意见。二是要加强调查研究。当今社会日新月异，千变万化。行业协会承担规划、联合、提供信息、促进交流等职能，如果不加强调查研究，就无法开展工作，就不能很好地履行这些职能。尤其是包装行业，涉及学科和部门广、产品门类多，更新换代快。只有加强调查研究，深入了解各地区、各部门和相关工业的情况，才能为政府提供决策依据，制定出适合本行业发展又与其他行业协调并适合国民经济发展的计划、规划和行规行标。只有加强调查研究，及时反映行业、企业的情况、困难和要求，才能提出达到政府意图、满足企业愿望的合理化建议。只有加强调查研究，广泛掌握国内外包装动态和发展趋向，才能很好地开展经济、技术、产品、信息等交流活动。三是要加强组织领导。首先要加强组织建设，健全协会组织是开展行业管理的前提和基本保证。各级综合经济部门要根据政府赋予协会的行业管理职能，设置机构，配备编制，安排人员，开展工作。行业协会要遵照章程的规定，按时召开代表大会，换届改选，调整领导班子，充实工作人员，健全组织机构。其次，必须重视自身建设，提高协会全体工作人员的政府、业务和文化素质，提高各级人员的组织、协调和公关能力，因为协会工作有经济管理、专业技术、社会交结三重性，不管是会长、秘书长，还是理事，都要做到“博”、“专”、“能”。只有加强自身建设，才能理顺各方面关系，使行业管理完全到位和进一步深化。

江苏省包装技术协会是全省包装行业管理的主体，要很好地发挥作用。包协要坚持“双向服务”的宗旨，服务于政府和服务于企业相互渗透：既要当政府的参谋助手，又要作企业的知音朋友；既要了解政府的意图，又要下达纵向信息；既要替政府“拾遗补缺”，又要为企业排忧解难；既要提出建议供政府决策参考，又要综合情况供企业借鉴；既要争取政府支持，又要得到企业信赖。

包协要积极开展行业活动，这是最根本的。行业协会不开展行业活动，就没有活力，就失去存在的意义。各级协会及其专业委员会是包装行业的工作网络，是进行行业管理的基本保证，是开展行业活动的主要依靠，他们熟悉各地和各专业的具体情况，在各自的业务和各专业领域有一定的实力，与各有关部门联系工作，与包装企业直接打交道，开展各种行业活动，有得天独厚的条件。目前从整体来看，开展行业活动情况还是好的，但还很不够，还很不平衡。从客观条件来讲，协会在地位、职能、体制等方面还存在着不同程度的问题，给开展行业活动带来了不少困难，但关键是看主观努力，只要有开拓的意识和精神，深化改革，强化手段，拓宽渠道，提高效率，是能很好发挥作用的。有为才能有位；有为就会有位。

江苏包装行业“九五”计划及至 2010 年远景发展目标

现代包装是连接生产、储运、市场、消费的纽带，是市场经济条件下商品生产再循环不可缺少的条件之一，是提高商品附加值的手段，是社会、科技、文化、经济发展水平的综合反映。十一届三中全会以来，在省委、省政府以及各级政府的高度重视下，我省包装工业经“六五”、“七五”和“八五”的发展，从无到有，从小到大，已成为国民经济的一个重要组成部分，为进一步贯彻十四大精神和现代化分三步走的战略部署，确保我省国民经济持续、快速、健康地发展，制定江苏省包装行业“九五”计划及至 2010 年长期规划。

一、江苏省包装行业“八五”发展概况

“八五”以来，我省包装行业在建设有中国特色社会主义的理论指导下，尤其是在十四大精神指导下，本着“加强基础、提高水平、保证重点、提高效益”的总要求，抓住机遇，深化改革，努力开拓，加快科技进步步伐，调整并优化结构，发生了令人可喜的变化。据全省包装工业统计年报表明，1995 年底全省乡镇以上包装企业共 1207 家，全行业固定资产原值 77 亿元，净值 64 亿元；工业总产值（90 价新规定）189 亿元，利税总额 14.9 亿元；主要产品产量分别为：包装用纸 65.8 万吨，纸包装制品 72.7 万吨，塑料包装制品 42.4 万吨，玻璃包装制品 56.7 万吨，金属包装制品 40 万吨，包装装潢印刷 275 亿印，包装机械 9.4 万台。

“八五”期间江苏包装工业发展具有以下几个特点：

1．江苏包装工业在国民经济中的作用和地位明显提高

“八五”期间，随着社会主义市场经济的不断发展、改革开放的不断深入，包装在商品经济中的作用日益明显，不仅每年能为全省 70 多亿美元出口产品和 4000 多亿元国内销售产品提供保护，而且更重要的是能提高商品附加值，促进出口创汇，提高人民生活质量，促进和引导消费，改善和保护环境，这已逐步成为社会各界共识，同时也得到了各地、各级领导的重视。各地各级领导加强了对包装工作的组织，使包装规划和行业管理能落到实处，包装改进列入了议事日程，加速了包装工业技术进步步伐，使我省包装工业始终处于发展的快车道。包装工业在国民经济中的地位越来越明显并成为我省国民经济的一支生力军。1990 年，全省包装工业产值 68 亿元，占全省工业总产值 2.1%，“八五”期末，我省包装工业总产值达 189 亿元，利税达 14.9 亿元，总量在全国同行业中始终名列前茅。江苏包装工业经过“八五”的发展，初步形成了一个基础良好、颇具实力的工业体系，满足了我省国民经济发展的需要，为建成我省现代化包装工业体系奠定了基础。

2．技术进步力度明显加大，结构有所改善

“八五”期间，我省广大包装企业抓住机遇，

加大投入，加速发展，国家省级下达的包装行业技术改造项目 52 项，总投资 12.36 亿元，相当于“七五”期间投资总量的五倍，用汇 0.94 亿美元，引进了大量具有国际八十年代末及九十年代初先进水平的技术装备，重点改造了出口配套包装及销售包装生产企业。这些项目的建成，提高了我省包装行业技术构成和包装产品质量档次，促进了企业组织结构和产品结构调整，使我省包装工业上了一个新的台阶。建成的主要项目有：高强度牛皮箱板纸、瓦楞原纸、铜版纸、白板纸生产线，高档复合塑料包装基材 **BOPP**、**BOPS**、**BOPET**、多层共挤膜、大型真空镀铝膜等生产线，初步改变了我省包装基材长期依赖进口或外省的局面；二片、三片气雾罐和饮料罐、各种罐盖及印铁生产形成规模并配套成龙，引进了多条软包装生产线、电分机、电雕机等形成了区域性专业化制版中心，同时还引进了多条软包装生产线等，改变了我省销售包装装潢档次偏低的局面，对提高我省产品市场竞争力，增加出口创汇，提高全行业经济效益，丰富商品市场发挥了重要作用。“八五”以来我省包装工业以技术进步为动力，以优势产品和技术为龙头，以资产为纽带建成了七家省级包装企业集团，改变了我省包装企业小而散、“群龙无首”的局面；我省包装产品质量普遍提高，获国优、部优级奖的总数为全国之首；其中获国家优质金奖的 1 个，国家优质银奖的 11 个，部优质产品奖 90 个，省优产品奖 246 个；部分包装产品质量档次、技术水平居全国领先地位，有的甚至达到国际先进水平，如耐高温蒸煮袋、**PTP**、**SP** 药用铝箔、易折安瓿瓶、铜金粉、空心胶囊、丁基胶塞、真空包装机、气雾灌装机、各种集装袋、各种金属瓶盖、标准集装箱等。

3. 包装改进成绩斐然

“八五”期间，根据我省实际情况，重点抓了有关国计民生的大宗重点商品和出口商品的包装改进，各种包装新技术、新工艺、新材料得到了普遍运用，使我省包装改进发生了很大的变化，原始落后的包装已基本淘汰，运输包装、销售包装、出口包装达到了一个新水平。预计整个“八五”期间，通过包装改进减损、增收、节支共 2.5 亿元，即每年减损、增收、节支 5000 万元。实践证明，包装改进工作的开展，不仅对科学合理使用包装、发展包装，而且对推动社会主义商品经济的发展，丰富人民物质生活，促进对外贸易，提高商品的附加值，改善社会和经济效益，都产生着积极的作用。

4. 包装教育、科技交流硕果累累

“八五”期末，预计职工总数达到 20 万人以上，其中工程技术人员达到 1.2 万人以上，占职工总数的 5%。较“七五”末增长了近 1.5 个百分点。“八五”期间，我们把提高包装企业人员素质作为一个重要战略决策来抓，调动了各方面的积极性，利用一切条件培养包装科技人才。根据培养对象、技术层次分为大专班、在职职工和国外培训等几个层次，共举办了两个大专班、四个中短期在职职工培训及出国培训等。同时，在行业内卓有成效地开展了技术交流、经贸洽谈、国内外市场考察等活动。

二、目前我省包装工业主要存在问题

1. 企业规模小，使产品缺乏竞争力

包装行业在中型企业只有 146 家，占全省大中型工业企业总数的 6.7%，企业规模小，产品更新慢，技术投入少，使原有的优势产品丧失竞争力，如无锡市生产的塑料包装机械，在国内颇有影响，但地方先后有 20 多家生产同类产品，因其生产规模小，质量、本成等均存在问题，无法与国内生产同类产品的规模集团企业竞争。

2. 行业缺少强有力的调控能力，使产品结构、布局不尽合理

“八五”前三年，我省重视了包装制品的投入，而忽视对包装基材项目的投入，导致大量使用进口或外省的材料，部分制成品生产规模不能发挥其效益。行业缺少有力的调控能力，各个产业部门、乡镇，各自为政，各成体系，盲目竞争，重复进口，致使低水平重复建设现象屡屡发生。

3. 行业总体素质低，管理较为落后

我省包装行业小企业及乡镇企业占企业总

数的三分之二，技术人员比例偏低，管理落后，现有许多进口一流设备生产不出一流产品，且新品开发亦不能适应日趋变化的市场需要。

三、江苏包装行业“九五”计划及至2010年长期规划

“九五”计划及至2010年长期规划，是一项跨世纪工程，是实现我国经济和社会发展第二步战略目标的关键性战略。党的十四届三中全会通过的《中共中央关于建立社会主义市场经济体制若干问题的决定》为进一步加快改革，实现我国社会、经济发展三步走战略奠定了基础。省委省政府提出：我省将在今后五年左右的时间内逐步全面建立起完善的社会主义市场经济体制，形成一个生产要素按价值规律合理配置的既统一又开放，既有竞争又有秩序的市场体系，我省经济在1993年较1980年翻两番的基础上实现“九五”期末再翻一番及到下一个世纪的2010年我省基本实现现代化，经济达到同期中等发达国家水平。同时，还提高了实现这一战略目标的三大战略——科教兴省、经济国际化、区域经济共同发展。这必将加快我省经济与世界经济接轨，有利于全省经济高效、持续、健康地发展，无疑也给发展我省包装工业提出了更新更高的要求，提供了新的发展机遇和挑战。

(一)江苏包装行业“九五”期间及至2010年发展的指导思想

进一步解放思想，抓住机遇，深化改革，以国际、国内市场为导向，立足上水平、上规模，加大技术改造力度，加快结构调整步伐；抓管理促效益，提高经济增长的质量和效益，努力把我省包装工业建成一个技术领先、装备先进、质量上乘、产品面向世界覆盖全国的现代化工业体系。

(二)江苏省包装行业“九五”计划及至2010年长期发展目标

1.“九五”期间及至2010年江苏包装工业发展的主要目标

以改革为契机，优化企业组织结构，建立完善的市场运行机制，确保“九五”期间，组建20个以上科工贸或工贸结合的国家级与省级大型企业集团和生产基地，主要有以无锡国泰彩印有限公司、江阴申达包装集团、连云港华东铝塑公司为龙头的软包装集团，以常州、无锡为龙头的塑料包装基材生产基地，以苏州紫兴纸业有限公司、扬州应丰铜版纸厂、江阴造纸厂、镇江纸浆厂为骨干的包装用纸集团，以宿迁玻璃厂、徐州淮海玻璃厂为龙头的酒瓶集团，以江苏大亚集团、江苏联通集团、徐州大东商务印刷有限公司为主的商标彩印集团及专业化、系列化的包装机械集团等。

以科技为动力加快包装工业改造步伐，优化产品结构，确保“九五”期间高水平、高质量完成20项以万吨**BOPET**薄膜项目、万吨多层共挤膜项目、10万吨高档铜版纸项目25亿只金属瓶盖项目等为重点的重大技改项目及以高速全自动制袋机、高速多色凹版胶版印刷机、多用途粮油包装机、全自动无菌液体灌装机、纸箱设计**CAD**等为主的科技开发项目；至2000年，力争我省包装集团及基地工业的生产总量达到全行业的50%以上，至2010年达到80%以上；以国内国际市场为导向发展我省面向世界覆盖全国的包装产品，确保“九五”期末，我省大部分包装产品达到国内一流水平，部分产品达到国际一流水平，2010年大多数包装产品达到同期国际先进水平；努力把我省包装工业发展成为与我省现代化农业、工业、科技相适应的，与国际包装接轨的，门类齐全、布局合理、分工明确、规模适度、管理科学的现代化工业体系；同时建立全省性的包装产品与技术市场及技术培训、信息咨询、技术交流等行业服务体系。

2. 主要经济指标

“九五”期间计划全省包装工业总产值、利税年均增长速度分别为20%和22%，到2000年达到422亿元和34亿元，2010年达到1700亿元和136亿元；我省包装工业计划重点发展20个项目，一般性项目100个，计划固定资产投资总规模35亿元，其中贷款15亿元，利用外资2亿美元，自筹4亿元(重点项目详见附表)，科技开发50项。

3. 主要包装制品的产量指标

“九五”期间根据我省包装工业、资源特点及国际包装发展趋势，将积极调整产品结构，加快发展包装原辅材料与包装机械研制和生产，适度发展塑料包装制品和金属包装制品，提高玻璃包装制品和包装印刷品的质量，详细计划指标如下：

“九五”期间包装工业主要产品产量(万吨)

包装类别	95年实绩	96年	97年	98年	99年	2000年	增速
包装用纸	65.80	92	105	119	136	150	14%
纸包装制品	72.72	83	116	133	151	173	14%
塑料包装	42.38	47	52	57	62	68	10%
玻璃包装	56.67	59	63	66	69	72	5%
金属包装	40.01	43	46	49	52	56	7%
包装印刷(亿印)	275	292	309	328	344	365	6%
包装机械(万台)	9.42	11	12	14	16	19	15%

4. 江苏包装工业“九五”期间及至2010年重点发展方向

江苏包装工业“九五”及至2010年技改和科研开发的主要方向是：大力发展纸包装、销售包装及包装基材；稳步发展塑料包装，优先并适度发展高阻隔塑料包装基材及制品、有利于环境保护并能循环使用的包装制品；提高玻璃包装、装潢印刷质量档次；积极开发节能新技术和微机应用技术以及机电仪一体化、高速度、高质量、全自动、连续式包装机械，尤其是为现代化大生产配套服务和为提高人民生活水平服务的直接包装机械，如粮油、食品等包装机械。

(1)包装用纸及纸包装制品

江苏是纸浆资源贫乏地区，又是用纸大省，包装用纸生产企业就全省宏观统筹下有分工、有重点地发展高档铜版纸及制品、高强牛皮箱板纸、高强瓦楞原纸、白板纸、玻璃卡纸及涂布牛皮箱板纸等，严格限制新上小造纸厂。同时注意环境保护、规模效益、能源消耗及纸浆的供给。计划总投资16亿元，形成新增12万吨白板纸、6万吨高强度瓦楞原纸、6万吨牛皮箱纸及10万吨铜版纸的生产能力。

纸包装制品以纸箱为主，积极发展**E**型瓦楞、高档白板彩印纸盒、多色印刷、纸箱喷墨打印、纸基复合罐、纸杯、无钉制箱、纸浆模塑等；同时重点建设省级瓦楞辊制造及修复中心，研制开发蜂窝纸板、新型快干粘合剂及各种纸质及纸浆模塑包装容器、纸基复合包装机械、彩印纸箱纸盒设备等。

(2)塑料包装制品

我省是塑料加工大省，塑料包装在包装行业中举足轻重，且许多产品和技术在全国有优势。“九五”期间至2010年，我们要努力确保优势地位。有重点、有规模、有步骤地发展塑料包装基材和高阻隔功能性包装材料，如**BOPA**薄膜、**BOPET**薄膜、**PP**珠光膜、**PVDC**涂布膜和共挤复合膜、**PET**片材、**PE**及**PP**热收缩膜及**EVOH**共挤膜、塑料喷雾罐、喷雾阀及塑料瓶盖，计划总投资13亿元。限制不利于环境保护的塑料包装制品，如各种**PVC**薄膜及制品、**EPS**制品等；重点研制开发新型复合材料、降解薄膜及制品、**BOPS**片材、**PET**片材成型设备及制品、高速制袋、柔性制袋和高速塑料彩印设备及各种胶粘剂等辅助材料。

(3)金属包装制品

金属包装为我省包装行业中发展较为迅速的一个门类，尤其是金属饮料包装容器及金属喷雾制品已形成我省特定的规模与技术优势。要在稳步发展金属包装、发展“连里带外”包装(既生产包装又生产包装内容物)的同时，加速建设与金属罐配套的以及和玻璃罐配套的各种易开盖、全开盖、多旋盖及新型金属饮料盖，适度建设高档金属桶；严格控制新建金属三片罐、普通金属桶、小瓶盖等项目；开发各种金属包装涂料、油墨及印铁烘箱辅助设备等。

(4)印刷装潢

装潢印刷是我省包装行业中的传统门类，且有很好的基础。发展重点是提高制版水平、印刷档次，增加品种，提高技术管理水平；限制新上各种小印刷、普通印刷及制版设备，如电雕机、电分机和拼版装置；在现有基础上建立覆盖全省及华东的胶版及凹版制作中心，适度引进无软片制版系统，建设高档多色纸张、纸板的凹版和胶版、柔性版印刷；加强制版、印刷技术管理，努力提高装潢印刷质量；开发各类特别印刷、柔性版印刷和特种防伪印刷技术及装备，并积极开发多色胶印机、凹印机、高档油墨和防伪油墨印刷等。

(5)玻璃包装制品

控制总量，重点发展节能窑炉，大力推广微机控制，提高产品合格率；稳步发展高白料酒瓶、化妆瓶、黄药瓶，逐步淘汰耗能大、成品率低的窑炉，限制新上普通制瓶生产线；开发提高玻璃酒瓶、饮料瓶表面装潢质量和提高成品率的新技术和新工艺。

(6)包装机械

包装机械是我省包装行业中发展最为迅速的一个门类。发展的重点是直接包装机械，主要有：粮油、饮料等食品定量包装机械以及与现代化大生产成套的大型连续真空包装机，纸箱充填、封口、捆扎、堆垛全自动生产线设备和药品、饮料及食品无菌包装机等；积极引导包装机械生产企业走分工协作化道路，避免相互倾轧，努力朝着现代化大工业服务，朝着替代进口、功能自动化、电脑化、定量化的方向发展。

四、实现江苏包装行业“九五”计划及至2010年长期规划的保证与措施

“九五”至2010年期间，江苏包装行业将以改革为契机，以国家政策为指南，以国内、国际两个市场为导向，按照我省经济国际化发展战略及国际包装发展趋势，“调优、调大、调高、调外”，调整我省包装工业结构、优化产品结构，当好国民经济的“先行官”；同时按照市场经济规律，建立健全全省包装行业管理体系，这是我省实现“九五”计划及至2010年长期规划的根本保证。发展战略是：东接浦东、南超广东、由南到北协同发展；苏南以规模、技术为优势，创名夺优，开发高新产品；苏北以地方特色产品为重点，搞好配套服务，努力提高包装水平和经济效益；技术上，瞄准国际，全面推进，有计划、有步骤地重点突破；组织结构上，以多层次、多元化的形式为主导行业服务，形成规模化和集约化运行机制；产品结构上，以多层次、多元化的形式为主导行业服务，形成规模化和集约化运行机制；产品结构上，大力发展包装基材，重点扩大食品、医药、外贸等销售包装的品种，提高质量。主要措施如下：

1. 深化改革，促进组织重构，优化资源配置

我省包装工业小企业、乡镇企业占三分之二以上，要使我省包装工业在国际化的经济大潮中立于不败之地，首先要加速企业制度改革，有计划地推行现代企业制度，促进省内有条件的包装企业率先进行股份制改造和以建立现代企业制度为主要内容的改制、改组和改造，并积极稳妥地进行各种形式的承包、租赁等企业制度改革，充分调动企业的内在动力，使之真正成为自主经营、自负盈亏的主体；同时按照经济国际化的要求及市场经济的客观规律，努力发展集团化规模经济、跨国经济和区域经济，优化资源配置。“九五”期间，要根据各地现有资源特点和产品、技术优势，积极鼓励建设区域性包装基地和跨地区的以资产为纽带的包装集团或各种科工贸结合、科工结合、工贸结合的股份制集团，以科研、技术、生产、销售的群体优势提高市场竞争力和产品技术档次，扩大产品的知名度和市场覆盖面，从而提高集约化水平。

2. 坚持科技进步，优化产品结构

要加强对国内国际包装技术、产品及相关行业发展趋势的调查研究，明确我省包装工业的发展方向，加强产业的宏观导向；坚持科技是第一生产力的方针，坚持以科技进步改造现有落后的生产工艺和技术装备，提高产品质量、技术水平，扩大生产规模，优化产品结构；加强科工结合，加快科技与经济的结合，加快科技成果向生产力的转货；坚持“扶优扶强”的原则，鼓励

发展符合国家产业政策、有市场、替代进口或增加出口创汇、有利于环保的好产品、好技术、好项目，力争在资金贷款、税收工商等方面予以优惠，对重大的包装技术改造或对包装行业有一定影响的项目要进行行业归口管理，并辅以必要的行政措施或经济手段，避免重复建设，特别要限制低水平的"遍地开花"。

3. 坚持外向开拓，加速我省包装与国际包装接轨的步伐

包装工业是先导产业，是进入国际市场的通行证；经济国际化，包装必须首先接轨。因此，我们要解放思想，开阔视野，密切与国际包装界的联系，积极开拓国际经济技术贸易与合作，大胆引进国外资金和先进技术及管理经验，以提高我省包装技术，加速我省包装工业技术进步步伐；并努力消化吸收国外先进技术和经验，提高我省包装工业整体水平；同时，进一步开展国际经济贸易和合作，有计划、有步骤地组织省内包装企业参加国际有关交易活动和考察，或邀请国际著名包装企业参加各类技术交流或贸易活动，融通国内国外两个包装市场，加速我省包装在技术上、产品品种上、质量上与国际接轨。

4. 加强重点行业、重点产品的包装改进，当好国民经济的配角

包装行业是服务性配套行业，在观念上要明确其在国民经济中的作用和地位，增强服务观念，甘于为各行各业当配角，要积极宣传包装在社会主义商品经济中的作用及地位，做好有关国计民生的重点产品、出口创汇产品包装改进工作，力争在"九五"期间把因包装不善造成的经济损失占工农业总产值的比重大幅度地降下来。根据我省经济的特点及产品包装的现状，要着重做好食品行业、建材行业、医药行业、烟草行业、陶瓷行业及外贸部门、粮食部门的包装配套和包装改进工作。总的目标是：提高食品的包装档次，增加品种，改进功能，重点突出搞好我省传统优势食品——酒类销售包装等工作，使食品包装朝着科学、安全、方便、快捷、卫生、多样、有利于环保的方向发展；加快医药包装与国际包装接轨的步伐，积极推广卫生、安全、新型高阻隔包装材料和制品，如复合塑料瓶、丁基胶塞、铝质易开盖、纸铝复合铝箔等；积极开发适合我国、我省资源特点的新型水泥包装袋，减少水泥的破损率，同时积极推动散装、集装化；加大粮食小包装改进的步伐，方便销售和人民生活，努力在"九五"期间提前实现米、面、油的小包装化，同时做好饲料的包装改进工作；加速烟草包装材料的国产化进程，力争在2000年之前完全实现国产化；进一步改进出口包装的质量，尽快和国际市场接轨，加快推广集装化运输，力争本世纪末基本结束我省商品在国际市场上"一等商品、二等包装、三等价格"的历史；有步骤地发展无污染的"绿色包装"，提高人民生活水平。

5. 加强市场引导和监督，促进包装产品标准的国际化

加强市场建设，促进包装技术、产品的合理流动；引导和鼓励包装企业合理合法进行竞争，促进全行业不断发展提高；加强质量监督和企业市场行为监督，规范企业行为，重视制定行规行法，适时地开展行业公价、限定销售区域、质量认证等工作，对生产和销售以次好、不符合标准的伪劣包装产品和从事违法经营的企业要进行曝光和依法处治，避免不正当竞争，维护本行业大多数企业的利益，"九五"期间要全面推行**ISO**9000系列标准，积极开展与国际认证机构的交流与合作，加强质量评审队伍的建设，建立与国际水平相当的包装产品保证标准，努力与国际接轨，使我省包装产品顺利进入国际市场。

6. 加强包装教育，提高整体素质

进一步贯彻落实省委省政府提出的"科技兴省"的战略，继续把全省包装教育工作作为振兴江苏包装的一项战略任务来抓，针对我省包装行业小企业多、乡镇企业多、人员素质不高的状况，把教育的重点放在小企业和乡镇企业，分层次、分专业实施专业教育和岗位培训，努力提高全员职工素质，为我省包装"九五"再上新台阶，2010年再度腾飞打下坚实的基础。

7. 加强行业管理，增强协会凝聚力

进一步加强省级、市级和有条件的县级包装技术协会组织建设和各专业委员会的建设。“九五”期间，要特别重视行业信息网络的基础建设，加强信息服务。进一步加强行业管理，完善“规划、指导、服务、监督”等职能，增强宏观调控能力，加强协会的桥梁纽带作用，作好政府决策的参谋、助手和企业的知心朋友，使协会真正成为行业的技术中心、信息中心、服务中心、仲裁中心和企业之家。

江苏包装工业1996年经济运行情况综析

1996年江苏省包装工业生产保持持续增长，包装工业总体经济效益有所回升。

一、全行业基本情况

1．产值、销售、利润同步增长，增幅高于上年。

据对全省1159家乡及乡以上独立核算的包装工业企业进行统计，1996年全行业实现工业总产值(不变价所规定)224.46亿元，比上年增长19%；工业总产值(现价)232.89亿元，占全省工业总产值(现价)的3.03%；实现产品销售收入达222.48亿元，经上年增长24%；完成利税总额14.16亿元，与上年持平；全行业工业增加值49.77亿元，比上年增长40.9%，工业增长值率21.37；资产总计214.58亿元，比上年增长30%；固定资产原价合计112.49亿元，比上年增长57%。全行业职工人数24.57万人。

值得提出的是，利润总额比上年增长42%，占全省工业企业利润总额的3.05%，呈现了近年来最高的增幅。全省包装产品产销率为95.53%，比上年增加0.83个百分点。在全省1159家包装企业中，亏损企业251家，亏损面21.66%，比上年减少0.67个百分点，比全省平均水平低1.03个百分点。

从经济类型来看，1996年全省国有企业摆脱了去年的亏损局面，实现利润总额0.94亿元；工业总产值占总量的16.25%，所占比例比上年增加1.03个百分点。集体企业实现利润总额2.56亿元，比上年增幅达89.63%，占全行业利润总额的50%，工业总产值占总量的46.16%，比上年减少10.51个百分点。股份制企业及三资企业的工业总产值占总量的37.58%，比上年增加9.48个百分点。从亏损情况来看，国有企业的亏损面29.36%，高于集体企业的19.24%及股份制企业的23.08%。

从企业规模来看，大中型企业总产值143.95亿元，占工业总产值的64%，所占比例比上年增加18个百分点；大中型企业的亏损面为21.03%，比上年增加2.54个百分点；利润总额达4.00亿元，占总量的78.43%，比上年增加8.71个百分点。小型企业的亏损面为21.85%，比上年减少0.96个百分点，其亏损情况稍好于大中型企业。

2．各门类产品齐全，各类产品增减变化较大。

1996年全省包装产品持续增长。纸包装制品产值33.81亿元，占总产值15.06%，比上年增长23.57%；产量84.00万吨，比上年增长16.7%。包装用纸产值22.92亿元，占总产值10.21%，比上年增长36.27%；产量74.40万吨，比上年增长13.8%。塑料包装制品产值55.89亿元，占总产值26.68亿元，比上年增长24.77%；产量48.19万吨，比上年增长26.4%。玻璃包装制品产值10.28亿元，占总产值4.58%，比上年增长0.29%；产量41.74%万吨，比上年增长-25.5%。金属包装制品产值46.00亿元，占总产值20.49%，比上年增长21.05%；产量45.90万吨，比上年增长14.90%。包装印刷产值26.48亿元，占总产值24.32%；产量317.02亿印，比上年增长15.3%。包装机械产值11.26万吨，占总产值5.02%，比上年增长21.47%；产量8.91万台，比上年增长-5.3%。由于资金投入大，塑料包装制品增长比较突出，全年利税3.10亿元，比上年增长 55%，利税额在各门类中最高的，占总利税额的 22.14%。

3. 区域经济推动包装工业的发展日趋明显。江苏经济较为发达的无锡、苏州、常州、南京、镇江、扬州沿江 6 市的包装工业产值 181.15 亿元，占全省总产值的 80.70%，其中苏、锡、常的产值占全省总产值的 47.13%，而其他苏北 7 市只占不到 20%。沿江 6 市的包装工业利润为 3.85 亿元，占全省总利润的 75.49%。

包装工业是竞争相对更为激烈的行业，江苏包装工业存在一些不足之处。

1. 生产规模水平偏低

尽管全省大中型包装企业由 146 家增加到 271 家，所占比重有明显上升，企业的规模度(单位企业的产出)也在提高，而且有的企业提高较快，但是，从整体来说工业企业的规模程度不高，规模效益不明显，在全国能排上拳头产品，市场份额大的企业数少。

2. 产品结构不合理

有些门类产品单一，档次低。重复投资，重复建设的现象突出，地区产品结构趋于同化的状况存在。

3. 企业成本增加较快

包装产品大多是薄利产品，企业成本上升较快，导致生产效益下降和资源使用效益降低。成本上升过快的主要原因是包装企业以中小型乡镇企业居多，生产管理水平和技术水平不高，市场应变能力和竞争能力不强。

二、采取的措施

1. 加快结构调整，发展优势产品

随着企业改革的逐步深化，包装企业的发展两极分化的现象比较突出，这也是市场经济发展的必然趋势。江苏包装产品品种全，总量大，但是能列上全国销售量大、市场份额高的产品很少。关键是如何抓住机遇，对原有不太合理的经济结构加快调整和优化，发挥出行业的优势，发展有市场，有竞争力的产品，选定经济效益好、机制转换快、规模较大的企业作为行业发展的突破口，使其成为行业发展新的增长点，提高江苏包装产品在国内的市场占有率，参加国际竞争。

2. 加快机制转换 提高管理水平

随着社会主义市场经济体制的建立，包装企业的发展不能一味强调国家的支持，增加资金投入，而是必须搞活经营，采取严格的科学管理，把经济增长方式从粗放型转变为集约型。因此，以中小企业，乡镇企业为主的包装企业经营者和职工应更新观念，转换经营机制，强化管理意识，健全管理机制，加快技术改造步伐，降低管理成本，将市场竞争的压力转变为提高技术，加强管理的动力，提高企业和职工的素质。

3. 加快优化组合 区域共同发展

地区的经济发展带动了包装工业的发展，同样，区域经济发展滞后也会制约包装工业的发展。因此，要实施我省“区域经济发展”的战略，由分散重复型向相对集中型发展，上周边产品配套包装向异地区域配套包装发展，以扩大江苏包装产品的市场，提高行业的整体效益。

4. 加快市场开拓，提高竞争能力

江苏包装产品某些品种在全国处于领先地位，但是不断变化的市场，市场不同层次的需求，使原有的产品品种更新换代已经滞后于市场变化，难以适应市场经济的发展。近几年来，国际竞争日益增强，专业生产包装产品的国际大公司、跨国公司凭借经济、科技和资金的优势来江苏抢占市场，对习惯于传统方式扩大生产的企业来说冲击较大。因此，江苏包装企业要面向市场，研究市场，适应市场，开拓市场，要把市场作为一切生产经营活动的起点和归宿，要面向两个市场，提高市场占有率，向规模化、多样化、专业化发展。

目前江苏包装工业正在借助香港回归和党的十五大召开，经济“软着陆”的良好时机，深化改革，加快转变，强化管理，奋力开拓，持续、快速、健康地发展，为实现“九五”计划再创辉煌。

浙　江

ZHEJIANG

浙江包装工业概况

浙江省包装技术协会　浙江省包装公司

1996年是"九五"计划的开局之年,全省包装行业紧紧围绕经济体制和经济增长方式这两个根本性转变,努力实现和工作,获得了新的发展。

一、经济总量持续快速增长。根据1996年编制完成的上一年度包装工业统计年报(附表1、2),产值和利税分别比1990年增加132.0%和89.0%,"八五"期间年平均递增率分别达到26.4%和17.%。另据全国包装工业统计资料表明,我省包装工业的产值、利税分别列全国同行业的第八位和第六位。如果把"三资"企业和乡镇企业算进去,全省约有包装企业2100多家(不含个体企业),年产值将近100亿元,已使包装工业总产值相当于全省37个工业行业中列第17位。

通过组建集团公司和"三资"企业,我省包装办谋求第二次创业,以取得进一步的发展。经省计经委、体改委批准,以省包装公司的经济实体为核心层,联合中包总公司在浙江的五家直属企业,以资产联结为纽带,级建了浙江包装集团有限公司。集团公司抓住"发展"这个硬道理,增加投入、组织实施凹版印刷生产线和多层共挤流诞膜生产线两大技改项目业已取得顺利进展。并在此基础上构筑了"九五"远景发展蓝图:建设好一支高素质的职工队伍,特别是有一个好的领导班子;建立国内和国际二大贸易体系;重点经营纸业印刷、塑料制品和包装机械三大包装门类;建设好杭州、绍兴、嘉兴和温州四个生产基地。使其成为一个核心企业拥有所有者权益二个亿、固定资产五个亿、销售收入达十个亿的股份化、集约化、国际化的大型包装企业集团。

二、"科技兴包"初见成效。努力贯彻中国包装总公司"科技兴包"的战略,推动我省包装工业的科技进步。根据"抓大放小"指导思想,认真落实国家第二批"双加"(加大技改力度、加快技改投资步伐)技改项目的申报立项和组织实施工作。我省有四个项目被列入国家经贸委导向性计划项目,总投资4.895亿元,专项贷款1.910亿元,其中用汇1400万美元。此外还申报五个技改专项贷款项目,总投资1.830亿元,用汇650万美元。

1996年完成技改竣工验收项目二个,申报省级科技新产品项目12个(其中重点项目一个),有二项已通过省级技术鉴定。此外,在包装新材料研制、国外包装机械技术消化吸收、废塑料回收利用以及实施"绿色包装"工程等领域都取得了可喜成果。

三、行业管理与服务有新的起色。在1995年基本完成瓦楞纸箱产品发放生产许可证和对有关金属包装桶罐企业进行大量摸底工作的基础上,1996年完成六家金属桶罐企业考核发证工作并对三家纸箱生产企业经考核后补发了生产许可证。我省广大包装企业积极采用国际标准和国外先进标准(简称采标),1996年有27项包装产品列入全省采标计划。浙江景兴纸业集团有限公司成为全国造纸行业中ISO9000首家获证企业。省包装协会会同省建材包装协会,在省建材包协年会上,宣贯GB9774—1996《水泥包装袋》新国标,为实施水泥包装袋新国标作好准备工作。

省包装协会、包装行业协调办公室合署办公。通过技术咨询中心,继续为筹建单位和生产企业咨询包装设备技术,提供技术服务,为企业开源引路,排忧解难。

四、商贸展会促进包装经济日趋繁荣。1996年中国包装界可谓盛事空前,我省包装企业积极参与。世界包装组织成立28年来首次在中国北京隆重举行世界包装大会(包括'95“世界之星”颁奖,国际计算机演示会、学术讨论会、技术交流和经贸洽谈会),我省杭州人民玻璃厂等企业派员赴会洽谈经贸协作,浙江大学奚德昌教授等撰写的二篇论文收入《世界包装组织'96国际包装学术讨论会论文选集》。第五届中国国际包装技术展览会(CIP'96)上,我省参展企业22家,标准展台26.5个,六家企业获“八五”包装成果金奖,二家企业获银奖。我省包装企业也积极参加了“首届中国包装精品展示洽谈会”、“绿色包装研讨会”等及多家国外包展。还应中国包装总公司之邀,郑重组织“浙江参观团”分别赴沪、穗参观两个大型包装展览会。

通过一系列商贸展会,对沟通产销渠道、促进内外贸易、加快技术交流、推动行业发展,发挥重要作用。

五、行业活动不拘形式勇跃开展。省包装协会坚持每年二次召开专业委员会和各市(地)包协秘书长工作会议,商讨、研究包装工作,布置政府部门和上级包装组织下达的工作任务,协调行业中出现和需要解决的新情况、新问题。为了在激烈的市场竞争中,维护包装企业同消费者双方的共同利益,省包协及玻容委、纸委会、印委会等继续全同物价部门,协调好相应包装企业的“工价”。衢州市包协在柑桔外运高峰期前夕,制订了柑桔包装最高限价试行办法,为做好产销衔接,保护桔农利益尽力。

杭州印铁制罐工业公司等二家企业的18L镀锡薄钢板方罐等二项产品在全国范围内开展推荐活动中,被审定、推荐为“中华包装精品”。中国绍兴黄酒集团公司徐复沛工艺美术大师设计的“绍兴花雕酒坛”包装荣获1996年度“中国之星”大奖。

浙江包装工业在深入改革开放、调整资产结构和建立、完善市场经济的新环境中,正在以自身的努力争取新的进步和发展。

附表1　　包装工业基本情况

项　目	单位	1995年	1996年
企业单位数	个	355	394
其中:大型企业	个	18	其中:国有经济企业90
中型企业	个	139	集体经济企业258
小型企业	个	198	股份制经济企业32
			“三资”企业14
从业人员年平均人数	万人	8.9720	9.0259
工业总产值(不变价新规定)	万元	509832	515623
工业增加值(生产法)	万元	139871	171171
利税总额	万元	51103	50645
固定资产合计	万元	281149	282719
流动资产年平均余额	万元	241845	275494

附表 2　　包装工业主要产品产量

产品名称	计量单位	1995 年	1996 年
纸制品	万平方米	35198	222525
塑料制品	吨	128150	113013
包装瓶罐玻璃	吨	101694	91525
金属制包装物品	吨	70320	65240
包装机械	台	53110	52671
包装印刷	万印	1047038	893078

安　徽
ANHUI

行业管理是合力　技术进步是动力

记安徽包装技术协会　何云从

安徽是个内陆省,物产资源丰富。在计划经济时期,重工业比例大。改革开放后,轻重工业比例渐趋合理,但落后的包装工业不能适应产品的需要。在中国包协、中国包装总公司相继成立之后,省经委党组决定于1984年成立安徽省包装技术协会。省包协成立后,肩负着中国包协、中国包装总公司委派的各项工作任务,遵照省经委的工作安排,积极负责推动我省包装工业的发展。在省内各有关部门的配合下,各包装企、事业单位广大职工的共同努力,各级包协努力奋斗,做了大量艰苦细致的工作,使一个起步晚,基础差,设备落后,资金短缺,人和匮乏,百废待兴的安徽包装工业,变成包装企业如雨后春笋,包装产品门类较为齐全,包装工业产值、利、税成倍增长,在全国跻身于上中游之列。我们把这一成绩归之为:建立行业管理增强了凝聚力,使各部门的包装企事业形成合力;技术进步是动力,加快了包装工业的发展速度。本文着重从技术进步方面,记叙我省包装工业的发展。

一、落后的状况催人奋进

省包协成立后,当时据统计全省包装工业80几家,产值2.8亿元,都是小型企业,设备陈旧,条件很差。如何改革这一落后状况,我们认真学习研究了中国包协、中国包装总公司的有关文件、《纲要》、包装报刊、文摘和有关资料,开阔视野;组织调研,对我省包装工业分类梳理;召开有关厅局会议,通报情况,研讨发展方向;开展宣传活动,并以内部刊物及省经委《送阅材料》以引起各级领导重视。在摸清情况,形成共识的基础上,遵循"包装工业大家办"的方针,不怕困难,奋发前进,从技术改进,制订技改项目计划,编制"七五"规划,从各方面努力,把工作搞上去,以改变包装工业的落后状况。

二、以技术进步为动力,要求"七五"要改观,"八五"大变样

省包协在选定和论证重点技改项目后,于1986年向中国包协、中国包装总公司汇报,得到了中国包装总公司及其有关部门和所属公司的积极支持,先后有三位副总经理和助理、有关部及所属公司负责人到我省调查研究,深入企业考察论证,中国包协会长邱纯甫、副会长高首善及秘书长、部门负责人均到安徽视察过,都给安徽以很大支持,在当时确实起到了促进效应,促进各行业重视并投资包装技改。在"七五"期间和"八五"期间,中国包装总公司下达安徽的技改贷款5000多万元(其贴息、低息贷款各400万元),国拨外汇200万元,如竹浆牛皮箱板纸,获国家科技开发成果奖,引进的六色及八色彩印复合软包装生产线,取得一定效益。淮南造纸厂等企业在资金奇缺,运转困难时,都得到过中国包装总公司的援救。

在中国包装总公司投入开发产品及其所产生效益影响下,各系统及地方自筹资金积极进行包装技改,据统计全省达5亿多元,引进和更新设备40多条生产线和单机、机组近百台,从而开发生产各类包装机械、包装产品、包装材料五十多种，基本上达到包装门类较为齐全，以适应市场需求，实现了“七五”要改观，“八五”大变样的目标。

三、安徽包装工业持续、快速、健康发展

省包协虽然人少事多，凭着改变落后状况的决心和对包装事业 热爱，本着“三自”（自立、自强、在省经委领导下自行开展工作）方针，“四实”（据实情、讲实话、办实事、求实数）精神，在各级领导支持下，安徽包装工业持续、快速前进。从以下几组数字可以看到安徽包装工业的发展。

1.1984年全省包装工业产值2.8亿元，按历年统计口径县以上150家包装企业产值，“七五”期间平均年增长19%，“八五”期间平均年增长18%，1995年实现包装工业产值20.7亿元，连破10亿元和20亿元两个大关，比1984年增长7倍多。如按全省乡镇以上包装企业计算，产值达40亿元。

2.随着改革开放的深化，市场经济的推动，产品竞争的需要，宣传、倡导“包装工业大家办”、“包装工业大家做”的深入，全省新建、转产、合资、兼营的包装企业风起云涌，城乡到处可见包装企业。1995年底全省计有1600家，8万名职工。

3.从企业的规模看，虽然大多数是中小企业，但近几年已出现万绿从中数点红，产值达1亿元以上的有5家。

4.包装产业结构不断变化，包装新设备、新产品、新材料、新品种不断涌现，填补省内空白的近50种，其中以包装机械、塑料包装产品、印刷、纸及纸制品发展最快。

四、勿忘过去，再创成绩

安徽省包协成立以来的历程和包装事业的发展，是与各级领导重视、有关部门支持、广大职工努力分不开的。在工作中，更深感行业管理，搞好服务形成的合力，技术进步，更新设备形成的动力和后劲。

“花开缘自有春风”，值此中国包装总公司成立15周年之时，应该很自然想到开创中国包协、中国包装总公司的创始者们为我国包装事业所做的贡献和对发展安徽包装工业的支持。勿忘过去，也要看到我国与发达国家之间的差距。就我省来说与一些兄弟省相差尚大。我国的包装事业正方兴未艾，任重道远，我们深刻地认识到只有在中国包协、中国包装总公司的积极指导下，各级经贸委重视下，加倍努力，上下齐心，通力合作，才能再创新成绩，再上新台阶。

安徽省包装技术协会1996年工作总结提纲和1997年工作要点

（一）

今年是“九五”计划的第一年，遵照全省经贸工作会议的要求，本着办实事、求实效的原则，坚持加快全省包装工业的发展，力求在“八五”快速发展的基础上，保持稳健步伐，以适应市场经济的发展。一年来在省经贸委领导、中国包协、中国包装总公司指导和各有关部门的配合支持下，“包装工业大家办、包装工作大家做”，全省包协同志不怕艰苦，积极努力，克服困难，开展工作，主要情况如下：

一、全省包装工业保持稳健发展的好势头

在全省工业经济持续快速增长的总态势下，包装工业加快改革步伐，一些企业增添设备、开发产品，开拓市场，增添了新的经济增长因素，保持稳健发展的好势头。按历年统计口径，预计150家县以上包装企业的产值可达24.2亿元，比1995年的20.49亿元增长18%。如按全省乡镇以上包装企业产值计算，超过40亿元。

二、包装企业不断增多

通过“七五”、“八五”计划的实施，全省包装企业包括外资、合资企业如雨后春笋，已近1600家，职工8万多人。一些基础和条件较好的及新增的企业，转向高档次和缺门包装产品发展。个体户也增加很多。

三、包装企业技术改造向缺门、畅销产品和

提高档次进军

省包协积极倡导"包装工业大家办",宣传引导企业向我省缺门和畅销产品及提高产品档次进行技术改造。一是请中国包装总公司支持,批准双津集团引进复合机,铝纸塑复合系列项目4000万元。二是地方和企业自筹资金,如海螺集团用汇800万马克,引进德国纸塑复合水泥包装袋生产线,生产量4200万条;东方纸板厂轻型牛皮箱板纸,畅销国内外;万德福包装彩印公司、省戒毒所新天纸箱厂购进瓦楞纸箱生产线;中港合资黄山永新装饰包装材料公司增添设备,扩大市场等。

四、组织参观CIP'96国际包装展览会

按照中国包协布置,通知各地市经委包协、会员单位、科研机构,组织参展和参观学习。有些地市如合肥、芜湖、安庆等地统一组团前往,大部分企业是派员参观,对开阔视野,拓宽思路,了解情况,掌握信息有一定收获。

五、做好新增纸箱企业发证工作

全省瓦楞纸箱发放生产许可证工作已经结束,在市场经济发展中,少数县又有新增,经地市包协审查帮助,考评合格的有8家,其中上半年四家已经全国包许办审批发证,12月份又上报四家待审批。

六、钢桶、易拉罐等五项产品发证的调研情况

根据全国包许办的通知,省包协从去年底即发出通知摸底,今年又做了重点调查,在五项发证产品中,因易拉罐、喷雾罐、工业圆桶、手提钢桶等四项我省没有。200L钢桶我省原有六家,90年已发证,94年进行了复查,有三家停产,今年蚌埠钢管厂又被兼并,还剩合肥、滁县两家已处于停产状态。

七、积极做好为企业服务工作

省包协坚持服务宗旨,为一些包装企业热情诚恳的服务,如双津集团原通过轻工系统上报的技改项目未能进笼子,临时改由省包协申请中包总公司支持,得以列入计划4000万元;为万德福、新天两企业提供设备情况、质量、管理和资料等方面的服务;为铜陵县绢纺厂闲置的BOPS设备的调剂;为合肥一塑厂提供BOPP产量,国内已届饱和,引进应慎重的建议;还为一些企业提供信息,沟通渠道,得到企业的好评和信任。

八、包装改进渐趋正常化

在市场经济发展和竞争剧烈的形势下,企业为促销增效益,重视了产品的包装和装潢设计,有些企业还不断更新改进,如烟、酒、茶、轻工产品、食品等。一些大宗产品的包装改进已趋正常,破损较多的水泥包装袋,已引起重视,宁国、铜陵、巢湖等水泥厂已分别引进和从国内购进水泥包装袋生产纸。医药、出口产品的主管部门一直常抓不懈,立有规章制度,效果较为显著。

九、认真做好包装统计工作

包装工业统计是反映现实状况,决定今后发展方向的重要资料。在隶属多头、门类繁多,又无法定统计报表制度的情况下,我们本宜简不宜繁,从实际出发的精神,把年报当作大事,组织专人,在有关厅局、企业的支持下,汇审校核后上报,因而符合实际,获得好评。

十、加强包装宣传报导,交流包装信息

省包协尽管人少经费难,始终坚持办好《安徽包装》,免费赠送各级领导、各有关部门和包装企事业,并与各省市包装机构、学校、包装刊物交换,起到宣传领导的作用和为企业交流信息,宣传企业的作用,深受好评。在中国包装报上,每年都刊载由省包协组稿和企业通讯员撰稿数十篇,宣传安徽,宣传企业和产品,起到很大鼓舞作用。

(二)

一九九七年我国经济将是一个稳定增长的年份,我省包装工业应以认真贯彻全省经贸工作会议精神,联系包装工业实际,加大包装工业发展,适应市场需要,做好配套服务,力争包装工业与全省工业经济同步发展为指导思想。

一、认真学习贯彻全省经贸工作会议精神和中国包协、中国包装总公司的各项工作要求,与我省包装工业发展结合起来,力争包装工业持续、快速、健康发展,为"九五"再上新台阶打好基础。

二、振奋精神，苦干实干。全省包协工作者要热爱包协工作，树立信心，不怕困难，以艰苦细致的工作，争取领导重视以改善现状，争取各方面支持以共同努力，并应满腔热情为企业服务，做实事、讲实效以增强包协的吸引力和凝聚力。

三、积极努力，奋发图强。在“七五”、“八五”期间，全省广大包装工作者精神焕发，使落后的安徽包装工业变为包装产品门类较为齐全，跃居全国中上游之列。“九五”期间，还须更加努力，运用有利条件，克服不利因素，不断开拓进取，再创新成绩。

四、全省经贸工作会议提出的大力扶植和支持高附加值产品，是对包装工业的重视，包装企业要积极提高包装产品的精美度，为各类工业产品配套服务，为包装产品开拓市场。

五、包装工业的科技进步，要以我省缺门产品，畅销产品、出口创汇产品和高新技术包装产品为主，要依靠自身能力和吸引外资、合作、合资、参加集团等多方筹措资金。属于高新技术投入大的项目，由省包协上报中包总公司支持。

六、继续做好包装改进工作。要按照“谁的产品，谁负责改进”，“谁造成的损失，谁负责解决”的原则，继续做好包装改进工作。97年计划会同有关部门开展水泥包装用袋、包装用纸的质量检查工作。

七、在行业管理上，要按照国务院授予包协的行业管理职能，努力为政府、为企业服务，充分发挥协会的桥梁作用。发扬“包装工业大家办”，共同做好包装事业。做好微观协调，为企业解忧。

八、加强调查研究，摸清情况，创造条件，组建同行业专业委员会，沟通信息、协调产销等事宜。

九、加强宣传报导。一是办好《安徽包装》，使之成为对省内包装企业具有指导意义的刊物；二是为《中国包装报》、《中国包装》、《中国包装工业》全国性包装报刊组稿，宣传安徽包装；三是组织通讯员和包装企事业为上述报刊和地方性报刊写稿，宣传企业和产品。

努力开创湖北包装工作的新局面

湖北省经贸委委员　吴方介

九六年工作的简要回顾

1996年,是实施"九五"计划的第一年,也是包装战线广大干部职工团结拼搏、求是创新、抢前争先、实干快上的一年。一年来,在省委、省政府的正确领导下,全省包装行业认真贯彻党的十四大五中、六中全会精神,按照年初确定的为"九五"开好头、起好步的总体要求,加大工作落实力度,较好地完成了改革与发展的各项目标任务,实现了"九五"计划的良好开局。

一、包装生产继续保持了稳中求进的发展态势。

据统计,1996年全省包装行业实现产值68亿元,比上年增长15.8%,实现利税6.2亿元,比上年增长11%,实现销售收入66.8亿元,比上年增长16.2%,总体速度和效益继续高于全省工业经济增长的平均水平。其中:被列为全省重点的18家企业共实现包装工业产值11.3亿元,销售收入10.5亿元、利税1.32亿元,分别比上年增长29.8%、34.5%和22.6%,超额完成了年初确定的目标任务。

过去的一年,在国家宏观调控适度从紧的大环境下,我省包装工作之所以继续保持了稳中求进的发展态势,我认为,主要来自以下三个原因:一是除季节因素外,全年月度增长基本均衡,各月增速都保持在16—20%之间,起伏变化较小;二是由于受出口退税政策和国内外市场变化的影响,出口包装加工业的增幅虽然较之上年稍有回落,但包装机械和原材料的生产却明显回升。如:京山轻工机械股份有限公司去年已实现销售收入4.2亿元,利税8210万元,分别比上年增长38.6%和19.8%;云梦塑料薄膜厂去年已完成销售收入2.05亿元,利税2000万元,分别比上年净增1.02亿元和881万元,增幅达100%和78.7%。正因为这些优势企业的迅猛发展,也就有效地支撑并提高了全行业的平均水平;三是国有包装企业发展平稳适度,集体及非国有企业也出现了快速增长势头。如:1996年,全省国有包装企业增速为12.8%,其它类型包装企业增速为17.2%,从而保证了整个行业平稳增长的态势。

二、技术改造创下了争取国家投资的历史最好水平。

在去年国家下达的企业技术进步第二期"双加"工程导向性项目计划中,我省京山轻机、云梦薄膜等四家企业的包装技术改造项目已同时进入国家"双加""笼子",从而实现了近10年我省包装行业技术改造领域的重大突破,也创下了我省争取国家投资的历史最好水平。这四个项目:即云梦薄膜引进年产8000吨**BOPET**聚酯薄膜生产线项目、京山轻机引进年产26条高档复合瓦楞纸板生产线项目、沙市轻机引进国外先进的涂布机生产技术和设备项目以及小池化工集团年产2000吨,铝箔薄膜/纸生产线项目等。累计投资总额为3.38亿元,其中:国家专项贷款2.315亿元、占投资总额的68%,地方及企业自筹1.065亿元,占投资总额的

32%。预计这批项目建成投产后，每年可为行业新增销售收入6.34亿元，新增利税1.69亿元，出口创汇2000多万美元。可以说，过去的一年，是我省包装行业在技术改造方面投资力度最大、花费精力最多、也是最具实效的一年。能够取得如此丰硕的成果，我认为，除了企业的自身努力之外，在一定程度上也得益于国家经贸委、中国包装总公司和中国轻工总会的大力支持，得益于各级金融部门的鼎力协助。就我们行业管理部门来说，在推进包装企业技术进步方面主要是把握了以下两个环节：一是充分发挥计划导向功能，确保重点企业重点部位的技术改造。如：过去的一年，为了引导资金投向，规范企业行为，我们在广泛搜集经济技术信息、了解行业发展趋向的前提下，根据国家产业政策和行业实际，及时制定了"九五"前期我省包装行业技术改造重点项目的导向性计划，并把高阻隔功能性包装材料、适销对路的包装机械产品以及绿色包装制品等三个专项作为近期的主攻方向，从而大大提高了我省包装项目进入国家"笼子"的命中率。二是跟踪世界发展潮流，努力提高技改项目的技术起点。长期以来，在技改项目的选定上，我国一直实行的是上边定、下边干的传统做法，这种企业报、部门定、自下而上，逐层筛选的程序虽然在社会主义市场经济条件下起到了重要作用，但是在某种程度上也给企业的项目选择带来了一定难度，特别是在技术改造的投资主体上政府转向企业之后，不少企业由于受市场、信息和行业的制约，尽管费了九牛二虎之力也常常提不出好项目来。为了提高技改项目的技术起点，避免低水平的原型繁殖，一年来，我们注重抓了项目引进前的市场调研和可行性论证工作。以云梦塑料薄膜厂的聚酯项目为例，经过该厂广泛的市场调研我们发现，1995年，全国聚酯薄膜产量仅为3.2万吨，而同期的市场需求量已达7万吨以上，虽然目前国内已有三条线正在建设之中，但到1998年国内的市场需求量必将突破9万吨，其市场缺口仍在一半以上。另外，从当前聚酯薄膜生产企业的分布情况看，目前现有和在建的企业主要分布在东南沿海等较发达地区，而华中、华北、西北和东北地区目前仍属空白。由此可见，在湖北引进成套技术设备开发生产高质量的 BOPET 产品，不仅能够有效地缓解国内薄膜市场供不应求的紧张局面，而且能够较好地发挥我处"九省通衢"的区位优势，扩大包装产品的市场半径和辐射功能。

三、企业改革取得突破性进展。

一年来，全省包装行业紧紧围绕改革这个中心环节，加大改造力度，有力地推动了包装企业的转机建制工作。一是通过兼并联合与资产重组，京山轻机、襄樊印刷、武汉三塑、汉川扁丝等一批具有较强实力的大中型企业集团已迅速崛起。如：京山轻机自兼并本县三家濒临倒闭的企业之后，他们采取以产品为龙头，以资产为纽带等形式迅速组建股份公司，不仅有力地推动了企业生产要素的合理流动，使自己的优势品牌得到了进一步扩张，而且也有效地促进了区域经济结构的调整。二是通过"携手工程"与联合办厂，一批中小型包装企业突破种种思想束缚，已逐步形成了自己的特色，联合开发片碱产品；孝感金属容器厂利用孝昌闲置的土地和水域，致力实施"绿色工程"，都较好地安置了企业部分富余人员，为企业的生存和发展注入了新的生机与活力。三是通过跨地区的境外建厂，较好地促进了优势包装品牌的扩张。如京山轻机在上海、深圳、青岛设立的瓦楞辊修复中心，在北京、西安、成都、沈阳、昆明等17个大中型城市设立的分公司，去年都取得了较好的经济效益和社会效益，仅浦东公司销售收入就突破亿元大关，几乎占了全厂销售总额的四分之一。

四、行业结构调整初见成效。

一年来，全省包装行业按照"科学、经济、美观、适用"的原则，共开发包装新产品12种、新增花色品种50多项。其中：京山轻机开发生产的一次成型高档纸箱机械、武汉二机研制成功的 CL 无污发泡材料及制品，不仅填补了省内空白，而且在全国同行业也处于领先水平。通过一系列产品结构的调整，全省包装行业生产规模、产品质量和经济效益也有了明显增强。一是云梦塑料薄膜厂年产6500吨的**BOPP**薄膜二期工程已在年内顺利投产、富特波尔容器制造有限公司年产3亿只的易拉罐生产线也正式投入运行。这些项目如期完工,不仅标志着我省建设“包装小巨人”工程”的“231”计划已正式启动,而且又一次改写了我省高档包装材料及容器长期依赖进口或从外地购进的历史。二是企业效益下滑的势头得到遏制。一年来,全省包装行业勇于克服买方市场不可逆转,国内市场国际化的双重压力,充分认识宏观经济与微观经济出现的反差,广泛开展“创名牌、上规模、抓质量、增效益”活动,在“增产节约,增收节支”方面取得了明显成效。以纸制品行业为例,全省300多家县以上纸箱企业,1995年能够保本或者微利的企业还不中三分之一,有70%左右的企业出现了不同程度的亏损。去年尽管这种行业性亏损的局面仍未彻底扭转,但亏损面较之上年却降低了近10个百分点。三是扭亏为盈的企业明显增多。如:荆门市印刷包装总公司和南漳县塑料厂,由于历史和现实的原因,前些年这两家企业一直在低谷中徘徊,1995年分别亏损9.6万元和23万元。去年他们不仅一举摘掉了亏损企业的帽子,而且扭亏为盈后已分别实现利税62万元和70.7万元,从而跳出了过去那种重速度、轻效益、重外延、轻内涵的“怪圈”。

五、行业管理工作迈出新的步伐。

一年来,为了加强对行业的协调与指导,我省包装行业管理部门在切实加强自身建设,不断完善服务功能的同时,在行业管理方面也开展了一系列卓有成效的活动。一是按照国家技术监督局和全国“包许办”的统一部署,在继续做好瓦楞纸箱生产许可证收尾工作的同时,重点抓了省内钢桶、钢提桶、喷雾罐、两片罐以及工业用薄钢板圆罐等生产企业的考评、验收和取证工作。到目前为止,全省上报的8家企业的11个产品,已有三个产品初步通过了验收。与此同时,我省包装行业第一家申报**ISO**9000国际质量注册证书的企业——富特波尔容器制造有限公司也即将进入实质性的考评阶段。二是按照国家经贸委和中国包装总公司的要求,我们在初步形成“九五”规划(草案)的前提下,及时上报了1997年我省包装行业技术改造的重点项目计划。即:应城塑料厂的五层共挤薄膜项目、孝感金属容器厂的塑料中空复合桶罐项目以及枝江五星包装公司的高档彩印包装项目等等。三是按照“抓大户、抓龙头、以点带面推动全盘工作”的原则,适时召开了全省重点包装企业(鄂州)座谈会,为加强横向联系,研究探讨包装企业在发展过程中遇到的新情况、新问题起到了积极作用。四是按照为企业、为基层服务的宗旨,充分发挥行业管理的协调功能,先后为云梦塑料薄膜厂、荆沙宏达纸品总厂、江汉油田纸箱厂等企业,在增拨生产用电、筹措流动资金等方面也做了一些力所能及的工作。通过诚实的劳动和有效的服务,不仅在一定程度上缓解了相关企业电力、资金不足的矛盾,而且由于企业的丰厚回报,也较好地解决了行业管理经费不足的难题。

过去的一年,我省包装工作取得的成绩是有目共睹的。但是在充分肯定成绩的同时,我们也必须清醒地看到,在发展过程中也存在着许多不容忽视,低估的困难和问题。一是产销衔接水平下降、部分机台开工不足。据统计,1996年全省包装行业有60%以上的企业不能负荷生产,有30%左右的设备处于停产或半停产状态。由于产销衔接不当、产品销售受阻,也就引发了企业产品积压、成本上升、设备闲置、效益下滑等一系列矛盾。二是对外贸易形势严峻、出口包装趋于平淡。1996年,由于受出口退税政策和国内外市场变化的影响,全省包贸商品出口总额仅为22.3亿美元,比上年下降了4.2个百分点,低于全国平均水平。由于出口贸易的急剧滑坡,与之配套的包装行业也就陷入“无米之炊”的境地,过去那种以生产出口包装盈得企业利润的格局已不复存在了。据商检和外贸部门反映,在全省60多家外贸出口包装定点企业中,去年有将近半数的企业一年也没拿到一份外贸订单。三是流动资金严重不足、企业生产经营无法正常运行。这是摆在我们面前的一个刻不容缓而又相当沉重的问题。总之，过去的一年，包装行业经济效益滑坡的局面虽然得到了初步遏制，但是它并不意味着整个行业已真正走出了低谷。因为宏观经济结构调整带来的行业利润转移还远未消化，解决总量过大、结构不合理等深层次矛盾也有待时日，相当一部分包装企业仍是困难重重、举步维艰。当然，我们也应该兴奋地看到：结构调整、优势扩张、资产重组、兼并联合等一系列改革措施在1996年已有了实质性的启动，它必将成为我省包装行业在新的一年里营造集约优势的重要途径。

九七年工作的目标和任务

1997年，是中华民族历史上极不平凡的一年。党的十五大召开和香港回归祖国这两件大事，必将对中华民族的振兴与繁荣产生深远的影响，也将给湖北包装工业的发展提供大好机遇。分析今年包装工业的形势，总的来看，发展的机遇和态势是好的。一是经过近几年的宏观调控，经济滑坡的局面得到了有效遏制，宏观经济环境的大气候也将进一步改善。如：今年的中央经济工作会议已出台了一系列支持企业发展的改革措施，即：扩大生产企业自营进出口、增加技改项目贴息资金等等。二是国家采取调整结构、培育新的经济增长点的重大举措，有利于作为“朝阳产业”的新兴包装工业充分发挥产业优势，提高经济增长的质量和效益。三是通过前几年的重点扶持，我省包装行业固定资产投资一直保持了较高增长水平，特别是随着四个“双加”项目和“231”工程的正式启动，投资推动经济增长的作用将进一步显现出来。当然，制约包装行业发展的一些深层次矛盾尚未得到根本解决，大多数包装产品供大于求的格局以及市场、资金和能源的制约因素在短期内也不会有实质性的改变，因此，组织今年的包装工作难度依然很大。

根据省委、省政府关于“两高”、“五超”的目标(即：确保综合经济效益和发展速度高于全国平均水平；实现国内生产总值超2000亿元，工业产品产销率超96%，粮食总产超2500万吨，财政收入超244亿元，农民人均收入超2100元)，1997年，我省包装工作总的指导思想是：坚持有中国特色的社会主义理论，全面贯彻执行党的十四大和中央经济工作会议精神，稳中求进、紧中求科学研究，好中求快，切实推进“两个根本性转变”，努力提高经济运行的质量和效益；以市场为导向，以产品为龙头，充分发挥重点包装企业的地位和作用，逐步形成集约经营型的包装产业集团；加大结构调整力度，努力培育新的经济增长点；积极实施“科技兴包”战略，进一步加快“231”计划进程，牢固树立质量管理意识，大力推广包装改进成果，有计划、有步骤地培植和发展包装市场。

根据这一指导思想，今年我省包装工作的目标和任务是：推进“两个转变”(经济体制从传统的计划经济体制向社会主义市场经济体制转变，经济增长方式从粗放型向集约型转变)；保持“两个高于”(经济增长的速度和效益继续高于全省工业经济增长的平均水平)；做到“两个低于”(包装企业亏损面和亏损额低于其它行业平均水平)；实现“两个突破”(包装产品产销率突破96%、行业统检产品合格率突破90%)。主要指标为：力争全年实现包装工业产值78亿元、利税6.8亿元、销售收入76亿元，分别比上年增长15%、15%和10%。其中：18家重点包装企业力争产值突破13亿元、利税1.5亿元、销售收入12.2亿元，分别比上年增长18%、13%和16%；力争包装企业亏损面比上年下降5个百分点、亏损额减少20%；力争有1—2包装技改项目进入国家“笼子”，同时确保四个“双加”项目纳入国家今年的年度计划；力争有10个以上的包装新产品问世，有3—5项包装成果填补省内空白，有1—2项技术或装备处于全国领先水平。

做好九七年工作的主要措施

根据上述指导思想和目标任务，1997年，我们要紧紧围绕提高经济运行的质量和效益这个中心，着重做好以下工作：

(一)加大结构调整力度，着力转变增长方

式。

中央经济工作会议明确指出:今年经济工作的重点要进一步加大经济结构调整力度。这既是深化企业改革、缓解国有企业目前困难局面的迫切需要,也是转变经济增长方式、促进经济结构优化的必由之路。当前,我省包装行业调整和优化结构的重点,是要下大力气切实解决好“大而全”、“小而全”、盲目投资和重复建设的问题。据了解,我省目前大大小小的纸箱厂、印刷厂已不下1000家,其加工能力已远远超出包装材料的供给能力和市场的实际容量。由于僧多粥少,企业参差不齐,以致不少小厂与大厂争原料、争市场、争价格、争能源,使得本来具备一定规模与实力的企业相反设备闲置、投资浪费、效益低下,包袱沉重。因此,今年我们要在继续实施生产许可证制度的同时,严格控制一般性的新开项目,切实避免低起点,低水平的原型繁殖。与此同时,要以市场为导向,积极寻求企业新的经济增长点。对于重点包装企业,要按照“扶优扶强”的原则,以扩大股份合作制的推广面为重点,努力提高生产集中度和专业化协作水平。根据这一思路,我们初步设想,在全省包装行业内部,以京山轻机、云梦薄膜等优势企业为主体,以现有存量为基础,以实现低成本扩张为前提,逐步组建一至两个跨地区、跨部门,分工协作的包装产业集团。当然,这是一项系统工程,不仅涉及面广,而且错综复杂。这种构想是否切合实际,到底应该以什么样的方式进行运作,都是值得我们进一步研究和探讨的问题。对于小型包装企业,要以“放小搞活”为宗旨,力争在“放小”上有所作为。大家知道,包装企业90%以上是小型企业。从某种意义上说,放活小企业的重要性并不亚于搞活大企业。因为它是一个问题的两个方面,“抓大放小”,两者相辅相成,不可偏废。换句话说,小企业搞不好,同样也会影响整个行业改革与发展的进程。要搞活小企业,首先,要转变思想观念,也就是要按照邓小平“三个有利于”的标准,真正做到在思想上放胆、在工作上放手、在形式上放开、在经营上放活、在政策上放宽。其次,在改制形式的选择上要不拘一格、因事制宜。因为企业的情况千差万别,不能片面地追求一种模式,只要是有利于企业的发展,无论改组、联合、租赁、承包,还是国有民营、大胆尝试。此外,各地行业管理部门,要在当地政府的领导下,积极为包装企业的转机建制出谋划策,当好参谋,切实提供法律保护、政策扶持、产业引导和技术咨询。发现典型,要及时总经推广。

(二)注重企业内部管理,加强扭亏增盈工作。

加强企业管理,不仅是深化改革、建立现代企业制度的基本要求,也是进一步加快我省包装工业健康有序发展的当务之急。近年来,在大家的共同努力下,我省包装企业的管理工作虽然有所加强,学邯钢、抓管理、增效益也取得了一定成效,但是在行业内部也存在着以改代管、以外部环境掩盖企业内部管理的倾向。如有的企业经营者只热衷于改革的轰轰烈烈,却不愿在企业内部的管理上狠下功夫。这种以改革代替管理的糊涂认识是极其有害的。因为管理科学,是现代企业制度的重要组成部分,它与改革是相互促进、互为保证的关系,改革不能代替管理,特别是不能代替具体的管理制度和管理事务。至于企业的外部环境,在当前新旧体制交替转换的过程中的确存在着一些问题。除了人们常说的人多、债重、历史包袱沉重外,还有资金、价格、市场秩序等方面的问题。但是我们必须清醒地看到,任何外部环境的改善,都不能取代企业本身的工作,不能代替企业的内部管理。目前,不少企业效益低下,在很大程度上都与管理不善有关。因此,我们要进一步强化管理意识,在继承和发扬以往好传统、好方法的基础上,注重管理观念的更新,管理内容的变化以及管理方法的改进,特别是要加强各项基础工作,迅速改变当前部分企业管理工作弱化的状况,要把面向市场同内部管理有机地结合起来,把企业的生存和发展建立在科学的管理基础之上。

(三)实施“科技兴包”战略,推进行业技术进步实施"科技兴包"战略，是转变经济增长方式的具体体现，也是加快我省包装工业发展的根本途径之一。今年我们要进一步加大"科技兴包"各项政策措施的落实力度，促进科技与经济的紧密结合，努力提高科技进步对行业发展的贡献率。

一是要坚持科技面向经济建设主战场的方针，继续抓好包装科技成果和专利技术的研究和开发工作。如：武汉第二机床厂研制开发的 **CL** 无污发泡材料，是一项能够消除"白色污染"、具有广阔市场前景的"绿色包装"产品，不仅在国内引起了一定反响，而且也得到了省政府领导的重视。下一步，我们要集中力量，采取有效措施，加大推广应用力度，真正使这一高新技术尽快转化现实的生产力。

二是要继续实施《质量振兴纲要》，大力推行 **ISO**9000 系列标准。**ISO**9000 国际质量认证体系是世界上各发达国家在市场经济条件下质量管理实践经验的科学总结，也是目前国际上对产品质量及企业管理进行评价、监督的通常做法。推行这一标准，不仅在世界范围内已成为一种趋势，而且也是我国参与国际市场竞争、规范贸易行为的客观要求。据了解，全国包装行业目前已有北人集团、齐鲁塑编集团等五家企业通过了这一质量认证，我省富特波尔公司在提出申请的同时，也做了大量的基础工作。希望在坐的企业积极创造条件，争取早日获得这一与国际市场接轨的质量证书。

三是要以市场为导向，以企业为主体，深入探讨"产、学、研"结合的有效模式，根据市场的需求和企业实际，选准开发课题，充分利用高等院校、科研院所的科技优势，发挥行业各方的积极性与创造性，力争在科技开发、技术创新等方面有新的突破。

（四）强化行业管理职能，探索行业自律途径。

众所周知，在传统的计划经济条件下，我国工业管理体制的一个重要特征就是部门管理。这种以行政系列用行政手段直接管理企业的模式，在特定的历史时期曾发挥了特定作用。但是随着改革的深入，在市场作用日益加大的今天、在以公有制为主体、多种经济成分共同发展的新形势下，这种以部门管理为主的模式已远远不能适应形势发展的需要了。特别是在推进"两个根本性转变"的过程中，更要求工业管理体制要逐步从部门管理向行业管理过渡。因此，如何发挥行业协会的职能作用，已是摆在我们面前的一个崭新课题。

首先，要切实加强自身建设，建立和健全各级包协组织。近两年，由于体制上的弊端，我省原有的一些协会组织，除个别地市和部门能继续开展工作外，其余大部分地市和专业委员会几乎处于瘫痪状态。为了尽快改变这种名存实亡、形同虚设的局面，今年我们要利用适当时机，重新修改章程，改选理事会。

其次，要以服务这宗旨，把"服务"二字作为协会一切工作的基本出发点和归宿点。因为协会的生命源于基层，源于服务，只有在为政府的宏观决策当好参谋、为企业的发展提供有效帮助的过程中，才能体现协会生存的价值、才能提高自身的凝聚力与辐射力。不少事实证明，在建立社会主义市场经济的过程中，行业协会扮演着重要角色、发挥着重要作用，它所特有的横向特性与协调功能，是很多机构和部门都无法比拟的。比如：金龙泉啤酒目前生产能力已达35万吨，而与之配套的彩色纸箱包装却是福建泉州一家企业提供的。他们为什么舍近求远、"肥水流入外人田"？其中一个很重要的原因，就是尽管省内目前单独从事纸箱生产和印刷的厂家很多，但是至今没有一家能够从制箱到印刷一次独立完成的企业。在这种情况下，协会的桥梁和纽带作用就显得尤为重要。这一事例说明，协会工作不仅大有可为，而且天地广阔。当然，从事具体工作的同志一定要在实践中培养悟性、防止惰性、增强韧性，要脚踏实地地多为企业办实事，办好事。

湖　南

HUNAN

湖南省包装行业“九五”发展规划及2010年远景目标

一、“八五”完成情况

(一)包装行业“八五”主要经济指标完成情况

1. 主要经济指标

改革开放以来,我省包装行业在省委、省政府的领导和关怀以及各部门的支持下,通过广大包装工作者的努力,得到了长足的发展。根据1996年国务院办公厅批转的《一九八六年——二〇〇〇年全国包装工业发展纲要》文件,我省包装行业编制了“八五”规划,使行业发展逐步纳入我省国民经济运行轨道。经过十多年的发展,包装已成为门类比较齐全,有一定技术装备水平的现代化工业体系。据统计,全省现有县及县以上包装企业400多家,职工近10万人,包装工业固定资产原值由1990年的13.27亿地增加到1995年的25.9亿元。我省的一些包装产品如瓦楞纸箱、包装印刷、纸浆模塑制品、金属桶、塑料编织袋等产量在全国位居前列,包装设计在全国也占有相当的地位。包装行业承担着我省大量商品的包装任务,在我省经济中的地位也日益重要。据我们统计,目前包装工业各项经济指标均居全省前15位,已能初步满足国民经济发展的需要。

(1)主要经济指标

表一　“八五”期间主要经济指标完成情况　　单位:亿元

项　目	1990年	1995年	“八五”增幅	年均增幅
工业总产值	21.5	33.1	54%	9.4%
工业增加值	5.3	9.5	79%	12.3%
销售收入	17.8	31.3	75%	11.8%
固定资产原值	13.2	25.9	96%	14.4%
利税	1.75	2.5	43%	7.4%
全员劳动生产率(万元/人)	2.15	3.3	53%	8.9%

(2)包装工业主要产品产量

表二 “八五”期间主要产品产量

项　目	1990 年	1995 年	“八五”增幅	年均增幅
纸包装制品(万吨)	16.32	34.9	114.15%	16.45%
塑料包装制品(万吨)	2.24	4.73	112.95%	16.14%
玻璃包装制品(万吨)	6.57	15.12	130.14%	13.14%
金属包装制品(万吨)	1.9	3.74	102.11%	16.02%
包装印刷(亿印)	112	209.3	86.88%	13.32%
包装机械(台套)	2831	8598	204%	24.9%
包装用塑料薄膜(万吨)	0.43	1.38	209%	25.3%

2. 包装技术改造

“八五”期间,我省包装行业通过中国包装总公司安排的技改项目总投资 1.8 亿元,其中专项贷款 1 亿元,改造企业 15 家。技术改造的两个国家技改专项——“瓦楞纸箱”专项和“出口分装”专项中,纸箱专项投入专项贷款 780 万元,有 3 家企业引进了 3 条生产线,其余有不同程度的改造,我省目前拥有 24 条机械化纸箱生产线;“出口分类”方面,通过印刷、制版、复合包装生产线的改造及设备引进,开发了一些新的包装材料和制品。

3. 科技开发方面

针对我省实际情况,大力开发新的包装产品,特别是包装机械新产品的试制和应用有了很大发展。郴州地区印刷厂建成散粮自动包装机,设有驱动铲、自动薄包机和自动移动等装置,可在散粮堆放库(场)的任何位置自动包装,每小时可完成两个车皮(120 吨)的散粮包装任务。湖南纸浆模塑总厂 1992 年试制成功 **ZM**—15 型年产 1500 吨纸浆模塑生产线,经部级技术鉴定,被评为国内新产品,其性能、结构、技术含量均达到国内九十年代最先进水平。此外还连续开发了水果托盘、瓶托盘等五种新产品投入市场,完全能替代进口。

4. 包装改进方面

突出抓了农副产品和支农产品的包装改进。如棉花包装,近年引进液压打包机,使棉花包装实现打包机械化、包装规格化、基本无破损,达到棉花仓储、装载定型化、运输损吨率由原来的 23% 下降至 2.3%,装载率提高 14.7%,大大降低了运输费用。取得良好效益。粮食的小包装既减少了运输过程中的损失,提高保鲜度,又增加了附加值。茶叶的 80% 已采用复合包装袋。从整体水平来看,包装破损率降至 0.7%,包装不善造成的损失进一步减少。

(二)“八五”期间包装行业发生的主要变化

1. 社会主义市场经济的发展,促使包装行业发生了根本性的变化。“八五”期间计划经济体制向市场经济体制转变,包装行业作为市场经济的产物,比较快的适应这一变化,在“八五”期间呈现高投入,高速度发展的势头,包装工业产值、利税、固定资产原值、全员劳动生产率都比以前有明显的增长。“八五”期间包装工业产值比 1990 年增长 54%,利税增长 43%,全员劳动生产率增长 53%。

2.“八五”期间中国经济与国际开始接轨,促进了包装工业上档次、上水平。包装行业对外交流合作增多,利用外资从无到有。据统计,我省“八五”期间引进外资 1200 多万元,兴办三资企业近 10 家,年销售额突破 1 亿元。包装企业纷纷引进国内外先进技术装备,吸收先进管理经验,使我省包装制品出口创汇能力和为出口商品的配套率有明显提高。

3.“八五”期间包装行业规模结构发生显著变化。企业规模方面,平均固定资产额由 1990 年的 291 万元上升到 1995 年的 590 万元,翻了一番，完成工业产值平均475万元，上升到752万元，增长58.3%；企业结构方面，行业中出现具有一定骨干示范作用的企业和专业性的包装集团，带动和促进行业的发展，乡镇企业、股份制企业及三资企业异军突起，有的已具有相当规模，逐步成为包装行业中新的增长点。

4."八五"期间，通过引进一批先进的技术装备，如新型印刷制版设备，复合包装设备、金属异形罐生产线、防伪包装、新型纸桶生产线等，缩小了与国内、国际先进水平的差距，同时使包装产品结构也发生了变化。代表现代包装发展的新型的纸包装材料和制品有了较快的发展，塑料制品中的包装用薄膜也增长很快。包装机械更是有了飞跃。

"八五"期间主要产品产值所占比重变化　　单位：万元

项　目	1990年产值	1990年所占比重	1995年产值	1995年比重	95年比90年增减
纸及纸包装制品	81983.9	54.21%	153770	55.32%	+1.11
塑料包装制品	39419.1	26.07%	64540	23.22%	−2.85
玻璃包装制品	12384.1	8.19%	21397	7.70%	−0.49
金属包装制品	9266.2	6.13%	12228	4.40%	−1.73
包装机械	8177.8	5.41%	26007	9.36%	+3.95

(三)包装行业目前存在的问题

1. 工业布局分散。全省14个地州市，几乎都有一套完整的包装工业体系，重复投资布点，过度竞争。

2. 企业规模小，抗风险能力弱。全省400多家包装企业，没有一家销售过亿元的大型骨干企业，形不成规模效益。

3. 技术水平较低，缺乏高水平的专业技术人才。全省至今还有相当一部分包装企业的技术装备水平还停留在七十年代的水平。

4. 产品结构不合理，全省包装材料、包装机械严重滞后，高档包装在我省才起步。

5. 行业管理未理顺。由于包装工业起步晚，我省到1983年才成立专门的管理机构，加上包装工业的跨行业性，对行业管理范围不明确，影响了整个行业的综合平衡、协调发展，特别是近年来各地市包装管理机构出现各种困难，更使包装业的发展受到制约。

二、"九五"及2010年期间包装行业发展的指导思想

(一)我省包装工业面临的形势：

"九五"到2010年期间，市场经济体制逐步确立并完善，随着投融资体制、金融体制的改革措施陆续出台，投资主体以政府为主转向以企业为主，逐步将竞争性项目的投融资推向市场，主要通过商业银行进行间接融资，由企业自主决策，自担风险、自行建设和经营。同时，政府对国有大中型企业改革的优惠政策，对骨干企业的重点支持也会相应出台。这就使得包装企业既面临生存挑战，又面临发展机遇，而人民物质生活水平的提高，消费需求的扩大，为包装行业的发展也提高广阔的市场空间。

在今后十五年内，为适应社会主义市场需要，我省包装必须提高自身的生产技术和经营管理水平，取得更大的发展。我省"九五"规划中提出的"充分发挥农业优势，初步实施农业大省向农业强省的跨越"的宏伟战略，必将推动我省农产品、农副产品及加工品的大力发展。为其提供优质的包装，确保其商品价值的实现与增值，必须加大包装工业发展的力度。

我省"九五"及2010年规划中还确立冶金、机电、建材、化学、食品工业的五大支柱产业。围绕这五大支柱产业，包装工业面临着工业品的包装问题，突出的是前四大支柱的运输包装与食品工业的销售包装，包装市场需求是巨大的，在质量上要求升级换代，在数量上要求满足需要，在结构上要求品种多样。因此，我省包装行业在未来的战略发展中地位是十分重要的。

(二)我省包装行业的发展指导思想是：在建设有中国特色的社会主义理论指导下，以国家宏观经济目标和产业政策为基准，针对未来几十年的国际、国内市场的发展趋势，结合我省经济发展的现状与战略规划，转变经济增长方式，实施"速度效益与结构效益并重"的战略，科技为先、合理布局、重点投入、开放兴包、流通活包，把我省包装业建设成一个与国民经济相适应的具有国际先进水平的、现代化的，包装设计业、包装加工业、包装服务业协调发展的现代包装体系。

(三)"九五"及2010年期间包装行业发展应遵循的主要原则

1. 坚持规模经济和专业化协作相结合的原则。坚决改变"大而全、小而全"的封闭式发展，要根据产品的不同特点，按规模经济效益的原则组织生产。同时注意生产的专业化、发挥专业优势与特点。

2. 重点投入，合理布局的原则。优先支持现有企业中的优势企业、骨干企业，扶优扶强，带动全行业整体水平的提高。同时根据地区特点，发展有地区特色的包装产品。

3. 围绕市场、扩大开放原则。要加强内联外引的力度，在充分利用本省、本地资金、技术资源的同时，积极从包装工业发达的地区引进，并在占领本地市场的同时，扩大对外部市场的占有率。即立足湖南市场，放眼全国、走向全世界。

4. 坚持加速增长与环境保护相结合的原则。要运用现代新技术，从包装原辅材料，到包装技术和机械设备、包装废弃物的管理和配套的政策、法规等方面配合，实施"绿色包装工程"。

三、包装行业"九五"及2010年发展的基本任务和目标

(一)包装工业"九五"及2010年主要经济指标

表四　主要经济指标　　单位：亿元

项　目	1995年	2000年计划数	年均增长幅度	2010年目标
全年工业产值	33	58～66	12～15%	180～268
固定资产原值	26	36～38	7～8.0%	71～82
工业增加值	9.5	16～55	12～15%	52～78
利税	25	50～55	15～17%	20～26
全员劳动生产率	3.3万元/人	5～5.5万元/人	8～10%	10～14万元/人

表五　"九五"期间主要产品产量　　单位：万吨

项　目	1995年	2000年计划数	年均增长幅度	2010年目标
纸包装制品	35	60～70	12～15%	190～285
塑料包装制品	4.7	9.5～11	15～19%	38～64
玻璃包装制品	15	23～26	9～12%	55～89
金属包装制品	3.7	6.5～7.5	12～15%	20～30
包装印刷(亿印)	209	418～460	15～17%	1700～2200
包装机械(台)	8598	16000～18000	13～16%	54000～80000

（二）科技开发的任务和目标

1. 主要抓好包装产品科技成果的推广应用，引进开发能耗低、防污染、高功能的包装材料，特别是纸基复合材料的开发。

2. 是一步开发大宗商品的运输包装制品，在水泥复合袋、钢桶等包装产品方面要下大力气增加品种，提高质量。

3. 包装装备向机电一体化、智能化、自动化控制发展，填补国内、省内空白。以微电子和计算机技术为先导，开发 **CAD** 辅助设计系统提高包装设计水平。

（三）包装改进方面

1. "九五"期间以食品、粮油及其它农副产品包装改进为重点，把因包装不善造成的损失降至为 **GDP** 的 0.4% 以下，2010 年降至 0.2% 以下。

2. 狠抓出口包装和大宗商品的运输包装。

3. 改进后的产品包装要逐步走上标准化、系列化、通用化。

4. 大力开展"无损失"无原始包装"活动。推广运输包装注册和准运证办法，特别是集装化运输。

（四）质量管理方面逐步推行 **ISO**9000 国际系列标准，进一步加强质量管理工作，继续搞好对主要包装产品生产许可证发放和采用国际标准及国外先进标准的工作。对食品、医药、出口商品的包装逐步建立质量认证制度。同时深入开展"打假"工作，建立包装质量监督机制。

（五）人才培养的任务和目标

目前我省包装行业工程技术人员有 6000 余人，中高级以上职称很少，包装专业人才缺口很大，应大力培养人才，力争在"九五"末技术人员比重达 8～10%，2010 年达 20～30%。除办好株州工学院外，要争取办一批包装职业中学。

四、"九五"及 2010 年期间包装工业发展的重点及分类产品发展方向

（一）大力发展功能性纸基包装材料及纸包装制品，以适应绿色包装需要。具体包括：(1) 纸包装基材：食品包装纸、涂布箱板纸、卷烟用纸、高强度瓦楞原纸；(2) 纸制品方面，要重点发展的纸制品后道工序技术，如印刷、模切、成形等，提高纸箱结构设计水平，注重发展纸浆模塑制品、高强度瓦楞纸箱、纸基餐具、纸塑复合袋等。

（二）塑料制品方面：要大力引进外资，改造现有企业，降低能耗，改进模具制造水平，降低容重比。以高档异型轻量化玻璃瓶为重点。

（四）增加对包装机械的投入，重点发展食品包装机械，医药包装机械，卷烟包装机械、粮食包装及饮料包装机械。要加强科研与生产单位合作，采用光电一体化和自动化的控制技术，注重提高质量，改进外观设计及加工水平。

（五）金属包装制品方面：根据我省饮料业发展迅速的特点，以金属制罐为发展重点，要根据市场需要，讲究规模效益，选用速度快、精度高的技术装备。

（六）包装装潢印刷："九五"期间包装印刷骨干企业应达到国际 90 年代，逐步实现设计制版电脑化，普遍采用彩色桌面系统，推广条型码印刷技术，实现印刷手段多样化和作业自动化，提高印刷后道工序的装备档次，技术水平。

（七）包装设计方面：重点放在引进国外的先进设计思想与设计装备，改变目前我省包装设计应用落后的局面。

五、包装行业发展的主要措施

1. 以岳阳——长沙——株州——衡阳这条走廊为中心，选择适应的地点，采取投资倾斜政策，加速现代化包装工业基地的建设，形成一批管理集中、技术先进、效益突出，幅射面广的企业群体。具体地说，就是鼓励发展规模经济，引导现有企业走联合引进道路，形成规模经济优势。一方面对现有的企业鼓励在各生产五家之间发展贸易伙伴，成立技术性集团。另一方面有计划的培养一批骨干，在全省逐步形成以骨干企业为中心的工业基地和包装制品中心。在长沙建立包装材料基地，在湘潭建成纸浆模塑中心，在长沙建成复合包装中心；在常德建成印铁制罐中心。这三个中心年产值要达到 2.4 亿元，形成以包装工业基地建设为支撑，集中布局，重点投入的战略格局。

2. 有计划地发展企业集团。一方面要以产权重组，相互持股等方式，组成跨地区、多元化的以产权关系为纽带的企业集团；另一方面适时组建以产品为龙头(如玻璃、纸箱、纸浆模塑等)集原材料生产、制品加工、分装销售、机械制造、包装回收于一身，产供销一体化的专业性集团。

3. 要坚持科技先行，加大开发新产品、新技术、新装备的力度。积极组织和发展包装科技中心。科技开发中心的组建一定要和工业企业紧密结合，增强企业集团、工业基地、骨干企业自我开发和自我发展的能力，促进科技与生产的密切结合，使科技成果迅速转化成生产力，提高企业的市场竞争能力和经济效益。

4. 树立人才战略思想、选拔和培养一批适应国内、国际竞争的优秀人才。我省应充分利用我国第一所包装大学——株州工学院的优势，抓紧时间，加大投入，立足本省培养人才。同时，采取走出去，请进来的办法，通过各种渠道，培养各种层次，各方面的人才，满足市场的需求。

5. 加快市场培育，实施流通活包的战略。市场是企业之本，培育一个公平竞争、高效多能的市场是搞活包装企业的关键。在省会长沙兴建一个地区性的包装市场，集包装设计、包装材料、制品、服务于一体、必将有效促进湖南包装工业的发展。

6. 建立行业宏观调控体系。一方面配合国家及行业的产业政策，鼓励企业的联合及地区的横向合作，实现资源优化组合，对现有设备加强组织协调，对引进技术加快消化吸收，以便设备发挥更大经济效益；另一方面在实行项目登记备案制下，建议省政府要求项目在计(经)委备案时，抄报行业主管部门，以了解投资动态，同时加强行业统计工作，形成行业投资管理信息中心。

7. 政策扶持，为湖南包装业的包装业创造良好的外部环境。近年来，湖南包装业保持较高的速度，但也面临后劲不足的严重问题。因此，在力支持包装业的技术改造是当务之急。为了增强湖南包装工业的实力。我们应争取省政府在重点项目上进行重点倾斜。同时，鉴于包装业的特殊情况，省政府应明确划分为管理范围，健全各地、市的包装管理机构，使包装行业管理能更好地发挥在本地区的综合平衡和协调发展的作用。

江西省包装行业"九五"发展规划

一、全省包装行业基本状况

(一)"八五"规划实施概况

"八五"期间,我省包装行业在省委、省政府和省经委的正确领导和高度重视下,在各有关部门的大力支持下,有了较大的发展,初步形成了比较完善的生产门类和体系,有力地支持了全省国民经济的快速发展。

1.包装行业管理体系进一步完善。1983年,在省委、省政府的重视下,省包协正式成立,开始履行省政府赋予的行业管理职能;1984年,省政府又批准成立了省包装公司,以此作为省包协的办事机构;1985年,经原国家经委批准组建了中包江西分公司。至此,"三块牌子、一套人马"的全省包装行业管理体系基本形成。经过"七五"和"八五"的建设,全省包装行业管理网络进一步得到完善。目前,省包协有团体会员单位178个,理事82个。此外,包装装潢设计、包装印刷、玻璃容器、塑料制品包装、包装教育、运输包装、包装标准、医药包装、包装机械、国防工业包装、纸制品包装等十一个专业委员会先后成立。对进一步强化行业管理,做好规划、协调服务起到十分积极的作用。

2.包装工业初具规模,生产稳步发展。目前我省包装行业已基本形成了具有纸制品包装、塑料制品包装、玻璃容器包装、金属容器包装、包装印刷和包装机械六大门类的生产体系。全省现有县上包装工业企业436家,职工6.86万人。预计1996年全省包装工业产值可达30亿元,超过"八五"规划指标的83.3%比1990年增长172.3%,年平均递增22.1%。利税1.98亿元,比1990年增长65%。1994年我省包装工业产值已占全省工业总产值的3.61%,占全国包装工业产值的2.97%。

3.包装工业技术装备水平得到提高。经过"八五"期间的技术引进和技术改造,全省包装行业技术装备水平得到相应提高,部分重点企业或产品,如彩印制版、激光防伪商标、复合软包装、E楞彩印纸盒、皇冠盖等生产技术装备已接近国际先进水平。预计"八五"期间全省包装行业固定资产投资约6.35亿元。全省包装工业固定资产原值由1990年的4.78亿元上升到1994年的10.5亿元。

4.新产品开发成效大,产品质量有所提高。预计"八五"期间全省包装行业共完成科技开发项目22个,投入资金约5000万元。一些包装新产品、新材料和新技术的应用取得了明显的经济效益和社会效益。"八五"期间,通过发放包装产品生产许可证的工作,促使包装企业的质是管理水平有了较大的提高。预计到1995年底,全省包装行业获生产许可证的企业可达122家。其中钢桶企业8个,柔性集装袋企业2个,瓦楞纸箱企业112个。

5.商品包装改进效果明显。"八五"期间,通过科技进步和新技术、新材料的推广应用,全省大多数产品的包装有了不同程度的改进,一些"名、特、优、新"的大宗易损产品如食盐、食糖、玻璃、陶瓷、水泥、大米及名烟、名酒、名茶的包装改进产生出较好的经济效益。由于改进包装使产品损失率由“七五”初期占国内生产总值的1%降至目前的0.47%。

(二)行业发展主要特征

1.包装行业是一个新型的行业,起点低、基础弱,但发展速度快,发展领域广,特别是国民经济的快速发展,进一步从客观上要求包装工业大发展。

2.包装行业点多面广,地域性强,经营较活,已成为国民经济的组成部分。

3.随着商品经济的发展,人们对包装重要性的认识有所提高,商品对包装的要求愈来愈高。包装工业占国民经济比重不断提高,包装工业总产值占全省工业总产值比重由1990年的2.7%上升到1994年的3.61%,提高了近一个百分点。

(三)目前存在的问题和差距

1.包装企业组织结构不尽合理。从全省包装行业来看,企业规模小、布局散、效益低。全省县以上包装工业企业436个,其中产值1000万元以上的企业仅占14%;产值500万元至1000万元之间的企业占34%;产值在500元至10000万元之间的企业占34%;产值在500元以下的企业占52%。1994年包装行业平均销售收入利润率仅为3.13%。

2.包装行业产品结构不合理。表现为大路货多、一般产品多、新型产品少,比如,瓦楞纸箱产值占全省包装工业总产值比重高达29.14%。而目前国内外发展较快的新型包装产品、高档包装产品和符合环保要求的绿色包装产品,如高档纸杯、礼品纸袋、喷雾罐、金属方便桶、**PVDC**膜、**BOPS**片材等至今仍为空白。

3.由于资金投入不足等原因,包装高科技产品、包装材料和包装机械工业十分薄弱,成为制约我省包装工业发展的主要因素。

4.包装制品造成的环境污染未得到全社会的应有重视。在包装生产迅速发展的过程中,对废弃物的管理、处置和回收利用等方面未能同时采取有力的措施。

二、包装行业“九五”发展规划

(一)包装行业面临的形势和发展趋势

“九五”期间,随着社会主义市场体制的建立,国民经济将呈现出健康快速的发展势头,这就为包装工业发展提供了更为广阔的空间。同时,投资和金融体制的改革将有力地促进资源的优化配置,也给企业的发展带来了新的机遇。但是,也应当清醒地看到,随着新技术、新材料的广泛应用,市场竞争将会越来越激烈,每一个企业都将面临着严峻的考验。因此,全省包装工业将由高速发展期进入转型期,着重发展具有江西特色的包装原材料、包装机械、绿色包装、功能性包装,从而使包装工业逐步成长为高科技、高效益、现代化、国际化的朝阳产业。

当前,全球范围内的新技术革命,将有效地提高国际包装工业的发展质量,推动包装工业的高技术、新材料、低污染、低成本、高质量、规模化、专业化、集约化的方向发展。

(二)包装行业“九五”发展的指导思想

“九五”期间,我省包装工业发展的指导思想是:以科技为先导,以市场为导向,以提高经济效益为中心,从深化改革中求发展,从调整结构上求规模,从严格管理上求效益,从科技进步上求实力,以适应国民经济发展的需要。

(三)包装行业“九五”发展的任务和目标

1.“九五”期末全省包装工业主要经济指标:

2000年包装工业产值60亿元,年平均递增15%;实现利税4.8亿元,年平均递增16%。

2.“九五”期末全省包装工业主要产品产量:

纸包装制品14.8万吨,年平均递增12%;

塑料包装制品9.3万吨,年平均递增12%;

玻璃包装制品10.5万吨,年平均递增7%;

金属包装制品2.5万吨,年平均递增11%;

包装印刷88.1亿印,年平均递增12%;

包装机械0.32万台(套),年平均递增13%。

3. 包装改进的任务和目标

"九五"期间重点抓陶瓷、油漆、农药、粮油小包装、名优食品和出口商品包装改进，推广铁路集装化运输、货物运输包装注册管理，把因包装不善造成的损失降至占国内生产总值0.4%以下。

4. 技术改造的重点和目标

"九五"期间包装行业技术改造将坚持扶优扶强的原则，优先支持行业重点企业、拳头产品和高新技术产品的发展，并随着投资体制改革的深化，逐步将竞争性项目的投融资推向市场。"九五"期间全省包装行业的技术改造预计安排项目60项，投资规模约为8.8亿元，其中银行贷款5.2亿元，企业自筹2.1亿元，利用外资1.5亿元。

5. 科技开发和质量管理的目标和任务

"九五"期间，包装行业科技开发的重点是：包装材料向节能低耗、防污染、高功能方向发展；包装装备向机电一体化、智能化、自动化控制方向发展；包装制品向绿色包装和回收再生技术方向发展。

在质量管理方面，"九五"期间要大力推行ISO9000国际系列标准；继续搞好包装产品生产许可证工作，深入开展"打假"工作，建立包装产品社会监督机制。

(四)包装工业"九五"发展的重点领域和拳头产品

1."九五"发展的重点领域

根据我省的实际情况，"九五"期间重点发展包装用纸等原材料、包装机械、功能性包装材料以及绿色包装制品。

2."九五"发展的拳头产品

(1)包装原材料重点发展包装用纸、包装用竹胶板、纸基复合材料以及高阻隔性塑料基材等。

(2)包装机械重点发展包装印刷机械和食品包装机械，并注意提高通用件和配件的质量，尽量采用光电一体化和自动化控制技术，改进外观设计和加工水平。

(3)纸包装制品重点发展纸浆模塑制品及纸桶、纸罐、纸盒、纸杯、纸袋等。纸箱的发展要注意上规模、上水平。

(4)塑料包装制品重点发展功能性好的包装制品和易回收处理的包装制品，如BOPP、BOPET、BOPS、PVDC、EVOH、PA等薄膜制品，PET瓶及PE大型中空容器等。塑料制品的发展要注意解决回收利用问题，以减少对环境污染。

(5)玻璃包装制品要降低能耗，提高质量，改进模具制造水平，提高瓶口的平整度和光洁度；重点发展薄壁轻量瓶和新款的异型瓶；要注意改进玻璃制品的包装，健全回收复用系统。

(6)金属包装制品的发展要根据市场需求，讲究规模效益，选用速度快、精度高的技术设备，提高印铁制罐水平。重点发展金属方便桶等制品。

(7)包装装潢印刷要逐步实现设计制版电脑化，普通应用彩色桌面系统，推广条形码印刷技术，实现印刷手段多样化和作业自动化，提高印刷后道工序(烫印、上光、轧凹凸、压光、模切、折叠、装订等)的装备档次和技术水平。

三、实现"九五"规划的主要措施

1. 加快包装行业技术进步，促使我省包装企业从速度数量型向质量效益型转变。鼓励包装企业与科研、教育单位相互结合，积极开发包装新产品、新材料。大力推广包装科技成果，完善行业技术监督体系，做好质量、标准、生产许可证及专利技术等工作。

2. 加强行业管理和宏观调控，充分发挥包协"统筹、规划、协调、服务"的职能，为企业排忧解难，促进企业间的横向联系，改变包装行业"大而全、小而全"的封闭式发展模式，引导我省包装行业向规模化经济和专业化协作的方向发展。

3. 坚持重点优先发展原则，对包装行业重点骨干企业，在技改审批、国家专项申报、发展基金贷款和技术咨询等方面予以优先扶持。

4. 加大资金投入，多渠道筹集资金，在争取国家资金支持的同时，积极利用外资，同时通过企业的股份化改造和发行债券等方式筹集资金。

5. 加大人才培养力度，注重包装行业智力投资，采取专业培养和短期培训相结合的方法，提高包装行业职工整体素质。

6. 建立适应市场经济体系的信息网络系统，在全行业内及时进行市场、科技、物资等信息的传递。重点进行投资信息的收集和分析工作；定期发布有关重要产品生产、建设和国内外市场供求变化趋势等信息，引导企业的投资方向和生产经营，为政府宏观决策提供依据。

7. 理顺省包装行业管理体制，健全各地市包装行业管理机构和省包协各专业委员会机构，在全省上下形成一个强有力的行业管理系统。

福　　建

FUJIAN

福建省包装行业"九五"发展规划及2010年远景目标

1996年—2010年这跨世纪的15年，是我省国民经济与社会发展承前启后，继往开来的重要时期。为了贯彻党的十四届五中全会的精神，根据中国包装总公司、省经贸委关于编制我省包装行业"九五"规划和2010年远景目标的指示，结合我省包装行业的具体情况，科学制定《福建省包装行业"九五"发展规划及2010年远景目标》，将对迈向21世纪的福建包装工业具有重要意义和指导作用。

一、我省包装行业"八五"规划实施概况

(一)我省包装工业现状

改革开放以来，福建省包装行业在省经贸委的直接领导下，根据国务院办公厅批转的《一九八六——二000年全国包装工业发展纲要》，先后编制实施了包装工业"七五"、"八五"规划，经过十年的发展，我省包装工业已初步形成了以包装原料、包装制品、包装机械为主的门类较齐全的工业体系。目前全省县以上包装企业共有847家，分属于一轻、二轻、外经、乡镇等二十一个部门，职工总数近10万人，1995年全省包装工业总产值达50亿元，比1990年增长5.5倍，由90年的全国排名第十六位上升到1995年的第八位。其中纸包装制品产值16.1亿元，金属包装制品11亿元，塑料包装制品9.8亿元，包装印刷6.7亿元，包装机械2.8亿元，分别比1990年增长10.5倍、13.4倍、3.2倍、2.7倍和7.4倍。主要产品产量分别达到纸包装制品25万吨、塑料包装制品6万吨，金属包装制品13万吨、包装印刷70亿印、玻璃包装制品16万吨。包装工业已成为我省国民经济的重要组成部分，目前全省包装工业每年承担着近2000亿元工农业产品和60亿美元出口商品的包装任务，为我省国民经济的持续、快速、健康发展提供了有力保证。

"八五"期间，全行业完成技术改造项目79项，共投资人民币6.6亿元，用汇2500万美元，全省近1/10的国有、集体包装企业得到改造。同时，通过引进外资和发展乡镇企业使我省包装工业在"八五"期间取得了长足进步。

据统计，截至"八五"期末，全省拥有瓦楞纸板生产线45条(其中引进线7条)，生产能力4亿平方米/年；纸杯生产线5条(其中引进线3条)；引进国外铝质二片罐1条，生产能力3.5亿只/年；马口铁三片罐生产线25条(其中引进线15条)，生产能力10亿只/年，喷雾罐生产线1条，生产能力3500万只/年；钢桶生产线6条(其中引进线1条)，生产能力380万只/年；各种金属盖生产线8条(其中引进线7条)；PP编织袋生产线5条，生产能力6000吨/年；PVC透明片生产线2条，生产能力6000吨/年；引进电子分色机15台，电子雕刻制版生产线3条，四色以上胶印机37台(其中引进线29台)；引进凹版印刷生产线16条(其中纸凹印8条)。全省出现一批具有相当规模和实力的包装骨干企业。厦门包装总厂引进美国兰斯顿重型瓦楞纸板生产线，使生产规模跃居全国同行业榜首。漳州国际铝容器有限公司已形成年产3.5亿只易拉罐和6.9亿个易开盖的生产规模，综合效

益居全国同行先进之列。厦门中鹭植物油有限公司建成年产180万只钢桶生产线,使我省钢桶生产跃入全国先进行列。福建联建集团有限公司在短短时间里发展成为年产1亿只三片罐、3500万只喷雾罐的全国著名金属制罐企业。漳州印刷总厂引进国外先进制版和凹版印刷设备,发展规模经济,成为国内有名的凹版印刷专业厂。漳州龙耀机械有限公司和福州九星企业集团公司注重产品和市场开发,成为全国颇具影响力和竞争力的包装机械制造厂。“八五”末期,全行业已有11家企业进入全省250家大中型企业的行列。

“八五”期间,包装质量管理工作也取得明显成效,按照国家技术监督局和中国包装总公司的统一部署,从1992年开始在全省范围内对200立升闭口钢桶,0.5—3吨以上柔性集装袋及瓦楞纸箱3个产品实施了生产许可证管理制度,为221家企业发放了生产许可证,通过包装产品生产许可证发放工作,企业的质量管理水平有了很大提高。

(二)我省包装行业目前存在的主要差距

1.从总体上讲,包装企业规模小,素质差、效益低的问题依然存在。很难与国内外同类企业竞争。

2.产品结构不合理,中、低档产品居多,高档次、性能优异的包装产品依然短缺。

3.包装原材料生产供应能力不足,特别是高档、优质的原材料仍然依赖进口,制品加工能力得不到充分发挥。

4.缺乏有效协调机制,宏观调控能力薄弱,信息反馈滞后,行业管理职能难以发挥。企业受条块分割影响,重复建设、项目趋同化的现象得不到根本扭转,因包装不善造成的损失仍然比较严重。

5.包装造成的环境污染未得到应有的重视。对废弃物的管理、处理和回收利用方面未能同时采取有力措施。

6.投入不足,全行业仅有1/10的企业进行过技术改造,大大低于全国包装行业1/3水平,这在相当程度上制约了行业的发展。

7.人才匮乏,包装企业技术力量普遍低下。据不完全统计,目前全行业专业技术人员仅占职工总数2.5%左右,大大低于全国工业6.8%的平均水平。包装技术人才培训未得到充分重视,人才的缺乏严重束缚企业的发展。

二、“九五”期间包装行业发展的指导思想

(一)面临形势

1.“九五”期间,市场经济体制将逐步确立和得到完善,金融体制改革将把投资主体由政府转到企业,企业主要通过商业银行进行融资,由企业自由决策,自担风险,自行建设和经营。我省包装工业管理体制必须适应这一变化,包装企业也必须增强市场竞争意识。

2.“九五”期间,国有企业改革将进一步深入,国家将实施重点支持行业骨干企业和高新技术产业的优惠政策,培育一批具有示范作用的样板企业。继续鼓励企业间的联合、兼并、组建企业集团,支持企业利用外资进行嫁接改造,提高企业的技术装备和管理水平。

3.“九五”期间,经济增长方式将由粗放型向集约型转变,逐步形成有利于节约、降耗、增效、自主创新、公平竞争和资源优化配置的市场经济机制。我省包装企业必须通过结构优化、规模经济、科技进步和科学管理,努力提高经济增长质量和效益。

4.“九五”期间,人民物质文化生活水平仍将大幅度提高,消费需求呈现多层次、多方位、出口贸易将继续扩大,这为我省包装行业发展提供广阔的市场空间。

5.“九五”期间,在经济发展的同时,国家将更加重视环境保护和提高更高的要求。我省包装行业必须采取相应措施,把包装对环境的污染减少到最低程度。

6.世界包装业正向高技术、新材料、低成本、高质量、规模化、专业化、集约化方向发展,随着我国经济与世界经济进一步接轨,将有更多的国外包装企业和产品涌入占领中国市场,我省包装企业将面临更大的竞争压力。

7.“八五”期间,我省包装工业在“八五”全方位加速发展的基础上将进入转型期,逐步成

长为高科技、高效益、现代化、国际化的产业。

(二)指导思想

坚持邓小平建设有中国特色社会主义理论和党的基本路线,进一步解放思想,积极推进经济体制从传统的计划经济体制向社会主义市场经济体制转变,经济增长方式从粗放型向集约型转变,实施科技兴业,努力实现我省包装工业持续、快速、健康地发展,大力提高整体素质和总量水平,为把我省包装工业建设成为面向世界的现代化工业体系而奋斗。

(三)遵循原则

1.深化改革,加快建立社会主义市场经济体制。以国有企业改革为重点,注重与国际市场接轨。加快建立现代企业制度,大力培育市场体系,充分发挥市场机制的作用,推进我省包装行业的市场化进程。健全和改善调节体系,运用经济政策和经济手段,发挥行业协会等中介组织作用,努力实现市场机制和政府调节的有机结合。

2.扩大开放,进一步发挥港澳侨台外等优势,在充分利用本省资金、资源的同时,努力开拓国际市场,争取更多的利用境外的资金、技术和人才,加快我省包装工业发展速度。

3.提高效益,大力推进经济增长方式从粗放型向集约型转变。通过深化经济体制改革,打破目前包装行业"大而全、小而全"的封闭式发展模式,形成有利于节约、降耗、增效的企业经营机制,有利于自由创新的技术进步机制,有利于市场公平竞争和资源优化配置的经济运行机制。形成向结构优化要效益,向规模经济要效益,向科学管理要效益的新局面。

4.坚持重点,就是要优先支持带动提高全行业整体水平的重点骨干企业,确立科技先导地位,努力发展高新技术的包装产品,大力提高我省包装工业的整体素质和总量水平。

5.协调发展,坚持处理好沿海和内地山区发展关系的原则,努力推动地区间的优势互补,合理交换和横向经济联合。坚持加速增长和保护环境相结合的原则,在包装工业快速发展的同时,运用现代新技术,实施"绿色包装工程",加强对环境的保护。

三、我省包装行业"九五"至2010年发展目标

(一)"九五"末期和2010年主要经济指标(见表)

(二)科技开发的目标

1.包装材料应向节能、低耗、防污染、高功能方向发展。重点开发新型包装材料和替代进口材料;单种基材系列品种和多种基材复合材料,特别是纸和纸基复合材料,逐步缩小制品加工与原材料供应不平衡的差距。

2.包装装备应向机电一体化、智能化、自动化方向发展。重点开发符合我省省情的中、小型包装机械,增加品种,提高精加工水平和微电子技术,发展智能化的包装机械产品。

3.包装制品的发展方向是纸包装技术。积极采用高性能包装材料生产新型包装制品,使包装物轻量化,提高复用率和再生利用率,实施绿色包装工程。

4.组织包装软科学研究,重点是包装的污染与治理;我省包装工业面临挑战和发展对策;包装行业管理等课题。

"九五"末期和2010年主要经济指标　　单位:亿元

项目	1995年完成	2000年预测数		2010年预测数	
		计划数	年递增	计划数	年递增
包装工业产值	50	100	15%	310	12%
实现利税	4	8	14%	25	12%

“九五”末期和2010年主要产品产量

项目	单位	1995年	2000年预测数		2010年预测数	
			计划数	年递增	计划数	年递增
纸包装制品	万吨	25	52	16%	193	14%
塑料包装制品	万吨	6	10	10%	24	9%
玻璃包装制品	万吨	16	23	8%	45	7%
金属包装制品	万吨	13	21	10%	50	9%
包装装潢印刷	亿印	70	123	12%	319	10%
包装机械	万台(套)	3	7	18%	28	15%

(三)质量管理的目标

1. 全面在出口商品包装生产企业和行业骨干企业推行ISO9000国际系列标准,大力推进我省包装行业质量保证体系与国际联轨。

2. 搞好重要包装产品生产许可证发放,逐步对重点包装产品推行质量认证制度。

3. 深入开展“打假”工作,提高全行业“质量第一”的意识,建立包装产品质量监督机制。

(四)人才培养的目标

大力培养和吸收专业技术人才,力争使包装行业企业技术人员达到占职工总数的4~5%,积极吸收高等院校包装专业毕业生,定期举办各类包装技术和管理的培训班。

(五)包装改进的目标

1.“九五”期间重点抓好陶瓷、农药、炭墨、玻璃瓶、粮油销售小包装和出口商品包装的改进,把因包装不善造成损失降至占生产总值0.4%以下。

2. 运用法律手段和监督措施巩固水泥、粮食、水果、电子产品的包装改进成果,保证改进措施的实施。

3. 推广铁路集装化运输和货物运输包装注册管理制度。

(六)企业建设的目标

1. 按照市场经济体制的原则,建立产权清晰、权责明确、政企分开、管理科学的现代企业制度。

2. 运用改革、改组、改造和加强管理相结合的办法,加快包装骨干企业改革步伐,紧跟世界先进水平,参与国际同行的竞争。

3. 在自愿互利的基础上,组建跨地区、跨行业的科工贸一体化和现代企业集团,实现多元化、国际化、现代化经营。

四、“九五”期间包装行业发展重点和分类产品发展方向

(一)发展重点

1. 纸和塑料包装材料。我省森林资源丰富,木材储蓄量达4亿立方米,是国内主要造纸生产省份,具备发展纸包装材料的优越条件。“九五”期间,重点发展国内缺乏的高强度低克重瓦楞原纸和牛皮箱板纸,各类涂布白板纸、高档铜版纸、纸基复合材料等包装、印刷高档纸基材。利用福建炼油厂45万吨乙烯工程的上马,发展我省塑料包装材料工业,改变过去福建不能生产塑料包装基材的历史,重点发展聚乙烯、聚丙烯、PAS包装材料。

2. 名优和出口产品包装。针对目前高档包装制品不能满足市场需求的状况,瞄准国际九十年代水平,选用高质量原材料和先进设备,提高设计水平和制作精度,使包装产品适应国内外市场竞争的需要,增加名优和出口产品附加值。

3. 绿色包装工程。发展无公害包装,“九五”期间着重发展纸包装制品,开发各种代替塑料的防潮、保鲜纸包装制品;发展易回收利用的金属包装和高强薄壁轻量玻璃包装;研究开发能够回收再生的塑料包装新材料、新工艺、新产品以及包装废弃物分类回收技术。

4. 包装机械。利用外引内联发展中小型包装机械，提高自动化控制技术和零部件加工精度，力争在"九五"期间使我省发展成为国内主要的外包装机械生产基地。

5. 包装工业规模效益。根据不同产品的功能和市场半径，选择适应的生产规模，使企业实现规模效益。包装基材的生产，要采取适当集中资金的办法，确定合理规模，避免重复浪费。

6. 区域发展。闽东南是我省经济发展最活跃的地区，也是包装工业发展最快的地区。"九五"期间的重点是发展具有国内外竞争力的包装制品，支持福、厦、漳地区发展大型加工企业，引进先进技术和设备，形成规模经济，树立样板。以湄州湾为幅射点，发展塑料包装材料及其制品加工业。内地山区利用林业资源的优势，重点发展在国内外有竞争力的包装纸和纸板生产，适度发展包装制品加工业。

(二)分类产品的发展方向

1. 纸包装制品

纸包装制品具有适应性强、方便可靠、易于回收利用等特点，是今后容器的发展重点。"九五"期间应注重发展纸浆模塑制品、纸杯、纸盘、纸袋、蜂窝纸板等产品。改革不合理的纸箱行业生产结构，提倡集中制板，分散制箱，实现生产集约化。开发无钉纸箱、防潮纸箱、防静电纸箱、高档彩印细瓦纸箱(盒)新产品。发展纸制品后工序加工新技术。提高纸箱纸盒结构设计水平，减少物耗，增强物理性能，积极发展有利回收利用的纸基复合材料包装容器，如利乐包、屋顶式保鲜纸盒等。

鉴于纸包装制品的原料将在长时间内受到资源制约，建议政府在木材代用品的应用及利用废旧资源和国外资源方向给予政策支持。

2. 塑料包装制品

塑料包装制品以质轻、易成型、功能好、使用方便等特点，成为发展最快的包装制品。"九五"期间重点发展功能性好又易回收的制品，开发**BOPP**、**BOPA**、**BOPS**等复合基材和**PVDC**、**EVOH**、**PA**等功能性材料。发展降解塑料及其制品，注意解决回收利用问题。

建议政府制定政策，逐步限用**PVC**和**PS**制品。

3. 玻璃包装制品

玻璃包装制品由于化学稳定性好和光洁透明等特点，具备了其他包装制品不可替代的功能。"九五"期间重点发展薄壁轻量瓶和异型瓶产品，降低能耗和重容比，改进模具制造水平，提高产品质量，使我省玻璃产品生产跃上新台阶，改进玻璃制品包装，健全回收复用系统。

4. 金属包装制品

金属包装制品具有稳定性较好，密封性能高，易回收等优点，已广泛应用在石化产品、化工原料和食品的包装上。"九五"期间将进一步扩大二片罐、三片罐生产企业的经济规模，开发系列产品，形成规模效益。重点开发钢制二片罐、挤压成型铝质喷雾罐、方型罐、施压式**PT**盖和铝质拎盖等新产品。逐步形成适应我省石化和食品工业发展的金属包装制品。

5. 包装装潢印刷

包装装潢印刷企业量多面广，设备水平差异很大，"九五"期间应努力促使我省包装印刷骨干企业达到国际九十年代水平。继续发展胶印、淘汰凸印，调整塑料凹印，适度发展纸凹印，推广应用柔性版印刷和丝网印刷，普及彩色桌面系统，实现印刷手段多样化和作业自动化，提高印刷后工序加工设备技术水平。

6. 包装机械

我省包装机械行业基础薄弱，"八五"期间有了较快的发展，目前已发展成为机械工业的十大分支之一。"九五"期间应针对行业薄弱环节，加强科研和生产单位的合作，提高通用件，配件专业化加工程度和质量水平，倡导研究、开发、经营、服务一条龙。注意改进外观设计，提高机电一体化和自动化控制技术。重点发展捆扎机、封箱机、收缩机等外包装机械和打码机系列产品；实现液体、颗粒、粉状定量包装机械机电一体化；巩固发展丝网印刷机、移印机、烫印机等特色的印刷机械，积极拓展我省中、小型包装机械的海外市场。

五、实施“九五”规划的主要措施

1. 健全完善包装行业管理职能，建立行业宏观调控体系，政府赋予行业协会必要管理职能，真正起到中介组织作用。制定合理的产业政策，促进结构调整和升级，鼓励企业间的横向合作，实现产业内部生产要素的合理流动和优化组合。

2. 推动行业科技进步，实施“科技兴业”战略。鼓励包装科研和生产的结合，推动科研成果转化速度。完善行业技术监督体系，做好标准、生产许可证、认证、信息、专利工作。

3. 重点支持包装骨干企业和企业集团，通过深化企业改革，加大技术改造力度、培养一批带动行业发展上水平、上规模、上效益的企业。

4. 建立市场经济体系信息网络。成立我省包装行业经济技术信息库，及时向业内外传递包装行业投资，重要产品的研究、开发、生产，建设和市场发展信息。引导企业投资方向和生产经营，为政府宏观决策提供依据。

5. 加强人才培养，认真办好高、中等包装专业教育。开展多种形式专业技术培训，抓好在职人员继续教育，采取有效措施大力吸引包装技术人才，提高包装队伍的整体素质。

6. 加大资金投人，多渠道筹集资金。在争取国家资金支持的同时，积极吸引港澳侨台外的资金，利用外资和各种商业贷款嫁接改造企业，加快我省包装工业发展速度。

7. 运用法律和政策手段保障行业健康发展。积极争取制定各省有关包装地方法规，使行业行为纳入规范化、法制化轨道。

广　西

GUANGXI

广西包装工业简要回顾与“九五”发展思路

(一)

包装工业是近十几年才逐步发展起来的新兴产业。八十年代初,广西的包装产品单调,技术装备落后,生产规模小,布局分散,整个包装工业的产值仅为2.5亿元。

经过“七五”、“八五”十年的建设,广西包装行业职工靠团结协作、创新求实、拼搏进取、艰苦创业的精神干包装,使我区包装工业驶上了快速发展的轨道。截止到目前,全自治区包装工业已发展到拥有包装印刷、包装纸制品、塑料包装制品、玻璃包装制品、金属包装制品、纺织包装制品和包装机械七大门类900多家企业(含乡镇)、7万多从业人员的初具规模产业,年工业总产值达到30亿元,在广西国民经济中的地位和作用日渐突出,呈现出朝阳产业的勃勃生机。

这些年,我区发展包装工业,得到各级政府部门的关心支持。工作重点是抓了企业的技术改造、技术引进。在资金极为困难的情况下,先后通过企业自筹、地方各部门支持、内引外联、中外合资等各种渠道,筹措和投入了10多亿元资金用于发展包装,改造了一批老企业,新建、改建、扩建了一批包装项目,增添和引进了一些具有国内、国际先进水平的技术装备和生产线,使我区包装上档次、上水平,形成了一定的规模,具备了一定的技术实力。

纸制品包装。这是最老的包装产品,十多年前大多还是手工作坊式生产,企业机械化程度相当低。这十年,有近百家企业得到了不同程度的改造,现已有10多家企业装备了七层或五层瓦楞纸板生产线,有30多家企业增加了单面机生产线,还有的企业引进了国外的生产线和彩印设备。纸包装产品从原有的单一低档纸箱发展到各种品质规格的轻、重型纸箱、细瓦楞纸盒、纸桶、纸罐、纸布复合袋、纸铁复合罐、纸管、胶粘带等等。

包装印刷。十年前全区最好的印刷厂只能印一般的商标招贴。为改变落后面貌,近十年来先后引进和装备了英国、日本、德国产电子分色机共8台(套),双色、四色、五色、六色胶印机共25台(套),彩色桌面系统7套、复合膜彩色凹印生产线6条,全息模生产线1条,还有激光照排、整页拼版、纸盒彩印、高级礼袋、印铁制罐等先进设备,使广西包装印刷设备水平步入全国先进行列;

玻璃包装。十多年前仅有的几家主要玻璃厂,只能生产一些老式玻璃瓶,近十年先后改造了这批老企业,如在南宁引进了美国八组双滴料全自动制瓶生产线,在桂林、柳州引进了多条啤酒瓶生产线,还在区内开发成功与新型套压旋开式瓶盖(**PT**盖)匹配的玻璃包装瓶系列产品,使广西玻璃包装产品品种和规格产量大为提高,不断满足广西日益增长的包装需要;

塑料包装。近十年先后引进了一批编织袋生产线、聚酯瓶生产经、网眼袋、聚苯乙烯泡沫板材、柔性集装袋等生产线和设备,形成了较强的生产规模,全区已拥有一批1000万至6000万元产值的骨干企业还有众多中小企业生产的各式塑料包装产品，有大有小，高、中、低档俱全，五彩缤纷，改善了我区产品包装，尤其是区200多万吨白糖由麻袋包装改编织袋装，降低了成本，取得了明显的经济效益，这都得益于我区塑料包装的发展，还有众多矿泉水、饮料企业的产品包装，都是区内塑料包装产品满足其需求；

金属包装。这些年我区金属包装通过引进一些先进设备，使产品档次发生了根本性变化，南宁瓶盖厂引进的全国第一条西班牙产套压旋开式瓶盖（**PT**盖）生产线，解决了我区玻璃罐头瓶包装多年"罐头好吃口难开"的老大难问题，在全国首开罐头瓶盖改革的先河。梧州日用五金厂研制开发的用马口铁替代铝合金生产易拉罐盖产品取得显著社会效益和经济效益。该厂经全面改造，已成为罐盖产品超亿只的新型金属包装企业。在防城港与外商合作投资2000多万美元建成的德国产金属包装桶全自动生产线，以及在北海、桂林等地建成的易拉罐生产线，使我区金属包装生产具有现代水平，形成了一定规模生产能力；

纺织包装。广西的纺织包装产品主要是麻袋，近年来，经过对主要骨干企业进行技术改造，已形成以南宁麻纺厂、柳州东泉麻纺厂为主的麻袋包装生产基地，纺织包装产品除了麻袋，还包括面粉袋及近年开发的布纸复合包装袋等。

包装机械。广西包装工业后起之秀，从无到有，现已建成近30家包装机械专业生产企业。这几年，桂林、柳州、南宁等几家重点包装机械企业通过技术改造，新增高、精生产设备，提高了新产品研制开发与生产能力，全区包装机械产量已达4000台（套），桂林的捆扎机、自动包装机、柳州的大容量全自动微电脑注塑机、注吹吹瓶机、南宁的印刷机、烫印模切两用机等，在全国都有一定的信誉，有的技术性能达到全国领先水平，成为替代进口产品和出口创汇产品。

这些年我们除了致力于技术改造和技术引进，还对全区的包装行业实施行业管理，先后开展了包装工业产品生产许可证、包装改进和相应的包装技术交流等工作，对行业的发展，起到了积极的促进作用。

广西包装工业这十年取得了长足的发展，但与先进省相比，我们还有较大差距，主要表现为小企业多，形不成规模，不少产品老化、缺少高、精、新产品及设备，行业管理水平也跟不上要求，机构不健全。这些都需要在"九五"发展中逐步改变和完善。

（二）

"九五"是奔向二十一世纪的关键五年，我区的包装工业要以新的姿态跃上新的水平，要逐步缩小与先进省市的差距，步入先进行列。其有利条件有几个方面：

1. 包装工业有了一定的基础。经过"七五"、"八五"建设，包装已初步形成门类较为齐全的产业体系，在广西国民经济中占有了重要一席之地。有的产品在全国形成一定影响。在邓小平建设有中国特色社会主义市场经济和能快就不慢的精神鼓舞下，包装行业广大职工进一步拼搏奋斗，更快发展广西包装工业的希望能变成现实。

2. 领导重视。广西包装机构长期没有理顺，这次机构改革，"包装办公室"在经贸委建制中正式确立，作为政府行政职能部门，职责明确，这对强化全区包装管理创造了有利条件，表明自治区领导的重视和对加快包装工业发展的决心。

3. 有加快包装工业发展的良好环境，我区沿海、沿边、沿江，又属亚热带地区，具有独特的地方特点和资源优势，中央关于"充分发挥广西作为大西南出海通道作用"的决策，使广西的地位优势日趋突出。广西投资环境的改善，大西南出海通道及物资进出海集散地的形成，本地资源的深度开发利用等等，都给我区包装工业发展带来了千载难逢的机遇。这些有利条件摆在我们面前，只要我们充分发挥和利用，大干加快上，我区包装工业定会发展到一个新水平。

（三）

广西"九五"包装工业发展的指导思想是：

以中央十四届五中全会精神为指针，积极推进经济体制和经济增长方式两个根本性转变，抓好管理，做好服务，突出特点，发挥优势，以市场为导向，以提高经济效益为中心，以国有企业改革为重点，以上档次、上水平、上规模为目标，促进广西包装工业持续、快速、健康发展。

具体发展思路是：按包装产业政策，重点抓好以下工作：

(1)按包装产业政策，重点抓好以下各点：

1. 抓好名优产品和出口商品的包装，重点支持一些骨干企业选用高质量原材料和先进设备，生产高档次、高水平包装制品，同时提高包装结构、装潢设计的水平，使我区名优产品和出口产品包装上档次，提高附加值，增强市场与国际竞争能力。

2. 抓好绿色包装。绿色包装是一种无公害包装，是今后发展的趋势。以高性能的包装材料取代旧的包装材料，生产复用率和再生利用率高的新型包装制品，逐步形成规模生产，达到减少污染、降低成本，这是主要目标。重点考虑开发生产替代塑料薄膜的防潮、保鲜纸包装制品，开发高强度薄壁轻量玻璃包装制品。经过"九五"开发建设，使包装减量化、节约能源和资源，减少污染，保护环境。

3. 抓好包装机械关键技术装备的引进配套。包装产品质量的提高，关键在包装机械的先进技术和性能。要通过重点解决关键部位的技术难题，引进、强化、消化和吸收国外先进技术，提高我区包装机械关键件的精度质量和自动化控制水平，提高微电子和计算机、激光、红外线技术的应用，推动包装装备向机电一体化、智能化、自动控制方向发展。

4. 抓好新型塑料包装制品的开发生产。重点发展功能性好而易回收、处理的薄膜、复合膜及其包装制品如 **BOPP**、**BOPET**、**BOPS**、**PVDC**、**EVOH**、**PA** 等，加强改性材料的技术开发和应用，注意解决回收利用问题，以减少对环境的污染。

5. 抓好金属包装制品生产的规模效益，选用速度快、精度高的技术设备，生产适应市场需要产品，形成规模经济。

6. 抓好纸制品包装生产。主要增强纸桶、纸罐、纸管、纸杯、纸盘、纸袋等多种产品的生产能力，适应日益发展的市场需要。同时，抓好纸箱先进生产线设备的利用率，在有条件的地方，倡导集中制板，分散制箱，实现生产的集约化。

7. 抓好包装印刷骨干企业上水平工作。走集团化道路，形成规模经济。目前是按照国际九十年代印刷趋势，逐步实现设计制版电脑化、普遍应用彩色桌面系统，推广条形码印刷技术；实现印刷手段多样化和作业自动化，开发柔性版包装印刷，减少环境污染；提高印刷后工序(烫印、UV 上光、扎凹凸、压光、模切、折叠、装订等)的装备档次和技术水平，提高包装印刷品附加值。

8. 抓好玻璃包装制品继续上品种、上档次、上水平，结合广西石英砂丰富的资源优势，改扩建有关玻璃厂，开发新型高档玻璃包装制品；

9. 抓好纺织包装制品的生产和新产品的开发，扩大布纸复合等新型复合包装的生产，适应不同的包装产品需求。

10. 抓好包装改进工作。重点抓好水泥、玻璃、化工、陶瓷、农药等大宗易破产品的包装改进以及粮油销售小包装和出口商品包装的改进。铁路货物运输逐步实行集装化包装注册管理等项改进。通过改进包装，减少因包装不善造成的损失，创造出好的社会效益和经济效益。

11. 抓好质量工作，重点抓好国家下达实施生产许可证的包装产品的发证工作。同时，抓好我区包装工业产品创名牌、创优质工作。有计划地组织好有关产品参与全区名牌、优质、百花奖的荐评。

12. 其它方面：抓好包装人才的培训、提高；搞好科技开发；在有条件的地市或企业，建立为企业提供服务的技术开发中心；抓好包装市场建设，搞活流通。

(2)突出广西地方特点，利用好资源优势，地理区位优势，发展特色包装。

我区是少数民族自治区，享有民族区域自

治政策；地处亚热带，矿产资源和水果资源水海产品资源丰富；沿海、沿边、沿线，地理条件优越；大西南出海通道的建设，是千载难逢的历史性机遇。我区包装工业的发展，要把这些有利条件都充分利用起来。首先，要做好"海"的这篇大文章，充分发挥"南北钦防"四个沿海城市在全区包装发展中的龙头作用，大力发展为进出口包装配套的包装制品工业和分装基地，为大西南服务，为广西经济腾飞服务；要把广西食品工业较发达的优势转化为发展包装的优势，抓好与食品相关的特色包装，优势互补，共同发展；要充分发挥广西水果和水、海产品优势，搞好水果、水产品保鲜包装和仓储运输，搞好这些资源的深加工、精加工，形成新产品，带动新包装；要充分发挥矿产资源的优势，研制开发新型包装材料和包装制品，繁荣包装工业。

(3)走集约化、集团化之路增强包装工业实力

加强发展我区包装工业，在争取国家有关部门支持的同时，主要依靠地方和企业两个积极性。过去的十多年里，我们就是在争得有关部门支持，发挥各方面积极性的基础上，搞成了一批项目，使包装工业上了一定的规模，某些方面的实力得到了增强。现在，我们已经形成了包装机械等一些方面的拳头产品，拥有了数10家产值超千万元的企业，有了五、六家产值在6000万元以上和接近亿元的企业。"九五"期间，我们仍要加大工作力度，千方百计，搞活融资，采取招商引资，内引外联多种形式，走集约化、集团化、股份制的路子，筹集资金，加大包装工业的投入，加快重点企业的技术改造步伐，造就拳头企业，带动全区包装工业上规模、上档次、上水平，"九五"期间，确保包装工业产值年递增15%，争取实现20%，并通过努力，"九五"末期全区形成10个以上包装工业产值超亿元的企业或企业集团。到2000年，使我区包装工业在现有30亿元的基础上翻番，达到60亿元。

包装工业大家办，包装工作大家做。只要我们全区各部门通力协作，包装行业广大职工拼搏进取，我区包装工业一定能在"九五"跃上一个新台阶，以崭新姿态跨入二十一世纪。

四　川
SICHUAN

发挥行业管理作用、推动包装行业发展

四川省包装技术协会　任杰才

1996 年，四川省包装改进办公室、四川省包装技术协会，在省经贸委领导下，按照求实、服务、监督、协调的行业管理指导思想，充分发挥行业管理作用，紧紧围绕提高商品包装水平，努力为包装行业服务，使全省包装工业有了新的发展。全省包装企业达 1400 余个，从业人员达 12.13 万人，实现包装工业产值 51.3 亿元，纸及纸制品包装达 38.4 万吨，塑料包装制品达 8.7 万吨，金属容器包装达 18.5 万吨，包装印刷达 124 亿印，玻璃容器包装达 34.2 万吨，包装机械达 1100 台(套)，包装产量及品种有了新的增加，质量不断提高，基本上适应了四川工农业产品包装的需要。

——基本完成了金属容器包装产品生产许可证申证和换证评审工作。根据国家技术监督局、全国包装工业产品生产许可证办(1995)25 号文批准的金属容器包装产品生产许可证实施细则的宣贯，举办了专职检验员培训班，对企业抽样及评审提出了具体要求，从 7 月开始到年底，已通过评审金属容器包装企业 17 个(不含成渝两市)，计发证单位共 25 个，其中 200 升以下全开口钢桶占 4 个。通过这次对金属桶罐包装生产许可证的换证和发证工作，使我省金属包装容器生产企业的管理水平、产品质量、有了进一步提高，促进了企业生产经营健康发展。

——对继续申请取证的瓦楞纸箱包装企业进行了评审。自瓦楞纸箱包装生产许可证评审颁证结束后，我省尚未取证的 18 个企业提出了取证申请，我们坚持按国家颁发的《瓦楞纸箱生产许可证实施细则》进行了严格评审。

——积极宣传贯彻水泥包装国家新标准。当水泥包装新国标在 9 月 10 日颁布后，我省集中一个月采取对川南、川北、川西分三个片区(川东、重庆负责)，举办了有水泥包装产品生产企业及水泥厂的厂长、质检员、技术员参加的水泥包装新国标宣贯培训班，请省技术监督局和省产品质量检测所的专家，对水泥包装新国标各项规定和各项质检内容进行了逐条讲解，对企业提出的问题进行了解答，对如何坚持贯彻执行水泥包装新国标提出了具体要求。同时，针对水泥包装生产企业的情况，还向参加培训的人员进行了国家标准化法、工业产品质量法、反不正当竞争法、商标法等经济技术法规的培训教育，使企业切实做到以法生产经营，以法自卫的目的。

——积极开展运输包装改进。为了有效地控制因包装不善在运输过程中的破损，贯彻实施“铁路运输货物包装注册管理办法”。一是经与有关部门反复协商后，由省经贸委、省技术监督局、成都铁路局联合发文，确定了运输包装质量检测定点单位和资格认可；二是推广托盘、缠绕膜包装，与省保险公司、成都铁路局商定了在自贡、雅安、什邡等进行试点。

——组强经验交流，推动行业发展。针对行业的实际情况，一是召开了全省瓦楞纸箱企业经验交织会，参加企业 120 余个计 150 余人。

会上，宜宾市纸箱厂介绍了集体所有制进行产权制度改革，实行股份制，推动企业发展，取得显著经济效益的经验。宜宾五联包装有限公司介绍了摆脱负债亏损，实行股份制，奋斗四年，使企业迅速发展状大，形成资产2800万元的经验；宜宾市新兴纸箱厂介绍了坚持技术革新，采用天然气(液化气)对瓦楞加热降低能耗采用高照度暴光印刷制版、提高印刷版质量与寿命，自制印刷色浆、降低成本等方面的经验。二是与宜宾长江纸业集团公司、长信纸业公司、什邡东银机械集团公司、成都泰腾信工程公司先后举办了高强瓦楞箱板纸及伸性纸袋纸、新型复膜水泥包装设备、聚氨脂现场发泡技术等推广应用会。

——举办首届'96四川设计艺术大展。由四川省包装技术协会、中国美术家协会四川分会、省广告协会、省书籍装帧协会、省室内装饰协会共同主办，省包协设计委员会承办、四川星宝彩色制版印刷有限公司协办，于7月26日至8月2日在成都四川美术展览馆举办了我省建国以来首届'96四川设计艺术大展。中国美术家协会四川分会主席原老领导李少言致开幕词，并与应邀前来的中国出口商品包装研究所副所长、高级美术设计师黄环先生，以及协办单位的四川星宝彩色制版印刷有限公司副总经理刘群珍等剪彩。这是一次多学科、跨行业的设计艺术大展，展出作品共750余件，其中包装装潢设计占230余件。省市各新闻媒介都作了报道，产生了良好影响。每天参观人流不息，有的在留言薄上给予了高度赞扬，并希望这样的设计艺术大展今后能继续坚持办下去。这次展出的作品主要是近年来我省的设计艺术成果，旨在展示四川省设计艺术水平，将设计艺术与设计工作者介绍给社会，更好地为社会主义市场经济服务为目的。同时也是为了促进我省设计事业的发展，推动四川现代设计艺术承前启后，继往开来，为振兴四川经济，促进社会主义物资文明和精神文明建设，起到了有益的积极作用。

——进行了第九届省包装装潢设计评比。为检阅我省近两年来包装装璜设计水平，促进现代包装装璜设计水平的不断提高，推动包装工业新发展，更好地为社会主义市场经济服务，由四川省包协设计委员会组织的，什邡晋美彩印厂资助的四川省包装装璜设计第九届星星新奖评比活动，于8月3日至5日在什邡市举行。这届评比收到各市地州选送的作品共150余件套，由专家教授组成的评委会，对每件作品进行了综合评判，结果评出金奖12件、银奖20件、铜奖37件、优秀奖27件。评比结束后，获奖作品向参加评比会和设计委年会的同志进行了展出，并开展了学术交流，请评委之一的四川教育学院崔炎教授作了题为“美术与商业美术的异同”的学术报告，使大家听后受益匪浅。此外，为提高名酒包装档次，泸州老窖酒厂5月27日和红楼梦酒厂7月7日分别在中国包装报以30万元和12万元重奖征集包装设计，显示了我省名酒厂家重视包装的程度。“五粮液”酒珍品包装获'96世界之星奖，作者：王国春、万宇，陈小林，胡绍中。

——坚持科技进步，调整产品结构、积极开发包装新产品。1996年，全省共有17项包装新材料、新产品问世。即：四川长信纸业有限公司3.4万吨/年强韧箱板纸生产线投产，填补了西南空白，满足了外贸出口产品包装和内销高档包装用纸的需要；自贡市富顺糖厂建成80—180g/m、幅宽2.8m、2万吨/年大型高强瓦楞原纸生产线投产，可替代同类型进口包装用纸；成都武候百花日用化工厂开发出新一代纸箱网印色浆；江油市江龙精细化工厂开发出可广泛用于纸、塑等柔性凸版专用彩色印刷最佳油墨；绵阳普明造纸厂新上一条250—400g/m，一万吨/年的1.6m幅宽，可生产牛皮纸板和单面挂面白纸板生产线投产；成都红旗纸箱厂引进台湾又一条幅宽2.5m瓦楞纸箱生产线投产；峨眉山宝佳包装制品有限公司1800万条/年纸塑强力复合水泥包装袋生产线投产；晨光化工研究院三厂研制成功广泛用于包装、装璜领域的新型彩色聚苯乙烯薄膜，填补了国内空白；成都南豪罐盖有限公司建成易拉盖自动生产线投产，填补了四川空白；成都华瑞技术开发公司开发出国外发达国家拥有的纸制品包装防潮涂料“荷叶牌”拨水剂，填补了国内空白；崇州市九龙云母珠光粉厂开发出珠光粉系列颜料，用它可生产出丰富多彩的新型包装；重庆发明成功全塑料自动易拉罐，可降低成本40%；重庆火华精细化工厂开发出具有国际先进水平的彩瓦楞纸箱贴面粘合剂；成都飞机公司开发出全电脑控制五层瓦楞纸箱生产线；宜宾三江机械厂在开发塑编圆织机械后，又开发出塑编机械之一的高低密度扁丝大型塑料拉丝机；成都市乳品公司率先在西南首家引进美国最先进的屋顶型纸盒灌装生产线投产，使鲜奶包装上了新台阶；什邡四川金印股份有限公司引进六色凹版彩印设备投产。

——坚持做好包装宣传工作，及时为行业提供信息。以信息为先导，为行业发展提供信息服务。一是坚持编辑出版《四川包装信息》(月刊)和云、贵、川、陕、渝联合办的《现代包装》(季刊)，及时为行业提供了大量的包装信息，为指导和促进行业的发展，起到了积极有益的作用；二是由省包装改进办、省包协、四川包装信息编辑部共同编印出1996年本《四川省包装企业及产品名录汇编》，深受行业内外的欢迎；三是组织召开了四川包装信息网络成员年会，交流了信息；四是与中国包装报四川记者站(设在省包协内)组织召开了全省包装宣传工作会，传达了全国包装宣传工作会议精神，总结交流了我省包装通讯报道工作，表彰先进通讯站4个(重庆、绵阳、自贡、南充)，李权有等8名评为优秀通讯员。此外，中国包装报开展的“包装改进面面观”有奖征文，我省谭维萍、黄永才撰写的《中国二重集团公司向混砂机包装改进要效益》一文获二等奖；开展的“中包物资杯”有奖征文，任杰才撰写的《以科研促发展、以开发求发展、长江包装纸业有限公司不断发展壮大》一文获三等奖；同时，我省获中国包装报优秀通讯员一等奖1名(黄永才)；三等奖1名(任杰才)；优秀作品三等奖共7篇。

——发展包装教育，大力培养包装专业人才。四川工业学院在96年恢复了包装工程专业的招生；自贡市根据“科教兴包”战略，为推动该市包装工业整体水平的提高，他们委托市职工中专学校开办“包装专业”中专班，经四川省工交财贸政治部川工财政(1996)教22号文批准，并经省计委批准，1996年招生50名，这是自贡市经批准开办的首期“包装专业”中专班。

云 南
YUNNAN

云南包装行业"九五"发展规划及 2010 年远景发展目标

包装工业是国民经济的重要组成部分，是商品经济发展程度的标志之一。包装不仅具有保护商品，便于储存、运输的功能，更重要的是具有美化商品、宣传商品，提高商品附加值的特殊功能。在商品经济高度发达的情况下，这一特殊功能的作用就显得特别突出，包装工业如能适应市场经济的需要，就能促进国民经济的发展。通过"七五""八五"的发展，云南包装工业发生了可喜的变化，初步改变了过去那种"一等产品，二等包装，三等价格"的被动局面，形成一个初具规模、产品门类较全的新兴工业体系。但由于起步晚、底子薄、基础差，加之行业管理松散、宏观调控无力，各自为阵、盲目上马，企业内部管理粗放、产品质量不高的现象仍很严重。包装工业的发展还不能完全适应我省经济发展的需要。为了确定云南包装工业在"九五"期间的发展目标和方向，促进云南包装工业持续、快速、健康地发展，以适应我国经济体制从传统的计划经济体制向社会主义市场经济体制、经济增长方式从粗放型向集约型转变的需要，根据党的十四届五中全会的精神和全国包装行业"九五"发展规划及 2010 年远景发展目标，结合云南包装行业的实际情况，编制本规划。

一、云南包装工业现状

(一)"八五"规划实施概况

改革开放以来，在商品经济迅速发展的有力推动下，我省独立的现代包装工业逐步形成并随着国民经济的增长而发展壮大起来，初步形成纸、塑料、玻璃、金属、木、复合材料等包装制品生产及装潢设计、商标印刷、机械制造和科研教育在内的比较完备的包装工业体系。承担着我省一千六百多亿元国内商品和三十七千万元出口商品的包装任务，为我省国民经济发展提供了良好的配套服务。

"八五"期间，云南包装工业的增长速度超过省内多数行业，实现工业总产值在本省 40 个主要行业中排列第九位。根据第三次工业普查资料统计，云南包装行业"八五"实际完成情况如表 1～2 所示。

表 1 "八五"期间云南省包装工业主要经济指标

项目	单位	1990 年完成数	1995 年计划数	1995 年实际完成数	95 年比 90 年增长率	"八五"期间年递增率
工业总产值	亿元	5.065	8.906	24.63	386%	31%
固定资产合计	亿元	6.22	9.14	16.98	173%	22.2%
利润	亿元	0.467	0.788	1.0113	116%	16.7%
税金	亿元	0.291	0.56	1.6938	482%	42.2%

表2 “八五”期间云南省包装工业主要产品产量

项目	单位	1990年完成数	1995年计划数	1995年实际完成数	95年比90年增长率	“八五”期间年递增率
纸包装制品	万吨	9.13	16.82	18.5	102.6%	15.2%
塑料包装制品	万吨	1.15	2.1	6.29	447%	40.5%
玻璃包装制品	万吨	1.49	2.6	3.44	130%	18%
金属包装制品	万吨	0.55	1	1.55	181.8%	23%
包装印刷	亿印	47.15	96%	178	277.5%	30%
包装机械	台	648	860	182	-256%	-29%

“八五”期间,全省县级以上包装企业已由九零年的132个增长到九五年的216个,增长64%,加上乡镇、街道、合资、私营企业,全省包装企业已达437个。从业人员已由九零年的2.15万人增长到九五年的4.87万人,增长近一倍。在产值、产量大幅增长的同时,利税也由九零年的0.758亿元增长到九五年的2.715亿元,实现产值、产量和效益的同步增长。

“八五”期间,云南包装工业的基本建设、技术改造的步伐加快,装备水平有了大幅度的提高,设备具有国内先进水平的企业已占企业总数三分之一以上,部分企业的设备已达到国际先进水平。五年中,以烟草包装为龙头带动了整个行业的发展,共引进国外凹印、制版设备三十多台(套),极大地改善了商标印刷的条件,印刷制版的条件也逐步得到改善;瓦楞纸箱生产线由四条增加到三十五条,纸箱企业基本上摆脱作坊式的生产工艺。此外,三片罐、聚脂瓶、BOPP膜生产线也引进多条。

“八五”期间,我省新的包装产品不断涌现,空白不断被填补。涂料纸、聚脂瓶、三片罐、BOPP膜等都属“八五”期间新开发的产品。目前聚脂瓶、三片罐的生产能力已自给有余;涂料纸、BOPP膜的生产能力虽未满足省内需求,但已能替代进口,并在继续发展之中。

“八五”期间我省包装技术人才培养教育工作开始起步,云南工业大学开始招收包装专业学生,九六年可输送毕业生21名。包装企业普遍重视人才吸收和职工在职培训工作,企业中工程技术人员的比重已由九零的2%上升到九五年的3.5%左右。

“八五”期间,我省包装行业的“三资”企业从无到有,增长较快。目前已有印刷、塑料、纸制品等方面的三资企业近三十家,为云南包装工业的发展增加了新的活力。

(二)包装行业存在的问题及主要差距

1. 行业、产品结构不合理。纸箱、塑编袋、钢桶、商标印刷、聚脂瓶、三片罐、普通包装膜及袋的生产能力已大大超过市场需求。包装原材料工业、玻璃制瓶业、包装机械工业则发展迟缓、不能适应市场需求,制约了云南包装工业的协调发展。

2. 包装工业的经济增长方式还相当粗放,生产和流通有机结合不够,企业对市场信息的反映较为迟缓,产品适应市场的能力差。

3. 宏观调控不力,一哄而上,低水平重复建设现象十分严重。纸箱、塑编袋、商标印刷的企业上马太多,生产能力严重过剩、造成多数企业开工不足。相互压价倾销,企业经济效益差,近三分之一的企业亏损,缺乏活动;同时因低价低质,产品质量上不去。

4. 行业间装备水平差距较大,发展不平衡。如印刷行业,一些企业已配备具有国际先进水平的凹印生产线,而多数企业仍在使用国产的单色胶印机;纸箱行业,既有从国外引进的生产线3条,国产生产线32条,单面机22台,但仍有半数企业使用单机生产。金属包装、塑料包装行业同样存在类似问题。

5. 包装原、辅材料主要依靠外购。卷烟包装用纸、高档纸箱用纸、高档商标用纸及油墨、塑料、马口铁、冷轧薄钢板基本依赖进口或从经济发达地区购入。本省生产的包装原辅材料质量不高，只能用于中、低档包装，原辅材料工业已成为制约我省包装工业发展的"瓶颈"。

6. 技术落后、管理水平低。由于包装工业是改革开放后形成的新兴产业，很多企业是由乡镇、街道小厂转向生产包装产品的，专业技术人员缺乏，工人操作不熟练，加上管理方式落后，很多包装企业还停留在粗放经营阶段。

二、"九五"发展指导思想

(一)"九五"面临的形势

1. "九五"期间，国内市场消费结构将会出现一些新的变化，商品更新周期缩短，对高档、名牌产品的消费日趋增加，因此，对包装的质量、档次、品种要求不断提高，包装将向高档次、多品种、系列化、深加工的方向发展。

2. 包装工业将逐渐与国际接轨，对包装的管理将日益严格，包装行业各自为阵，产品不符合标准，不适应市场需求的现象将逐渐减少，包装工业将在新的严格的法规、标准的规范下，逐步与国际市场连接。

3. 环境保护日益受到重视，包装废弃物污染环境的问题将成为发展包装工业必须解决的问题。"绿色包装"必将成为发展方向，不可避免地引起包装材料和型式的变革，一些传统包装由于不易回收，不以在短期内自行降解将逐渐被淘汰。

4. 云南与周边国家的边境贸易日益扩大，为我省经济发展带来新的机遇，改善包装将成为云南商品进入周边国家的重要手段。由于周边国家属不发达国家，工业基础薄弱，尚未形成包装工业。我省包装产品直接进入这些国家的数量在逐渐增多，到这些国家独资或合资办包装企业的也开始出现。

5. 国外、省外包装产品挤占云南市场的现象将日益加剧，特别是玻璃容器和包装机械，省外产品的大量流入，将影响到我省企业的生存和发展。

(二)云南包装行业"九五"期间发展的指导思想

"九五"期间发展云南包装工业的指导思想是：在建设有中国特色社会主义理论指导下，遵循社会主义市场经济的基本方针，以科技为先导，以市场为导向，以提高经济效益为中心，以实现"两个转变"为目标，深化企业改革，加强行业的协调管理，围绕云南"九五"扶植的支柱产业和重点产品发展包装工业，努力提高包装行业的整体水平，推动我省包装工业持续、快速、健康地发展，以适应我省国民经济发展的需要。

"九五"期间云南包装工业的发展应遵循以下基本方针：

1. 紧紧围绕我省烟草、食品及生物工程、旅游、磷化工四大支柱产业，做好配套服务工作，发展"科学、适用、美观"的包装。

2. 转变我省包装工业的经济增长方式，由粗放型向集约型转变。培养集约化的龙头企业，联合企业和专业化协作的企业集团，作为包装行业的样板示范企业，以点带面，带动整体素质的提高和全面发展。

3. 调整、优化产品结构、控制长线产品的增长速度，着重提高产品质量和档次，增加品种，开发新产品，填补空白，满足市场对包装的更新更高的要求。

4. 盘活资产存量，充分发挥现有设备的作用，加强配套改造、挖潜，走以内涵为主扩大再生产的发展道路，实现少投入、多产出。

5. 多方吸取资金发展包装工业，积极兴办"三资"企业，加强与邻近省市的互补性协作和专业化协作。

三、"九五"发展主要目标及 2010 年远景目标

(一)云南包装工业"九五"末期到 2010 年主要经济指标

表 3 "九五"末期和 2010 年主要经济指标　　　　单位:亿元

项目	1995 年完成数	2000 年预测数		2010 年预测数	
		计划数	年递增率	计划数	年递增率
工业总产值	24.63	43.4	12%	100	9%
实现利税	2.715	4.58	11%	9.6	8%
工业增加值	6	10.11	11%	21.6	8%

表 4 "九五"末期和 2010 年主要产品产量

项目	单位	1995 年完成数	2000 年预测数		2010 年预测数	
			计划数	年递增率	计划数	年递增率
纸包装制品	万吨	18.5	32.6	12%	77.2	9%
塑料包装制品	万吨	6.29	10.6	11%	22.9	8%
玻璃包装制品	万吨	3.44	6.62	14%	17.2	10%
金属包装制品	万吨	1.55	2.61	11%	5.63	8%
包装装潢印刷	亿印	178	274	9%	592	8%
包装机械	台(套)	182	350	14%	994	11%

(二)科技开发目标

(1)利用本省军工、机械行业的技术优势，开发食品、饮料、医药用的中小型包装机械，力争到本世纪末省产包装机械能有较大发展。

(2)加强果蔬、鲜花、食品保鲜包装的研究开发，要以低成本、方便适用为目标，在"九五"期间取得重大突破，为云南资源优势转化为经济优势提供良好配套服务。

(3)研究或消化吸取国外经验，逐步发展"绿色包装"，降低包装物对环境的污染。云南可在传统的木、竹、草、布的包装方法和型式上进行改造，积极开发易回收，或不会造成环境污染的包装产品。

(4)研究和推广水泥包装的更新换代产品，除提高散装水泥的比例外，袋装水泥包装应在目前使用的纸袋、组合袋、复合袋之外，研究易回收、高强度的新型包装袋。

(三)包装改进目标

重点抓好出口商品、边贸商品、水泥包装、平板玻璃包装、粮食小包装的改进工作。把因包装不善造成的损失，由目前的约占国内生产总值的 4‰降低到 3.5‰。

(四)质量监督目标

1. 在全省包装行业推行 **ISO**9000 国际系列标准，实现质量保证体系逐步向国际管理标准靠拢，争取"九五"期间有五户包装企业通过质量认证，2010 年多数大中型企业都能通过质量认证。

2. 通过立法，强化包装的社会监督，在"九五"期间制定与包装有关的地方性法规，逐步建立有效的包装质量监督管理体系，与商检、海关、技术监督、工商管理、铁路、保险等部门配合，建立监督管理网络，做到各类型的包装产品都有省级质量检测站(点)，认真进行测控，及时反馈质量信息。

(五)包装教育目标

在目前云南工业大学开设包装工程专业的基础上，继续争取在几所大学、中专开设包装专业，争取在本世纪末达到年输送中专以上毕业生 100 名。加强为企业代培专业人才和以提高管理、技术人员素质为目的的在职培训工作，力争“九五”末期，包装企业中专以上技术人员比重达到职工总数的5%。2010年达到10%以上。

四、“九五”发展重点

(一)重点发展纸包装材料工业，特别是白板纸、胶版纸、涂料纸、高强度瓦楞纸的生产，力争“九五”末做到自给有余。

(二)发展新型纸箱，如蜂窝夹芯板纸箱，彩面瓦楞纸箱(盒)，具有防潮、防腐、保鲜功能的纸箱。发展纸基复合材料的食品、饮料包装盒、罐。

(三)发展具高阻隔性、耐高、低温、高强度的塑料包装制品的生产，促进BOPP、BOPET、BOPS、PVDC膜及制品的生产，BOPS片材深加工产品的生产，塑基复合材料包装制品的生产。

(四)发展高强度薄壁轻型玻璃瓶的生产，实现啤酒瓶、罐头瓶自给有余。

(五)开发生产实用、适销的包装机械，力争形成二、三个系列拳头产品。

(六)加快现有装备的配套改造工作，采用数控技术及联动控制技术提高现有设备的生产效率和精度，特别要加强对引进设备的消化填平补缺，以充分发挥设备的潜力。

(七)发展具有地方、民族特色的包装，利用竹、木、麻、柳、草、民族刺绣、扎染、纺织品为原材料制作包装产品，既有利于发挥本省资源优势，又有利于弘扬民族文化，包装物也不会对环境造成污染。

(八)充分利用引进凹印生产线的优势，促进彩印配套工业的发展，开发高档彩印产品的市场，使包装印刷业在国民经济中发挥更大的作用。

五、保证措施和政策建议

1. 加大宣传力度，利用新闻媒介，社会舆论、各种讲坛宣传包装工业在发展经济、富民兴滇战略中的地位和作用。树立重视包装，把包装作为商品的重要组成部分来看待的新观念，把增强全社会的包装意识作为一项基础工作来抓。

2. 加强行业管理和宏观调控的能力

“九五”期间实现各地州有专人管理包装行业，在经济发达地州建立包装管理机构，从事行业管理工作。

建议省政府赋予省包装工业办公室一定有效的行业管理手段，对全省包装行业总体运行进行指导、调控，推动包装工业持续、快速、健康发展。

3. 制定云南省包装管理条例及相关法规，组织包装行业制订行规行约规范市场和企业行为，强化行业管理和产品质量监督。组建云南省包装产品质量监督检测中心，把好从生产到流通各个环节的质量关。

4. 加大投资力度，每年争取一定数额的专项贷款用于包装企业的技术改造和科技开发。积极吸引外商投资兴办包装企业。

5. 提倡厂、院(所)结合，共同开发研制包装新材料、新产品、新工艺、促进科学技术向生产力的转化，协会应为促成厂、院(所)合作做好牵线搭桥和协调工作。

陕西省包装工业“九五”发展规划及2010年远景发展目标

根据陕西省人民政府和中国包装技术协会、中国包装总公司有关制定“九五”发展规划及2010年远景发展目标的要求，结合我省包装工业的实际情况，特制定我省包装工业“九五”发展规划及2010年远景发展目标(草案)。

一、我省包装工业现状

改革开放以来，在省委、省政府的领导下，在中国包装技术协会、中国包装总公司和省经贸委的指导下，随着我国国民经济各行各业的蓬勃发展，经济实力的不断增强，我省包装工业也得到了相应的长足的发展，尤其是“八五”以来出现了大、中、小和国有、集体和其它经济类型所有制齐头并进、快速发展的势头，包装产品的技术装备以及产品数量、品种、档次和质量等方面均有明显的改善和提高。据统计，1994年，全省包装工业已达438个(其中：按隶属分，中央企业10户，省属企业20户，地市县属企业90户，城镇集团企业123户，乡办企业63户，其它类型企业90户；按所有制分，国有企业45户，集体企业380户，其它经济类型企业13户)，比1991年349户增加了25.5%，占全省预算内企业总数的3.43%，遍布于全省107个县(市、区)；职工总数达44632人，比1991年的20324人增长1.2倍，占全省工业企业职工总数比重为2.2%，比1991年的1%提高1.2个百分点；固定资产原值为67803万元，比1991年的39314.9万元增长72.46%，占全省比重为1.01%，比1991年的0.97%提高0.04个百分点；流动资产年平均余额为64726万元，比1991年的41132.4万元增长57.36%，占全省比重为1.13%，比199年的1.29%降低0.16个百分点；工业总产值为114426万元，比1991年的58917.9万元增长94.2%，占全省比重为1.83%，比1991年的1.37提高0.46个百分点；产品销售收入为74980万元，比1991年的51317.4万元增长46.11%，占全省比重为1.15%，比1991年的1.31%降低0.16个百分点；利税总额为6998万元，比1991年的3145万元增长121.98%，占全省比重为1.26%，比1991年的0.78%提高0.76个百分点。仅1994年就承担了全省7.11亿美元的工业出口商品包装任务。“八五”期间，通过增加投入、引进、新建和技术改造等项措施，使我省包装工业的企业结构、产品结构、行业结构和地区布局结构均发生了显著变化，涌现出一批包装工业的骨干企业，1994年有23户企业产值过千万元，其产值占到全省包装工业总产值的40%以上；纸箱、塑料编织袋、瓦楞纸板、易拉罐和高档彩印、保鲜、防伪包装等一大批拳头产品和新产品问世，不仅改善了产品结构，促进了产品更新换代，而且缩短了我省包装工业与国内外先进水平的差距；包装工业内部各行业全面得到了发展，其中以纸包装行业居首位，其产值占到全省包装工业总产值的三分之一，其余5个行业排列位次是包装印刷、塑料包装、包装机械制造、金属包装和玻璃包装。今年以来，全省包装工业继续保持了稳定增长的势头，产销衔接良好，支柱行业的纸包装制品行业出现了产销两旺的新景象;地区布局已从集中在关中一带,向陕北、陕南扩展,由城市向乡镇农村扩展。

尽管我省包装工业得到了长足发展,取得了显著成绩,但还存在不少差距:一是投入不足。全省四分之三的企业没有进行过象样的技术改造,缺乏发展的实力和后劲。二是整体规模小、素质差、效益差、管理落后、人才匮乏、科技开发力量薄弱。三是包装制品品种不够齐全,目前仅有中、低档产品供应市场,而高档次,性能优异,尤其是有特殊要求的包装产品以及为出口配套的包装产品依然短缺,市场覆盖率高的名牌产品更是少的可怜,并且在质量、数量上都与国内先进水平有较大差距。四是宏观调控和行业管理滞后,包装企业分布还不够合理,低水平重复建设、项目趋同化的现象仍未得到根本扭转。五是包装制品生产过程中造成环境污染严重的问题尚未得到有效的治理。上述存在的这些问题,直接间接地制约了我省包装工业的快速发展,应引起我省各级工业管理部门和企业的重视,切实采取有效措施,努力工作,缩小差距,使全省包装工业的发展与国民经济各行各业的发展相适应。

二、发展我省包装工业有利条件多

——有得天独厚的资源优势,既为包装工业提供了丰富的原材料,又为发展包装工业提供了需求。一是我省是矿产资源大省。截止1994年底,全省发现各类矿产135种,其中探明储量的有92种,矿产地650余处,对国民经济有较大影响的主要矿产中,我省有45种在全国名列前10名,煤、石油、天然气的储量不仅在国内,而且在世界上都占有重要的位置,天然气、水泥灰岩居全国之首,钼、汞居第二、煤居第三,金居第五,矿产保有储量潜在经济价值8万亿元,居全国第四位。二是生物资源丰富。由于我省南北狭长,地跨八个纬度,不仅气候差异很大,而且地形地貌变化较大,因此生物种类繁多,资源丰富。既有粮、棉、油等农作物,又有果、茶、桑、麻、烟草、牧草、药材等经济作物,尤其是苹果、酥梨、猕猴桃、核桃、板栗等干鲜果近几年迅速发展,产量迅猛增加,其中苹果生产量已跃居全国第二位。除此之外,还有用材林、经济林等森林和野生植物资源。三是旅游资源极为丰富。我省是中华民族的发祥地,历史上周、秦、汉、唐等13个王朝都先后在陕建部、长达1100余年,地上地下遗存丰富的历史文物。我省又是中国革命的摇篮,革命文物也很丰富。为此,陕西被誉为“天然历史博物馆”。再加有西岳华山、骊山、黄河瀑布、楼观台、柞水溶洞、太白森林公园等一批自然旅游景点,更使陕西旅游资源丰富多彩,每年都吸引大批国内外游客的光顾。

——工业有一定的基础实力和潜在的发展远景,既为发展我省包装工业奠定了坚实的基础,又必然带动包装工业相应的快速发展。经过解放后40余年的建设和发展,我省以纺织、机械、电子、军工等加工工业为中心,相应发展了能源、原材料工业,逐步形成了一个门类齐全的新兴工业基地,工业已成为全省国民经济最大的物质生产部门。截止1994年底,全省共有工业企业28.27万户(其中:大中型企业387户);职工总数245.2万人(其中国有企业职工145.5万元);固定资产566.11亿元,全省70%左右的财政收入和90%以上的出口创汇依赖于工业,工业在全省国民经济中占有举足轻重的地位。近几年来,我省每年平均有1500～2000种新产品问题。随着生产规模的扩大、产量的大幅度增加、产品结构的调整、档次水平的不断提高以及出口创汇产品品种、数量的逐步增多,都为包装工业提供了发展机遇,提出了更高的要求。

——地理位置优越,交通运输、邮电通讯较为发达,为发展我省包装工业创造了极为有利的条件。我省地处内陆腹地,是联结西北、西南、华东、华南等省市的纽带,欧亚大陆桥又横穿我省中部,航空、铁路、公路、水路运输和邮电通讯的四通八达,以及第三产业的发展壮大,不仅为包装工业的原材料和产品进出创造了比较好的环境,而且为扩展其产品市场创造了良好的外部条件。

——科技实力雄厚,科技人才多和劳动力

资源丰富，是全国其他省市少有的优势，也是发展我省包装工业所蕴藏的巨大潜力。我省有56所高等院校，500多个科研院所，80多万各类科技人才，综合科技实力居全国第三位，再加上有丰富的劳动力资源，其工资水平又比沿海、沿边省、市、自治区低的优势，只要政策对头，善于能够开发出一批可满足不同层次、不同用途要求的、档次高、经济批量大、花色品种多的包装新品，我省包装工业就会不断登上新台阶，得到大发展。

——国家发展战略重点向中西部转移，是我省包装工业大发展的历史机遇。从九十年代起，党中央、国务院制定了国家发展战略重点向中西部转移，并明确在产业政策和投资、贷款、项目布局、利用外资以及发展乡镇企业等有关政策上予以倾斜支持，历史将把中西部地区推向经济大发展的年代，也将是我省包装工业大发展的历史机遇。只要抓住这个机遇，扎实工作，一定会有空前发展前景的。

三、我省包装工业发展战略目标和重点

——指导思想。我省包装工业要在建设有中国特色社会主义理论指导下，遵循市场经济体制的方针，以科技为先导，以市场为导向，以提高经济效益为中心，以现有包装企业为基础，以国有大中型企业为重点，统筹规划，因地制宜，合理布局，加快企业转轨建制和技术改造步伐，贯彻发展和提高并举方针，通过包装产品上规模、上档次、上水平，搞好行业内部调整，促进全省包装工业整体装备技术水平有个大的提高，超常发展，适应国内外经济大市场发展的要求，满足人民生活水平不断提高的需要，为促进全省国民经济发展作出应有的贡献。

——基本思想。主要采取三种形式：资源主导式——立足当地丰富的资源（陕北煤、石油、天然气、红枣、羊，渭北的苹果、酥梨，关中的粮、棉、牛、猕猴桃，陕南的有色金属、板栗、柑桔等）优势，发展各具特色的商品生产以及与之相适应的服务、相配套的包装产品；市场主导线——依托各地大中小城市和旅游景点，以市场需求为前提，发展各种类型的包装产品，满足不同层次、不同性能、不同用途和生产、运输、储存、市场交换的需求，并以主导型产品引导消费，开拓新的市场；外贸主导式——适应外贸快速发展，外贸产品大量增加的要求，开发生产外贸产品的包装产品。在发展企业模式上要按照国家建立现代企业制度的要求，打破所有制、企业大小、隶属关系等的限制，从有利于发展生产力、提高经济效益出发，既可组建专业化公司、地区性公司、企业集团，也可实行公司制，促进企业优化组合。

——发展的主要原则。一是坚持发展与提高并重的原则。我省包装工业发展不平衡，对布点少、基础差的地区要扶持发展，对有一定基础的地市，要把工作重点放在提高上，努力在技术装备、产品品种、档次、质量和规模上不断得到提高，在食品工业上大力发展和推广无菌包装和绿色包装产品。二是坚持重点优先发展的原则。要优先支持重点骨干企业、重点产品的发展，以带动全行业整体水平的提高。三是坚持规模经济和专业化协作结合的原则，逐步打破目前包装企业“大而全”“小而全”的封闭式现状，根据产品的不同特点，按照专业化协作生产和规模经济组织生产。四是坚持利用两种资金、两种资源，面向两个市场。要在充分利用本地、本省、本国资金和资源的同时，努力开拓国际市场，扩大出口商品服务范围，提高包装档次。五是坚持发展与保护环境相结合的原则。在促进包装工业快速发展的同时，加强对环境的保护，避免重蹈发达国家“先污染、后治理”垢覆辙。现有企业都要针对本企业存在的污染情况，制定出限期治理的规划，并有强有力的措施作保证；新建的包装企业，从设计到生产都要把治理污染同时考虑进去，一起抓，从而保证包装工业逐步走上效益好、无污染的良性发展轨道。

——“九五”计划指标及2010年发展远景目标。

全省包装工业总产值，1995年预计完成13.15亿元，“九五”末期达到24.23～26.45亿元，年递增13～15%；2010年预计达到62.85亿元，年递增10%；实现利税1995年预计完成

0.81亿元,“九五”末期达到1.434～1.49亿元,年递增12～13%,2010年预计达到3.09亿元,年递增8%;工业增加值1995年预计完成3.46亿元,“九五”末期达到5.32～5.57亿元,年递增9～10%,2010年预计达到13.8亿元,年递增10%。

全省包装工业主要产品产量:

纸包装制品,1995年预计完成12.93万吨,“九五”末期计划达到20～28.14万吨,年递增12～15%;2010年预计完成到6.05万吨,年递增10%。

塑料包装制品,1995年预计完成15.2万吨,“九五”末期计划达到2.68～3.06万吨,年递增10～12%;2010年预计达到52万吨,年递增10%。

玻璃包装制品,1995年预计完成8.2万吨,“九五”末期计划达到12.05～12.62万吨,年递增8～9%;2010年预计达到23.7万吨,年递增7%。

金属包装制品,1995年预计完成2.43万吨,“九五”末期计划达到4.28～4.89万吨,年递增12～15%;2010年预计达到11.1万吨,年递增10%。

包装装潢印刷,1995年预计完成45.63亿印,“九五”末期计划达到73.5～80.4亿印,年递增10～12%;2010年预计达到190.64亿印,年递增10%。

包装机械,1995年预计完成1521万台(套),“九五”末期计划达到2450～2680万台(套),年递增10～12%;2010年预计达到6355万台(套),年递增10%。

——发展重点。“九五”期间,全省包装工业发展重点:一是多渠道筹集资金,加大投资力度,促进全省包装工业超常发展,扩大其在全省工业总产值中所占的比重,使之成为我省新兴的支柱产业。二是加快科技进步步伐,一手抓老企业技术改造、老产品更新换代,一手抓起点高、附加值高、水平高、生产规模大的新建项目的投产、达产、达效工作,大力开发生产一批为名牌、优质、出口商品提供包装的新产品,无污染的绿色包装,覆盖面大、竞争力强的包装产品,以及带动全行业整体水平提高的关键包装机械设备和特殊功能的原材料,从而使我省包装产品在国内市场具有较强的竞争力。三是努力降低产品成本,提高我省包装工业经济增长质量和效益,为我省工业经济发展作出应有的贡献。四是强化包装行业管理和调控能力,加强信息服务工作,促进我省包装工业稳定、快速、健康发展。五是抓好市场开发工作,在有条件的省、地、市建立一些具有一定规模、各具特色的包装品市场,带动全省包装工业的大发展。

四、保证我省包装行业“九五”计划实现的主要措施

(一)加强组织领导。我省包装工业企业分布在全省工业各行业,遍及全省各地、市、县、区,因此,希望各级工业主管部门和各地市经贸委,都要加强对包装工业关心、支持和领导,并将我省包装工业“九五”发展规划和2010年远景发展目标,列入本地区、本部门的“九五”发展规划和2010年远景发展目标中,认真组织实施。与此同时,要加快陕西包装技术协会队伍和机构的建设,开展工作,发挥其行业管理的职能和指导作用。充分运用产业政策和经济、法律、行政等方面的手段,强化行业调控能力,使包装工业发展行为纳入规范化、法制化的轨道。

(二)重视人才的吸引和培训。包装工业企业一方面要制定优惠政策,吸引各类人才到包装行业工作,发挥其才干,另一方面要抓现有人员的岗位培训和知识更新工作,提高包装队伍整体素质,是保证包装工业快速发展的根本要素。

(三)大力推动科技进步。增大科技因素在行业发展中的含量,依靠科技进步,大力推广新工艺、新技术、新材料、积极开发新产品,不断培植新的经济增长点,认真做好包装的技术监督、质量监督和科研成果转化工作。

(四)认真做好包装工业结构调整工作。贯彻“扶优扶强”的原则,倾斜支持优势行业、经济效益好的企业和有市场竞争力的拳头产品的发展,促进生产要素优化组织和结构趋于合理。

（五）增大投入。在积极争取国家资金支持的同时，改善投资环境，吸引港商、台商和外商投资，争取国际金融组织资金，吸引省外投资和省内各方面资金，加快包装工业发展步伐。

（六）建立适应市场经济的信息网络信息系统。尽快建立我省包装行业系统的内部的信息网络，及时进行国内外市场、科技、物资、产品等方面的信息传递，并快速反馈到企业，作为引导企业进行正确决策的依据。

西　安

XIAN

西安市包装行业"九五"发展规划及2010年远景发展目标

根据党的十四届五中全会的精神和中国包装技术协会、中国包装总公司及市计划委员会关于编制"九五"规划和2010年远景目标的指示,结合我市包装行业的具体情况,特制定本文件。

一、我市包装行业"八五"规划实施概况

1.主要经济指标

改革开放以来,包装行业在建设有中国特色的社会主义理论指导下,得到迅速发展。1986年8月30日召开西安包装工业"七五"发展规划论证会,1990年11月5日召开"八五"发展规划论证会,经过十多年的努力,包装行业正在成为我市一个拥有现代技术装备、门类基本齐全的包装工业体系。据不完全统计全市现有各类(国有、集体所有制、个体、中外合资、外商独资)包装企业160多家,职工近1.3万人。包装工业固定资产原值由1990年的2.7亿元,增中到1995年的近5亿元。我市一些包装产品的产量质量在全省占有重要地位。出口产品的包装定点企业占到全省近一半,基本满足了我市商品出口的需要。全市包装工业产值1995年完成5.85亿元超过"八五"规划指标(4.097亿元)23.4%,比1990年增长190%,(1990年3.069亿元),平均每年递增38%,实现税利8100万元,超过规划指标5%。圆满完成了我市包装行业"七五"初期提出的十年翻两番的目标。

2.固定资产投资

"八五"期间全市行业固定资产投资(主要是技术改造投资)约6000万元,技术引进用汇400万美元。

限额以上重大技改项目1项,纸箱专项投入改造13项,专项贷款800万元。值得一提的是结合内地经济发展的实际,先后有十一家用单面机生产线改造手工单机,取得了投资少,见效快,效益好成为我市纸箱生产的主力军。

"八五"期间全市包装行业,完成科技开发项目21项,在提高包装制品性能,包装机械自动化方面有了明显进展。其中大部分项目填补了我省及西北地区空白。近几年来,国家级的科研所,国防工业企业开始步入包装领域。试制开发技术含量高,有市场前景的包装新产品多项,这是我市包装工业发展的有生力量。

3.我市包装行业目前存在的主要差距

(1)从整体上讲企业的规模小,素质差,效益低的现象依然存在,多数企业生产经营管理落后,产品质量差。

(2)包装制品的种类目前基本齐全,但仅中、低档产品能满足各行业的需要。高档次、高性能、优异的包装产品依然短缺,能参与国内竞争的企业为数很少。

(3)宏观调控体系不健全,调控能力薄弱,行业管理职能未能充分发挥。由于机构不健全,人员不足,职能部门协调不够,国家许多政策、政令无法贯彻下去。

(4)投入不足。全市包装行业还有五分之四的企业没有进行象样的技术改造,由于投入不足,项目实施起来困难重重,在相当的程度上

制约了行业的发展。

二、“九五”期间包装行业发展的指导思想

“九五”期间，市场经济体制将逐步确定并完善，随着投资体制、金融体制的改革措施出台，投资主体将转向企业，自主决策、自担风险。包装行业的市场竞争日趋激烈。包装行业的管理体制必须适应这一变化。

随着人民物质文化水平大幅度提高和国际贸易出口的增加，为包装行业的发展提供了广阔的市场。

“九五”期间，我市包装行业要在国家产业政策的指导下努力实现经济工作的根本转变，以科技为先导，调动企业积极性，进行适合内地规模的技术改造。发挥我市科技优势，大力开发包装新产品，提高产品质量，推动我市包装行业持续、快速、健康发展，以适应社会主义市场经济的需要。

三、包装行业“九五”至2010年发展基本任务和目标

表1 包装行业“九五”末期到2010年主要经济指标 单位：万元

项目	1995年完成数	2000年预测数		2010年预测数	
		计划	年递增%	计划	年递增%
包装工业产值	5.85	11.77	15	30.40	10
实现利税	0.81	1.30	10	3.37	10

表2 “九五”末期和2010年主要产品产量

项目	单位	1995年完成数	2000年预测数		2010年预测数	
			计划	年递增%	计划	年递增%
纸包装制品	万吨	4	8.8	17	14.17	10
塑料包装制品	万吨	0.72	1.21	11	3.41	9
金属包装制品	吨	4000	6442	10	10368	10
包装装璜印刷	亿印	24	48.26	15	125.53	10
包装机械	台(套)	★				
玻璃包装制品	万吨	★				

注：★为没收集到资料数据

3. 技术进步的任务和目标

包装材料向节能低耗、防污染、高功能方向发展。重点是依靠我市的科技优势和资源优势，发展包装机械和纸包装基材。

(1)包装装备向机电一体化、智能化、自动化控制方向发展。借助我市高科技优势，大力发展低耗、高效能适合内陆省份中、小企业实用型包装机械：单面瓦楞机、纸托盘机械、纸浆防震发泡机械、高智能液体包装机械等将成为我市包装机械拳头产品。这些项目有的已在实施，有的正在酝酿，准备申报立项组织实施。

(2)纸包装基材用麦草是关中地区一大优势，高强牛皮箱板纸，高强瓦楞纸的需求量很大，但这一潜在的优势尚未被真正的利用，形成真正的优势。对现有的包装纸基材生产厂要实行行业规划，加强管理，引导发展，形成优势。

(3)加大科技开发力度，填补我市包装制品的空白。建成一批新的项目，满足市场经济发展的需要。我市经济几年的发展，但下列产品尚属缺门；

①利乐包：饮料用包装。目前我市饮料厂的利乐包用量很大，但均由外地购进。

②纸杯、纸饭盒：替代塑料杯、盒。是“九五”期间我国包装行业发展的重要项目之一。

③铝塑复合蒸煮袋：肉类熟食的包装，目前我国能生产这种包装袋的只有广东，大连、连云港等几家大型企业生产，远远不能满足市场的需求。

④聚脂瓶：主要用于食品、医药包装、化妆品包装，目前我市尚属空白。

四、我市包装行业“九五”期间发展的主要措施

1. 根据市委、市政府实施“科技兴市”的战略，贯彻实施中国包协、中国包装总公司”振兴包装，科技先行”的精神，增大科技因素在行业发展中的含量，加强行业与院校科研所、军工企业的联系，大力推广包装科研成果，完善行业技术监督，质量认证，生产许可证，信息等项工作。

2. 健全完善包装行业管理职能。建立行业的宏观调控体系，遵循产业政策，促进包装业结构，地域结构的合理化。建立适应市场经济体系信息网络，包装协会要及时准确向包装企业提供信息，定期发布我市包装新产品，技术开发及市场变化趋势等信息，加大为企业服务力度。

3. 提倡多渠道筹集资金，利用多种方式鼓励企业技术改造。纸制品行业在“九五”期间再改造十多个企业，使包装向高档发展。通过中小企业的股份化改造和内部集资等方式和利用市政府吸引外资的优惠政策，多渠道吸引资金，加快包装行业发展。

宁　夏

NINGXIA

宁夏回族自治区包装行业“九五”发展规划及2010年远景发展目标

一、我区包装行业“八五”发展概况

(一)我区包装行业“八五”主要经济指标完成情况

改革开放以来,在自治区党委、政府的领导下,在中国包装技术协会、包装总公司的指导下,随着我区国民经济各行业的蓬勃发展,经济实力的不断增强,我区包装行业也得到了相应的长足发展。据统计,1994年全区乡以上包装企业已达136家(其中国有企业30家,集体企业87家,其它经济类型企业19家)。占全区乡以上企业总数的4.83%,遍布于全区22个县(市、区);职工总数达29265人,占全区工业企业职工总数的比重为4.2%,比1990年的2.5%提高1.7个百分点;固定资产原值为4.16亿元,占全区比重为2.52%,比1990年的1.43%提高1.09个百分点;定额流动资金平均余额为2.31亿元,占全区比重为2.26%,比1990年的1.32提高0.94个百分点;工业总产值为3.82亿元,占全区比重为3.7%,比1990年的2.39%提高1.31个百分点;产品销售收入为3.34亿元,占全区比重为2.9%,比1990年的1.89%提高1.01个百分点;利税总额为3240万元,占全区比重为2.75%,比1990年的1.82%提高0.93个百分点。我区的一些包装产品,如塑料编织袋、纸箱、复合软包装、金属桶罐、装潢印刷等的技术装备及产量、品种、档次和质量等方面有了较大的改善和提高。仅1994年,我区包装行业就承担了80多亿元的内销商品和上亿美元的出口商品的包装任务,已以初步满足我区经济发展的需要。

1995年我区包装工业产值预计4.29亿元,比1990年增长95.2%,平均每年递增15.3%;利税3760万元,比1990年增长85.4%,每年递增12%。

1. 包装工业主要产品产量(见表1)

表1　“八五”期间包装主要产品产量

项目	单位	1990年完成数	1995年计划数	1995年预计完成数	95年比90年增长率	“八五”期间年递增率
纸包装制品	万吨	3.25	5.42	5.96	83.4%	12.9%
塑料包装制品	万吨	1.2	2.26	2.29	90.8%	13.8%
玻璃包装制品	万吨	1.14	2	2.16	89.5%	13.6%
包装印刷	亿印	13.2	20.7	22.36	69.4%	11.1%
包装机械	台(套)	34	65	68	83%	14.9%

2. 固定资产投资

“八五”期间我区包装行业固定资产投资约2.65亿元，其中，基本建设投资约6900万元，技术改造投资约1.96亿元，技术引进用汇约750万美元。改造企业40多家，引进了12条生产线，更新改造了37条国产线和生产设备。重点对纸箱、塑料编织袋、复合软包装、装潢印刷、彩印纸盒等进行了技术改造，部分骨干企业的技术装备已达到国际八十年代末或九十年代初期水平。

3. 科技开发

“八五”期间，我区包装行业在改进、开发包装材料试验机械，提高包装制品性能，包装废弃物回收和综合利用等方面有了明显的进展。共开发科技成果14项（其中10项已应用于生产），主要有运输包装件系列试验机械，塑料圆轮编织机，全自动液体包装机、全自动电脑高速分切机、塑料回收造粒机等。

4. 包装标准化和产品质量管理

“八五”期间，我区80%左右的主要包装产品在性能和质量上达到国际标准或行业标准要求。共制定了26项地方标准和企业标准，建立了包装标准化机构和包装产品质量监督检验机构。有34个纸箱厂、4个200升钢桶厂、2个柔性集装袋厂通过了产品生产许可证的审查，并获得了国家发放的生产许可证。通过包装产品生产许可证的审查工作，企业的质量管理水平有了很大的提高。在发证前后的行业和自治区质量监督检查中，这些包装产品的合格率提高25%以上。

5. 包装改进

“八五”期间通过科技进步，以质量为主线，狠抓了综合治理。重点改进了出口商品包装，运输包装和电石、硅铁、平板玻璃、陶瓷等十二种大宗商品的包装，开展了我区铁路货物运输包装注册准运工作。据不完全统计，“八五”前四年，通过改进包装减损、增收、节约1250万元。其中，水泥包装改进综合破包率已控制在2%以内，共减损320万元；平板玻璃改进包装后，减少损失130万元；集装化运输包装已达400多万吨，增收、减损400万元。

（二）“八五”期间我区包装行业发生的主要变化

1. 社会主义市场经济的确立，促使包装这一联结商品生产、贮藏、运输、销售、使用等各环节，与市场配置相适应的行业得以更迅速的发展。“八五”期间我区包装行业呈现出高投入、高速度发展的势头，包装工业产值、利税、企业数、职工人数、固定资产原值等都比以前有明显的增长。包装工业产值的平均增长速度高于“七五”2.9个百分点。

2. 包装行业对外合作日益增多，利用外资大幅度增长。全行业“八五”期间利用外资达500万美元以上。包装企业纷纷引进了国外先进技术设备，部分高档包装产品已达到或接近国际先进水平，包装制品为出口商品的配套率有明显提高，少数企业开始面向国际市场。

3.“八五”期间，我区包装行业加大了技术改造力度，约有25%的企业得到改造，使包装行业在企业结构、产品结构、行业结构和地区布局结合等方面发生了显著变化。

在企业结构方面，涌现出一批如吴忠塑料工业股份有限公司、中卫赢继集团公司、青铜峡造纸厂，吴忠造纸厂等具有一定骨干示范作用的大中型企业，带动和促进了行业的发展。乡镇企业有的已具有相当规模，逐步成为包装行业的一支新生力量。

“八五”期间，通过引进一批国外先进技术设备，如塑料编织袋生产线、六色胶印机、六色凹印机、马口铁罐生产线、PET瓶生产线等，缩小了我区包装工业与国内外先进水平的差距，开始出现了一些如高档彩印、防伪、保鲜包装等新兴产品，使包装产品结构开始升级换代。

在地区结构方面，银南、银川地区发展比较迅速，包装工业固定资产原值和产值“八五”期间的增长量分别占全区的70%和75%。

“八五”期间，我区包装工业内部各行各业全面得到了发展，在包装产品产量中所占的比重有了不同程度的提高。（详见表2）

表2　包装四种主要产品产量所占比重变化表

项目	1990年所占比重(%)	1995年所占比重(%)	95年比90年增减百分点
纸包装制品	43.8	45.7	+1.9
塑料包装制品	19.1	21.5	+2.4
玻璃包装制品	17.6	12.9	-4.7
金属包装制品	19.5	19.9	+0.4

(三)我区包装行业目前存在的主要差距

1.包装企业规模小、素质差、效益低,"大而全""小而全"的局面未得到有效的改变。多数企业生产经营管理落后、产品质量差、资源综合利用程度低、规模经济效益好的大中型企业还不足以支撑行业的发展。

2.包装科研落后,科技开发力量薄弱。全区没有一家专业性包装科研机构,部分科技成果还未能运用到生产中去,科技推广过程中转换中介能力不强。

3.人才匮乏。据不完全统计,目前我区包装行业专业技术人员(中专毕业以上)仅占2.5～3%,大大低于全国6.8%的平均水平。加强我区包装行业的人才培养已成为当务之急。

4.包装制品的种类不够齐全,目前仅中低档产品尚能满足市场,高档次、性能优异的包装产品依然短缺,有的产品尚属缺门。尤其为出口配套的包装产品在质量、品种、数量等方面仍有较大差距,还不能适应发展的需要。

5.宏观调控手段薄弱,信息反馈滞后。包装企业分布不尽合理,代水平的重复建设、项目趋同化的现象较普遍。因包装不善造成的损失每年仍在1400万元左右。包装行业的主管部门自治区包装工业办公室、包装技术协会,其机构设置,人员编制等都难以胜任和承担新时期对全区包装工业管理、规划和宏观调控的要求。

6.投入不足。我区包装行业还有3/4的企业没有进行过像样的技术改造。特别是对国有大中型企业和基础性、高档次、覆盖面广的产品投入尤为不足。

7.包装机械工业薄弱,包装原材料供应能力不足。目前我区生产包装机械的企业有5家,但均不是专营企业,产品市场竞争力差。包装材料如树脂、马口铁、高档包装用纸、复合包装用材料生产厂家极少。一些引进的生产装置过于依赖进口原辅材料。

二、"九五"期间我区包装行业发展的指导思想

(一)我区包装行业面临的形势

1."九五"期间,我国市场经济体制将逐步确立并完善,随着国家投融资体制、金融体制的改革措施陆续出台,投资主体将由以政府为主转向以企业为主,逐步将竞争性项目的投融资推向市场,通过商业银行间接融资,由企业自主决策,自担风险,自行建设和经营。我区包装企业必须增强市场意识,具备较强的市场竞争能力。

2.国有大中型企业的改革将进一步深入,国家和自治区将实施优惠政策,重点支持行业的骨干企业和高新技术产业,同时采取具体措施,鼓励企业间的联合、兼并、组建企业集团。继续支持企业利用外资进行嫁接改造,提高企业的技术装备和管理水平。

3.国家发展战略重点向西部转移,并明确在产业政策和投资、贷款、项目布局、利用外资以及发展乡镇企业等有关政府上予以倾斜支持,将是我区包装行业大发展的历史机遇。

4.我区国民经济各行业在持续、稳定、健康发展的过程中,将更加注重提高质量,增加效益。包装企业必须适应这一要求,提高自身的生产技术和经营管理水平。

5.随着我区人民物质文化生活水平的大幅度提高将呈现多层次、多方位的消费需求,出口贸易也将继续扩大,这为我区包装行业提供了广阔的市场空间。

6. 在经济发展的同时，国家将对环境保护更为重视，提出更高的要求。我区包装行业必须采取相应措施把包装对环境污染减少到最小程度。

7. 国际包装正在向高技术、新材料、低成本、高质量、规模化、专业化、集约化的方向发展。我区包装工业从七十年代末开始起步，“八五”期间呈加速发展的态势，“九五”期间将逐步进入转型期，向高科技高效益、现代化方向迈进。

(二)我区包装行业“九五”期间发展的指导思想

“九五”期间，我区包装行业要在建设有中国特色的社会主义理论指导下，遵循市场经济体制的方针，以科技为先导，以市场为导向，以提高经济效益为中心，以现有包装企业为基础，以国有大中型企业为重点，统筹规划，因地制宜，合理布局，加快企业转轨建制和技术改造步伐。通过包装产品上规模、上档次、上水平，搞好行业内部调整，促进全区包装工业整体装备技术水平有个大的提高，适应国内外经济大市场的要求，满足人民生活水平不断提高的需要，为促进我区国民经济发展作出应有的贡献。

(三)我区包装行业“九五”期间发展的基本思路

主要采取三种形式：一是资源主导式。立足我区丰富的资源(煤、电、冶金、建材、化工、粮、油、苹果、枸杞、发菜、二毛皮、甘草、贺兰石等)优势，发展各具特色的商品生产以及与之相适应的服务、相配套的包装产品。二是市场主导式。依托各地、市、县和旅游景点，以市场需求为前提，发展各处类型的包装产品，满足不同层次，不同性能，不同用途和生产、运输、贮存、市场交换的需求，并以主导型产品引导消费，开拓新的市场。三是外贸主导式。适应我区对外贸易的快速发展、外贸产品大量增加的要求，开发生产外贸产品的包装产品。

(四)“九五”期间我区包装行业发展的主要原则

1. 坚持发展与提高并重的原则。我区包装工业发展不平衡，对布点少、基础差的地区要扶持发展，对有一定基础的、地市、县要把工作重点放在提高上，努力在技术装备，产品品种、档次、质量和规模上不断得到提高。

2. 坚持重点优先发展的原则。要优先支持重点骨干企业、重点产品的发展，经带动全行业整体水平的提高。

3. 坚持规模经济和专业化协作相结合的原则。逐步打破目前包装企业“大而全”，“小而全”的封闭式现状，根据产品的不同特点，按照专业化协作和规模经济组织生产。

4. 坚持利用两种资金、两种资源，面向两个市场的原则。要在充分利用本地、本国资金和资源的同时，努力引进国外资金，在开拓国内市场的同时，努力开拓国际市场，扩大出口商品服务范围，提高包装档次。

5. 坚持发展与保护环境相结合的原则。在促进包装工业快速发展的同时，加强对环境的保护，避免重蹈发达国家“先污染、后治理”的覆辙。现有企业都要针对本企业的污染情况，制定出限期治理的规划，并有强有力的措施作保证。新建的包装企业，从设计到生产都要把治理污染同时考虑进去，实施“绿色包装工程”。

三、我区包装行业“九五”至2010年的基本任务和目标

(一)包装工业“九五”末期2010年主要经济指标。

表3 “九五”末期和2010年主要经济指标　　单位:亿元

项目	1995年预计完成数	2000年预测数		2010年预测数	
		计划数	年递增率	计划数	年递增率
包装工业产值	4.29	8.28～8.65	11～12%	21.5	10%
实现利税	0.376	0.69～0.73	10～11%	1.64	9%
工业增加值	0.92	1.48～1.55	10～11%	3.52	9%

表4 “九五”末期和2010年主要产品产量

项目	单位	1995年预计完成数	2000年预测数		2010年预测数	
			计划数	年递增率	计划数	年递增率
纸包装制品	万元	5.96	9.6～10	10～11%	23	9%
塑料包装制品	万吨	2.29	4.05～4.23	12～13%	10.5	10%
玻璃包装制品	万吨	1.4	1.97～2.06	7～8%	3.9	7%
金属包装制品	万吨	2.16	3.65～3.8	11～12%	8.7	9%
包装装潢印刷	亿印	22.36	36～37.7	10～11%	94	10%
包装机械	台(套)	68	120～125	12～13%	340	11%

(二)科技开发的任务和目标

1. 要改变我区包装工业科研极度薄弱的现状,增强科技开发能力。包装材料向节能低耗、防污染、高功能方向发展。缩小制品与原材料供应不平衡的差距,既进行单种基材的多品种系列化开发,也进行多种基材的复合品种开发。

2. 包装装备向机电一体化、智能化、自动化方向发展。以我区包装工业中急需的技术装备为重点,以微电子和计算机技术为先导,增加品种,增强自主开发能力。促进机械技术和电子技术的结合。

3. 包装制品向绿色包装的回收再生技术方向发展。用高性能的包装材料代替传统包装,利用先进的技术提高包装物的复用率和再生利用率,节约能源和资源,减少污染,保护环境。

(三)质量管理的任务和目标

从我区出口商品包装的生产企业开始,逐步向全行业推行**ISO**9000国际系列质量标准;进一步加强质量管理工作,继续搞好对重要包装产品生产许可证审查发放工作,提高包装产品实物质量;逐步对食品、医药、出口商品的包装建立质量认证制度,建立健全企业内部的质量管理体系。

深入开展“打假”工作。坚决打击利用包装制造假冒伪劣产品扰乱市场的违法行为,提高全行业“质量第一”意识,建立包装产品社会监督机制。

(四)人才培养的任务和目标

要改变当前我区包装技术人员大多主要来自其它专业人员转向和自学成才的现状。充分发挥已开办包装类专业院校的作用,抓好对在职人员的培训,大力培养和吸收专业技术人才。力争“九五”期间使包装行业专业技术人员占职工人数的比例达到2.5～4%。

(五)市场建设的任务和目标

抓好我区包装市场的开发建设工作,以此健全完善包装行业的物资流通体系,建立包装市场间的协调组织和信息网络。力争“九五”期间在有条件地、市建立1～2个具有一定规模的包装市场，推动全区包装工业的发展。

（六）包装改进的任务和目标

"九五"期间重点抓陶瓷、油漆、农药、炭黑等化工产品，玻璃瓶、粮油销售小包装和出口商品包装的改进。抓好水泥、平板玻璃、机电产品、粮食（饲料）、化工、医药等包装标准和规范性文件的贯彻实施。推广铁路集装化运输，继续开展我区铁路货物运输包装注册管理工作。把因包装不善造成的损失降至占区内生产总值的0.4%以下。

（七）企业建设的任务和目标

1."九五"至2010年，我区包装企业要根据国民经济发展的要求和市场经济体制的原则，建立产权明晰，权责明确，政企分开、管理科学的现代企业制度，完善企业法人制度，建立有限责任制度和科学的组织制度。

2. 包装行业的骨干企业要瞄准国内先进水平，在技术、装备、管理、产品各方面参与同行业间的竞争。

3. 要在自愿互利的基础上，以产权关系为核心组建跨地区、跨部门的包装企业集团，实现多元化、现代化经营。

四、"九五"包装工业发展重点

1. 为我区"名优新特"产品和出口商品提供优质包装。针对目前我区高档包装制品不能满足市场需求的状况，重点支持包装制品生产上档次、上水平。提高产品设计水平、制作精度和附加值，使我区包装产品在国内市场具有较强的竞争力。

2. 提高我区包装工业规模效益。一手抓企业技术改造、产品更新换代，一手抓起点高，生产规模大的新建项目。根据不同包装产品的功用和市场半径，选择适当的生产规模，使企业实现规模效益。

3. 大力发展无污染，可回收再造或复用的绿色包装制品，形成规模化生产，降低成本，使其具有良好的社会效益和经济效益。

4. 努力发展具有高阻隔、耐高低温、高强度的功能性包装材料，使其适应不同产品对包装的特殊要求。

5. 在优先发展包装机械的过程中，重点解决关键部位的技术难题。提高自动化控制技术水平和关键零部件的精度和质量，实现机电一体化，努力提高我区包装机械制造水平。

（二）包装工业"九五"期间分类产品的发展方向

1. 纸包装制品

要重点发展纸制品后工序技术，如印刷、模切、成型等，发挥大中型瓦楞纸箱生产线的骨干作用，鼓励由效益高、能耗低、质量好的大型瓦楞纸板机集中生产瓦楞纸板，由小型纸箱厂分散制箱，提高产品档次，保证质量。注重发展细瓦楞彩印纸盒，纸浆模塑制品及纸桶、纸罐、纸杯、彩印礼品纸袋等产品。

2. 塑料包装制品

重点发展功能性好，易回收处理的包装薄膜及制品，如**BOPP**、**BOPET**、**PVDC**、**EVOH**、**PA**、**BOPS**等薄膜制品，适当发展**PU**、**PE**发泡包装材料和软折叠桶等，发展时应注意规模效益。塑料制品的发展要注意解决回收利用问题，以减少对环境的污染。

3. 玻璃包装制品

重点发展强度高，容重比大的薄壁轻量瓶和新颖的异型瓶，适应发展医药、滋补剂包装的小型瓶（瓿）。提倡玻璃容器制造企业积极吸引外资，改造现有生产条件，降低能耗，提高质量，改进模具制造水平，提高瓶罐口的平整度和光洁度。

4. 金属包装制品

发展印铁制罐，各种食品罐、方便桶、全铝易开二片罐、喷雾罐等产品。形成盖、罐、桶综合配套体系。钢桶的发展要逐步采用适合我国国情的焊机和中段设备，发展三重卷边技术，提高密封性和涂装（涂塑）效果。注意旧钢桶重复利用。

5. 包装装潢印刷

重点发展设计、制板。采用国际先进的电脑图像创意设计系统和整页拼板系统，逐步实现设计制板电脑化，普遍应用彩色桌面系统，推广条形码印刷技术，实现印刷手段多样化和作业自动化，提高印刷后工序(烫印、上光、轧凹凸、压光、模切、折叠、装订等)的装备档次和技术水平。

6．包装机械

加快发展食品、药品包装机械，纸箱印刷开槽机，自动钉箱机，自动折叠粘合机，吹膜机，吹瓶机等包装材料和容器制造机械，高频焊接机，制桶机，钢桶成型机等金属容器制造机械。包装机械的发展应加强科研和生产单位的合作，尽量采用光电一体化和自动化控制技术，注意提高通用件、配件的质量，改进外观设计，加工水平。

7．包装原辅材料

要利用我区造纸原料较为丰富的条件，引进国外先进造纸技术和设备，重点改造一批条件较好的造纸企业，建设好包装、印刷用纸基地。发挥冶金、化工等资源优势，大力开发包装用树脂和薄膜，突破塑料包装材料和金属包装材料缺乏这一我区包装工业的薄弱环节。充分发挥各科研单位的作用，加快发展印刷油墨、上光涂料印铁内外涂料，瓦楞纸箱粘合剂，拨水剂，钉箱扁丝，软包装用粘合剂等辅助材料。

五、我区包装行业“九五”期间发展的主要措施

1．加强组织领导。我区包装工业分布在全区各行各业，遍及全区各地、市、县。希望各级政府部门加强对包装工业的关心、支持和领导，并将我区包装工业“九五”发展规划和2010年远景发展目标列入本地区、本部门的“九五”发展规划和2010年远景发展目标中，认真组织实施。与此同时，要加快自治区包装工业办公室包装技术协会的机构建设，开展工作，发挥其行业管理的职能和指导作用。另外，要充分运用产业政策和经济法律、行政等方面的手段，强化行业调控能力，使包装工业发展行为纳入规范化、法制化轨道。

2．加大人才培养力度。包装工业企业一方面要制定优惠政策，吸引各类人才到包装行业工作，发挥其才干。另一方面要抓好现有人员的岗位培训和知识更新工作，提高其学历层次和专业水平。提高包装队伍整体素质，是保证我区包装行业快速发展的根本要素。

3．大力推行行业科技进步。增大科技因素在行业发展中的含量，促使企业从速度数量型向质量效益型转变。依靠科技进步，大力推广新工艺、新技术、新材料积极开发新产品，不断培植新的经济增长点，认真做好包装行业的技术监督、质量监督和科研成果转化工作。

4．认真做好包装工业结构调整工作。贯彻“扶优扶强”的原则，倾斜支持优势行业、经济效益好的企业和有市场竞争力的拳头产品的发展，促进生产要素的优化组合和结构趋于合理。

5．加大资金投入。在积极争取国家资金支持的同时，改善投资环境，吸引港商、台商和外商投资，争取国际金融组织资金。通过企业股份化改造和发行债券等方式筹集资金。吸引区外投资，加快包装工业发展步伐。

6．建立适应市场经济的信息网络系统。尽快建立我区包装行业内部的信息网络，及时进行国内外市场、科技、物资产品等方面的信息传递。重点进行投资信息的收集和分析工作，引导企业的投资方向和生产经营，为政府宏观决策提供依据。

适应社会主义市场经济、加快发展新疆包装工业

党的十一届三中全会提出我国经济发展战略转折以来，我区包装行业遵循国务院，中国包装技术协会有关发展包装工业的指示和产业政策，坚持“包装工业大家办”的原则，坚持从新疆实际出发，依靠科学技术进步加大技改投入，加速企业经营机制转变，发扬协会“团结、协作、创新、求实”的会风，在中国包协的指导下，在区经贸委的直接领导下，自治区包装技术协会在推动我区包装工业发展等方面取得了一定的成绩。

一、抓住改革机遇，坚持包装工业大家办的方针，包装工业发展速度有较快的增长

改革开放的深入和社会主义商品经济的发展，给自治区包装工业上台阶创造了良好的机遇，也调动了各行各业大办包装工业的积极性。“八五”期间，随着市场经济发展、包装工业进行了大调整、大投入、大发展阶段，截止1995年底，全区包装企业已达350多家，利税1000万元，平均增长速度34%，速度和效益高于全区面上工业，其经济地位在自治区已处于第十六位。我区包装工业的进步发展，不仅适应一部分商品包装的需要，还承担了自治区400多亿元社会商品和近5亿美元出口创汇产品包装的配套任务。

“包装工业大家办”的方针，打破了过去部门所有的和高度集中计划经济的管理模式。出现了全民、集体、合资、个人一齐上包装的局面，据初步分析，占包装企业的比例，分别为50%、44%、2%、2%，除了个别地、州外，大部分都建立了一批适合本地区特点和需要的包装企业。目前，全区除包装机械外，包装五大门类齐全。通过各方努力，我区“一等产品、二等包装、三等价格”的局面有了根本的改变。

二、不断发扬“团结、协作、创新、求实”的会风使包协的工作有新的进展

我区包装技术协会自成立以来，根据中国包协“团结、协作、创新、求实”的会风，在推动行业管理和为政府当好参谋方面起着“桥梁”和“纽带”的作用，其主要工作是：

1. 加强协会组织建设、建立协会工作网络系统，为使协会的工作具有向心力、凝聚力。协会先后制定了《新疆包装技术协会章程》、《新疆包协会员组织细则》和《新疆包协专业委员会组织细则》。并以包装企业骨干为龙头，成立了纸、塑、玻璃、金属容器、包装印刷和包装装潢设计专业委员会。目前包协已吸收团体会员100多家，其中20%的包装企业为中国包协团体会员。

2. 各专业委员会按照行业产品结构特点，以不同形式开展一系列活动。特别是纸制品和金属容器专业委员会每年都定期召开企业领导参加的全区性会议、交流技术和管理经验，研究本行业发展的重大课题、研究制定本行业最高、最低限价，杜绝伪劣假冒和不正当竞争手段。玻容委专门召开会议针对行业亏损增加、效益低等问题进行认识的研究分析。装潢设计委员会还不定期举办新疆装潢设计大奖赛对新疆的装潢设计起到推动的作用。各专业委员会每年

还组织调查小组，去南北疆进行深入调查，开拓市场。在区包协的直接领导下，不仅有力地开展好自身活动，还各自承担国家在疆召开的各类专业会议。

3. 交流信息，加强横向联系。自治区包协目前已与全国29个省市建立起了广泛联系，几年来，互通信息并及时向全疆350多家包装企业提供信息服务。组织企业参加全国性包装展览二次、组织企业参观每二年中国包协举办的国际包装展览会。邀请了西北五省区来疆召开包协和秘书长会议。交流包协工作的经验。对全国包装专业会议都派人参加，并及时传达落实。

4. 利用多渠道为包协和企业培训人才。几年来区包协与师大艺术学院举办大专班两期、培养包装设计人员60余人。在区内举办业务性学习班8次，举办宣贯生产许可证细则班二次培训人员达300人，按包装标准配合有关部门培训质量检测人员100多人。地区协会也多次举办学习班，培训人员100多名，除此外，我区包协还派60多人参加全国各类培训学习班，其中有10人获得国家部级审查员资格。

5. 扩大包装意识宣传，为企业排忧解难，协会曾多次组织企业人员参加全国包装工业展览组织观看全国包装改进录相片，扩大信息量、开拓我区包装企业人员视野。创办《新疆包装》、《新疆包装信息》刊物，组织有写作能力的同志向中国包装报刊等刊物投稿，反映区内包装工业状态。对包装企业的一些技术改造或新上项目，组织区内专家协助企业考察“论证、帮助企业申请重点项目的专项贷款。

6. 学习先进省区经验、表彰先进。新疆包装工业发展离不开兄弟省区支持，更需要学习内地先进经验。“八五”期间，我区包协组织各地包协机构负责人赴山东、沿海等地考察，借鉴好的经验，找出差距。包协理事多次利用出差机会到各省区包装企业学习考察，了解信息，对指导我区包装事业起到重要作用。自治区包协每年都向国家推荐我区改进包装显著的单位及个人，几年来，我区有一家包装企业被评为全国包装行业明星企业，7个企业被评为全国包装优秀企业，8个企业被评为全国包装改进先进单位，有3位包装企业领导评为全国优秀包装企业家，4个被评为全国包装先进工作者，3人被评为全国包装改进积极分子。

三、转变思想，抓住机遇，搞好包装管理

我区包装工业发展虽然取得一定成绩，协会工作打开了局面，但是与兄弟省区相比，特别是与经济体制深入改革和市场经济进一步完善对包装需求还有很大的差距。“九五”时期，我区协会要认真贯彻党的十四届四中全会精神，实现二个根本性的转变，加强包装工业决策、力争我区包装工业赶上全国步伐。

1. 转变思想，加快改革，继续贯彻“包装工业大家办”的方针。“九五”时期发展包装工业要首先转变观念，适应社会主义市场经济的形势。要认识包装工业在国民经济中的重要性和作用，特别是新疆处于“东联西出”战略要地，为适应国际、国内两个市场，包装工业必须抓住机遇继续发展，尽可能步子再快一些。在贯彻包装工业大家办方针中，要改变束缚生产力发展的传统观念和工作模式，打破行业所有制界线，只要是对发展我区包装工业有利，能促进新疆经济大发展，能够扩大出口创汇及加大技术含量、布局合理、经济效益明显的措施，看准了就要积极去办，在宏观调控中减少不必要行政干预，扩大企业经营自主权和市场应变能力。

2. 落实“九五”发展规划，执行国家产业政策。自治区包装行业“九五”发展规划基本思路、基本目标和基本政策主要是在国家产业政策指导下，调整产品结构中求发展，提高企业技术装备水平，发挥现有企业活力，提高各类包装产品的质量档次，对新上的包装项目布局趋向合理，并作到与自治区经济发展相匹配，完善包装工业体系。充分利用国家向中西倾斜政策机遇，通过“九五”规划，使我区包装发展速度更快一点，达到新的水平。

3. 加强技术进步力度、“科技兴包”，提高企业素质。我区现有企业素质普遍较低，各项经济技术指标与全国包装行业相比有一定差距。特别是这两年审查生产许可证有50%企业存在不少管理方面问题，今后要强化管理，包括技术、设备、劳动、物耗质量、标准化等工作，企业要在“转机制、抓管理、练内功、增效益”方面多下功夫，提高企业经营决策能力，用好“自主权”。企业领导和职工要有法制观点，贯彻“条例”，特别是个别企业领导要克服急切追利的短期行为。

4．增强协会凝聚力，搞好行业管理。作为政府和企业“桥梁”和“纽带”的区包协组织，要靠自身努力工作和扎实会风开展活动。以改革的精神关心我区包装事业的发展。尤其在社会主义市场的经济大潮中，协会组织更应充分发挥自身特殊作用。巩固成绩、健全机构、规范职责，以各种形式更加卓有成效地开展工作，要制定协会各项活动计划，并落实到实处。自治区包协要继续取得上级包协的指导和政府部门的支持、创造条件为包装企业培训、考察、咨询等做好服务工作。进一步抓好行业调整，发展团体会员。

5．加强领导，扩大宣传，建立健全和发挥各级包装管理组织的作用。协会办事机构也要不断地改革、提高自身素质，还要利用国家给予协会的政策，利用自己的优势，在允许的范围内，办一些经济实体，增强协会的服务能力，拓宽服务渠道，提高服务效率，完善行业职能。

四、关于“九五”期间我区包装行业如何发展

1．“九五”期间包装工业发展的基本任务

“九五”期间是我区包装工业巩固、发展、壮大的关键阶段，包装工业要通过技术改造，调整结构，提高效益，有效地为全区国民经济发展服务，其基本任务是在努力保障国民经济增长有效供给，增加出口创汇，减少因包装不善造成的经济损失前提下，大力降低包装费用，减少环境污染，力争在“九五”末期建设一个与我区经济发展相适应的现代包装工业体系。

①根据我区资源特点和国内外包装工业发展趋势，以发展适合我区的各类包装物，提高各类包装制品的水平。

②发挥地区优势，适应市场经济发展要求，调整现有包装产业布局和企业结构，按照经济区域，合理地建立相适应的包装工业体系。

③按照产业政策，调整产品结构，重点发展运输、销售包装。以科技为先导，开发先进包装技术，提高产品附加值，突出保护商品功能、纠正过份包装。

2．“九五”期间技术进步发展方针

党的十四届五中全会和八届全国人大四次会议提出“九五”开始，我们国家要努力实现具有全面意义的两个根本性转变，即经济体制要从传统计划经济体制向社会主义市场经济体制转变。经济增长方式要从粗放型向集约型转变。做好以技术改造为中心的技术进步工作，是转变经济增长方式的主要途径，为适应我区商品经济发展的需要，应建立布局合理，协调发展的新兴包装工业体系。

①为适应社会主义生产专业化分工，要在统一规划，统筹安排的前提下调动一切积极因素，加快包装工业技术进步的进程。

②以市场导向为前提，以中心城市为依托，进行合理布局，带动本地区协调发展，因地制宜，科学稳定地帮助企业进行技术改造。

③以提高经济效益为中心，加强包装科研、发展基础材料、降低能耗、开发新品种，应用新技术把企业技术进步不断提高到新水平。

④充分引进和利用外资、发展区内外、国内外的多种合作，有计划的引进国外先进技术设备，切实组织、搞好消化吸收，创新、扩大包装产品出口。

⑤围绕包装不善造成的经济损失，进行综合治理。

3．“九五”期间包装工业技术进步发展的目标

我区包装工业将在新疆特别的基础上，争取较快发展，满足日益增长的工农业生产需要，“九五”期间的发展目标是：

①包装工业总产值增加10.6亿元，比“八五”期末产值翻一番，平均增长速度为15%，创利税1.78亿元，投入项目46个，投入资金

5.73亿元，用汇4000万美元，包装工业产值占全区工业总产值的比重由现在的1.2%达到1.7%。

②包装行业的技术装备，管理水平要有较大的提高，到“九五”末期，重点企业装备水平要达到九十年代末或同期国际先进水平。

③通过综合治理，把我区因包装不善造成的经济损失降到1%，大宗产品的包装改进仍作为“九五”期间的工作重点，彻底改变我区产品在市场上“一等产品、二等包装、三等价格”的长期落后面貌。

4.“九五”期间包装技术改造重点

包装工业要为国民经济各部门服务，结合我区实施情况，技术改造重点要放在增长有效供给，出口商品包装，开发包装新产品和新材料。

①“九五”期间要利用好乙烯工程投产，增加下游包装材料的开发。现新疆年产14万吨塑料粒子，一直供应外省区作原料，致使我区及西北目前尚无一条**BOPET**(聚脂膜)及**BOPP**(双向拉伸膜)项目的生产线。目前国内共有**BOPP**生产线37条，能力达17.2万吨。为尽快填补我区及西北的空白。我区已将**BOPP**项目作为“九五”期间重点项目上报国家，为发展新疆塑料基材打基础。

②为解决新疆蕃茄出口包装的分装问题，“九五”期间将引进200L无菌包装复合袋及各种规格复合小包装袋及“三片罐”包装罐。另外“九五”期间对即将开发的“蕃茄汁新鲜屋”包装将作为我区重点改进项目，已于今年上报国家。蕃茄酱(汁)作为绿色食品，早已是国际上一种常规果汁饮料、国内大中城市已有流行趋势。但多年来，我区每年向国外提供十几万吨做原料，价格低廉。开发蕃茄酱深加工系列及解决其包装问题，势在必行。

③农副产品的包装改进也是“九五”期间亟待解决的问题。目前全国各大省市基本对粮食包装都非常重视。销售包装已逐步走向市场。但我区目前对粮食、土特产品、农副产品仍是大包装或原始简陋包装物。“九五”期间在运输包装上，粮食要推广实施袋重50公斤标准，加快销售小包装的改进，即适应多层次的消费需求，又要防止过份包装。同时还可利用新疆粮棉产的资源推动纸包装原料的开发。

④“九五”期间还应逐步发展新疆包装机械的研制开发，自治区每年需从外省区购置各类包装设备20余台(套)，新疆机械行业虽有加工能力，但对包装机械目前尚属空白。因此，开发包装机械很有必要。

⑤“九五”期间，还要加大出口商品包装改进力度。采用各种新技术、新材料、新设备。推广无钉箱，加强条形码在出口商品中的管理和应用。搞好国营渠道出口商品和边贸出口商品包装现状的调查、研究、探讨改革出口商品包装的措施。

甘　　肃

GANSU

编制“九五”规划　发展甘肃包装

一、明确指导思想

甘肃的包装工业在国务院办公厅转发的《全国包装工业1986～2000年发展纲要》的指导下，在当地政府和中国包装总公司、中国包协支持下经历了“七五”、“八五”的发展已初具规模，逐渐形成较为独立的包装工业体系。

一九九四年五月，甘肃省经贸委要求各工业行业根据国家经贸委的安排编制“九五”——二〇一〇年行业技术进步规划，一九九四年底中国包装公司在西安会议上也安排了编制“九五”规划的任务。

根据以上精神，我们首先统一了思想认识，又客观地分析了我们面临的形势：近年来，在总公司的支持下，我们搞了一些包装项目，由于我们自身的努力，省经贸委也开始把包装做为一个独立的行业来对待，因此我们一定要编制好九五规划，把编好九五规划作为发展甘肃包装工业的契机来抓紧做好，通过规划的编制，充分体现包装工业体系的独立性，编制规划这一具体工作，一定要树立正确的指导思想，把包装工业的今天和明天的发展联系起来，即明确包装是一个充满生机和活力的新兴的工业行业；第二，明确包装是一个独立于其它行业之外的自成体系的单独的工业门类和行业；第三，社会主义商品经济的发展离不开包装工业；第四，甘肃要改变落后面貌发展地方经济，资源开发，脱贫致富改造结构，调整和改造的导向应当是大力发展包装工业，一句话就是小平同志提倡的发展是硬道理。

二、搞好调查研究

包装工业的发展，必须依照当地经济的发展，我们甘肃地域辽阔东西长两千多公里，全省有十四个地、州、市，八十九个县、区。虽然就整个甘肃的工业结构来讲是重工业、原材料为主的省分，重工业占工业的比例75%左右，轻工、纺织、医药、建材、机械、电子等行业和发达省市比较相对落后。包装行业发展也较为迟缓。要搞好规划，首先要搞调查研究，在摸清家底的同时，又要了解其它行业产品对包装的要求来确定包装工业在第九个五年计划中的发展方向和思路、重点。当时我省经贸委在政府领导下，正在搞全省工业结构调整的课题研究，经贸委把包装工业的结构调整这个科研课题交给省包协，我们把编制规划和行业调查同包装工业产业结构调整结合起来：一是利用我们协会日常工作联系的企业和积累的资料；二是对一些行业专门走访；三是派人到地县、企业；四是发了一些调查表；五是召开了各行业的意见征询会，主要是上门走访和下企业到地县，基本摸清了甘肃包装工业现状，提出了甘肃包装工业发展的思路的指导思想。

对甘肃包装行业总的情况，分行业特别是包装行业当中，纸制品行业，塑料包装行业，金属包装行业，玻璃包装制品行业，包装装潢印刷行业，包装机械行业，包装材料行业，将企业数、企业规模、固定资产、主要设备、产品类型、职工人数、产值、利税、工业水平等都一一分列，将整个包装行业现状、存在的问题、发展的思路，指导思想、新增产值利税,要求地方政府对甘肃包装工业发展给予支持等都专门印刷成册,编制了《甘肃包装工业产业结构调整》一书。甘肃省经贸委听取了我们的汇报,在全省各行业进行了行业结构调整调查,表扬了省包协对全省包装行业现状了解的全面,存在问题找的准,提出的发展思路对头。省经贸委还在主办的"经济研究参考"第36期以甘肃省包装工业办公室,甘肃省包协名义,发表《甘肃包装工业结构调查》专刊为编制我省"九五"——二〇一〇年包装工业发展规划奠定了基础。

三、依靠当地经计委

包装工业做为地方工业发展的一个必不可缺的行业和门类,规划的编制应当依靠各级人民政府和当地计经委。在我省包装工业规划编制的初期,我们就给各地、州、市经委下发文件,要求各地在编制好当地包装工业发展规划时,注意包装工业的发展并编制好当地包装工业发展规划。为了能使各地经济管理部门重视当地包装工业的发展,我们除积极向省经贸委汇报工作,请经贸委衔接布置各地经济发展工作时向各提出当地包装工业的发展。另一方面我们利用各地计、经委同志来省会开会时机向他们讲述包装工业发展对当地包装工业发展的作用和关系,要求他们重视这个行业的发展。我们还组织各地企业参加的行业会议,专门研讨各行业的发展,要求各地方包装行业通过自己的主管局、委办和县、地区经委反映企业在"九五"规划中的要求。我们还多次下到地区和企业,到地区经委做工作,这样的结果首先各地经委开始注意和重视规划工作,部分地区开始考虑到当地经济发展当中包装企业的技术改造。例如:我省武威地区生产白酒,其包装印刷长期依靠外地解决,而武威市印刷厂是当地最大的一个印刷企业,只能印书刊,不能搞装潢印刷企业发展缓慢,我们曾多次到这个地区支持当地印刷企业改造,还和地区经委多次衔接,将该企业改造列入省包装行业技改计划,通过省经贸委批准该厂近千万元的技术改造项目。该地区开规划会,厂长到会发言说:"我们地区知道发展,但不知道发展的地方产品靠什么包装,为什么不发展包装,"并将他们厂技改项目经省经贸委批复交给计委看,最后计委在当地规划编制时,专门增加上了发展包装工业栏目。

四、作好"九五"规划项目的筛选工作

今年以来,我们相继编制《甘肃包装工业产业结构调整调查》,《甘肃省包装工业"九五"及到二〇一〇年技术改造规划》,并组织召开了包装行业规划讨论会,也多次参加省经贸委召开的汇报会、座谈会,在规划编制中遇到比较大的困难是"九五"规划当中包装项目的筛选。经贸委领导多次指出、规划现状分析详尽,问题也找得准,但象样的项目报的不多,要求我们在项目编制上提出一些能够扭转甘肃包装工业落后面貌的项目来。由于包装企业分散在各行各业,因此,从规划上根据甘肃本省资源和实际,我们可以提出包装工业发展的思路和重点,但是思路和重点要通过具体项目来实现,项目主要靠企业自己。比如甘肃要开发当地农副产品,食品工业,饮料,就需要这些行业发展的同时解决好包装,还有石油化工是甘肃的优势和强项,开发石油化工产品的包装是我们"九五"规划发展方向之一。兰州制桶厂原是我省制桶行业生产200升闭口钢桶的企业,隶属兰州市机械局,通过我们在该厂开发了三片罐,该厂为兰州炼油厂生产4公升方桶,我们和兰州炼油厂运销部的同志座谈,支持四公升方桶生产线改造并积极立项。兰州市有个不起眼的校办印铁制罐厂,这几年,我们陆陆续续给该厂立项,申请贷款近千万元帮助引进意大利皇冠盖生产线,产品出来后,行销西北五省,现已成为我省包装行业的骨干企业。近年来,纺织行业不景气,我们帮助兰州呢绒厂转产,并予今年贷款700多万元,新上了印铁制罐生产线,呢绒厂转换成了甘肃印制罐厂。"九五"规划编制时由于企业对全省市场情况了解不清楚,我们根据对全省市场的了解引导企业对一些项目进行筛选,比如兰州没有易拉罐,一些领导同志多次提出要上易拉罐项目,做为行业管理部门我们如实告诉企业易拉罐投资大,甘肃饮料行业规模小,不成气候，并以产业政策引导企业进行改造，为了做好项目的筛选，我们和省经贸委联合发文要求各地区结合当地实际和需求的市场，筛选好项目，编好“九五”项目规划。

通过“八五”发展，我省纸制品包装行业陆续上了六条生产线、16台单面机组；塑料包装上了多层共挤出复合板片材生产线；金属包装主要上了印铁线、制罐生产线。我们还把“九五”甘肃包装工业主要发展方向放在当地酒类包装、装潢印刷方面，在提高金属制罐档次水平的同时还开发兰炼、兰化资源优势发展各类包装用膜及包装用集吊装袋。为了能够按照以内涵扩大再生产的技术改造思路和以少量投资获取最大的利益，我们对所有包装项目进行编排，编制了甘肃省包装行业历年技术改造完成情况统计表(1984～1995.5)统计84年以来，共完成技术改造35项。其中引进8项，总投资为11648.43万元；并对各地区申报项目筛选后编制了《甘肃包装行业“九五”及到二〇一〇年企业技术改造、引进规划项目汇总表》省级厅局，各地州市共申报各类包装项目56项，总投资规模82532万元，外汇2775万美元，其中“九五”项目51项，投资60605万元；外汇2775万美元所增产值179641万元，利税42635万元，根据省经贸委甘经技(1994)144号《关于编制“九五”——二〇一〇年企业技术进步发展规划》编制了甘肃省包装行业“九五”——二〇一〇年规划项目表。共计项目45项总投资67910万元，外汇4518万美元，其中“95”项目44项，总投资64910万元，用汇4268万元，新增产值199050万元，利税59965万元；根据中国包装总公司包计(1995)184号《关于编制“95”固定资产投资(基建、技改)项目计划的通知》，编制了《甘肃省包装行业“九五”固定资产投资规划表》，全行业“九五”期间申报包装项目共计45项，总投资67910万元，外汇4518万无，新增产值199050万元，利税59965万元，其中色绿包装36项，投资56400万元；功能性包装材料专项8项投资9410万元，外汇740万元，新增产值19000万元，利税5822万元。通过对项目的编制筛选，最后确定了“九五”期间我们新上和改造的包装项目。

五、关键是抓落实

在编制规划的过程中我们认识到，规划的编制同任何工作一样，关键在抓落实，无论调查研究，还是结合省情确定指导思想，以及基建技改项目的筛选和确定都要抓落实。要把每一件工作落到实处，要有人负责，要责任到人，要有安排，有检查。

党的十四届五中全会通过的“中共中央关于制定国民经济和社会发展“九五”计划和2010年远景目标的建议”指出实现“九五”和2010年的奋斗目标，关键是实行两个具有全局意义的根本转变，一是经济体制从传统的计划经济体制向社会主义市场经济体制转变，二是，经济增长方式从粗放型向集约型转变，促进国民经济持续快速、健康发展和社会全面进步，我们包装行业在编制规划和落实规划时都要努力实行这两个具有全局意义的根本性转变，也就是说尽管“九五”规划不同于以往规划的主要特点是市场经济体制下的指导性的，但还是要根据市场经济体制市场运行机制坚持不懈地抓落实，另一方面我们在制定规划和筛选项目时，定要注意提高经济效益，包装项目还须考虑节约能源减少环境污染。

中央制定的“国民经济和社会发展“九五”计划和二〇一〇年远景目标的建议”中，还特别提出国家采取有力措施，支持中西部不发达地区的开发，支持民族地区、贫困地区脱贫致富的建议项目”明确提出为了缩小东部发达地区与中西部地区差距，向西部倾斜的政策方针，中国包装总公司贯彻中央的决定在《全国包装行业“九五”发展规划及二〇一〇年远景发展目标》和《包装行业“九五”技术改造规划》中做出了“九五”期间要给中西部包装行业的发展以政策倾斜，支持中西部利用资源优势发展当地的包装行业，支持中西部的优势企业提高自身实力培养一批中西部的优势骨干企业的决定。目前甘肃的包装行业正翘首以待盼望中央政策和中包的决定及早的落实。

甘肃省地方政府和地方经济管理部门通过经济发展的过程已认识到了包装业在国民经济中的地位和作用,甘肃省经贸委从93年底开始采用定性和定量相结合的方法,对甘肃工业现状和工业发展进行了历时两年的调查研究,搞了一个四十多万字的课题研究,报告共分五章,初步形成了甘肃工业结构调整的总体思路,这个软科学研究课题已经甘肃省科委组织验收,并由国家计划出版社出版。在甘肃工业结构调整调查中提出了在改造传统产业中轻工行业结构调整重点是包装工业。在第五章工业结构调整政策取向第一节工业结构调整方向各行业重点发展的方向,排序为:(一)有色金属、(二)冶金、(三)石油化学工业、(四)电力工业、(五)建材工业、(六)机械工业、(七)电子工业、(八)食品工业、(九)医药工业、(十)煤炭工业、(十一)纺织工业、(十二)包装工业。甘肃包装工业作为独立的工业行业,第一次出现在向省政府提出的甘肃工业结构调整意见中。

最近,中包华西集团秘书长文永扬等一行三人来兰考察时,我省经贸委领导同志指出:"我省包装业的发展地方政府很重视,在经贸委的计划、文件,省长讲话,工业结构调整都涉及到包装行业,甘肃包装业的发展是中包支持的结果,希望中包继续给予大力支持"。我省经贸工作会最近也有新的政策,即中央那个行业对甘肃支持的好,省上同样对这个行业扶持和支持好。因此,甘肃对中国包装总公司和中国包协寄有很大的希望,殷切希望中包能大力支持甘肃省包装工业的发展。而且国家已提出对兰炼1000万吨炼油装置、兰化50万吨乙烯工程大规模改造。必将提出相应配套的包装工程,因此我们可以利用甘肃省石化资源优势开发出更多更好的包装材料来,我们殷切希望中包以及全国各地包装业同仁来甘肃投资,共创甘肃包装业的明天,帮助我们一道落实"九五"规划,共同发展甘肃省的包装工业。

包装各行业现状及发展前景

STATUS QUO AND DEVELOPE TRENDS OF VARIOUS FIELDS

全国包装改进“九五”规划

一、“九五”期间产品包装改进的指导思想及遵循的主要原则

1. 指导思想：

根据我国产品包装的现状，围绕国民经济改革发展的总目标，以包装改进为工农业产品生产服务为宗旨，坚持科学技术是第一生产力的观点，不断运用国内外包装领域新科技成果，以赶超世界先进产品包装水平为目标，全面提高产品包装的整体水平，增强对工农业产品的保护性、保存性和产品的市场竞争能力，减少因包装不善造成的巨额损失，为繁荣社会主义市场经济，为外贸出口服务，为农业服务，促进国民经济快速发展。

2. 主要原则：

(1)坚持谁的产品，谁负责包培训，并负责包装改进。各部门、各省、市生产的产品数以万计，包装也五花八门，在市场经济中，提高自己产品的市场竞争力，需要各省市、部门加强对产品包装改进的指导，需要各生产企业自己搞好包装并根据市场的要求和科技的进步不断搞好包装改进，做到优质产品优质包装、普通产品合格包装、不搞过份包装，以适应社会主义市场经济发展的需要。

(2)坚持发展包装工业与改进产品包装一起抓。发展包装工作目的在于改进产品包装工业的落脚点和归宿。正确认识发展包装工业与改进产品包装的辩证关系，在组织机构、人员编制、经费预算、规划计划、科学技术等方面通盘安排，使包装工业与改进产品包装协调发展。

(3)坚持包装改进与保护环境相结合，在改进产品包装的同时，加强对包装废弃物的回收、再生和综合利用。积极推广易回收、再生和综合利用的包装材料，逐步淘汰与以上要求不相适宜的包装材料。尽量减少包装废弃物对环境的污染。联合各有关部门研究制定有利于包装废弃物回收、再生和综合利用的政策、法规、税赋。

(4)坚持科学技术是第一生产力。贯彻执行“科教兴国”战略，在包装改进中大力推广国内外包装新科技，新材料、新产品、新设备。重点开发新型包装材料，替代进口材料；用高性能的包装材料替代传统包装材料，使包装减量化，尽量降低成本，节约资源，努力缩小产品包装上与发达国家的差距。

(5)突出重点，以点带面。优先支持运输包装、出口产品包装和重点改进包装的产品的包装改进，促进产品的发展和出口创汇。以此带动其它所有产品的包装改进，进而提高本部门、本地区产品包装的整体水平。

(6)产品包装改进要坚持标准。要结合我国国情，根据国际标准和国外先进标准，制定适合我国国情的系列标准，切实保证产品包装改进质量。为了适应集装箱和集装化运输包装的发展，要制定包装容器单元尺寸标准，加快产品包装与国际接轨的步伐，使产品包装改进走向规范化、法制化轨道。

(7)注意发挥中央和地方两个积极性，加强包装改进的宏观调控。包装改进工作是一项跨行业、跨省、市的工作，只有通过各部门和各地区的共同努力才能搞好。当前世界包装工业正在向高技术、新材料、高质量、低成本、专业化、集约化的方向发展。各部门、各地区要及时认

识这些变化，制订相应措施，加强对包装改进的指导和宏观调控工作，尽量缩小产品包装之间差异，为发展本部门、本地区的经济服务。

二、“九五”包装改进的目标

1．经济目标。“九五”期间全国产品包装改进平均每年减损、增收、节约20亿元左右，五年共计100亿元。力争“九五”末期因包装不善造成的损失率由“八五”末占国内生产总值的0.47%降低至0.4%以下。

2．努力推行国际包装标准，全面提高产品包装质量。要逐步做到各类产品包装都有相应的包装标准，把提高产品包装质量作为包装改进的中心。力争“九五”末70%以上重点包装产品的包装质量达到发达国家九十年代初的水平。其中出口包装改进，要全面实现与国际要求接轨。商品销售包装改进要向“开窗式”、“挂壁式”方向发展，有利于销售，又便于消费者。

3．推广使用各种新型包装材料和包装制品。包装材料要向节能、低耗、高功能、防污染的方向发展。包装制品要充分体现科学性、合理性、方面性和对产品的保护性、保存怀。我国是一个木材资源不足的国家，为了节约木材，要提倡以竹代木包装。积极开展充气包装、纸基缓冲包装、无钉纸箱、一次性托盘、滑板运输、拉伸薄膜绕包装与平板玻璃新型集装架等。

4．努力开发先进的包装机械，促进机械技术与电子技术相结合，推动包装装备机电一体化，进而向包装机械智能化方向发展，从根本上改变包装落后的局面，努力赶超世界先进水平。

5．推动实施“绿色包装”计划。重点发展功能好而又易于回收处理的塑料薄膜及其制品。为了便于回收、分类，在塑料包装物上要标注主要材料的品名标志。要在包装材料生产中，逐步淘汰不能重复使用、再生、降解的包装材料。“九五”期末主要包装废弃物回收率要达到40%。

6．加速产品集装箱和集装化运输包装的发展。铁路集装箱运输包装年平均增长速度由“八五”的15%增加到20%左右；集装箱运输总量由现在的占产品总量的1.6%，提高到3%左右。铁路集装化运输包装年平均增长速度由“八五”的6.6%增加到10%左右，力争“九五”末集装化运输包装量由现在占可集装化运输包装总量的11.8%，提高到16%，实现年集装化运输包装数量突破1.5亿吨。运输包装注册管理在铁路运输扩大试点的基础上，“九五”期间全面推广。公路、海运与内河运输、民航应和铁路集装箱及集装化运输包装一样，力争“九五”末也有较大的发展。

7．鉴于集装箱运输中“门到门”的比例不断提高，要逐步弱化运输包装，以降低产品成本，提高企业效益，减少包装材料消耗。在弱化运输包装以后，为满足市场商品销售的需要，大中城市要发展商品分装。

三、“九五”产品包装改进规划与设想

(一)重点改进包装的产品

1．粮食及副食品

(1)粮食。指粮食运输包装(大包装)和粮食销售小包装。“九五”期间在推动大宗原粮“散装、散运、散存”的同时，要加强改进粮食运输包装。主要从两个方面进行：

——选择推广符合环境保护要求和满足内容特性要求的、价低质优的包装材料；

——先在成品粮包装上推广与实施袋重50KG标准。再逐步推广到原粮包装上。

通过包装改进，“九五”末期争取将粮食在运输、储存环节的损失由“八五”末期占总产量的5%降低到2.5%。粮食销售小包装，在“八五”所做工作的基础上，加快粮食销售小包装机械的开发、选优定型与推广工作，“九五”期间要完成制袋机械与灌装机械生产的定点工作。力争到“九五”期末把粮食销售小包装的市场占有率提高到80%左右。

(2)副食品。油、肉、禽、蛋、果品、茶叶、酱油、食醋等人民生活必需品，是“菜篮子工程”的重要组成部分。对这些商品包装既应增强现代包装意识，又要防止过份包装。特别是对其中的油和调味品要实行小包装，以方便消费，促进销售。各地在已进行工作的基础上，择优推广那些保质效果好、成本低、受消费者欢迎的包装。

2. 化工产品

(1)炭黑。炭黑包装长期以来没有得到很好的解决,给生产企业运输部门及用户造成较大的经济损失,同时也造成了包装与运输环节的严重污染,各方面对解决这一包装难题的呼声愈来愈高。"九五"期间要重点解决这一问题。"九五"前两年在全国有关企业的科研院所现有工作的基础上,组织经验交流和进一步的研究探索。同时吸取国际上的先进经验,做好新型包装材料、袋型及包装方式的筛选定型和灌装设备的选定工作。"九五"后三年加以全面推广。到"九五"期末力争根本解决包装和运输过程中破损、污染严重的问题。

(2)农药。近年来因包装不善和标识不清造成人畜中毒和环境污染的事件时有发生。运输部门尤其是广大用户迫切要求改进包装。"九五"期间按国家标准要求,重点做好新型包装材料的试验应用、推广工作。为防止人畜中毒,发展一次性使用的各种规模的小包装。力争"九五"末使我国农药包装总体水平有较大提高。

(3)油漆。彻底解决运输过程中渗漏问题。"九五"期间重点抓好有关的国际标准的落实,严格执行危险品中"易燃液体货物"包装的规定,严把制罐和封盖质量关,特别突出渗漏检查,凡不符合危险品中"易燃液体"货物包装规定要求的不准出厂、不准运输。

3. 医药

"九五"期间,重点解决固体药和部分液体药包装容器更新换代,推广粉针、输液等药剂包装用丁基橡胶塞和易开铝盖。淘汰铅锡软膏管等产品和玻璃药瓶软木塞、蜡封包装工艺。进一步增强对各种医药产品的"四性"即"保护性、保存性和使用的安全性、方便性"的要求,使医药包装在"九五"末跻身世界先进行列。

(1)药品包装机械部分

消化吸收或开发研制各种瓶装药物包装线的自动压盖、旋盖、密封设备与点眼剂高档塑料、瓶包装自动灌封设备、针剂安瓿喷墨印字机和自动制纸架、纸盒包装机;推广多种包装材料的多种不甘落后 SP 包装设备(软包装、袋式、条状等);使用 T 形丁基橡胶塞和易拉(易开)铝盖的输液生产线;引进先进可靠的玻管精切园口机、收缩产品包装认证、检测中心",使机械产品包装破损率控制在全国规定的平均破损率以下。

6. 农产品

(1)饲料。"九五"期间主要根据饲料的不同特性,选择和推广合适的包装材料,彻底解决返潮和霉变问题。根据市场销售的需要,对饲料添加剂逐步推广小包装。

(2)果蔬。"九五"期间,对鲜果、蔬菜,特别是一些边远果蔬生产大省要重点研究解决高档果蔬产品的运输包装问题。选择和推广适宜的包装材料和包装方式,提高保鲜度,降低腐烂损失率。为了适应净菜上市的需要,逐步推广净菜保鲜小包装。对果蔬食品罐头,认真贯彻执行 GB7718 食品标签通用标准,要坚决做到在包装物上注明配料比例、固形物含量、生产日期、保质期、标准代号、厂址等。对出口转内销的产品还要使用中文标识。

(3)种子。为了防止假冒伪劣种子的坑农事件发生,避免给农业生产造成巨大的经济损失。"九五"期间继续研究推广适合种子特性要求的包装材料及包装方式,重点推广防伪包装。

(4)水产品。发展加工分装,全面推广"三箱"即塑料周转鱼箱,塑料保温鱼箱、微冻贮运鱼箱。"九五"末,力争活体水产销售包装占市场水产总量的 50% 左右。

(二)巩固提高包装改进成果的产品

1. 出口商品包装

"九五"期间,建立我国出口商品包装资料库;制定我国出口商品包装质量保证体系。由于出口集装箱"门以门"运输比例的提高,出口商品弱化包装的比例,在"九五"期末要达到出口适箱货物的 30% 以上。边贸出口商品包装不能降低要求,以维护国家声誉。为保证包装质量,有条件的边贸口岸,可建立边贸出口包装分装点,从事或加工内地过境商品包装。对出口商品普遍使用条形码,加强条形码在出口商品中的管理和应用。“九五”末,实现出口商品包装基本达到发达国家出口商品包装的水平。

2. 建材

(1)水泥。水泥包装改进的方针是:发展散装、改革袋装、推动集装。到“九五”期末要实现下列目标:

①发展散装:

“九五”期间散装要由现在水泥总量的13%提高到25%。其中省会以上及计划单列市水泥散装率要达到50%以上。

②改革袋装:

A、水泥企业应全部使用符合标准的袋型,禁用一切不符合国家标准的劣质包装。

B、全国水泥企业使用传统纸袋的,提倡使用糊口袋。

C、水泥流通过程中综合破包率由“八五”末的5%降到3%左右,散失率要控制在2%以下。

D、袋装水泥要同时满足其保护性和保存性的要求。“九五”期间特别强调保存性的要求,使水泥质量不下降,以确保各项工程质量。

③推动集装:

在水泥散装能力不足的情况下,对一些水泥用量大户要尽量使用集装水泥,以降低水泥成本,减少资源消耗。

(2)平板玻璃。

A、全国玻璃集装器具的总拥有量不少于45万件。

B、玻璃集装化运量不低于70%。

C、通过铁路运输的平板玻璃,使用的集装化器具应全部为合格架(箱)型。积极研究开发一次性集装架。

D、玻璃出厂前的破损率不大于0.3%。流通过程中的综合破损率不大于2%。

3. 电子产品

继续保持电子产品包装改进在国内领先的水平,在彩电、广播器材等产品包装已达到或接近国际上发达国家包装水平的基础上,“九五”其它电子产品包装通过改进也要实现与国际同类产品包装要求接轨。

进一步完善与实施电子产品包装标准和电子行业包装规章。制定颁发实施《全国电子产品包装认定办法(试行)》。

认真抓好电子产品包装科研和技术推广工作。“九五”期间研究开发和改进瓦楞纸箱结构成型工艺,推广应用粘接工艺,以替代箱钉接拼工艺;开发应用防静电包装材料,很好保护电子产品;推广应用充气包装,纸基缓冲包装逐步取代聚苯乙烯发泡材料,减少包装废弃物对环境的污染;引进具有国际先进水平的包装新材料、新技术、新工艺;广泛采用国际上通用的条形码标志,“九五”头两年内在电子行业推广应用,后三年巩固提高;努力实现电子产品包装系列化、标准化、集装化,提高电子产品的附加值。

4. 军品

在“八五”取得显著成绩的基础上,“九五”期间军品包装改进继续抓好如下几方面的工作:

(1)进一步加强包装科学研究,积极安排科研课题的实施,认真做好推广应用工作。科研项目的重点要放在高技术局部战争后勤保障所需要的装备和物资的包装上。项目的选择要优先保障部队应急机动作战物资的包装和后勤应急机动保障物资的包装,要努力研究重要方向和边、海防艰苦地区部队需要的后勤装备物资的包装。重点开展对提高后勤保障能力有重大作用的包装新材料、新技术的研究开发。

(2)继续抓好军品包装的“综合治理”和改进工作。杜绝因无包装和包装不善所造成的损失,努力改进不科学、不合理的包装,注重军事效益和经济效益的统一,使包装既能保护物资、方便储运和管理,又能减损增收,节约开支。

(3)进一步加强包装标准化工作。建立健全包装标准体系,逐步实现包装标准全局配套;包装标准的制定工作做到单位、人员和经费三落实;对已制定和颁布实施的标准,除做好宣传工作外,要以经济、行政和法规手段,监督执行。

(4)继续抓好军工企业生产的军用品和出口产品的包装,增强产品的市场竞争力。

(三)其它产品的包装改进

其它产品包装的改进是除前面所列的重点改进包装和巩固提高包装改进成果的产品以外的所有产品。其改进方向是：

1. 除满足以增品的保护性、保存性要求外，还要做到包装的多样性、对消费者的方便性、实用性。包装既要精美，给人琳琅满目的感觉；又要不过份包装，使消费者乐于接受。

2. 坚持包装标准，提高包装质量。凡没有相应包装标准的，要制定相应的标准，并严格贯彻执行，防止假冒伪劣包装。

3. 对包装材料选择要利于提高包装强度、减少包装用量，包装废弃物的回收利用率，要达到全国规定的要求。

四、实施步骤与保证措施

1. 本规划新列改进项目，总全上分两步走。第一阶段1996—1998年，在巩固"八五"包装改进成果的基础上，对拟采用的新技术加强论证和可行性分析，做好开发、推广准备工作。第二阶段1998—2000年，大力发展与采用新的包装技术，争取我国商品包装在下一个世纪开始时有一个新的、质的飞跃，实现与国际接轨。对于限用CFC物质问题，应在前三年做好取代论证与研究开发工作，后两年或更长时间采用新技术，完成取代。为2005年即提前五年达到《保护臭氧层的蒙特利尔议定书》中规定的停止使用CFC作好准备。

2. 为保障本规划正确顺利地贯彻与实施，在国务院综合部门领导下，各省市、部(局)有关包装管理机构应采取必要的保证措施：

——按本规划总体要求，分别制定各省市、部门包装改进计划，提出更加具体而明确的目标与措施；

——有计划、有组织地促进不同行业、不同部门之间、东部与中西部地区、先进企业同发展中企业之间进行包装改进工作交流。实施向中西部地区倾斜的政策，使先进地区更加先进，后进地区赶上先进地区；

——设立包装改进专项基金，加强包装材料、设备等方面的改进与研究，以包装改进为出发点，通过科研攻关，提高包装工业水平，再落实到包装改进中去；

——会同国家各有关部门，结合我国实际情况，参照国际上近几年来对包装提出的新规则、新要求，新指令，制定包装有关的法规和政策，国家对产品包装改进的管理和执法监督，搞好宏观调控；

——加强组织建设，健全各省(市)、部(局)的包装改进机构，理顺关系，建立目标责任制，分级负责；

——搞好包装改进人才培训，发挥专业人员优势，经常组织国内外包装改进技术交流，学习国外先进经验，开阔视野，加快包装改进步伐；

——进一步做好宣传工作，充分发挥各种媒介作用，广泛宣传包装改进的重大经济和社会效益，提高全社会对产品包装地位和作用的认识，增强包装改进意识，联合起社会各界力量，共同努力，坚持不懈，完成"九五"包装改进的任务，实现我国产品包装与国际接轨，赶上世界先进水平。

包装机械行业"九五"展望

我国包装机械起步于七十年代，形成于八十年代，九十年代初实现高速发展，已成为机械工业十大产业之一。

包装机械企业分布于机械、轻工、国内贸易、农业、医药、化工和军工等系统，主要集中在机械、轻工、国内贸易和农业等系统。行业发展的基本标志是：一、形成了一批重点骨干企业。二、形成了一批既可满足国内市场，又有部分出口的拳头产品。三、形成了国家、地方、企业的行业科技队伍和科技开发能力。四、形成了专业教育体系。

据不完全统计(1994年底),全国包装机械(包括食品机械)有县以上企业3100家(其中合资企业20多家),共有科研单位130多个,科技人员7000多人;全行业职工人数达40多万人,工业总产值达154亿元,全员劳动生产率1.8万元/人·年。产品品种有40大类,约2700多种。

1995年统计,包装机械(包括食品机械)产值为180亿元,其中,瓦楞纸板生产、制箱(盒)、印刷成套设备,产值为5亿元;医药加工及包装机械和包装材料,产值为5亿元;啤酒、饮料灌装成套设备,产值为17亿元;制罐生产成套设备,产值为6亿元。

"八五"期间,机械部部属系统共完成456项科研项目,新产品开发项目430项。其中获国家级奖12项,部级奖16项,省市级奖482项。DXDF系列粉料多功能包装机,400—450罐/分三缩颈制罐设备、60头啤酒灌装机、18头贴标机、7层瓦楞纸箱成套设备等新产品填补了国内空白。

"八五"期间,包装机械行业引进了捆扎机制造技术,6000型香烟包装机组,经消化吸收使国产捆扎机和烟机达到国际八十年代中期水平。包装行业还通过合资或技改引进450—550罐/分高速电阻焊制罐生产线。成功地开发了碗状方便面包装机、易拉盖加工成套设备和塑料安瓿口服液灌装机。瓦楞纸箱生产线、纸浆模塑生产线、钢桶生产、纸复合罐生产线、喷雾剂灌装机等技术成熟均已替代进口。

纸板模切机、小袋包装机等实现了批量出口,成为包装机械创汇主力。

"八五"期间,全行业实际完成固定资产投资5.5亿元,投入产出比为1:3。全行业每年总产值以30%左右的速度增长。现在已有8家企业年产值超亿元,20家企业年产值超过5000万元。

我国包装机械行业"九五"发展规划的指导思想是:

一、根据市场需要努力扩大产品品种,提高技术水平,把提高技术水平集中体现在产品质量上。在国内重点建立企业市场、地区市场、部门市场和行业市场(其中包括技术市场和产品销售市场)。同时把目标指向国际市场,发展一批适合国际市场需要、技术先进和质量好的产品。

二、依靠科技进步、坚持科技与基本建设、科技与技术改造、科研与生产、科研与教育的有机结合,注意引进先进技术装备与消化吸收相结合,测绘仿制与国产化相结合,自行研制与改进提高相结合,发展科研能力与基地建设相结合,建立起行业科研生产中试基地。贯彻"特定范围,有限目标,择优扶持和集中突破"的方针。

三、突出"狠抓急需产品,主攻关键技术和提高成套水平"的原则,注重基础零部件,关键单件和成套设备的协调发展,同时将现代化设计方法、机械制造技术、标准制修订和监督检测等优化配套,同步发展,提高行业总体水平。

四、树立大科技观点,组织好产学研工程,行业发展和技术创新工程,一条龙地主攻重点科技项目、关键技术和基础技术,使科研成果商品化,高新技术实用化,加强企业技术后劲和产品质量后劲。同时把人才培养看作未来智力经济的制高点,在行业发展实践中造就一批跨世纪的拔尖人才。

"九五"行业发展的基本任务是:一、重点扶持行业科研生产中试基地的基本建设。二、完成瓦楞纸箱成套设备、粉粒及颗粒料包装机械等科研项目。三、建立两个行业教育基地。四、建成10个产品出口基地和销售市场。五、完成一批重点技改项目。

"九五"包装机械行业发展重点为:

一、瓦楞纸板生产、制箱(盒)、印刷成套设备。重点发展2000mm以上的宽幅,5层、7层、9层及高强度等各种瓦楞纸板生产设备和压痕、模切、制箱、印刷(包括彩印)成套设备,以及具有防潮印刷制箱等多功能设备。

二、医药包装机械和包装材料。重点发展电磁感应密封技术及装备、中药贮存保鲜技术及设备、制剂、检剂、膜剂、喷雾剂、碘片及眼药水等包装机械。发展各种药品的高速自动化、多功能的包装机械及相应的复合包装材料。

三、啤酒、饮料灌装成套设备。重点发展年产5万吨的中型啤酒灌装设备,适当发展10万吨/年以上大型啤酒灌装成套设备。发展高速、低损耗、计量精确、自动检测等多功能、全自动设备。

四、烟草卷接包装成套设备。要加强引进技术的消化吸收工作,提高自主开发能力,发展集团化成套设备制造体系,参与国际竞争。

五、罐头加工机械。包括制盖、装罐、圆边、翻边、封罐、打字、装箱等成套设备。

六、称量式充填设备。发展电子秤计量充填系列产品。可单独用于分装又可与各种成型—充填—封口机相配套的多功能设备,提高粉料、粒料计量充填精度及速度。

七、真空充气包装设备及装置。发展适用于袋容量较大(1—10kg)的连续或半连续式真空包装设备;将多种气体按比例充入袋内的高效充气包装设备;与多功能包装机配套的可除去容器空气的真空、换气装置。

八、无菌包装设备。发展液体、半流体食品的无菌包装系统及其配套设备,其中有的设备用于生产重量较轻的一次性小包装产品,也有适用于分装用的较大型中包装产品。

九、袋成型—充填—封口设备。发展适用于不同状态物料、不同包装重量的系列包装设备、解决产品的适应性、配套性及可靠性,并向多功能、自动化、高速度发展,着重解决奶粉、碘盐、洗衣粉、淀粉以及成品粮等物品的包装。

十、自动、连续、多工位灌装设备。发展自动连续作业的多工位充填—封口设备,解决食用油等有一定粘度的液体物料包装,化妆品等粘稠物料的包装以及气溶胶等物料的喷雾包装。

十一、各种裹包设备。发展传动系统简单,自控程度较高的系列产品,并大力开发与之配套的各种辅助装置,如物品整理分送装置等,以扩大主机功能。着重解决饼干、糕点、糖果、速冻、食品等高速连续包装。发展不同规格长方物体如卷烟、香皂、磁带、小型盒装物品等进行折叠包装的设备,提高产品的外观装潢质量及防护性能。

十二、收缩包装设备。发展可连续自动完成物品传送、薄膜裹包封切、热收缩等工序的大型集装用收缩包装设备,解决玻璃瓶等易碎物品以及零散货物的集装运输,发展小型浅盘及大型托盘集装设备。

十三、捆扎包装设备,发展小型台式和大型塑料带捆扎及适应重物(钢材等)捆扎包装的自动连续钢带捆扎机,开发小型纸带捆扎机。

十四、拆卸—集装设备。重点发展用于大型集装件拆卸并可完成对单独包装件进行码垛集装的多功能设备。以及开箱(盒)—充填—封口设备的系列产品,自动完成箱(盒)开启、装箱、封口等工序以解决不同物品的单件或多件机械装箱问题。

十五、包装装潢印刷设备。发展用于塑料膜、纸箱、纸盒、金属板材表面印刷的多色、高速、高质量的印刷机。

“九五”包装机械发展的关键是科技开发。行业科技开发的指导思想是,第一步打好技术基础,第二步是提高自主开发能力和技术创新能力。充分利用包装机械品种多、批量小、投资少、效益高的特点,多渠道争取资金投入。在固定资产投资上要确保“九五”期间本行业的重点基础建设、重点技术改造和重点科技项目的实施,带动行业上一个台阶。

“九五”行业科技开发及固定资产安排项目必须在行业中起到导向作用或在行业特定范围内起导向作用,按照上品种、上质量、上水平和提高科研开发能力的范围,实行有限目标和重点突破。

包装机械行业管理工作非常重要。“九五”期间,行业管理部门要加强宏观调控和发挥指导全行业健康发展的作用,在产业政策指导下,做到统筹规划、信息导向、组织协调、监督服务、促进发展。建立一个精干的政府机关主体、一个或多个行业协会支撑机构,一批有经济实力的企业集团或大中型骨干企业所组成的行业管理新格局。

“九五”期间，要选择一批效益好，市场潜力大，在国内外市场有竞争能力的企业，列入以国家投资为主的重点专项工程，增大投资力度，使之真正成为“国家队”。

“九五”为了提高行业科技开发能力，加速开发速度，需要建立包装机械科研生产中试基地，承担国家重大和起导向作用的技术与产品研究试验任务。

“九五”期间还要建立全行业的信息发展中心，加强信息研究。

包装机械是为商品进入市场提供保护、促销和提高附加值而完成包装过程的技术装备。我国国民经济发展要求包装机械在“九五”期间进一步加快发展速度，争取到2000年时，主要产品70%达到国际八十年代初水平，进一步缩短与国际发达国家的差距。

我国塑料机械工业概况

总体上说，我国塑料机械工业已经建成有一定规模和水平的独立的工业体系。在我国塑料加工业迅速发展的情况下，国产塑料机械为塑料加工业提供了75%的生产能力，包括注塑、挤出、中空、压延塑料成型设备以及预塑、回收等装置，部分产品技术经济指标达到了港台水平，少量产品达到了工业发达国家九十年代的水平。在提高国内市场覆盖率的同时，出口设备比例也逐步在增加。一九九五年，销售额超过45亿元，其中出口约2亿元。

我国塑料机械工业是在党的改革开放方针指引下，由传统的计划经济逐步向市场经济过渡，塑料机械工业已为走上成熟的发展道路已打下了较好的基础。其主要表现在：一是企业从追求速度、数量转向对效益、品种、水平、质量和服务的追求；二是新技术新产品开发速度加快，新创产值利润比例在逐年提高；三是逐步从要求部门分工、国家保护转向适应国内外竞争，提高了自我保护意识，拓宽了国际市场；四是在新技术新产品开发、技术成果商品化的机制和实施方法上做了大量的有益的探索，积累了一定的经验；五是在专业化、规模生产经营以及建立销售、服务网络等方面都有了新起点。

从塑料机械产品门类结构比例看，“七五”、“八五”期间朝着合理比例变化。我国目前产量最大的塑料机械有注塑机、挤出机和中空成型机三类。在“六五”末，注塑机和挤出机产量为1:1，中空成型机几乎是空白，只有三种规格，年产量约五十台。注塑机和挤出成型的塑料制品所占的比重、生产效益及中空制品的应用领域来看，较合理的注塑机和挤出机的比例约为3:1～4:1。随着改革开放的深入和注塑机制造技术的普及、乡镇企业异军突起、军工企业的介入和合资企业的兴起，注塑机制造企业由“六五”末的十多家到目前的近百家，而且出现数家年产超亿元的较有规模的企业，注塑机和挤出机的比例发了根本性的变化。据1994年统计已达到了3:1。由于国产注塑机品种单调，技术水平满足不了高附加值塑料制品加工的需要，在国产注塑机生产能力迅速增加的同时，我国大量进口注塑机。1993年进口注塑机约2万台，因此市场上注塑机和挤出机的数量实际上大大超过了3:1合理的结构比例。可见仅从数量上说，国产注塑机现已过剩。而挤出机和中空成型机应该有个较大的发展。

同其他行业一样，要发展离不开增加数量，但是更重要的是要增加产品品种，提高技术水平和质量。产品的数量寓于产品品种多、水平高和质量好之中。如果能够做到在品种、技术和质量基本能够适应我国塑料加工工业的发展需求，随着进口的减少、出口的增加和塑料加工业的发展，注塑机市场前景仍是非常可观的。

就注塑机而言，中小型通用型注塑机近年在数量上大幅度地增加，制造技术有明显地提高，规格上也有所扩大，已经满足了国内市场的需求。制造注塑机的合资企业、骨干企业生产塑料机械控制水平显著提高，这些企业生产的注塑机绝大部分采用了进口电器液压件，实现了从传统液压系统和继电器控制向比例或伺服系统和可编程序、电脑控制的升级换代。部分企业为了适应先进的控制技术，进一步改进机器性能，对塑化、锁模等装置进行了优化设计。这些产品从总体上说已经达到了港台同类产品水平，代表了我国塑料机械制造水平，也是出口最多的产品。在谈到塑料机械制造水平时，我们要客观地承认国内外，特别是国内存在着对塑料机械技术性能要求不同的市场，即高、中、低三个档次的产品。问题在于低档次的产品，性能够低了，但价格并不低；高档次的产品价格够高了，但性能并不高；中档次的产品性能接近低档次产品，而价格又和高档次产品相差无几，有向两极分化 趋势。市场对低档次产品需求是暂时的，有限的，销售对象主要是乡镇企业和个体经营者。从发达地区所走过的路来看，乡镇企业个体经营者在资金少和缺乏经济的起步阶段，偏重于价低，一旦积累了足够的资金和经验，就转向购买较高档或高档的产品。因此，从长远发展来看，不能满足于生产中低档的产品，对此在行业内部已逐步取得了共识。从技术性能档次来看，注塑机产品结构比例不合理，中低档次的产品数量过多。要提高我国注塑机制造技术的整体水平，关键在于国产技术性能较高的产品缩短和国际先进水平在塑化能力、控制水平、节能减耗等综合指标上的差距。在品种上开发市场紧缺的各种专用设备。

挤出成型设备近年来的进步最突出地表现在成套供应能力的提高。首先主辅机的比例从“六五”末的 10:3 提高到目前的 10:7，当然辅机所占的比例还有待于提高。“六五”末，螺杆直径 65mm 的挤出吹膜机组，生产低压聚乙烯薄膜最高产量只有 65 公斤/小时左右，目前螺杆直径 50mm 的挤出机生产同样的制品产量超过 110 公斤/小时，这与主机技术性能的提高有关，如目前国产螺杆直径 65mm 单螺杆挤出机的比流量最高已达到了 1.3 公斤，但也说明了辅机技术水平的提高，带动提高了整机技术水平。目前就挤出成型设备来说，仍然存在辅机的技术性能低于主机的问题，限制了整机的技术水平的提高。产品品种的增加最突出的表现在于锥型双螺杆挤出机组研制成功和批量供应市场，为我国发展硬聚乙烯制品创造了条件。但是挤出成型相对于注塑成型来说，制品品种繁多，成型工艺变化大，设备的专用性高。同发达国家比较，我国塑料机械品种空白多，在挤出成型设备上表现得最为突出。在注塑、挤出和中空成型设备中，挤出设备是弱项，应该是“九五”期间塑机行业根据塑料加工业发展需求重点发展的产品。

我国塑料制品工业在“九五”期间发展的总趋势为，包装和建材将是塑料工业快速增长的主要领域；农用塑料仍占重要地位；高科技、高附加值的工程塑料制品及复合材料，将随着国民经济的发展及塑料应用领域的扩大，其生产和应用领域也将不断扩展；重点大类制品如管材、建材、压延制品、薄膜、包装材料等生产将逐步向规模经济方向发展；废弃塑料回收利用工作和降解塑料研制开发将是今后塑料工业发展的一个重要方向。这和世界塑料制品工业发展趋势是一致的。主要发达国家塑料包装材料在塑料总消费中所占比例均在四分之一以上。建筑材料次之。

尽管近年来保护环境成为全球性的战略问题，使塑料包装材料应用受到一定的威胁，但是发展速度仍大大超过了传统的包装材料。如美国 1985—1990 年各种包装材料销售年均增长率：塑料 6.4%，铝 3.0%，钢 1.8%，玻璃 0.5%，纸 2.5%。1991—1995 年塑料包装材料仍以年均 6% 的速度增长。九十年代以来，建筑材料受到了世界经济不景气特别是建筑业市场日趋饱和的影响，消费量增长缓慢，但塑料窗用异型材发展仍十分迅速。据预测在今后十年内，聚氯乙烯市场在整个欧洲保持每年 7—8% 的增长速度。德国在窗框材料中塑料窗仍保持 50%，美国 33%，法国 28%，英国 25%，日本寒冷的北海道地区普及率达64%。

挤出成型的塑料制品在包装和建筑材料中占有特殊重要的地位。我国除了能够提供生产普通包装和建筑材料的设备外，绝大部分高附加值制品的加工设备技术上有待提高，品种规格上有待开发。“八五”期间平、锥型双螺杆挤出异型材生产线开发和批量生产首先是一个进步，同时也是我国塑料机械工业畸型发展的一种表现。仅1995年双螺杆挤出机产量就近1000台，但技术水平相当落后。大部分企业是通过测绘八十年代进口的技术上相对落后的国外设备仿制的。国外已供应市场的超双锥型双螺杆挤出机塑化能力为普通型的两倍。异型材的产量达到3—5米/分，而国产设备绝在部分在1—1.5米/分之间。在品种上特别要提到的是“T”机头挤出成型的包装和建筑材料。包括挤出平膜，挤出片材、双向拉伸膜和板材的成型设备国内处于空白多、水平很低的状态。因此，我们已丧失了大量国内市场。引进的聚丙双向拉伸设备形成的生产能力已基本满足了国内需求，代价是3亿美元，相当于我国塑机1995年全年销售额的一半。由于聚酯双向拉伸膜广泛地应用于包装、电器绝缘、感光胶片、音像基材等各个方面，尤其在包装领域其比聚氯乙烯、聚丙烯和聚乙烯具有更优异的特性和包装功能。制品加工企业已经引进了一定的生产能力，而且正在蕴酿着更大的引进。1995年市场需求聚酯双向拉伸膜8万吨，但生产能力只有3万吨左右，到2000年需求量为14万吨。因此对其和包装功能优异的尼龙双向拉伸膜的加工设备的需求量还是相当大的。

以上四类加工设备有相似的技术关键，每完成一种调和的试制工作，即可派生出其他品种的产品。建议在完成了单层平膜成型设备的开发后，继续开发不同材料双层或多层共挤平膜的成型设备；在完成了聚酯双向拉伸膜成型设备后，继续开发尼龙、聚苯、聚丙成型设备；在完成了单层支片材成型设备后，继续开发热成型和共挤复合片材成型设备；在完成了聚氯乙烯低发泡板材成型设备后，继续开发各种材料的共挤复合板、夹芯板等成型设备。完成以上四个项目的开发工作，既具有缓解当前和今后相当长一个时期内我国对这类设备的供求关系和取得的良好的社会经济效益，也为发展整个“T”型机头挤出成型设备打下良好的基础。同时还建议国家给予重点扶植，集中财力、人力打好基础工作。

我国中空成型机的制造始于八十年代初，生产容量5升以下的容器的挤出中空吹塑设备，产量很少。到1995年已提供市场300多台套规格最大到230升容器包括三维成型的挤出中空吹塑设备。在数量和规格上有一定的发展。目前普遍采用了型坯厚度多点控制技术，对于节省原料和提高制品的性能起到了良好的作用。近年来国外挤出中空吹塑机制造技术发展很快，朝着自动化，省力化、无人化和高速的方向发展，包括原料传送、供给、混合、着色自动化；型坯壁厚自动控制；自动加热模内贴标、机上修边、除去异物和自动检漏等。应用领域也在迅速扩展，已用于各种工业、工程配件，如汽车零部件，办公用机械部件、导管、家具和家电用品、住宅用品等。相比之下国产设备还应该下气力提高和发展。

作为液体包装用的塑料制品容器，不同包装物对容器的功能有不同的要求，不同功能的容器有不同的成型方式。除了挤出中空吹塑外，我国注射吹塑、挤出拉伸吹塑基本上处于空白或落后状态。医用和化妆品等包装容器，为防止容器内的气体挥发和外部气体向内渗透，要求瓶颈与瓶盖间很好的密封性。注射中空吹塑由于在成型过程中先保证瓶颈的精度再吹塑瓶体可以满足这种要求。我国有12亿多人口，化妆品的迅速发展和药品包装的改进，对设备的需求量很大。但由于国产设备不能满足需求，基本上由国外进口。中空吹塑设备引进高峰在“六五”和“七五”期间，经过十多年使用，即将进入更换期，我们应该尽早试制开发，品种上填平补齐，并提高技术水平。

注射拉伸中空成型机国内曾有数家研究和生产单位进行过试制工作，但是成功率很低，主要是工艺性不好。从事这方面研制工作的专家认为,在开发中空成型机过程中,80%的问题在制品工艺,设备本身只占20%。在使用中空成型机时则正好相反。80%的问题出在设备上,制品工艺只占20%。这说明对中空成型机要求之高和在开发中空成型设备中机械制造与制品工艺相结合的重要性。

我国塑机械和塑料制品加工两个行业严重分离,不仅造成中空成型机研制工作事倍功半,而且严重地阻碍了整个塑料机械行业制造技术水平提高和发展。其历史原因是我国塑料制品工业起步晚,当塑料制品工业的迅速发展为塑料制品工业起步晚,当塑料制品工业的迅速发展为塑料机械工业展现出广阔市场,原来制造其他机械产品的企业转向生产塑料机械,又长期沿用了走捷径的测绘仿制的研制路线,造成机械制造企业和研究单位忽视塑料制品的开发研究,直到现在对塑料制品工艺技术队伍建设仍然没有引起机械制造单位的应有重视。长此下去,我国塑料机械制造技术是难以提高和发展的,将继续步国际之后尘。我们应当把塑料机械工业纳入塑料工业之中,把塑料原料、制品加工和塑料机械作为一个整体,从研究原料开始,在开发塑料制品中取得机械设计参数,确定工艺流程后再设计生产机械。当前可以从联合塑料制品研究单位共同开发新产品,技术上互补,发挥各自的优势,建立塑料加工车间或工厂,用于培训用户操作人员、试用新设备、提供改进的反馈意见。只有这样才能加速中空成型机的研制速度,提高和发展塑料机械全行业制造水平。

我国纸浆模塑机械及制品的现状和展望

徐景珩

改革开放以来,随着我国国民经济的飞速发展,我国的包装工业和食品工业取得了世人瞩目的发展。纸浆模塑机械及制品做为一个新的分支行业异军突起。社会环保意识的增强;国家环保政策的不断完善;资源的合理利用;与世界市场接轨的大趋势;人民生活水平的日益提高;为纸浆模塑工业提供了广阔的市场。

一、行业发展现状

1. 行业概况

纸浆模塑工业在一些发达国家已有八十多年的发展历史。目前,世界上法国、美国、加拿大、冰岛、英国、日本、丹麦、新加坡、荷兰等国家纸浆模塑工业已有一定的规模。我国发展纸浆模塑工业是近十余年才开始的。一九八四年我国湖南纸模厂投资一千多万元从法国引进了一条连续式纸模生产线用于生产鸡蛋托盘。以后辽宁、四川、江苏、北京、山东等地都先后从英国、丹麦等国家和台湾地区引进间歇式纸浆模塑生产线用于鸡蛋托盘生产。一九八八年南京轻工研究所和江阴机械五厂开发的第一条国产纸浆模塑生产线通过轻工部鉴定并投入生产使用,从此拉开纸浆模塑生产线国产化的序幕。一九九〇年以来,纸浆模塑制品已被广泛应用于禽蛋、水果、啤酒、农药等民用品的包装。一九九三年开始,纸浆模塑制品已向工业仪器仪表、电子元器件、家用电器、厨具等方面的包装发展。九二年八月,在南京轻工研究所、中国包装和食品机械总公司、北京怀柔桥梓纸箱厂的共同努力下,为日本佳能公司试制的第一批纸浆模塑复印机墨盒包装制品获得成功。九三年,两条纸浆模塑工业品包装生产线在大连投产,专门为日本佳能公司产品提供内包装。一九九四年以后,纸浆模塑工业在我国发展又有了新飞跃。随着国内外环保政策的影响和社会环保意识的不断增强，我国在纸浆模塑行业上投入了大量的资金和人力，经过艰苦的努力研究出符合中国国情的纸浆模塑快餐盒、碗、盘等。其中快餐盒的生产设备、工艺、配方、卫生和理化指标的要求均很高。在国家有关部门的大力支持下，经过广大科研人员的努力攻关，中式快餐盒产品的不断完善标志着我国纸浆模塑生产工艺、设备的某些性能指标已达到世界领先水平。

目前我国从事纸浆模塑设备生产厂已达四十余家，其中生产快餐盒生产线的有二十多家。采用注浆成型、热压干燥工艺和采用吸附式成型、热风和热压两次干燥工艺的各约占 10 家。纸浆模制品生产厂有 200 家余家分布全国各地。

为使我国纸浆模塑行业健康有序地发展。一九九五年底在国家民政部备案成立了纸浆模机械及制品分会。分会成立后按照协会的宗旨，积极开展工作，制定了起草行业机械设备及制品标准的计划，并在实施中。建立了产品质量检测中心，监督企业产品质量。成立了行业内技术、经济信息网，组织了大专院校、科研院所开展基础理论研究，组织技术交流，利用一切有利条件促进供需见面。并广泛开展国际间的交流与合作，先后与八个国家十几个纸浆模塑行业的企业和相关协会建立了联系，交流技术、引进外资、合资合作，为纸浆模塑行业的发展做了一定的贡献。

2. 设备状况

纸浆模塑制品生产的关键是设备。国内生产设备类型有二大类：真空成型法、注塑成型法。真空成型法是国内最普及的一种方法。注塑成型法仅少数厂家生产。真空成型依据成型机的结构有三种，转鼓式成型机、返转式成型机、往复升降式成型机。

目前国内常见的是第三种设备，采用简单制浆工艺，纸浆浓度调配采用定量定容计量，双工位上下升降式吸附成型，人工接送制品，烘道干燥。这种生产线特点是设备简单、投资少，但生产效率低、能耗大，劳动强度大，原材料适应性差。一般适用于含杂质较少的造纸厂边角料小规模生产。

转鼓式成型机以法国埃尔公司的设备为代表，这种生产线有三级分离杂物的制浆工艺，纸浆浓度自动调节，八工位转鼓式全自动吸附成型，机械手接送制品，烘道连续干燥，干燥余热可做预热干燥。这种生产线自动化程度高，生产效率高，年生产能力可达 3300 吨，原材料适应性强。由于有三级杂物分离工艺，所以对各种纸中较重杂物，如塑料、金属等都可以分别除去，劳动强度低，能耗少，产品质量稳定。

以上几种设备大多数用于生产蛋托，果盘等农副产品的包装制品生产上。

近二年在铁道部大抓治理铁路沿线“白色污染”的带动下，我国的纸浆模塑快餐盒的生产设备有了较快的发展，特别在纸浆工艺配方上取得了较大突破。中国饮食习惯中的热汤油水对纸浆模塑快餐盒能否上路是一重大考验。经有关单位的反复试验摸索，取得了可喜的成果，基本能解决这一问题。

我国纸浆模塑餐盒是开发的新产品，它的性能要求与国外的纸餐盒有很大差别。可以说是具有中国特色的纸浆模塑制品。

自动工业包装制品生产线和自动热压干燥成型快餐盒生产线近来陆续投放市场，标志着我国纸浆模塑行业的设备制造水平上了一个新台阶。

3. 铁路系统纸浆模塑餐盒应用成绩显著

众所周知，近十年，发泡聚苯乙烯(EPS)快餐盒给环境造成的“白色污染”引起全社会的关注。国家有关部门制定对策，首先指定铁道部为试点单位，解决铁路沿线造成的白色污染。铁道部部长亲自挂帅，成立铁道部治理白色污染办公室，组织专家和科研人员经过大量的调研，决定以纸浆模塑快餐盒代替塑料快餐盒。经过反复试用、总结纸浆模塑快餐盒有七大优势：①模塑成型、强度好、防油水；②外观大方；③回收价值大；④自然降解效果好(纸塑复合盒不行)；⑤材料比较广泛；⑥可选用形状较多(碗、盒、盘等)；⑦成本较低。坚定了以纸浆模换代的决心。并确定铁道部系统集团操作的方针。总量调控、计划上路、集团价格、合理布局、集团调度、网络监督、路内竞争、统筹管理，制定了铁路系统快餐盒的卫生标准和理化标准。他们分三个层次了组成了 20 多个公司和企业集团。上面管政策，下面管开发、服务、销售。铁道部在纸浆模快餐盒设备和制品方面取得的成果和经济值得我们全行业学习和借鉴。

二、存在问题

1．工业产品纸浆模包装落后

步入九十年代，随着人类对环境生态保护日益重视，作为包装革命先导的“绿色包装”，已成为当前产品包装的发展趋势。

据前几年对工业品缓冲材料发泡塑料制品的统计，我国许多电子产品、家用电器、机电产品以及许多出口产品的包装，都在大量使用 EPS 泡沫塑料作为缓冲衬垫材料。EPS 泡沫塑料，存在体积大、回收困难、再生费用高、废弃物不能自然风化，焚烧处理会污染环境等等弊病。据有关信息，目前我国已形成年产彩色电视机 2000 万台的生产能力。

其中出口 400 万台。彩色显像管 4000 万只，其中出口 1200 万只。据不完全统计仅彩色电视机和彩色显像管两个产品年耗用 EPS 泡沫塑料 2 万吨左右，折合体积约为 100 多万立方米。整个电子工业产品每年耗用的 EPS 泡沫塑料很难作一个准确的统计，无疑是个很大的数字，使用后的废弃包装制品给人类和社会带来的“白色污染”日趋严重。

我国在纸浆模塑制品使用的总量上远远低于世界发达国家。而纸浆模塑工业品包装的使用量更少，大约只占总量的 1—2%。据调查，有不少企业因无法满足国际包装材料的要求而倒闭、转产。而一些企业却因为不了解市场，不了解工业品纸浆模包装的发展趋势，不知自己干什么。纸浆模塑工业品包装薄弱状况，使我国工业产品走向国际市场处于不利地位。

工业产品的纸浆模塑制品的生产关键是制品的结构设计、模具设计和加工及适合国情的生产设备。由于我国纸浆模塑行业起步较晚，工业产品的纸浆模塑制品近几年才引起人们的重视。生产设备的研制开发，制品的结构设计和模具的加工能力、制品的系列化、标准化等方面的工作进展缓慢，远远不适应国内市场发展的需要。

三、应用绿色包装材料大势所趋

绿色包装包括保护生态环境和资源再次利用两方面含义。随着物质生活水平和意识的提高，人们对包装的认识也发生了较大变化。以往人们对包装考虑较多的是它对商品的保护性，其次是它的经济性。而现在人们考虑更多的是包装的生态特征，包装对人类健康的影响，对社会环境的影响，包装废弃物处理的简便性及资源的回收再利用。因此为保护环境、节约资源应开发使用绿色包装材料，大力发展纸浆模制品和设备是 21 世纪的大趋势。

1．纸浆模塑制品节省资源，保护生态环境

纸浆模塑制品是一个可以生物降解，在生产与使用过程中产生工业污染轻，废弃物可再生利用的绿色包装材料，它是利用纸浆原料，经过结构设计、制浆、配浆、成型、干燥等一系列工序加工成的具有各种用途的纸制品，纸浆来源于回收的纸张、纸箱、书报、纸张印刷加工厂的边角料及造纸厂的尾浆等。纸浆模塑制品可回收周转使用，也可以百分之百再生利用。另外，该材料废弃后可自然降解。既使通过燃烧途径进行废弃物处理也不会生产毒气污染环境。

2．纸浆模塑制品符合国际包装工业材料应用发展趋势

随着包装工业的发展，必须产生大量包装材料及包装废弃物的处理问题。国际社会对环境保护日益重视。许多国家先后以立法形式确定环保措施，并从政策、技术发展、理论与企业及消费者之间的协作关系等方面促进环境保护工作的实施。德国九一年四月通过新包装法规，开始禁止使用不能循环使用的包装，并根据法规对包装使用的材料及回收制度实施强制性行政命令。新法规规定纸类材料的回收率、筛选率和循环使用率到一九九五年要分别达到 80%、80%、64%。日本政府九一年也制定了促

进回收资源使用法律，明文规定“包装材料要以生态环境法为依据，选用相应的包装材料”。欧共体和美国等国家政府对包装材料进行了严格的规定，欧共体一九九一年颁布的欧共体包装与环境法规中规定：在运输包装和销售包装中避免使用聚苯乙烯(PS)泡沫，用纸浆模塑制品代替。我国是“蒙特利尔议定”和“维也纳宣言”的签约国。“宣言”和“议定书”中规定我国要在2005年达到所规定的目标。“议定书”中明确规定EPS泡沫塑料包装将要受到限制使用和禁用。世界各国的包装工业和环境保护方面提出的要求必然对纸浆模塑行业的发展形成动力。同时纸浆模塑制品也将成为国际包装工业材料利用方面的发展方向。

3. 纸浆模塑制品符合我国环境保护的新政策

我国于一九九六年四月一日颁布了固体废弃物环境保护法，法规中规定了三化原则；对固体废弃物提倡资源化、减量化、无害化。而采用纸浆模型制品代替聚苯乙烯发泡制品正是体现了三化原则。国家环保局明确指出提倡大力发展纸浆模塑工业。铁道部为了消除铁路沿线白色污染。九四年开始提出列车上使用的餐盒必须符合环保要求，经过两年多的实践摸索，确定了采用纸浆模塑餐盒替代发泡餐盒，并计划今年十月一日全路要基本实现这一目标。我国包装行业对环境保护也非常重视，用纸基材料代替泡沫塑料已列入包装工业的发展计划。发展纸基包装是包装“九五”规划的重点。我国各大城市如杭州、上海、武汉、哈尔滨等城市先后出台有关政策，淘汰发泡餐盒用纸质餐盒来代替。

四、行业发展对策探讨和展望

目前世界各国对纸浆模塑机械和制品的发展都十分重视。除了在政策和法规方面给予保护外，先进的技术和现代化的加工手段在纸浆模塑行业得到充分利用。集机、电、气、生热、化为一体的高新技术产品不断涌现。生产高效率化，资源高利用化，产品节能化，高新技术实用化，科研成果商品化已成为世界各国纸浆模塑行业发展的趋势。形成了一个世界性的高技术、高智能和高竞争的发展领域。

1. 行业发展对策

近十年来我国的纸浆模塑设备和制品行业取得了较大进步，但与国外先进水平相比在某些领域还存在较大差距，还不适应国民经济和国内外市场发展的需要。与国际市场接轨大势所趋，既给我们带来了压力，也带来了动力和机遇。我们要尽快转变思想观念，克服困难，挖掘潜力，调动一切积极因素，动员起来，努力开发，研制生产适应国际市场环保要求的纸浆模塑设备和制品。我建议在如下几个方面开展工作：

①提高纸浆模塑设备开发的技术水平，贯彻产品开发高起点的思想认识，根据制品市场情况，设备的开展要注意规模生产能力和降低设备能耗。

②纸浆模塑快餐盒设备的关键部分要考虑卫生标准，尽量使用不锈钢材料，纸浆模塑快餐盒的生产企业要改进生产车间的卫生标准。要在降低纸浆模塑快餐盒的生产成本上做文章。

③加大纸浆模塑工业品包装的力度。以高水平的设备和包装制品武装出口工业产品，改善和保护生态环境，缩短与先进国家的差距。

④要充分运用纸浆模奖制品及其模具的计算机辅助设计CAD及辅助(CAM)。提高制品结构设计和模具加工能力。

⑤制定和实施纸浆模塑制品及设备的标准，加强测试手段，是提高制品及设备质量的技术保证之一，也是促进行业健康有序发展的重要手段之一。

⑥要根据国内外市场的变化，充实、完善行业情报，科研、设计、测试等科学技术服务网络，把情报、科研、设计、开发、生产、推广应用等方面有机地结合起来。并把它作为一项系统工程来抓。不断提高纸浆模塑设备及制品的总体水平。

⑦行业技术进步的关键是人才，要重视技术人才和管理人才的培养。市场的竞争最终体现在人才的竞争。要为培养人才创造有利条件。要高度认识培养跨世纪人才是行业科技进步的基础工程。

⑧政府主管部门要制定出行之有效的政策性法规和措施手段。要扶植行业的健康发展。给予人财物等方面的支持。发挥宏观调控职能,促进绿色包装健康发展。

2.展望

为使我国纸浆模塑行业健康有序地发展,国家有关政府部门给予了很大的支持和关注。对"九五"期间行业的健康发展具有重要的指导意义。

经行业的分析和预测,"九五"期间纸浆模塑行业发展的重点是食品、医药、日化、工业产品包装制品及其生产设备。易损、易烂产品,有利于环保要求的包装制品及其生产设备和出口创汇商品的包装制品及设备。

"九五"期间应大力提高纸浆模塑设备及工艺的总体水平。使行业在现有档次和水平上有较大提高,在门类上填平补齐。加强环保意识,认清国际市场的大趋势。主攻关键技术和基础技术,促进高新技术成果化,科技成果商品化。提高全行业的整体水平。

为提高产品的可靠性和稳定性,机械工业部和有关部门配合行业抓好机、电、气等配套基本件(如液压件、气动元器件、轴承、密封件、电器件、减速机、电机等)的品种和质量,解决定向供应问题。

为振兴机械工业,机械工业部针对机械工业发展中的薄弱环节,于去年初提出机械工业打好"三大战役"的精神也适合我们行业的发展。纸浆模塑设备也要根据我们行业的特点,制定行业和企业的实施方案和配套措施。改变思想观念,调整企业机制和组织机构,加强产品开发能力,以产品质量为突破口发动企业的广大职工打好三大战役。纸浆模塑机械及制品行业有着十分广阔的市场,国家政策和国际市场的大趋势为我们提供了大好机遇。让我们携手为纸浆模塑行业的发展为"九五"期间取得更大成绩而努力工作。

(作者为纸浆模塑机械及制品分会副会长)

中国包协建材包装委员会
改进建材包装"九五"计划

我局为改进建材产品的包装工作,已先后制定了"七五"和"八五"计划,两个年计划的实施,使建材主要产品的包装面貌发生了很大变化,几十年一贯制的陈旧包装被冲破,新的包装形式不断涌现,包装材料不断开拓,企业经济效益有所提高,行业管理得到加强,建材包装的改进工作获得了阶段性的成果。为了推动建材包装的技术进步,使建材更加适应建材产品发展的需要,现制定改进建材包装"九五"计划。

一、"八五"回顾

"八五"期间改进建材包装工作,在"七五"期间所取得成果的基础上,不断深化并采取一些新的改进措施,圆满完成了既定的改进目标,取得了预期的效果。"百花齐放,优存劣汰"的总方针,"发展散装,改进袋装,推动集装"的水泥包装改进方针,"优先发展集装运输,改进木箱包装质量"的玻璃包装改进方针都顺利执行,实践证明这些改进方针符合我国国情。

水泥袋装的改进,通过开发各种新的包装材料,解决了水泥曾一度无袋可装的困难局面,不断研制新袋型,使包装物的破损得到有效的控制,达到了预期的调控指标。水泥破包率由"七五"的8%降到5%以下,水泥散失率从4.5%降到2%以下,每年为国家减少资金损失达30亿元左右。玻璃包装的改进,使得集装化运输逐步增长,总箱架数达到35万件,箱型、架型的更新换代,保证了运输完好率的提高,木箱发展了组合式木箱,衬垫物弃用稻草、麻片,代之以新型材料，出厂前的破损率小于0.5%，流通环节中破员率由8%降至2%，减少玻璃破损840万重量箱，价值约10亿元人民币，为国家节约木材148万立方米。

行业管理得到加强。各项标准、制度、办法的出台，协作作用的发挥，保证了"八五"改进建材包装计划的顺利进行。《建材包装生产使用管理办法》的颁布，从包装的生产和使用两方面双管齐下加强了管理；《建材包装定点生产企业评定办法》的实施，对水泥包装袋生产定点管理发挥了应有的作用。水泥包装、玻璃包装新国家标准的修订报批，反映了建材包装产品向更高要求迈进。建材包装协会在大量的实际工作中，充分发挥着双向服务和桥梁纽带作用。

"八五"改进建材包装工作还存着管理制度配套不健全，实施的力度不够，其它建材产品的包装尚未提到改进的议事日程等问题，有待于"九五"期间继续努力。

二、指导思想

1. 深入贯彻党的十四届三中、五中全会的精神，组织实施建材行业"由大变强、靠新出强"的跨世纪发展战略，紧紧围绕结构调整，为实现两个根本性转变，以积极的行动、稳妥的步伐、大胆尝试，推进建材包装的现代化进程。

2. 根据建材包装产品为建材产品服务的原则，增强建材包装产品对建材产品的保护性能，提高企业经济效益和社会效益。

3. 坚持"科学、经济、适用"的原则，满足建材产品对包装物的各项技术要求，用先进的科学技术搞好建材包装。进一步消除手工生产方式，提高机械化作业程度。

4. 坚持建材包装的改进与环境保护相结合的原则，加强对包装废弃物的回收、再生和综合作用。积极推广易回收、再生和综合利用的包装材料，逐步淘汰与上述要求不相适宜的建材包装产品。

5. 采取整体推进和抓好重点相结合的方法，突破难点，带动全局，开创新局面。

三、改进目标

到公元2000年，建材主要产品的包装改进要实现下列目标：

1. 水泥包装

①正确贯彻执行GB9774—1996《水泥包装袋》新国标，禁用一切不符合国家标准的劣质包装袋。

②水泥企业使用传统纸袋的，停用缝口袋，改为糊口袋。大中型水泥企业使用糊口袋的要使用机制糊口袋；使用糊口袋的地方水泥企业，半数以上应使用机制糊口袋。

③水泥出厂前的破包率不大于0.2%，流通过程中的综合破包率不大于1%。

④培育一批水泥包装骨干生产企业，对于生产规模较大，软、硬条件较好的水泥包装企业，应鼓励其加强管理，建立和健全质量保证体系。率先进入建材包装定点企业行列。

⑤获得水泥质量认证的水泥企业全部使用"建材包装定点企业"的产品。

⑥形成一支由专业水平较高的企业组成的水泥包装机械设备制造群体。

2. 玻璃包装

①认真贯彻装架、集装箱两个新国标，执行"优先发展集装运输，改进木箱包装质量"的方针，全国玻璃集装装器具有总拥有量不少于45万件。

②大中型玻璃企业(包括所有浮法玻璃企业)集装化运量与使用木箱之比，集装化运量应占一半以上。

③L型集装架全部淘汰，生产和使用的集装器具应全部为符合国标要求的架(箱)型。

④玻璃出厂前的破损率不大于0.3%，流通过程中的综合破损率不大于2%。

⑤集装器具的年周转资数达到3次以上。

⑥大中型玻璃企业必须使用"建材包装定点企业"的产品。

3. 把建筑卫生陶瓷及其它重点建材产品的包装改进提上工作日程，包括现状调研、改进方案的形成、改进进程的确定，并开始实施。

四、改进措施

1. 继续贯彻"百花齐放，优存劣汰"的方针。按照社会主义市场经济的要求，加强调控与引导，保持正确的改进方向。

2. 加强行业管理。国家建材局是建材包装行业的主管部门，各级建材主管部门应加强对包装的管理工作。中国建材包装协会受国家建材局委托做好建材包装改进工作。

3. 深入贯彻执行《水泥包装袋生产定点管理办法》。中国建材包装协会配合国家建材局生产协调司抓好建材包装生产定点管理工作。从包装物的生产和使用两个方面巩固建材包装改进的成果。把建材包装定点生产企业评定好，形成骨干力量，带动全行业的发展。

4. 培训人才，提高素质。采用普及与提高相结合，在普及的基础上提高培训方针，用多种形式培养人才；举办新国标培训班，到建材包装素质较好的厂家现场教学，进一步提高行业素质。

5. 加强领导，分工合作。由综合部门牵头，职能部门互相配合，协调生产、运输、流通、仓储、使用等各个环节，切磋改革，共同搞好建材产品的包装工作。

6. 采取措施，促进建材包装机械设备新一代产品的研制开发，使建材产品的包装设备换代更新。

7. 及时总结建材包装行业管理的新经验，推动建材产品包装工作的不断进步。

加强组织建设　制订"九五"计划 实现军品包装再上一个新台阶

总后司令部科技装备局副局长王宝荣

军品包装工作归口管理部门调整已经一年多了。在过去一年多的时间里，军品包装工作，围绕着"加强组织建设"，"制订'九五'计划"两项中心任务，在总后勤部的领导下，在中国包协、全国包改办的指导、支持下，在各有关业务部门的协作下，通过军品包装委员会及其所属各分会的共同努力，较好地完成了上级赋予的任务。为了总结经验，更好地开展好军品包装工作，现将一年多来的军品包装工作的基本情况总结如下：

一、加强了军品包装委员会的组织建设

一年多来，在军品包装工作归口管理部门调整以后，根据总后有关军品包装工作的指示精神，军品包装委员会非常重视和强调加强组织机构的建设。去年召开的军品包装委员会常务委员会会议，根据以往经验，对如何抓好委员会及其下设分会的组织建设，进一步开展好军品包装工作进行了分析研究，确定了将这项工作做为96年度的工作重点。军品包装委员会主任委员、杨澄宇参谋长还就如何搞好分会组织建设做了专门的指示。

会议结束后，各有关部门积极贯彻这次会议精神，认真调整和筹建本系统的分会组织机构。许多业务部门，克服人员少、任务重的困难，积极向上级主管部门汇报和请示工作，争取主管领导的重视和支持，协调有关部门，制定分会《章程》和工作计划，开展分会的调整和组建工作。到目前为止，北京军区包装分会、兰州军区包装分会、南京军区包装分会、成都军区包装分会、通信包装分会、装甲装备器材包装分会、卫生药材包装分会、军交运输包装分会、油料包装分会、营房物资包装分会的调整和组建工作已经完成。不少分会还召开了工作会议，部署了包装工作的任务。

这次调整组建的分会有如下特点：一是由主管部门的领导新任分会的主任委员，体现了

各级主管领导对包装工作的重视。二是旨定了专人负责包装工作,负责处理分会的日常工作,这样更加有利于军品包装工作的开展,保证了包装工作的连续性。三是吸收了管理部门、科研部门、仓库、工厂单位的人员参加,使包装工作的研究、生产、管理和使用纳入同一个轨道实施管理,使军品包装工作更加协调的发展。

二、组织制订了军品包装“九五”计划

军品包装“九五”计划是确定军品包装发展方向的重要依据,是进一步做好军品包装工作,使之适应打赢高技术条件下局部战争和社会主义市场经济发展的重要指导性文件。

为认真制订好《军品包装“九五”发展计划》,军品包装委员会根据国家、军队对《计划》制定的要求和军品包装的实际情况,提出了《关于编制军品包装“九五”发展计划的意见》。《意见》对编制军品包装“九五”计划的指导思想、基本原则、发展方向以及目标任务提出了要求,对制定程序、方法和进度做了统一部署。根据《意见》的有关要求,各分会和有关单位,先后组织力量,着手编制本部门的包装“九五”计划。其中军械、通信、卫生药材、油料等包装分会的“九五”计划初稿已经完成,许多分会的“九五”计划制订工作也正在进行当中。

委员会根据军品包装的现状,经过充分调查论证,按照新时期军事战略方针的要求及我军现代化建设和装备物资保障的实际需要,制订了《军品包装“九五”发展计划》(征求意见稿)。《计划》的指导思想是:以新时期军事战略方针为指导,紧紧围绕打赢高技术条件下局部战争所需要的装备和物资的包装为立足点;以加强包装科研,发展包装技术为依托,积极采用国内外先进包装科技成果和经验;密切结合军品包装的实际情况,努力使军品包装与我军现代化建设的发展相一致。

《计划》(征求意见稿)几经研究修改后,下发征求意见,得到了各分会及有关单位的重视和支持,共收到修改意见40多条。军械、通信等分会、新兴公司等单位,提出了书面修改建议;装甲装备器材、卫生药材等分会、总参测绘局等单位也提出了许多宝贵的建议。为使《计划》能够更好地体现各个系统的发展方向和发展重点,更好地指导“九五”期间的军品包装工作,委员会秘书处还组织召开了由机关、科研单位、各军兵种参加的《军品包装“九五”发展计划》研讨会,广泛征求了军兵种、各有关业务系统的意见。现已完成《计划》(讨论稿)的编写制订,待这次会议讨论修改后,上报审批。

三、认真开展了军品包装宣传工作

军品包装宣传工作是提高对包装工作重要性的认识,促进军品包装观念转变的一项重要工作。为了开展军品包装工作的宣传,扩大军品包装工作的影响,提高对包装工作重要性的认识,一年多来,委员会及其各分会,积极进行宣传工作,共有近40篇文章、论文被《中国包装报》、《中国包装》杂志等军内外刊物采用。还有5篇文章被收入《全国包装改进简报》,并有4篇获奖。

为推动军品包装工作的发展,委员会秘书处还创办了《军品包装简讯》动态性刊物,现已出版19期。并将有关包装工作的文件资料汇编成册,编辑出版了两期《军品包装文件汇编》。此外,还为全国包装工作会议和中国包协四届三次理事会提供了会议交流资料。

一年多来,通过各种宣传媒介,及时地报道了委员会的活动情况;宣传了军品包装工作的重要性;交流了一些先进单位的工作经验;宣传了国家关于包装的有关政策;介绍了外军的包装动态。通过这些宣传,对包装工作重要性的认识,在全军系统内有了不同程度的提高,有力地促进了军品包装工作的开展。

四、加强了包装科研和改进工作

“科技强军”、“科技兴后勤”,是军委和总部为认真贯彻军委江主席提出的“科技是第一生产力”的重要指标精神,提出的一项重要举措。在过去的一年中,各包装分会和有关单位,认真贯彻这一指导思想,积极开展包装科研和改进工作。主要做了以下几项工作:

一是深入开展包装调研和论证工作,完成了许多包装方面的科研论证报告,为“九五”期间包装科研和改进工作的开展打下了良好的基础。如：

军械包装分会组织军械技术研究所，对海岛弹药包装情况进行了认真的调研和方案论证，提出了改进研究的可行性报告；先后完成了《海岛弹药包装》、《弹药集装运输》可行性研究报告。

二炮第一研究所，在分析导弹备件特点的基础上，提出了对二炮装备包装引用系统工程观念进行管理的论证研究报告，为实施装备包装全寿命管理提供了依据。

运输工程学院完成了《军内开展集装箱运输的可行性报告》，对外军使用集装箱运输，减少破损的成功经验进行了分析和总结，对军内开展集装箱运输的军事效益、社会效益和经济效益进行了分析，提出了军内开展集装箱运输的重要意义及主要措施和建议。

二是研究确定了“九五”期间开展的包装科研和改进项目。如：卫生药材分会在较好地完成“八五”包装科研项目的基础上，研究确定了“九五”期间计划开展的“特种药材包装”、“民用卫生材料组合包装研究”等17个包装科研和改进项目。

营房物资包装分会组织总后建工所，在广泛调研的基础上，研究提出了“九五”期间计划进行的，“高阻隔可热封复合包装材料”等14个包装科研建议项目。

三是积极开展包装科学研究工作，不断提高军品包装技术水平。

由总参军械技术研究所和总后科研所共同完成的《军械油料包装系列研究》课题，首次对军械油料包装进行了全面系统的研究，实现了所有25种军械油料的包装系列化，可提高油料利用率15%以上，根本解决了长期困扰部队的难题，提高了军械油料的使用效益和保障能力。在96年度的科技成果评奖中，被评为军队科技进步二等奖。

济南军区401仓库，多年来依靠科技改进包装，努力提高军械技术保障能力。通过包装的标准化、系列化、通用化研究，积极改进军械器材包装。继《雷达器材防潮包装研究》和《武器维修器材包装系列研究》两项科研成果获得军队科技进步二等奖以后，又组织编写了《枪炮备件和工具包装通用规范》和《雷达装备维修备件包装技术要求》两项国家军用包装标准，并于去年召开了国军标《枪炮备件和工具包装通用规范》宣贯会。有效地推动了军械器材包装向储存单元化、搬运机械化、运输集装化、管理自动化的方向发展。

总后丰台卫生药材仓库研制成功的蜂窝纸板包装箱，具有防潮、防震、强度好等特点，已被军援医药包装所采用，较好地解决了军援军贸医药包装适应各种环境条件下的贮运问题。

五、积极抓好军用包装标准化工作

军用包装标准是规范军品包装的技术文件，它的制订和宣贯将有力地促进军品包装改进工作的进一步开展，对于提高军品包装的整体水平意义十分重大。

归口部门调整以来，军品包装委员会及其各个分会积极开展包装标准化工作。委员会秘书处整理了已颁布的国家军用包装标准37项，将其名称和编号汇编成册，下发各个有关单位。各有关业务主管部门，在国防科工委军标中心的配合和支持下，重点抓了军用包装标准的制订及宣贯工作。先后完成并审查了《运输包装件试验方法》、《封套通用规范》、《可热封柔性阻隔包装材料通用规范》、《备件、附件、成套机械零件包装规范》等一系列国家军用包装标准。总参兵种部、总后生产管理部先后组织了《枪炮备件及工具包装通用规范》和《军用物资包装标志》两个军用包装标准的宣贯。这些包装标准的制订、贯彻和实施，不仅促进了军品包装技术水平的提高，而且也将推动军品包装改进工作的进一步开展。

六、重视做好包装管理工作

各包装分会和有关单位，在归口管理部门调整以后，积极克服各种困难，贯彻边调整、边组织、边开展工作的原则，积极开展军品包装业务管理工作。

许多分会，先后组织召开了包装工作会议，

如通信包装分会、卫生药材分会、油料包装分会，总结了“八五”期间包装工作的开展情况，研究制定了分会《章程》和部门《“九五”包装规划》，确定了本系统开展包装工作的重点。装甲装备器材包装分会，召开了关于提高装甲装备器材包装质量的小型座谈会，分析了装甲装备器材包装存在的主要问题，提出了改进装甲装备器材包装的一些主要措施，并准备召开由部队、仓库、工厂、军代表参加的装甲装备器材包装工作会议，认真总结装甲装备器材的包装状况，巩固装甲装备器材包装改进的成果，进一步规范装甲装备器材包装，提高装甲装备器材的供应保障能力。

不少分会按照委员会提出的年度工作要点，积极开展包装摸底调查工作，营房物资包装分会结合野营装备维修检查，对发电机组及照明网络、软体储水罐、帐篷、取暖炉等野营装备的包装情况进行了摸底调查。二炮特装备件包装分会，根据二炮特装备件的特点，认真制订了包装摸底调查方案，并准备在各单位自查的基础上组织专门力量，对重点基地、仓库、站的装备器材进行包装情况的摸底调查。这些调查对于“九五”包装规划的制定和今后一个时期内包装工作重点的确定具有十分重要的意义。

新兴集团总公司，坚持为部队服务的宗旨，加强对所属包装企业的管理，于去年底组织召开了提高军品纸箱质量工作会议，对集团所属的15个纸箱生产厂家的产品进行了检测讲评，制订了提高军品纸箱质量应该采取的措施和方法，对提高军品纸箱的质量提出了具体要求。公司所属的15个纸箱企业，在公司的统一布署下，增加检测设备，积极进行技术改造，不断提高纸箱质量。所生产的纸箱产品不仅满足了军需品的使用要求，而且在地方纸箱行业中创立了良好的形象，在纸箱行业的激烈竞争中站稳了脚跟，有5个企业被评为“纸箱包装明星企业”、3507和3517工厂还被评为“全国优秀包装企业”。3531工厂与军需生产技术研究所共同开展了军需棉制品内包装新型材料的研究，努力解决军需棉制品内包装破损严重的问题。

其它分会和有关单位也积极采取各种形式，着手开展包装业务工作。这些工作的开展，表明了军品包装工作经过调整以后已开始逐步走入正轨，同时也将有力地促进“九五”期间军品包装工作的开展。

总之，在过去一年多的时间里，军品包装工作在上级领导的指导和帮助下，通过各级业务主管部门的共同努力，在实现军品包装委员会提出的再上一个新台阶的目标过程中，迈出了可喜的一步。涌现出了8个“全国包装先进集体”和27名“全国先进包装工作者”，在全国包装改进“九五”规划座谈会上，又把北京、解放军、云南、天津四个单位作为全国包装改进工作学习的榜样，对军品包装改进工作给予了充分的肯定。

但是，应该看到，军品包装工作中还存在着一些不足，主要表现在：一是对军品包装的情况调查了解不够，使得有些部门、单位的包装改进工作的方向不够明确，包装工作开展还不够十分得力。二是由于各单位对包装工作的重视程度不同，有些分会的组织调整工作落实比较缓慢，在一定程度上影响了本系统军品包装工作的开展。三是包装工作重点不够突出，计划性较差，造成了各个业务系统的包装工作的开展还不够平衡。四是委员会在包装工作的全局性上把握不够，协调检查督促工作的力度不够。

同志们：

1996年是落实“九五”规划和2010年远景目标的第一年，面对军品包装工作的调整、各包装分会的组织建设还没有得到完全落实的实际情况，以及新时期军事战略方针对后勤建设和装备物资保障的更高要求，要实现军品包装再上一个新台阶的总体目标，军品包装工作的任务十分艰巨，军品包装委员会及各包装分会，要认真总结好包装业务工作的开展情况，分析问题，找出差距，发扬成绩，鼓足干劲，为实现军品包装工作再上一个新台阶的工作目标而努力工作。

军品包装"九五"发展计划
(讨论稿)

《军品包装"九五"发展计划》是制订军品包装年度计划的重要依据,是开展军品包装工作的指导性文件。根据国家、军队关于编制"九五"计划的要求,结合军品包装工作的实际情况,制定本计划。

一、"八五"规划执行情况

"八五"期间,军品包装坚持面向部队,适应市场,为军队现代化建设服务,以提高军品包装防护能力为重点,积极开展包装科研、改进和"综合治理",取得了显著成绩。

(一)"八五"军品包装取得的主要成绩

1.包装科研和包装改进成效显著

"八五"期间,全军共完成包装科研和包装改进项目67项。其中获军队科技进步二等奖以上的项目5项,三、四等奖26项。

上述科研成果在部队推广应用,取得了重大的军事经济效益。如火炮、坦克、飞机、车辆等大型装备,使用整体封套封存技术使封存期由原来的1年延长到5年以上,维修工作量减少了2/3,在全军推广后,每年可节约经费250余万元;军用油料系列小包装推广后,每年可减少油料损失200余吨,节约经费60多万元;军用被装、卫生药材、车船器材每年就可节约木材10000多立方米;军需被装包装采用聚丙烯编织材料代替薄草席,每年可节约经费40多万元;军械维修器材将原来700余个包装尺寸简化到20余个,并且初步达到标准化、系列化、组合化的要求;单兵口粮软包装、多功能组合医疗箱、枪炮备件和雷达维修器材的防护包装等研究成果,都取得了较好的军事、经济效益。

随着市场经济的发展,军工企业生产的民品和外贸产品包装也有较大的发展。仅1994年,军内包装工业的总产值已达到8000多万元,实现利税3000余万元。另外,有20多种包装材料和包装机械,已达到国内外先进水平,如彩印塑管、金属薄板上光印铁机组、医药拉丝灌封机、西林瓶生产线、奶粉包装机、铝箔压延生产线等。

由总后卫生药材仓库开发研制的蜂窝纸板,是一种具有自然蜂窝状结构的新型包装材料,具有承载量大、弹性好、成本低、强度高等特点。可代替木箱、瓦楞纸箱等现有包装材料,适用于玻璃、陶瓷制品、机械电子产品、化工产品等易损物资的包装。特别是对玻璃、陶瓷制品的包装改进具有重大效益,现已开发出蜂窝纸箱、蜂窝纸托盘等13种产品,并为军援军贸卫生药材所采用。被国内包装界誉为"包装材料史上的一次成功突破"。

2.包装标准化工作发展迅速

包装标准化是军品包装现代化的基础,是实施包装科学管理的重要手段。在全军包装工作者的共同努力下,"八五"期间,编制完成了《军用包装标准体系表》,并按照体系表的要求制定了40余项国家军用标准和百余项部门包装标准。以《军用物资直方体运输包装尺寸系列》、《军用装备包装、装卸、贮存和运输通用大纲》、《防护包装和装箱等级》等标准为代表的基础包装标准、专业基础包装标准和产品包装标准的宣贯和实施,提高了军用物资包装规格化、系列化水平,有效地加快了军品包装的"综合治理",进一步促进了军品包装技术水平的提高。装甲装备器材包装按照有关标准将原来4000多个包装尺寸简化到50余个标准尺寸,同时对包装箱形结构,装箱方式等作了相应规定。济南军区济南军械仓库按有关标准建立了现代化的立体仓库,从而达到了军品包装标准化、搬运机械化、贮存单元化、管理自动化,大大地提高了仓库保障能力。

3．包装管理工作提高到新水平

军品包装工作，涉及到全军作战、训练、保障等方方面面，为了把部队、机关、院校、仓库、生产等部门的包装力量组织起来，密切协同、分工合作，有组织、有计划地开展军品包装工作，建立了统一、高效的军品包装管理工作机制，军品包装工作实行归口管理，各部门积极地进行了组织调整，成立了军品包装委员会及各业务系统包装分会，制定了《军品包装委员会章程》、《关于加强各级包装分会组织建设的若干意见》、《军队系统各级包装办公室工作职责》等一系列包装工作制度和法规，保证了军品包装工作积极、协调、健康地发展。

与此同时，为使军品包装工作积极贯彻执行国家有关包装方针、政策，得到国家有关部门的指导和帮助，"八五"期间，与国家包装管理、信息部门建立了密切的工作关系，为开展军品包装工作创造了良好的环境。

4．广泛开展包装学术活动，培养和造就了一批包装专业人员

为尽快提高军品包装的学术、技术水平，学习和吸收国内外先进包装技术和经验，各部门在包装信息交流和人才培训等方面做了大量而富有成效的工作。"八五"期间举办了多次军品包装学术研讨会和技术交流会，组织参加了中国包协举办的包装技术讲座和包装技术展览会等活动。收集、翻译了大量外国重要的包装标准。定期编辑、出版了《军品包装简讯》、《军需品包装》期刊。并在全国有关包装学术讨论会和《中国包装报》、《包装工程》、《中国包装》等报刊上发表论文50余篇。通过上述活动，扩大了与地方包装行业的接触，开阔了视野，丰富了知识，有效地提高了军品包装技术水平。各部门积极采取措施，多层次、多渠道地举办各种类型的包装培训班。"八五"期间，全军共有15个单位获"全国包装改进先进单位"，8个单位获"全国包装先进集体"，3家企业被评为"全国优秀包装企业"，3人获"全国优秀包装企业家"光荣称号，15人被授予"全国包装改进先进工作者"，27个获"全国包装先进工作者"。

（二）"八五"军品包装工作存在的主要问题

军品包装工作通过"八五"规划的实施，虽然取得了较大成绩，但由于军品包装基础薄弱、发展缓慢，与军事技术装备的发展和"适应战场，推向市场"的要求尚存一定的差距。主要表现在：

1．对军品包装工作的重要性认识不够

由于对军品包装在军队现代化建设中的地位和作用认识不够，对包装与贮运、管理、供应等工作缺乏系统的考虑，导致在军品设计、生产、验收时，只重视产品性能，而忽视产品包装，使出厂的产品没有良好的、适度的包装，增加了部队、仓库二次包装、加固包装和维修工作量。据不完全统计，全军有14％的产品达不到防护贮存、运输、供应的要求。

2．缺少质量监督和检测手段

包装法规体系不健全，缺少必要的质量监督和测试方面的规章制度。包装标准制定了不少，然而标准的贯彻不得力，致使部分物资包装质量达不到要求，标准化水平低。

3．包装科研投入少，技术水平不高

对全军通用的基础性包装科研课题和跨部门的重大包装课题缺乏统一计划、协调。包装科研成果推广困难，不能较快地转化为"保障力"、"战斗力"。军工民品的包装技术水平不高，不能适应国内外市场竞争的需要。

对军品包装科研和包装改进投入不够，严重制约了军品包装技术的发展，包装不善造成的破损、霉烂、变质等损失仍很严重，每年达5000万元。

二、"九五"期间军品包装发展计划

（一）指导思想

以新时期军事战略方针为指导，按照打赢高技术条件下局部战争对装备和物资包装的要求，加强包装科研，发展包装技术，积极采用国内外先进包装科技成果和经验，密切结合军品包装的实际情况，大幅度地提高军品包装整体水平，推动军品包装快速、协调、健康地发展，努力使军品包装与我国现代化建设的发展相一致。

（二）基本原则：

1. 同步协调发展。军品包装要与军事装备技术的发展同步，与物资技术保障手段发展相适应。

2. 统筹安排，突出重点。要集中力量解决军品包装中的重大问题和关键技术；

3. 以战为主。在满足战时快速保障的前提下，包装技术、材料、容器和设备要做到平战结合，军民通用，三军一体；

4. 依靠科技进步。坚持自主研究与引进技术相结合，吸收借鉴与努力创新相结合，不断提高军品包装技术水平；

5. 注重效益。改进不科学、不合理的包装，向标准化、系列化、组合化方向发展，注重军事效益、经济效益和社会效益，减损增收，节约开支。

（三）总体目标

军品包装以提高部队综合保障能力，实现保障有力，保证军事装备、器材、物资快速、准确、可靠地供应为目的。

搞好各种装备、物资、器材的成套供应包装研究，基本满足现代战争条件下发放、请领、统计、使用等要求，提高物资技术综合保障能力。

开展集装化运输包装研究，积极采用托盘、托架、集装箱等集装器具和现代运输、装卸机械设备，确保部队对作战物资的大量需求和机动性，提高部队快速保障能力。

加强特殊条件下的军品贮存、运输包装研究，积极采用贮存、运输包装的新材料、新技术，改善湿热地区和其它特殊条件下的贮存、运输环境。基本解决东南沿海地区物资装备严重锈蚀、发霉变质问题。

完成27项包装方面的国家军用标准的编制任务，初步建成我军第一代军用包装标准体系。抓好标准宣贯及监督实施工作，使重要骨干装备的包装符合标准化、系列化、组合化要求。

加强包装改进，抓好“综合治理”，改进不科学、不合理的包装，把因包装不善造成的损失降下来，使简陋包装和装卸不便的包装以及量大、面广、易损的包装有明显的改善，力争做到减损增益，使包装破损率不超过千分之一；要取消无包装、原始包装和对环境污染严重的包装以及国家明文禁止的包装。

（四）各类军品包装任务：

——装甲装备器材：抓好装甲装备器材标准的贯彻，落实包装标准化、系列化、组合化要求，取得显著的包装标准化效益；开展包装新材料、新技术的应用研究，推广纸箱包装，提高装甲器材包装技术水平，节约包装经费；提高随行保障能力和野战维修保障能力。

——军械维修器材：开展军械维修器材成套包装研究，提高快速收发、请领，计量、分发作业能力；采用先进的封存技术，改善火炮、轻武器等装备的封存条件，提高封存质量和快速启封作业能力；开展军械装备空投包装研究，搞好立体化物资技术保障；制订军械装具包装和军械油液包装通用规范、完善军械包装标准体系。

——通信装备器材：组织开展对通信装备器材包装研究，提出其适应性和经济性等有关要求；制定野战通信装备器材包装、援外军品包装等标准，完善通信装备器材包装标准体系；研究改进援外通信装备器材包装和特殊环境条件下运输、贮存和使用的通信装备器材包装和装备量大、且直发部队装备的包装，提高通信装备的包装技术水平。

——陆航装备器材：研究采用新的包装材料和技术，提高陆航装备器材封存质量；开展配套包装、集装化运输包装研究，提高陆航装备器材快速保障能力；制订包装标准，建立、健全陆航装备器材包装标准体系。

——测绘装备器材：研究采用新的包装材料和技术，提高测绘装备器材贮存质量和快速保障能力；制订包装标准，严格按照有关标准订货、验收。

——被服装具：采用包装新材料、新技术，提高被服装具包装技术水平，包装纸箱要全部达到A级；加强包装材料、包装容器和包装产品的质量监测，确保产品贮运、使用质量：制定包装标准，完善被装包装标准体系。

——卫生药材：开展战时卫生药材模块化供应包装、民用卫生材料组合包装、笼式托盘包装、特种药材包装和军援医药器材包装的研究，提高部队快速保障能力和出口创汇能力；制定卫生药材包装系列通用规范、战时单兵急救医药包装通用规范等标准，提高卫生药材的标准化水平；研究新的包装材料和容器代替黄园玻璃、粉针剂灰套盒、玻璃输液瓶；改进82型三角巾急救包皮的粘合设备和工艺等，进一步提高药材包装的质量。

——车船器材：加强车船器材防护包装研究，搞好库存器材包装规范化建设；采用新材料、新技术，改革不科学、不合理的包装；开展车船器材集装化贮运研究，提高快速保障能力；补充制定车船器材包装标准，完善包装标准体系，进一步做好推广应用纸箱代替木箱的工作。

——军用油料及油料器材：开展野战油库器材集合包装研究，提高其快速保障能力；改进设计不科学和使用不便的包装，提高军用油料及油料器材的包装技术水平；制订包装标准，完善油料及油料器材包装标准体系。

——野营装备：开展野营装备配套包装研究和集装化运输包装研究，提高其整体快速保障水平；开展14种包装新材料、新技术的应用研究，力争取得较大进展；制定包装标准，完善野营装备和包装材料标准体系。

——舰船装备器材：研究采用新的包装材料和技术，提高舰船装备器材的封存质量；研究舰船装备维修器材集装化运输包装技术，提高舰船技术保障能力；制订包装标准，建立、健全舰船包装标准体系。

——航空装备器材：制订包装标准和技术法规，严格按标准订货、验收和供应，减少破损，节约包装经费；采用新技术、新材料，改善航空器材封存技术、延长封存年限；搞好维修装备器材集装化包装研究。

——导弹装备器材：研究采用包装新材料、新技术，提高导弹装备器材的封存质量；开展集装化运输包装研究，提高导弹装备器材快速保障能力；制订包装标准，补充完善导弹装备器材包装标准体系。

——武警部队装备器材：开展配套包装、集装化运输包装研究，提高武警部队综合、快速保障能力；采用包装新材料、新技术，确保装备器材封存质量；制订包装标准，严格按标准研制、生产、订购、验收和使用装备。

——军工民品：抓好食品饮料生产的包装标准和法规贯彻，确保产品质量符合有关卫生要求；研究采用新型高阻隔复合材料，提高软质罐头的贮存期限；开发易携行、易开启的多种规格罐头包装容器，提高军用食品保障能力；研究新的包装材料、包装技术，包装结构及装潢设计，提高各种酒类、饮料包装水平。

按国家有关规定和要求，抓好水泥、化肥包装改进，使其包装符合国家有关规定。积极改进轻工产品包装结构，提高装潢设计水平，争创一批具有国内外先进包装水平的产品。

加强包装材料、包装容器和包装机械生产的质量管理，确保产品质量性能；科学地调整产品品种和生产规模，满足市场和部队需求，增强产品市场竞争能力，扩大出口创汇。

（五）实施“九五”包装发展计划的措施

1. 提高认识，更新观念

各级包装组织要采取多种形式，进行军品包装工作重要性的宣传，增强军品包装意识和做好军品包装工作的紧迫感，把包装工作提到各级领导的重要议事日程上来，下大力使军品包装与战场相适应，与市场相适应。

2. 加强领导，完善机制

进一步建立、健全军品包装机制，明确职责、理顺关系，加大管理力度，严格军品包装产品的质量管理，抓紧制定包装质量检测和监督方面的法规，使军品包装走向规范化和法制化的轨道；加强军品包装委员会及各包装分会建设，充分发挥协会的桥梁、纽带、参谋、助手作用，调动各方面的积极性和创造性，扎实有效地开展军品包装工作。

3. 加强包装科研和包装改进工作

疏通各种渠道，加大包装科研投入力度。积极引进、吸收国内外先进技术，增大军品包装的技术含量。积极贯彻“科学技术是第一生产力”和“科技兴后勤”的方针，重视军品包装科研项目的立项、成果鉴定、成果奖励等工作，坚持“统筹规划、合理布局、突出重点、协调发展”的原则。

4. 完善军品包装标准体系

加快基础和专业包装标准的制、修订速度，力争到本世纪末，初步建成我军第一代军品包装标准体系，逐步实现包装标准全面配套。要积极贯彻各项包装标准，并以有效的法规和手段实施监督，实现包装的标准化、系列化、规范化的要求。

5. 加强人才培养和学术交流

普及军品包装知识，加强包装学术交流，加速军品包装装数据库的建设。要分层次、有重点地举办各类包装知识培训班。通过包装训练班、研讨会、技术考察、技术讲座等方式，加强在职人员培训，努力提高包装人员的业务素质和技能。

造纸行业“九五”计划和2010年规划

(一)指导思想

造纸工业的发展必须与国民经济总体发展相适应，在现有基础上，“九五”及后十年应着力提高增长的质量，重点是调整结构，努力提高产品质量，增加品种，节能降耗，治理污染，提高经济效益，提高市场有效供给水平。

基本思路：调整原料结构，扩大利用国内、国外资源、逐步实现以木材为主，发展原料和商品纸浆基地；调整产品结构，增产短线产品；依靠科技进步，调整技术结构；加快骨干企业的技术改造，提高技术装备水平，发展经济规模；认真贯彻基本国策，加强污染治理，搞好环境保护；深化企业改革，增强经济活力，提高参与市场竞争能力。

(二)发展目标

1. 生产水平

2000年全国纸及纸板产量计划3000万吨，比1995年预计2400万吨增长25%，每年平均递增速度4.6%。人均消费水平26公斤。

2010年纸及纸板规划产量4000万吨，比2000年计划3000万吨增长33%，每年平均递增速度3%。人均消费量36公斤。

2. 主要产品产量

2000年主要产品计划产量：新闻纸110万吨，平均年增长7.4%；胶印书刊纸120万吨，平均年增长8.5%；铜版纸70万吨，平均年增长22.9%；技术配套用纸55万吨，平均年增长4.1%；生活用纸240万吨，平均年增长8.5%；包装纸板1100万吨，平均年增长5.3%，其中白纸板40万吨，与1995年产量持平；涂布白纸板120万吨，平均年增长19.2%，牛皮挂面箱纸板160万吨。商品纸浆230万吨，平均年增长35.7%。产品结构比重详见附表二。

附表二：　　　　　　　　　　　　　　　　　　　　　　　　　　　　　　（万吨、%）

产品名称	"八五"期间				"九五"计划及2010年规划			
	1990年		1995年预计		2000年		2010年	
	产量	比重%	产量	比重%	产量	比重%	产量	比重%
一、纸及纸板合计	1371.9	100	2400	100	3000	100	4000	100
(一)机制纸	842.4	61.4	1440	60	1740	58	2240	56
1. 印刷书写用纸	377.9	27.6	680	28.3	870	29	1200	30
其中:新闻纸	50.9	3.7	77	3.2	110	3.7	200	5
(胶印新闻纸)	(13.6)		(55)		(80)		(180)	
凸版纸	55.0		70		60			
胶印书刊纸	26.9		80		120			
胶版纸	24.9		80		130			
铜版纸	16.3		25		70			
书写纸	68.7	5.0	170	7.1	240			
其他	135.2		178		140			
2. 技术配套用纸	23.9	1.7	45	1.9	55	1.8	80	2
其中:卷烟纸	8.5		6		8			
3. 生活用纸	67.9	4.9	160	6.7	240	8	320	8
其中:卫生纸	65.8		140		200			
4. 包装及其他用纸	372.7	27.2	555	23.1	575	19.2	640	16
其中:纸袋纸	52.6		50		85			
(二)机制纸板	529.5	38.6	960	40	1260	42	1760	44
1. 工业配套纸板	5.9	0.4	10	0.4	30	1	40	1
2. 包装纸板	473.3	34.5	850	35.4	1100	36.7	1600	40
其中:白纸板	23.5		40		40			
涂布白纸板	10.6		50		120			
箱纸板	63.3		140		170			
牛皮挂面箱纸板	46.9		100		160			
3. 其他纸板	50.3	3.7	100	4.2	130	4.3	120	3
二、商品纸浆	16.1		50		230		420	
(木浆)	(6.7)		(20)		(180)		(330)	

3. 品种、质量

为了增加市场有效供给，产品向薄型化、上质量、上档次、多品种方向发展。新闻纸、胶印书刊纸、涂布白纸板、牛皮箱纸板等部分产品，达到或接近国际同类产品质量水平。“九五”计划开发新品种120个。

4. 科技进步

(1)依靠科技进步对重点企业技术改造，实现优化产品结构、提高产品质量、节能降耗、提高经济效益的目标。2000年机宽3米以上纸机车速达600米/分以上。解决“八五”重点项目引进的先进技术和装备的正常使用和消化吸收问题。

(2)“九五”计划完成科研重点项目50项。

5. 企业规模

重点企业逐步实现大型化和现代化。企业规模升级目标，到2000年年产20万吨以上制浆造纸企业8个；在2010年前，分期分批达到以下要求：年产40万吨以上制浆造纸企业6个，年产30万吨至40万吨制浆造纸企业3个，年产20万吨到30万吨的制浆造纸企业8个。

6. 经济效益

2000年全国造纸工业工业总产值达到900亿元(1990年不变价格)，年均增入4.6%，利税总额达到240亿元，重点企业全员劳动生产率达到45000元/人年。出口创汇8亿美元，平均年增长8.4%。

7. 污染治理

到2000年做到增产不增污，基本控制造纸工业污染发展趋势。到2010年总体碱回收率达到80%以上，并使环境污染问题基本得到控制。

(三)发展重点及主要措施

“九五”及后十年，是我国制浆造纸行业从规模小、装备落后、污染严重向原料和产品结构趋势于合理、重点企业实现大型化和生产现代化、基本解决环境污染这一方向发展的关键时期。为实现既定目标，发展重点及主要措施是：

1. 调整原料结构，逐步实现以木材为主，充分利用芦苇、竹子、蔗渣等非木纤维原料，扩大废纸的回收利用。

(1)木材资源——加强林纸结合，扩大利用国内、国外造纸木材资源。鼓励外商在国内或国外合资合作建设木浆厂。根据需要，也可适当从国外进口木片和木浆。国内要充分利用林区采伐加工剩余物和抚育间伐林生产木片，合理利用次小薪材，扩大利用南方松、杨木、桉木和桦木等树种，增加木材原料供应量；积极发展人工速生丰产林基地建设，逐步实现木材原料供应基地化。

初步规划，木浆比重2000年达到18%，2010年达到22%。扣除部分进口商品木浆，国产木浆所需木材量分别为2000万立方米和3000万立方米。据林业部规划，在此期间可利用林区采伐加工剩余物、次小薪材和抚育间伐材、速生林基地和纸厂自营林场材等，多渠道提供2500万立方米和2600～4000万立方米。

现有纸厂林基地要进一步巩固扩大，新建厂必须考虑相应的造纸林基地建设。

(2)非木资源——重点发展芦苇、竹子和蔗渣等原料。要巩固和发展苇、竹、龙须草、红麻等原料基地建设扩大基地供材量。今为芦苇基地建设以改造低产为主，适当扩大长苇面积。2000年计划芦苇基地长苇面积达到750万亩，比1995年预计增加20万亩，提供造纸用苇20万吨。2010年设想长苇面积达到900万亩，提供造纸用苇280万吨。

(3)废纸资源——沿海地区积极扩大利用进口废纸，建设废纸处理生产线，提高废纸利用率，2000年达到35%。计划在山东、广东、福建、江苏、天津等地的沿海港口，建设废纸分选基地，年处理总能力100万吨以上。

(4)建立商品浆基地——根据资源分布情况，因地制宜在原料产区建设商品木浆厂苇浆厂或扩大现有木浆、苇浆生产规模。主要建设项目有：南宁、湛江、韶关、海南、怀化、丹东、日照、牡丹江林业、牙克石林业等木浆厂项目和盐城、博斯腾湖、沅江等苇浆厂项目。

2. 调整产品结构，提高质量与档次。大力发展高档胶印新闻纸、高档胶印书刊纸、轻量涂布纸、涂布白纸板、牛皮箱纸板等短线产品;加快中低档产品升级换代向高档次发展,如普通卷烟纸、白纸板等;限制低档和不对路产品如黄纸板、箱纸板、油毡原纸等生产,使产品结构趋于合理。

提高各类加工原纸质量,上品种、上档次,逐步实现与重点加工纸厂配套供应。

努力开发商品包装装璜用纸、办公自动化设施用纸、热敏系列记录纸、干法系列纸、生活系列用纸及涂布箱纸板等品种。

调整产品结构的主要措施是,搞好重点纸厂的技术改造或扩建及重点新建项目。主要项目有:南平、宜宾、齐齐哈尔、广州、吉林、石岘等纸厂的新闻纸技改项目,岳阳、金城纸厂的彩印书刊纸项目,佳木斯、长江等纸厂的牛皮箱纸板项目,民丰、安徽等纸厂的高档卷烟纸项目,宁波涂料白纸板、胶州高档包装纸板、井冈山涂布箱纸板和苏州紫兴纸业有限公司铜版纸等项目。通过调整产品结构形成一批具有参与国内、国际市场竞争水平的产品。

3. 调整企业规模结构,发展合理经济规模,逐步提高大型企业的比重。

加大对骨干大型企业技术改造力度,支持大型骨干企业,加快发展合理经济规模;对有升级条件的中型企业,通过走内涵挖潜的路子,提高技术装备水平和自我发展、自我改造的能力;对现有小型企业应通过原料结构和产品结构调整和改组改造等措施,使一些条件较好的企业规模有所扩大,同时在竞争中淘汰一批产品滞销、污染严重的企业;鼓励发展跨部门、跨行业、跨地区具有一定经济实力的大型造纸企业集团;发展三资企业。贯彻规模经济的方针,新建、扩建和改造的制浆造纸企业,其总规模应达到10万吨/年以上(浆、纸分开的企业除外,非木制浆造纸企业总规模为5万吨/年以上)。初步规划,将佳木斯、青州、吉林、广州、南平、宁波等纸厂规模扩大到40万吨/年,将石岘、岳阳、金城等纸厂的规模扩大到30万吨/年,将宜宾、营口、天津纸板、鞠湖纸板、沅江、牙克石林业、牡丹江林业等纸厂的规模扩大到20万吨/年;同时将现有年产3万吨左右而条件比较好的企业,通过技术改造升级到5—10万吨/年。

4. 调整技术结构,重点发展适用技术为主,形成多层次的结构。制浆方面重点开发高强度、高效率、高白度、低污染的生产技术;造纸方面重点发展高质量、低定量、低消耗、高效率的生产技术。还要积极研究开发各种化学助剂、胶料、填料、涂料的应用和纤维回收技术及防治污染保护环境的适用技术。调整技术结构要通过提高造纸工业装备水平体现,一方面要加快对已引进技术、装备的消化吸收、研制和开发,另一方面对重点建设项目仍要引进必要先进适用具有国际先进水平的技术与装备。

5. 调整地区布局,力求合理配置资源和安排生产力。地区分布的重点是:东北地区是我国造纸工业的重要生产基地,今后将以技改和扩建为主,继续发展。

长江以南地区,特别是福建、广西、湖南、云南等地区,具有原料资源优势,随着地区内木材、竹子、芦苇、蔗渣等原料优势进一步向产业化优势转化,该地区将逐渐成为我国造纸工业的重要发展基地。

黄淮海平原地区,目前可供的造纸原料,主要是麦草、棉杆、麻类等非木材纤维原料等,近年来,杨木资源逐步增加。该地区纸张市场较大,今年应扩大利用杨木、麻类、废纸资源及商品木浆,调整产品品种。支持重点厂进行技术改造,发展一批规模为年产5万吨以上的造纸企业。

西北地区,造纸工业已有了一定基础,今后随着区内经济的振兴,将有适当发展。新疆博斯腾湖地区芦苇资源应扩大利用,形成较大的苇浆生产基地。

东部沿海地区,造纸工业要加快改革步伐,扩大利用商品纸浆和国内外废纸资源,发展深加工及高附加值产品,以扩大出口,形成纸产品出口基地。

6. 抓好防治污染工作,保护环境。

努力贯彻“综合防治厂内为主”的方针,认真做好重点污染源造纸企业污染防治规划,“九五”期间着重抓 100 家大中型制浆造纸企业污染防治工程。

技改和基建项目要采取有效控制污染的先进新技术、新设备、减少污染物的发生和排出量。

小型制浆造纸企业要压缩减少或停止自制草浆的生产，通过调整原料和产品结构，降低废水排放量。

积极推广纸机白水封闭循环利用技术，大力推进节约用水工作。

7. 扩大利用外资，多渠道筹措建设资金

2000 年计划全国纸及纸板产量 3000 万吨，生产能力达 3200 万吨，商品纸浆达 230 万吨，生产能力达 250 万吨。“九五”期间需新增纸及纸板生产能力 900 万吨(含淮河流域及其他江河治理污染需淘汰现有的 100 万吨能力)，估算需投资 700 亿元；新增商品纸浆生产能力 180 万吨，估算需投资 300 亿元；实现“九五”目标，估算需总投资 1000 亿元，平均每年需投资规模约 200 亿元。

到 2010 年规划全国纸及纸板产量 4000 万吨，生产能力达 4300 万吨。商品纸浆产量 420 万吨，生产能力达 450 万吨。1995—2010 期间，纸及纸板需新增能力 1900 万吨，估算需投资 1500 亿元；商品纸浆需新增能力 370 万吨，估算需投资 500 亿元，今后 15 年期间估算需总投资 2000 亿元，平均每年需投资规模约 130 亿元。

资金来源：拟多渠道筹措。大型纸浆、浆纸综合项目拟扩大利用外资，增加外资的投资比重，国内配套资金依靠国家投资和地方、企业筹集。有些项目也可实行股份制筹措造纸建设资金。

一次性纸餐具的市场和发展趋势

中国包装技术协会纸制品委员会

一次性纸餐具以纸杯、纸盘、纸餐盒为代表，在我国改革开放的大潮中应运而生，又随着改革开放的深入和人们的生活、工作节奏的加快，以及对快餐饮食要求的提高而得到快速发展，市场前景十分广阔。

根据生产和使用方面的特点，下面以纸杯和纸餐盒为重点，加以介绍。

一、纸杯的生产和市场

按用途，纸杯在我国主要是饮料杯和冰淇淋杯两类。两者的制造工艺相同，结构略有差异。

饮料纸杯的生产使用始于八十年代初期。当时，居世界饮料行业前两位的美国可口可乐、百事可乐公司在中国的灌装厂分别于 1981 年和 1982 年在北京和深圳投产。表面印有该公司销售包装图案的纸制蜡杯开始大量出现在城市的饭店和街头。冰淇淋杯则由于我国早在六十年代就引进设备，规模生产而出现较早。

根据纸杯的性能，可分为上蜡纸杯和涂塑纸杯两类。冰淇淋杯是涂塑纸杯的一种，只是尺寸规格不同。其它还有纸面碗等，国内尚未大量使用。

国内饮料纸杯的常用规格一般为 6.5 盎司、9 盎司和 12 盎司三种，其中以 9 盎司纸杯用量最大，冰淇淋杯的常用规格一般为 4.5 盎司和 6.5 盎司。

制作饮料纸杯的基材一般是以漂白硫酸盐浆生产的白纸板，横向伸长率应高于 3%，灰份不大于 1%，纸板厚度应均匀，不含荧光增白剂等有害物质。常用的有未涂塑白纸板，用于上蜡的冷饮杯。其它还有单面和双面涂塑纸板，用于冷热饮杯。纸杯纸板的常用定量一般为

180—220 克/平方米，制作蜡纸杯的纸板定量要低一些。

目前国内使用的纸杯纸板以芬兰、美国、韩国、台湾等地区生产的为主。国产纸杯纸板在上海、山东等地已有生产，产量不大。某些物理指标和进口产品相比有一定差距，但价格较低廉。根据粗略统计，目前全国纸杯纸板的年需用量约为 2.5 万吨。

纸杯生产企业主要集中在大中城市，以沿海地区居多。全国约有各类纸杯生产企业近百家。较有生产规模的企业有上海纸杯有限公司、北京京华印刷厂、珠海中奥纸容器有限公司等。

由于纸杯生产行业是八十年代中后期迅速发展起来的新兴产业，因此技术装备较好，进口设备所占比重较大，根据初步统计全国约有各类纸杯生产设备近 200 台(线)，其中引进设备 82 台(线)。全国设备生产总能力约 35 亿只以上。

进口设备以美国纸加工机械公司(PMC)的产品最多。国产设备以中外合资沈阳韩星纸杯机械有限公司生产量最大。目前国内约有十几家纸杯设备生产厂家，多数为近两年开始进行产品开发和生产，生产规模不大。

近十几年来，我国饮料工业发展迅速。1980 年，全国饮料工业产量仅有 28.8 万吨，1994 年猛增到 627 万吨，14 年间平均每年递增 25%以上。以销售中大量使用纸杯包装的美国可口可乐和百事可乐两公司的碳酸饮料现调机产量为例，1992 年为 281312 吨，占当年总产量的 4.7%，1994 年为 599760 吨，占总产量的 5.37%，两年间产量翻了一翻，所占产品比重也增长了 14.3%。仅按此一项测算，则 94 年约需饮料纸杯 3 亿只，95 年达到 4 亿只，而且主要用于夏季摊饮业。其它在饭店宾馆的咖啡厅，街头的餐饮店等用纸杯盛装咖啡、牛奶等各种饮料，用量也很大。预计每年有 3—4 亿只。

我国的冷冻饮品近年来发展也很迅速，据了解，1988 年全国冷冻饮品产量仅 8.59 万吨，1994 年就达到 106 万吨，年增长幅度在 20%以上。冷冻饮品中，冰淇淋生产发展很快，所占比例逐步上升，目前冰淇淋年产量已达 50 万吨左右。若按其中 20%的产量用纸杯作销售包装，则需纸杯约 12 亿只。仅根据上述测算结果，目前全国纸杯的市场年需求量就在 20 亿只以上。

权威部门预测，今后我国的饮料和冰淇林生产还将保持快速增长势头。2000 年时，饮料总产量将达 1000 万吨，而冰淇淋的年产量将突破 120 万吨。这都将进一步推动纸杯行业的生产发展。因此，从总体上来看，纸杯的销售市场持续看好，形势较为乐观，但目前纸杯的市场布局不尽合理，有的地区市场供过于求，因此，在上纸杯生产项目时应充分注意到这一点。

二、纸餐具(盒)的生产和市场

自 1984 年，徐州第一家引进一次性使用可发性聚苯乙烯餐具(盒)生产线以来，随着快餐业的快速发展，我国高发泡塑料餐具(盒)的用量以每年两翻番的速率增长。这种高发泡塑料餐盒具有卫生、简便、保温、防渗漏、防油等优点，但它在铁路沿线及一些饮食点造成的“白色污染”引起普遍关注，尤其是铁路部门和各大城市的市政部门每年要花费大量的时间、财力和精力用来清除这些资料餐盒，然而收效甚微。其欠是高发泡塑料餐盒不易降解，无论是填埋还是焚烧都会造成环境污染，而且回收不当引发的后患无穷。

这种高发泡塑料餐盒在铁路沿线造成的严重污染是长期以来铁路站、车卫生质量难以改善的主要原因。随着我国改革开放和铁路建设的加速发展，铁路客运量逐年增长。据卫生防疫部门调查统计，目前铁路每列旅客列车平均日产垃圾约 370 公斤，全路客车年产垃圾总量约 14.6 万吨，其中塑料快餐盒类包装材料占 7%，近年来，客运部门年均集中、收集、处理的这些垃圾占总量的 35%，其余的 65%主要被丢弃在铁路沿线两侧，以夏、秋、春三季向车外扔尤为突出，而耗费的塑料餐盒四亿多个，40%被废弃于铁路沿线，平均每百米线路达 120 个，以车站附近餐盒污染最为严重。

高发泡塑料餐盒在各大城市造成的污染问

题也是很严重的。如广州市每天消耗发泡塑料餐盒近百万只，生成白色垃圾320吨左右，一年就消耗了3—4亿只塑料餐盒，产生近10万吨的白色垃圾。据调查，白色垃圾处理过程中60%进行填埋处理，每年占大量土地；10%进行焚烧处理，生成了大量的有害气体；30%或散落在大街小巷，或被抛入大小水道，漂浮于水面。

“白色污染”给广州市财政开支带来巨大负担。如果按填埋方式处理1吨“白色污染”需耗资千元人民币计，1年至少需花费5000万元人民币。

“白色污染”给广州市效农业、渔业生产带来严重危害，不易降解的发泡塑料制品废弃物，造成土质下降、水质污染。

治理“白色污染”的关键是找到合适的替代物，对此，有关部门加速了餐盒的换代工作，铁道部科研部门立项进行了旅客列车垃圾处理技术的可行性研究，对“白色污染”问题开展了餐盒回收管理的软件研究、餐盒回收再生；处理的试点和“以纸代塑”的可降解餐盒的研制工作。1994年以来，多次召开研讨会，推动了餐盒更新换代工作。到目前为止，已有13种餐盒(5种纸盒、8种可降解塑盒)进行了实验室检验鉴定。1995年6月初，有九种餐盒经卫生检验合格并进行了上车试用，今年铁道部教育卫生司铁道部运输局发布了《关于实施铁路快餐盒换代工作的通知》，通知决定自7月1日起全路实施餐盒换代。

新研制出的第二代餐盒主要是聚丙烯双降解餐盒、纸浆模塑餐盒、纸板涂生物降解膜餐盒、聚苯乙烯双降解发泡餐盒、淀粉添加型聚苯乙烯双降解发泡餐盒，这些餐盒都达到了使用性的基本要求。目前，正推广使用的一次性纸餐具主要是纸(板)餐盒和纸浆模塑餐盒。

1. 纸(板)餐盒

纸(板)餐盒有折叠型和整体压制成型两类，其中以折叠为主。纸(板)餐具所用的纸板基材是以木浆、草浆为原料，抄造成具有符合使用要求的物理指标的纸板，然后再进行加工处理，使之具有防水、防油、耐酸碱、耐热和便于成型加工功能的专用纸或纸板。未加工的原纸板常用定量一般为240—400克/平方米，目前主要靠进口，国内河南、吉林、浙江、上海等省市均在进行开发工作。纸板再行加工处理的方法，又可分为涂布、喷淋、复合等方法。就复合来说，即在纸或纸板上复合一层聚乙烯(PE)以克服原纸板不能防水、防油，因而无法适用于包装的缺陷。如山东大易造纸有限公司开发的PE饭盒纸板，但这复合方法有一个根本性的弊病：即它并不能解决废弃物污染环境的问题。试验表明，在适于分解的环境中，复合成型包装物经过一个时期后，其纸板层可以腐烂分解，但聚乙烯复合层仍完好无损，成为一张聚乙烯塑料膜，还是属于污染环境的塑料残留物。所以，或许可以说，复合法的木浆、草浆代替了90%的塑料原料，但还有10%的塑料残留物污染环境的问题没有得到解决。关于在涂布、喷淋方面，国内已有一些单位(企业或研究部门)已在涂料、涂布方式上进行了卓有成效的探索，涂成的专用纸或纸板在一定周期后(如三、五个月)可全部碎解腐烂。

1995年，杭州市容环境部门、卫生部门、工商行政管理部门联合发出通告，从9月15日开始，禁止在餐饮业中使用高发泡塑料餐盒，改用纸质餐盒等替代用品。在此前后，哈尔滨、上海、武汉等城市也采取了类似的措施，从而促使纸餐盒在这些地区大量面市。目前杭州市有6家较大的纸餐具定点生产企业，周围地区还有不少乡镇小企业与之竞争。在全国其它地区也陆续有纸餐具生产企业投产。

目前，国内采用的纸餐盒生产设备以台湾为主。为适应国内市场需要近两年在北京、合肥、杭州等地已有国产纸制快餐盒压制设备面世，目前约有二十家左右。

根据粗略统计，目前全国约有纸(板)餐盒生产企业数十家，拥有各类纸餐盒生产设备近200台，年生产总能力近15亿只。年需纸餐盒纸板近3万吨。

纸餐具的主要优点是：

(1)无毒无害，特别适合于食品包装；

(2)易回收,可再生利用;

(3)自然条件下可降解;

(4)符合美食发展趋势,是一种较好的食品销售包装。这种纸板表面可以印刷,材料可以折叠,能做出各种精美餐具,可增进人们的食欲,充分展示某种饮食文化。

纸餐盒虽然具有以上这些优点,但也并非十全十美,目前还存在许多需要认真对待和解决的问题,主要反映在产品性能、成本和供货能力及生产线的合理布局等方面,其中前两项,直接影响到纸质餐盒能否在市场站住脚和扩大市场份额。

根据目前纸(板)餐盒的面市情况看,生产成本约高出泡沫塑料盒1—2倍,在消费者中反应较大。其它如防水、防油问题,多采用涂塑处理,这在一定程度上降低了纸餐盒的生物降解能力,如回收处理不好,也会给环境带来不利影响。

2. 纸浆模塑餐盒

纸浆模塑餐盒以木浆、草浆为原料,添加功能性化学助剂,在制浆、抄造系统中模塑一次性成型。这种成型制品不需再行加工,已具有抗水、抗油、耐酸碱等特性,还具有符合使用要求的挺度、耐破度等物理指标。为此,国外多数采用100%漂白针叶木浆或配以适当的阔叶木浆为原料,也可以使用部分切纸边角料,其中,漂白长纤维原料所占比例应不低于20%。国内某些单位从实际国情出发,采用木浆加草浆的混合浆,并向以草浆为主的方向发展。由于要达到使用功能,所添加的功能性化学剂必须达到一定的量,这对于今后的回收回用会造成一定的障碍。所以,还应对功能性助剂作选择性的研究。

纸浆模塑快餐盒的优点是生物降解性能较好,保温隔热和高压性能与泡沫塑料餐盒相当。缺点是设备投资较大,耗用工时、人力较多,但所用原料便宜,生产成本界于纸餐盒和高发泡塑料餐盒之间。

模塑方法有湿法模塑和干法模塑两类,目前国内以湿法模塑为主,干法模塑技术尚不成熟。

纸浆模塑生产机械主要有两种,一种为间歇式,具有操作灵活,维护方便,模具投入少的优点。另一种是连继式,生产效率高,但构造复杂,模具一次性投入较高。纸浆模塑快餐盒的技术开发以大连和南京居国内领先地位,已进入工厂化生产阶段。纸浆模塑生产设备,往复式南京较好,旋转式以湖南湘潭为国内先进。

纸(板)餐盒和纸浆模塑餐盒各有其优缺点,在快餐包装市场上的地位还要看今后的发展情况。

除高发泡塑料快餐盒和纸类餐盒外,降解塑料快餐盒目前已处于试用阶段。然而也有待完善的方面,如可降解塑料快餐盒缺乏回收价值;而新型可降解的发泡餐盒的降解效果不理想,而且可降解塑盒与非降解塑盒从外观上难以区别,如不严格把关,容易“以假乱真”。

三、发展趋势

根据业内人士统计,我国1993年快餐业产值约200亿元,1995年已达500亿元左右。由于我国快餐包装业发展起步较晚,快餐包装产品还较单一,目前居主导地位的仍然是可发性聚苯乙烯塑料餐具(盒),1994年全国共生产了35亿只。根据测算,目前我国一次性快餐盒的年市场需求量约40亿只,并以每年6%以上的速度增长。考虑到我国目前的人均占有情况还很低,而且各地区的经济发展水平不平衡,因此市场潜力是巨大的。根据初步统计目前我国各类一次性餐盒的年生产能力约在115亿只以上,已初具规模。其中仅高发泡塑料快餐盒就达100亿只左右。因此就快餐盒来说,目前市场总量供过于求,生产能力已严重过剩。但由于高发泡塑料餐盒的淘汰势在必行,随着快餐业的发展,快餐盒的社会需求量还将逐步扩大。面对如此大的市场需求和国内强行禁用高发泡塑料快餐盒范围的扩大,作为取代品之一的纸质餐盒生产将形成一个新兴的包装行业,如能从规模生产和其它措施中降低成本,以不断挤占现有塑料快餐盒市场,就会取得良好的社会效益和经济效益。

四、关于纸塑之争

对以纸代塑将具有怎样的发展前景，目前还是有不同的认识的。形成所谓的“纸塑之争”，“餐盒之争”。在许多新闻媒体上对“以纸代塑”这个话题，各人均持自己的观点，众说纷纭，有的赞成，有的反对。但如作一个较全面的初步分析，我们的观点是：

1. 一次性纸餐具是具有广阔的发展前景的。

2. 塑料餐具在采取回收处理措施和可降解材料的前提下，将会在一段时间内和纸质餐具在市场上共存，各得其所。

我们认为不管持何种观点，大家可以在向绿色包装方向发展上达成共识，即：

环境保护是全人类面临的重大而紧迫的课题，要从保护地球、保护人类的高度来认识环境保护的重大意义和深远影响。我国已为此逐步制订了有关的法律、法规和政策。以纸代塑是解决高发泡餐具污染环境的一个有效途径。一次性纸餐具不但在制备、降解、回用上具有优势，而且纸餐具的用纸量不及纸张总消费的0.1%，在原料供应上也具有可能，造纸所用的木材等纤维原料属可再生资源。关于价格问题，目前纸餐具虽不及塑料便宜，但随着生产技术和规模的不断发展，专用纸和纸板的价格有可能与塑料相接近。况且废弃塑料餐具的处理费用是其本身价格的数倍。用长远的战略眼光看，我们不但要坚持对环境保护的既定方针，还要严格实施已制定的法律、法规和政策，采取有效的监督措施。在目前市场经济形势下，要权衡经济利益和社会效益，使市场经济步入文明的轨道，以造福于全人类和子孙后代。

包装装潢印刷工业的现状及“九五”发展目标

包装装潢印刷业是涉及多学科的新兴工业。它作为国民经济的重要组成部分，对发展生产、美化、保护、宣传商品，方便运输，节约物耗，提高商品的附加值，增强商品的竞争力，开发国内外市场，为国家创汇节汇等方面，起着日益重要的作用。它作为多种产品配套服务的行业，是实现商品生产与交换的桥梁。

一、行业现状及存在问题

包装装潢印刷业主要由装潢印刷、纸制品、印铁制罐、胶粘带及电化铝烫印箔等自然行业组成。据不完全统计，目前行业拥有县以上企业6000余家（装潢印刷4100多家、纸制品1500多家、印铁制罐200多家、其它类的50多家）。其中，大中型企业100多家，小型骨干企业200余家。全行业固定资产原值约65亿元，职工总数70万人，工程技术人员约占职工总数的0.8%。行业产品产量及生产能力按行业所属自然行业划分如下：（见表）

名　　称	产　　量	生产能力
装潢印刷	4200 亿印	5000 亿印
纸制品	15 亿平方米	18 亿平方米
印铁制罐	25 万吨	40 万吨
胶粘带		50 亿平方米
电化铝	250 万卷	300 万卷

包装装潢印刷行业的发展起步较晚，经过“六五”、“七五”、“八五”的发展，已成为门类比较齐全、配套比较完整、初具规模的工业体系，无论是企业的技术装备水平、规模及管理水平等方面，还是在产品的数量、品种、质量等方面，都有了较大的提高，不仅可以为我国的轻工产品、出口产品提供现代化的包装和精美的装潢

印刷制品，而且已参与国际市场竞争，在国际招标中承接国际印刷业务。

(一)产品品种、质量基本情况

1. 包装装潢印刷行业所属企业生产的产品主要分为30多个主导门类：

(1)装潢印刷

宣传印刷品：高档产品样本、挂历(纸印、塑印)、画册、广告宣传材料、各类贺卡、请柬等；

商标印刷品：纸商标、不干胶商标、信用卡、全息商标、防伪商标、滴注标牌等；

彩色包装盒：高档酒盒、高级翻盖烟盒、精细礼品盒、中高档服装鞋帽包装盒、日用化妆品盒等；

(2)纸制包装制品：瓦楞纸箱、板纸盒、折叠纸盒、锦盒、复盒纸罐、彩色中细瓦楞纸盒、纸杯、纸制餐具、纸管、纸托盘等；

(3)印铁制罐

制罐(铁罐、铝罐)：食品罐(盒)、日用化工品罐(盒)、医药罐(盒)、喷雾罐(压力罐、泵阀罐)、饮料易拉罐(两片、三片罐)等；

制盖：皇冠盖、防盗盖、旋开盖、易拉盖；

(4)胶粘带：免水牛皮纸胶粘带、再湿性牛皮纸带、透明胶粘带、BOPP胶粘带、双面胶粘带、无基胶带、电工胶带等；

(5)电化铝烫印箔：珠光膜电化铝、折光电化铝等。

2. 质量基本情况

据近几年对包装装潢印刷产品的评比检测和定期检测的结果，全行业产品抽检合格率达100%。装潢印刷品抽检优质品率由原来的20%提高到35～40%左右。印铁罐行业1991年质量评比工作中，得分在80分以上的产品占总参评数的41.7%。全行业共有国优产品4个，部优产品162个，行优产品575个。

3. 产品供求情况

从产品生产的总量上看是供不应求，特别是高档包装装潢印刷品的生产，如礼品包装、精美印刷品等，远不能满足市场的需要；从结构上看，一般加工能力发展过快，部分地区一般产品供大于求；从生产力布局上看，地域发展极不平衡。沿海地区、开放地区发展较快，供求基本平衡，但由于存在重复引进技术装备的现象，部分设备的生产能力得不到充分的利用。边远内陆省区企业规模较小，技术装备落后，产品品种单一，不能满足当地市场的需要。个别省区包装装潢印刷业则为空白，供求矛盾较为突出。

(二)行业发展的主要成就

改革开放以来，包装装潢印刷行业依靠科学技术进步引进了一系列先进、适用的技术设备。如装潢印刷行业引进了制版、模切、糊盒成套设备4500多台(套)；纸制品行业引进了模切连续化生产线，瓦楞纸箱、纸盒连续化生产线200多条；引进了复合软包装技术设备160台(套)；引进了印铁制罐技术设备。一些大中型企业引进了部分高精技术设备。为了适应市场发展需要，开发了一大批新技术、新工艺、新产品、新基材，开发生产了7层重型瓦楞纸箱、中细瓦楞纸盒、纸托盘等纸容器；通过引进技术生产的系列气雾罐产品、日用化妆品包装等深受用户欢迎；各类食品方便包装袋、复合利乐包、高档医药包装及农用军用特需包装袋的开发，不仅调整了产品结构，增加了短线缺门产品的生产，也提高了商品出口创汇能力，填补了国内空白。

加强了行业质量管理、监督和保障体系工作，组织制订产品的“国际”、“行标”、“企标”，先后评选出一批国优、部优、行优产品。在第13届亚洲包装大会上有6项产品荣获“亚洲之星”包装奖，22项产品获其它奖。

(三)存在的主要问题

1. 行业突出的主要矛盾反映在以下几个方面：

第一，从行业发展的外部环境看，管理多头，政出多门，为企业服务的产、供、销渠道混乱，对行业的发展缺乏统一的调控，对企业结构的调整缺乏统一的规划，造成一种都在管，又都管不了、管不好的局面，加上受地区保护主义思想的影响，片面强调地区和局部的利益，造成行业一般产品加工能力“过剩”，技术装备重复引进过多，生产能力闲置，企业布局不合理，部分重点企业的关键技术和设备不配套，企业规模效益不高的现象。

第二，从行业内部的机制看，由于行业发展起步较晚，企业整体的技术装备水平、管理水平不高，对市场的应变能力较差，企业内部普遍存在着管理与技术进步不同步，重前道工序，轻后道工序，工艺配套性差，重生产而忽视产品质量监测检验。此外，行业缺乏正常的人才培养、培训渠道，整个职工队伍的素质较差，人员结构不合理。这些都在一定程度上制约了行业发展。

第三，包装装潢印刷属于二次加工的行业。它的发展不仅需要引进吸收国际的先进技术装备和成功的经验，而且更需要国内相关行业的发展为其提供必需的、高质量、多规格、系列化的原辅材料。但由于我国用于包装装潢印刷产品生产的原材料发展滞后，导致一部分在技术装备与国外差距不很大的企业，不能生产国外同等企业生产的产品。这严重地影响企业产品品种质量的提高。

2. 技术装备水平存在的问题

包装装潢印刷行业总体技术装备落后，仅为国际六、七十年代水平，而且发展也不平衡。前道工序比较先进，有的已与同期国际先进水平接近；而后道工序相当落后，大部分还是手工操作。有些设备国外早已淘汰，而我们的企业仍在使用。比较而言，装潢印刷企业的技术装备水平略高，印铁制罐企业的水平则很低，除近几年引进开发的喷雾罐、易拉罐及部分马口铁制罐制盖生产设备水平较高外，其它马口铁制品装备水平仅为国际四、五十年代的水平。全行业技术装备、产品技术组合水平低，新技术、新工艺、新材料的导入能力差，成为行业技术装备方面存在的主要问题。

3. 企业专业化协作、经济规模存在的问题

企业专业化协作在包装装潢印刷行业是比较差的，其主要原因在于多数企业片面强调内部的“配套”搞“小而全”、“大而全”，同时企业间又存在着“技术封锁”。这一方面造成一部分企业的生产能力闲置，而另一部分企业因生产能力不足继续引进；另一方面造成部分产品设计系列化程度低，导致包装产品与被包装物不协调不配套，开发使用新材料的观念较弱，新技术、新工艺的应用缓慢，影响了企业新产品的开发，企业的规模效益不高。

本行业在技术装备等方面与国外先进水平存在的差距主要表现在：

(1)技术装备水平低，设备陈旧，工艺配套性差；

(2)原稿设计能力差，制版水平低，一方面表现在高科技、高技术，如计算机辅助设计等在行业中尚未得到广泛的应用；另一方面表现为原材料供给质量不稳定、不配套、规格品种单一，影响了设计能力及制版水平的发挥；

(3)新产品的研制周期长，对市场的应变能力较弱。

二、市场预测及行业发展趋势

(一)国际市场预测和分析

根据对国际市场研究和分析，全世界目前与消费者直接相关的销售包装每年约1100亿美元，占世界包装市场的63%，预计近年将达到1300亿美元。其中，饮料、日用化妆品、保健品等与人们日常生活紧密相关产品的包装，将有较快的增长，年增长率一般在6%左右。食品包装仍将继续增长，但速度将放慢。国际市场对高档包装、精美装潢印刷品需求将会有较大的增长。

由于当前国际社会对环境保护问题越来越重视，因此，包装物的回收利用程度，将成为影响包装装潢印刷工业发展的关键问题。据分析，“九五”期间国际市场对便于回收利用、对环境污染小的包装产品，如纸制品、玻璃制品的需求将会有较大的增长，但对其品种、工艺、质量的要求更高；塑料包装物因其不便回收，不易自然降解，需求增长速度将会放慢。

预计国际市场的格局变化不大，仍以北美西欧为重点。亚太地区由于经济的崛起，包装装潢印刷产品需求将有较快地增长，市场将不断扩大。

由于包装装潢印刷行业是为工农业产品配套服务的行业，我国加入世界贸易组织后对本

行业的影响主要表现为两个方面。一方面,生产中、高档包装装潢印刷品的生产企业,目前均使用进口的纸张和其它原辅材料。入关后,随着关税的降低,可使这部分企业的原材料采购成本降低,有利于企业效益的提高;另一方面,由于我行业原稿设计及制版水平较低,很可能会受到港澳台地区设计制版业的冲击。

(二)国内市场预测分析

改革开放以来,我国人民的生活水平大幅度提高。随着人们消费观念的转变,消费结构也发生了很大变化。适应这种变化国内对包装装潢印刷品的市场需求,主要表现为两个层次:第一,对城市市场来说,对包装装潢印刷品的品种、质量要求越来越高,高档产品所占比重越来越大,形成一般产品与中、高档产品并存,以中、高档产品为主的发展态势,主要表现在日化、服装、鞋帽、饮料、食品包装等方面。第二,对农村市场来说,随着农村群众生活质量的改善,广大农民对包装装潢印刷品的需求也在增长,主要以经济实惠的一般产品及中档产品为主;先富裕起来的农民,也将进入高档包装装潢印刷产品消费的行列。

根据上述分析,“九五”期间到2010年我国包装装潢印刷行业,无论是在生产中、高档产品的企业,还是生产一般产品的企业,都存在良好的发展前景。

(三)行业发展趋势

根据国际发达国家的发展经验和对我国包装装潢印刷业现状的分析,行业的发展趋势是:

1. 通过应用高科技,开发新品种含量,采用新材料、新工艺,逐步提高包装装潢印刷产品的技术;

2. 企业组织结构将由“小而全”、“大而全”向专业化协作方向发展,并逐步建立现代化企业制度,形成既有分工又合作的企业群体;

3. 产品结构将改变品种单一,一般产品占领地位的状况,向高、中档产品占较大比重的方向发展。

三、行业规划的基本思路和发展目标

(一)指导思想

根据包装装潢印刷行业的特点,以科技进步为先导,以产品质量、品种、效益为中心,追踪国际现代包装装潢印刷行业发展的趋势,坚持引进与消化吸收国外先进技术并重的原则,推动行业企业技术改造,重点扶持技术起点高、产品档次高、附加值高的产品生产企业,更好地为出口产品、“名特优新”产品的包装配套服务,力争做到五个相匹配:

1. 包装装潢印刷产品与商品理化特征、结构、造型相匹配;

2. 包装装潢印刷产品的表面形态与国内外市场的流行趋势相匹配;

3. 包装装潢印刷产品的品种、门类与商品包装的多层次需求相匹配;

4. 包装装潢印刷产品的档次与配套商品的价值相匹配,并通过包装提高商品的附加价值;

5. 包装装潢印刷产品的工艺特点与加工方式相匹配。

(二)发展目标

1. 发展速度:总体发展速度与国民经济发展速度同步,增长速度略高于国民经济平均增长率,“九五”期间每年以10%的速度增长;

2. 主要产品产量:到2000年商标印刷达到3000亿印,样本、挂历、画册、贺卡等装潢印刷2000亿印,各种纸制品达到20亿平方米,马口铁印刷达到35万吨,塑料复合软包装达到60万吨。

3. 技术水平:京、津、沪等直辖市和沿海大城市的骨干企业,包装装潢印刷的技术装备和产品质量水平要努力达到国际九十年代初期水平,其中个别重点企业应接近国际同期发展水平,其它地区的骨干企业要争取达到国际八十年代中期水平。

(三)发展目标

1. 装潢印刷要巩固和发展现有的平版印刷能力,压缩凸版印刷,适度增加凹版印刷、丝网印刷、柔性版印刷等特种印刷的比重,开发各种形式的防伪印刷,搞好印刷手段的合理结合,提高后工序的综合配套水平,逐步实现设计、制版电脑化及桌面系统化，印刷分色高速自动化，模切成型联动化，后工序加工产品多样化，产品加工精度化。

2. 纸制品行业重点发展低克重、高强度、轻量化的高档纸箱、纸盒，淘汰低档纸箱、纸盒，改变材料结构，改进生产工艺，努力开发彩面印刷E型细瓦楞纸盒、新型纸容器、彩色印刷纸箱、模切成型纸箱和七层瓦楞纸板重型包装箱等等。其主要产品要达到“三化三多”，即标准化、系列化、时代化、多品种、多基材、多用途，逐步实现纸制品行业由劳动密集型向技术密集型的转化，企业生产向产品精加工、深加工方面发展。

3. 印铁罐行业要在不断降低能源消耗、消除污染的前提下，向适应国际潮流的高档次、多品种、深加工方向发展。广泛采用薄型高强度板材、镀铬低锡板材、大幅面板材，研制应用适合于各类内溶物不同特性的内涂料，发展留空涂料工艺，加速制罐设备的改造，研制或引进一机多功能、多工位的高速生产线，废除锡焊工艺，推行高频电阻焊，发展形式多样、易开启以及具有防伪、防盗功能的瓶盖类产品。

4. 胶粘带行业应开发高档热固化胶带、超低温胶带、耐高温胶带抗幅射胶带、耐老化胶带、特种双面胶带、电子原件用胶带、装饰胶带、汽车用系列胶带等高档胶粘带，研制节能、节溶剂新工艺，提高环境质量。

5. 电化铝烫印箔行业，在巩固发展为包装印刷、皮革、塑料等配套的一般装饰材料的基础上，开发激光防伪、镭射彩虹膜及高档礼品包装纸等新型材料。

（四）政策措施

1. 以提高经济效益为目标，合理调整产业结构，重点扶持大中型骨干企业，优先安排大中型骨干企业、名优产品企业及创汇节汇等经济效益好的企业的技改项目和关键配套项目，引导市场相对过剩的一般产品的生产企业调整产品结构。对粗制滥造、生产假冒伪劣包装装潢印刷产品的企业，给予经济和法律方面的制裁。

2. 以市场需求为导向，调整产品结构，重点发展为出口产品、名优特新产品配套的高档精细包装装潢印刷产品门类，开发边贸集装箱包装、旅游包装、邮政包装、保鲜包装、防伪包装、自选市场特需包装以及装潢装饰印刷品等新领域，逐步提高高档精细包装装潢印刷产品的比重。

3. 以提高行业整体技术装备水平为目的，调整技术，引进结构，扭转重前道工序、轻后道工序，重硬件、轻软件，重主机、轻配套，重技术、轻管理的局面。引进的重点应是高科技应用、提高产品质量、提高产品档次、开发新产品填补国内空白的项目。要限制单纯为扩大简单再生产的设备引进，并避免国外已淘汰的技术设备向我国的转移，对已经引进的项目要认真地消化吸收，凡国内有能力研制生产的不再继续引进。

4. 切实抓好基础原辅材料的开发，增强新材料的应用意识。对用量大而又长期依赖进口的各种高档纸张、塑料、铝箔、马口铁等，要通过相关行业的发展，逐步采用国产原材料替代；对包装装潢印刷产品特需的、用量较小、而国内尚未开发的专用新材料，要抓紧研制；对供不应求的国产原材料，要在进一步提高质量的基础上扩大生产能力。

5. 以行业现有的科研、教育部门为基础，进一步充实科研教育力量，提高科研、教育水平，改变目前普遍存在的重生产、轻科研的状况，提高整个行业队伍的技术文化素质。

6. 加强质量监督、检测工作，有条件的地区、企业应建立相应的质量检测机构，检测仪器设备的配置要符合技术要求，使检测手段和水平跟上企业技术改造、技术进步的步伐。

中国金属容器包装工业的现状及展望未来

（翟之荣）

我国的金属容器是全国包装工业领域中的一个重要门类，大致上由印铁制罐、密封罐、钢桶、瓶盖四个部分组成，它主要是为食品罐头、各种饮料、油脂化工、日用化学、医药卫生、文教用品、石油制品、化妆品及儿童玩具等行业的商品包装配套服务的。

在新中国成立之前，我国的金属容器生产基本上是个空白仅在北京、天津、上海及广州等几个大城市有少数工厂，所需金属桶罐品种少绝大多数都依赖进口。50 年代末及 60 年代中期开始起步，进入 70 年代以后生产企业逐渐增多。但由于受计划经济制约，尚未形成一个行业组织。发展缓慢，设备简陋，仅有少数几家引进了英国双色印铁机和少部分制罐设备。全国只有中小型企业 100 多家，技术水平低，虽有所发展，但产量少质量差。

随着实行对外开放，对内搞活的政策，经济发展迅速，为了改变中国包装工业的落后面貌，经国务院批准于 1980 年 12 月成立了中国包装技术协会，随后 1981 年 4 月组建了中国包协金属容器委员会，先后设立了印铁制罐、密封罐、制桶制盖等四个分会，由于商品经济的快速发展，中国的金属容器包装行业也获得了较快的发展。

一、金属容器行业的现状

中国金属容器包装的发展是从无到有、从小到大经过 16 个年头的风风雨雨逐步发展起来的。现在为止，已形成一个比较大的金属容器包装体系。大量引进外资合作办厂，加快了发展的步伐。80 年代中期全国金属容器生产企业约有 500 家，到 80 年代末期增至 700 家，到 1995 年底已达到 1300 家左右。其中：印铁制罐生产企业 400 余家，密封罐生产企业 300 家及钢桶生产企业 370 家，专业制盖企业 200 多家，其中，三资企业已达三分之一左右。

印铁制罐：在金属容器领域中发展较快，特别是 1993 年以后发展更快。三资企业较多，设备精良、技术力量强，工艺先进，是金属容器业的排头兵。它包括品种较多，如：二片罐、三片罐、喷雾罐、马口铁彩印、食品饮料桶罐的内涂外印，各种杂罐及皇冠盖、防盗盖、易拉盖、旋开盖等多种产品。一些发达国家及港台地区纷纷来华投资设厂。他们具有投资大，起点高，设备先进、技术力量强，效率高等优点。致使国内一些民族工业老厂失去不少市场。在激烈的竞争中，三资企业占了一定的优势。这个行业目前拥有二片罐生产线 26 条、高速三片罐生产线 50 余条、喷雾罐生产线近 20 条、印铁机生产线 200 多条、皇冠盖生产线设备 150 台套左右。易拉盖生产线近 20 台套、涂料生产线 100 多条、18 升以下方园桶生产线 20 多条，还有单机制罐设备约 5000 台左右。而云贵川及三北地区（华北、东北及西北）则较少。在产量方面 1995 年底二片罐可达 50 亿左右、三片罐（指饮料）27.3 亿只喷雾罐可接近 5 亿只、皇冠、瓶盖达 243 亿个，杂罐达 37 亿只。96 年预计接近数二片罐 53.5 亿、三片罐 29 亿、杂罐 40 亿只。

密封罐：主要是指二片罐、三片罐及食品罐头罐。全国有 2000 家大小罐头厂。但自己能有罐头分厂自行配套的并不太多，只有部分大中型罐头厂能自立，多数罐头厂还是依靠印铁制罐供应，故此于今年 3 月已将密封罐分会撤销并入印铁制罐分会有利于统一管理。前些年罐头行业不景气，大部分亏损，但近几年出口量增加开始有了生机，罐头行业的设备，国产及引进各半。均已实现全自动电阻焊缝先进工艺。并正在推广使用大开口易拉盖，以解决“罐头好吃盖难开”的问题。瓶装罐头基本上采用了旋

开盖，由于出口罐头量不断增加，其铁罐用量亦随之增多，予计96年需用23亿只空罐。（包括八宝粥）

钢桶：该行业主要是为油脂化工、石油制品及其他有关商品的包装，现在生产企业370家左右，年产20升～200升不同容量钢桶4000万只左右。产品品种较少，共设备基本上是国产。有40多条生产线是从国外引进的先进设备。但通过多年努力，许多企业在工艺上有了很大改进，大部分老设备已得到更新改造和成龙配套。钢桶的密封填料也已使用新研制成功的优质填料，使钢桶产品质量有了很大的提高。钢桶的焊缝基本上实现了半自动电阻焊焊缝。90年代初又采用国际先进水平的圆卷边工艺，盛装危险品已达到“国际危规标准”。在密封性能上也已达到国际先进水平。

二、金属容器今后发展趋势

综观上述设备，其生产能力尚有很大的潜力。发展趋势的预测有个问题。必须进行市场调研知道内容物的生产量，即：本文开头所列举的那些相关行业的发展情况作为预测的依据，由于各种因素很难得到确切数据。有的生产量的保密，加之委员会经费困难，人员少难以全国调研。但通过各种渠道还是了解一些情况。目前来看，金属容器行业近几年发展过快，除喷雾罐，20L以下化工桶、油脂桶、大开口易拉盖、防盗铝盖外，其他产品呈饱和状态。钢桶亦出现供大于求的局面。但是，中国有12亿多人口，随着改革开放步伐的加快，社会主义市场经济不断完善，产品质量的提高。今后，出口商品量将不断增加。特别是，我国饮料资源丰富将来会有更大的发展。据悉，在美国，年人均消耗各种饮料达400多罐，而我国年人均不足7罐，现在铁罐饮料还没有进入百姓家，差距很大，相信随着生活水平的不断提高，将进入城市家庭及农村，其需求量肯定会逐步增加。

罐头，美国年人均消费90公斤而我国年人均仅1.5公斤，还达不到全世界人口消费罐头年人均的8公斤水平。相信今后随着出口量增加和各方面的有利因素，我国金属包装的食品罐头随着人民生活提高和快餐需求会有大发展。

据有关权威部门提供的信息，1995年我国饮料产量达650万吨，1996年预测680万吨。食品罐头1995年310万吨、1996年预测为300万吨（略低于95年），啤酒95年为1560万吨，96年可达1600万吨。所以，不能只看目前我国金属容器市场趋于饱和状态的不利因素。市场在不断变化，内容物将会不断增加，还应看到有较大的潜在需求量。许多外商仍在继续进入中国市场。显而易见。外商是瞄准了我国是个世界上最大的市场。远景乐观，有位外商曾说：“中国年人均一罐饮料就12亿多只，眼光要放远些。”

根据中国包协金属容器委员会制订今后15年规划的预测，全部金属容器制品1996年总产量可达140万吨。到2000年即“九五”期末可达220万吨，到2010年可达450万吨（或更多一些）

三、目前存在的主要问题是：

（一）高档金属容器如：二片罐、三片罐发展迅速有盲目上马之势，以二片罐为例，目前由原来的13条生产线已增至26条，增加一倍年产能力达100多亿只，而目前市场需求量仅需50多亿只，大部分厂家是半停产状态。宏观控制失调主管部门应予严格控制。三片罐发展亦同样过速根据饮料和罐头发展的实际情况亦应驶入慢车道。因有些地区还是空白，南方及沿海地区密集，主管行政部门应动员停产企业往中西部地区、三北地区（华北、东北、西北）分散。

（二）二片罐、三片罐坚决不能再引资设厂，其余产品除前述喷雾罐等几种产品和特殊新品种可考虑少数增产外，其他产品目前大多数又进入低谷应予刹车。

（三）原辅材料问题：马口铁在金属容器行业用量最大，年需约80万吨。钢桶所用冷热轧板，国内基本上能满足，而二片罐、防盗盖所用铝片近10万吨，我国有四大铝厂基本上能满足，但有些外企仍进口。马口铁除武钢、广东中粤，无锡统一，福建粮川各公司总产量约40多万吨，目前还有上马的。上海宝钢今后将年产40万吨，如果宝钢投产后逐步可达到国产化、马口铁质量能达到日本及西方国家的质量水平乃金属容器行业之大幸。目前尚有半数马口铁仍需进口，我们将翘首以待马口铁国产化，既节约外汇又降低了成本备受企业欢迎。关于高档产品所需印刷的油墨、内外涂料，部分外企有使用进口的。其实国产的辅助材料产品质量大有提高。一般中低档产品使用效果很好。有些外商来华设厂生产辅助材料亦抵销了部分进口，关于原辅材料问题已基本解决。

总结经验　奋力开拓
电子产品包装工作“九五”力争再上新台阶

电子工业包装技术协会　叶柏彰

电子工业包装技术协会成立于一九八六年十二月十六日，至今已走过了十年的历程。电子工业包装技术协会在电子工业部和中国包协、全国包装改进办公室的关怀领导下，发扬“团结、协作、创新、求实”的精神，解放思想、积极实践，为推动电子工业产品包装工作进步，不断提高电子产品包装水平，做了卓有成效的工作，取得了可喜的进步与发展。十年来实践证明，协会在企业自身利益和社会整体利益上起着协调作用，协会这个行业管理组织能够健康顺利地发展。

十年来，在工作中我们也遇到了不少问题和困难，实践使我们认识到，只有紧紧依靠各级领导、依靠各级行政部门，充分发挥协会的“组织、协调、指导、服务”作用，其关键是做好服务工作，才能推动工作的深入发展。

一、协会十年来工作简要回顾

1. 加强协会的组织建设，不断完善管理制度。

包装行业是一个跨地区、跨部门的大而特殊的行业，受经济水平所限和旧经济体制影响，包装工作长期未被人们所重视。因此，协会成立之后，一方面建立工作机构和工作秩序，稳妥地发展会员，组建分会，不断壮大协会队伍；另一方面是理顺对外的相互关系，使其得到政府职能部门及社会上的支持。协会成立了秘书处，有专人负责，为了加强与会员单位的日常工作联系，建立了联络员制度，各会员单位均设有一至两名联络员，经常地与协会秘书处保持联系。十上来，已发展400多个团体会员，近千名联络员。随着工作的深入，在电子部标准化研究所设立了电子包协包装标准试验技术委员会，在中国电子进出口总公司设立了电子包协出口包装委员会，各省市电子工业主管部门也根据各自实际情况，组建了电子包装分会、工作站或技术咨询中心等机构，配备了专职或兼职人员分管包装工作，充分地发挥了和秘书处之间承上启下的作用，为电子产品包装工作取得了开拓性的进展。

为加强电子产品包装管理工作，先后制定出了《外贸出口电子产品包装发运暂行办法》、《电子产品包装工作管理办法》等规章制度。

为加强联系交流和凝聚力，协会每年组织召开年会或理事会，还表彰了一批致力于电子产品包装工作的先进集体和先进工作者。

2. 传递信息、促进交流。

交流传递信息是协会工作中的一项重要内容。为沟通信息，编辑、出版、发行了《电子包装》(季刊)23期，组织编辑了《电子产品包装技术》一书，不定期编印的《电子产品包装》简报等。今年还为会员单位订阅了《出口商品包装》(双月刊),每期送到各位理事和部分联络员的手中。这些都受到广大会员单位的普遍好评。

3. 积极宣传、扩大影响,提高知名度。

协会是在改革中新成立的社团组织,要得到社会的承认、了解和支持,必须积极宣传协会组织,以扩大影响。十年来,仅秘书处的同志就在有关报刊上发表了有关电子包协和会员单位及改进电子产品包装方面的文章200多篇,先后三次编印发送了《效率工作手册》。一九九一年为配合宣传、贯彻江泽民总书记等国家领导人对包装工作的重要指示,进一步宣传包装工作的重要性、必要性,增进全社会对包装工作的了解、关心和支持,举办了"牡丹电视杯"电子产品包装知识竞赛活动,同时在北京牡丹电子集团公司召开了新闻发布会,通过《中国电子报》、《中国包装报》、《电子商报》、《电子包装》等报刊,以及北京电视台、中央人民广播电台等16家在京新闻单位的广泛宣传、报道,很受人们的关注和支持。近期,我们又与福建日立电视机有限公司、福日包装材料有限公司商议,心将共同举办"福日杯"电子产品包装设计大奖赛,在增强协会知名度的同时,进一步推动提高电子产品包装的设计水平。

4. 制订包装标准,开展检查考评,提高标准化程度。

包装标准是包装行业的技术法规,也是进行质量仲裁的依据,同时也是电子产品包装的重要组成部分,对于提高电子产品包装技术和标准化程度具有重要的意义。

十年来,在电子包协包装标准试验技术委员会的积极努力下,完成了《彩色电视机包装》、《缓冲包装设计方法》等国家标准28项(其中国家军标5项);《电子产品防潮包装》、《集成电路包装管》等行业标准29项(其中行业军标7项),同时修订国家标准13项,一九九四年《包装质量保证工程》被列入国家科委"八五"科技攻关计划。

在制订标准过程中,还作了大量的试验验证工作,从而使我国电子产品由盲目包装和经验包装,走上了以实验为基础、以理论为依据的科学包装轨道。

为督促改进产品包装,对电视机、录音机、扬声器所用包装材料和容器情况进行了摸底调查,并对全国57家彩电生产企业定点进行了彩电包装纸箱部优产品的测评工作。

5. 开展技术交流、人才培训、咨询服务,不断促进包装技术进步。

十年来,协会坚持以面向基层,广泛为电子企事业、包装制品厂家开展市场信息、技术咨询服务,举办了包装学术研讨会、报告会、经济交流会、学习班和包装新材料、新技术、新工艺推广应用会、包装标准宣贯会、现场会等一系列的活动,还组织了近千人次参观国际、国内包装技术交流会、展览会,组团赴美国、香港、日本等地参观考察。最近又将组团去西欧五国考察。

通过这些活动,不仅增强了人们的包装意识,而且开阔了包装工作人员的视野,丰富了知识、提高了素质,促进了企事业之间的技术协作,有效地提高了电子产品包装的技术水平。

6. 调查研究、努力探索,扩大出口创汇,提高产品附加值。

十年来,电子产品出口历经外贸形势的风云变幻,经验教训并至,感触颇深。科学合理的包装是提高电子产品质量、扩大电子产品出口创汇、提高附加值的重要环节。我国电子产品源源不断漂洋过海,开拓国际市场,其中电子产品包装工作功不可没,成绩斐然。

电子包协和中国电子进出口总公司,坚持做好出口电子产品包装改进工作。如对一些有出口产品的重要生产企业进行了产品包装摸底调查和"诊断",以及提供信息和咨询服务。同时举办了"出口电子产品包装研讨会",还组织了外贸人员、出口产品单位及包装生产企业等人员参加,到重要口岸进行实地调查了解出口产品包装情况,为改进、提高出口电子产品包装质量对策、提供有力依据,为逐步与国际市场接轨,参与竞争创造了有利条件。

一九九三年,中国电子进出口重庆公司的业务员接洽一英国客户,商谈普通白炽灯泡出口英国和英联邦国家市场业务。外商在样品确认后，首先试订了一个20'柜产品。货到后，客商反映产品破员严重，抱怨产品有质量问题，并提出索赔和暗示将终止贸易合作。该公司业务员与工作技术人员一道进行了认真的分析，认为不是产品质量问题，而是产品包装盒的设计不合理，以致经长途转运后造成产品严重破损。该公司改进了产品包装，将单只纸盒包装改成四只盒装。从这以后，由于改进了包装，产品破损大大减少，而且每个集装箱的装载量提高了5%以上，减少了每支灯泡的运输费。取得了客商的谅解，保持了业务合作，订单逐渐扩大，一年多的时间里，客商向该公司订购了400多万只灯泡，为国家创汇40多万美元。

7．开阔视野，开展横向联系。

协会是政府和企业之间的桥梁和纽带，协会要为包装事业的发展服务。因此，十年来，我们针对包装行业存在分散、跨地区、跨部门的特点，采取了打破条块、部门界限，面向全行业，疏通供需渠道，沟通产需联系，扩大技协活动，为拓宽改进产品包装新路子而积极努力。

步入九十年代，随着人类对生态环境保护日益重视，以包装革命为先导的"绿色包装"，已成为当前产品包装的发展趋势。电子包协乐于为开展"绿色包装"助跑。近年来，先后与广东源隆新型包装有限公司、湖南纸浆模塑总厂、中电广东东升纸托厂等环保型纸浆模塑包装制品厂的有关领导，跑遍了华东、华南、中南、西南、西北等地区电子产品生产企业，宣传、推广新型的环保软质体防震包装—纸浆模塑。以替代污染环境的EPS泡沫塑料，推动我国电子工业产品包装水平再上一个新台阶，逐步与国际市场接轨，并为包装材料制品厂开拓市场做出贡献。

8．注重研究推广应用包装新技术，加快包装改进步伐，提高经济效益和社会效益。

电子产品包装改进工作是贯穿在电子工业包装工作中的一条主线。十年来，电子包协以"开展包装科研、发展包装技术、提高经济效益"为中心，有计划、有重点、有成效地对缓冲包装设计理论、防潮、防腐、防静电、气相防锈、除氧封存、聚氨脂现场发泡等新技术、新工艺，以及以纸，以塑、以竹、以土(菱镁土)等新材料代木，进行了系统地研究，制订了相应的技术标准，并已在电子行业中广泛应用，改变了过去军用电子装备使用结实木箱包装，大型电子管多采用弹簧吊袋、整机仪器沿用捆扎式箱装；木屑、纸屑或稻草为缓冲材料的原始落后方式，并已取得了显著的社会效益和经济效益。

陕西彩虹电子集团公司，根据彩管产品本身的特点，针对国内的装卸方式及运输条件，不囿于日方提供的原有彩管包装设计，大步与国际包装要求接轨，提出新的改进方案，设计出了"彩管托盘式集合多管组合包装"。这种包装结构形式，不仅充分利用了箱体空间，提高了箱体的抗震抗压强度，使显像管的破损率和屏面擦伤率由过去的6%下降为零，而且减少了包装材料用量，降低了包装成本和运输费用，还便于现场及库房管理，有利于机械化作业，提高了产品声誉和市场竞争力。一九九三年到一九九五年，出口彩管达150万只，创汇5000多万美元。仅改进包装一项节支3352万元。

四川长虹电子股份有限公司生产的军事电子装备，采用了聚乙烯薄膜干燥空气密封封存新技术，使SL-2雷达的封存期由一年延长到了七年，仍然完好无损，保证了产品的稳定性和可靠性。达到了长期封存的目的，同时节约了机器返修费167万元。

二、"九五"工作要点

根据《全国包装改进"九五"规划》部署，"九五"期间，我国电子产品包装发展战略基本方针是：巩固电子产品包装工作已取得的成果，从依法加强管理入手，进一步加大工作力度，健全工作机构以适应工作需要，积极开展有意义的活动，以出口产品包装改进为重点，扎扎实实地做好电子产品包装改进工作，推动包装技术进步，人全面提高电子产品包装水平，逐步与国际市场接轨，为我国电子产品和产品打入国际市场、参与竞争创造有利条件。

——注重部门和条块之间的沟通联系，紧密配合，坚持引导包装制品生产企业积极推行科技进步，拓宽技协、开发攻关，把提高产品档次，加速包装产品更新换代放在首位，大力发展具有国际先进水平的包装新材料、新技术、新工艺。

——进一步完善与实施电子产品包装标准和电子行业包装规章制度。“九五”期间制定颁发实施《全国电子产品包装认定办法》，以加强对电子产品包装质量的监督管理，促进包装质量的提高。

——认真抓好电子产品包装科研和技术推广应用工作。“九五”期间，研究开发抓好“绿色包装”，功能性包装材料；改进瓦楞纸箱成型工艺，推广应用粘接工艺，以替代箱钉接拼工艺；开发应用防静电包装材料，很好保护电子产品；推广应用充气包装、纸浆模塑等纸基缓冲包装材料，逐步取代聚苯乙烯发泡材料，减少包装废弃物对环境的污染；努力实现电子产品包装系列化、标准化、集装化、提高电子产品附加值。

——实施“科教兴包”战略，抓好在职的包装工作人员的培训，要继续办好各种类型的培训班、学术讲座、推广应用会、研讨会及积极捕捉和宣传各地区、各部门包装改进的新成果信息，组织观摩学习国内外各种有关包装的展览会和出国考察，以开阔眼界、增长知识、提高素质。

十年来虽然是风风雨雨、辛辛苦苦，但经过全行业的努力，为电子工业产品包装事业做出了我们的贡献。“九五”期间任务仍是十分艰巨，我们要以百倍的努力，全面地投入和奉献，面向市场经济再创辉煌业绩。

我国商品包装的现状与发展方向

全国包装改进办公室常务副主任李沛生

迅速发展的社会主义市场经济，对商品包装不断提出更高的要求。面对日益激烈的市场竞争和人民消费水平的不断提高，只有进一步加大包装的改进力度，有效地提高我国工农业产品的整体水平，才能满足国内消费需求和参与国际市场竞争。1991 年，总书记，军委主席江泽民在参观全国工业企业技术进步展览会包装馆时提出：“包装很重要，不仅是保护商品的问题，要通过搞好包装来提高附加值。对包装这个大问题，我们一定要重视”。李鹏总理也指出：“包装是个大行业，我国工业产品的包装现在达到这么好的程度，同过去比变化这么大很不容易”。党中央和国务院领导对包装工作的肯定和鼓励，是对包括军品包装在内的全国广大包装工作者的极大鼓励和鞭策。

一、改革开放以来，我国商品包装的进步与发展现状

中央领导同志对于我国商品由于包装不善造成经济上和政治上的损失这一严重问题，非常重视。1984 年 6 月 29 日，由原国家经委主持召开了全国包装大检查电话会议，发动和布置了在全国范围内开展包装大检查。李鹏同志在会上讲话，要求国务院各部委、各部门和省、市、自治区各地方政府都要毫无例外地抓好这项工作。李鹏同志明确提出：这次大检查，一方面要揭露矛盾，摸清情况，找出原因，为我们将来在全国范围内改进包装工作制定一个好的规划打下基础；另一方面，一定要注意讲究实效，要在改革上下功夫，看你解决了多少问题。

全国包装大检查电话会议之后，全国性的包装大检查工作很快就轰轰烈烈开展起来。在各地区、各部门的共同努力下，经过检查和边查边改到以改进包装为重点的长达十年之久的不懈努力。包装大检查和包装改进极大地提高了全民族的包装意识，取得了巨大的经济效益和社会效益。原始落后的包装已被逐步淘汰，销售包装达到了一个新的水平，运输包装已逐步走向集装化、标准化和规格化。9大类—22项重点产品包装的破损率大幅度下降，鲜蛋、鲜果、蔬菜、化肥、水产品、电子管等商品包装改进工作取得重大进展。食品、饮料、家电、棉花等商品包装已接近发达国家水平。

近些年，在国务院有关部局的共同努力推动下，我国的水泥包装、平板玻璃包装、粮食包装、出口商品包装、军需品包装、运输包装和铁路运输包装注册管理工作都有了较大发展，取得了较大成绩：

1. 水泥，作为国家经济建设的重要生产资料，建国40多年来，有了突飞猛进的发展，特别是改革开放以来，我国的水泥产量从数千万吨，已发展到1995年的4.6亿吨，连续十年，雄居世界第一位，我国的水泥包装行业为全国水泥企业提供了占总产量87%的包装袋，年使用50公斤的包装袋达80多亿条。十多年前，全国的水泥包装物是清一色的纸袋，水泥因包装不善造成的破损，散失率达4.5%，年损失水泥达到300万吨。1983年，万里同志提出："要限期解决水泥包装破损问题"的请示。1984年根据国务院领导决定成立的全国包装大检查领导小组及其办公室把水泥包装列为全国重点改进的22大类商品之首，通过完整配套的包装改进方针、规划，办法和标准的制定与实施，有力地促进水泥的包装改进，形成了一个欣欣向荣，百花齐放的新阶段——第二阶段。今天水泥包装的面貌和十年前比较，已经焕然一新。

(1)探索出一条正确的水泥包装改进的战略方针——"发展散装、推动集装、改革袋装"。在改革袋装中，我们又在总结经验的基础上，提出"淘汰无复膜编织袋，发展复合袋"的方针。进一步推动了水泥包装改进工作的发展。

(2)新型包装材料袋大量涌现，局面十分喜人。在不到三、五年的短时间内水泥包装出现了五个系列十几种新袋型的争芳斗妍局面，又经过实际使用中的比较，鉴别和筛选，目前得到公认和发展的有：预应力复合袋，纸塑复合袋、纸布复合袋、纸玻纤夹筋复合袋、纸不织布复合袋……等为主导袋型的几种新材料袋。以糊口袋逐步代替缝口袋是与国际市场接轨的重要举措，是我国水泥包装改进工作发展的必然趋势。

(3)水泥包装改进初见成效，破损降低，社会经济效益和企业经济效益明显增加。水泥破包率、散失率大大降低，已被优选的几种新材料袋和糊口袋纸袋，较传统的缝口纸袋的牢固度都提高一个等级或数倍，平均水泥的破包率已从十年前的20%下降到5%以下，散失率从4.5%降到2%左右，每年为国家减少水泥损失900万吨(按93年产量)减少损失近30亿元之多。新材料袋的出现，缓解了纸张一半至三分之二的压力。确保了水泥工业的发展。

(4)GB9774《水泥包装袋》新国家标准是"八五"期间水泥包装特别是袋装水泥包装改进的重要成果。

重新修订的GB9774水泥包装用袋新标准，在原GB9774—88的基础上，总结了近十年包装改进的经验，吸取了工业发达国家的实践经验和我国国情而制定的。

新标准将于一九九七年一月一日起在全国颁布实施。它的发布实施必然起到重要历史作用，标志着水泥包装改进进入了新的历史阶段。

2. 大力发展粮食市场促进粮食供应体制的转变和加快我国人民食品品质结构的改良，离不开粮食包装的改革与发展。搞好粮食包装改进，发展粮食销售小包装也是适应市场经济满足人民膳食结构调整的需要。我国是一个粮食生产大国，年产量达到4600亿公斤，确切说，我国粮食应该说是无销售包装，通过近些年的探讨研究，专家们一致认为：今后我国的粮食包装可分三类：

(1)运输包装，又称大包装，其作用是为满足粮食参与物流系统需要。国家有关部委已正式下达文件：取消原有100公斤规格，设立50公斤规格。

(2)销售包装，又分：

1)中包装：粒粮与粉粮均采取25公斤规格。主要是为企业、部队、机关、学校……等食堂和饭馆、餐厅服务。

2)小包装:10 公斤以下袋型,属于销售小包装的规格范围。主要为以家庭为对象的消费者服务。

A、面粉的销售小包装规格:1、2、5 公斤

B、粒粮的销售小包装规格为 2、5、10 公斤

C、细粮、细粉销售小包装规格为:0.5、1 公斤

根据多次全国性会议讨论研究确定的粮食包装的重量规格,相应的袋型尺寸、技术条件也已确定。目前,正在由有关起草单位组成的粮食销售包装国家标准起草小组,起草相应的国家标准。

全国性会议讨论研究还确定了:开发选择粮食包装袋材料的技术政策、开发粮食包装机械的技术政策和精度等级要求。并确定要以全国 11000 家粮食加工企业做为粮食包装改革的主战场。

发展商品粮的小包装是市场经济发展到一定阶段的必然产物,也是减少粮食损失,加强国防建设的一项重要措施。随着我国社会主义市场经济的逐步形成与粮食供应体制的改变,粮食价格的进一步理顺和推向市场,企业经营机制发生了转变;同时随着人民生活的提高,追求方便、卫生、营养、快捷已成为现代消费的一种时尚。因此,粮食销售包装的改革不是简单的大改小,重改轻的问题,粮食销售包装的小型化即是在市场,大流通,企业参与市场竞争的要求,也是人民生活水平日益提高的需要,发展粮食销售小包装就如燎原之火。已在华厦大地展开。

3. 平板玻璃是建材工业的一项支柱产品,经济建设中一项重要的建筑材料。随着经济建设的高速发展,人民生活水平的提高,平板玻璃的产量迅速提高,质量有了新的飞跃,品种更为增多。改革开放以来,平板玻璃产量已由年产一千多万重量箱,增长到 1995 年的 1.36 亿万重量箱,按照国家建材局"建材工业跨世纪战略"规划,到本世纪末将要达到年产一亿七千万重量箱。优质浮法玻璃、各种装饰玻璃犹如异军突起,迅猛发展。

改革开放前,我国平板玻璃的包装几乎是清一色的花格木箱加稻草衬垫,这种包装很难满足平板玻璃对包装的要求,破损极高。据 1984 年全国包装大检查揭露:当时的综合破损率高达 8%,高的甚至达到 50%以上,个别典型例子几乎是整车破损,全部成了废品。因破损而造成的索赔扯皮现象层出不穷。这种包装箱消耗木材大、(每箱耗木材 0.01 立方米),不但存在许多不安全因素,易失火……等,而且不利于机械化装卸作业,造成运输的极大浪费。这种包装给国家造成巨大经济损失,同时阻碍了平板玻璃工业的发展。

为了解决破损率高的问题,从 1980 年洛阳玻璃厂研制的"L"型玻璃集装架开始,到现在我国平板玻璃集装箱架的改革,犹如长江后浪推前浪,已发展到五大类十一种。十五年来,全国重点玻璃厂共完成集装箱架发运玻璃 1.4 亿重量箱,为国家节约木材 140 万立方米,约相当于大兴安岭木材积蓄量的五百分之一,由于推广集装化运输减少玻璃损失 840 万重量箱,价值约 10 多亿元。集装化率平均达到 48%,平板玻璃破损率已下降到 2.2%。

当前,我国平板玻璃集装化运输和包装改革的开展极不平衡,相当一部分地方玻璃企业尚未起步,甚至仍然沿用十分落后的花格木箱加稻草的包装方式。由于各种因素影响,在一些已推行平板玻璃集装化的地区,平板玻璃改革又出现回潮。使平板玻璃集装化增长速度上不去,以致造成破损严重,综合损失徘徊不降仍高达 2.2%以上,年损失 184 万重量箱。

为了尽快扭转当前平板玻璃包装改革中存在的问题,加大集装化运输力度,进一步减少平板玻璃破损。前不久,全国包装改进办公室、铁道部、建材、保险公司等有关部门共同召开了全国玻璃集装化运输经验交流会,会议取得积极成果:

(1)明确了平板玻璃集装架(箱)新的发展方向:HL 型框架折叠式集装架和整体整装式集装架、功能齐全,性能良好,是应予优先发展的集装架型。花格木箱加稻草衬垫的老式包装

应予淘汰。外销平板玻璃可使用组合木箱，但要形成坚固的包装件才可使用。从现在起，在全国范围内要求立即停止制作“L”型集装架，根据集装架的正常使用寿命到2000年在市场上停止流通、使用。

(2)通过了实施平板玻璃包装改进规划的具体措施。强调树立全局观点，发扬团结协作、共同攻关的精神，抓好平板玻璃包装改进的每一个环节生产、包装、运输、仓贮、销售、使用和保险。

4. 集装化运输是货物运输包装改进的重要形式，是保护商品，提高商品质量的重要手段，也是铁路、公路、海运挖潜，提高效益，保证货运安全的一项重要措施，货物运输实行集装化已是国际上共同发展趋势，我国货物集装化运输工作的重点始终就包装简陋，运输过程中损失较多，难装难卸，影响运输效率，污染车辆的货物作为开展集装化运输的重点。着眼于改进包装减少包装成本，减少货物在流通过程中的损失。我国铁路集装化运量到九一年完成6043万吨，是1979年的43.2倍，年递增率达到36.8%，对促进产品包装改进，减少破损，提高铁路运输效率都起到了积极作用。但仅占铁路可集装货物量的10%，这说明集装化工作潜力巨大，任重而道远。加上组织管理薄弱：集装化装卸器具不适应集装化运输的发展；对包装改进工作是集装化工作发展动力，龙头认识不清的相互促进，协调发展不够。

为了在市场经济中更好地促进我国商品运输包装的铁路集装化运输的发展，国务院有关部门曾专门召开会议，进行了讨论研究。并就一些重要问题：包装与运输的关系，集装化与促进流通，促进市场经济发展的关系达成共识，大力开展八种集装化技术装备，器具，集装化运量从1995年的8000万吨，到“九五”末期实现年集装化运输量突破1.5亿吨，由占可集装化运输量的11.8%提高到16%；集装化品种要进一步扩大到冶金、建材、机电、石油、化工、商业、轻纺、林业等行业的产品，采取通用集装箱与专用集装箱共同发展的道路。

5. 运输包装注册管理在铁路运输扩大试点的基础上。“九五”期间全面推广。为了进一步改进商品的运输包装，减少因包装不善造成的经济损失，提高铁路货运质量与效率，确保铁路行车安全，减少保险，保价赔负率，全国包装改进办公室、铁道部、技术监督局、中国人民保险公司等部门在总结山西、青海、甘肃实施运输包装注册管理工作基础上，经国家经贸委经济运行司批复同意，确定黑龙江、辽宁、山东、河南、福建、广东、宁夏、武汉、长沙、西安做为实施运输包装注册管理办法的第二批试点省市，力争97年在全国全面推广。

在铁路实行的运输包装注册管理，妥善解决了企业利益和社会利益，眼前利益和长远利益，从而调动了各方面的积极性，改变了运输包装落后面貌。

6. 出口商品包装有了很大改变，“一等商品、二等包装、三等价格”的现象，得到了一定程度的缓解。军需品包装逐步适应了我军现代化建设的需要；各类包装产品的标准不断完善，累计已制定国家标准500多项。

十一年来，通过包装大检查和改进商品包装。共取得减损，增收、节支98亿元的经济效益。

包装大检查和包装改进工作，直接促进和推动了我国包装工业的发展。十一年来，我国包装工业从小到大，包装工业总值从1984年的72亿元，到1995年已达到1145亿元。职工队伍从1984年的40万人，发展到1995年的200万人，1995年，纸包装制品产量为570万吨，塑料包装制品为190万吨，玻璃包装制品产量为670万吨，金属包装制品产量为370万吨，包装印刷品已达1950亿印，包装机械产量已达31万台(套)。每年以高于国民经济平均增长的速度递增，已经成为具有生产包装材料，包装容器(制品)，包装机械和包括完成包装印刷、包装设计以及包装科研、教育等门类齐全的现代包装工业体系。今年承担着30000多亿元工农业产品和1000多亿美元出口商品的包装任务，从总产值上排队，在全国40个主要行业中已上升到第14位，在国民经济中发挥着举足轻重的作用。

全国包装大检查和包装改进工作取得了很大成绩，但是随着国民经济的增长，因包装不善每年造成的经济损失仍在140亿元以上。尤其是在我国进一步改革开放，社会主义市场经济迅速发展的同时，我国又面临着复关与国际市场接轨的艰巨任务，包装改进工作就必须更加深入、持久地开展下去。这对于我国国民经济的发展具有十分重要的意义。

二、"九五"期间，我国商品包装的发展方向

根据我国产品包装的现状，围绕国民经济改革发展的总目标，以包装改进为工农业产品生产服务为宗旨，坚持科学技术是第一生产力的观点，不断运用国内外包装领域新科技成果，以赶超世界先进产品包装水平为目标，全面提高产品包装的整体水平，增强对工农业产品的保护性、保存性和产品的市场竞争能力，减少因包装不善造成的巨额经济损失，为繁荣社会主义市场经济，为外贸出口服务，为农业服务，促进国民经济快速发展。是我们今后一个时期商品包装的主要发展方向。

1．商品包装改进要遵循的基本原则

(1)坚持谁的产品，谁负责包装，并负责包装改进。各部门、各省、市生产的产品数以万计，包装也五花八门，在市场经济中，提高自己产品的市场竞争力，需要各省、市、部门加强对产品包装改进的指导，需要各生产企业自己搞好包装并根据市场的要求和科技的进步不断搞好包装改进，做到优质产品优质包装、普通产品合格包装、不搞过份包装，以适应社会主义市场经济发展的需要。

(2)坚持发展包装工业与改进产品包装一起抓。发展包装工业目的在于改进产品包装，改进产品包装是发展包装工业的起点和动力，又是发展包装工业的落脚点和归宿。正确认识发展包装工业与改进产品包装的辩证关系，在组织机构、人员编制、经费预算、规划计划、科学技术等方面通盘安排，使包装工业与改进产品包装协调发展。

(3)坚持包装改进与保护环境相结合。在改进产品包装的同时，加强对包装废弃物的回收、再生和综合利用。积极推广易回收、再生和综合利用的包装材料，逐步淘汰与以上要求不相适宜的包装材料，尽量减少包装废弃物对环境的污染。联合各有关部门研究制定有利于包装废弃物回收、再生和利用的政策、法规、税赋。

(4)坚持科学技术是第一生产力。贯彻执行"科教兴国"战略，在包装改进中大力推广国内外包装新科技，新材料、新产品、新设备。重点开发新型包装材料，替代进口材料；用高性能的包装材料替代传统包装材料，使包装减量化，尽量降低成本，节约资源，努力缩小产品包装上与发达国家的差距。

(5)突出重点，以点带面。优先支持运输包装、出品产品包装和重点改进包装的产品的包装改进，促进产品的发展和出口创汇。以此带动其它所有产品的包装改进，进而提高本部门、本地区产品包装的整体水平。

(6)产品包装改进要坚持标准。要结合我国国情，根据国际标准和国外先进标准，制定适合我国国情的系列标准，切实保证产品包装改进质量。为了适应集装箱和集装化运输包装的发展，要制定包装容器单元尺寸标准，加快产品包装与国际接轨的步伐，使产品包装改进走向规范化、法制化轨道。

(7)注意发挥中央和地方两个积极性，加强包装改进的宏观调控。包装改进工作是一项跨行业、跨省、市的工作，只有通过各部门和各地区的共同努力才能搞好。当前世界包装工业正在向高技术、新材料、高质量、低成本、专业化、集约化的方向发展。各部门、各地区要及时认识这些变化，制订相应措施，加强对包装改进的指导和宏观调控工作，尽量缩小产品包装之间差异，为发展本部门、本地区的经济服务。

2．"九五"期间商品包装改进的目标

(1)经济目标。"九五"期间全国产品包装改进平均每年减损、增收、节约20亿元左右，五年共计100亿元。力争"九五"末期因包装不善造成的损失率由"八五"末占国内生产总值的

0.47%降至0.4%以下。

(2)努力推行国际包装标准,全面提高产品包装质量。要逐步做到各类产品包装都有相应的包装标准,把提高产品包装质量作为包装改进的中心。力争"九五"末70%以上重点包装产品的包装质量达到发达国家九十年代初的水平。其中出口包装改进,要全面实现与国际要求接轨。商品销售包装改进要向"开窗式"、"壁挂式"方向发展,有利于销售。从1996年年中开始,全球将实施国际环境管理标准ISO14000,它是ISO9000(生产质量管理标准)的环保版,属于自愿性国际标准。ISO14000包括有关环境管理系统、环境稽核,环境标志徽章、环境保护成绩与效果评估,生命周期评估和产品标准的环境量化考核等。它的主要精神在于,任何企业从取得原料,在制品的制造、包装、成品运输,集后服务与使用,直到报废处理等各环节,都必须符合不破坏环境不产生污染,易于回收再生利用原则。

(3)推广使用各种新型包装材料和包装制品。包装材料要向节能、低耗、高功能、防污染的方向发展。包装制品要充分体现科学性、合理性、方便性和对产品的保护性、保存性。我国是一个木材资源不足的国家,为了节约木材,要提倡以竹代木包装。积极开展充气包装、纸基缓冲包装、无钉纸箱、一次性托盘、滑板运输、拉伸薄膜缠绕包装与平板玻璃新型集装架等新产品的研制工作。

我国包装工业"九五"规划中明确提出:"九五"末期包装工业总产值要达到1844—1930亿元,主要包装产品产量将达到:纸包装制品880—920万吨,塑料包装制品320—330万吨,玻璃包装制品897—940万吨、金属包装制品220—230万吨。包装印刷3000—3140万印,包装机械52—55万台(套)。包装工业的高速发展将为我国商品包装改进提供足够的物质保证。

(4)努力开发先进的包装机械,促进机械技术与电子技术相结合,推动包装装备机电一体化,进而向包装机械智能化方向发展,从根本上改变包装落后的局面,努力赶超世界先进水平。

(5)推动实施"绿色包装"计划、发展绿色包装(对生态环境和人体健康无害,能循环复用和再生利用,可促进持续发展的包装)减少包装对环境的污染,保护和改善生态,促进国民经济可持续发展,按照3R和1D(Reduce减量化、Reuse重复使用、Recycle再循环Degradable可降解)的原则来发展各种绿色包装材料,为了便于回收、分类,在塑料包装物上要标注主要材料的品名标志。"九五"期末主要包装废弃物回收率要达到40%。

(6)加速产品集装箱和集装化运输包装的发展。铁路集装箱运输包装年平均增长速度由"八五"的15%增加到20%左右;集装箱运输总量由现在占产品总量的1.6%,提高到3%左右。铁路集装化运输包装年平均增长速度由"八五"的6.6%增加到10%左右,力争"九五"末集装化运输包装量由现在占可集装化运输包装总量的11.8%,提高到16%,实现年集装化运输包装数量突破1.5亿吨,运输包装注册管理在铁路运输扩大试点的基础上"九五"期间全面推广。公路、海运与内河运输、民航应和铁路集装箱及集装化运输包装一样,力争在"九五"末也有较大的发展。

(7)鉴于集装箱运输中的"门到门"的比例不断提高,要弱化销售包装,以降低产品成本,提高企业效益,减少包装材料消耗。在弱化销售包装以后,为满足市场商品销售的需要,大中城市要发展商品分装。

改革开放以来,全国包装大检查和包装改进工作取得了一定成绩,在改革开放取得伟大成功的今天,我们在邓小平同志建设有中国特色的社会主义理论指导下,有实力雄厚的包装工业做后盾,有各地区、各部门和全军一大批积极工作的,重视商品包装改进的热心同志的支持,"九五"期间,我国商品包装面貌一定会再上一个新台阶,我国的包装改进工作一定会取得更大的成绩。

中国包协运输包装委员会
“九五”运输包装改革与发展规划

“九五”至2010年的今后15年，是我国国民经济和社会发展承前启后、继往开来的重要时期。随着改革开放的深入发展，市场经济机制的建立，国内外贸易的增长，法律法规的逐步完善，做为国民经济重要组成部分的包装行业，其中特别是商品运输包装，迄今仍是个很薄弱的环节，面临着更加艰巨的改革任务。通过近几年来的实践与探索，我们深深感到在继续推动包装改进工作，减少因包装不善造成损失的同时，必须将商品的运输与包装有机地结合起来，对包装、运输、装卸、仓储、销售等各流通环节的问题进行综合研究，避免专注于加强个体包装的作法，即着眼于随着我国集装运输的发展，而相对地弱化（简化）运输包装。只有这样才能改变我国商品高成本、低竞争的状况，取得事半功倍的效果。制订“九五”运输包装改革与发展规划的目的是在中国包协和有关上级领导部门及各有关方面的支持下，共同努力，密切配合，大力发展运输包装，并探索包装改革的新途径，为今后运输包装的较大发展打下基础。

一、“八五”运输包装工作回顾

“八五”期间，我们配合有关部门推动了重点产品包装的改革，同时开始把工作重心调整到使商品包装和运输结合起来，推动集装运输的开展。

我国目前损失大的商品仍然是水泥、玻璃、粮食、机械以及部分出口商品。“八五”期间为改变平板玻璃集装的回潮，抓了标准制订和集装架的改进等工作，收到一定成效。水泥包装主要是贯彻水泥包装标准，加强糊底袋袋型的推广。粮食包装抓了将100kg麻袋包装改为50kg包装等工作，注意与国际个人负荷标准接轨。对机械产品的包装，推广使用菱镁砼底盘，并改进木箱设计。对出口商品重点抓了罐头包装，组织出国考察，提出并采用热收缩包装办法，降低了包装破损，等等。

对开展运输包装工作的重心开始作调整，即将商品包装和运输有机地结合起来，这是总结我国包装改进的经验教训而确定的。十几年来，我国包装工业有了较大发展，已经初步形成为一个拥有现代化技术装备，门类比较齐全的现代工业体系。新的包装容器和新的包装技术大量涌现和投入使用；包装要求愈来愈高，包装费用愈来愈大，同发达国家的差距已经缩小，但在流通过程中损失依然很大。分析其原因，固然影响因素很多，而最主要的一点则在于我国运输基础设施比较落后，集装运输比例低，装卸次数多，几经倒载，即使再强固的包装也难以经受住考验。为此，于1990所成立了铁路运输集装化促进会，1992年挂靠运输包装委员会，确定对包装简陋、破损较多、难装难卸、影响运输效率，污染车辆与环境的货物推行集装化（成组）运输，如对炭黑、废钢铁、暖气片和油枕等；并加强了集装化运输规章制度建立的工作，经过试点在全国逐步推广铁路运输包装注册管理和准运证工作办法等。还推广了一些运输包装新技术、新工艺、新材料和新设备。

运输包装改革取得不少成绩是肯定的，但问题也不少。主要有：

1. 专注和力求于加强个体运输包装的作法，提高了商品成本，降低了商品的竞争力。

前一时期，为了减少因包装不善而造成的损失，对一些商品的运输包装多着眼于加强个体包装的作法，为力求不致破损，有的包装标准要求愈来愈高，包装强度愈来愈大，包装用材愈来愈多，几乎成了改进包装的主要手段。如水泥，过去1m高摔包次数为5次合格，现在改为6次。新的水泥袋标准要求采用4层新纸。罐头装箱后，除了装托盘，还要用热收缩薄膜裹包，再装入集装箱运输。总之，商品包装一旦发现破损便只去加固包装。包装费用在发达国家一般约为商品总值的百分之三，而在我国目前包装费用，据估算，一般要占到商品总值的百分之七左右。仅以每年有包装的出口商品5000亿元计算，我国要较发达国家多花包装费约200亿元左右。再以水泥为例，零散运输要求水泥袋采用4层新纸还可能破损；如采用集装运输，采用3层新纸即可保证完好无损，按目前产量计算可节约包装费用50多亿元。这是一连串令人触目惊心的数字，难怪国外已有人指出我国商品已处于高成本、低竞争状况，长此以往，将对今后改革开放和经济发展十分不利。

2．集装运输基础设施落后，集装箱“门到门”运输比例低。

集装箱运输和托盘运输等集装运输形式，可以降低包装破损，早已为人们熟知。集装箱“门到门”运输可以降低包装要求，节省包装费用，本来就是美国企业发明家在二十世纪六十年代创办集装箱运输的主要目的之一。但在我国却很难实现。近些年来，我国海运集装箱运输发展较快，拥有集装箱船的数量已居世界第10位。集装箱产量居世界首位。中国远洋（集团）公司已成为世界第四大集装箱船公司。但由于铁路主干运力负担重，基础差，接转国际集装箱运量仅占集装箱总运量的3%左右。公路内陆中转站建设也未相应跟上，使得集装箱运输主要在沿海大城市之间周转，向内地延伸不够。商品生产布点分散、批量不足，也使得产品集中慢，环节多，贮存时间长等，难以采用集装箱运输。目前集装箱在我国沿海使用率约为45%，船队集装箱化率不到40%，而在发达国家集装箱使用率已达80～90%，对比之下我国差距甚大。国家对集装箱运输虽有发展计划，但对“门到门”的要求没有规定比例。对托盘运输则缺少发展要求。

3．包装改革存在顾此失彼现象，“原始包装”尚未完全绝迹，“回潮”现象时有发生。

限于人力、物力、财力，“八五”期间我们仅抓了部分重点产品的包装改革，有些产品如陶瓷（建筑、卫生）包装至今仍大量使用稻草包装。啤酒瓶仍大量使用麻袋包装。即使改革较好的玻璃集装架运输，由于未抓紧解决改革中出现的新问题，也有时处于“回潮”停滞状态。有些厂家又回过头来使用花格木箱稻草玻璃包装。

4．发动和依靠各有关部门和社会各界力量不够，对改革运输包装认识不足。

在一些报道中，谈损失讲的是运输包装，而谈发展往往重在销售包装和基础工业。将运输与包装联系起来，投入一定人力、物力加以研究解决则远远不够。这时固然有客观因素，但在主观上我们争取各有关部门和社会各界力量支持不够也是一个原因。

二、“九五”运输包装改革与发展的指导思想

1．党和国家的国民经济发展战略方针和有关规定

根据党的十四届五中全会提出的国民经济“九五”计划和2010年远景目标的发展要求，运包委要抓住机遇，积极探索，一方面继续推进包装改进工作，减少货损；另一方面与社会各界一道推动集装运输的开展，使其本来就具有的可以降低包装要求、节约包装费用等功能，在我国同样得以实现。应积极学习和运用的战略方针如下：

①交通，以增加铁路运输能力为重点，充分发挥公路、水运、空运、管道等多种运输方式的优势，加快综合运输体系建设，形成若干条通过能力强的南北向、东西向的运输大通道。这说明，其中集装箱运输必将受到重视，得到发展；

②今后国内外市场竞争主要是科技、质量、效率和效益的较量，不改变粗放型的增长方式，一个企业乃至整个国家，就很难在越来越激烈的国际竞争中站稳脚跟。这说明我国商品“高成本，低竞争”的不利境况，其中包装做为主要因素之一，必将越来越受到国家和社会各界的重视；

③坚持资源开发与节约并举，把节约放在首位。生产、建设、流通、消费等各领域，都必须

把节水、节地、节能、节材、节粮，千方百计减少资源的占用与消耗。这说明我国运输包装在节材，减少资源消耗等方面任务重大，大有可为；

④全面准确把握“产权清晰、权责明确、政企分开、管理科学”的现代化企业制度，加大改革力度。这说明今后我国商品在竞争过程中，不加强包装研究不行；

⑤政府的经济管理职能要真正转变到制定和执行宏观调控政策，搞好基础设施建设，创造良好的经济发展环境上来，把不应由政府行使的职能逐步转给企业、市场和社会中介组织。这说明今后在政府与企业之间起着纽带与桥梁作用的协会组织责任更加重大，需要更加大胆地工作。可以肯定，我们未来的工作尽管还有困难，但会比前几年容易些。

2. 包装行业管理的经验与要求。

十几年来，中国包装技术协会在行业管理方面取得许多成功经验，应当做为今后运输包装改革与发展的指导方针。例如：

①必须进一步贯彻“包装工业大家办，包装工作大家做”的方针。要充分发挥和依靠各部门、各地区的积极性，特别是各地区包协组织的作用；

②坚持规模经济和专业化协作相结合的原则，改变目前包装行业“小而全，大而全”的封闭式发展现状，使生产规模上去，把生产成本降下来。运输包装工作要积极而稳妥地支持符合“绿色包装”发展方向的运输包装企业，使之形成规模经济；

③利用国内外资金、技术、资源与市场。要在支持国内企业发展的同时，注意寻求并利用国外资金，投向并建立运输包装示范企业，积极将产品打入国际市场，为发展新技术而努力；

④坚持包装发展与保护环境并重。要注意执行国际公约，保护环境，减少污染，加快与国际包装要求接轨的步伐，开发可回收再用的新型包装材料；

⑤依法治理包装。要制定适应集装运输的运输包装标准，成熟一个推广一个。在包装企业管理工作中，要推动企业认真贯彻执行ISO9000《质量管理与质量保证》，认证合格，使我国商品通行全世界。

三、“九五”运输包装改革与发展任务

1. 包装改进。

要继续重点推动粮食、陶瓷、玻璃瓶、炭黑和出口商品包装的改进，巩固水泥、玻璃、电子产品和军需品包装改进的成果，探索改进新思路，避免“回潮”现象发生。

要积极推动采用国际一般货物通用包装试验要求。对于危险品运输包装，虽然海运出口已与国际接轨，国内要求也与国际要求等同执行，但其中问题仍较多，应认真监督检查并研究分析。国际上由于集装箱运输已经普及而降低了重要试验参数，在我国应如何执行应加强研究。

2. 铁路集装化(成组)运输

铁路集装化(成组)运输和运输包装注册管理办法是降低包装破损，推动包装改进的有效措施。集装化(成组)运输以托盘运输为主，同时还有集装架、袋、网等多种形式。托盘运输既可做为独立运输形式，又可装入集装箱内使用。要在铁路集装化(成组)运输成功经验基础上，推广到水运、公路和民航运输等多种运输方式使用。运输包装注册管理办法，已经试验成功，正在全国逐步推广，今后应加快发展速度。

集装化(成组)运输的货物品类，对耐火砖、汽车发动机、前后桥、氧化铝、瓷砖、地板砖、有色金属粉等货种要全面实行集装化(成组)运输，并逐步推广到石材、碎石、废钢铁、柴油机、小轿车、沥青、炭黑、食品、轻工、纺织和啤酒瓶等货物运输。

“九五”期间，争取集装化(成组)运输的运量比例达到适装货物的10%以上。

大力推行集装化(成组)运输，使之成为国内主要运输形式。要注意配合有关部门发展与解决舱内和厢内小型流动机械。

3. 集装箱“门到门”运输

推动与配合各种运输方式发展集装箱“门到门”运输。要根据我国经济发展水平和交通运输基础设施状况，循序渐进。

铁路对集装箱的接转能力可望加强，专用集装箱路线将逐渐增多。但铁路基础设施难以在短期内根本改观，因此应将向内地延伸的重任寄希望于公路运输。各地区高速公路的蓬勃发展，集装箱中转口岸的不断增加，使公路运输的集装箱接转能力大大加强。商业连锁配送要求公路运输网络化、大型化，必将促使汽车集装箱运输较快发展，不久的将来，跨省区的公路集装箱“门到门”运输将会大幅度增加，成为国内集装箱“门到门”运输的主要形式。对外贸易集装箱“门到门”运输仍将为多式联合运输。

集装箱应当通用与专用并举。铁路可采用国际集装箱与铁路集装箱及专用集装箱相结合使用的办法，对外贸易接转国际集装箱，国内贸易使用铁路集装箱和专用集装箱，尽量使货物少落地。水运以国际箱为主。公路以国际箱、专用箱和厢式车并举。

“九五”期间争取平均每年上1～2个货物品类，试验采用弱化(简化)包装办法，进行集装箱“门到门”运输。五年积累5～10个货物品类弱化(简化)包装的经验，取得经济效益，以期引起企业的兴趣与支持，为下一步全面推广打下基础。

在推动集装箱运输与托盘运输过程中，应注意军用物资包装改革与发展的需要，减少因包装不善造成军用物资的损失，更要注意发展托盘运输的成套配装功能和集装箱的多用途功能，以适应现代化战争的需要。

4.新技术、新产品、新工艺的推广应用。

“九五”期间，新技术、新产品、新工艺的推广应用初步确定有5项如下：

(1)双层纸强力复合袋。我国自行研制成功的这种纸袋省材料、质量好、成本低、可回收、无污染，可在水泥、化工、食品和饲料等行业广泛应用。

(2)叠粘式全封闭无钉瓦楞纸箱。我国自行研制成功的这种纸箱无钉，无塑料封箱胶带、打包带，无腊，无不溶于水的胶粘剂，无毒，无异味，无污染，可回收再造纸，符合欧共体及日本等发达国家已发布的从1996年1月1日起使用的瓦楞纸箱的法规要求。拟首先在对外贸易货物包装使用，继而在国内推广。

(3)水泥糊口机。现用人工糊口，效率低，压痕不牢。水泥糊口机压痕均匀、牢固、效率高，国外已普遍推广使用。“九五”拟逐步取代人工糊袋。

(4)积成竹胶板托盘。多年前已研制成功，国内已具有一定生产能力。经试验深受操作人员欢迎，普遍认为是运输生产中较为理想的装卸搬运工具。其制造成本稍高和个别技术参数不理想等问题，可望在使用过程中逐步解决。当前要解决租赁办法，循环使用，以期降低成本。

(5)拉伸膜裹盘运输。发达国家已广泛使用。国内也已具备托盘薄膜自动裹绕机和塑料拉伸薄膜批量生产能力。采用裹绕方式将各种商品固定在托盘上，便于货物集装化(成组)储存、运输、装卸，能有效地防止货物倒伏和包装破损，防止货物受潮霉变，提高商品保洁度，加速车船周转。并具有成本低，能耗省，设备占场地面积小等优点，适于在商品生产和流通环节使用。

5.包装立法与运输包装标准化。

中国包装技术协会正在组织制定的《中国商品包装法》是重要的包装立法。我们应从运输包装的发展与改革角度出发，认真研究，提出建议，以期该法令早日出台。

产品包装的关键问题在于包装标准化。但迄今为止我国没有适用于集装箱“门到门”运输及托盘运输的、节省型的运输包装标准。要根据国际和国内包装标准以及国内外集装箱运输环境条件的研究成果，制定这类包装标准。“九五”期间争取制定5～10项这类包装标准。

四、“九五”运输包装改革与发展保证措施

1.加强研究，提出建议，争取综合经济管理部门将集装运输纳入国家交通运输、包装发展计划。

依靠综合经济管理部门的领导和支持，是搞好运输包装工作的前提。运输包装工作者应加强研究，提出更加科学的论据，争取将与弱化

（简化）商品包装、降低包装费用至关重要的集装箱“门到门”运输比例列入国民经济交通运输发展规划。过去限于木材紧张不主张大力发展托盘运输也纳入国家交通运输发展计划。

2. 上靠下联，争取支持，充分发挥协会的桥梁与纽带作用。

争取主管政府部门的授权与委托是非常必要的，同样，联合与反映广大为运输包装配套服务的包装企业的呼声也很有必要。要充分发挥协会的桥梁与纽带作用，上靠下联，广为宣传，出谋划策，争取支持，特别是争取社会宣传媒体的支持，是运输包装事业取得成功的重要条件。要多宣传运输包装改革的必要性和迫切性，使广大企业人员识大体、顾大局，从国家发展利益出发，发展集装运输，弱化运输包装，尽快扭转我国商品运输包装落后的被动局面。

3. 配合主管政府部门制订包装改革与发展规划，开展科研攻关，加强科学管理。

国民经济主管政府部门应当制订部门“九五”包装改革与发展规划。运输包装委员会应积极配合，组织交流，促进提高。对有关重大包装科研课题应设法提供国内外信息，帮助筹措经费，参与科研攻关，以期迅速提高包装科学水平，加快包装改革与发展步伐。“九五”期间，在包装改革取得初步成果之后，应不失时机地将宣传、学习、应用 ISO9000 的工作摆到日程上来，推动包装企业科学管理，规模经营，促进更多的运输包装产品打入国际市场。要大力协助开展铁路运输包装注册管理和准运证工作，以期迅速在全国推广。

4. 编好出版物，举办学术讨论会、展示会与经济交流会。

“运输包装通讯”是宣传我国运输包装改革方针、政策，贯彻上级指示，传递与交流信息的重要阵地，一定要办好。初步确定先从不定期办起，待条件成熟后再改为月刊。学术讨论会、展示会和经验交流会非常重要，但耗资较大；应贯彻少而精原则，不失时机地举办，办则取得轰动效应。

5. 发动和依靠各地区包协组织开展工作。

要依靠各地区包协组织，并以联网形式，推动运输包装改革工作。同时注意建立健全各地区运输包装企业组织，以期更有利于开展工作。

6. 定期召开会议，充分发挥运包委常委会的作用。

要充分发挥运包委常务委员会的作用，每年至少召开一次会议，研究工作，总结经验，做出决策，部署执行。全体会员大会原则上两年召开一次。

7. 走向社会，加强联系，开展社会主义大协作。

社会主义的固有优点是可以集中力量办大事。搞运输包装的决不囿于自己的范围，而要走向社会，与有关方面加强联系，开展协作，努力取得国民经济综合效益。如：水泥的散装与包装，要能散最好散，需包则包好；农药要大、中、小包装、内外包装结合发展，以利运输、销售和减少危害；集装箱的货物包装与装箱技术互为依存，要设法推动装箱技术发展，以利降低包装要求，等等。现代科学互为依存，互相渗透，交替发展，共同提高。

8. 加强运输包装委员会组织建设。要使之专业化、年轻化，更好地担负起运输包装改革与发展任务。

专著论文选登

MONOGRAPHS

关于塑料包装与环境问题的思考

陈文瑛

引言

进入90年代以来,塑料包装与环境问题在我国备受关注,尤其是所谓"白色污染"似乎已成为家喻户晓的塑料包装污染环境的代词,也成为报纸、广播、电视、专业期刊的宣传报导热点。无疑,我国的塑料包装工业必将不断发展,而我国以至全球人类赖以生存的地球环境也决不容污染与破坏,因而塑料包装与环境的矛盾必须解决。事实上,国外已在有效地解决。从当前现状而言,关于塑料包装与环境问题,我认为可以用四句话来描述,即"众说纷纭,莫衷一是,如何解决,尚待决策"。现在,借此机会就下述三个方面,谈些个人看法以供参考:

(1)正确对待塑料包装与环境问题

(2)塑料包装环境最适化是塑料包装发展的正确方针

(3)我国塑料包装环境最适化中应重视的问题

一、正确对待塑料包装与环境问题

①国外塑料包装与环境问题的论战及其现状

塑料包装与环境问题,实质上就是"淘汰塑料包装以便保护环境"的论战。

大约十年前(~1987),首先在美国开始了这场论战,战况十分激烈。环境保护界人士、舆论界以及社会公众甚至政府立法部门对塑料(尤其是塑料包装)群起而攻之,认为:

——塑料(及塑料包装)是主要废弃物源;

——塑料比其它材料更难以回收;

——塑料废弃物的焚烧处理极不安全;

——塑料是地球资源的浪费。

因而,美国各州、市政府部门纷纷出台禁用或限用塑料的法案、法令:制定征收塑料包装税的税率,以及强制执行政府规定的塑料回收指标和塑料制品掺用回收料的比例,导致美国塑料工业界与政府立法、环境部门之间的较长期争执。其它工业发达国家的情况亦如此,仅有程度上的差别。分析美国此项论战的背景,大致有下列几点:

——塑料生产与应用十分发达,塑料包装材料的应用与日俱增(尤其是一次性包装),故塑料包装废弃物量也与日俱增[80年代初期,美塑料废弃物占城市固体废弃物总量的7%(重量)]。这些废弃物大部分进入城市固体废弃物处理系统,而另一小部分成为随意乱扔的塑料垃圾(plasticlitter),影响市容、市景,备受公众指责。

——美国城市固体废弃物处理仍采用填埋法(80%的塑料废弃物为填埋处理)。由于城市发展,原有城市固体废弃物处理设施已不敷应用,塑料废弃物占重量份额甚小,但占体积分额较(一般为20~30%),故造成美国垃圾填埋场消纳的困难。

——形形色色的职业偏见、不正当的商业竞争以及公众对塑料的无知(1984年秋美Dow化学公司民意测验结果表明,72%的美国人认为塑料对环境有害,60%的美国人还不了解塑料可回收利用)。

但是,通过长期的论战以及相应的积极性技术措施,在目前各工业发达国家中,影响塑料及其与环境的关系问题,已经变得与日常业务利害关系更不可分割了。塑料加工业和塑料包装业一般要和有关材料选择、设计、回收料含量以及降解性等等环境目标打交道,树立了应有的环境意识。而且,环境因素也日益和实际需求、尤其是质量、最终产品价值和获利等等相协调,有关塑料在环境中的作用的评论,也变得更实事求是了,尤其是立法部门对环保法规更加审慎,因此,一度被人们群起而攻之的环境污染"祸首"的塑料(以及塑料包装),在今天的材料间的竞争中获得公平的地位。可以说,美国和西方各国关于塑料(塑料包装)与环境问题,早已从形形色色的偏见论战走向理智科学的有效措施。

②我国塑料包装与环境问题的产生及其现状

进入90年代,塑料与环境问题开始出现于我国。1990年4月5日《人民日报》(第5版)发表了题为"白色灾害"已露端睨的报导,提出了残留地膜的环境危害问题,引发了农业、塑料加工等有关部门的注意,因而推动了降解地膜的全国性科研攻关行动。随后,掀起了对塑料包装袋(尤其是食品包装袋)以及铁道部门采用的发泡聚苯乙烯饭盒挑战,因而,"白色污染"成为塑料包装污染环境的代词而家喻户晓。报纸、期刊、广播、电视等传媒中,批评与指责的文章和报导相继出台。某些城市的行政当局也发生禁产、禁用的禁令(尤其是发泡聚苯乙烯饭盒);铁道部门也明令于今年七月一日改用纸盒及"可降解"聚丙烯饭盒,以求解决"白色污染"问题。但是,禁产、禁用或改用其它材料的饭盒或其它塑料包装,能否彻底解决问题则尚难预卜。

纵观我国塑料包装与环境问题的背景,虽与美国的状况类似,但另有其特点,即我国各大城市尚缺少现代化的垃圾填埋场或垃圾焚烧设施,城市固体废弃物大多在远郊空地露天堆置,既非填埋又非堆肥化,故重量轻、体积大的塑料包装废弃物随时流散成为影响市容、景观的塑料垃圾;加之缺乏公共道德教育和塑料包装废弃物收集与管理的有力措施,所以,"白色污染"随时随地可见而备受指责。

③如何对待塑料包装与环境问题?

对待塑料包装与环境问题,从认识上应当有严肃科学的和实事求是的态度;在处理上应当有协同一致和积极认真的作风。从我国目前状况看,我认为对待塑料包装与环境问题的基本原则是:

——严肃科学地认识塑料及塑料包装材料在经济发展中的作用。塑料具有无可争辩的特定性能,作为现代化新材料已为人们共知。塑料包装材料的发展正是以此为基础,其不断发展之趋势非人为的各种阻力所能抑止的。国内舆论以"塑料包装有害"攻击塑料包装屡见于报端(有报纸为证,本文不多赘述!),纯属无稽之谈,亟待肃清其流毒,以免造成消费者的恐惧和企业的经济损失。

——塑料包装生产与使用部门应当认识流入城市垃圾处理系统以及随地乱扔的塑料包装废弃物对环境景观的危害性。根据国外、国内和实际状况,尽管有程度上的差别,但塑料包装废弃物随地乱扔造成环境污染的危害性是同一的。塑料包装生产与使用部门只有承认这个事实,才能进一步树立环保意识,加强其环保措施。

——认识塑料包装废弃物的可处理性。实际上,从塑料(尤其是热塑性塑料)本身的特性已表明了塑料可回收处理的特点。但是,客观上笼统地宣传"塑料200~300年不烂"、"塑料不能回收"等,给人们造成了塑料包装废弃物是环境污染的"祸首"的不正确印象,因此,宣传塑料包装废弃物可处理性是刻不容缓的。

——重视塑料包装废弃物综合处理措施的落实。塑料包装废弃物有许多处理方法,有些在国外已行之有效,有些还正在研究开发中。但这些方法的采用都取决于客观条件,而且还要多处方法综合采用，所以只有重视各种措施的落实才能解决塑料包装与环境问题。

二、塑料包装环境最适化是塑料包装发展的正确方针

包装的传统作用尽人能知。今年北京'96国际包装学术讨论会上，世界包装组织秘书长 **William C. Pflaum** 提到，包装还有另外三项基本作用，而且这些基本作用日益明显，那就是(1)包装在经济发展中的中心性(**Centarlity**)，(2)包装在环境责任中的中心性，以及(3)包装在实用于改善人类条件的技术创新中的中心性。从这种意义上讲，包装(当然也包括塑料包装)必须节约地球资源、保护地球环境和改善人类生活。

有了解决塑料包装与环境问题，欧洲提出了三 **R** 原则，而(1)塑料包装废弃物的减量(**Reduce**)，(2)塑料包装的再使用(**Reuse**)以及(3)塑料包装的回收利用(**Recycle**)。这三项原则总括起来是塑料包装的环境无害化措施。如果再加上一条：开发新的适应环境要求的塑料包装材料，则这四项措施可以称之为"塑料包装的环境最适化(**Environmental Optimumization of plastics Packaging**)"。

①塑料包装废弃物的减量

减少塑料包装废弃物的产生，应当作为塑料包装的首选环境战略。首先，应当推动塑料包装的设计创新，使塑料包装在保证其基本功能的条件下，达到塑料包装的轻量化或薄壁化。迄今的材料合成工艺的技术进步，已能提供达到这种目的的塑料品种。

此外，杜绝过份包装不仅大量减少塑料包装废弃物源。而且也大大节省地球资源。例如，在合理选择运输包装的条件下，减少销售包装的多层次化是完全可能的，塑料包装的再使用也是减少包装废弃源的途径(见下节)。

②塑料包装的再使用

实际上，包装的再使用在运输包装方面是已行之有效的办法。在销售包装方面也有推行的可能性，尤其是销售量大而面广的日用消费品都有包装再使用或重灌装的可能性，例如，国外洗涤用品工业正迅速转向浓缩产品和相关的重灌装形式，织物软化剂在欧洲和北美的重灌装浓缩产品的形式已供应多年，获得广大消费者的认可。美国唯一最大销量的织物软化剂 **Downy** 就是可重灌包装的浓缩产品，其重灌率目前已达40%。美国 **Tide** 牌浓缩洗涤液的包装就是含25～50%回收料的轻重可重灌 **HDPE** 瓶。销售包装的一再使用值得逐步有选择的推广。

③塑料包装废弃物的回收利用

这是各国多数采用的办法，也是有效办法之一。塑料包装废弃物回收利用可概括分为三大类：(1)材料回收利用(又称机械回收利用)，(2)化学回收利用(又称单体或化学组分回收利用)及(3)能源回收利用(又称热能回收利用)。这几类回收利用方式的选择，取决于环境、技术及经济因素的综合平衡。这几类回收利用在国外都有许多成功的先例，收到良好的环境效果，详细内容限于篇幅，不拟赘述。

但应当认识塑料包装废弃物的材料回收利用，本质上与生产过程中边角料回收利用是有区别的。它不单纯是技术问题，而且还是社会问题；它不仅涉及经济效益，更重要的是社会效益或环境效益。因而，塑料包装废弃物回收利用事业具有一定程度的公益事业性质。所以，我认为不应以回收利用生产过程中边角料的心态去对待塑料废弃物的回收利用，即使是在技术问题上，也还是有一定的差别，例如，收集、分拣和净化是塑料废弃物回收利用的技术经济有效性的决定性因素，需要十分重视。

还应当认识到，并不是所有的塑料包装废弃物都有材料回收利用的价值，特别是大量的混杂塑料包装废弃物以及包装有毒物质的包装物(如农药、农药袋、医用塑料废弃物等)都不宜用材料回收利用的办法来处理，而是有赖于化学回收利用或能源回收利用法。化学回收利用和热能回收利用工艺的选择，也决定于塑料的特定热性能和化学分解性能、经济可算性、环境效应以及当地塑料废弃物的资源状况。因而，塑料包废弃物的回收利用，也必须采取综合途径，多法并举，而不应“一刀切”和“单打一”。

④环境适应性塑料包装材料的选用和开发

在目前常用的包装用塑料中，也有一些是易于回收处理或易于分解的品种，例如，聚对苯二甲酸丁二酯（**PET**）、聚乙烯醇（**PVOH**）以及有降解聚乙烯（即一氧化碳与乙烯的共聚物），美国早已用后者制造软饮料包装提环和农用地膜。

但是，塑料废弃物与环境问题产生后，有些人们对塑料的降解性（**degradability**）寄予厚望，以为“塑料使用后立即消失便有利于环境”就是塑料的降解性。应当认识到，降解塑料是功能性塑料的一个类别，有其特定的应用领域，并不能取代原有的非降解塑料或不易降解的塑料，更不能视其为塑料废弃物处理的良方。实质上，降解性可以看作是回收利用的另一种形式，只有在市场上当某种产品的回收价值为零时，或某种产品的整个生命周期中的环境效应适宜于降解性时，降解性才是行之有效的。降解塑料应与具备功能性、成本效率以及恰如其分的降解作用（或效应）这三项基本特点。尽管目前国外降解塑料的开发有了一些进展，例如聚乳酸、聚乙内酯、脂肪族聚酯等品种已开始商品化，但仍难在成本上满足廉价塑料包装的要求。

至于当前国内、外已少量商品化的所谓“淀粉基塑料”，也不能视为解决塑料包装废弃物的灵丹妙药。除了成本问题外，还存在包装应用性能上的局限性，尤其是各种食品包装上能否适应，尚需进行实地试验方能得出真实可信的定论。例如，大家熟知的意大利 **Novamont** 公司的淀粉聚乙烯醇塑料——**Mater-Bi** 即不宜连续与水接触，也不适于高温、高湿条件，不适于食品包装。同时，降低塑料制品废弃物与非降解塑料废弃混杂，影响非降解塑料废弃物的材料回收利用。降解塑料废弃物的处理必须配合现代化的堆肥化设施。过份期待降解塑料解决环境问题似不明智。

除上述解决塑料包装与环境问题的措施之外，最为重要的是加强社会公德教育，防止塑料垃圾的随意乱扔。塑料包装废弃物本身并不是环境污染的责任者，那些随意乱扔塑料包废弃物的人们才是环境污染的真正责任者。

三、我国塑料包装环境最适化中应重视的问题

塑料包装环境最适化是势在必行的，结合我国《固体废物污染环境防治法》的公布与实施，塑料包装工业界、塑料包装应用部门、环保、环卫、商品流通等部门应当协调一致积极行动，使我国塑料包装跟上时代要求向前发展，使我国塑料包装废弃物影响环境的问题迅速获得妥善解决。为此，当前应当：

①认真拨正塑料包装与环境问题的宣传导向。各有关部门以及舆论界都应与以严肃科学的态度，正确引导人民群众科学地全面地认识塑料包装与环境问题，杜绝各种非科学甚至反科学的不实报导。

②汲取国外的先进经验，塑料包装工业界应追踪国外塑料包装与环境问题的进展动态，详加分析与研究，推动“塑料包装环境最适化”意识的普及。

③建立有各方面参加的权威性协调组织，以“材料回收利用”人手，推动塑料包装废弃物回收体系（或机制）的试点工作，探索适应我国国情的收集、分拣方式及基层组织形式，推动已经制定的塑料包装回收标志的施行，并相应地有系统地研究质量控制、成本核算、回收料应用推广等一系列方案，以及协调涉及各有关部门的政策性问题，使我国塑料废弃物回收利用尽快成为一专业性行业。

④组织在现有量大而广的主要塑料包装规格及用料调查，摸清底数以便在保证包装效果的前提下，推动某些品种的塑料包装的轻量化与薄壁化以及广泛的包装结构设计革新，并严格制止“过份包装”现象。

⑤积极支持可环境降能塑料及其在包装中应用的研究与开发，但应限制淀粉基塑料（尤其是淀粉填充聚烯烃）项目的上马，促进并督促现有淀粉基塑料在包装中应用的认真试验，制止一切华而不实的夸大宣传。

⑥坚决反对“利用进口国外塑料垃圾，提高

塑料加工业竞争能力"的荒谬论点,彻底肃清其恶劣影响。进口洋垃圾的案件屡有报导,而某些西方国家也正在进行废弃物的转移,例如,1995 年 10 月 7 日德国杜赛尔多夫 95 塑料博鉴会展览日刊(**Show Daily**)上公开报导,1994 年德国 **DSD** 公司(德国国营塑料废弃物回收公司)收集塑料废弃物总计 46 万吨,其中 18 万吨运往中国,运往巴基斯坦及东欧各 1.8 万吨。但我国塑料加工业界竟有人在会议上和刊物上提出,要"科学地对待境内、外废弃塑料进行综合利用,是提高塑料加工业竞争能力的有效途径",还要"与美方有识之士就如何适应中美各国政策,建立稳定的市场供需关系达成共识",并且"应向美国投资,……使这项工作既有利于美国政府的环保政策,也有利于中国塑料工业的发展"。这类论点均属荒诞绝伦,见利忘义。在讨论我国塑料包装环境最适化时,务请塑料包装工业界注意,万勿走入这个"怪圈"。

作者:陈文瑛　教授级高级工程师。

包装机械工程系统的综合研究

无锡轻工大学　许林成

摘　要　包装机械工程是个新兴的复杂的专业学科体系。本文试图运用当代的科学理论与方法——系统论、信息论、控制论,综合探讨其基本特征及发展规律,为有效研究开发此一重要工程领域打开广阔的思路。

关键词　包装机械工程;系统;综合研究

1　包装机械工程的变革

当今世界已进入大科学、大技术、大经济、大工程的新时代,对工程技术科学无论从宏观或微观方面进行探索和研究,都越来越强调系统性及综合性,只有这样才能从客观事物更大范围的内在联系上全面深刻地揭示其主流的矛盾运动规律,以有助于制定正确的战略战术,求得整体优化,即使实践中情况有所变化,也可及时调整。

机械工程是现代工业的强大支柱,已形成了庞大的专业与学科体系。在发展过程中,其各组成部分之间以及各组成部分与其他相邻工程之间都难以避免地会发生相互作用,而且它同样约制和推动着包装机械工程的进程。因此,对包装机械的研究开发永远不能脱离它同整个机械工程的从属共存的关系。面对日益激烈的全球竞争,谁掌握了先进的设计制造管理技术,谁就掌握了主动权,谁就立于不败之地。

唯物辩证法主张,对一地物质的每一种运动形式,必须注意它和其他各种运动形式的共同点。但是,尤其重要的,成为我们认识事物的基础的东西,则是必须注意它的特殊点,就是说,注意它和其他运动形式的质的区别。

就包装机械而言,它应属于一种特殊类型的专业机械;是完成全部或部分包装过程的执行手段,包装的实际需要决定它的生存价值。况且从系统工程观点来看,新开发出来的包装机械设备并不一定就是完全合格的产品,必须投放市场和用户通过包装工程领域长期生产实践的检验和考验,才可能逐步完善。这种"两栖性"说明,根据包装基本要求和包装机整体功能,将包装工艺、包装材料及容器、包装技术有机结合,乃是不断开拓包装机械使之保持旺盛生命力的根本途径。

迄今,以科技和工业发达的国家为主体,已在全球建立了独立完整的包装工业体系,尤其是包装机械工业得到了稳定的增长。日本、德国、美国、意大利被公认为“当代包机四大列强”,他们共生产了占世界大约四分之三的包装机械。至于中国,经近20年的奋起直追,终于也成为“四强”之后另一个包装机械生产大国,但在品种、质量、档次上尚存在不小差距,有待继续努力。世界上没有绝对地平衡发展的东西,总要不断新陈代谢,而且今后任何“包机列强”都不可能包打天下。

至此想引出发人深思的问题,那就是亚洲日本的崛起。二次大战刚结束时,战败的日本只有10余家包装小企业,而包装机械几乎是空白。可是,未用半个世纪时间,日本竟然凌驾于美国、德国之上,一跃而为“世界包机第一列强”。究其原因,主要在于,日本采用了科技振兴策略,善于引进国外先进技术,有效进行反求工程的研究,走创新之路。

谁都知道人才是关键。尽管日本国内目前还没有一所大学设置包装工程或者包装机械之类的专业,不过它却能凭借自己强大的机械工程、电子工程、化工工程等雄厚实力,加上特有的人才培养使用方式,于1971年首先向全世界宣告机电一体化(**Mechatronics**)新概念,同时付诸实施,陆续研制出用微机控制的多种新型自动机和自动线,也包括一大批柔性的包装机和包装线在内,令人瞩目,整个世界随之风起云涌。

饶有兴趣的是,这个似乎易读却相当费解的机电一体化,为何具有非凡奥妙和巨大力量?

为此,有必要搞清它的本质含义。一般认为,机电一体化是指机械技术与电子技术的交叉融合,借信息传递构成以微机为核心的机电控制系统,体现了复合技术独特的整体功能及突出优势,给机械工程、电子工程带来革命性变化。

不妨举些典型实例帮助加深理解。

a. 微机控制组合秤

该装置由多个秤斗组成,根据每组所取秤斗个数及相应的秤斗组合总数,借微机系统进行分组同步计量,并从中自动选出接近或略大于标定值的最佳计算值作为物料的输出量。因此,对某些价值较高的粗颗粒或小块状等散体物料可实现高精度、高速度、高效益的称重包装。而这恰恰是一般机械式组合秤所望尘莫及的。

b. 微机控制喷墨印刷机

该机能对连续运动的承印物实现高速非接触的图文印刷。近来技术水平又有提高,由同步型单色向异步型多色方向演进。加上机体轻巧、安置方便,更增加生产线搭配活力。与其他接触式印刷技术相比,别具特色,在包装领域应用广泛。

c. 计算机集成生产系统

对机械工程的计算机应用,特别是涉及设计、制造、管理等综合系统,已开始从单一使用逐步转向集成化,进而实现整个过程的智能化和柔性化,使企业能适应市场变化迅速作出反响,达到以大规模生产速度完成多品种不同批量混流生产的目的。将来的包装机械制造业也要吸其所长,结合客观条件因地制宜地推广此先进技术。预计这将体现下一世纪一个国家的工业发展水平。

深言之,机电一体化的要害应在“化”字上,“化”即意味着形成一个系统。再加上联合了信息与控制技术,遂不难推断,此一新生事物的问世决非偶然,实际上它充分体现了当代新兴科学理论与方法——系统论、信息论和控制论(简称为“三论”)的基本指导思想,也是微电子技术付诸实践和电子计算机技术迅猛发展而取得的一连串重大成果。今后,其前景远大,方兴未艾。

提起“三论”,同样是由于本世纪下半叶科学技术革命的迫切需要才产生发展起来的。如今,它不单适用于机电等几种事物,已推而广之适用于其他一切事物,甚至外延到自然、社会、思维各个方面,为解决复杂的大系统问题提供一系列新概念和新方法。帮助打开思路、扩大视野,运用系统的、整体的、开放的、信息的观点来分析综合周围纵横联系的事物及其运动变化规律，以指导实践获得更大的社会效益和经济效益。无疑这是人类认识的巨大飞跃。

本文的积极作用在于，试图拿起“三论”这一现代科学武器，把包装机械工程大门再推开大一些，让更多的人闯进去，探寻蕴藏其中的知识宝库。同时，确信，这条路永远不会走到尽头。

2 包装机械工程系统的特征

现代科学技术的发展向我们提出一个新任务，就是不但要认识自然界的变化规律，并且还要认识科学技术本身的变化规律。

包装机械工程也是一个多变量的复杂结构实体。人们正在深入探索其生产要素之间的内在联系与优化组合等问题，为有效地开发创造该工程系统提供科学依据。

另一方面，还要重视信息的收集和加工，在对外界环境及市场供需进行科学分析预测的基础上，结合本国国情合理考虑制订有关的发展规划。

这样，每当从事研究、设计、制造、运行、管理、流通等工作时，便容易做到胸怀全局、分清层次、明确目标、突出重点、随机应变、择优控制，从而达到预期的整体功能。

要想正确处理这些涉及当代科技、工业、社会诸方面问题，其他工程领域技术革命的先驱者给予很好启示，采用系统论、信息论、控制论作为理论指导，往往成效显著。

鉴于论证的逻辑性，首先应概括说明一下“三论”的基本概念及其相互关系。

系统论中所指的系统，是一组有联系的要素的集合，且在一定环境中具有特定作用和功能的有机整体。物质世界的系统性是普遍存在的，但是，如果各要素之间毫无联系，形成不了一定的结构，那么根本不成为系统。

信息论中所指的信息，是系统内部不同要素的物质运动和能量传输所产生的指令、信号、代码、数据等用于建立相互联系的一种特殊标记。

控制论中所指的控制，是对系统内部某一要素或某些要素所产生的多种可能状态，通过信息传递和加工进行有目的的转换，促使给定要素得以保持或者改变其原来的功能。

显然，系统、信息、控制这三者密切相关，可谓是一体化的；事实上，没有系统何谈信息的传递与控制，同理，没有信息何谈控制系统。

既然确定和研究系统是贯彻包装机械工程开发于始终的根本前提，自然意识到，应该从当前国内外实际情况出发，适应加以抽象化，建立一个颇有典型意义的系统流程框图，如图1所示。据此加以综合分析，归纳出该系统的主要特征及实用结论，供作参考。

2.1 系统的组成目标

根据人类的生产活动是最基本的实践活动，是决定其他一切活动的东西这一著名论断，再联系系统论观点，不难体会到，对包装机械工程开发的结果，通常人们所关注的，不仅仅是通过社会群体以多种方式协同努力能否生产出什么产品，而尤其令人关注的，则是在经济全球化时代能否生产出适销对路的产品。援引国际包装界公开宣称的包机市场购销策略，可作为本系统的组成目标(或评价准则)，即设备技术先进、性能稳定可靠、包装结构合理、加工废弃物少、装拆维修方便、使用寿命较长、销售价格不高、交货期限宜短。这些要求就成为决定系统结构、范围的出发点和主要依据。

2.2 系统的结构层次

参阅图1，其中最能反映系统目标全部含义的，应首推包装机械及包装容器加工机械研究开发(设计与制造)分块、产品包装研究开发(设备运行与验证)分块和以包装技术与机电技术为主体的工程技术学科分块。此三者各自结构大不相同，将其有机联系起来即形成本系统的总体结构。相对而言，各分块便称之为该系统的要素。附带说明，系统和要素可在一定条件下相互转化。若某要素内部层次较多，便应认定它是较低一级要素的分系统或子系统。另外值得注意，在任何情况下，低一级系统必从属、受控于高一级的系统。

至于本系统之外的诸要素，如包装材料研

究开发、包装废弃物加收处理、包装产品供需市场以及相邻的学科体系等等，则一律定义为环境。之所以如此划分，主要着眼于，在开发包装机械工程系统的过程中有助于找出界限、控制范围、抓住要害、逐个击破。

强调指出，具体应用时，系统与环境是相互依存、相互制约，也可相互转化的，这取决于彼此地位的相应变换。

2.3　系统的内外联系

根据“三论”要求应着重考察：系统内部各要素之间的关系；系统及某要素与外部环境之间的关系。实际上，这些关系都具体体现在系统对内外联系的物质流（如输送线上原材料、半成品、成品）、能量流（如线路中电流、气流、液流）和信息流（如设计、制造、管理过程的指令、代码、参数）。由于信息可作物质和能量运动形式的标记，所以物质流和能量流最终都能够转化为信息流。而且对指定的系统而言，这种信息传递必定是输入、转换和输出的单向流动过程，并能直接用于定性或定量地分析该系统的功能。另外，在某些场合，若系统内部结构相当复杂，以致一时不便搞清楚，或者根本不用搞清楚，也无法搞清楚时，不妨采用控制论的宏观研究方法，亦即将该系统看成是个代表未知量的“黑箱”，只着眼于系统的输入和输出，从而有利于从整体和综合的角度来思考有关问题，更好控制系统实现预期目标。所以，开发新型包装机或包装线，当进入类比和选定总体技术方案、实验测试样机、操作运行设备等阶段，借助“黑箱”方法往往便于集中精力妥善处理关系全局的主要矛盾方面。

与宏观方法相对应则属微观方法，待到条件成熟时，打开“黑箱”就变为“灰箱”或“白箱”。这意味着，当工程开发进入具体的工艺设计、结构设计以及全面施工阶段，应该侧重于研究解决系统的组成要素、结构层次、相互联系和各自功能等局部问题。

上述诸法，对现代化的生产管理、规划决策等等，同样有广泛应用的价值。

附带指出，当研制新型的产品包装和包装机械，以及规划包装机械工程发展战略之时，可画一工程系统开发三维模式图，取其直角坐标系分别代表该项研究的主要阶段内容、基本执行步骤和所涉专业学科（包括有关主学科下属的基础理论与应用技术、专业理论与应用技术），使总体工作布局了如指掌，以便统筹安排。

2.4　系统的环境效应

系统借假想的边界线与周围环境分离，进而明确系统所包含要素的界限和所研究对象的范围。另一方面，又借系统与周围环境之间输入和输出信息，亦即作用和响应的关系而直接联系在一起。

通常，按照系统与环境有无一定联系将系统划分为开放或封闭的两种类型。

显然，任何系统只有开放，始终同周围环境保持物质、能量和信息的交换状态，才会显示动态特性和生命活力，从而也会增强对环境的应变能力。

近半个世纪以来，科学技术的发展先后经历了5次伟大的变革，日益趋于一体化，相当明显地呈现着既高度分化又高度综合的新局面。思维科学、社会科学、自然科学和工程技术科学之间已打破了传统界限，相互贯通，形成一个极其庞大的整体。现今，一门综合性很强的技术管理学科——工业工程已涉及全世界，影响之大，令人吃惊。即使工程技术科学内部，如机械工程学科、包装工程学科与相邻学科（电子、化工、生物、环境等工程学科）之间，机械工程学科与包装工程学科之间，机械工程分学科之间，以及包装工程分学科之间，也无一不加剧了相互吸收、渗透、交叉、融合的作用关系，使之既各有自身特色、主攻方向，又界限模糊、相辅相成，极大地促进现代国际社会快速迈入了以知识信息产业为主导的时代，遂引起包装机械工程系统的产业结构、企业结构、生产结构和人才结构都发生了深刻变化。总之，客观环境大变样了，也必会影响系统和边界随之改变面貌。若不及时认识到这一点，将会处于被动地位。

再参阅图1，从已确定的系统看出，不久的将来，以先进制造技术为代表的包装机械研究开发分系统，将逐步实现通过计算机分级结构网络进行控制、监测、管理整个生产过程。由于引入了现代的信息流，使研制新产品的总体技术方案拟定、机械结构设计、加工工艺规划、零件制造装配、试验检测和采购销售等主要环节可以实施大部分并行工作模式，有助于在产品开发初期阶段就能比较全面地考虑到整个试制和生产周期中的各种制约因素和可能出现问题，以便及早协调处理，力求保证产品质量、缩短交货期限、降低加工成本、满足市场需求。

至于产品包装研究开发的分系统，大体上仍采用了传统的顺序工作模式，这不外乎是由特定的物质流：内装物加上包装物等于包装件的流动过程所决定的。

同上述二分系统的工作模式相适应，并达到多品种、不同批量、混流快速生产的目的，今后包装机械的发展主流应该是：机种多样化、产品系列化、功用多能化、结构组合化、机组联动化、装拆简易化、运行高速化、过程连续化、技术一体化、操作自动化、检测在线化、工作节能化、生产柔性化、造型艺术化。

为了概括具体地说明这一点，现结合图2大体描述一下在世界现代科技与工业共同发展的大环境下，包装机械的演进过程和总体状况。通过对照该图的上下文，不难理解，国际包装机械事业与高技术产业的前进步伐的确是息息相通、紧紧相随的。无疑这会帮助我们转变观念，切勿总在包装机械领地里兜圈子。

图2　国外包装机械演进过程简图

	40年代	50年代	60年代	70年代	80年代	90年代
世界科技变革进程	普通电开关元件	电子管元件 NC硬接线数控/MC自动换刀数控	晶体管元件/中小规模集成电路 DNC计算机群控/AC自适应数控	大规模集成电路/小型电子计算机 CNC小型通用计算机数控	微处理器/微型电子计算机 MNC微机数控/FMS柔性制造系统	多媒体计算机 智能机械人 CIMS计算机集成生产系统
世界工业变革进程	造船/石化	汽车/原子能	航空/宇航	生物/微电子	电子计算机硬件	电子计算机软件
世界包装机械工程变革进程	专用包装机	内包装机/外包装机/联动机		自动检测包装线	微机控制专用包装线(单品种)	
	多用包装机	简易换型机		自动换型机	微机控制柔性包装线(少品种)	
	通用包装机		一般通用机	随机处理机	微机控制柔性包装线(多品种)	

再有，为充分发挥系统的潜力并促进其自我完善过程，依控制论还要求系统能够成为具有负反馈效应的闭环控制系统。这样，当受到外界环境或内部因素的某些影响干扰时，得以保持系统结构状态的相对稳定性，实现理想的控制目的。据此，联系包装机械工程系统的实际工作循环，要重视有关分系统在生产、库存、流通、使用过程中对产品质量所作的检验与评价，并与原规定要求进行对比分析，再将这些信息返回到各分系统的输入端，给修改补充总体技术方案提供可靠依据。如此反复多次，确保整个系统不断进化，同时还反作用于现代科学技术体系，使之朝广度和深度方向发展。

2.5　系统的整体功能

任何系统都是以完成某种或某些功能作为它的最基本要求的，并可用该系统的组成目标加以权衡。

然而开发一个复杂的工程系统所追求的整体功能，决非是那种传统观念，只是专注于解剖整体、搞清组成、分析结构、逐个优化、最后叠加、即为结果。

大量实践证明，这种认识事物的方法不一定能达到整体功能的最优化。因为它掩盖了一个极其重要的实质性问题，由系统内各要素相互联系而有机构成的矛盾对立统一体，能产生特殊的联系功能效应，这种附加功能与各要素叠加功能之和才真正体现系统的整体功能。所以，系统论提出一条著名定律：在一定条件下，系统的整体功能之和是大于各要素功能之和的。不过也有的场合，系统内各要素联系得不够好，反而产生负效应，使整体功能基本不变甚至有所减弱。例如，研究系统的传动效率问题，若采用串联方式来组成各要素，且每一要素的传动效率均小于1，显然，该系统的总传动效率必随组成要素个数的增加而急剧减小。实际上，此方案一般不大可取。

以上启示我们，注重控制系统范围和内在联系，巧妙运用技术合成和仿生创造，往往会产生突出成效。正因如此，象连锁反应那样，从众多领域提出了：包装材料复合化、加工工艺复合化、机电一体化、光电一体化、工程艺术一体化、设计制造一体化、技术管理一体化、技术经济一体化、科学工程技术一体化以及系统信息控制一体化，等等。接踵而来的是一大批高新技术的诞生，被广泛应用于食品工程、包装工程和机械工程，显示非凡的整体功能。

众所周知，早期的真空技术和低温技术都是分别应用的，不仅功能单调，也无法达到所需的高真空和超低温。近年来将该二技术有机结合，整体功能便大有改观，竟然派生出如真空冷冻干燥等新技术。它特别适用于极为热敏、极易氧化的食品和干燥，经包装可长期保留新鲜食物的色、味、香和某些营养物质。另外，科技界确认，没有真空技术就不可能获得超低温，同时，没有低温技术也不可能获得高真空。同命相连，哲理深奥，似乎不可思议，可见当初开拓之艰难。

其他，如食品无菌包装技术、真空充气保鲜技术、喷射液氮灌装技术等等，都有类似情况，确切说明，利用不同技术加以有机合成，其效果往往优越于纯机械式叠加，因而要提倡搞技术的复合化、一体化和集成化。此创造性思想值得牢固记取、充分发挥、灵活运用、继续发展。在学科建设和专业建设方面也有用武之地。

最后，再回到包装机械工程系统的主题上来。从今后发展的主流看，可将包装机械理解为，主要是由包装技术与机电技术紧密结合而形成的产物。要想在“包装—机电一体化”上大作文章，并探索一条新路子出来，就该抓住根本深入研究不同类型主机的整体功能及其主要影响因素，进而全面综合。不过，按哲学思维来判断，无论是单机或组机，其整体功能的优化组合可能出现无穷多个答案，加之情况复杂多变，不妨这样说，此答案的最优化永远也达不到极限，只能随着时间的推移逐步逼近极限。

因此，矛盾的主要方面往往又转移到如何根据外界环境条件切实实现合理包装和简化包装的问题。道理并不高深莫测，合理包含简化，而简化更能合理。其实，如能很好利用现有科技领域的新工艺、新材料、新技术，适当简化和改善包装结构、包装机结构以及包装线结构等等，岂不会给有关的设计、制造、检测、运行、操作、管理、流通这一系列过程带来难以估量的效益。相应的，必能最大限度地减少人力、物力、财力的消耗和浪费，从而使包装机械工程系统的整体功能与性能都更上一层楼。举一实例，十余年前研制成功的用于医药行业安瓿装盒的一组多功能包装机，已将纸带成型、排瓶计数、定位切割、开盒充填、封口贴标、转位传送、质量检测等全部操作实现了一体化、简易化、连续化、自动化和绿色化，技术先进，符合时代潮流，受到用户好评。

应该意识到，包装是现代工业生产不可缺少的三大基本环节之一，来日方长，任重道远。面向21世纪，我们有责任来共同创造一个科学技术高度发达的绿色包装新世界。

主要参考文献

1 李秀林等主编：《辨证唯物主义和历史唯物主义原理》中国人民大学出版社，1996.

2 宋键、惠永正主编：《现代科学技术基础知识》科学出版社，1994.

3 赵清、周玉德主编：《现代设计法导论》吉林科学技术出版社，1987.

4 潘际銮：《我国机械工程学科的发展与未来展望》机械工程学报，1993年第5期.

5 蔡玉麟：《我国现代机械工程的综合研究》中国机械工程，1996年第6期.

6 张健民:《国内外机电一体化发展概况》机电一体化,1996年第5期.
7 许林成主编:《包装机械原理与设计》上海科学技术出版社,1988.
8 G.K.汤申德:《世界包装工业现状》世界包装组织1996年国际包装学术讨论会论文集.
9 陈镜波:《全球包机产贸稳定增长》中国包装,1996年第6期.
10 《全国包装行业"九五"发展规划及2010年远景发展目标》中国包装,1996年第3期.
11 《中国机械工程学会包装与食品工程分会.关于加速发展我国食品和包装机械科技工作的建议》包装与食品机械,1993年第1期.
12 张子健:《中国包装机械工业迈向更高目标》科技传真——包装、食品、印刷,1997年3月.
13 许林成:《包装机械在现代包装体系中的辩证发展》中国包装,1989年第2期.
14 《日本包装技术协会.包装学体系化の构筑と包装章の提案》包装技术,平成5年3、4、5月号.

Synthetic Study of the System for the Packaging Mechanical Engineering

Xu Lincheng
(Wuxi University of Light Industry, 214036)

Abstract: The packaging mechanical engineering is a rising and complex system of the speciality and suljject.

This paper attempts to utilize modern scientific theories and methods which are systematology, information theory and control theory, and comprehensively approaches its basic characteristics as ewll ad inherent motion laws, so helps us to open out the lroad thinking for the development of this important science and technology field.

Key Words: Packaging Mechanical Engineering, System, synthetic Study

柔性版印刷的生命力

林逢铭

最近几年印刷、包装期刊上经常报导柔性版印刷,印刷包装展览会上也展示柔性版印刷设备及器材,北京、上海、深圳等地也举办了不少柔性版印刷技术专题交流会、研讨会,柔性版印刷已引起国内印刷同仁的重视。

柔性版印刷在我国起步较晚,70年代开始逐步应用,以后又徘徊了20多年,新兴事物对人们来说总有个实践和认识过程,也总有勇敢的先导革新者去开创新的领域,正如热排转冷排,凸版印书转平版印书,人们都不是一下子能接受,要改变旧的传统或观念决非容易。上海印刷技术研究所万启盈同志在1972年率先采用手动照排,排版印刷杂志,并采用平版印刷,北京经济日报印刷厂,在夏天俊厂长领导下,率先采用电脑照排,撤底淘汰热排铅字,开创了新的局面,现在全国省、市级报纸都使用冷排。随着冷排技术的成熟和应用,冲击了铅版印刷,也冲破了人们对铅印笔锋好,墨色浓的观念,凸版印刷很快就落后了。柔性版也是凸版，为什么东山再起，方兴未艾，本文从机遇性、技术性、经济性上来阐述，以供参考。

机遇性

1. 柔性版印刷至今已有百年历史，开始使用的确切日期无从考证，有的资料上说来自于德国，有的说来自1890年英国，但实际公认的第一台苯胺（当时称）印刷机是1905年英国豪威研制，他们发明在1908年12月7日被授于英国专利第16519号。由于当时技术很不成熟，只能印些粗糙简单的产品，以致徘徊了30～40年，本世纪30年代，出现了玻璃纸，这种透明无吸收性印刷基料既轻又薄，不能用凸印和平印方法印刷，凸印费用又高，而苯胺印刷非常适合，而且还可以进行卷筒印刷，所以在30年代苯胺印刷经历了一次实验和发展，开始被人们重视。50～60年代聚乙烯薄膜的出现，并大量用在包装上，又进一步促进苯胺印刷的发展，并奠定了基础。为此1952年10月22日美国包装学会第14届学术讨论会上把苯胺印刷改称为柔性版印刷，并在1958年创立了柔性版技术协会，简称（FTA）。1973年欧洲也成立了柔性版印刷技术学会，以后被世界印刷同业公认，我国于1992年6月成立中国印刷技术协会柔性版印刷技术专业委员会。

2.60年代以前报业印刷几乎都采用铅版凸印，由于冷排技术发展，以及西方受环境污染的影响，铅版凸印受到限制有实力的印刷厂更新设备，采用平印淘汰铭印，大多数印刷厂望而莫及，但形势又迫使要淘汰铅印，由于柔性版印刷的兴起，这种版材又是凸版，因此人们想到是否可以利用这一技术来改造原有的铅版印报机，既能适应照排的需要，又可避免环境污染、设备又不需要更新、可以减少投资费用、满足报业改造要求。70年代中期美国新闻出版者协会（ANPA）开始研究把柔性版印刷应用于报纸发展，1982年美国印刷报纸出版者协会在芝加哥举行了有意义的会议，第一次公开地讨论了短墨路装置的发展状况，经试验不但能改造报社印刷厂的老式铅版印刷机，而且还制造出新的柔性版印报机，并显示了它的优越性，为投资少、纸张克重可以减少、堵绝飞墨、不会粘脏、废纸减少等，从而又获得一次机遇，在报业印刷领域内安家落户，据资料介绍柔性版印刷在报业印刷上已成为平版印刷的主要竞争者。

我国报业印刷在淘汰铅版上用世巴斯库、勒普、APR等版材，还没有使用过短墨路的柔性版印刷机。

3. 在和平环境里，商品的价值与发展，成为经济竞争的重要方面，在人要衣装、物要包装的竞争思想下，包装已成为推销商品获得利润的营销手段，我国流行的一等产品、二等包装、三等价格已被深刻认识，在一些进口商品中我们会发现质量一般，包装却非常讲究，这又促使包装印刷的发展，而柔性版印刷由于具有独特的结构、诸多优点、良好的经济性、符合包装印刷与商品包装的要求，为很多商品包装，除了印刷外，还要求轧凹凸、烫金压痕、模切等等，柔性版印刷能与这些工序组成联动生产线，提高了劳动生产率，因此柔性版印刷又得到生存与发展，被广泛用在包装印刷上。据资料介绍，欧美在包装印刷上也成为平版印刷的竞争对手。

技术性

初期柔性版印刷的三大关键印版、油墨、网纹辊非常不成熟，均处于萌芽状态，以致停滞不前数十年，机遇给它带来生机，发展使它技术上不断得到完善与成熟，现在柔性版印刷的技术已有突破性进展，符合印刷质量高和复制三原色的产品，已被列为当今四大印刷方式之一，这无疑也是取决于它本身的技术因素，常言道：打铁先要本身硬，正是如此。

印版——初期的印版是手工雕刻橡皮版，正如大家所熟悉的瓦楞纸印刷上目前还使用的手工雕刻橡皮版，由于是手工雕刻，只能印些大字、大墨块和简单的图案。以后发展为将文字图案晒在铜锌版上，经腐蚀再用浸渍过酚醛树酯的纸，压制纸型，再翻成橡胶印版，这种工艺虽然前进了一步，能够做套色版，但只能做60线/英寸以下的网线版，而且制版时间长，直到1973年杜邦公司推出CYRE！感光印版，才使版材达到理想要求，上海印刷技术研究所也研制了GS柔性版，这种版材与平印PS版一样是预制感光版，使用方便，用时经光聚合作用晒版成像，再腐蚀成凸版，这种版材有很好的分辨力，能制133线/英寸、150线/英寸图像，（目前包装印刷上常用是100～120线/英寸）。根据要求：版材的厚度从0.7毫米达7毫米，硬度从肖氏30°～58°，印版的耐印率能达到50～100万印。

油墨——初期油墨是从煤油中提炼出的一种苯胺染料，溶解于醇中做成的油墨，其印刷性能、色泽、遮盖力、附着牢度都存在很大问题。起先称苯胺印刷也是从此而来，但印刷的分门别类是以印版来命名的，如平版印刷、凸版印刷、凹版印刷、丝网印刷、珂锣版印刷、移印版印刷，所以以后才改成柔性版印刷。现在油墨已发展有醇基、水基、聚酰胺型、丙烯酸型、UV型，特别是水性油墨无污染、不影响健康，不会燃烧，油墨中的速接料对印刷基材有很好的附着力，油墨中使用无机与有机颜料能达到之原色色相要求，而且还加有颜料的润湿扩散剂、表面活性剂、防粘剂、消泡剂等，改善了印刷性能。

网纹辊——网纹辊作为传墨系统中的关键，以及柔性版印刷机的心脏，已被公认。网纹辊是在实践和发展中形成。初期柔性版印刷的传墨是用2根钢辊，墨量难以控制，后来用过橡胶辊、毛毡辊、金属光辊上打毛、喷丸、烧结陶瓷，仍不能解决均匀与定量供墨，后来由于照相腐蚀技术的发展，出现了腐蚀的网纹辊，能达到比较均匀与量的控制，但有接缝和只能腐蚀粗网线（我国开始生产的柔印机也使用过这种网纹辊），进而使用机械雕刻或电子雕刻（在铜上）现在发展在钢上直接雕刻、机械挤压的金属网纹辊和激光烧蚀的陶瓷网纹辊，能根据印刷的基材，印刷的文字、实地、图像的网线线数所需要的用墨量来配制网纹辊线数，（本人在“关于网纹辊的线数”一文中作过叙述）。从理论上和实践上解决了传墨、匀墨和定量供墨。在印刷精细产品时，还应用刮墨刀装置，使墨量更加精确稳定，符合印刷之原色产品的要求。因此柔性版印刷的传墨系统和所具有的独特结构经过不断改进产生了。

此外在技术上配置了油墨封闭循环装置和干燥器、刮墨刀气动加压装置、固定印版的双面胶粘带、机外装版设备，不但装版方便准确，而且大大缩短了停机时间、停机后网纹辊继续转动机械、开停机后印版滚筒与压印滚筒的自动离合机构、避免停机时仍处于压力状态而损坏印版、纸张的张力控制、可以进行正反面印刷、在机型方面起初是层叠式，70年代制造出共用压印滚筒式（上墨式）的柔性版印刷机，能提高套印精度、网线版的分色制版与平版一样，已研制出适合柔性版印刷的电分或桌面系统进行分色的软件，因此图像的还原性也很好，80年代中出现激光雕刻橡皮版，特别是在园筒型的印版辊上进行雕刻制版能达到无接缝等，由于柔性版印刷的三大技术关键和相关技术的解决使这一新生印刷方式得到立足与发展。

经济性

现在经历了市场经济对它有些认识，市场经济是竞争的经济，优胜劣汰的经济，既严峻又客观，没有一技之长，经济性差就失去竞争优势，所以再分析一下经济性。

1．凸版印刷（铅版）由于存在制版工序长，占地面积大、劳动生产率低，还有环境污染，逐步被减少，而柔性版印刷从制版到印刷机的占地面积相对比平印、凸印小得多。

2．凹版制版工序长时间多，承接急件有困难，而柔性版制版时间快，约30分钟就能制好一块印版。凸版印刷辊筒，一种图案一个版辊，换图必需换版辊，而柔性版是贴在印版辊筒上，换版只要换柔性版，印版辊筒仍可使用，所以普通印版的成本约占凸版1/10，层次版印版面积小成本也低，如果做到8开大小我看也差不多。由于包装印刷普通印件与短版活较多，显然用柔性版成本可降低。

3．凹版油墨用苯基油墨，污染比柔印的醇基油墨大，而且柔印又发展了水基油墨，不但成本低而且使用方便，下班用水（略加点洗涤精）清洗网纺辊即可，我国瓦楞纸印刷已普遍使用，欧美用于报纸印刷已得出了绪多优点，为水性墨渗透小，即使印大面积墨块，油墨也不会渗透到纸张的背面，从而纸张的克重可以从52克/米^{2}降低到40～45克节约可观，墨色密度高反差好、印迹耐磨性强、没有重影、没有污染、杜绝飞墨、印刷品堆积起来不会积脏、油墨不会燃烧、生态安全等。

4. 由于柔印机结构简单，制版方便，与其它工种容易组成生产流水线，从而更大地扩展它的使用范围，如：

商标印刷：柔印(4～8色)、上光、压痕、烫金、轧凹凸、模切、卷度。

票据印刷：柔印(2～3色)、涂碳、轧钢线、印号码、打洞。

塑料印刷：柔印(2～6色)、涂布、复合、封口、制袋、分切。

瓦楞纸印刷：柔印(2～4色)、压痕、开槽。

5. 平印与凸印机，规格分4开、对开、全张，而柔性版印刷机除宽度有很多规格外，还有一大优势，它的印版辊筒直径是可变的，因此非常适应各种包装长短的要求，当然有利必有敝，印版辊筒多，占地面积大，但它必竟解决了生产实际的需要。柔性版印刷在幅面宽度有300、600(窄幅)850、1100毫米等，用于瓦楞纸印刷达3米。

6. 由于采用金属网纹辊的短墨路传墨系统、油墨粘度低、以及柔性版亲墨性好，几乎2～3转就达到印刷墨量要求，因而废品少。柔性版印刷由于印刷压力轻(吻合印刷)，卷筒纸不易断裂，这二方面在报纸印刷上已产生很好的经济效益。

7. 投资少。柔性版印刷机每个色组只有3个或4个辊筒(墨斗辊、网纹辊、印版辊筒、压印辊筒)，不需要刚性很强的墙板支承辊筒，所以结构简单制造方便，国产普通型幅面600毫米，4色柔印机约10万元一台，相当01胶印机的价格，陕西印刷机械厂制造的精密型(上星式)幅面600毫米，6色柔印机每台100万元，山西省太行印刷机器厂制造的精密型幅面210毫米，5色与模切联动的柔印机每台约45万元，上海印刷技术研究所生产的柔性版制版机每台2.58万元。

8. 印刷速度快。除瓦楞纸采用单张纸印刷，其它采用卷筒纸印刷，一般速度80～150米/分，性能好的150～300米/分，高速600～700米/分，都比凹印、平印高。

9. 印刷质量好。网线版的分色制版可以采用电分或桌面系统，版材有很好的分辨力，能制133线/英寸印版、油墨色相等能符合之原色要求、传墨系统供墨均匀精确，文字、线条、实地更能显示凸版直接印刷的优点，因此印刷质量已满足包装印刷要求。

综上所述，柔性版印刷具有强大的生命力。

SiOx镀膜包装新材料

无锡轻工大学　陆佳平

一、引言

高质量的包装，内容物产品的有效保护，食品营养风味的高品位要求已经而且继续成为人们生活的一种追求。与此同时，阻隔包装也随之成为热点。而现今的结构化多层复合材料在阻隔包装上确实发挥着重要作用，但随之人们发现并非所有的复合材料都是十全十美，特别是80年代世界发达国家首先在包装废弃物与环境保护问题上引起普遍关注后，包装材料和容器更趋向于单元化、天然化、简单化方向发展。人们在追求高性能的包装材料的同时，又希望能实现材料用量少、结构简单、废弃物易于再循环并尽可能减少甚至消除对自然环境的破坏。因此，开发高性能、少用量、亲环境的包装新材料便成为包装界和工业界共同追求的目标。

为此，由于铝箔复合材的废弃物处理问题，80年代中期，日本有关方面首先开始研究开发一种在氧气和水蒸气阻隔性方面可以与铝箔相媲美，且具有透明性的包装材料。几年后，一种镀硅(SiOx)薄膜开发成功。与此同时，美国和欧洲少数国家也相继在这方面投入研究和开发，并在加工工艺和产品性能上更加完善，约从90年代开始，基本上进入应用阶段，其中日本由1988年投放市场，并首先用于蒸煮食品包装。随后，其应用领域逐步拓展到其它食品和非食品包装，并相继取得成功。

SiOx 镀膜由于其具有许多独特的性能，特别是亲环境性而被世界工业界和包装界普遍关注，成为一种很有发展潜力的包装新材料和替代物。

二、SiOx 镀膜的制造及其复合膜的加工

所谓 SiOx 镀膜指的是在基材上蒸镀一层硅氧化物(SiOx)。目前采用的基材主要是塑料薄膜，如 PET、PVA、NY、PP 等。蒸镀加工的方法主要有两种，即物理法(PVD)和化学法(CVD)。SiOx 镀层厚度一般很小，约为几百至上千埃(1埃$=10^{-8}$cm)，主要取决于所用基材、蒸镀工艺及实用时阻隔性要求等。

物理法(PVD)指的是将片状 SiO 通过电热丝加热或辐射加热使之蒸发，并以硅氧化物 SiOx($x=1.5\sim1.8$)的形式均匀地镀于基材表面，该氧化硅镀层实际上是一种 SiO、Si_2O_3、SiO_2 的混合物，具有玻璃网状结构。物理法工艺具有速度快、生产率高、稳定性好、投资小的特点。

化学法(CVD)摘的是以一种有机硅化物(TMDSO)作为原材料，通过高频电磁波等使有机硅化物中的 Si 等离子化，然后在氧气环境中得以氧化，并以 SiOx($x>1.7$)的氧化硅形式均匀地镀于基材表面。采用化学法工艺投资较大，生产率也较低，但制品质量较好，薄膜阻隔性也较物理法工艺好。

目前，世界上几个主要的 SiOx 薄膜制造商及工艺和产品商标如表1所示。

表1 SiOx 薄膜制造商及制造工艺

工艺		公司	商标	原材料
物理法(PVD)	电阻加热	Toppan Printing Co. Ltd.(日) Mitsubishi chemical Corp.(日) Reiko Co. Ltd.(日) Flex Product(美) Van Leer(德) Galileo(意)	GL Film Techbarrier Fine Barrier Trans Pack Silaminate	SiO SiO SiO SiO SiO SiO
	辐射加热	OIKE(日) Lawson Mardon(英) CeTeV(意)	MOS Film Ceramis DOB	SiO SiO SiO_2
化学法(CVD)	高频电磁波低温等离子化微波低温	Airco Coating(美) PC Material(美) ECD(美)	QLF Super Barrier	有机硅化物 有机硅化物 硅烷

SiOx 镀膜在应用中，一般需经复合加工，以形成具有某种特殊性能的包装材料，如热封

性等。由于其具有较好的油墨和粘合剂的亲合性,因此,SiOx 表面有较稳定和良好的再加工性能,如印刷和复合。SiOx 表面可直接印刷装潢,其镀膜也同样适合于干式复合和挤出复合,常用复合材料包括 OPP、CPP、LLDPE 等。

干式复合通常采用双液型聚氨酯粘合剂,以高分子末端具有羟基(—OH)的多元醇和二元羧酸发生反应的聚酯系为主剂,以含有异氰酸基(—NCO)的异氰酸酯为固化剂,复合成型制品如 SiOxPET/LDPE。挤出复合用的挤出剂通常是 LDPE,为了提高复合牢度,被复合材料表面通常可适量涂布锚涂剂(AC 剂),挤出涂布复合的产品如 SiOx PET/PE/CPP。综合两种复合方法的成型产品如 OPP/SiOxPET/PE/CPP。

三、SiOx 及其复合膜的性能和特点

1. 高阻隔性。

SiOx 镀膜一个最主要的特性是具有高阻隔性,即具有优良的阻隔氧气和水蒸气的性能。它是目前常用阻隔性材料中(如 EVOH、PVDC、PVA、AL 箔等)性能较好突出的一种基材。因而在食品和药品的保护、阻隔包装中具有较大的实用潜力。表 2 表示了几种较为典型的阻隔性复合膜在氧气和水蒸汽透过率方面的性能比较。

表 2　复合膜阻隔性能

复　合　结　构	OTR	WVTR
SiOxPET12μ/PE60μ	0.5	0.5
SiOxNY15μ/PE60μ	0.7	6.5
OPP20μ/SiOxNY15μ/PE60μ	0.2	0.8
ONY15μ/PE60μ	60	15
KOPP20μ/CPP60μ	13	2.2
OPP20μ/EVOH15μ/PE60μ	0.5	5.5

OTR: $cc/m^2 . 24hr \cdot atm$(30℃,70%RH)　WVTR: $g/m^2 . 24hr$(40℃、90%RH)

2. 环境变化适应性好

SiOx 镀膜即使在高温高湿环境变化条件下,仍能保持相对稳定的阻隔性能,特别是湿度的变化对阻隔性几乎没有影响,这一特点在包装界已引起足够的兴趣,同时温度的变化对阻隔性的影响也相对较小,其性能也优于 EVOH 及 PVDC。因此,在防潮包装中 SiOx 复合膜具有应用价值。

3. 保香性

SiOx 镀膜具有优良的保香性,即它可以较好地保持包装内容物香味的不向外泄逸,同时又能防止外界异味的侵入,其保香性优于 PVDC。

4. 透明性

SiOx 镀膜具有良好的透明性,这一点在实现某些包装功能上很有价值。由于透过包装能较清楚地看见内容物。因此,它明显优于其它金属化薄膜,如 Al 箔。

5. 微波加工性

由于 SiOx 镀膜不含任何金属物质(如 Al),因此,用 SiOx 材料复合膜制成的包装食品可以直接进入微波炉进行热加工,而无需去除包装。

6. 金属检测适应性

对于需要检测金属的食品包装,正如其它非金属包装一样,采用 SiOx 复合膜可以很安全地使用金属检测器。而 Al 箔包装较难做到这一点。

7. 印刷性

由于 SiOx 蒸镀表面具有较好的油墨亲合性,因此,表面可直接采用凹版印刷。

8. 废弃物处理性能

SiOx 镀膜燃烧时不会产生诸如氯气一类的有害气体,而仅仅留下极少量的残留物(主要来自基材)。因此,它是一种废弃物处理性好、环境污染小的新型环境保护包装材料。

四、应用

由于 SiOx 镀膜具有诸多优异和独特的性能，如阻隔性、透明性、微波加工性以及环境性能等，正被许多国家重视和开发应用。少数国家（如日本）已将其作为 Al 箔、PVDC、EVOH 等阻隔材料的部分替代物。有些学者指出，随着金属废弃物的环境问题以及塑料特别是含氯材料的废弃物的污染问题的逐步严格控制，SiOx 镀膜材料将是未来发展的方向。

目前少数发达国家已经或正在某些包装应用领域尝试使用 SiOx 镀膜及其复合材料。主要领域包括以下几个方面。

1. 软包装

SiOx 镀膜及其复合材料在软包装领域中的应用最为广泛和活跃。其包装形式包括袋装及容器封口材料（TFFS 包装）。包装内容物对象包括蒸煮食品、热加工食品、快餐食品、干燥物品、药品、家用产品及电子产品等。

软包装中，Al 箔复合材料被广泛采用，但 Al 箔包装有某些明显的不足，即无透明性，不适应于微波热加工及金属检测，且 Al 箔厚度明显大于 SiOx 镀层，废弃物处理较难。因此，铝塑料复合软包装应用领域可以用 SiOx 复合膜取代实现透明包装、阻隔包装，如蒸煮袋包装、块粒状等脱水干燥食品包装、药品的 PTP 或 SP 包装以及电子产品的防潮防霉透明包装。

2. 复合纸容器包装

液体产品，如饮料、酒类、果汁、调味品、食用油、机油、卫生用品等，常采用纸塑铝多层复合结构材料作盒型包装，用以取代部分玻璃瓶、金属罐和塑料瓶。现在采用 SiOx 膜代替 Al 箔作为阻隔层，可以有效地保护内容物的香味、降低包装成本和运输贮存费用，同时使复合纸盒废弃物易于再循环处理。含 SiOx 镀膜的典型复合纸盒结构如 PE/paper/PE/SiOx/PVA/PE。

3. 复合软管包装

对于某些较高粘度的产品，如牙膏、化妆品、调味品和药品等，目前常采用塑料挤出软管、复合软管及金属软管等软管包装形式。其中复合软管由于其特殊的外观和阻隔性能被越来越重视。在高阻隔性要求下，Al 箔复合软管常被采用。但 Al 箔软管常常容易接触变形而影响外观，因此常需用纸盒来进行外包装保护。

当采用 SiOx 镀膜替代 Al 箔后，可以实现较高的阻气保香性能，而且具有变形恢复性能，可制成具有自立功能的复合软管而无需额外包装，可以降低成本、方便使用，必要时，还可实现透明包装。

SiOx 包装新材料尽管有许多优异的性能，也曾被许多学者推举为食品包装材料的未来。但在推广应用中也应注意如下几个问题。

(1)目前仅有少数几个国家正在逐步应用，其性能及材料本身的稳定性还有待进一步完善。

(2)成本目前还是较高，简化和完善制造工艺、减少镀层用量、降低减少仍然是研究的方向。

(3)亲环境新材料得以推广使用常需要伴随人们环保意识的同步增强，要有相应的法规和措施。

(4)Al 箔在某些包装功能上还是具有相对重要作用，切勿盲目否定。

复合纸无菌包装饮料生产线研制报告

广东远东食品包装机械有限公司　吴章荣　齐　瑛

摘　要　本文简单介绍了小型复合纸无菌包装饮料生产线的设计思路、设备配置、关键技术、特殊要求和研制结果，旨在为普及国产化无菌软包装饮料生产与技术起抛砖引玉作用。

关键词 复合纸 无菌软包装 饮料生产线

1 概述

软饮料用复合纸包装，是目前国际上比较流行的一种包装形式，据报导，平均每年以5%以上的速度在增长。国外发达国家，饮料用复合纸无菌包装已占同类产品包装的60%以上，今后仍有逐步增长的市场趋势。但由于常握这种无菌包装机械生产和技术的厂家在国际上起代表作用的仅有几家，其设备虽然先进，但价格昂贵，致使发展中国家也难以普及。我国也局限于南方沿海经济发达的城市。我们本着“纸包装饮料国产化”的指导思想，破除迷信，奋发图强，经过几年的艰苦努力和反复实践，终于研制成功国产化小型复合纸无菌包装饮料生产线(以下简称生产线)，投放市场后，获得各界的好评。1992年被国家科委选定为全国“星火计划”第四批推荐采用的技术装备。目前销出的40多条已覆盖全国60%的省、市、自治区。

2 生产线的设计思路

纵观各国的纸包装饮料生产设备，其主要功能与目的，都是实现用复合纸对不含气的液体食品进行无菌包装，使其在常温下无需冷藏也能保持半年以上而品质不变。为达到此功能与目的各有千秋，但复杂的结构和要求极高的电控气控对我国目前的中小企业的技术水平不相适应，很难消化吸收和普及。因此照搬国外的设备是不可行的。

我们针对国外大型设备与我国大多数中小企业不相适应的问题，结合我国地阔人多、技术和工人素质跟不上、企业经济能力小、购买大设备较困难等国情，决定走简化结构、完善功能、经济实用、便于推广的设计思路。即根据国外同类设备的原理，保持其主要的功能，分解动作，走单机自动全线半自动的设计路子。

经反复研究和比较，设定生产线工作过程的生产工艺流程见图1。

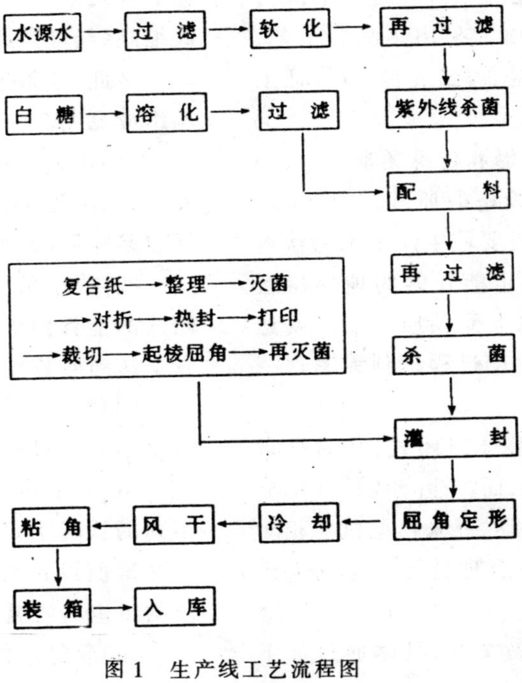

图1 生产线工艺流程图

根据用户的经济承受能力，还把生产线设计成简易型、普通型、标准型三种档次，价钱以15万元到80万元，随客户选择。产量1200盒—1500盒/h。

3　生产线的特点、功能与设备配置

根据我国国情，我们把生产线的特点定义为：经济、实用、国产化、适应性强和占地小、易安装维修、投资少、见效快，一般厂家能接受。

作为一条完整的纸包装饮料生产线应包括纸包装饮料生产的所有工序的单机和系统，但也不能包罗万象，应适合一般用户的需要。我们根据生产工艺流程的需要把此生产线定为：由水处理开始，到配料、饮料及包装材料杀菌、制盒、灌装封口、折角、粘角、输送、装箱全过程，采用若干设备和系统来完成。根据各个功能设计配置如下：

(1)水处理：采用三级处理法。即先用砂滤棒过滤，经离交换软化，再经紫外线杀菌器预杀器和砂滤器复滤。需配置砂滤棒过滤器、离子交换器、紫外线杀菌器。

(2)配料与杀菌：采取分罐配制，边配制边杀菌的办法。设置化糖锅、过滤器各1个，配料罐、储料罐若干个，饮料泵若干台，高温杀菌器或超高温杀菌机1台。由于采用热灌装工艺，杀菌后的储料罐要有保温、恒温装置，以保证工艺要求的灌装温度。

4　生产线的技术关键和特殊要求

通过分析国外同类设备的原理，我们认定本生产线的关键技术就是要使生产出来的饮料产品在常温下无需冷藏也能长时间地保持新鲜，至少也能保持半年以上而品质不变。要达到这一点，必须使整个生产过程达到无菌这一特殊要求。

国外同类设备多为整体封闭式，且为全自动，外来污染的机会甚少，而本生产线设计是分体式，单机自动全线半自动，外来污染机会相对增多，稍有疏忽或设计不合理就无法达到无菌包装之要求。

我们抓住无菌二字做文章，具体通过如下办法来实现：

(3)制盒：这是生产线主机之前半部分。设计其主要功能为：把卷筒复合纸经整理，去掉可能存在的绉折、灭菌、对折、检测、热封、打印日期、裁切、开口、抹边、抹角、冲压起棱成方盒。由二台机器组成。每一台机器由卷筒复合纸做成开口的双边封形式的纸袋，第二台机器由开口的纸袋制成开口的砖形方盒(容器)。

(4)灌封、屈角定形：这是生产线主机的后半部分。设计其功能为：进行盒子消毒(二次杀菌)、定量灌装、封口、屈角定形。这部份也由二台机器组成，第一台机器完成盒子二次消毒、定量灌装和封口。第二台机器完成屈角、整理、定形，即把封口后呈△型的产品变为砖形和屈好角耳，成为外形整齐美观、线条流畅、棱角分明的砖形产品。

(5)冷却、风干和粘角：这是生产线的辅助设备，设计其功能为：把屈好角耳的产品进行冷却、外表风干和粘角贴吸管，分三个步骤完成。第一步先冷却，采用自来水喷淋式。第二步接着风干，采用热风品字形三面吹干形式，第三步粘角和贴吸管，采用半自动形式。三个工序在同一输送形式的流水线上完成，随即装箱入库。包装形式采用27盒1箱，用瓦楞纸托盘外裹热收缩膜，经红外线热收缩包装机包封。

至此，全条生产线的生产功能基本完善，结构组成见图2。

(1)包装材料采取二次灭菌，首次为双氧水浸洗，二次为灌装前的纸容器用蒸汽再杀菌，确保包装容器(即纸盒)的无菌；

(2)饮料采用超高温瞬时灭菌，随即输入封闭式的能保温的储料罐，由储料罐通过封闭式管道送到灌装缓冲罐直通定量泵；

(3)整个送料管道采用双联串通式，便于管道化学消毒和蒸汽消毒；

(4)采用热灌装，减少细菌二次污染，根据不同的饮料确定不同的灌装温度，并在灌装机缓冲罐前设置小型自动恒温罐，以确保工艺要求的特定料液温度；

(5)灌封过程不染菌，参考国外无菌装填机的结构原理，实行封闭式的充填与封口。盒子经二次消毒即进入无菌的封闭式的灌封机组进行灌封，确保饮料在无菌状态下充填和封口；

(6)设法灌满不存空气，用特殊手法使盒子完全灌满，让饮料保存于无空气的包装盒内；

(7)灌装车间保持无菌，采取预先消毒，封闭形式进行生产；

(8)在材质方面，凡与包装材料和饮料接触的部位及机器外壳均采用不锈钢制造。

5 研制结果

按照上述设计，本公司于一九八八年试制出第一条生产线，先在广东省信宜县远东饮料厂投入使用，结果一举成功。所生产的几种饮料经广东省食品卫生监督检验所检验，完全符合食品卫生国家标准，外观可与进口的媲美。随后又有福建省云霄县云宝软包装饮料厂和河南省华升饮料厂等40多家企业相继应用。现将其中三个应用厂生产的纸包装饮料检验结果汇总如下表：

表1 应用厂家饮料产品检验结果汇总表

应用厂家	产品名称	检验结果					检验单位	报告日期
		细菌总数个/ml	大肠菌群个/100ml	致病菌	防腐剂	卫生学评价		
广东信宜县远东饮料厂	菊花茶	0	<3	未检出	未检出	抽检样品检验结果符合冷饮食品卫生标准	广东省食品卫生监督检验所	1989年6月17日
广东信宜县远东饮料厂	山楂汁	0	<3	未检出	未检出	抽检样品检验结果符合冷饮食品卫生要求	广东省食品卫生监督检验所	1989年9月21日
广东信宜县远东饮料厂	山楂可乐	0	<3	未检出	未检出	抽检样品检验结果符合冷饮食品卫生要求	广东省食品卫生监督检验所	1989年6月26日
广东信宜县远东饮料厂	粒粒橙	0	<3	未检出	未检出	以上项目检验结果符合冷饮食品卫生要求	广东省食品卫生监督检验所	1990年6月26日
广东信宜县远东饮料厂	粒粒菠萝	0	<3	未检出	未检出	以上项目检验结果符合冷饮食品卫生要求	广东省食品卫生监督检验所	1990年6月26日
福建省云霄县云宝饮料厂	菊花茶饮料	<10(新法)	<30(新法)	未检出		所检项目符合GB2759—81标准	福建省云霄县卫生防疫站	1992年4月9日
河南省华升食品饮料厂	菠萝汁	<10		未检出		抽检样品所检项目符合GB2759—81标准	河南省孟县卫生防疫站	1993年6月25日
广东信宜县远东饮料厂	山楂汁	1	<3	未检出		感观：色泽纯净透明、无混浊、无沉淀、无杂质呈淡橙黄色，有山楂特有的气味和滋味，上述检验项目检验结果符合冷饮食品卫生要求	广东省食品卫生监督检验所	饮用末期限1990年2月13日 检验日期1990年2月5日 报告日期1990年2月7日

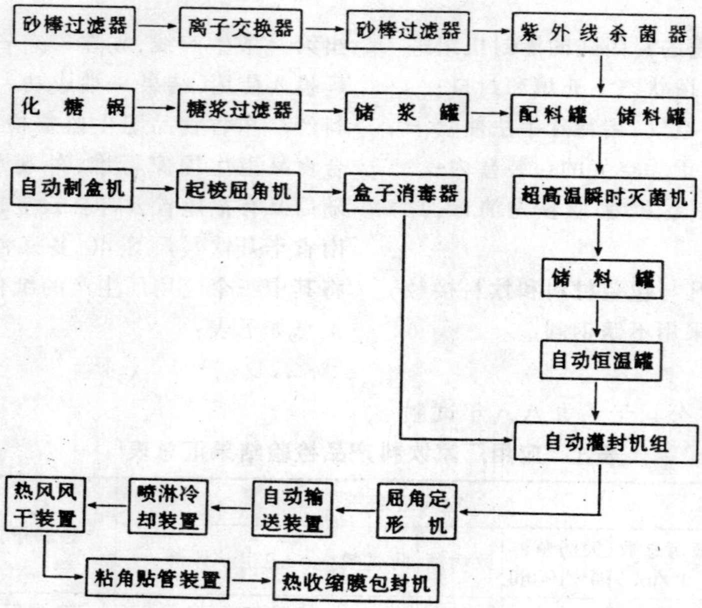

图 2 生产线组成示意图

广东信宜县远饮料厂	山楂汁	<1	<3	未检出		经检验细菌指标符合国家冷饮食品卫生标准,可以食用,同意在柳局铁路站车内销售	广西柳州铁路局食品卫生监督检验所	1990 年 6 月 8 日
广东信宜县远东饮料厂	山楂可乐	<1	<3	未检出				

外观质量见下图：

图 3 纸包装饮料外观实照

据目前生产销售出去的 40 多条生产线之用户反馈,全部运转正常,普遍收到了好效益,反映良好,就连国外的客商也纷纷来函来电要求订货,前景喜人,我们公司也因此每年增加产值千多万元,利税增加 200 多万元,并获得 8 项国家专利和十多种殊荣。

6 问题讨论

复合纸无菌包装饮料生产线在国内还是一个新的课题、新的产品,一切都在摸索中,但它恰恰符合我国近十年包装与食品机械发展方向，作为新产品已充分显示出强大的生命力。首先它受到各界的承认和好评，当然也有很多地方有待改进和提高。尽管这样，它仍不失为一种好产品，一项新成果，实践证明基本达到设计要求，并具有以下几大优点：

(1)采用全机械驱动形式，弃掉复杂的气动和电控，全线动力电耗仅 5.5kW，大大节省了能源，且可根据用户实际情况配用 220V 电源，适应性较强；

(2)单机自动，结构简单，功能齐全，动作分解，易安装使用与维修，无需特殊技工；

(3)经济实用，国产化，无后顾之忧，同时投资少、见效快、收益大，很适宜中小企业和个体户上马，容易被用户接受；

(4)小巧玲珑，占地少，工艺精，摆设灵活，使用国产复合纸，适合国情；

(5)造价低，产量适中，利于全国普及应用；

但与国外同类先进设备相比，仍有不少不足之处：

(1)全线自动化程度还不够高；

(2)从外观看，钣金尚欠精益求精；

(3)国产电器元件性能不稳定，影响生产的运转稳定性；

(4)本饮料产品的外观质量与进口设备生产的相比仍有一定差距。

但是，随着实践经验的积累和不断改进提高，我们在短期内定会赶上国外先进水平。

人机工程学在包装结构设计中的应用

南昌大学工业设计系　熊兴福
江西省包装技术协会　卢善芬

摘　要　本文研究运用人机工程学的有关原理，来进行包装箱体的结构设计，目的是使工人能够舒适、安全、高效、健康地进行工作，减少疲劳，提高工作效率。

关键词　人机工程　包装结构设计

引言

现代包装进入重视消费者的时期，包装设计不仅要满足功能性要求，其内容不能仅局限于造型的新颖美观、大方；色彩符合现代人的欣赏习惯，新材料、新工艺、新结构的科学应用等，还必须在包装结构设计上使包装轻便、省力、方便，符合人机工程学的科学要求。

包装结构设计重要的一环就是确定包装的体积及重量。过去由于包装设计不够规范，包装的体积和重量设计没有一个合理的理论依据，有的体积设计过大、重量过重，人为造成工人搬运、装卸摔包(野蛮搬卸)，使包装破损，内装产品损坏。有的体积过小、重量过轻，造成搬运次数过多，工人也易疲劳。1984 年开始全国包装大检查以来，国务院各部门和各地重点抓了 9 大类 22 项大宗商品包装的改进，每年为国家减损、增收 10 多亿元。但是直到 80 年代末，我国每年因产品包装不善而造成的经济损失高达 100 多亿元。其中相当是由于体积、重量设计不合理，野蛮搬卸造成的。目前运输包装的箱体设计大致有二种方法，一种是根据内装产品的大小直接加放系数(需缓冲的还需加缓冲衬垫厚度)确定箱体体积。另一种是带中包装的箱体设计，这时需考虑中包装的数量和排列方式来确定箱体体积和重量。后一种箱体设计，多是从箱体的纸板用量、堆码强度、抗压强度和美学因素来考虑，还没有把人这个关键因素考虑进去，如人的生理机能、肌肉施力范围等。而人的因素对于防止野蛮搬卸,减少疲劳,提高效率起着至关重要的作用。

在包装结构设计中,探讨人机工程学的目的,就是在遵循力与美的规律的同时,必须符合人体的功能要求。在设计时应该考虑到能够创造一个优良的工作条件,使包装工和装卸工能够舒适、安全、高效、健康地进行工作。减少工人精神上的负担和工作疲劳,这样必能会扩大经济效益,提高管理水平和改善工作质量,有利于市场竞争。

因此,要设计出一个结构科学、造型优美、装潢考究的包装体,就必须首先从人机工程学的观点出发,去确定符合人体测量学特点的合理的造型尺度,选择合适的包装件重量。既要考虑设计的科学性又要考虑设计的艺术性,使包装的结构设计趋于完美。

一、造型和结构尺度

要使一个包装体的结构设计符合人机的总体要求,则在设计时,就必须首先考虑人体有关部分的正常尺寸。

人体的正常结构尺寸是在特定的姿势状态下,按统计规律得出的数据,这些参数在一定程度上受到人体姿势的影响,在本文中,仅从站姿作业来考虑。

(一)包装箱体尺寸的设计

凡属需要人工装箱和人工搬运的包装箱的尺寸设计,应考虑工人在站姿下的操作空间,以减轻疲劳,避免差错,提高工作效率,这就取决于人体的结构尺寸,人肢体的有效活动范围,及肢体的最适宜用力范围等。

1. 箱长尺寸的设计

与箱长尺寸直接有关的因素是人站立时上臂外展角度(如图1所示)。

研究资料表明,人搬运时最有利的上肢活动角度是上臂外展5°—20°,在此范围内,肩部肌肉不会处于紧张状态,人搬运时是舒适而高效的,外展超过25°时,则工效明显下降。[1]

本文取上臂外展20°,为基本操作姿势,以此作为确定包装箱长的依据。

$$\sin 20^\circ = \frac{x}{\text{上臂长} + \text{前臂长}}$$

取男性上臂长、前臂长为设计依据。见表1,[2]则:

$$\sin 20^\circ = \frac{x}{313 + 237}$$

求得 x = 188 毫米。所以箱长为:374 + 2 × 188 = 750 毫米也即箱宽以最大不超过750毫米左右为宜。

表1 人体尺寸

测量项目 \ 性别	男 50%	女 50%
上臂长	313	284
前臂长	237	213
肩　宽	374	351

2. 箱宽尺寸的设计

根据力学原理,包装工或搬运工在上提包装箱的过程中,箱越近身体,阻力臂越小越省力。如图2示。

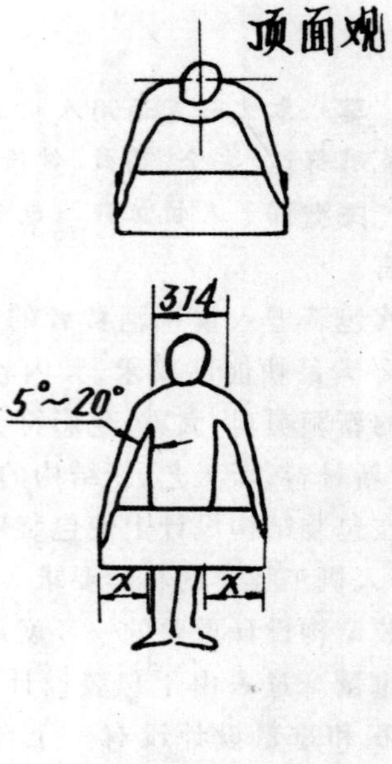

图1

若包装箱重为W,人躯干中轴线为G,背肌为M,X为包装箱距中轴线G的距离Y为背

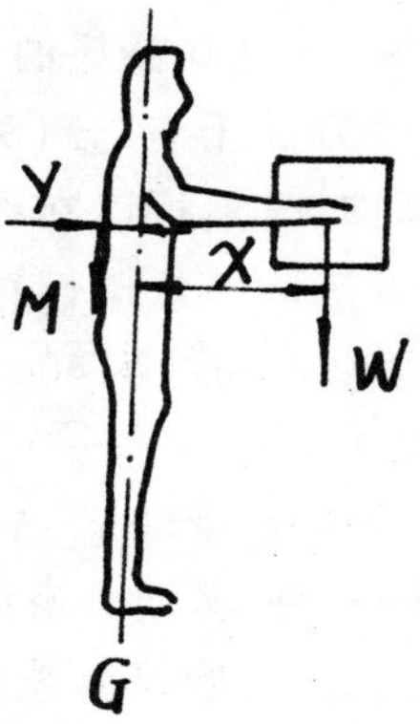

图 2

肌作用线距中轴线 G 的距离。

要使人搬运包装箱时保持稳定性即要 $W \times X = M \times Y$，由公式可见，在力臂 Y 不变的情况下，阻力臂越小，越省力。而阻力臂的大小直接与箱宽有关(见图)，箱宽必须在一个适宜的范围内，太宽阻力臂过大，肌肉易疲劳。

根据日本小原二郎用肌电图测试肌肉活度所得出的结果[3](见图 3)，人站立时上肢在立面内上下移动，每只手都有它的费力费时最小的作业区域，如超出这一范围，又不改变站立姿势，则肌肉易疲劳，工作效率低。

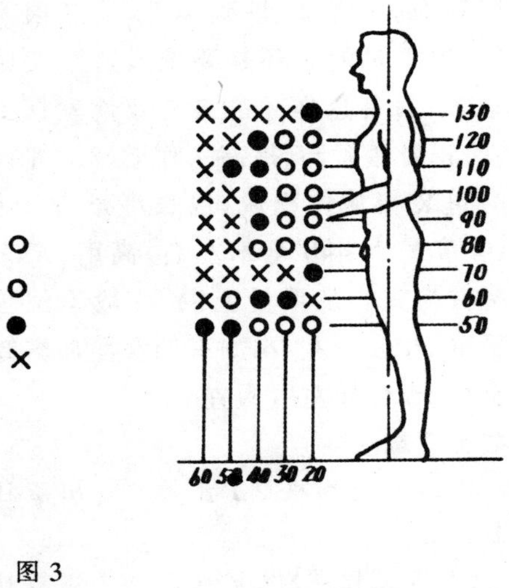

图 3

由图可以看出，当手提箱在近腰高(800—900 毫米)和近肩高(1100—1200 毫米)位置时，手的位置在离开身体轴线 200—300 毫米较适宜，这个位置也正好是人搬运箱及进行堆码箱的适宜高度。

如图 3 所示，若考虑人的中轴线距躯干前端约 80 毫米，则建议包装箱的最大宽度以 2×(300—80)＝440 毫米左右为宜。

3. 箱高尺寸的设计

根据瓦楞纸箱堆码、抗压强度理论，周长一定，纸箱高度越高，堆码越趋于不稳，抗压强度下降越大。一般设计纸箱高度可取 $H \leqslant B$[4]，所以纸箱高度设计建议最大不要超过箱宽，即以 440 毫米为宜。

二、包装箱重量的选取

包装箱重量应针对不同的人体来选取。一般来说，单位时间内人体承受的体力活动工作量负荷必须处在一定范围之内。负荷过小，不利于工人工作潜能的发挥和作业效率的提高，工人搬卸时，可能造成抛掷，引起内装物破损，同时也造成人力的浪费。负荷过大，超过了人的生理负荷能力的限度，必然造成野蛮搬卸、摔包，同时会造成损害工人的健康。

一般情况下，人体的最佳工作负荷是，在正常情景中，个体工作 8 小时不产生过度疲劳的最大工作负荷值。最大工作负荷值通常可以能耗、心率、及最大摄氧量的百分数表示。本文主要从人体肌肉的能量消耗来分析研究。

国外一般认为，能量消耗 5 千卡/分的工作负荷为最佳负荷[5]。中国医学科学院卫生研究所也曾对我国具有代表性行业的 262 个工种的劳动时间和能量代谢进行了调查研究，提出了如下能量消耗界限，即一个工作日(400 分钟)的总能量消耗应在 3.5—4 千卡/分之间，最多不超过 5 千卡/分。

表二[6]、[7]是按肌肉负荷划分的体力工作等级，考虑到包装作业的性质，再结合上面的分析，得出包装作业(搬卸包装箱)以中等劳动强度(能耗为 4—6 千卡/分)为宜，这样人体不易疲劳，可有效地防止野蛮搬卸，有利保护内装商品。

表 2　按肌肉负荷划分的体力工作等级

工作类型	工作能消耗量（千卡/分）	举例
最轻的	～2	坐着的办公室工作
轻	2～4	主要坐着工作、搬运10公斤以下货物
中等	4～6	大部分生产中完成的工作、搬运15～20公斤的货物
重	6～9	手工装料、搬运重量大于25公斤的货物
很重	9～	锻工劳动、搬运重量大于50公斤的货物

图4[4]是我国成年男子用双手能从地面提起物品的平均重量与提起高度之间的关系。从图中可以看出，要把重物提至近肩高（1200毫米左右）来码垛，则重物最适宜的限重为20公斤左右。女子提重大约只有男子的四分之三左右即15公斤左右为宜。在这样的重量范围内搬运时，肌肉不易疲劳，工作效率高，这与表二的中等劳动强度是一致的。

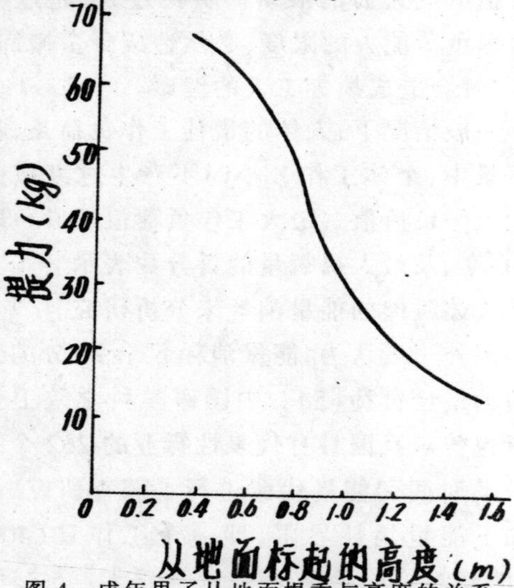

图4 成年男子从地面提重与高度的关系

资料表明，利用评价劳动强度的能量消耗来指示劳动期间需要多少间歇时间，可用公式表示为：

$$Tr = T休 / T劳 = (M/4 - 1) \times 100\%$$ [6]

式中 Tr以劳动时间的百分率表示；

T休为工间间歇时间；

T劳为劳动时间；

M为劳动时增加的能量消耗。

例如，搬卸15—20公斤的包装箱，属中等强度劳动，能耗为5千卡/分（见表2），在人的最佳工作负荷内，显然可以在稳定的状态下连续工作，即除了工间的保健性休息和吃饭外可以连续工作，劳动时间可达400分钟，相当于劳动时间率为83%。

如若包装箱的重量增至25—30公斤，这时能耗达7.5千卡/分，劳动时增加的能量消耗达6千卡/分（一般人安静时的能耗为1.5千卡/分），则

$$Tr = (6/4 - 1) \times 100\% = 50\%$$

即从事这种强度的劳动时，工间间歇应为劳动时间的50%，这说明工人要恢复疲劳，就需要更长的工间休息时间，劳动效率显著下降。

综上分析，一般单位包装箱的限重以20公斤左右为宜，如有妇女参加的搬卸则以15公斤左右为宜。

结论

在包装结构设计中运用人机工程原理来进行包装箱体的重量和尺寸的设计，其目的就在于最终的结构设计能使包装工、搬运工、消费者在装卸、搬运、携带箱体时感到舒适、安全、健康、高效。为此，包装箱的重量和尺寸的设计除考虑纸板用量、抗压强度、堆码强度、美学因素（尺寸比）外，很重量的一环是要把人这个关键因素考虑进去，只有这样才能最有效地发挥工人的潜能，防止野蛮搬卸，提高工作效率。建议人工搬卸的包装箱从体积说，以长度最大760毫米左右，宽度最大440毫米左右，高度，最大440毫米左右为宜。从重量上说，一般单位包装箱重量最重20公斤左右，如有妇女参加搬卸的包装箱重以15公斤左右为宜。

主要参考文献

【1】马秉衡，戎诚兴：《人机学》冶金工业出版社1990P231

【2】丁玉兰：《人机工程学》北京理工大学出版社1991P37～41

【3】郑祥光，邱时灿：《生活中的人体工程学》四川科学技术出版社1985P37

【4】赵延伟，孙诚：《包装结构设计》湖南大学出版社 1990P212～215；P61～62
【5】马江彬：《人机工程学及其应用》机械工业出版社 1993P75～76
【6】李清璧，徐斌：《工效学概论》人民卫生出版社 1983P33～36
【7】捷 M.施密德：《人机功效参数》化学工业出版社 1988P78～79

试论我国中小型包装企业的发展战略选择

株洲工学院　王润球　李宇飞

摘　要　从我国包装工业的现状出发，分析了当前中小型包装企业的主要特点，并在此基础上提出了中小型包装企业战略发展选择的一些基本思路。

关键词　包装企业　发展战略　选择

在科学技术和经济建设迅猛发展的今天，包装工业发展水平的高低已成为一个国家技术工艺水平、机械自动化水平，材料工业发展水平、经营管理水平和工业文明水平的一个重要标志。我国包装工业在改革开放以来已有了长足的发展，但相对于世界包装工业发展的先进水平仍然存在着很大的、全面的、综合性的差距，仅仅处于起步和发展的阶段。其现状还难以适应我国社会主义市场经济发展和与国际经济发展接轨的需要。目前，我国包装工业发展中一个较为突出的问题是产业结构不合理，不能形成规模经济。这种状况既加重了包装资源的过量消耗和严重短缺，又造成了包装生产能力的相对过剩和利用的绝对不足等问题，许多中小型包装企业经济效益日益滑坡，有些甚至陷入难以走出的困境。因此，包装企业如何在日益激烈的市场竞争中继续生存发展，是摆在每一个包装工业企业面前的现实问题。

一、我国包装工业的现状

改革开放以来，社会商品经济的发展给我国包装工业的迅速发展提供了条件和动力。包装工业产值已由 1980 年 72 亿元上升到 1993 年的 796 亿元。80 年代以来，我国在包装原材料、包装容器和包装印刷等方面进行了规模较大的技术引进，实现了包装制品在数量、质量和品种上的一些突破，并相继建成了一批重点包装产业的骨干企业，对我国包装工业的发展起了重大的推动作用。进入 90 年代以后，包装工业产值以平均每年递增 20.3% 的高速度持续发展。

但是，由于我国在一个相当长的时间内没有把包装工业的发展提高到影响国民经济发展的重要位置上，使得包装工业的技术基础呈现先天性的发育不良，因而在改革开放后的市场经济条件下，包装工业的发展表现出明显的后劲不足。不论包装产业在改革开放的近 20 年中获得了怎样巨大的发展，如果客观地就其所拥有的劳动手段和总和和生产工艺水平的总状况来看，包装工业现有的技术基础仍是十分薄弱的。这种薄弱的状况，其特征主要表现为实力差、水平低、规模小、结构不合理四个方面。同时，由于缺少一个长期稳定有力的包装产业政策，受条块分割的投资体制限制，包装工业投资不足，且分散严重，形不成规模经济。目前，我国包装企业中一个很明显的问题就是达到规模经济的企业太少，大多是中、小型企业。整体表现为生产厂家多、投资分散、项目布点乱、盲目上项目、重复引进生产线，导致包装工业组织不合理。在产业发展安排上，重包装制品轻包装材料，重设备轻技术，重生产轻研究开发，导致包装工业企业内部结构不合理;包装产品品种少、水平低,企业发展速度慢,满足不了日益开放的市场要求;相关工业发展滞后,包装产业市场体系不完善。这些问题共同制约着包装工业的进一步发展,使我国包装工业与世界包装工业先进水平存在很大差距,且随着技术更新速度的不断加快,这种差距呈现出越来越大的发展趋势,这不仅影响我国对外贸易的发展,也影响到我国国民经济的自身发展。

二、当前中小型包装企业的主要特点

长期不合理的包装产业政策和"一等商品、二等包装、三等价格"的这种扭曲了包装市场状况,孕育了我国众多的中、小型包装生产企业。我国包装企业中,除80年代以后新建的少数一批重点骨干企业外,大多数包装企业的前身是"一五"、"二五"时期的街道小厂和小型集体企业。这些企业组建时,本身基础就差,加上后来投入不足,规模发展也十分缓慢,其中相当一部分小企业,不讲工艺,不讲质量,不讲产品水平,与大企业争原料,争资金,争市场,使得我国包装工业长期在低水平徘徊。可以说,我国包装企业的主体基本上是中小型企业。这些企业一般具有以下特点:

1. 产量小,达不到最小经济规模,产品成本高,消耗大,综合效益差。

2. 产品多以包装容器的生产为主,品种少。很多主要的原材料或辅助材料、先进的包装机械以及包装生产设备均依靠进口,包装和产品的配套体系不完善、不稳定。产品水平较低,质量不高,技术开发能力低,抗风险能力差。

3. 资金投入少,现有技术装备、工艺水平和管理水平相对落后,企业实力弱。技术改造能力不强,滚动发展后劲不足。

4. 包装技术引进的消化吸收能力低,引进设备及零部件的国产化进程缓慢。

5. 缺乏较高素质的职工队伍。

三、中、小型包装企业的战略发展选择

科学技术的进步与现代包装工业的发展有很强的线性相关关系。当前科技的发展,使包装工业资金密集型、技术密集型产业的特点越发突出。我国中、小型包装企业自身的特点,决定了它们在未来的国际国内两个市场、两种竞争中的生存空间将越来越小,如果靠其自身的竞争能力单枪匹马地去参与竞争,想要在这种日趋激烈、残酷的竞争环境中立足取胜,可以说,几乎是不可能的。因此,向大型企业、大集团靠拢,通过对现有企业的技术改造和企业之间的联系与兼并以及股份制等形式建立起跨地区、跨部门的企业集团,推动包装企业的重新组合,走联合发展的道路,无疑是一条既有利于包装企业生存发展和提高企业规模经济水平,又有利于促进我国民族包装工业快速成长的有效途径。联合发展将是我国包装工业下一阶段发展的总的趋势。因此,从包装工业的整体效益出发,建立大生产体系,成为我们解决包装工业内部企业规模不合理和中小型包装企业战略发展选择的基本思路。

1. 走联合发展道路的必要性

(1)产业结构调整的要求。包装产业结构调整的目标就是通过包装产业内企业组织形式的变化,推动各种分散的包装生产能力向集中化生产靠拢,通过包装企业间的联合与兼并建立企业群体和企业集团,重新调整企业分工,从包装产业的再组织中重新选择经济优势。中国包装总公司和中国包装技术协会,要为国家有关包装产业政策的制定提供决策依据和参考建议,促进包装工业投资的集中和产业的重组。要重点解决生产厂点多、投资分散、审批项目乱、重复引进及引进设备国产化速度慢等问题,初步确立少厂点、大批量生产体制和少数大型企业间有序竞争的市场结构。在包装产业内推行包装企业之间的兼并与联合,建立包装企业群体和企业集团,从包装产业内部再组合形成新的组织形式,是解决包装企业实现规模经济的一条重要途径。

(2)实现包装企业技术进步的要求。包装企业要提高经济效益,增强市场竞争能力,必须依靠技术进步,改变粗放经营状态,向集约型模式转变,从而扩大生产规模,达到规模经济。但是实现技术进步,无论对哪个包装企业来说,都不是一件轻而易举的事，在目前的条件下，众多的中小包装企业，由于技术、资金、人员、资源、厂房、设备等限制，使得单独一个企业的规模很难扩大。只有通过各企业的联合，组成集团性企业，同时结合包装行业技术、产品的特点，确定最佳联合规模，使资本、人才等达到高度集约经营，才能更好地推动技术进步。提高企业的起始规模程度，使企业真正进入规模经济的运行轨道。按集中化形式组织包装工业生产，这一方面是包装工业技术进步的要求，是大机器生产体系自身不断进步的要求；另一方面，也是节约包装工业生产中的社会劳动和其它生产要素消耗的要求。同时，通过中、小型包装企业的兼并联合，有利于增强企业技术改造的能力，在技术改造过程中，可以利用规模经济为目标来追求包装生产设备的大型化、高效化和专用化，采用大批量生产体系，促进整个包装产业的技术更新。因此，通过中、小型包装企业的兼并与联合，必然有利于整个包装产业先进技术的采用，因而更能为包装企业的技术进步和企业的进一步发展创造条件。

(3)国际竞争压力的要求。我国国内企业之间的竞争是战术的竞争，是择优发展的手段，联合则是战略的联合，是择优发展的目标，而我们与国外企业之间则是战术的联合和战略的竞争。随着对外开放的进一步扩大和我国市场经济发展逐步与国际市场经济的接轨，国内各个包装企业的最终竞争对手必定是国外的包装企业集团，面对的将是激烈竞争的国际市场而不是封闭的国内市场。如果我们没有一定竞争实力的国内包装企业集团和具有较强竞争能力的拳头产品，要想在国际市场竞争的汪洋大海中抗大浪是肯定行不通的。可以说，在未来的国际竞争环境中，难以有独立的中、小型企业的立足之地。中、小型企业虽然船小好调头，但终究抗不起大浪。因此，不联合是不行的，中、小型包装企业尤其如此。只有联合，才有利于大幅度增加集中投资力度，缩小同国际先进水平的差距。

2．包装企业联合发展的基本原则

(1)一定的生产力发展水平和生产技术条件是决定生产组织形式的最根本的影响因素。因此，兼并与联合必须以技术可能为前提，不论是什么性质的兼并和联合，均要有利于整个包装产业的先进技术的采用和企业的技术进步，更要能为企业的进一步发展创造条件。

(2)合理的生产组织形式的最高目的就是要提高包装产业的经济效益。经济合理是包装产业内生产组织形式选择的重要依据，规模经济的实质也正在于此。因此，包装产业内各企业之间通过兼并与联合所形成的新的组织形式必须以能带来收益增加或消耗减少为基本准则。

(3)包装企业是包装产业存在的基础，只有搞活企业才能搞活产业。因此，在实行兼并与联合和选择某种具体的企业组织形式时要充分考虑是否有利于搞活企业；是否有利于调动企业的积极性；是否有利于建立和发展合理的企业间的竞争关系，是否有利于增加企业自我发展的外在动力；是否有利于企业间结合关系的优化选择等等。

3．联合发展应注意的几个问题

经济联合对包装产业内生产力的再组合起十分重要的作用。为了保证这种作用的有效发挥，根据包装产业的实际情况，有必要注意以下几个问题：

(1)单个包装企业现有资金的积累能力偏低，因此，在实行联合发展时，有必要专门考虑如何实现资金的集中问题。通过转让部分或全部产权，由大型企业集团实行控股、参股，大企业既可以资金、实物入股，也可以技术转让入股，最终使中、小企业纳入大企业的整体规划，熔为一体。这种方式可以使中、小型企业直接享有大型企业雄厚的资金、技术、装备、产品、零部件的配套和产品销售道及管理等方面优势，伴随大型企业的发展而同步发展；同时大企业也可以较少的投入扩大实力，获得较大的收益。

(2)包装产品自身功能的依附性，要求我们在实行经济联合时不仅仅看到包装产业内部的企业，而且要注意与其它需用包装量大的企业联合，以保证包装产品销售的均衡稳定，并通过包装而产生的市场效应来诱使其它产品生产企业的生产要素向包装生产领域转移，造成整个商品生产过程的进一步合理分解。

(3)具有一定实力的大中型包装企业也可以直接联合，共生发展。这种方式适合于具有同系列、同类型产品而本身规模又均不能处于主导地位的企业之间或者是专业互补型企业之间的联合。形式上，可以是合并、互相参股或以一方为主控股等方式。如果几家大中型企业能够以一定的形式形成有机的联合，成为一个企业集团，利用各自在技术、产品、生产能力等方面的优势，无疑将有利于联合各方的生存和发展，实现规模目标。

(4)包装产业的自身生产要素不足，也是需要重视的一个问题。对此，可以采取与其它生产要素的结合利用为目的联合方式，以弥补其自身的不足。

(5)经济联合不论形式如何，其实质是对企业规模专业化协作形式的优化选择过程。从包装产业的实际情况来考虑这一选择有着非常重要的意义。例如，包装材料和包装机械生产部门要考虑对自己的专业化及协作对象的选择；包装制品生产部门要考虑对自己服务对象的选择等。

(6)包装企业规模小、数量多、利益主体不同、隶属关系复杂，在搞经济联合时，要注意自愿互利原则，没有这一点就难以达到上述的预期效果。因此，利用经济方法，利用适宜的竞争条件，利用自己那一部分市场优势，利用自己所掌握的各种有吸引力的信誉权力(如包装产品的生产认可权)，对包装企业的联合进行必要的引导。

Brief Discussion on the Selection of Developing Tacties of Mid-Sized Packing in Our Country

Wang Runqiu Li Yufei
(Zhuzhou Instite of Technology. Zhuzhou, 412008)

Abstract From the present situation of our packing industry. the article makes an anlysis on the main features of mid-sized packing enterprise, and a set of tactic selection approach has also been presented.

Key Words packing enterprise; developing tactics; selection

我国纸包装制品的现状与发展前景分析

株洲工学院 周树高 丁 元

摘 要 随着纸包装制品产量的增加和品种的多样化，纸包装制品的作用和地位已大大提高。“绿色包装”的兴起和食品纸包装化，将使纸包装制品的发展前景更为广阔。

关键词 纸包装制品 现状 发展前景 分析

十多年来,我国包装工业发展很快,年均递增20%,在国民经济40个行业中已跃居第16位,包装工业每年承担着30 000多亿元工农业产品和1 000亿美元出口商品的包装任务,初步满足了国民经济发展的需要。

随着包装工业的发展,现代商品包装材料的四大支柱—纸、塑料、金属、玻璃等都有了较快发展,详见表1、表2。

表1 各类包装制品产量 万吨

类别	1988年	1990年	1993年	1995年	1995年比1988年增长
纸制品	274.83	336	400	570	+295.17
塑料制品	84.35	87	160	180	+95.65
玻璃制品	428.62	444	620	650	+221.38
金属制品	66.94	69	104	120	+53.05
合　计	854.74	936	1285	1520	+665.25

表2 各类包装制品所占比例情况 %

类别	1988年	1990年	1993年	1995年	1995年比1988年增减
纸制品	32.15	35.89	31.13	37.5	+5.35
塑料制品	9.87	9.20	12.45	11.84	+1.97
玻璃制品	50.15	47.44	48.25	42.76	−7.39
金属制品	7.83	7.37	8.17	7.89	+0.06

从表1可以看出,四种包装材料中纸制品的产量增长最快,如表2所示,纸制品在四种包装材料中所占比例的增长,也是最快的。这种包装产品结构的发展趋势,与我国包装工业发展纲要中“在包装产品的发展上,要以纸包装制品为基础”的基本方针十分吻合。

纸包装容器具有成本低、节省资源、便于回收等优势,且机械加工性能好、能适应高速机械化大生产、易于印刷、使用时无毒无害。因此,在商品流通领域里,不论是用于运输包装的瓦楞纸箱,还是用于销售包装的纸盒、纸袋,或是以纸板为基材的复合包装材料,在工业发达国家都居各种包装材料之首位。美、日、联邦德国、英国等几个主要工业国1993年包装材料所占比重见表3。

表3 某些国家各种包装材料所占比例情况

	纸和纸板	金属	塑料	玻璃	木材	其它
美　国	48.8	20.7	15.3	7.3	4.1	3.8
日　本	45	12	15.6	4.6	13.2	3.5
联邦德国	42	20	22.5	9.6	3.5	2.6
英　国	42	27	8.5	9.5	2.4	10.6

从表3各项指标可以看出,在工业发达国家的各种包装材料中消耗最多的是纸和纸板,一般占40%以上,特别是美国,高达48.8%。在当今节约能源与防治环境污染的国际形势下,无污染、无公害的“绿色包装”正在全世界悄然兴起,既能满足透气、防潮、抗震、抗压等多种

要求，又便于回收利用且不造成环境污染的纸制包装容器，与塑料、玻璃、金属等其它三大包装基材相比，无疑会有更广阔的发展前景。

一、纸包装制品的现状

1980年～1995年的16年中，我国纸箱、纸盒、纸罐、纸杯、纸浆模塑等各种造型的纸制品包装容器发展迅速，花色品种也日益增多。纸包装制品的原材料——包装用纸及纸板的需求量越来越大，纸包装制品的增长速度大于全国纸及纸板的总增长。纸包装制品的有关指标如表4。

表4　纸包装制品产量及其增长情况

类别＼年份	1980	1990	1994	1980～1994年平均增长(%)	1980～1994年总增长(%)
包装纸及纸板(万吨)	314	700	1474	11.70	369.74
全国纸及纸板总产量(万吨)	535	1371	2138	10.40	299.63
包装纸及纸板占全国纸及纸板比重(%)	58.69	51.06	68.94	—	—

从表4可以看出，1980年我国包装纸及纸板仅占全国纸及纸板的58.69%，而至1994年，其所占比例上升到了68.84%，增加了10.25个百分点。包装纸及纸板也由1980年的314万吨增加到1474万吨，15年共增长了3倍多，年均递增11.70%，随着纸包装制品产量的增加和品种的多样化，纸包装制品的作用和地位大大提高。人们清楚地意识到“纸和纸板是包装材料的支柱”，包装纸及纸板在造纸总产量中占50%，纸制品包装在所有包装材料中也占50%。

目前，造纸业状况及纸张人均消耗量，已成为国际上衡量一个国家经济发展水平和社会文明程度的重要标志。据联合国粮食和农业组织按照各地区人均每年基本收入的状况，预测到2000年世界纸及纸板的人均年消耗量为100公斤，亚洲则为13.6公斤。至1995年止世界人均年耗纸量50公斤，发达国家已高达100～300公斤，如美国人均用纸300公斤，日本人均用纸230公斤，而我国不足20公斤，且自给率不到91%，每年需进口大量高档纸浆和废纸，与发达国家的差距十分明显。

综合有关宏观部门的预测分析，2000年以后我国纸和纸板的需求量将超过日本而成为亚洲最大用纸国，我国若从1995年起每年纸及纸板的需求量增长率不少于8%，到2002年，我国纸和纸板的需求量将高达3500万吨以上。而我国在1994年纸与纸板生产量2138万吨的基础上，若每年递增7%，到2002年，总生产量约为3600万吨，产品总量基本能满足市场需求，随着生产的发展和社会生活的丰富，广告用纸、文化用纸、装饰材料纸、新闻纸、包装纸等的需求日益增多，但现有产品质量偏低，花色品种少。据外贸部门统计，出口产品包装材料50%～60%用纸板，其中90%依赖进口解决1994年因国内产品质量不过关，不得不进口包装用纸78万吨。可见，国产纸和纸板的应用门类和产品档次有待提高，我国纸包装制品必须加快发展，并且在产品总量增加的同时，开发高新科技产品。

二、纸包装制品的发展前景

随着“绿色包装”的悄然兴起和食品纸包装化，若能把握市场消费的新趋势，纸包装制品市场有可能迈入广阔的前景。

2. 新的纸包装制品需求量逐渐增大

各种信息用纸(如晒图纸、新闻纸、复印纸、计算机表格纸、色带纸、电传纸、传真纸等)日趋紧俏，品种的需求量增长很快。初步预测，全国新闻纸消费总量到2000年将达110万吨以上，平均年递增7.2%；全国书刊印刷纸消费量到

2000年将达260万吨，年均递增5%；一般印刷书写纸的消费量2000年将达到420万吨；生活用纸将以8%的速度增长，2000年达到180万吨以上，在包装用纸中如复合包装纸、涂料板纸，高光泽卡纸、镀膜纸、涂料纸等的需求缺口日益加大，广告宣传业的发展加大了铜版纸的消费量，商品包装装潢高档化增加了涂料白板纸的用量。在工业配套用纸中，如晒图纸原纸、墙纸原纸、卷烟纸、各种工业滤油用纸等也时常脱销。目前国内生产的纸，因造纸原料结构不合理而导致产品结构不能适应市场需要。我国造纸原料中，制造高档的木材原料仅占12%，草类等非木材原料占60%，废纸占28%，高档原料少，阻碍了纸类产品的开发和高档纸的生产，致使国内生产的纸，多为低中档，高档、优质、高强度纸制品缺口较大。因此，应多生产各种市场急需的纸包装制品，使纸制品包装的产品结构适应市场高档化需求。

2. 保护环境要求，纸袋将取代塑料胶袋

国际卫生组织和国内环保专家认为，国内外将逐步禁止使用塑料食品袋，规定必须用环保纸袋包装，今后购物要用无毒、无害的“全纸质环保袋”。采用100至125克原色或漂白牛皮纸，制造高强度、全纸质的环保购物袋，抗拉力极强，可负荷10—20公斤，十分耐用。纸袋可以用全自动设备一次成型，价格比塑料胶塑纸低40%，而且纸制品易于腐化，既可以回收再生纸张或作植物肥料，又可以减少空气污染，净化环境。此外，纸制品包装可消除人们对误用非食用塑料包装的疑虑，买得放心，吃得安心。纸制包装易于印刷醒目的店名、标志和富有创意的图案，对厂家、商家而言，在支持消除社会公害的同时，也可作流动促销广告宣传企业形象。

3. 传统的粮食包装将被纸袋包装取代

目前，包装用纸正朝着具有防湿、防腐、保鲜、耐火、耐水、耐油、耐酸等多功能发展，传统的布、麻、塑料袋将被纸袋取代，能做粮食包装纸袋的材料是一种伸性纸张，具有吸湿防潮特性，无毒、无味、无污染，层与层之间采用点糊粘接，牢固度很高，密封性比布、麻袋好，很快就会赢得市场。

在我国东部及沿海地区的许多城市，粮食小包装方兴未艾，并且正向中、西部扩展。“八五”末期，我国要求全国大中型城市的粮食小包装率要达到80%～90%。而最适宜粮食小包装的材料便是纸袋，以纸袋作粮食小包装材料在国外已十分普遍，我国也开始采用纸袋包装粮食。国内应用较多的纸袋类型有如下几种：用单层或三层材料制成的自开式纸袋，成本低，适于装面粉、糖、点心等，开启后可直立旋转，便于装填；由单层或多层材料制成多种用途的纸袋，如：皮包式纸袋、扁平工纸袋、尖底形纸袋，保香纸袋等。

4. 纸浆模塑快餐具将取代塑料一次性快餐具

随着社会的不断进步和人们生活节奏的加快，快餐用具的需求量在逐年成倍增长。据统计，1993年我国消耗快餐盒10亿只左右，1994年已突破20亿只，1995年上涨到30亿只，且有不断增长之势。随着快餐用具需求量的增大，塑料一次性快餐具废弃后所带来的白色污染越来越严重，1995年，这些废弃物所产生的垃圾量已达3～4万吨，要彻底处理这些不能在自然条件下降解的白色垃圾，需耗资几十亿元。快餐业的普及，促使人们要求餐饮业推行一次性的碗、盘、杯、碟，从保护环境，消除污染的长远利益出发，快餐业发展的根本途径在于在包装材料上来一次革命，即用纸浆模塑快餐具代替塑料一次性快餐具。

纸浆模塑快餐具用纯自然植物纤维浆料为主要原料，采用先进技术和科学工艺模塑成型，废弃后可自然降解，回收后可作为再生资源进造纸厂回用。并且，纸浆模塑快餐具可用芦苇、稻草、麦杆、甘蔗渣等作原料，原料来源广阔，价格低廉，适合于普通消费阶层，市场竞争力强。该产品是高新科技产品，又是环保项目，按国家有关政策规定可享受优惠待遇，有着极其广阔的发展前景。

包装废弃物回收利用及对策

冯荣魏　黄湘冰

一、包装废弃物回收利用现状

众所周知,包装对保护商品、美化商品、宣传商品以及对商品的贮运、销售、使用都起着重要的作用,对大多数产品而言,没有包装就不成其商品,但是包装随着商品到达目的地和产品的消耗(消费)将失去其功能,多数将成为包装废弃物。包装废弃物在西方发达资本主义国家在重量上约占城市固体废弃物的三分之一,而体积上约占二分之一,我国包装废弃物在重量上约占城市固体废弃物的10%。

人口、环境、资源已成为全世界永恒的主题,环境对包装提出了许多要求,其中绿色包装和包装废弃物回收处理,提高包装废弃物资源化率为最重要的两个方面,本文主要论述包装废弃物回收利用。国外许多国家为了减少包装废弃物对环境的影响以及包装废弃物资源化率的提高,颁布了包装废弃物回收处理及综合利用的法律法规,成立了各种回收利用的机构和企业,并开展了大规模的宣传工作,花大量财力和物力研究回收利用技术,从而取得了许多可喜的成就,我国在这方面的工作起步较晚,有的专家认为我国与先进国家相比,在这方面工作已落后十五年或更多,近十年来,特别是未来十五年,为了适应我国经济快速发展,我国包装工业也会相应得到迅速发展,所以在我国,包装废弃物回收综合利用工作已刻不容缓,决不能走先污染后治理的老路,否则将会付出沉重而难以弥补的代价。

1　包装废弃物

1.1　包装材料消耗量

世界主要国家人年平均包装材料消耗量见表1,从表中可以看出,我国人年平均包装材料消耗量是比较低的,但我国人口有12亿多,所以年包装材料消耗量绝对数却是相当大的,约3千多万吨。

1.2　主要资本主义国家包装废弃物量

主要资本主义国家统计,这些国家包装废弃物的重量占城市固体废弃物重量的三分之一。

表1　各国人年平均包装材料消耗量

国家	消耗量 kg/年
美国	250
日本	200
德国	190
法国	180
韩国	90
独联体	80
中国	30

(1)欧洲共同体国家每年产生的固体废弃物22亿吨,其中1亿吨为城市固体废弃物,13亿吨是农业废弃物,另外8亿吨是工业生产过程中的废弃物,1亿吨城市固体废弃物中各种材料废弃物所占比例见表2,欧洲共同体国家每年包装废弃物达5千多万吨。

表 2　欧洲共同体国家城市垃圾组成

废弃物材料	厨房废弃物	纸	纺织品	玻璃	煤矿渣	金属	塑料
占比例 %	30	25	10	10	10	8	7

(2)美国

据美国 EPA 估算，美国每年产生城市垃圾 1.5 亿吨，按重量计算，垃圾中各种材料的组成，见表 3，按重计算，垃圾中各种材料的组成见表 3，城市垃圾中三分之一是包装废弃物，在包装废弃物中，各种材料按重量计算其组成为：纸和纸板占 47.8%；玻璃占 27.1%；塑料占 11.5%；钢材占 6.4%；木材占 4.6%；铝质占 2.0%；其他为 0.6%。美国每年产生 5 千万吨包装废弃物，其中纸包装废弃物 2400 万吨，玻璃包装废弃物 1350 万吨，550 多万吨塑料包装为弃物；400 多万吨金属包装废弃物。

表 3　美国城市垃圾组成

垃圾材料	纸和纸板	工厂	玻璃	金属	塑料	木材	橡胶	其他
占比例 %	37.1	17.9	9.7	9.6	7.2	3.8	2.5	12.0

(3)日本

据日本厚生省对日本的废弃物处理汇总情况，日本近年来产生的城市固体废弃物约 5 千多万吨，其中包装废弃物达 2 千多万吨，日本 1987—1991 年包装废弃物量见表 4。

表 4　日本包装废弃物量(万吨)

包装材料	1987	1988	1989	1990	1991
瓦楞纸板	696	751	788	820	823
纸和纸板	353	365	379	392	402
塑　料	252	278	303	326	325
金　属	192	205	220	237	242
玻璃瓶	220	230	246	260	242
木　材	154	157	147	147	150
其　他	29	31	34	37	38
合　计	1896	2017	2117	2219	2220

1.3　我国包装废弃物量

我国县属以上包装企业近几年来包装产量每年达 1500 万吨左右，而县属以下包装企业的产量估计也约 1000 多万吨，所以我国每年包装产量约 3 千万吨左右，我国包装产品中只有啤酒瓶，塑料周转箱等回收利用较好，其他产品复用率比较低，从而假设 80% 以上包装产品作为用后变为废弃物来推算，则我国每年产生的包装废弃物约 2 千 5 百万吨左右。北京垃圾综合处理厂，对处理的北京垃圾组成进行分析：纸占 3.55%；塑料占 2.35%，玻璃占 2.75%；金属占 0.45%；织物占 1.65%，渣占 16.35%；炭土占 29.00%，有机垃圾占 43.90%。

2　包装废弃物回收利用

2.1　包装废弃物回收利用现状

(1)废纸回收利用水平

1988 年全世界生产纸和纸板 22736.2 万吨，消耗回收废纸 7458.6 万吨，消耗回收废纸占造纸工业用纤维三分之一，从 1970 年到 1988 年回收废纸需求量增加速度是原木浆增长的两倍，回收废纸每年增长 5%，而原木浆为 2.5%，到 1996 年度底的消耗将突破 1 亿吨，到 2001 年预计将达到 1.3 亿吨，全世界回收废纸利用率从 1988 年到 2001 年将从 32.8% 提高到 41% 左右，1988 年、2001 年世界各地废纸回收率，纸和纸板产量，废纸消耗量等情况分别见

表 5.6。

表 5　世界各地废纸回收率　＊预测数

地区	1988(%)	2001(%)
北美	29.4	42.9
美国	30.2	44.4
西欧	35.8	41.5
东欧和原苏联	29.0	38.7
大洋洲	24.8	31.3
拉丁美洲	33.6	36.8
日本	48.0	52.0
中国	20.4	24.5
其余亚洲国家	34.2	40.9
非洲	16.5	19.0
平均	32.7	41.0

表 6　世界各地纸和纸板产量，废纸消耗量(千吨)

地　区	纸和纸板产量		废纸消耗量		废纸利用率	
	1988	2001*	1988	2001*	1988	2001*
北美	86.737	115.198	19.778	36.030	22.8	31.3
西欧	57.633	73.844	19.811	31.228	34.4	39.6
东欧	17.988	22.193	4.868	8.746	27.1	39.4
大洋洲	2.487	3.864	702	1.271	28.2	32.9
拉丁美洲	10.506	15.909	4.757	7.801	45.3	49.0
日本	26.624	34.892	12.538	19.415	50.9	55.6
中国	12.645	19.760	3.084	8.305	24.4	42.0
其余亚洲国家	12.218	22.431	8.369	15.877	68.5	70.8
非洲	2.524	670	679	1.092	26.9	30.5
平均	227.362	316.669	74.586	129.776	82.6	41.0

美国 1989 年生产了 5490 万吨纸和纸板，消耗 1870 万吨废纸，其废纸利用率为 26.5%，而 1989 年美国废纸回收量为 2500 万吨，到 1995 年，美国废纸回收使用率为 40%，即生产的纸和纸板 40%是用废纸加工而成的。

日本由于缺乏本国生产的木浆，所以造纸中废纸利用率较高，1988 年废纸利用率为 50.4%，而 2001 年将上升到 55.6%，而废纸回收率分别为 48%和 52%，日本瓦楞纸板回收率大于 70%，例如 1987 年时，生产了 675.9 万吨瓦楞纸板，而国内回收瓦楞纸板达 475.4 万吨，回收率达 70.3%。

我国 1988 年废纸回收率为 20.4%，到 2001 年预计可达 24.5%，1988 年我国纸和纸板产量为 1265 万吨，消耗废纸 308 万吨，废纸利用率为 24.4%，到 2001 年我国废纸利用率目标为42%。

从以上情况可以看出，发达资本主义国家废纸回收率为30%以上，到2001年将达到40%以上，而我国分别为20%和25%，其回收水平与他们相比差距较大，而且差距有拉大的可能，发达资本主义国家废纸利用率目前已达30%以上，到2001年将达到40%以上，我国目前废纸利用率只有28%左右，到2001年将会达到40%以上，由于我国木浆较少，加上废纸回收率较低，势必今后正要花大量外汇进口废纸才能满足国内造纸工业对废纸的需求。

* 预测

(2)塑料包装废弃物回收利用

目前塑料包装废弃物回收利用率较低

美国塑料包装废弃物的处理主要采用深埋和焚烧，而回收利用较少，1987年回收利用为6.7万吨，占塑料包装总量的1%，1992年回收可达249.5万吨，占塑料包装总量的28%，而到2002年，回收塑料包装将达到657.7万吨，则占塑料包装总量的42.5%，届时，美国回收利用的塑料包装将高于深埋量，美国塑料包装废弃物处理情况见表7。

表7 美国塑料包装废弃物处理目标　　万吨

处理方法	1987	1992	1997	2002
回收	6.8	249.5	494.4	657.7
可降解	0	4.5	36.3	45.4
深埋	639.6	589.7	517.1	576.1
焚烧	20	45.4	90.7	267.6

表8 西欧、日本、美国塑料废弃物处理情况

国家	回收比例	焚烧比例	深埋比例
西欧	15%	30%	55%
日本	5%	70%	25%
美国	10%	5%	85%

西欧、日本、美国塑料废弃物处理情况见表8，从表中可以看出，西欧、日本、美国塑料废弃物回收利用率分别为15%、5%、10%。

我国塑料加工总量已超过400万吨，塑料包装制品也已超过100万吨，而目前回收利用率只有10%左右，已成为城市垃圾中主要包装废弃物。

(3)玻璃包装废弃物回收利用

玻璃包装废弃物回收利用包括玻璃容器回收及回收碎瓶生产玻璃及制品，西欧和日本玻璃容器回收情况见表9.10，从表中可以看出西欧国家玻璃容器平均回收利用率已达30.5%，日本玻璃瓶回收率已达49%，而酒瓶，饮料瓶回收已达80%以上，并提出到本世纪末，玻璃瓶回收率达90%，复用率达60%。日本近几年来利用碎瓶生产玻璃每年达70多万吨，占玻璃工业生产用料三分之一，日本用碎玻璃生产玻璃情况见表11。我国目前玻璃回收率约20%左右。

(4)金属包装废弃物回收利用

金属包装废弃物主要是用过的铝罐，铝管、马口铁罐、钢桶等。西欧，日本钢罐回收利用率见表12，西欧钢桶利用循环量为20%，而日本再利用率已达38%，西欧已把钢桶资源化率50%作为今后的目标。

美国、日本二片铝罐的回收率分别达到43%和62%，日本到1994年二片铝罐回收率已达到55%。

我国金属桶罐回收利用率约20%。

表 9　西欧国家玻璃瓶回收情况

国　　家	回收量(千吨)	回收率(%)
奥地利	85	44
比利时	127	39
丹　麦	35	32
法　国	646	26
西　德	1102	37
英　国	233	13
爱尔兰	7	8
意大利	580	38
荷　兰	320	62
西班牙	261	22
葡萄牙	29	14
瑞　士	140	47
土耳其	34	27
合　计	3599	30.5

表 10　日本玻璃瓶复用率

产　　品	复用率(%)
2升酒瓶	95
啤酒瓶	95
果汁瓶	91
1.8升酒瓶	84
软饮料瓶	78
酸牛奶瓶	18
豆浆瓶	17
内销威士忌瓶	13
一次性酒瓶	11

表 11　日本用碎玻璃生产玻璃情况　　(万吨)

年	玻璃产量	碎玻璃用量	碎瓶量
1988	213	105	61
1989	226	107	63
1990	243	116	71
1991	227	118	70
1992	218	123	73

表 12　西欧及日本钢桶资源化率(1987)　(千吨)

国　家	消费量	再循环量	再循环量
西　德	700	240	34
法　国	510	119	23
英　国	700	48	7
荷　兰	90	41	46
比利时	80	20	25
意大利	380	13	3
日　本	1311	460	38
合　计	3771	941	176

表 13　日本、美国二片铝罐产量及回收率(百万个)

	日　本		美　国
	产量	回收率(%)	回收率(%)
1987	5.482	41.5	50.5
1988	7.452	41.7	54.6
1989	8.057	42.5	60.8
1990	9.145	42.6	63.6
1991	10.240	43.1	62.4

二、我国包装废弃物回收综合利用对策

全世界每年将产生大量包装废弃物，据估计，全世界每年将产生几亿吨包装废弃物，这将对人类生活和经济产生很大影响，人们越来越重视包装废弃物的回收综合利用工作，这不仅仅是为了减少废弃物以利环境，而更为重要的是为了资源的再生利用，并把包装废弃物回收利用这一措施称作 4R′S 措施(Recyeling, Reuse, Reduction or Resource Recovery)即回收，重新使用，重新加工及再生，包装废弃物回收加工成材料，可以大大减少能量消耗、降低对水和空气的污染，当用废纸，废铝罐、废铁罐加工成纸、铝材、钢材时，能源节约比例，空气和水污染降低比例见表 14。日本使用回收纸制浆每吨耗能 2520 千瓦时，而用木头制浆则要 6730 千瓦时，且节约用水近一半，用回收废铝罐加工铝可节约成本 40%，每吨铝可节约 4 吨铝土矿和 700 公斤煤。

表 14　回收废纸、废铝罐、废铁罐加工成原材料时节能和环境影响

	纸	铝	铁
能源节约比例	70—75%	95—97%	65%
空气污染降低比例	74%	95%	85%
水污染降低比例	35%	97%	75%

我国随着经济的迅速发展，与之相适应的包装工业也将得到较快发展，由此带来的包装废弃物也会增高，预计到 2000 年，我国包装废弃物量将达到 2500 万吨以上。我国地域辽阔，但又是人均资源占有率很低国家，所以从环境保护和资源回收利用等方面都要求必须回收综合利用包装废弃物，积极开发各种绿色包装。

1. 环境保护对包装要求

环境保护对包装提出了以下几方面要求

(1)提高包装材料的功能,使之包装材料用量轻量化、降低包装废弃物量。

(2)使用后的包装容器通过折叠和加压使之体积能够减少,降低回收运输成本,提高回收能力。

(3)包装容器如果是多种材料组成,使用后能分离成单组份材料,以便回收。

(4)包装容器可以循环使用。

(5)包装废弃物如果以燃烧方式处理,则其材料应具有降低对环境的负担。等等。

以上几条是在考虑包装选材,设计时应注意的几个方面,但是不管怎么考虑,要包装,必然会产包装废弃物。

2. 包装废弃物回收利用对策

我国包装废弃物回收利用应依靠科学技术进步,不断提高包装废弃物回收率,注重社会经济效益,研究开发各种综合利用技术,变废为宝,以满足社会对环境和资源综合利用的要求,到2000年时我国包装废弃物回收综合利用水平达到世界发达国家90年代中期水平。

(1)制定包装废弃物回收利用的有关法律和规章制度,强化包装废弃物回收利用的意识,提高包装废弃物回收利用的水平,使我国到2000年时,包装废弃物回收利用水平达到世界发达国家90年代水平,即纸包装废物回收率达到40%,塑料包装废弃物回收率达到30%;玻璃包装废弃物回收率达到60%;二层铝罐回收率达到60%。

(2)建立健全包装废弃物回收处理机构,包装废弃物从回收到综合利用是一项十分复杂的系统工程,必须要有一些部门进行管理,协调,实施,必须从组织上落实包装废弃物回收利用。

(3)认清包装废弃物回收利用的特点,选准领域,突出研究重点,协同攻关。包装废弃物回收利用是一项十分复杂,技术难度又很大的工作,要搞好包装废弃物回收利用,必须依靠科学技术,集中多方面的力量协同攻关,通过不断努力,使我国包装废弃物回收利用技术水平达到发达国家90年代中期水平。

(4)要搞好包装废弃物回收利用科学技术水平,必须增加研究资金投入,税务部门对包装废弃物回收利用给予一定优惠政策。

(5)研究开发高性能包装材料,改进包装设计,减少包装用材,降低包装废弃物的总量。

3. 包装废弃物回收利用发展重点

(1)高性能功能性包装材料开发,采用高性能的包装材料取代传统包装材料,可以大大降低包装用材,特别是高阻隔性塑料的研究,例EVOH、PAN、氧化硅涂膜材料。

(2)改进包装设计,特别是包装动力学研究,进一步减少包装用材料。

(3)开展城市垃圾组成分析,搞清各种包装废弃物流向。

(4)包装废弃物综合分离技术研究,在城市垃圾中,包装废弃物和其他材料垃圾往往混合在一起,研究如何高效地把包装废弃物和其他有用材料从垃圾中分离出来,并根据其不同材质而得到分离。

(5)纸包装废弃物回收利用

(a)废纸准确科学分类,美国颁布了废纸标准PS—83,出售废纸分49种,可以合理有效利用废纸,我国尚不统一。

(b)改进废纸净化筛选,脱墨制浆抄纸工艺和设备研究开发。

(c)废纸加工其他包装制品,例如废纸加工纸浆模塑制品,我国现以蛋托盘为主,而其他制品,特别是工业品包装开发急待进行。

(6)塑料包装废弃物

(a)塑料包装废弃物分离技术研究

(b)塑料包装废弃物除杂技术研究

(c)高效清洗剂研究

(d)塑料包装废弃物再生利用技术研究

(e)各种裂解回收技术研究

(7)玻璃包装废弃物

(a)高效清洗剂和洗瓶技术研究

(b)碎玻璃分色技术及综合利用研究

(c)薄壁高强玻璃容器开发

(8)金属包装废弃物

(a)高效清洗剂和洗瓶技术研究

(b)铝质二片罐,牙膏皮等如何降低回收过程中大耗率,从目前20%降低到5—7%左右研究;

(c)马口铁罐综合回收

(9)高效焚烧炉研究开发

我国目前城市垃圾燃烧值比较低,但随着人们生活水平提高,特别是沿海开放城市,城市中垃圾可燃部分日益增加,以及回收后难利用的可燃包装废弃物,可通过焚烧利用热能得到利用,所以必须开发高效并有排气处理系统的焚烧炉研究开发,例床式燃烧炉,浮游燃烧炉,流动床式燃烧炉等。

作者:冯荣魏　湖南省包装总公司科技处处长,高级工程师

我国绿色包装发展策略研究

戴宏民

面临世界环境危机的挑战,全球掀起了声势浩大的环境保护活动,包装工业肩负着解决包装废弃物处理,减少环境污染的重任。为此,包装工业必须变革观念,强化无污染意识,适应世界市场因各国对包装材料及包装废弃物提出的新标准和新法规而引起的新竞争,大力发展减少用料、废弃物最少、易于回收再生或自行降解的绿色包装。

绿色包装一般应具备以下四方面内涵:

(1)在具有包装功能条件下用料应该最省,节约资料和能源,包装废弃物最少;

(2)易于回收,能够再利用,可以回归到生物圈的生物体系之中,进行再循环;

(3)废弃的包装物焚烧时不产生毒气或进行二次污染,在燃烧时易产生新的资源(塑料燃烧值最高,在高温下可以分解出重金属,或分镏炼出石油);

(4)包装材料在使用后能够自行降解,掩埋后能够腐化分解,自消自灭,不对环境产生污染。

绿色包装涵括了保护环境和资源再生两方面的意义。世界各国正在运用高科技的最新成果开发新的无害包装材料(降解材料),但需要较长时间,因此在未来的几年中,世界包装的废弃物将以减料化及回收处理为主要方向。发展绿色包装工业适应环保大潮的必然发展趋势。谁先认识到这一点,谁就在今后世界包装市场的竞争中处于主动地位。在今后的市场竞争中,有益于环境的包装将存在并发展,而有害于环境的包装将被淘汰,这一发展趋势是不可逆转的。

我国包装工业在近十多年取得了迅速发展,但是和世界各工业国相比,仍是起步迟,总产值低,人均包装的消耗量小,生产技术也多数尚未定形。因而用绿色包装体系进行技术改造的负担小,调头快,加之我国包装工业目前面临原材料紧缺的问题,也须从包装材料的减料及回收再生来寻求解决的办法。因此无论从需要或可能来看,我们都应早下决心,改变观念,抓住机遇,克服困难,努力发展绿色包装。本文就我国发展绿色包装的策略作如下探讨。

一、从包装设计入手,树立减料化的环境观念

运输包装重在保护功能,应有足够的强度;而销售包装重在促销,从环保角度考虑宜尽量减少用料。因而包装设计时,应树立以下环保

的设计意识：

(1)废止过剩包装。过剩包装不仅浪费材料和资源，而且包装在使用后就丢弃成为垃圾，增加了环保的负荷量。

(2)简易包装或无包装化。尽量使包装中能使用之材料减至最低，或不变更设计予以轻量化；对产品强度较高之商品，仅须将产品置于箱内，或仅标上价格，或根本就不予包装。这种设计风气正在重视环保的西欧德国及日本兴起。

(3)选用环保材料。为减少废弃物对环境的污染，应选用低污染、可回收、能自行分解的材料(如纸制品，生物降解塑料，纸或淀粉的缓冲材料等)，而禁用不能回收及高污染的材料(如含氟氯烃的发泡材料等)；用于包装容器或标签上的染料、油墨、安定剂、油漆等，应不含有毒性的重金属(如 Pb、Cd、As、Sb、Sc、Ba、Cu、Zn等)；尽量减少各种材料之结合，设计时应尽可能使用同一种单一的材料来组合，以便回收。

(4)改变产品本身，减少包装用料，提高或改善产品结构强度，可相对的减少包装材料之使用量；或开发浓缩化的产品(如超浓缩洗衣粉)，减少包装容器的体积。

二、使用多种废弃物处理技术，重点发展回收再生

绿色包装含义的主要内容是废弃物易于处理和使用无公害材料。后者主要是指降解塑料，它实质上也是一种利用生物或光对包装废弃料进行分解(降解)直至消失的一种处理方法。当代废弃物处理的主要方法有掩埋、焚化、回收复用、回收再生、降解消失等。从我国国情出发，分析其利弊如下：

(1)掩埋：即将包装废弃物填于凹地里，这是一种最简便的处理方法。美国大约 80%的城市废弃物用掩埋处理，德国 70%的废弃物也是采用掩埋处理，许多国家以前也是以此作为处理废弃物的一种主要方法。随着城市固体废弃物的增多，目前许多国家的市郊已经无地可供掩埋，或因掩埋费用高涨(每吨 100 美元以上)，同时垃圾掩埋缺少氧化，废弃物自然退化缓慢，不利于维护人类的生态环境，因而这是一种不可取的方法，已为美、德等许多国家所摒弃。但在我国近期，其它方法尚没有发展起来之时，利用城郊的山谷、低地掩埋，也不失为解决废弃物处理的一种方法。

(2)焚化：即将废弃物丢入焚烧炉中焚化，这是一种比较方便的处理方法。焚化的优点是能将废弃物变为能源，发电量约为 5234～6987kj/T，同时在使废弃物化为灰烬的过程中，使废料体积降低 95%，废料重量降低 50%，焚化的特点是投资大、操作费用高、产生烟尘，如没有排烟脱硫设备或电气吸尘机，则会造成空气的二次污染，形成公害，尤其是其排放物可能导致酸雨，剩余灰烬中残存重金属及有害物质，对生态环境及人类健康造成危害。因此焚化的方法目前存在争论，遭到一些环保人士的反对。但近几年焚化技术发展迅速，丹麦等国的焚烧炉技术已达到很高的水平，配有排烟脱硫设备和电气吸尘机的焚烧炉已能使垃圾充分燃烧。焚化后无烟无臭，不会对社会造成二次污染，同时焚烧的热已用于发电，还可变废为利。因此越来越多的国家已在使用焚化技术处理包装废弃物，如卢森堡 90%的废弃物用焚化处理，丹麦为 81%，日本为 71%。我国人多，消耗的废弃物绝对数量也多，尤其是焚化后的能量可供发电、供暖，我们应当引进国外先进的焚烧炉技术，选好布点，逐步在我国各地推广使用。

(3)重复使用：某些包装使用后，经过一定处理可以多次重复使用。如德国和巴西制定法规，推行饮料玻璃多次使用；瑞典实行 PET 瓶使用 20 次后废弃。瑞典一家最大的乳品厂近年还推出一种重复使用 75 次，用聚碳酸酯树脂制成的塑料瓶。

(4)再生利用：废弃物再生利用是保护环境，促进包装材料再循环使用的一种最积极的废弃物回收处理方法。它无论对减少环境污染，还是节约资源都具有重要意义。因而许多工业发达国家都十分重视和发展废弃物回收物的回收再生技术，80%以上的美国人都相信回收再生是固体废弃物最有力的方法，也是最富有魅力的解决垃圾问题的方法。

目前世界各国的废纸回收率是25～30%，废玻璃的回收率约是30%左右，塑料的再生利用是当代发展起来的新课题，目前的回收再生率还很低，如美国仅2%，美国的PET瓶也只有20%被回收再生。因而无论是纸、玻璃、还是塑料，其回收再生的潜力均很大，再生利用率也有待于提高。

在推行发展回收再生技术中要解决两个问题：①回收必须要生产企业和消费者积极参与，前者可通过立法的办法规定，后者就必须加强环保的宣传教育，这将在后面专项讨论；②回收再生的产品如果价格过高，消费者就不能接受；但若企业无利可图，参与积极性也不会高，因此为保护生态环境，减少环境污染，政府应适当给予资金投入和政策倾斜。除此外，回收再生的产品也应当认真选择，据美国包装环境消息报报导，只有30%～35%的城市固体废弃物在技术上和经济上视为回收。澳大利亚某公司用废塑料瓶再生制造大容量的塑料管，具有较好的经济效益，但再生后制成其它产品，经济效益并不理想。

(5)降解消失：此法采用降解塑料用为包装材料。塑料因其不可分解性，使废弃物不易腐烂，从而较其它废弃物对环境造成更严重的污染，故许多国家的科学家自七十年代起，就已在研究其废弃物能迅速分解消失的可降解塑料。按美国材料试验学会ASTM在1989年确定的定义：可降解塑料是在特定时间内造成性能损失的特定环境条件下，其化学结构发展变化的一种塑料。根据促进化学结构发生降解变化的因素来分类，降解塑料可分为生物降解塑料和光降解塑料两类。前者在细菌、真菌和藻类等微生物作用下，塑料产生分解直至消失；后者是在日光作用情况下，产生分解直至消失。

降解塑料研制开发成本高，研制周期长，因而当今许多国家更多的废弃物处理的重点放在回收复用或再利用上。当然也有一些国家如意大利、荷兰等已立法规定某些塑料包装材料必须采用降解塑料，有害环境的包装材料一律不准投入市场。综观其利弊，我们应当是在一些有优势的领域或用量很大的领域选择一些项目，如农用薄膜的研制开发等，追踪世界研制信息，掌握研究进展和市场需求动态，适时引进一些无公害的降解材料生产技术，以推动我国降解材料在包装中的应用；切忌没有准备，就蜂涌而起研制开发降解塑料。

按照苔尔菲预测法的原则，在征求了多位国内包装环保专家的意见后，排出了我国在2000年前多种废弃物处理如下的发展优先顺序：回收复用和再生利用；焚化法；掩埋法；最后为降解消失法。

三、加强包装的环保宣传教育，树立包装工作者与消费者的积极参与意识。

开展包装的环保运动，首要的工作之一就是要采取多种形式，展开宣传教育活动，培养和树立社会公民的环保意识和参与意识。

(1)进行世界环境危机及污染源的教育。可采取在中小学普及教育，在公共场所开辟专栏，制作录像带对公众播放，每年六月五日“世界环保日”举行集中的声势浩大的宣传等方式，一旦人们了解了人类环境恶化的严重性以及环境对人类生存的重要性后，他们就会提高自觉性，自愿搞好所在区域的环境卫生及环境保护。

(2)进行包装对环境污染危害以及包装废弃物可以回收的教育。美国加州的一项调查表明，只有25%的人知道塑料饮料瓶是可以回收利用的，为此美国在全国开展了一场“聚酯瓶回收”教育(PETE)宣传活动。美国食品市场学院还编写了一本小册子，名称是“缩减、再生、循环利用废弃物”在公众中广为散发，有效的帮助消费者了解哪些包装有利于环境保护，应该如何利用废弃物，自觉的按废弃物分类的要求分别倒在回收容器里。没有公众的自觉参与，任何回收技术都将会行之无效。

四、实施环保立法，工业部门对废弃物回收应负起责任

环保立法即通过立法来管理包装的生产、流通和使用，以法来促进绿色包装的发展，这是世界各工业国普遍采用的一项行之有效的措施。当前各国包装的环保立法主要有两种类型：一种是综合性的包装立法或法规，如禁止某种材料的使用等，另一种是综合性的包装立法或法规，如德、法等国制定的"包装废弃物限制法"，它一般包括三方面的内容：限制或禁止使用对环境有害的包装材料；建立使包装材料再循环的回收再生体制、机构及其运营办法；制定各种包装材料再循环的目标。

综合性的包装环保立法更全面的考虑包装环保的有关问题，治理包装废弃物的效果更佳，应是我国制定包装环保立法的主要方向。在比较研究德、法、荷兰、美国等关于包装废弃物限制的基础上，谨对我国建立包装废弃物限制法提出如下轮廓意见。

(1)明确提出"谁污染谁治理，谁的包装谁负责废弃物处理"的方针。工业企业必须对产品和包装导致的种种环境问题真正负起管理的责任，并承担与其产品直接有关的包装废弃物处理的直接经济开支。

(2)在我国原有废品公司的基础上，设置资源回收利用公司。该公司负责回收包括废弃物的各类工业及生活废弃物，并分别进行处理，能利用的再利用，能回收再生的运往各个再生工厂(如塑料再生产工厂、铝再生工厂、玻璃制品厂、造纸厂等)再生利用，不能再利用或再生利用的公共垃圾则运往掩埋场或焚化炉处理。资源回收利用公司由包装生产企业和包装用户企业协同进行民间经营，考虑到某些废弃物再生费用较高(如 LKG 废塑料回收再生需 3.5 马克，而市场上再生塑料只能卖 1 马克)，国家应适当给予财政援助。

(3)资源回收利用公司的运营系通过制定回收再生标志进行。凡是加入公司的企业的包装品均应贴上该标志，并按产品数量支付公司负担金，贴有回收标志的回收废弃物，均由公司负责回收再生或再利用，不带标志的包装废弃物，公司不负责回收，而由生产企业自己回收，并且必须再生利用，不能污染环境。

(4)凡向我国进口的厂家必须和资源回收利用公司交纳废弃物处理费，以获得公司的回收标志，其费用金额以预定销售额为准计算。

(5)推行押金制度，实行有偿回收。押金制度在我国各地已有推行，今后应从保护环境不污染，回收利用资源的高度进一步推行押金制度，对能再利用啤酒瓶、饮料瓶、PET 瓶均应实行押金有偿回收。而对一次性的啤酒和饮料容器应抑制使用。

(6)限期制止使用对环境有害的包装材料及相关材料，如泡沫塑料中用作发泡剂的氟氯烃、有毒的印刷油墨等。同时应停止引进污染环境的包装技术及设备，如聚苯乙烯发泡产品。限期用水溶性粘结剂取代有毒性的溶剂性粘结剂。限制在加工过程中和使用后焚烧时会产生有毒物质的聚氯乙烯(PVC)的发展与使用(热塑聚酯 PETP)可望取代 PVC 的使用。控制一次性包装及背心食品塑料代的生产及应用。

(7)制定我国 2000 年通过对包装废弃物回收再生或再利用达到包装材料再循环的目标。根据我国实情以及参照世界各国在这方面的计划，可考虑以下的努力目标，玻璃达到 55%～60%，纸张达到 40%～45%，塑料达到 25%～30%(回收再生技术较难)，铝和马口铁达到 80%～85%。

五、推行产品绿色标志，实行政策倾斜

绿色标志又称生态标志或环境标志。在当前，消费者已逐渐热衷于购买对环境无害的产品，因此有利于环境保护的产品绿色标志就应运而生。凡标有绿色标志的产品，表明该产品从生产到使用至最后消费回收均符合环境保护要求。

对产品实行绿色标志，可提高公众的环境意识，引导消费者挑选对环境危害较小的产品，同时也促进工厂去生产于环境有利，无公害的产品；并按环境要求对产品的生产过程进行控制管理。凡标有绿色标志的产品，在外贸中易于为外商所接受，并能在关税和价格上受到优惠。相反没有绿色标志的产品，一些外商可能拒绝销售，在价格和关税上也不能受到优惠对待。因而绿色标志有利于促进产品外销。

德国最早实施绿色标志，加拿大、日本等工

业国家也相继在产品上实施了绿色标志。我国厦门、浙江、广东为开展外贸也开始了对环境标志标准的研究。根据我国现实情况，我国应选择出口产品和量大面广的节能节水产品作为实施环境标志制度的突破点，然后逐步深入推开。为促进产品绿色标志活动的开展，我们还应对取得绿色标志的产品在政策上实行倾斜，如税收给予优惠，优先扶持外贸等。

六、保护生态环境，发展代木包装

在世界环境保护运动中，一项最为量大面广的任务是拯救森林。森林是陆地生态系统的主体，是自然界厚赐人类最重要的生产资料和环境资源，它素有“绿色金子”之称，为人类社会提供了大量的木材，多种原材料、食品和饲料。它又是“大自然的总调度室”，具有净化空气、涵养水源、调节气候等多方面的重要作用。地球失去绿色，人类生存就成了问题。然而由于工业发展、滥砍滥伐、毁林开荒、自然灾害等原因，世界上森林遭到了严重的破坏，每年减少 1.7 $\times 10^7 m^3$，若照此下去，不出 200 年，世界土地将严重沙漠化。我国在世界上是一个森林资源短缺，木材贫乏的国家，森林覆盖率只有 12.75%，居世界 160 个国家中第 120 位。因此无论从保护人类生态环境出发，还是考虑开发新的代木资源，我国都必须大力提倡节木代木，大力开展节木代木活动。

80 年代，我国两次召开了全国木材节约代用会议，在木材节约代用方面取得了重大进展。在包装方面，近几年内也立足国内资源大力开发和采用了各种代木材料。如以纸代木以土（菱镁土）代木、以竹（竹编联合板）代木、以塑代木等。从减少环境污染、保护生态环境出发，今后再应着重发展瓦楞纸箱、竹胶板包装箱、集装箱（架）和塑料周转箱等代木包装。

七、制定国家绿色包装发展规划

发展绿色包装，对我国适应重视环境保护的世界市场，以及充分利用资料，建立资源再生体系均具有重大意义。但是发展绿色包装在变革已有包装材料、回收再生包装废弃物等方面遇到改变传统习惯和增加费用等诸多困难，因此需要我国主管部门发挥行政干预和宏观协调职能，由中国包装技术协会和中国包装总公司制定全国绿色包装规划。规划的内容可包括立法及教育宣传计划，废弃物处理及回收再生的方式和场点及机构的设置，2000 年达到目标以及包装材料的发展战略。除后者外，上述各方面在前均已有叙述。今后开发和生产包装材料需与回收再生的难易及工艺一并考虑，须遵循尽量减少包装废弃物，形成资源再循环的原则。据此，我们列出了如下包装材料的发展序列：

(1)大力发展纸包装。纸包装品种多，易回收，能承担多种包装任务，是今后最重要的包装材料。纸制品及丝绸制品在今后食品包装中有代替塑料包装的趋势。今后应着重发展中、重型的瓦楞纸箱包装，白纸板箱包装，各种代替塑料薄膜的防潮、保鲜的纸张以及能代替塑料农用薄膜的纤维薄膜。

努力发展纸杯纸盒和 A 型瓦楞缓冲垫、蜂巢纸板、纸浆缓冲垫、瓦楞和淀粉（玉米爆米花）制成的瓦楞夹层缓冲垫来取代发泡材料（保丽龙 EPS）做成的快餐盒和缓冲垫。

(2)大力发展高强度、薄壁的轻量化玻璃瓶。玻璃瓶具有安全感，易回收复用等优点，是今后饮料的主要容器。

(3)大力发展竹包装。我国是世界上木材缺乏的国家，然而我国竹林总面积和竹资源蓄积量却分居世界首位和第二位，因此充分发掘利用竹资源，开发各类无污染、易回收和竹胶板包装箱、丝捆竹板箱，对我国发展包装材料具有重大意义。

(4)关于塑料包装：塑料包装对世界包装的繁荣和发展起着重大的作用，但是由于塑料的不可分解性，各类塑料包装对环境已造成越来越大的污染。因而当前世界上对塑料包装争论很大。解决塑料应用和发展的关键是要大力研究和发展塑料的回收再生产工艺，只要塑料的回收再生问题解决了，塑料的应用仍是大有前途的，发展降解塑料，仍以“静观待变，引进成熟技术”的方针为宜。

(5)关于金属包装：二片、三片铝罐包装，钢制二片罐(不需料),有替代铝罐的趋势,三片马口铁罐以及钢板包装箱,由于易回收,回收有赢利,且可多次使用,因而是有发展前途的包装材料。我国必须根据金属产品的增加而相应增加包装的用量。

作者:戴宏民　教授、渝洲大学校长

包装大事记

PACKAGING EVENTS

包装大事记

PACKAGING EVENTS

九六年七月

中国包装第一股:重庆华亚纸业有限公司2700万A股在深圳股票交易所挂牌上市成功,中包总公司副总经理倪根仙,华西集团党委书记王志芳、总经理韩顺伟及深圳证交所负责人出席了挂牌仪式。

华亚公司前身是重庆红旗纸箱总厂,是包装总公司下属的全资国有企业,资产1.6亿元,年利税上千万元。

国家进出口商品检验局将在近期对陆运出口危险货物包装实施检验,以期同国际惯例接轨,国家商检局正对欧盟及美国的有关规定进行研究,有望今年年底联合各部委推出一项陆运出口危险货物包装检验的管理办法,明年具体实施。

国家技术监督局新闻发言人日前在京公布了今年第二季度产品质量国家监督抽查结果。今年第二季度,国家监督局抽查了1790家企业生产、经销的60类2020种产品,合格1557种。抽样合格率为77.1%。

继宜昌市之后湖北又一城市荆沙市从7月1日起,在城区禁止使用一次性泡沫饭盒及相关容器。市政府规定所有宾馆、饭店、摊点、内部食堂和一次性泡沫餐具生产、销售单位,必须于6月25日前销毁库存泡沫餐具。

国家医药管理局副局长张鹤镛在最近结束的第十次全国医药包装工作会议上宣布,药用包装材料(容器)工业"九五"时期的总目标是:百分之八十的药品包装实现更新换代,达到国际先进水平。

浙江震洲纸业有限公司投资3.2亿元人民币的涂布牛卡纸生产线全面峻工投产,结束了涂布牛卡这种高档包装用纸完全依赖进口的历史。

为了维护包装行业的整体利益,确保行业实行公平的价格竞争,规范行业价格行为,经长沙市物价局批准,长沙市包装技术协会价格协调工作委员会日前成立,对全市纸箱行业实行价格协调。

按照国际惯例组建的江苏质量保证中心最近已全面启动运行,这标志着江苏质量认证工作已迈入了个新的阶段。江苏质量认证工作起步于90年代初,以ISO9000标准认证逐步推开工作,目前范围已发展到产品质量认证和质量体系认证两大方面。该中心拥有一支60多人的具有较高水平的审核员队伍,接受全国范围内各企事业单位的委托,开展质量体系审核、评审和认证,提供符合标准要求的质量保证能力的证明。同时,可接受需方和其它认证机构的委托,对供方进行质量体系评估或评定,并提供培训等服务。最近已为10多家企业提供了服务。

按照国务院"宁肯放慢一些经济发展的速度,也不能牺牲环境"的指导思想,最近江苏省政府有关部门决定在年内关停全部小造纸厂,以加快淮河流域的产业结构调整,实现这一地区经济的可持续发展。

为加强军品包装工作的组织领导，明确职责，理顺关系，进一步推动军品包装工作的开展，兰州军区后勤部日前发出通知，成立兰州军区包装分会。

该分会的主要职责是开展军品包装技术政策研究，组织拟制军品包装工作发展规划；负责与地方包装工作归口部门的联系协调，组织参加有关活动；组织包装新技术、新材料、新设备的收集研究及推广应用，开展军品包装标准化工作，推动军品包装改进与技术改造工作；组织开展包装工作的技术交流、人才培训、技术咨询、信息服务等活动。

以探讨和解决引进设备及备件国产化为主题的全国双向拉伸薄膜成套设备备件技术应用研讨会，近日在陕西省西安市召开。来自全国双拉行业50余家生产厂、数家科研单位和部分国外制造商的百余名代表参加了会议。

中国包装总公司副总经理倪根仙，西安航空发动机公司副总经理丁时春、王克强等出席会议并讲话。

八月

8月18日至20日在大连正式成立中国包装技术协会金属容器委员会制盖分会。

大连市经委副主任兼大连市包装协会会长毕世广、秘书长刘锡安、中国包协常务副会长兼秘书长谢荣全、中国食品工业协会秘书长兼中国包协金属容器委员会主任委员潘裕仁、中国包协行业工作部部长刘承毅等领导到会并讲话。中国包装技术协会金属容器委员会常务副秘书长翟之荣主持大会。

浦东新区政府致力于大力发展水泥散装化，取得突破性进展，从90年代初基本没有散装水泥，经过5年发展全区散装水泥生产量已达到62万吨，散装率达到85.14%，进入全国水泥散装先进行列。

今年，浦东政府有关部门与水泥生产企业，为进一步推动散装水泥事业向高层次发展，将建立、健全散装水泥管理机构，大力提高525散装水泥的周转比例，力争在两年内达到100%，在“九五”计划的第一年中，要使新区散装水泥生产业的平均散装率跃上90%，社会散装水泥合格率达到50%。

中国包装技术协会金属容器委员会制盖分会成立大会于8月18日至20日在美丽的海滨城市——大连隆重召开。

大连市经委副主任兼大连市包装协会会长毕世广、副会长王绪令、秘书长刘锡安、中国包协副会长兼秘书长谢荣全、中国食品协会秘书长兼中国包协金属容器委员会主任委员潘裕仁、中国包协行业工作部部长刘承毅等领导到会并讲话。中国包装技术协会金属容器委员会常务副秘书长翟之荣主持大会并致开幕词。

为了提高和稳定国产原纸的质量，从而保证出口商品包装的质量，真正做好国产原料替代进口原料的工作，对出口商品包装原材料实施监督管理，根据《中华人民共和国出口商品检验法》及其《实施条例》和国家商检局《出口商品运输包装检验管理办法》的有关规定，结合上海地区的实际情况，上海市商检局日前作出如下规定：

一、实施检验、监督管理的范围为上海地区使用的出口商品包装用的各类牛皮箱板及瓦楞原纸。

二、生产上述原纸的造纸企业必须向上海商检局鉴定处申请办理注册登记。未经注册登记的造纸企业所生产的上述原纸，纸箱厂不得使用。

三、经注册登记的造纸企业其产品经自检合格并在每件产品上加贴商检标志后，上海地区应报商检申请检验，外省市应向当地商检机构申请检验。商检机构依据检验结果向申请人签发出口商品包装用原材料检验结果单。

四、出口商品包装生产企业所订购的国产或进口原纸，应及时向供货方索取出口商品包装用原材料检验结果单或进口原纸检验证书。上海商检局凭此单证受理出口商品包装检验申请,并做好检查工作。

五、凡上海地区使用的出口包装用国产原纸,除上述规定外,还直接受上海市商检局周期性口岸抽查,检查结果不定期向有关单位公布。对于原纸质量低劣、长期不稳定的造纸企业取消注册登记并责成其停止供货,包装生产厂不得使用。

六、根据当前原纸质量的实际情况,上海市商检局现阶段按与河南、安徽、山东、浙江、江苏、江西商检局研讨决定的出口商品包装用纸规定对原纸实施检验。若供求双方对原纸技术指标另有合同规定的,上海市商检局按合同规定检验,但合同规定的技术指标不得低于出口商品包装用纸规定的要求。

八月二十六日至二十八日在昆明翠湖宾馆茶花厅召开了由意大利 CMR 公司北京华新国际贸易发展公司、昆明市包装技术协会联合组织柔版印刷技术交流会。出席这次交流会的领导有昆明市政府副市长、市包装协会长林爽爽女士,中国包装进出口公司副总裁、北京华新国际贸易发展公司总经理赵不敏先生,昆明包装技术协会常务副会长兼秘书长、昆明包装新技术开发公司总经理王佑华女士,北京华新国际贸易发展公司进口部经理邹维平先生及昆明市包协部分专业委员会主任及副主任。

南京市委书记王武龙和市委常委、秘书长王浩良等市领导 8 月 12 日到“加快工业经济发展”挂钩行业包装总公司现场办公。包装总公司党委书记、经理许贵庆向市委领导汇报了全市包装工业的发展概况;汇报了今年 1—7 月份经济情况和下半年工作目标。今年 1—7 月包装公司累计完成工业总产值 2.3 亿元,同比增长 13%;销售收入 1.99 亿元,同比增长 6.2;产销率 96.3%,实现税利增长 33%。市委领导对此给予充分肯定。

对包装总公司提出的困难,市委书记明确指示,纸箱行业有市场有销路,流动资金和技改市委扶持;集体企业破产试点原则同意,要依法加快实施;组建南京金属容器包装集团设想和方案很好,市有关部门要支持、协调,尽快实施,形成南京 200 升钢桶年产 300 万只的新增长点。希望包装总公司发扬成绩,再接再励,狠抓落实,抓好扭亏增盈,全面完成全年各项任务。

江西省造纸印刷工业协会第二届会员代表大会日前在南昌市纸业大厦召开,参加会议的有造纸、印刷企业,科研所、轻工设计院等团体会员代表共 40 多人。省轻工业厅计财处处长郑乐宪和原省轻工厅副厅长孙潜参加了会议并讲了话。

南京市包装总公司在中国包装总公司领导下,围绕经济效益中心,狠抓营销机制和结构调整,突出重点企业上规模、重点项目上水平、重点产品上档次,扎实开展“学邯钢抓管理”为中心内容的“管理效益年”活动,促进了南京包装工业发展,提前实现“双过半”目标。截至 6 月底,市包装工业累计完成总产值 4.12 亿元,同比增长 26.7%;完成销售产值 4.06 亿元,同比增长 23.8%。

为了推动在包装行业中开展质量认证工作,促进包装企业质量管理水平和产品质量水平全面提高,提高包装产品在国内外市场的竞争力,中国包装产品质量认证中心与北京包装技术协会近日在京组织北京地区包装行业举办了质量认证工作宣贯会。

会上,由质量中心综合业务部于主任对质量认证的意义、法律、法规、程序和 ISO9000 标准作了概括介绍。与会代表边学习、边讨论,并进行了考试等训练。参加会议的大多是企业的主管领导,学习中大家进一步深化了产品质量对企业重要性的认识,并纷纷要求进一步深化学习。会议决定下一步将举办北京地区包装产品质量认证内审员培训班。

近年来,内蒙古自治区利用丰富的林木、芦苇资源,使造纸工业得到很大发展。为加强自治区造纸工业的行业管理,促进造纸工业的快速发展,日前,内蒙古自治区造纸协会正式宣告成立。

内蒙古自治区造纸协会的成立,必将对促进自治区造纸工业的科学管理、推动造纸工业进步、使自治区造纸工业更上一层楼发挥重要作用。

今年来,由于纸价稳中有降,特别是进口牛卡、国产A、B级牛皮箱板纸有较大幅度降价,而高强瓦楞原纸、乙级箱板纸、茶板原纸等基本保持平稳,经行业价格协调工作小组召开代表性企业民主协商决定,为维护用户利益,决定按进口牛卡和国产A、B级牛皮箱板纸现行价格,调低出口纸箱和部分内销高档纸箱价格,内销低档纸箱由于原纸价格平稳仍维持原价。这次调低纸箱价格既受到纸箱企业的支持,又受到用户的欢迎,也受到物价局的赞许。用户认为,纸容器包装委员会价格协调工作是实是求事的,有涨有降是合理的,确确实实兼顾供求双方的利益。

为加强军品包装工作的管理,加速包装科研和技术改进,实现包装标准化、系列化、组合化,把军区物资包装工作提高到一个新水平,南京军区后勤部根据总后勤部(1995)后司字第110号和(1996)司科字第23号文件精神,向全区发出通知,决定将原由军区后勤部生产管理部归口管理的军品包装工作改由军区后勤部司令部归口管理,并成立"军品包装委员会南京军区分会"。

重庆市包装许可办对全市金属包装桶、罐企业进行生产许可证现场生产必备条件审查以来,由于各企业领导重视此项工作,抽出专人认真作好技术文件、资料的准备工作,使该项工作进度快、质量好。到8月20日,对已审查通过的10家企业的200升开口、200升闭口及200升以下钢桶、方便桶、圆罐等22个品种的取证审查工作,没有一家返工现象。目前全市已完成该项目的工作量的80%以上。

在审查过程中,审查人员坚持原则、实是求事,听汇报、看现场、查资料,不怕艰苦,中午不休息,到企业后认真开展审查工作,受到企业人员的称赞。

兰州包协日前召开二届二次理事会议,市政府、市经委有关领导、省包协主要负责人及市属主要包装企业成员、理事共70余人参加了会议。协各专业委员会、各市经贸委、包装协会负责同志和省包装行业优秀企业、优秀企业家、两个转变",推动兰州地区包装工业发展这一主题。会议还确定成立包协下属的纸制品印刷、塑料制品、玻璃制品、金属容器等四大类型的专业委员会,并根据需要进一步调整、充实加强了协会的组织领导机构。

轻工总会近日发出通知,自今年12月1日起在化妆品包装上实行"通用标签"制度。据轻工总会香料香精协会的负责同志介绍,实施"通用标签"制度的主要要求是:化妆品生产企业必须在其产品的外包装上注明以下内容:产品名称、净含量、制造厂家名称、厂家地址、生产日期、限期使用期限、执行标准号和卫生许可证号。他说,实施这一制度,将使国内化妆品生产与国际市场更好地接轨,同时也将使消费者的权益得到更好的保护。从1996年12月1日起,生产企业要全面实施"通用标签"制度,届时,经营部门和消费者如发现不符合这一规定的产品有权要求退货。

为了进一步推动和促进包装行业改革,中国包装总公司企业改革座谈会日前在国家经贸委怀柔培训中心举行。中国包装总公司总经理黄顺康、副总经理倪根仙、李文虎、李瑛、赵风来出席了会议,中国包装总公司各直属企业的厂长、经理和中国包装总公司各部门的负责同志80余人参加了会议。与会者认真学习了江泽民总书记题为《坚定信心,加强领导,狠抓落实,加快国有企业改革和发展步伐》的重要讲话,听取了国家经贸委主任王忠禹、副主任陈清泰学习江总书记讲话的体会的录音,听取了中国包装总公司总经理黄顺康的讲话。

为促进我国包装行业质量认证工作的开展,帮助企业建立、健全质量体系,提高产品质量,不久前,中国包装产品质量认证中心批准在宁波设立工作站。目前,该站已配合认证中心开始受理宁波市包装企业 ISO9000 质量体系和商品认证的申请,并着手举办质量认证企业内审员培训班等一系列工作。

由中国包装技术协会、中国印刷及设备器材工业协会、中国印刷科学技术研究所、广东省包装技术协会和广州市大金钟实业有限公司共同创办的广州印刷包装科贸中心于近日落成。中国包装技术协会会长邱纯甫、中国印刷及设备器材工业协会会长鲁兵、中国印刷博物馆馆长周兴华、广州市副市长沈柏年等领导出席了新闻发布会。

全国易拉罐行业协调小组第九次成员会议日前在京召开。21 家易拉罐企业的代表和中国包装总公司计划部的有关负责同志参加了会议。

会议要求各成员单位要自觉遵守和维护行规、加强纪律、坚持有序竞争,杜绝成员间竟相刹价的“自杀性”行为,自觉维护行业的整体利益。

九月

由中国包装总公司组织,国内最大的铝材加工基地——西南铝加工厂和各地制罐厂家参加的“易拉罐用铝材国产化研讨暨订货会”,9 月 4 日至 6 日在河北省承德市举行。来自全国 16 家制罐企业的代表,西南铝厂有关部门和中国包装总公司经营部、计划部和技贸部的负责人共十余人参加了会议。

’96 全国绿色包装研讨会在全国积极实施“九五”计划和 2010 年远景目标,积极实施两个根本转变和可持续发展战略的可喜形势下于 9 月 15 日—17 日在北京召开,中国包装总公司总经理黄顺康,常务副总经理倪根仙,副总经理李文虎、李瑛,国家经贸委技术装备司副司长甘智和,国家科委综合计划司副司长赵玉海,国内贸易部行业管理司副司长时光,国家环保局科技司副局长陈尚芹,中国包装总公司科技部主任苏鹏福等参加了会议。黄顺康发表重要讲话,李文虎作了《大力倡导绿色包装,更好地为国民经济可持续发展服务》主题报告。

中国包协近日在上海主持召开了一次关于包装行业价格协调工作的小型座谈会。对包装行业价格协调工作的现状、工作中的主要经验及存在的问题等,代表们各自发表了看法。在上海市包协组织下,上海市物价管理部门、行业协会及部分纸箱生产企业等共 10 余人参加了座谈。

上海市包协纸容器委员会秘书长王志星汇报了 4 年来开展纸箱价格协调工作的体会。他说,在近几年原纸大幅度涨价情况下,经过及时、合理地协调纸箱行业价格,使整个纸箱行业摆脱了困境,从而取得了一些经济效益。因此,纸箱企业的厂长、经理们一直公认,上海市包协暨纸容器委员会确确实实为企业办了一件大好事。一致认为行业价格协调是纸箱行业摆脱困境的一条重要出路。他认为,要搞好价格协调工作的关键之一,是必须取得政府物价部门的领导与支持。行业协会必须有懂行的和能热心为企业服务的干部的支持,并要配合专家进行价格协调,然后经过物价部门的认可,达到有力的实施。

第五届中国国际包装技术展览会(CIP’96)于 9 月 18 日至 22 日在京隆重举行。近 200 个厂家参展,展出面积 15000 平方米。

国家计委顾问、中国企业管理协会会长袁宝华,国家计委副主任盛树仁、中国包装技术协会会长邱纯甫、中国国际贸易促进委员会副会长刘福桂、中国包装总公司副总经理李文虎一同为展览会剪彩。

参展产品包括包装机械、包装材料、激光防伪制品等各个方面,北大方正公司与中国包协电子印刷技术委员会展示了计算机包装设计系统,引起包装设计者的浓厚兴趣。

日前,全国包装行业技术改造衔接会和1996年包装行业统计座谈会在京召开。中国包装总公司副总经理李文虎在会上发表了重要讲话。

李文虎在讲话中首先针对包装行业的技术改造工作讲了几点意见,他认为,包装行业必须努力提高新形势下对技术改造工作重要性的认识,在新形势下,技术改造工作要逐步实现三个转变:即投资主体由政府为主转变为以企业为主,管理方式由项目审批为主转变为以政策引导为主。管理范围由单纯管理国有企业转变为以国有企业为主的全社会管理。根据这样的指导思想,技术改造工作要坚持7个原则:1. 以现有企业为依托,切实转变经济增长方式;2. 以提高综合经济效益为中心,讲求结构优化、规模经济、技术进步和企业管理综合效益的提高,努力提高企业的技术水平和整体素质;3. 坚持"三改一加强",使技术改造与企业的改革、改组、加强管理紧密结合;4. 择优扶强,坚持向优势产品、优势企业倾斜;5. 以市场为导向以竞争促发展;6. 坚持增量与存量调整相结合;7. 坚持引进和消化、创新、自立开发相结合。

9月25日,军品包装委员会秘书长工作会议在京召开。

全军军品包装委员会秘书长工作会议,于1996年9月25日在北京召开。来自总参、总后、各军区、各军兵种19个包装分会的秘书长和各业务部门主管包装工作的同志共43人出席了会议。

全国包装改进办公室李沛生副主任、中国包协谢荣全副会长到会做了热情洋溢的讲话。介绍了国家包装行业的现状及"九五"期间全国包装改进目标和重点。

十月

内蒙古自治区为了惩治生产、销售假冒伪劣商品的行为,保护广大消费者和用户的合法权益,维护社会经济秩序,日前出台了"内蒙古自治区查处生产和销售假冒伪劣商品行为的规定"。

规定如下:

——旗县级以上人民政府工商行政管理部门和技术监督管理部门、卫生行政管理部门在各自的职责范围内依照法律、法规和本规定,对生产、销售假冒伪劣商品的行为进行查处。

——以获取非法利润为目的下列行为,属于生产、销售假冒伪劣商品的行为:生产、销售假冒商标及包装、装潢或者假冒国外驰名商标商品的;生产、销售冒充知名商品的产地或厂名、厂址商品的;生产、销售商品所明示质地与实际不符的;国家法律、法规规定的其他生产、销售假冒伪劣商品的行为。为他人生产、销售假冒伪劣商品故意提供场地、仓储、运输、隐匿等条件和服务的,视同生产、销售假冒伪劣商品行为。

——对危及人体健康、人身安全的假冒伪劣商品予以没收或者销毁,由工商行政管理部门依照有关法律、行政法规责令停止整顿;情况严重构成犯罪的,依法追究刑事责任。有违法所得的,没收非法所得,并处以违法所得一倍以下罚款。

——被检查的当事人拒绝检查和抽样,故意拖延或者不如实提供有关生产、销售证据和情况的,由监督管理部门责令其限期如实提供有关证据和情况。经查明有违法所得的,处以违法所得2倍以上5倍以下罚款,没有违法所和的处以5000元以下的罚款。由于当事人拒不提供或者提供虚假资料,不能确定其生产、销售假冒伪劣商品数量的，由工商行政管理部门责令停业整顿，并处以5000元以下罚款。生产、销售者抗拒监督管理部门登记保存、查封物品、责令停止生产等行政强制措施的，转移隐匿、销毁与生产销售假冒伪劣商品有关财物的，监督管理部门根据情节，处以5000元以下罚款。

——旗县级以上监督管理部门查处生产、销售假冒伪劣商品行为的罚没收入，应当全部上缴同级财政。

河北省包协于1996年10月8日至9日在石家庄市召开第三次代表大会。省包协理事、省包协各专业委员会、各市经贸委、包装协会负责同志和省包装行业优秀企业、优秀企业家、先进工作者、优秀会员单位代表共200余人出席了会议。

会议提出了“九五”期间工作重点和主要工作任务：一、认清形势，提高认识，明确行业发展的指导思想和奋斗目标。为了贯彻落实河北省国民经济和社会发展“九五”计划，我们提出到2000年，全省乡以上包装工业总产值年均递增15%，达到148亿元；工业增加值年均增长15%；二、进一步宣传和明确包协在社会主义市场经济发展中的地位、作用和意义；三、深入进行包装改进工作，要继续抓好食品、建材、化工、医药、粮食小包装、运输包装等重点商品的包装改进工作，积极参加“绿色包装”技术革命。四、加强人才培养，提高包装行业整体素质；五、加强领导，充分发挥各级包装管理组织的作用。各级领导在抓经济工作中，一定要下力气抓好包装，切实加强对包协工作的领导。

10月10日，中共湖南省委副书记储波、省长助理张明泰来到岳阳造纸厂，考察该厂建立现代企业制度及年产5.1万吨系列胶印纸技改工程进展情况。储波强调，建立现代企业制度，要切实改制，规范运行。

该厂是湖南省委、省政府确定组建的全省七大工业企业集团之一，造纸企业集团的核心龙头企业，目前正在紧张地进行创建现代企业制度的筹备。在听取该厂厂长邱光林关于企业生产经营、技改和转机建制筹备工作等情况汇报后，储波、张明泰还深入该厂造纸车间、5.1万吨技改工程工地、原料处、芦苇场等地考察。储波要求工厂精心组织，加快施工进度，使技改工程尽快形成新的经济增长点，使“岳纸”尽快成为湖南省造纸工业的“航空母舰”。

上海市包装技术协会于10月11日在上海科学会堂召开第五届理事会。这次会议的主要内容是汇报第五届理事会选举情况，选举常务理事、正副理事长、正副秘书长，回顾四届理事会7年来的工作和今后工作打算，讨论修改市包协章程，以及市包协第五届理事会各专业委员会、工作委员会机构设置和理事分工。在会上还表彰了上海市包协先进工作者。

新当选（连任）的秘书长庄英杰作了题为“繁荣包装事业、提高包装水平”的四届理事会总结报告。7年来，在上海市政府对提高包装质量水平高度重视和各方面的推动下，上海市包装设计水平取得明显提高，在华东六省一市评比中名列榜首，在中国之星、亚洲之星评选中都有好成绩。特别是在’96“世界之星”评比中，上海得奖四项，占我国（大陆）获奖总数的1/4。

广西包装工业协会第三次代表大会于10月14日在南宁市召开。此次会议的议题是总结广西包装十年发展和协会工作，传达中国包协、中国包装总公司有关会议精神，讨论广西包装“九五”发展思路和工作任务、目标，修改协会章程和选举本届理事会成员。区食品工业与包装办公室主任韦启民主持会议。区经贸委主任覃日飞，区企业家协会会长、原经贸委副主任刘思炳到会讲话，区经贸委副主任邓于仁作了题为“回顾十年发展，推进两个转变，做好行业服务，为广西包装‘九五’再上新台阶而奋发努力”的工作报告。

会议对协会章程进行了修改，特别是在总则中把协会名称确定为“广西包装工业协会”。

会议选举出113名理事，理事会选举邓于仁为会长；桂来旺、韦启民、郑艳民、陈嘉睿、陆荣光为副会长；韦启民兼任秘书长。

日前，由国家技术监督局标准化司、轻工总会质量标准部牵头会同四部门联合下文通知，今年12月1日起国产化妆品将实施新标签。

新修订的化妆品标签标准参照了国际上化妆品标签的通行标识方法，规定了两条基本原则，即标签的所有内容应简单明了，通俗易懂，科学正确；标签上应如实介绍产品，不应有夸大和虚假的内容，不应使用医疗用或易于同药品混淆的用语。通知还规定了化妆品销售、标签必须标注的内容，以及对进口化妆品的具体要求。

为认真贯彻国务院最近下发的关于环境保护若干问题的决定，河北省政府办公厅日前发出紧急通知要求，取缔关停小造纸等一些重污染企业。

日前，云南省包装工作会暨省包协第四次代表大会在昆明召开。来自全省省级及地州市各有关机关领导、贵州省包协的领导，企事业、大专院校和科研单位的代表225人出席了会议。中国包协、中国包装总公司、上海包协、重庆包协、广西包协发来贺电，预祝大会圆满成功。

会议传达了全国包装工作会议精神。云南省经贸委副主任赵玉堂出席会议并作了重要讲话。他的讲话回顾总结了改革十多年来云南省包装行业的发展状况，部署了今后工作。云南省包协会长李以海对包协第三届理事会工作作了总结报告。与会代表对《云南包装行业“九五”发展规划及2010年远景目标》(讨论稿)、协会章程修改以及省包协换届改选工作展开了热烈讨论，畅所欲言、各抒己见，为发展云南省包装工业献计献策，提出了大量宝贵意见。会议期间，还展示了唐政同志荣获“世界之星”大奖的作品，五家包装企业在大会上交流了改革、转轨建制的经验。

会议期间还选出了云南省第四届理事会。云南省副省长李嘉廷、云南省原经贸委副主任、省包协第三届会长李以海任名誉会长；省经贸委副主任郑春敏任会长；省包装工业办主任、省包协第三届秘书长刘忠义，昆明市副市长、市包协会长林爽爽，省轻纺工业厅副厅长李韶华，省外贸厅副厅长陈汉皋，省商检局副局长曾德元，省石化工业厅副厅长王鉴，省烟草公司总工程师李振国，省科委副主任吴晓青任副会长；刘忠义兼任秘书长。

GB9774—1996《水泥包装袋》新国家标准已经国家技术监督局9月10日以技监国标函[1996]153号文件发布，将于1997年1月1日起实施。

这个标准被列入强制性标准，是建材行业近1000项标准中为数不多的强制性标准之一。所谓强制性标准，根据《标准化法》第十四条规定“强制性标准必须执行，不符合强制性标准的产品禁止生产、销售和进口”。国家技术监督局近期将出台《强制性标准管理办法》。

按照这项新国标的要求，当前使用的水泥包装袋将有相当大的数量要进行袋型的转换。现在，新国标的实施日期已经临近，各方面的准备工作都在抓紧进行。为了加快执行新国标的进程，满足水泥包装袋及制袋设备供需双方的要求，中国建材包装协会将于10月28日在北京召开一次规模较大的产需衔接会，邀请符合新国标的制袋设备厂家、制袋厂家和水泥企业、专业制袋企业、社会上的需求各方进行产品见面，洽谈订货，以加大新国标实施准备工作的力度，如期执行新国标。

为规范进口食品标签中文标识，加强进口商品的国内市场管理，保护消费者和生产者合法权益，国家经贸委、卫生部、国家技术监督局近日发文，决定对进口预包装食品加贴的临时标签进行检查。

三部门在《关于检查进口预包装食品标签

的通知》中说，自1996年9月1日起，凡从各口岸进口的预包装食品，必须具有符合我国有关食品标签强制性标准的正式标签。进口预包装食品的中文标签，需经国家技术监督局、国家卫生检疫局审核备案。玻璃瓶、易拉罐和铁盒装的食品，可以将整个标签纸粘贴在包装物上，其它包装食品的标签应印刷在包装物上。

《通知》要求各地技术监督部门与卫生检疫局及有关部门组成联合检查组，督促经销商按规定加贴中文标签。现正在销售未经国家技术监督局、卫生检疫局审批编号的进口预包装食品，销售商负责加贴简易中文标签，标签至少应有食品名称、净含量、原产国或地区名，同时向当地有关部门备案。

据悉，三部委将组成国家联合工作组，于12月中旬对各地进展情况进行检查。

《通知》还要求，今年8月31日前进口的加贴临时中文标签和商店加贴简易标签的预包装食品，应于1997年年底前销售。

江西省包装技术协会、江西省包装公司于10月22日至23日在革命老区吉安市召开了全省包装行业技术改造和重点企业座谈会。会议的中心议题是抓住国家投资向中西部倾斜的大好时机，加快技术改造步伐，加大企业改革力度，促进江西包装工业更快的发展。参加会议的有全省各地市包装机构负责人以及重点包装企业的厂长(经理)和技术改造工作负责人共60余人。省经贸委副主任卢德荣出席会议并作了重要讲话；吉安地区行署副专员贺宗鑫、地区经贸委主任刘祖咸到会祝贺。

由中国造纸学会主办、联合国工业发展组织和美国制浆造纸协会等组织协办的第三届国际非木材纤维制浆造纸会议日前在京召开。来自美国、加拿大、英国、荷兰、瑞典等发达国家和印度、印尼、泰国、古巴及中国等发展中国家的200余名专家、学者聚集一堂，就非木材纤维造纸技术的开发、工业化生产和环境保护等问题，进行了深入地探讨和广泛的交流。

中国轻工总会副会长、中国造纸学会理事长潘蓓蕾对会议的成功举行表示祝贺。她说，中国是非木材制浆造纸产量最多的国家，一直列居世界首位。据统计，1995年非木浆产量为1180万吨，约占全国纸浆产量的53%。在开发利用非木材制浆的同时，我国政府加强了污染防治和环境保护等工作，已关停了一批小化学浆厂，逐步配套了碱回收等环保设施。

国家环境保护局、外经贸部、海关总署、国家工商局、国家商检局日前发出通知，根据《关于颁布〈废物进口环境保护管理暂行规定〉的通知》的有关规定，决定增补《国家限制进口的可用作原料的废物目录》。

具体要求如下：

一、在原《国家限制进口的可用作原料的废物目录》中增补第十类“塑料的废碎料及下脚料”，废物名称、海在商品编码分别是：乙烯聚合物的废碎料及下脚料、3915·1000，氯乙烯聚合物的废碎料及下脚料、3915·3000，其他塑料的废碎料及下脚料、315·9000；在原第五类“纺织品废物”中增加纤维废料内容，废物名称、海关商品编码分别是：合成纤维废料、5505·1000。

二、从事上述废物进口、利用的单位应遵守《废物进口环境保护管理暂行规定》、《关于废物进口环境保护管理暂行规定的补充规定》及国家其他有关规定，并应逐年减少对进口废塑料的依赖，严格控制生产规模。

三、首次申请进口第十类废物的单位，应提交《进口废物申请书》和《进口废物作原料利用环境风险报告书》，申请书中应写明申请进口的具体废物名称、海关商品编码及数量。

四、环保、商检、海关、外经贸、工商行政管理等有关部门应密切配合，严格控制废塑料的进口总量，严格执法，防止废物进口过程中夹带危险废物和生活垃圾(包括生活废塑料)。对以废物名义进口或夹带危险废物、生活垃圾(含生活废塑料)的单位和个人，一经发现，依照有关规定从严惩处。

五、各地环保部门应本着从严控制的原则，

认真审核进口、利用上述废物的单位的生产条件和环保措施，切实加强环境保护监督管理。对增加的纤维废料的环境保护控制标准，参照《进口废物环境保护控制标准——纺织品废物(试行)》执行。

十一月

11月4日上午11时，北京富特波尔容器有限公司开业庆典仪式在北京怀柔县雁栖工业开发区新落成的北京富特波尔公司新厂房举行，北京市前常务副市长、现任市政府顾问韩伯平、外商投资企业协会会长谢树声、中包总公司副总经理李文虎、美国驻华商务参赞阿兰·特里、美国波尔公司董事局主席及首席行政总裁乔治·塞西尔、香港富特波尔容器集团有限公司董事长及总裁罗富昌出席庆典。

这家由香港富特波尔容器集团有限公司、北京双合盛五星啤酒集团及北京中国乡镇企业城股份有限公司投资3250万美元(三方投资比例分别为85%、10%、5%)的企业，也是香港富特波尔容器集团有限公司在国内已开设和正在筹建的7家制罐企业之一。企业由美国引进的具有90年代国际水平的易拉罐生产线，制作精良、完善，制罐速度之快达到每分钟2000罐，堪称当今世界顶尖制罐设备。

11月7日，中国包装报昆明记者站在市包协召开了昆站通讯员会议。会议由站长王佑华主持，会上布置了记者站的工作，要求各专业委员会通讯中把报导工作落到实处。

11月11日中国包协金属容器委员会为了解决近几年引进大量国外制罐的先进生产线由于设备先进，操作人员素质较低，设备经济发生故障，影响生产。因此，中国包协金属容器委员会为了解决技术方面的矛盾。在国内聘请部份曾在外企工作过的高级工程技术人员在上海正式成立了“中国包协金属容器委员会、上海技术咨询服务中心现已正式开展技术咨询及技术服务工作。该中心挂靠在上海中轻新奥包装材料有限公司。

经民政部和中国科协批准，中国包协无菌包装委员会正式成立。

为促进无菌包装企业和技术的发展，提高我国人民的健康水平，无菌包装委员会决定扩大吸收会员。凡从事无菌包装设备、材料及工艺技术的开发、生产及应用单位，都可参加本委员会，同时欢迎从事无菌包装事业的个人和外资企业参加。

无菌包装委员会分工归口协调管理全国无菌包装行业的行业组织，根据政府的法令、法规制订无菌包装的行规、行约；组织国内外无菌包装技术、设备及产品从业企业进行产品展示、技术交流及市场调研；协助制订行业标准和国家标准。

在《水泥包装袋》新国家标准即将实施之际，中国建材包装协会三届二次常务理事会和水泥袋及制袋设备产需衔接会日前在京举行，引起建材生产厂家、建材包装厂家和建材包装机械厂家的共同关注。

协会明年的主要工作是：

继续认真贯彻执行水泥包装袋和平板玻璃集装箱、架三个新国标。力争水泥包装袋新国标明年初有个良好的开端，年中获得实质性的进展，年末大中型水泥厂及制袋厂执行覆盖面达到80%以上。为此，协会除配合有关执行监督部门加强执行力度外，也要深入基层单位督促检查，采取措施，做出实质性的协助和服务。

北京市技术监督局、北京市商委、经委日前联合发出通知，自1997年1月1日起，凡进入本市超级市场的商品应使用通用商品条码；自1997年7月1日起进入北京连锁商品和仓储式商店的商品应使用通用商品条码；从1998年开始，要进一步扩大商品条码的推广应用范围。要求各企业应采取措施尽快提高商品条码化率。

由云南省包装工业办公室，包装技术协会编制的《云南省包装行业“九五”发展规划及2010年远景目标》正式出台。该规划在9月中旬举行的云南省包装工作会暨省包协第四次代表大会上经过与会人员的热烈讨论，在参考各方面人士的意见后，于日前修订完毕。“规划”制定出了“九五”期间发展的指导思想和基本方针，并在“八五”包装工业发展的基础上，制订出包装行业在“九五”末和2010年所要达到的主要经济指标：包装工业总产值以每年12%的速度递增，从1995年的24.63亿元增至2000年的43.4亿元。实现利税由目前的2.715亿元增至4.58亿元；至2010所包装产值将力争达到100亿元，实现利税9.6亿元。其中，纸包装制品将由1995年的18.5万吨，计划增到2000年的32.6万吨；塑料包装制品由6.29万吨增至10.6万吨；玻璃包装制品由3.44万吨增到6.62万吨；金属包装制品由1.55万吨增到2.61万吨；包装装潢印刷由178亿印增到274亿印；包装机械由182台套增到350台套。

十二月

日前，上海包协纸容器委员会在浙江平湖市召开了1996年年会，出席会议的有会员企业厂长、经理120人，平湖市金副市长到会讲话。

会议由委员会副主任姚懋逵、李建龙主持，纸委员会秘书长作了1996年工作总结和1997年工作安排报告。他说，1996年工作总结和1997年工作安排报告。他说，1996年上海纸容器行业发展势头良好，销售达到40亿元，比1991年翻三番，超亿元企业有4家，超5000万元企业有7家，行业产品质量有较大提高，根据抽样检测合格率比去年提高11.7%，技术改造和技术进步速度之快是行业历史上少见的。目前上海市共有瓦楞纸板生产线58条，瓦楞单面机88台。这些先进设备的投入大大增强了纸箱行业生产能力和市场竞争能力，有利于提高纸箱质量，使产品向中高档发展。由于行业进行价格协调，较大程度上提高了企业经济效益。绝大多数取得5%的利润率，部分好的企业达到10%的利润率。

中外合资无锡华鹏嘉多宝瓶盖有限公司12月3日在无锡国家高新技术开发区新址举行投产典礼，标志着亚太地区最大的金属瓶盖生产企业已经建成。

该公司是由我国最大的瓶盖生产企业——无锡华鹏瓶盖有限公司与世界最大的包装企业——嘉多宝皇冠公司合资建成的，拥有国际一流的欧洲及美国制造的制盖生产线6条、意大利皇冠盖生产线和铝质防盗盖生产线3条、英国双色印铁线2条、日本全套照相制版设备一套，是世界最先进的瓶盖生产企业之一，生产系列旋开盖、压旋盖、皇冠盖、铝质防盗盖和各种封盖机。年产瓶盖能力25亿只，是国内最大的食品、饮料、酒类、化妆品等行业包装用金属瓶盖的生产和供应基地，也是亚太地区规模最大的金属瓶盖生产基地。

该公司是去年1月1日合资建立的。合资近两年来，已生产各类金属压旋盖、旋开盖近20亿只，产品国内市场占有率超过50%。

日前，哈尔滨市政府为了保护市民身体健康，防止环境污染，出台了《哈尔滨市生产和经销餐盒规定》，对餐盒生产经销进行了严格规范化管理。

过去，由于对餐盒生产经销工作重视不够，污染了环境，影响了市民身体健康。哈尔滨市政府为解决此问题，专门召开了会议，对餐盒生产经销单位和个人做出了明确规定：在本市市区内应当采用易回收利用、易外置或在环境中易消纳的纸质或可降解等餐盒。禁止任何单位或个人经销泡沫塑料制餐盒。否则，由工商行政管理部门责令停止销售，并处以单位3000元以上5000元以下，处以个人200元以上500元以下罚款。使用泡沫塑料制餐盒经营快餐的，由工商行政管理部门处以20元以上100元以下罚款。

有关部门不得再审批新建生产泡沫塑料制餐盒的企业。生产纸质或可降解餐盒的单位和个人应当遵守国家有关建设项目环境保护管理的规定。生产、经销纸质或可降解餐盒的单位和个人，应当向卫生部门申请，取得卫生许可证，并依法办理工商营业执照后，方可从事生产和经销。否则，由卫生、工商部门按有关法律法规的规定处罚。

生产、经销的纸质或可降解餐盒，应当符合有关技术标准，任何单位或个人不得生产或经销无产品合格的产品。否则，由技术监督部门依据有关法律法规的规定处罚。

销售从外地购进的纸质或可降解餐盒的单位和个人，应当经卫生部门检验卫生许可证，颁发卫生检验合格证后，方可销售。否则，由卫生部门依据有关法律法规的规定处罚。

生产纸质或可降解餐盒的单位或个人违反环境保护管理规定的，由环境保护部门按规定处罚。

为了保证出口商品包装的质量，提高和稳定国产原纸的质量，做好国产原料替代进口原料的工作，对出口商品包装原材料实施有效的监督管理，根据《中华人民共和国出口商品检验法》及其实施条例和国家商检局《邮口商品运输包装检验管理办法》的有关规定，结合上海地区实际情况，上海市商检局日前对出口包装用纸作出了新规定。具体规定如下：

1. 实施检验、监督管理的范围确定为上海地区使用的出口商品包装用各类牛皮箱纸板及瓦楞原纸。

2. 生产各类牛皮箱纸板及瓦楞原纸的造纸企业，必须向上海商检局检定处申请办理注册登记。未经注册登记的造纸企业所生产的上述原纸，纸箱厂不得使用。

3. 经注册登记的造纸企业其产品经自检合格并在每件产品上加贴商检标志后，上海地区应报商检局申请检验，外省市应向当地商检机构申请检验。商检机构依据检验结果向申请人签发出口商品包装用原材料检验结果单。

4. 出口商品包装生产企业所订购的国产或进口原纸，应及时向供货方索取出口商品包装用原材料检验结果单或进口原纸检验证书。上海商检局凭此单证受理出口商品包装检验申请，并做好检查工作。

5. 凡上海地区使用的出口包装和国产原纸，除上述规定外，还直接受上海市商检局周期性口岸抽查，检查结果不定期向有关单位公布。对于原纸质量低劣，长期不稳定的造纸企业取消注册登记并责成其停止供货，包装生产厂不得使用。

6. 根据当前原纸质量的实际情况，上海市商检局现阶段按与河南、安徽、山东、浙江、江苏、江西商品研讨决定的出口商品包装用纸规定对原纸实施检验。若供应对原纸技术指标另有合同规定的，上海市商检局按合同技术指标不得低于出口商品包装用纸规定的要求。

为加强军械包装工作的领导，统一组织、协调、管理军械包装的各项工作，总参兵种部于12月9日在北京召开了军械包装分会成立暨“九五”军械包装工作研讨会。来自兵种部军械机关、研究所、院校等8个单位的代表参加了会议。中国包协副会长谢荣全、全军军品包装委员会办公室主任郭宝华等包装管理部门的领导参加了本次会议并讲话。

在江苏省包装技术协会成立十五周年之际，省包协五届二次理事会于12月18日在南京召开。全体理事及省市有关部门、包装企事业单位负责人共170多人参加了会议。中国包协、中国包装总公司及其子公司、各省市区包协致电祝贺。

会议由省包协副会长戴苏宁主持，中国包协会长邱纯甫作了讲话，省人大常委会副主任吴锡军、国家经贸委处长王吉庆致辞祝贺，省政协副主席沙人麟、中国包协副会长张皓亮等出席了会议。省政府副秘书长刘国中受陈必亭副省长委托讲了话。省计经委副主任、省包协会长李全林作了工作报告。

中华人民共和国进出口商品检验局关于《出口易碎类商品运输包装检验规程》最近通过审定。有关专家认为,该规程填补了国内出口易碎类商品运输包装检验规程的空白,技术先进,属国内领先水平。

该规程为我国出口易碎类商品的包装检验提供了依据。根据不同易碎类商品的性质及运输、储存的不同要求,选择合适的包装等级和相应的包装结构。避免遭受各种环境因素(冲击、震动、静压力、潮湿、雨淋……)的侵蚀,保证我国出口易碎类商品的质量及运输安全,增强易碎类商品在国际市场的竞争能力。

江西省经贸委近日发出通知,批转江西省包协和江西省包装公司制定的《全省包装行业97年工作要点》,要求全省各地市有关单位认真贯彻执行,努力把江西包装工业提高到一个新水平。

根据"要点",全省包装行业1997年工作的指导思想是:认真贯彻执行党的十四届六中全会精神和省委、省政府"主攻工业"的战略方针,抓住机遇,奋力拼搏,以市场为导向,以效益为中心,以科技为先导,以改革为动力,加强行业管理,服务基层企业,促进全省包装工业再上新台阶,努力开创包装行业物质文明和精神文明建设的新局面。

工作目标是:全年包装工业总产值计划达到37亿元,比上年增长10%,其中纸包装制品10.5亿元,塑料包装制品10.8亿元,包装印刷制品6.8亿元,金属包装制品1.8亿元,包装机械2.5亿元,实现利税2.1亿元,比上年增长7%。

为确保《水泥包装袋》新国标从1997年1月1日起得到贯彻执行,河南省冶金建材工业厅于12月13日至15日召开了全省水泥包装质量整顿暨水泥包装技术经验交流会。参加会议的有200多个单位的300余人。

为了整顿水泥包装质量和贯彻水泥包装新国标,河南省今年以来做了大量工作。8月初,省冶金建材厅发出通知,要求各市、地建材行业管理部门和水泥、水泥包装袋、制袋机械企业做好整顿水泥包装质量和贯彻执行《水泥包装袋》新国标的准备工作。11月下旬,全省开始对水泥包装质量进行整顿。

整顿的主要内容和办法一是对水泥包装袋质量监督检验站检测,确认产品质量符合GB9774—1996《水泥包装袋》技术要求的水泥包装袋生产企业,省厅生产许可证办公室颁发给《水泥包装准用证》(临时);对经省站一年检测,产品质量全部合格者,并经省厅审查确认能够稳定连续生产合格产品的企业,省有关部门将联合颁分《水泥包装准用证》。对于具有《临时准用证》或《准用证》的企业经检验合格的水泥包装袋,水泥企业方可使用。否则,在水泥生产许可证及质量认证等考核时,将视为不符合要求处理。

二是1997年4月将对已获得水泥生产许可证的企业进行水泥及其包装物的质量监督检查,对拒不执行新国标的企业将按照生产许可证制度进行严肃处理。

三是省站在1997年1月1日以后的质量仲裁检验中,要把水泥厂使用的包装袋是否合格作为仲裁检验的内容。

四是1997年度的水泥质量年度统检要对水泥厂使用的包装一并监测,对水泥合格但包装袋不合格的企业,也要公布于社会,取消其评优、评先及免检资格。

五是在水泥厂化验室验收和颁发《化验室合格证》的工作中,以及在水泥产品质量的行业检查中,要把是否具备对水泥包装袋进行检测的能力和是否正常开展水泥包装质量检验控制工作作为必要条件和重要内容。

目前,按照GB98774—1996《水泥包装袋》标准而制定的全省《水泥包装质量检验实施细则》已经出台并开始施行。鉴于当前水泥行业效益下滑的情况,要求水泥包装袋生产厂家既要不折不扣执行新国标,又要加强企业管理,努力挖潜,降低生产成本。

会议为促进新国标水泥袋的供需衔接，还安排长葛宇龙塑机股份有限公司对制袋机械厂家介绍了按照新国标生产的情况。

12月20日—25日，电子工业包装技术协会，在广西南宁市召开了电子工业包装技术协会成立十周年暨电子工业包装技术协会三届二次理事会。与会代表欢聚一堂，共庆十年来电子工业包装事业和电子产品包装行业管理方面取得的可喜成绩，共商“九五”期间电子产品包装事业发展大计。

中国食品和包装机械工业协会纸浆模塑机械及制品分会1996年工作总结大会日前在京举行。来自国内数十家企业的代表和机械部、全国包改办、铁道部、电子部、国家环保局等有关部门的专家、领导出席了会议。

有关权威人士指出，目前我国在这一领域中存在的主要问题是工业产品的应用推广严重滞后。据统计，纸模制品在工业领域中的使用量大约只占总量的1—2%。而在发达国家，80%以上的纸模制品应用于工业产品的包装。当前亟待解决的关键问题是制品的结构设计、模具设计加工及适合国情的生产设备。据此，这位人士提出纸模行业应从以下几方面开展工作：一、贯彻产品开发要高起点的市场意识，设备开发要注重生产规模和节能降耗，努力降低生产成本；二、加强在工业领域的推广力度，缩短与发达国家的差距；三、要充分运用计算机辅助设计，提高制品结构设计与模具加工能力；四、加快制订行业标准，产品标准、完善测试手段；五、注重人才培养，完善科技情报网络；六、政府主管部门要制定出行之有效的政策性法规，发挥宏观调控的职能。

九七年一月

由辽宁省包装技术协会和辽宁省包装总公司共同编制的《辽宁包装工业“九五”发展规划及2010年远景发展目标》已于1996年在全省包装工作会议上讨论通过。

该《规划》是在中国包协和包装总公司的指导下，在辽宁省政府辽宁省经贸委的直接领导下完成的。在此期间，省长闻世震曾作过重要指示：“九五”要使辽宁省包装工业上一个新台阶，要上一批水平高、规模大的包装材料、包装制品和包装机械，要搞一个可行方案、组织实施，彻底解决包装制品外进的状况，档住进口，打出省外，使包装成为辽宁省新兴的产业发展起来。

1月8日至9日，中国包装总公司在厦门召开经理厂长会议。这次会议的任务是贯彻落实党的十四届五中、六中全会和中央经济工作会议精神，按照中央对1997年经济工作的总体部署和要求，以推进改革和发展为主题，对1996年的工作进行总结，安排1997年的工作任务。中国包装总公司党组书记、总经理黄顺康在会上作了《把握大局开拓进取进一步推进总公司系统的改革和发展》的工作报告。中国包装总公司副总经理倪根仙、赵凤来出席会议。中国包装总公司各部门的领导、各企、事业单位的主要负责人参加了会议。

日前，全国包装改进办公室召集国务院各部局包装工作负责人举行了座谈会，就全国包装改进1996年工作进选取总结，同时对1997年的工作安排进行了部署。会议确定1997年全国包装改进工作的重点是：一、抓好出口商品包装的进一步改进；二、有重点、有选择地推广介绍先进的包装机械，推进我国的包装机械赶超世界先进水平。

全国包装改进办公室在河南省郑州市召开了全国水泥包装预应力复合制袋技术交流会暨全国包装改进工作座谈会。会议确定，各省、市、自治区、中心城市包装改进办公室要本着“包装大家办”，“建材大家办”的精神，在当地经委（经贸委）领导下，积极牵头，组织当地建材局、乡镇企业局、技术监督局在今年一季度前认真搞好《水泥包装袋》新国标的宣贯工作，联合检查《水泥包装袋》GB9774—1996标准的执行情况，作为今年开展包装大检查的突破口。会议还就1997年包装改进工作的重点达成共识：抓好出口商品包装进口商品包装的进一步改进；有重点、有选择地推广、介绍先进的包装机械，推进我国的包装机械赶超世界先进水平。

为打好机械工业"三大战役"，使机械产品包装与国际市场接轨，由机械部中包协主持召开的机械工业包装工作发展战略及以纸代木座谈会近日在京召开。与会代表就日前机械产品包装存在的问题及发展战略进选取广泛深入的探讨和交流，一致认为，纸箱包装从技术、经济讲都有很多优越性，我国是个木材资源匮乏的国家，同样多的木材生产纸箱包装可比包装木箱多3—6倍。纸箱包装还有重量轻、缓冲性能好、可降低储运费用等诸多优点，适合大规模生产。与会代表认为，机械工业部开展"以纸代木"包装的研究和试点是及时的，应予以支持。会议还认为，机械工业生产厂家和交通运输部门应加强联系和理解，共同改进机械。

中国航空民用工业联合会食品机械分会不久前举行三届二次理事会。分会会长、天津航空机电公司总经理李缮主持会议，秘书长张家骧代表常务理事会做一年来的工作总结和1997年工作要点报告，会议还进行了国内外食品和包装机械发展动态的信息交流。中航总公司胡晨作了赴德考察报告，202厂王玉歌做了意大利考察报告，成飞包装机械公司桂成枢介绍生产瓦楞辊和开展多型瓦楞纸板生产线情况。

与会代表一致希望分会在协助会员单位开发新产品和开拓市场方面发挥桥梁作用，采取不同形式的合作和分工，联合开发和营销，优势互补、利益共享，共同促进航空航天系统食品包装机械行业发展。

日前，国家技术监督局公布了去年全年及第四季度产品质量国家监督抽查结果，与1995年相比，去年抽样合格率在60—100%之间的产品占全年抽查产品类别总数的82%，上升了5个百分点，低于60%的产品占全年抽查产品类别总数的18%，下降了3个百分点，表明我国去年产品质量合格率稳中有升。

近日，湖北商检局在孝感市召开了有全省外贸公司、出口商品包装、造纸生产企业、各地市商检局的负责人共160人参加的全省出口商品包装检验管理工作会议。

会议的主要内容一是总结1996年湖北地区出口商品包装检验管理工作；二是讲评全省1996年出口商品包装、国产纸替代进口纸的质量情况；三是进行典型经验介绍；四是安排1997年湖北地区出口商品包装、国产纸替代进口纸检验管理的主要工作。湖北商检局副局长邱长源对1996年的工作进行了总结，湖北省对外经济贸易委员会副主任范开石到会讲话。

国际上著名的虎牌包装投资有限公司日前在上海西南的松江工业开发区建立起在中国的第一家生产软包装印刷产品的独资企业。

1997年全国包协秘书长工作会议于1月12至17日在海南省举行。来自29个省、市、自治区和计划单列市、经济特区的包装协会、包装办的负责同志及部分企业的厂长、经理共百余名代表出席了会议。

中国包装技术协会邱纯甫会长出席会议并讲话。他说，这次会议很重要，同志们要利用好每年一次交流、总结、研究工作的机会，解决一些实际问题，明确今后的工作方向和目标并达成共识，按照"团结、协作、创新、求实"的会风把包协工作做好。

河南省为了贯彻实施《水泥包装袋》新国标，使水泥厂家及水泥袋制袋厂家对水泥袋的质量检测有章可循，省冶金建材厅水泥质量监督检验站于元月20—23日在洛阳召开了水泥包装质量检测工作会议。

河南省水泥质量监督检验站对《水泥包装袋质量检测实施细则》做了详细的解释和说明，并对近60家企业的样品袋存在的共性问题，如复膜问题、内衬纸问题、阀口问题等提出了改进意见和解决办法。会议要求检测工作要做到标准化、科学化、规范化，以保证《水泥包装袋》新国标的贯彻实施。

平顶山市纸塑制品厂代表首批获得准用证(临时)的企业介绍了建立健全质量保证体系、生产高质量产品的经验。

湖南省包装总公司厂长、经理会议1月20—222日在韶山召开，直属企业厂长、经理、机关各处室负责人参加了会议。各企业的党委(支部)书记、财务科长、总公司离退休副厅级以上干部应邀参加了会议。总公司党委书记、总经理谢正大作了"振奋精神，扎实工作，努力推进总公司的改革和发展"的讲话，传达了中央、省经济会议精神，实事求是地总结了1996年工作，客观地提出了困难和问题，细致地布置了1997的工作任务。

为进一步发挥集装运输的优越性，推动我国运输包装的发展，交通部水运司、中保财产保险有限公司和中国包协运输包装委员会于1月21日至22日在天津联合召开了集装运输与运输包装发展关系研讨会，来自交通、铁道、民航、内贸、外贸、建材、商检、保险、总后等部门的领导与学者60多人参加了会议。国家经贸委和天津市经贸委的有关领导也应邀参加了会议，中国包装技术协会常务副会长谢荣全到会祝贺。

1月22日，在中国包装总公司党组中心组专题学习讨论全国国有企业职工再就业工作会议精神时，党组书记、总经理黄顺康提出今年总公司系统要按照"积极推进上市、加大兼并力度、慎重规范破产、充分用好政策"的思路搞好国有企业改革。党组副书记倪根仙，党组成员李文虎、赵风来及有关各部门负责人参加了学习。

新年伊始，陕西包装技术协会第三届会员代表大会于元月22日至23日在西安市举行。出席这次代表大会的有省级有关部门、地市经贸委、包装企事业单位的代表共76人。中国包协特向代表大会发了贺电。

会上，与会代表听取和审议了省包协(第二届)会长魏明生代表省包协第二届理事会所作的题为"充分发挥省包协的作用，努力开创我省包装工业新局面"的报告。在省包协第三届第一次理事会上，选举出会长、副会长、秘书长和常务理事。副省长巩德顺任名誉会长，省经贸委党组副书记、副主任赵恩相任会长，魏明生任第一副会长，副会长牛逢山兼任秘书长。

全国易拉罐行业协调小组第10次成员会议日前在上海召开，21家制罐企业派代表出席了会议。

据会议披露，去年我国共生产易拉罐50亿套，比上年增长25%，保证了啤酒和饮料行业的包装配套需求，并有一定出口。制罐企业的工艺、技术和管理水准进一步提高，产品质量已达到国际先进水平。行业内通过股权转让、资产重组，实现了强强联合，集约化、规模化趋势日益明显。

目前，全国已投产的易拉罐企业有21家，另外5家新建企业开工后，将形成年生产能力130亿套。为保证市场竞争的有公平有序，协调小组要求各成员企业加强自律，规范价格行为，认真执行国家制定的易拉罐进口铝材关税税率，杜绝通过非正常渠道进口易拉罐专用铝材。

长沙市包装技术协会成立十五周年暨第六届代表大会不久前召开。全体理事及省市有关部门、包装企事业单位负责人共180多人参加了会议。中国包协会长邱纯甫题词祝贺，各省市包协纷纷致电祝贺。

会议由长沙市包协常务副会长肖继红主持，长沙市人民政府副市长李斌恺到会讲话。市经委副主任、市包协会长徐梓干作工作报告。

二月

中国包装产品质量认证管理委员会日前在京正式成立。在2月4日举行的成立大会上，国家技术监督局总工程师丁其东代表国家主管部门向首届管委会委员们颁发了聘书，并与中国包装总公司副总经理、中国包装产品质量认证管理委员会主任李文虎一起为这一权威机构的铜质匾牌揭牌。

会上，委员们还就“中国包装产品质量认证管理委员会章程”、“包装产品质量认证管理办法”及管委会成立后的工作重点进行了认真的讨论和部署。会议还确认了包装产品质量认证标志。标志的色彩为兰、白两色，图案为兰色，背景为白色。标志图案在国家质量认证方圆标志的基础上，中心采用了包装通行设计的“包”字。该标志分为合格认证标志和安全认证标志两种。

日前，国家海关总署以署税[1996]1148号文《海关总署关于执行1997年调整进出口税率方案有关问题的通知》下发了一批实行暂定税率的进口设备清单，并将在1997年新出台的《中华人民共和国海关进出口税则》中公开刊出，包装行业共列有28种设备(其中有两种实行招标的生产设备)

为配合《导向目录》的实施，经国务院批准，国务院关税税则委员会1997年对《导向目录》内所涉及的国内不能生产的关键设备的进口关税实行公开暂定税率，平均税率为7.7%，比法定税率平均降低9.1个百分点。

为适应社会主义市场经济体制价格管理监督机制，保护生产者和用户的合法权益，上海市包装技术协会纸容器委员经上海市物价局批准，建立了行业价格协调组织。最近，该委员会出台的《价格协调管理办法》已报经上海市物价局同意，于今年2月1日起正式执行。

“办法”共有13条。其中管理目标和价格协议等条款提出，为维护纸容器行业的整体利益，保障企业和用户的合法权益，协调企业之间及企业和用户之间的价格关系，协助政府价格部门管理行业价格秩序，通过行业价格平衡帮助企业搞活经营，制止不正当竞争，提高行业的整体素质。行业内部价格是企业群体自律的行业协调价格，经共同协商在一定时间内维持本行业大体一致的价格水平，会员企业要共同执行。在保证质量的前提下实行公平竞争。同时，允许企业在特殊条件下按行业价格上下浮动3%的权力，超过3%的范围必须向协调组织备案，以保证行业价格的统恶性循环 、严肃性。

“办法”中提出的价格协调原则主要有：1.公开、公平、公正合理的原则，使供求双方和行业内多数企业均能接受；2.“宜粗不宜细”的原则，主要制定具有一定代表性的标准纸箱协调价格；3.“求低不求高”的原则，根据行业供大于求和内部竞争激烈的实际状况，以微利为行业宗旨，利润率控制在5%左右。“办法”还提出企业在价格到位的前提下，不得偷工减料，使用次纸原料坑害用户，经营者销售商品，必须与样品质量相符，实行明码标价。

“办法”还提出，协会要监督企业执行行业协调价格，若发现有损害行业利益的不正当竞争行为，协会将会同用户、商检、质检、物价等部门对其产品质量进行专门抽查，质量不符国标的将给予书面警告、限期整改、内部通报或新闻曝光，对屡教不改者由物价部门处罚，并建议上级部门吊销生产许可证或撤消企业厂长职务。同时也对用户提出要求，凡用户不求质量，压低价格，企业可拒绝生产。

有关人士指出，上海出台的这一“办法”将对目前纸容器行业的无序竞争做出有序的规范，对其他行业的管理也有很好的借鉴作用。

进一步巩固多年来电子包装改进所取得的成果，大力开发和推广科技型、环保型的包装材料及制品，以市场为导向，以加强法制管理为突破口，为我国电子产品扩大出口服务，将是今年电子包装工作的主要目标。

日前，记者在采访电子部包装办公室主任叶柏彰时，他说，根据《全国包装改进“九五”规划》的部署，1997年电子包装发展战略的基本方针是：

一、从依法加强管理入手，从振兴电子工业的大局出发，包装工作要进一步加强力度，健全法制和机构以适应工作开展需要，以出口产品包装改进为重点，推动包装产品的技术进步，扎扎实实地为电子企业与国际接轨和参与市场竞争创造有利条件。

二、注重部门和条块之间的沟通联系，拓宽协作配合，加强技术攻关，以提高电子包装制品的档次和技术含量为突破口、加速电子包装的更新换代，大力发展与国际先进水平接轨的包装新材料、新技术和新产品。

三、进一步完善和实施电子产品包装标准和电子行业包装规章制度。今年要制定颁发《全国电子产品包装认定办法》，以加强对电子产品包装的质量监督管理。为此，电子包协会同中国电子进出口总公司，对有出口产品的重点企业进行包装摸底和咨询“诊断”，并组织有关人员到口岸了解产品运输包装情况。

近日，河北省技术监督局、省建筑材料工业局、省包装改进办公室联合发出通知，将对《水泥包装袋》新国家强制性标准实施监督管理。

通知中规定，自文件下发之日，全省各水泥包装袋生产企业，应立即停止生产不符合GB9774—1996《水泥包装袋》国家标准的水泥包装袋；各水泥生产企业不准采购不符合新国标的水泥包装袋；各级技术监督、建材、包改办做好帮促工作。从1997年7月1日起，各级技术监督部门会同有关部门将对水泥包装袋生产、流通、使用单位进行标准实施监督。对违反GB9774—1996《水泥包装袋》强制性国家标准的，将依法做出处罚。

2月1日，上海市包协组织所属专业委员会秘书长进行迎春工作座谈。出席座谈的有：包装行业价格工作委员会、金属容器委员会、包装印刷委员会、包装装潢设计委员会、木制包装容器委员会和信息工作委员会秘书长等共10余人。会议由上海市包协秘书长庄英杰主持，座谈基本上围绕当前包装行业的形势状况，1996年工作体会、1997年工作目标打算；通过畅谈，以期把新一年的工作抓早抓实，争取再接再励，再创工作新成绩。

三月

陕西省经贸委于今年3月4日发出通知，决定在今年上半年对全省包装工业企业进行一次调研工作。其目的是摸清目前全省包装工业的基本状况及存在的主要问题，做到底子清、情况明、心中有数，并对加快全省包装工业发展思路及其采取的对策达到共识，尽可能避免在指导工作上的盲目性和失误。

中国轻工总会日前下发关于公布高等学校重点学习科点的通知，西北轻工业学院的包装工程学科榜上有名，被确定为中国轻工总会19个部级重点学科点之一。

河南省为了进一步推动GB9744—1996《水泥包装袋》国家强制性标准在水泥企业的贯彻实施，河南省冶金建材工业厅和省乡镇企业管理局决定从今年4月1日开始对省内所有不泥企业的包装质量进行一次全面检查。

江苏省包装工作会议于1997年3月6日至7日在扬州召开，省市及部分计划单列市包装管理人员共40多名同志参加会议。会议中心议题是围绕工业结构调整这一主线，讨论、研究1997年全省包装行业的各项工作，确定全行业计划目标。省计经委副主任，省包协会长李全林到会讲话。

四月

山东省医药管理局日前发文通知有关制药企业，废止博山美术琉璃厂药用玻璃二分厂等30家企业的“药品包装用材料、容器许可证”，并禁止购买、使用上述企业生产的药用包装材料和容器。这是山东省治理药用包装材料生产低、小、散现象推出的重大举措。

4月15日至17日，湖南省包装总公司科技处与省包装产品质量监督检验授权站联合在长沙召开了危险品包装运输工作会议。此次会议得到了湖南省技术监督局、长沙铁路总公司、怀化铁路总公司和省包装总公司领导的大力支持，并特派领导到会发表了重要讲话。

中国包装总公司总经理黄顺康一行于4月15日至18日在华西包装集团公司总经理韩顺伟陪同下，视察了华西包装集团公司和部分企业以及涪陵市。他强调华西包装集团公司要紧跟中央关于设立重庆直辖市的重大决策，切实为重庆直辖市的经济发展战略服务，为新重庆的经济大发展多做贡献。在渝视察期间，重庆市副市长秦昌典与黄顺康总经理就重庆包装工业发展进行了商谈。

为做好换发证工作，国家医药管理局质量管理司不久前发出药质字[1997]第5号文“关于报送《药品包装用材料、容器生产企业许可证》换发情况及1997年工作计划的函”，要求各省、自治区、直辖市医药管理局及相关的医药主管部门将本地区1997年换发证工作计划、安排和已换发证企业情况报国家医药局质量司，并要求对需换发证企业现场考评和报送国家医药局审查备案做出具体时间安排。对已明显达不到换证条件的企业申明其不予换证的原因。国家医药局将根据各地报送情况做出进一步安排。

日前，上海医药管理局召开了上海药用包装材料工作会议。会议的主要任务是贯彻全国医药管理局局长会议和第十次全国医药包装工作会议精神，分析医药包装工作面临的形势和任务；明确今后一个时期医药包装工作的任务和方向，研究和部署1997年的上海医药包装工作。

日前，江苏省计划与经济委员会向各市经委、省各有关厅、局、公司下发了《关于加强全省包装行业管理工作的通知》。

《通知》对加强行业管理提出了健全工作网络、建立工作制度、加强调查研究、指导协会工作等方面要求。

由河北省技术监督局、省建材局、省包装改进办公室联合组织的“河北省《水泥包装袋》强制性国家标准贯彻实施工作会议”于4月23日在石家庄市召开。

会上，省技监局、省建材局、省包改办的有关领导出席会议并就贯彻实施新国标的意义、重要性和当前水泥生产、水泥包装袋生产企业的现状、存在的问题，以及省行业主管和执法部门今后工作的重点做了介绍部署。冀东水泥厂包装袋厂厂长贾增军就《水泥包装袋》强制性新国标做了讲解和说明。与会代表还就如何贯彻实施新国标的问题进行了座谈并交流了信息和经验，大大加强了与会企业对贯彻执行新国标的紧迫感。

来自全省各市技监局、建材局、包装办的负责同志及部分水泥生产企业、水泥包装袋生产企业和水泥包装袋设备生产企业负责人100余人出席了会议。

最近，四川省经贸委、四川省技术监督局以川经贸(1997)包55号文，向各市、地、州经贸委和技术监督局发出《关于水泥包装袋必须进行型式检验和新产品鉴定的通知》。

《通知》指出：根据《中华人民共和国标准化法》、《中华人民共和国产品质量法》的规定，为了全面贯彻水泥包装袋GB9774—1996国家新标准，决定1997年3月31日前，全省所有水泥包装袋（纸袋、复合袋、复膜塑编袋）都必须进行型式检验；1997年1月1日后投产的复合袋和复膜塑编袋必须经过鉴定后才能投放市场。经型式检验合格的产品，由省包装改进办公室统一编号并会同省技术监督局颁发合格证书，在报上公布向社会推荐，质量监督部门不再列入1997年产品质量监督检验计划，各市地州也不再重复检验。

为做好此项工作，该通知明确由省包装改进办公室代表省经贸委负责抓此项工作。

五月

经民政部批准，中国包装技术协会无菌包装委员会5月6日举行了成立大会。中国乳业协会理事长王怀宝、中国饮料工业协会副理事长杨昌照、中国包装技术协会企业部主任刘承毅、中国轻机协会副秘书长刘旭、中国食品工业协会高家明和来自国内的无菌包装设备制造企业、用户和国际上知名的APV远东公司、利乐公司、德国KF公司、麦克罗公司、德国美最时公司的代表30余人参加了成立大会。

四川省经贸委按照省委、省政府重新调整四川发展战略匠思路，在经济发展中，对四川包装工业的发展极为重视。日前，以川经贸(1997)包259号文向各市、地、州经贸委（经委、计经委）、省级各委、厅、局发出了《四川省经贸委关于开展全省包装工业普查的通知》，决定在今明两年内对全省包装工业进行一次全面系统的普查，其目的是摸清全省包装工业现状，调整全省包装工业发展思路，客观实在地为制定加快四川包装工业发展规划提供可靠依据，更好地为四川国民经济发展服务。

日前，中国包装报刊协会第一次会员大会在北京举行，中国包装技术协会会长邱纯甫到会祝贺，中国包装报社社长张燕玉、总编辑崔渤、中国包装技术协会副秘书长王援朝、中国包装报社副社长陈建猛出席了会议。

中国包装报刊协会，是在国家新闻出版署领导下，由全国包装行业报刊及新闻工作者组成的群众性学术团体。

中国包装报刊协会的宗旨是：以经济建设为中心，坚持四项基本原则，坚持改革开放，坚持以科学的理论武装人，以正确的舆论引导人，以高尚的精神塑造人，以优秀的作品鼓舞人，加强包装新闻队伍建设，钻研业务，交流经验，为大力宣传行业成就，加速我国包装现代化做出贡献。

华东地区纸制品行业第三次会议于5月10至12日在济南市召开。这次会议由上海包协纸容器包装委员会和济南市包协共同筹备。出席会议的有浙江省包协秘书长张跃权，上海市包协纸委会秘书长王志星，福建省包协纸委会主任方兆星，江苏省包协纸委会副秘书长王国荣，济南市、南京市、镇江市、扬州市、合肥市、宁波市包协秘书长及各地大中型纸箱企业的厂长、总经理等共48人，出席会议的还有为纸箱配套的机械厂、油墨厂、纸造厂、帆布带厂等企业代表。

中国包装总公司党组书记、总经理黄顺康等一行五人5月15—16日视察了南京包装工业。黄总一行视察了南京塑料包装材料总厂的聚酯包装膜生产线和中包新技术公司包宁公司的纸质快餐具生产线。在宁期间江苏省副省长陈必亭和南京市委副书记、常务副市长周振华等领导同总公司领导就全省和南京包装工业发展进行了商讨。黄总还视察了南京分公司，并听取了分公司总经理许贵庆同志的汇报，对南京包装确立以发展和效益为中心的加快实施“三改”，深入开展“三学，抓好四个“调整”，围绕“企业数调少，规模调大、结构调优，机制调活，资产调强，效益调高”的思路，对“九五”末形成塑料包装基材、新闻纸、纸包装、高档彩印包装印刷、金属包装等六个包装产品生产基地，直属企业生产规模超20亿元的规划，给予肯定和支持。

中国包装总公司1997年外事工作会议于5月13日至15日在山东省青岛市召开。来自总公司各部门、直属企业(公司)的近四十位领导及外事联络员出席了会议。

大会由总公司外事办公室副主任徐升全主持。李瑛副总经理作了题为《奋发进取,扎实工作,努力开创总公司外事工作的新局面》的讲话。外事办公室及国际合作部主任孙常玲作了主题发言。

为了认真贯彻落实江苏省委、省政府提出的"九五"发展目标和2010年远景规划,实现经济增长方式的根本转变,江苏省计经委包装处于5月15日至17日举办了江苏省包装行业ISO9000系列标准宣贯培训班,60多名包装行业管理人员、包装企业负责人和质量管理人员参加了培训。全体学员认真听课,参加考试,合格者获取了由国家技术监督局批准的、一级机构江苏质量保证中心颁发的结业证书。

中国包装装潢印刷工业协会第二届理事会第一次会议日前在京举行。轻工总会潘蓓蕾副会长在会上讲话,强调要认真贯彻国务院发布的《印刷业管理条例》。

中国包装装潢印刷工业协会理事长赵剑璞在会上提出,配合轻工总会和地方轻工业主管部门,做好包括核发包装装潢印刷品印制许可证在内的贯彻落实工作,是协会第二届理事会的中心任务。赵剑璞还提议,协会的理事在贯彻《印刷业管理条例》、治理整顿印刷业的工作中,起模范作用,带动本地区的企业,认真执行国家多项法律法规,不给制假者以任何机会,为打击假冒伪劣产品的营销活动做出贡献。

轻工总会食品造纸部最近发出"关于罐头产品标准分级和罐盖打印办法有关规定的通知"。具体内容如下:

原轻工部规定的"罐头产品代号打印办法",在内外销罐头生产和销售上发挥了很好的作用,总会已决定制定为行业标准发布实施。原规定罐盖打印内容和形式分为两种:第一种形式(第一行为日代号,第二行为年、月、日代号、厂名,第三行为产品名称代号)一般为暗码代号。第二种形式(第一行为厂名代号,第二行为年、月、日代号,第三行为产品名称代号)一般称为明码代号。现根据国内外商场的消费趋势和技术监督部门的意见,经有关部门研究决定,从现在起无论是出口罐头还是内销罐头,罐盖打印一律采用明码代号(即第二种打盖形式)。出口产品如外商确实需要采用暗码代号(即第一种形式),应由罐头生产厂报省市轻工厅批准,并附外商函件要求证明,在轻工总会食品造纸部备案。

原轻工部从1989年以来已制修订并发布实施的罐头生产国家标准和行业标准有126个,分为优级品、一级品、合格品三个等级。现研究决定出口罐头产品质量不应低于一级品,内销罐头质量不应低于合格品。以上两项规定,望罐头生产企业参照执行。

最近,杭州市人大常委会召开《杭州市城市市容和环境卫生管理条例》公布新闻发布会。该《条例》于今年1月16日经杭州市八届人大常委会37次会议审议通过,4月20日经浙江省八届人大常委会35次会议审议批准,5月15日公布,9月15日起施行。

《条例》明确规定,"禁止销售、使用泡沫塑料等制作的不可降解的一次性快餐餐具。""销售、使用泡沫塑料等制作的不可降解的一次性快餐餐具的","可处以500元以上5000元以下的罚款"。

为贯彻落实国家技术监督局颁布的《水泥包装袋》GB9774—1996国家强制性标准,洛阳市技术监督局、重工局将于近期对水泥包装装市场进行整顿。

洛阳市技术监督局负责人提醒还未实行国家新标准的水泥包装袋厂家和水泥生产厂家,要摒弃重生产、轻包装的旧观念,必须不折不扣地执行国家新标准，以加快水泥包装改进步伐。对那些无视国家强制性标准，只顾自身利益，不顾国家和消费者利益的仍在生产、使用无复膜塑编袋的单位和个人给予严肃处理。

六月

从6月1日起，凡是在北京生产、经销一次性塑制餐盒的单位或个人，必须按一定的比例回收、利用其生产、经销的废弃塑制餐盒，否则将取消其在北京生产、经销塑制餐盒的资格。

由南京塑料包装材料总厂、内江包装材料总厂、申达集团公司、南京双惠新技术开发公司、北海中包工贸有限公司、江阴市黎明幕墙有限公司等六家单位联合发起并以募集方式成立的股份制企业——南京中达制膜股份有限公司，6月5日在上海证券交易所上网发行。据悉，中达制膜将是我国塑料制膜领域中第一支跨地区、跨部门的股票，如发行成功，将募集资金近2亿元人民币。使其成为国内资金技术及生产规模均处于一流水平的首家上市公司。

6月3日，南京中达制膜股份有限公司股票上网发行新闻发布会在上海举行。中国包装总公司副总经理赵凤来、江苏省计经委副主任李全林、南京市副市长蒋裕德、内江市副市长李伟、江阴市副市长王伟成等出席会议并讲话。

日前，中国包装总公司认购佛山华新发展有限公司股份签字仪式在京举行。中国包装总公司总经理黄顺康、副总经理赵凤来、佛山华新发展有限公司总经理王奇出席了签字仪式，黄顺康和王奇分别代表双方公司在合同上签字。

日前，湖南省省长杨正午、副省长周伯华率省直有关部门的负责同志，在湖南印刷机器厂考察时反复强调，工业企业的改革要稳步推进，狠抓落实。

6月18日，中国包装总公司扶贫办公室全体成员会同总公司计划部、外事办、人事教育部和劳动服务公司的负责同志共同商讨部署对陕西省山阳县和商南县的扶贫工作，中国包装总公司副总经理李文虎参加了会议，对今年的扶贫工作做了重要讲话。

日前，国家经济贸易委员会下发关于全国包装改进办公室改由国家经贸委领导的通知。

该通知下发至各省、自治区、直辖市、计划单列市经贸委(经委、计经委)，新疆生产建设兵团经委，国务院有关部门，解放军总后勤部抄送国内贸易部。

国家经贸委解释说，根据工作需要，全国包装改进办公室改由国家经济贸易委员会领导，负责组织协调有关部门和行业的包装改进工作。办公室设在中国包装总公司。

中国包装专利摘要

SUMMARY OF THE PACKAGING PATENTS OF CHINA

中国包装专利摘要

SUMMARY OF THE PACKAGING PATENTS OF CHINA

中国包装专利目录

中国专利局发明专利公报公开的发明专利

1995年12月27日—1996年2月28日

95178 **公开日**:1995.12.27 **国际分类专利号**:B65D 85/00 **公开号**:CN 1113873A **申请号**:94105902.2 **申请人**:于忠民(中国) **发明名称**:一种沥青的包装方法

本发明涉及一种沥青的包装方法,其方法是使沥青呈一定的几何形状,将一定的几何形状的沥青块装入与沥青块几何形状相适应的塑料薄膜袋中,克服了夏季沥青的相互粘连,便于产品的装卸、运输、贮存、保管,又可将沥青及其外包装一起进行熔化,而不影响沥青的质量和性能,避免了操作人员的烫伤事故。改善了劳动环境和条件,避免了对环境的污染。

95179 **公开日**:1995.12.27 **国际分类专利号**:B65D 1/00 **公开号**:CN 1113870A **申请号**:94106234.1 **申请人**:张泉成(中国) **发明名称**:包装盒

一种包装盒,是以经改性的聚丙烯片材为材料,采用焊接的方法制作而成的新型的包装盒,具有经久耐用、密封性好,美观而价廉等优点。用于包装物可防止包装物被污染、损坏、霉变、锈蚀,特别适用于电脑软盘、录像带及其它精密元器件的包装。

95180 **公开日**:1995.12.27 **国际分类专利号**:B65D 49/12 **公开号**:CN 1113871A **申请号**:94106277.5 **申请人**:浦强(中国) **发明名称**:防伪瓶盖

本发明提供一种防伪瓶盖,它适用旋盖式瓶子,该防伪瓶盖的特点在于,瓶盖、瓶塞内圆腔之间通过棘轮柱上下两端的棘轮机构与之联接,两端棘轮机构的单向转动方向相反;"T"字形的防伪标牌与瓶盖、棘轮柱连接。当瓶盖拧上瓶子时,瓶盖与棘轮柱相互转动,而撕破防伪标牌。据此供人们在拧开瓶盖前从透明瓶盖顶端检查防伪标牌是否撕破,以判断瓶盖是否曾被打开过,达到防伪目的。

95181 **公开日**:1995.12.27 **国际分类专利号**:B65D 71/02 **公开号**:CN 1113872A **申请号**:94110628.4 **申请人**:吴身民(中国) **发明名称**:新式扎瓶法

本发明是一种新的系列扎瓶方法,属于包装技术领域,适用于酒类、饮料、调料等玻璃瓶的捆扎,较好地解决了瓶捆易松泡、用绳多和不分大小瓶、近远途、淡旺季等皆用一种捆扎模式的问题。该技术以不同的捆勒瓶根和围勒脖及勒芯瓶的方法,形成了较多的瓶捆扎勒形式,皆体现了充分利用成捆的力学原理和捆扎材料的特性。而且方法是由易到难,便于实施推广。选用其中适于本企业生产条件和营销情况的几种工艺加以灵活的生产调度。可分别取得节约与工效权衡上的显著和非常显著以至特别显著的效益。

96001 **公开日**:1996.1.3 **国际分类专利号**:B65D 19/34 **公开号**:CN 1114281A **申请号**:94107251.7 **申请人**:吉井久吏(日本) **发明名称**:瓦楞纸管及应用该纸管之托货板

将波浪板的一面固定衬垫之长形单面瓦楞纸卷成螺旋状,而形成圆筒形之单面瓦楞纸层,再将上述单面瓦楞纸层在径向方向相互固定多层,堆层构成瓦楞纸管。将此瓦楞纸管用作在圆筒形轴线方向承受负载的负载承受件。同时将上述瓦楞纸管之两端面接合在上板及下板上,以构成托货板。

96002 **公开日**:1996.1.3 **国际分类专利号**:B65D 85/08 B65D 85/20 **公开号**:CN 1114282A **申请号**:94106698.3 **申请人**:株式会社寿(日本) **发明名称**:条状物送出容器

一种能将内部所收容的多个条状物逐一送出、其操作性良好、简便又符合卫生的条状物送出容器,它包括:一于前部侧面设有纵孔及于前端设有可将保持具保持的开口的外筒;一可轴向移动地嵌插于外筒内且被弹簧赋予一弹性后退力量的内筒。内筒前部形成有一可与纵孔滑动嵌合的可挠性推出片,而纵孔侧面设有轴向的导引突起,于导引突起后部设有可将推出片向前下方导引的向下斜面并于前部设有可将推出片向后上方导引的向上斜行面。

96003 **公开日**:1996.1.3 **国际分类专利号**:B65G 47/91 **公开号**:CN 1114283A **申请号**:95105439.2 **申请人**:村田机械株式会社(日本) **发明名称**:物品搬运装置

本发明提供一种能够提高物品存放效率的物品搬运装置,通过将吸引吸着盘与物品相接触并吸引吸着后,折叠第1摇动臂和第2摇动臂并同时移动前后移动体,将传送带架朝物品的拉进方向驱动,由此可以将物品装载至传送带架上。

96004 **公开日**:1996.1.3 **国际分类专利号**:B65D 8/08 B65D 1/02 **公开号**:CN 1114280A **申请号**:94107712.8 **申请人**:泛亚聚酯工业股份有限公司(中国台湾) **发明名称**:一种吹塑容器的底部结构

本发明公开了一种吹塑容器底部加强结构,由具有辐射状的大足、蹼部、肋部和底部中心等部分所组成。此项设计以底部中心部分向外呈辐射状,大足支撑瓶身重量,其介于足与足间为蹼部,大足和蹼部彼此相间排列呈环状;肋部则衔接蹼部后缘,并以相对于大足内凹之势平滑延展而成为容器壁,且亦和大足彼此相间排列成环状。此具辐射状的底部加强构造,除可使容器平稳地站立外,更能承受容器的内压和外力的撞击,以防止瓶身变形和破裂。

96005 **公开日**:1996.1.10 **国际分类专利号**:B65D 85/10 A24C 5/35 **公开号**:CN 1114627A **申请号**:94107671.7 **申请人**:牛得地(中国) **发明名称**:一种新型包装结构的过滤嘴香烟

本发明属于烟草制品,涉及过滤嘴香烟包装结构的改进,本发明使香烟的过滤嘴端位于烟盒的下部,使燃着端位于上部即烟盒的开口位置,由此使香烟在抽取时不致于接触过滤嘴,保证过滤嘴的洁净,本发明提出的方法和结构在卷烟生产的包装工艺中只需改变过滤嘴烟的方向再输送进包装机即可,较为易于实现。

96006 **公开日**:1996.1.10 **国际分类专利号**:B65D 90/02 B65D 90/04 B65D 90/20 B65D 88/54 B65D 19/08 **公开号**:CN 1114628A **申请号**:94120099.X **申请人**:许茨工厂公司(德国) **发明名称**:运输和储存液体的容器

可用作单用途或多用途容器,用于运输和储存液体,它包括:一个作为主要部件的吹塑成型的塑料内胆,其呈矩形并具有圆滑的棱角。该内胆具有一个可用螺旋盖封闭的充装管和一个固定在底部中排放管上的抽取栓;一个由镀锌板制成的外壳,其上为抽取拴留有操作口;以及一个由薄板制成的构成平底盘的底座,该底座的长宽尺寸符合欧洲标准，其形状适于安放塑料内胆。外壳下部设置一环形收缩部分，以便与底座的底盘共同支承内胆的底部。

96007 **公开日：**1996.1.10 **国际分类专利号：**B65 1/02 B65D 85/72 **公开号：**CN 1114625A **申请号：**95102460.4 **申请人：**哈沃龙尼岛瑟公司（美国） **发明名称：**盛装充碳酸气饮料的自立式聚酯容器

一种吹塑成型的2升充碳酸气饮料瓶重量小于50克并带有独特的花瓣状基底且能够自立于支承表面上。其基底的花瓣状结构至少含有3个瓶脚。在每对相邻的瓶脚之间设置有一径向延伸的凹部，其宽度随着距饮料瓶的纵向轴线的径向距离的增加而减小；并可收敛至一位于瓶子直径径向之外的聚点处。凹部的底部大致为半球形、并且向瓶脚径向向外的基底延伸部位敞开。当瓶子开始受压时，延伸部位发生向外的变形而使瓶子基底中部升高而离开支承面。

96008 **公开日：**1996.1.10 **国际分类专利号：**B65D 73/02 B65D 75/04 B65D 17/02 **公开号：**CN 1114626A **申请号：**94113688.4 **申请人：**林特克株式会社（日本） **发明名称：**带卷挠装置和带卷绕方法

为确保带形包装件自动地卷绕到卷盘上，带卷绕装置包括装有卷盘的卷盘驱动轴；带形包装件导引滑块；将前者分别移到带形包装件接收位置、传送位置以及导引位置的滑块驱动机构，接收位置接收从夹送辊对送来的带形包装件的最前端，传送位置将最前端朝着卷盘传送，导引位置位于上述两位置之间，在包装件进行卷绕操作时导引包装件的移动，以及带形包装件最前端夹紧机构，以便能使带形包装件的最前端被在其内夹紧。

96009 **公开日：**1996.1.17 **国际分类专利号：**B65D 1/00 **公开号：**CN 1114945A **申请号：**95107032.0 **申请人：**普拉斯工具公司（美国） **发明名称：**塑料存储罐及罐盖

一种塑料存储罐，它带有一环形凸缘以及附加的塑料盖。塑料盖限定了一边缘外部环形壁面，此壁面则限定了塑料盖之环形凹槽的外壁。凸壁相对盖以锁定密封的方式处在凹槽内。所说的存储罐一般只限定一个单一的环形凹陷部。这就使得存储罐具有能在当前自动填充机内使用的形状，同时，不用可拆卸式的型芯就能生产出这种存储罐。存储罐由凹陷部所限定的部分还包括整体的斜向设置的加固肋，从而提高了存储罐的环箍强度。

96010 **公开日：**1996.1.17 **国际分类专利号：**B65D 49/12 **公开号：**CN 1114946A **申请号：**95102840.5 **申请人：**张万师（中国） **发明名称：**装液体的软质容器

本发明公开了一种装液体的软质容器，解决了液体软质容器的防伪难题。其特征是：在容器本体上设置了断裂装置，装入液体后，容器盖封住容器口并与容器本体固定死，取出液体必须用断裂装置把容器本体断裂。其目的是把使用过的废旧容器本体彻底破坏，防止制造和销售假冒伪劣产品。本发明适用于液体包装，特别是适用于无色、无味、仅凭消费者的感官难以辨别真伪的矿泉水、蒸馏水等饮料包装。

96011 **公开日：**1996.1.31 **国际分类专利号：**B65D 19/28 **公开号：**CN 1115735A **申请号：**95103057.4 **申请人：**富士浦工业株式会社（日本） **发明名称：**升降叉车用的货架

一种升降叉车用的货架，它有许多装果汁之类的空罐头，用作货架的构件，一组这样的空罐头以竖立的状态布置着，以便由这些空罐头的上端面支承用作装货板的金属顶板。

96012 **公开日：**1996.1.31 **国际分类专利号：**B65D 85/72 **公开号：**CN 1115736A **申请号：**94111096.6 **申请人：**王德安（中国） **发明名称：**透明容器罐装含茶叶的茶叶料

本发明是扎成花状的茶朵在透明的容器里

泡于茶汤之中,加上插有菊花、枸杞子使茶朵在茶汤中如一天然艺术品,是一种既方便饮用,又有观赏价值的软饮料。

96013 **公开日**:1996.2.7 **国际分类专利号**:B65D 1/32 B65D 25/14 **公开号**:CN 1116176A **申请号**:94112252.2 **申请人**:赵志新(中国) **发明名称**:罐装胶状、膏状或浆状物料的夹层瓶

一种胶状、膏状或浆状物料的罐装容器,由弹性外、软质内胆等构成,内胆安装于外壳内并与外壳有同一瓶口,容器外壳底部有一常闭单向进气阀。内胆中有一管壁开有若干小孔的导管自瓶口延伸至容器底部,瓶口处还可安置一顶阀。其优点是容器中罐装的胶状、膏状或浆状物料不管剩余量多少均可随意适量挤出,而且容器原有的外形可始终保持,适宜罐装各类胶状、膏状或浆状的物料。

96014 **公开日**:1996.2.7 **国际分类专利号**:B65D 85/00 **公开号**:CN 1116177A **申请号**:94108834.0 **申请人**:田恒五(中国) **发明名称**:餐筷卫生套

餐筷卫生套,系用塑料制成之双管套,就餐时套在筷子头上,代替木制一次性筷子,可节约千百万方优质木材,保证人民食用卫生。

96015 **公开日**:1996.2.14 **国际分类专利号**:B65D 81/32 **公开号**:CN 1116604A **申请号**:95106250.6 **申请人**:昆明精密铸造厂(中国) **发明名称**:天然矿泉水即配系列饮品及装置

其特征是调味饮料是安全地存放在瓶盖的储存室中,与矿泉水严格分离;饮用时,调味饮料能及时溶于矿泉水中。盛装即配系列饮品的装置由瓶体与瓶盖两部分组成,其特征是瓶盖顶面正中有一圆孔,瓶盖内设有储存室,储存室的中部为圆柱形,下部为内外锥形,在锥形圆环壁上具有三等分分流圆孔,底面密闭,储存室内装有一个可供手动旋转小手柄,下端为三通锥形体阀门通道。

96016 **公开日**:1996.2.14 **国际分类专利号**:B65D 85/24 B65D 73/00 **公开号**:CN 1116605A **申请号**:95106453.3 **申请人**:星蒂拉公开股份有限公司(瑞士) **发明名称**:用于带开槽轴的工具有悬挂装置

一种用于带开槽轴的工具的悬挂装置,工具可以容易地插入该装置或从其卸下以便销售或储存。该装置具有一悬挂部,其上形成有二夹持臂。二臂之间为一接纳口,带开槽轴之工具可沿纵向插入其间。夹持臂藉轴向上之弓形夹上之夹持凸块径向向内地结合入接纳口。插入接纳口之工具藉夹持凸块在夹持槽内之可靠结合而得以夹持于悬挂装置上。

96017 **公开日**:1996.2.14 **国际分类专利号**:B65D 1/02 B29D 22/00 B29C 49/24 **公开号**:CN 1116601A **申请号**:95104470.2 **申请人**:康星塑料股份有限公司(美国) **发明名称**:具有增强的雕刻外表的塑料瓶

一种基本上具有均匀侧壁厚度和雕刻外表的塑料瓶是对称于一垂直轴线而形成的。该瓶子包括一底部,一侧壁部分,一肩部,一颈部,以及一与颈部相连的、适宜于容纳瓶盖的收口部。至少侧壁和肩部之一包括若干环绕着瓶子圆周均匀地间隔的垂直肋,在瓶子的各部分上的肋只有其上端和下端之一与一组扇形线,并给予瓶子一种侧壁厚度有实质变化的外表。

96018 **公开日**:1996.2.14 **国际分类专利号**:B65D 17/00 B65D 101/00 **公开号**:CN 1116602A **申请号**:95106256.5 **申请人**:张金海(中国) **发明名称**:一次性防伪容器

本发明一次性防伪容器涉及轻工产品,属于一种可容纳物质的瓶、坛、罐等容器。该容器主要采用容器和容器帽之间的接触部分有螺纹偶合或紧配合,装入物质后用高强度胶涂于偶合处,拧紧固化后基本浑为一体。该发明主要有内塞式、帽顶开口式和帽上带开启槽式。采

用何种均需另制有厂名、商标、专利产品等字样的容器和容器帽。三个式样均采用一次性破坏式开启,无法重复使用,从而达到防伪目的。若生产酒、啤酒、饮料、化妆品等类产品的厂家采用后,对假冒产品是毁灭性的打击。本发明经济效益明显,不需任何设备,成本约与原法相当或稍高,尤其名、优、特、新产品包装,最为理想。

96019 **公开日**:1996.2.14 **国际分类专利号**:B65D 41/34 **公开号**:CN 1116603A **申请号**:95106074.0 **申请人**:三笠产业株式会社(日本) **发明名称**:容器的开闭装置

在螺盖的筒部下端通过易断开的连接片配置整体成型的环形件,设置若干啮合件,啮合件从环形件内侧下端倾斜向下,并具有往上方宽度变大有倾斜面和向半径方向内侧凸出的弧形的凸出部;连接啮合件上部的两侧端部;在啮合部之间以及和环形件之间配置薄膜,从而构成螺盖;在容器的口部上形成与盖螺栓的螺槽,在螺槽的下面设置和啮合件啮合的环形凸出部。在另一侧,可不使啮合件的两端连接,而在其间形成薄膜。而且在上下方向横切环形件、啮合件和薄膜等,形成弱化线。

96020 **公开日**:1996.2.21 **国际分类专利号**:B65D 19/02 **公开号**:CN 1117009A **申请号**:94108054.4 **申请人**:施乐公司(美国) **发明名称**:用于可调节盒的纸尺寸自动检测装置

可调节纸盒,该可调节纸盒包括能支撑具有多个长度和宽度的纸叠的纸叠支掌平台和至少一个可沿该盒中的一条路径移动以适合具有不同长度或宽度的纸叠的纸边缘导向器,该纸边缘导向器与一制动器臂相连,该制动器臂具有多个开关制动器以有选择地制动电路板上的多个开关,该制动器位于适当的位置以有选择地对设备开关进行制动,从而当每一个该开关得到制动时它在电路板上的电路中产生一独特的电阻,这些独特电阻的结果确定了电压信号,该电压信号使控制器能理解纸盒中的纸的长度或宽度。

96021 **公开日**:1996.2.21 **国际分类专利号**:B65D 85/18 **公开号**:CN 1117010A **申请号**:94112444.4 **申请人**:陈建(中国) **发明名称**:西服衬板及其包装袋

本发明提供了一种西服衬板及其包装袋,其技术要点是:用来套上衣的硬质衬板,其宽度与上衣的肩部相同,在衬板上至少有一条横向的折叠线把本发明量于上衣内,再沿着衬板的折叠线把上衣折叠起来,装入与发明配套的包装袋内。由于衬板的支撑和衬托,可使衣服保持固有的形状,因此增强衣服的防皱能力。用它包装衣服,在经旅途颠簸搬运后,仍可保持衣服原来的形状,衣服不变形、不起皱,解除旅行者的烦恼。它还结构紧凑,便于携带。

96022 **公开日**:1996.2.28 **国际分类专利号**:B65D 85/60 **公开号**:CN 1117463A **申请号**:94109582.7 **申请人**:刘少杭(中国) **发明名称**:食品包装盒

本发明所述的食品包装盒是一种由盒腔、盒盖、盖舌、支盖片和薄膜振动片组成的吹哨式的食品包装盒,其中薄膜振动片覆盖在盖舌的缺口上,盖舌上还设有触动件,使用时,用嘴对着已取出食品的包装盒的开封口吹气,薄膜振动即在气流的作用下振动发声,如果用触动件来控制盖舌同盒壁之间缝隙的大小,则会发出鸟鸣般的哨声,因此,有趣味性和新的创意,将能再度引发消费者的购买欲,促进销售,且特别迎合少儿和球迷的消费心理。

96023 **公开日**:1996.2.28 **国际分类专利号**:B65D 85/72 **公开号**:CN 1117464A **申请号**:95101902.3 **申请人**:GEFIT 有限公司(意大利) **发明名称**:瓶和为之而设的耐塞紧的帽塞的组合体

在瓶和瓶的耐塞紧帽塞的组合体中,帽塞包括了一个安全箍圈,它热焊到瓶上,而瓶由帽塞相同的材料制成。该组合体特别地用于盛装这类诸如不充碳酸气的饮料。

1996年2月28日—1996年4月3日

96024 **公开日**:1996.2.28 **国际分类专利号**:B65D 81/00 **公开号**:CN 1117460A **申请号**:94118187.1 **申请人**:中央纸器工业株式会社(日本) **发明名称**:个人计算机等用的包装器具

本发明提供一种把本体、键盘、附件分别以缓冲支持状态收容在一个包装箱中的个人计算机等用的包装器具。包括由板材100及200折成外形分别大致为长方体并折叠成具有把本体及键盘的左右各侧端部嵌合在其一面上的嵌合用凹部V与W的形态的左右各一组的本体用包装体101A、B与键盘用包装体201A、B和用一张板材300折成箱状并在其侧端上设置有插入本体用包装体的侧端与包装箱内壁面之间的间隙中的翅片状支承片61A的物品盒301。

96025 **公开日**:1996.2.28 **国际分类专利号**:B65D 81/22 G02C 7/04 **公开号**:CN 1117461A **申请号**:95107321.4 **申请人**:希巴—盖吉股份公司(瑞士) **发明名称**:具有改进存取特性的接触透镜包装

一种有改进的存取性并且处理方便的贮放亲水性接触透镜的包装。该包装包括限定贮放小池的容器并有沿周边向外伸展的凸缘、附着在容器上以提供不透液体的密封的盖、改进的抓握/稳定容器的装置以及改进的开启包装取存接触透镜的握盖装。

96026 **公开日**:1996.2.28 **国际分类专利号**:B65D 85/10 B65D 5/54 **公开号**:CN 1117462A **申请号**:95107306.0 **申请人**:福克有限公司(德国) **发明名称**:盒烟的束条包装

盒烟的束条包装具有由薄卡板纸构成的外包装。为使一束条包装的外包装具有更广泛的用途,通过穿孔线将外包装的一个小区域从外包装的剩余部分上撕下来以构成一盒子,该盒子需通过折叠少量的折合片而成型,成型后的盒子就可用作一盒或多盒烟的包装并可多次使用。

96027 **公开日**:1996.2.28 **国际分类专利号**:B65D 35/00 **公开号**:CN 1117457A **申请号**:95107316.8 **申请人**:TER公司(意大利) **发明名称**:用于乳膏状物质特别是牙膏的分配器

本发明提供一种由少量的价廉的于装配的零件构成的乳膏状物质分配器,该分配器含有一个构成与乳膏状物质容器相连通的一个限流室的主体,在该限流室内密封地装有一个可滑动的活塞,一根空心杆从该活塞上伸出一根空心的输流管内,此输流管是从与主体相连的套筒上伸出的,在该输流管上开有由被一个弹簧推压的空心杆端头所密封的排出孔,当手动操作排送乳膏状物质时,空心杆离开上述排出孔。

96028 **公开日**:1996.2.28 **国际分类专利号**:B65D 43/00 B65D 1/20 B60K 15/05 **公开号**:CN 1117458A **申请号**:94118994.5 **申请人**:许茨工厂公司(德国) **发明名称**:板制液体容器开口上的螺纹接头

运输和储存液体的板制容器的顶部具有一个中心充液口,该充液口被一个由顶部形成的、垂直于顶部表面的接头围住。一个具有外螺纹的塑料或金属环套装在接头上,接头的向外翻卷的上边把螺纹环向下压在顶部表面上,在塑料封盖内压入一个优质钢内衬,在封盖内衬的外边缘和封盖和封盖内衬的环形台肩之间形成一个把密封圈装入内衬的环形槽。封盖借助密封圈使接头的向外翻卷的上边得以密封。

96029 **公开日**:1996.2.28 **国际分类专利号**:B65D 65/46 **公开号**:CN 1117459A **申请号**:94115096.8 **申请人**:中国国际科技促进会(中国) **发明名称**:植物纤维素饮食品用容器和包装用品及其制备工艺

本发明涉及植物纤维素饮食品用容器、饮料杯和包装用品及其制造工艺。这是一种无毒可降解的天然纤维素包装用产品，由天然纤维素、胶、无机填料和水组成。其制备工艺包括对植物纤维素原料进行分造、切断、粉碎、过筛、混合、压板、模制或制杯、热压定型、喷胶、远红外干燥、杀菌、检测。在分选后可选择性地进行清洗和烘干，在过筛后可选择性地进行精磨。该工艺具有使用原料来源广泛、成本低、制备过程无废水、无污染、操作简单等实质性特点，制得的植物纤维素饮食品用容器及包装用品可广泛用于食品餐具和饮料杯、一次性电子产品、五金工具、玩具、化妆品等的内包装材料。

96030 **公开日**:1996.2.28 **国际分类专利号**:B65D 5/00 **公开号**:CN 1117456A **申请号**:9510489.X **申请人**:本田技研工业株式会社(日本) **发明名称**:可回收的框架结构

一种易于组装和拆卸的用于货物运输的可回收的框架结构，在逐级堆放时它具有足够的结构强度和码放状态下的稳定性。若干框架构件沿着形成底面的矩形滑架的相应各边组装上去。在该滑架的每一拐角处固定一个L—形角导向件，框架由螺纹件固定到角导向件上。在每个框架的上角也固定有L—形导向件，与上述框架垂直的其它框架也由螺纹件固定在该角导向件上，其中，固定在滑架上的角导向件的螺孔取向与固定在框架上的角导向件的螺孔聚向垂直。

96031 **公开日**:1996.3.6 **国际分类专利号**:B65D 83/14 B65D 83/24 **公开号**:CN 1117934A **申请号**:95105332.9 **申请人**:游一中(中国) **发明名称**:可反复充气使用的携带式氧气罐

本氧气罐具有金属罐体、出气部件和充气部件，出气部件和充气部件构成兼具供氧及反复充氧功能的复合阀，复合阀的固定盖设有充气孔，充气孔下设有与出气部件阀体的阀座紧配合的密封垫，有关零部件之间密闭固定，而使本发明结构简单而携带方便，不但可反复充气使用，供氧及反复充氧简单易行，还可耐受较高压力，贮存氧气的量较多且使用安全。

96032 **公开日**:1996.3.6 **国际分类专利号**:B65D 73/02 **公开号**:CN 1117933A **申请号**:95115589.X **申请人**:阿尔卑斯电气株式会社(日本) **发明名称**:电子器件的带封装结构及带封装方法

本发明提供了一种电子器件带封装结构种一种电子器件带封装方法。利用这种结构和这种方法可以将电子器件保持在一个稳定的位置上。若干用于限制电子器件移动的凸起被设置在一条第二带上与第一带上凹槽的开口相对应的位置上。凸起是利用一个带有凸起部分的冲头形成的。

96033 **公开日**:1996.3.13 **国际分类专利号**:B65D 30/02 **公开号**:CN 1118326A **申请号**:95104576.8 **申请人**:三井石油化学工业株式会社(日本) **发明名称**:用于包装重材料的袋子。

一种用于包装重材料的袋了，其具有好的强度、物品包装性能、平板架上的堆放性能、非损坏性能。该袋子用包括有聚乙烯薄膜最外层和聚乙烯薄膜最内层的分层的多层薄膜制成，其中最外层聚乙烯薄膜含有重量为20%至80%的无机填充物，最内层聚乙烯薄膜含有重量为10%至40%的无机填充物，最外层表面的静摩擦系数不小于0.5(ASTMD 1894)，动摩擦系数不大于0.5(ASTMD 1894)，光泽不大于50%(TISZ 8741)，测量角度为60°)，最内层的无机填充物的含量为最外层无机填充物含量的1/2至1/6。

96034 **公开日**:1996.3.13 **国际分类专利号**:B65B 19/02 B65B 35/54 B65B 41/12 **公开号**:CN 1118324A **申请号**:94116504.3 **申请人**:福克有限公司(德国) **发明名称**:生产盒烟的包装机

为增加香烟包装机产量，一共用的贮烟器，特别是一贮烟仓，通过一共用的传送器向一级独立工作的包装单元供入待包装的烟组。包装单元包括有一折叠单元，一材料单元和一驱动单元。根据需要的产量，多个包装单元能组合起来构成包装机器。包装单元又可再分为一折叠单元，一材料单元和一驱动单元，这些单元相互间的功能联系保证了包装机的运作而且可以更换。

96035 **公开日**:1996.3.13 **国际分类专利号**:B65D 17/00 B65D 41/32 **公开号**:CN 1118325A **申请号**:94109506.1 **申请人**:塑料工具公司(美国) **发明名称**:容器及其具有开封标记的开盖装置

一种塑料容器，它包括侧壁，其一端敞闭，另一端敞开。在该另一端上形成容器上缘，该上缘包括一对围绕着容器纵轴线相隔开的壁，两壁之间形成一凹部，用来容纳容器盖子的外周部并将其紧扣在容器上。此对壁的外壁上至少形成一对相隔开的撕裂薄弱部，用来撕裂外壁，并使位于撕裂薄弱部之间的那部分外壁向外弯折，从而暴露出盖子的外周部，提供将盖子去掉的入口。容器设计成具有开封标记，因此不破坏撕裂薄弱部便无法卸下盖子。

96036 **公开日**:1996.3.20 **国际分类专利号**:B65D 51/00 **公开号**:CN 1118757A **申请号**:94109003.5 **申请人**:萨尔·盖格(法国) **发明名称**:用按钮件通过轴向滑动而封闭侧分配口的装置

本发明涉及一种通过滑动而打开和关闭一个侧分配口的装置，它包括一个侧缘和一带有物品排出通道的横壁，还包括一个分配件，该配件具有一个与盖子的侧缘贴靠接触的侧壁、一个顶壁和一个用于排出物品的弯折通道，该弯折通道在轴向的那个端部与排出通道相连，而在径向的那个端部以侧分配口的形式呈现在侧壁上。分配件滑动地安装在盖上，其在关闭和打开两个末端位置之间沿轴向D滑动。

96037 **公开日**:**公开日**:1996.3.20 **国际分类专利号**:B65D 65/00 C08L 23/04 **公开号**:CN 1118758A **申请号**:95107650.7 **申请人**:住友化学工业株式会社(日本) **发明名称**:用于压热灭菌处理的包装薄膜

一种压热处理包装薄膜，该薄膜在温度190℃、负重2.16Kg的熔体流量为0.1～50g/10分、而且密度为0.930～0.940g/cm^3的由乙烯α链烯烃共聚物100重量份数以及二亚苄基山梨糖醇衍生物0.05～0.30重量份数构成。

96038 **公开日**:1996.3.20 **国际分类专利号**:B65D 81/20 **公开号**:CN 1118759A **申请号**:95106902.0 **申请人**:运载器有限公司(美国) **发明名称**:用于冷藏集装箱的可控气氛系统

一种在限定空间内控制可控气氛系统的方法。该方法包括对系统供电并对控制器进行操作以完成下述步骤:(1)操作压缩机至接通或断开位置;(2)操作流量控制阀门，使气氛中的O_2和CO_2含量达到设定点;(3)对空气加热器进行操作，以保持预定值;(4)监视O_2传感器，当气氛呈现预定温度时，对输出补偿;(5)监视CO_2传感器，当CO_2传感器的温度发生预定改变时，对输出补偿;以及监视系统部件，在发生不安全或超出范围时，在显示器上显示。

96039 **公开日**:1996.3.20 **国际分类专利号**:B65D 21/06 **公开号**:CN 1118756A **申请号**:94108538.4 **申请人**:立花容器株式会社(日本) **发明名称**:带盖容器

本发明带盖容器由容器和盖构成，将容器侧面形成向内向下倾斜，在面对面的该侧面上端分别以窄间距，宽间距设置容器凸部，在该侧面下端分别以宽间距，窄间距设置容器凹部，将盖侧面形成向外向下倾斜，在盖顶板上设置和上述容器凸部处于同水平位置、可与该容器凸部紧密接触的盖凸部，在盖侧面上形成向内的钩，具有能在各种状态下进行容器盖或带盖容器的嵌插、堆叠、搬运时操作简单方便的效果。

96040 **公开日**:1996.3.27 **国际分类专利号**:B65D 85/72 B65D 50/00 **公开号**:CN 1119170A **申请号**:94116137.4 **申请人**:威廉·约翰尼斯·史密斯(南非) **发明名称**:饮料容器

一种适用于液体的饮料容器包括一器皿,它限定一个靠近器皿第一端的注入孔。一饮料吸管与器皿成一体和设在其外部以使吸管和器皿形成一整件,吸管在远离注入孔的另一端附近处和器皿的内部连通。吸管的自由端由一可破裂薄膜密封。一密闭件密闭器皿的注入孔。该密闭件包括一盗用指示装置。一密闭盖与密闭件的盗用指示装置整体形成为一体。该密闭盖可设置在吸管的自由端上,在薄膜破裂后以封闭吸管的自由端。

96041 **公开日**:1996.3.27 **国际分类专利号**:B65D 88/74 B01F 9/22 B01F 3/12 **公开号**:CN 1119171A **申请号**:95107254.4 **申请人**:瑟库普制造公司(美国) **发明名称**:将水分添加到颗粒物料中的装置和方法

一种供谷物仓用的将水分添加到颗料物料中的方法和装置,装置具有一水平伸长支承件、一伸长件外端的轨道结合装置和其另一端的支承装置、一伸长件连接且可使其绕水平轴旋转的第一动力装置、一对装在伸长件上可纵向移动的支承架、旋转安装在支承架上向下延伸的螺旋钻、一使螺旋钻垂直转动的第二动力装置,以及靠近螺旋钻安装的流体喷嘴和可对各动力装置控制的装置,因而螺旋钻可移动通过颗料物料、喷嘴则随移动而向物料喷射流体。

96042 **公开日**:1996.3.27 **国际分类专利号**:B65D 8/18 **公开号**:CN 1119168A **申请号**:95116228.4 **申请人**:凸版印刷株式会社(日本) **发明名称**:复合容器

涉及一种于废弃时可完全分成纸与塑料的复合容器,其体积在废弃时可显著减小。此种容器能减少需用的纸与塑料量,有优越的抗坠落冲击性和对氧气与水蒸汽的良好屏障性。它是由塑料制的内部容器和主要是纸制的外部容器组成,其中的内部容器是对一种树脂复合料进行吹模或拉伸吹膜而成型的,此树脂复合料包括至少两种树脂,而这两种树脂中包括一种屏障性树脂。

96043 **公开日**:1996.3.27 **国际分类专利号**:B65D 81/00 **公开号**:CN 1119169A **申请号**:95103832.X **申请人**:中央纸器工业株式会社(日本) **发明名称**:折叠式瓦楞板纸制包装体

包括把由一张瓦楞板纸 100B 折成的横截面为“]”字形槽状的横置包装体 200B 以横跨该槽状态分别啮合在由一张瓦楞板纸 100A 折成横截面为“]”字形槽状的包装本体 200A 的两端附近的结构在包装本体的槽中两横置包装体之间所围成的部分上形成有缓冲支持着包装物品的中搁架的物品支持凹部 S。在包装本体长度方向的端部上连接有加强此端部的端面片及端面加强片,还设置缓冲用缺口部和阻断冲击用缺口部。

96044 **公开日**:1996.3.27 **国际分类专利号**:B65D 5/66 B65D 5/54 B65D 55/02 B65D 85/10 **公开号**:CN 1119167A **申请号**:95104326.9 **申请人**:福克有限公司(德国) **发明名称**:装香烟之类的带绞转盖盒

一种装香烟之类的带绞转盖盒,包括盒体和盖。为了使制这类盒节省材料及制造简单,凸缘通过材料薄条与制盒的主坯料相连。最终的整块坯料以通常的方式折叠,材料薄条在盖的前壁的区域把盖与盒体相连。当带绞转盖盒初次打开时,材料薄条被截断。

96045 **公开日**:1996.4.3 **国际分类专利号**:B65B 35/48 B65B 35/30 **公开号**:CN 1119611A **申请号**:95108146.2 **申请人**:吉第联合股份公司(意大利) **发明名称**:用于将

卷烟组输送至包装线的供送装置

一种用于将卷烟组送至包装线的供送装置,其中输送装置沿垂直于卷烟的第一方向连续地输送卷烟组,输送装置上的每个袋具有第一和第二壁,借助各自的膜盒式驱动装置,上述两壁分别沿平行于和垂直于第一方向的方向移动,每个膜盒式驱动装置膨胀以便使有关的壁抵压卷烟组,从而在各袋中压缩卷烟组。

96046 **公开日**:1996.4.3 **国际分类专利号**:B65B 57/00 **公开号**:CN 1119612A **申请号**:95106903.9 **申请人**:运载器有限公司(美国) **发明名称**:冷藏集装箱可控气氛系统的启程前检测系统

启程前自动检查冷藏集装箱可控气氛系统之预定功能和工作性能的操作方法和过程。系统具有电气控制器和包括空气压缩机、带排放阀的过滤器、加热器、隔膜分离器及二个或更多个流量阀的电气控制部件。系统提供各种压力、温度和安全控制的装置。方法包括下列测试:指示灯和显示部分、排放阀和流量阀、加热器及其控制和安全装置、O_2 和 CO_2 传感器(量程和零点值的测试)和隔膜装置(是否产生所需纯度的氮气)。测试合格与否显示在显示器上。

96047 **公开日**:1996.4.3 **国际分类专利号**:B65D 13/02 A01F 15/14 **公开号**:CN 1119613A **申请号**:94112906.3 **申请人**:塞恩德公司(美国) **发明名称**:用于动力捆带机的方法和机构

输送和拉紧捆带机中带子的方法和机构。该机构包括送带机构、紧带机构和由输送和拉紧凸轮转动的枢转的滚轮托架。托架使送带机构咬合并向捆带装置输送带子,带子围绕物件形成环。第一夹具卡固捆带装置中带子的一端。紧带机构咬合带子并给成环的带子加拉力。第二夹具卡固围绕包装成为闭环的绷紧的带子,形成带结。带子被第一夹具不适当夹固时,将由紧带机构从捆带装置中拉回并导入展开室,直到送带机构再次咬合带子并把其送往捆带装置。

96048 **公开日**:1996.4.3 **国际分类专利号**:B65D 47/00 **公开号**:CN 1119614A **申请号**:94108025.0 **申请人**:田冈化学工业株式会社(日本) **发明名称**:带有喷嘴帽的容器

本发明涉及装纳低粘度液体如粘合剂的复合容器的喷嘴帽的改进,本发明的容器喷嘴帽包括一个连接于装纳内容物的容器本体的喷嘴和一个通过螺纹装在所述喷嘴上用于封闭喷嘴放泄孔的帽,其特征在于:帽的头部设有一向内突伸的柱形件以封闭所述喷嘴,且所述柱形件的头部设有一凹孔,喷嘴的端部插入或装配在该凹孔中。本发明优点和独特效果是,喷嘴可容易地和完全地被封闭,附着在喷嘴端部上的粘合剂或类似物不会绕其分布并固化而形成所谓的伞状或蘑菇状固体物质。

1996 年 4 月 3 日—1996 年 5 月 8 日

96049 **公开日**:1996.4.3 **国际分类专利号**:B65D 81/20 **公开号**:CN 1119615A **申请号**:95106905.5 **申请人**:运载器有限公司(美国) **发明名称**:冷藏集装箱用受控气氛系统的启动系统

提出了一种带冷藏系统和受控气氛系统的冷藏集装箱。冷藏系统和控制系统都带有控制器。冷藏控制器编程为在某些认可条件下可以运行受控气氛系统。当条件满足时,冷藏控制器将向受控气氛系统发送启运信号允许其运行。如果在运行过程中的任意时刻冷藏控制器判断受控气氛系统不应运行,则它撤除电气启动工作信号,使受控气氛系统停止运行。

96050 **公开日**:1996.4.3 **国际分类专利号**:B65D 85/72 B65D 1/02 B29C 51/00 **公开号**:CN 1119616A **申请号**:95116249.7 **申请人**:哈沃龙尼岛瑟公司(美国) **发明名称**:碳酸饮料的整体式塑料容器

一种整体式碳酸饮料塑料容器,具有支脚

式底部结构，以便竖直地支承容器，在以减少的塑料用量制造容器，同时保持其性能，尤其是稳定性，在容器是空的和装满时都能保持其稳定性。底部结构的上部在圆周方向相邻的每对支脚之间具有带状结构，带状结构是比较刚性的，其外端和可变形区相连接，当容器由于碳酸饮料而增压时，可变形区容易变形和扩张以避免通常发生在其它种类的底部结构上的有害变形，并使带状结构将向上的力作用在底部结构的中心区。

96051 **公开日**：1996.4.3 **国际分类专利号**：B65D 90/54 B65D 88/28 **公开号**：CN 1119617A **申请号**：95115300.5 **申请人**：麦特考恩有限公司（英国） **发明名称**：物料装卸装置

这里表示了一个排料口关闭装置，在实施例中它是一个金属的或其它材料（如塑料）的平板，它的水平投影为圆环形，整体成型，并且它有一个竖直向（使用时）的大致平头圆锥形的插入物或成型物。

边框件的边丝有若干突出的相互啮合装置，在实施中是4个等间的卡口形的定位器或槽或与设置在容器排料口边缘上的4个卡销类突耳可松开地相互啮合工作的装置。

96052 **公开日**：1996.4.10 **国际分类专利号**：B65C 3/06 **公开号**：CN 1120009A **申请号**：95106884.9 **申请人**：CMS吉尔布莱斯包装系统股份有限公司（美国） **发明名称**：借助物件的延迟转动改进接缝结构将标签贴于小圆柱形物件上的装置和方法

一种将标签粘贴到小圆柱形物件上的装置包括标签输送鼓筒。标签供到鼓筒的表面上。鼓筒转动使标签进入包绕位置。此时物件切向地供到鼓筒表面上并进入与标签转动贴合而使标签包绕在物件上并且标签的前后边缘搭叠成粘合缝。包绕后鼓筒继续转动时使物件停止转动片刻以便物件压平接缝并使涂在接缝处的溶剂和粘合剂有足以与标签材料起反应的时间。可以用磁铁的吸力来增加物件对接缝的压力。

96053 **公开日**：1996.4.10 **国际分类专利号**：B65D 1/12 **公开号**：CN 1120010A **申请号**：94111923.8 **申请人**：谭奕平（中国） **发明名称**：天然竹筒罐

本发明涉及一种容器，其特征是利用天然竹子加工制成带盖的竹筒罐。该发明具有地方特色，它充分利用了天然资源，为山区人民脱贫致富开拓了广阔的前景。

96054 **公开日**：1996.4.10 **国际分类专利号**：B65D 47/00 **公开号**：CN 1120011A **申请号**：94106219.8 **申请人**：王伟（中国） **发明名称**：按标定自动控制倒出液体量的容器帽

一种按标定自动控制倒出液体量的容器帽，调液罩可改变储液室上的进液口或者出液口大小，相变管或者浮漂作为检定和自动控制的主要部件，有刻度盘指标。可用于操作低粘带系统的液体。体积小，计量范围大、结构简单。最适合装在酒瓶（壶）上，按需要调一次刻度，可倒出数份相同量的酒，避免杯子大小引起的差异；能标量酒杯的容量大小，满足人们的心理要求，便于对人的饮酒总量作出计量和提醒；克服了倒酒难控制外溢的缺陷，减少浪费，酒瓶用后可留作酒壶。

96055 **公开日**：1996.4.10 **国际分类专利号**：B65D 81/00 **公开号**：CN 1120012A **申请号**：95103835.4 **申请人**：中央纸器工业株式会社（日本） **发明名称**：折叠式瓦楞板纸制的包装体

瓦楞板纸101由可折成横截面为“ ”字形槽状的包装本体200A的本体片，通过连结片分别连接在其两侧端上及可折成横截面为“ ”字形槽状的侧端包装体200B的侧端片构成，这两种槽的方向互相垂直。在折出两包装体的过程中相互干涉的部位，设置卡合用的2条平行切槽4a、4b及8、8，在大致折成长方体的瓦楞板纸制包装体200的一面上形成带中搁架的物品支持凹部S,在瓦楞板纸的适当部位上设置缓冲用切口部等。

96056 **公开日**:1996.4.10 **国际分类专利号**:B65D 85/16 B43K 21/02 A45D 33/14 **公开号**:CN 1120013A **申请号**:94106697.5 **申请人**:株式会社寿(日本) **发明名称**:条状物送出容器

一种构成零件少且装配容易的条状物送出容器,于第一筒体内部插设有一外周部设有螺旋沟的螺旋轴,螺旋轴后部一体连设的导引部5A呈无法旋转但可轴向移动自如地嵌置于第一筒体内,又于螺旋轴之前部设有用以保持条状物的保持具,再于第一筒体的后段内部嵌装有一可旋转的第二筒体,此第二筒体是可滑动地嵌套于该螺旋轴及保持具之外周,且以其后部内面所设的突部7A卡合于螺旋沟,又于第二筒体的突部附近开设有槽孔。

96057 **公开日**:1996.4.17 **国际分类专利号**:B65D 35/00 **公开号**:CN 1120506A **申请号**:95116629.8 **申请人**:田冈化学工业株式会社(日本) **发明名称**:带管嘴的挤压式容器

本发明的容器由容纳物质的容器本体、螺接在该容器本体上的管嘴和具有端孔的双肩型保护构架组成,该容器本体口部的基端部穿插在该双肩型保持构架的端孔内,通过容器本体与管嘴的螺接将它们形成一体。本发明的容器可以容纳胶状、油脂状等较高粘度的液体及其它液体,可以竖立,并能顺利地挤净,无液体滞留和泄漏,安全性好,使用方便。在开闭的容器时,不直接接触容器本体,而是通过保护构架进行,所以,用到最后管子也不会扭曲、断裂,操作性极好。

96059 **公开日**:1996.4.24 **国际分类专利号**:B65B 3/02 B65B 3/00 B65D 88/10 **公开号**:CN 1121022A **申请号**:94116355.5 **申请人**:M·乌瑞(以色列) **发明名称**:包装系统

本发明涉及一种包装系统,尤其是适于液体或散装物品的包装和运输的包装系统。该系统包括一矩形容器,它被置于四边都至少有一根立杆的托架上。所述立杆的上部自由端彼此相连。

96060 **公开日**:1996.4.24 **国际分类专利号**:B65B 5/10 **公开号**:CN 1121023A **申请号**:95109982.5 **申请人**:吉第联合股份公司(意大利) **发明名称**:用于包卷香烟分组的装置

在香烟包装机上,构成各包容量的香烟的分组插到一折叠芯轴内并包卷上一张包卷材料片,该包卷片在随各分组从芯轴上卸下之前先在芯轴的外表面上折叠;芯轴由一管状外壳界定,其相对薄的壳壁通过大体三角形截面的纵长肋从内部得以增强,使用时,每条肋填入由香烟分组中的两根圆周的香烟所限定的纵长间隙。

96061 **公开日**:1996.4.24 **国际分类专利号**:B65B 15/04 **公开号**:CN 1121024A **申请号**:95101667.9 **申请人**:林信忠(马来西亚) **发明名称**:线材制卡环的包装结构

一种线材制卡环的包装结构,包括许多彼此相邻地叠靠成一个带条状的线材制开式卡环,它们用粘贴在带条的至少一边的内、外两侧上的粘接带粘接在一起。以这种方式包装的卡环节省空间,便于输送并解决了散乱卡环的纠结问题;它们还可与装配线上的拆带供料专用设备配合使用。

96062 **公开日**:1996.4.24 **国际分类专利号**:B65B 35/50 B65B 35/00 **公开号**:CN 1121025A **申请号**:95101668.7 **申请人**:林信忠(马来西亚) **发明名称**:线材制卡环的供给装置

一种供给线材制卡环的装置,包括:一底座,其上固定有一固定柱;一导料柱,它设置在固定柱的前面;一电磁铁,它装设在底座的固定柱的后面;两个导轨,用于辅助供料头供料;以及一开关，用于控制电磁铁的动作，这样可把零散的卡环一一装在导料柱上，或者将粘接带粘连成一排的卡环套装在导料柱上。借助于导料柱上的滚轮，可以容易地撕掉一排卡环上的粘接带。导料柱上的各个卡环可以由电磁铁的供料头一个个地推出，供装配工人取用。

96063 **公开日**:1996.4.24 **国际分类专利号**:B65B 51/10 **公开号**:CN 1121026A **申请号**:95107604.3 **申请人**:尤尼菲尔有限公司(意大利) **发明名称**:包装

一种用能够热成型和热焊接的材料制成的容器或容器组，它具有由带弹性的进口壁部分组成的进口，所以上述进口在牢固地密封之前是自封闭的。一种用于制造上述容器或容器组的吹塑成套设备，它包括一个成型工位，用于成型一组具有分别的进口的容器组，它包括一个成型工位，用于成型一组具有分别的进口的容器组，或者具有一个共同进口的容器组。在成型工位的下游有一个充填工位。

96064 **公开日**:1996.4.24 **国际分类专利号**:B65D 19/04 **公开号**:CN 1121027A **申请号**:95102587.2 **申请人**:艾尔弗雷德—施默蒙机械公司(德国) **发明名称**:用于压紧香烟排块的传送机

本发明涉及一种用于把香烟排块挤压到所要求的尺寸以便进行包装的一传送机，该传送机有多个沿轴向开口的用于容纳香烟排块的盒模，每个盒模的开口侧通过一个由凸轮控制而相对于盒模内部做往复运动的封闭元件的一端进行封闭。为实现高速包装，采用了带盒体的盒模，盒体在一侧沿径向开口，并由基本上弯成U形的金属板制成，U形金属板的两个边缘的净高度与香烟排块的高度一致。

96065 **公开日**:1996.4.24 **国际分类专利号**:B65D 23/00 **公开号**:CN 1121028A **申请号**:95109147.6 **申请人**:里凯尔公司(法国) **发明名称**:防止滴流的排放装置

通过本发明排放装置封闭容器。排放装置的特征在于，在排放嘴的壁上最靠近收敛颈部的部位处布置至少一个通孔。所述排放装置应用于各种通过内部相对压力来排放内装液体的容器。

96066 **公开日**:1996.4.24 **国际分类专利号**:B65D 30/00 **公开号**:CN 1121029A **申请号**:95100743.2 **申请人**:兰西县包装材料总公司(中国) **发明名称**:麻(棉)塑袋及其生产工艺和纺纱设备

本发明是以亚麻二粗，落地棉等下脚料为纬线原料，回收再生聚丙烯或新聚丙烯为经线原料，交织成筒，再经裁断码边缝口和拷封底制成。这套工艺中新设计的纺织机，主要由机架、转筒总成、纱架总成、转筒传动系统和行纱传动系统组成。该设备可利用麻(棉)下脚料纺出合格的纱，达到工艺要求，生产出的麻(棉)塑袋，具有拉力强、密度高、外观美、寿命长等特点以及防潮、防霉等效果。

96067 **公开日**:1996.4.24 **国际分类专利号**:B65D 30/00 **公开号**:CN 1121030A **申请号**:95108449.6 **申请人**:出光石油化学株式会社(日本) **发明名称**:包装袋及其制造方法和使用方法

本发明的包装袋设有有面对着的二边的底面部；分别从这面对着的二边延伸到上述底面部的中间部附近的第一侧面；从上述各个第一侧面部的中间部附近的边缘、朝着与第一侧面部的与底面部相反一侧延伸的第二侧面部；把上述各个第一侧面部的两端缘附近部分与上述底面部接合，在上述第二侧面部的面对着的二边的外侧设置把手部。把被包装物品从各个第二侧面部的上方、横跨各个第二侧面部的两边地放置，此后把各个第二侧面部朝相互分开方向拉开地，从被包装物的正下方将各个第二侧面部抽出。这样，就能将被包装物品自动地放入包装袋中进行包装。

96068 **公开日**:1996.5.1 **国际分类专利号**:B65D 81/20 A23L 1/182 **公开号**:CN 1121478A **申请号**:94111531.3 **申请人**:南通富仔实业公司(中国 **发明名称**:蒸煮袋方便米饭及生产工艺

本发明公开了一种蒸煮袋方便米饭及生产工艺,方便米饭特点:具有耐温、无毒、高强度塑料真空内包装袋,袋中装有经煮熟、杀菌、原颗粒状米饭。饭中还可加有菜肴。工艺特点:包括大米筛洗、浸渍;装袋,在大米中加18~30%的水;真空封口;蒸煮杀菌,并施以水汽反压,30~40分钟;冷却包装入库等工序。优点:吃口好,保持了大米饭原有风味,保存、携带及食用均十分方便。

96069 **公开日**:1996.5.1 **国际分类专利号**:B65D 88/04 B65D 3/08 E04B 1/32 **公开号**:CN 1121479A **申请号**:94117366.6 **申请人**:崔文瀛(中国) **发明名称**:单元三角锥架临边紧固成球法

一种单元三角锥架临边紧固成球法,是采用经纬分割或是将1/20或1/60等分球面三角(或球面三角锥架)相应边与边用螺栓、螺母连在一起,然后用电焊或铆钉固连,在每一边上按顺序相应地做一拉伸空心铆钉和一孔,在相邻边对接时孔与铆钉就一一对应,然后铆接在一起,采用本发明的方法克服了目前建造球型体对球径有限制,实施困难等不足,可广泛用于压力容器、壳体、植物园、购物中心、候机厅火车站以及运动场的建造。采用该方法制造半球体可作为房顶。

96070 **公开日**:1996.5.8 **国际分类专利号**:B65B 19/14 **公开号**:CN 1121885A **申请号**:95106054.6 **申请人**:吉第联合股份公司(意大利) **发明名称**:将香烟包打包成烟包盒的方法

一个将香烟打包成盒的方法,其中在形成烟包的烟包组时,使小包排列成至少排并列烟包叠,而每烟包叠中每一小包是平放的,其长轴呈水平向并与另一小烟包叠的相应小包的长轴相对准。每一烟包组是沿与小包的长轴交叉的方向,与一个做成一个坚实带铰接着的包装盒用的平整纸盒板坯一起,传送到一个折叠成型器中去,成型器的底壁支撑着烟包组,其中插进一个相当于坚实包装盒侧壁的纸盒板坯的侧壁。

96071 **公开日**:1996.5.8 **国际分类专利号**:B65D 5/46 B65D 25/28 **公开号**:CN 1121886A **申请号**:94120438.3 **申请人**:株式会社金星社(韩国) **发明名称**:纸板箱的把手

本发明涉及一种纸板箱的把手,特别是一种能够防止切断部分弯曲时损坏箱子外观的纸板箱的把手。该纸板箱的把手包括切断的切断部分、将切断部分两端连接在一起的弯曲部分以及用于分配作用于上述切断部分两端部上的应力的装置。

96072 **公开日**:1996.5.8 **国际分类专利号**:B65D 5/50 B65D 81/113 **公开号**:CN 1121887A **申请号**:94119682.8 **申请人**:中央纸器工业株式会社(日本) **发明名称**:折叠式瓦楞板制作的包装

一种折叠式瓦楞纸板制成的包装,具有嵌装包装物品的嵌合凹部的左右侧面作成双重壁结构,前后两端部用加强折叠片形成两块重叠状态而得到强化。为使嵌合凹部成为不等边多边形的形状,设置横跨构成上述双重结构壁的内壁与底面的屈折用槽缝。进而沿折痕所设的截錾线上的一部分不作截錾而作为保留部分,并在包装的上面、嵌合凹部的各角部上设置分散应力用切口部或槽缝。

96073 **公开日**:1996.5.8 **国际分类专利号**:B65D 5/64 **公开号**:CN 1121888A **申请号**:94103050.4 **申请人**:魏莱普公司(美国) **发明名称**:自锁式纸箱

一个在邮寄或运输时盛装货物用的纸箱,

纸箱至少有一个用锁扣和槽的组件固定在箱体面上的端盖，该端盖不能条打否则会造成明显的损坏痕迹。当折叠锁扣以便使其插入槽孔时，锁扣的导缘有一个至少部分带斜度的轮廓。槽孔可以是弯曲的，以便在有关的锁扣和槽组件之间形成附加的支承。容器可在外表面上印刷装饰图案以作为包装礼品的纸箱。

96074 **公开日**：1996.5.8 **国际分类专利号**：B65D 27/00 **公开号**：CN 1121889A **申请号**：95111726.2 **申请人**：耿锁奎(中国) **发明名称**：一种信封

本发明公开了一种便于机器识别分拣的信封，其正面左上方设有用于书写邮政编码的方框，其特征在于：信封面上设有采用图形编码表达邮政编码的图形编码区，该邮政编码的图形编码区由纵横排列空格成矩形阵列，空格数为邮政编码位数的10倍。

96075 **公开日**：1996.5.8 **国际分类专利号**：B65D 65/12 **公开号**：CN 1121890A **申请号**：94119942.8 **申请人**：中央纸器工业株式会社(日本) **发明名称**：折叠式的瓦楞纸板制造的衬垫

一种折叠式瓦楞纸板制衬垫，由一张瓦楞纸板折叠成长方体形，在一个面上具有供嵌入捆包物品的方形嵌合用凹部，其四周由中空二重壁围着、底面由折弯时形成直立状的支撑片支撑。在里面片四周连续设有供折弯形成“]”字状断面的中空二重壁的二重壁形成片，在这些片上分别设置供形成凹部的底面片、增强片及带状增强片的切痕，使支撑片成直立状的切痕和有45°倾斜部分的切痕横跨里面片的对侧端。在壁面上沿着与冲击力方向交叉的方向设有缓冲用的筋状折痕。

1996年5月8日—1996年7月3日

96076 **公开日**：1996.5.8 **国际分类专利号**：B65D 81/34 A23L 1/00 **公开号**：CN 1121891A **申请号**：94106298.8 **申请人**：系井靖秋(日本) **发明名称**：食品容器

本发明提供一种能适应多种蒸制食品并可以低成本、大批量进行生产的食品容器。该食品容器包括碗、内托板和盖、碗具有在用树脂成型时容易脱模的曲面，在碗底中央开口的蒸汽孔的周围形成有环状碗底台座，设有蒸汽孔的内托板借助支承板因被各内弯折而产生的反弹力固定在碗的内壁面上，蒸汽通过内托板的孔向上冒升以蒸食物。另外，在盖上设有能嵌合碗底台座的环形槽，端走该容器时，可将盖子翻过来作托盘使用。

96077 **公开日**：1996.5.8 **国际分类专利号**：B65D 83/00 **公开号**：CN 1121892A **申请号**：94109037.X **申请人**：鲁吉·高格里奥(意大利) **发明名称**：用于香味产品如咖啡及类似产品的排气阀

一种用于香味产品如咖啡等的单向排气阀包括一个阀体，一个阀件及一个选择型的过滤器，该过滤器最好由活性炭组成，它可使低分子重量的气体，如二氧化碳通过，而阻止了发出香味的高分子重量的气体。

96078 **公开日**：1996.5.8 **国际分类专利号**：B65D 85/10 **公开号**：CN 1121893A **申请号**：94104286.3 **申请人**：坪田真珠株式会社(日本) **发明名称**：烟盒

本发明涉及一种烟盒，能收纳香烟连同外壳，将盒本体的大致上半部沿横向分为两部分，作为盖部，嵌入该盖部的加强部件两端部上要装弹簧和铰链销，同时，底板及与盒本体内侧面邻接的侧板所形成的烟载置部收纳在盒本体的下半部，可上下移动，通过连接销将该侧板上端枢着在上述铰链销上，使用时，能很容易地取出香烟。

96079 **公开日**：1996.5.8 **国际分类专利号**：B65D 85/18 **公开号**：CN 1121894A **申请号**：94108296.2 **申请人**：弗雷德丽卡·伍德(美

国） **发明名称**:多量手套包装分取器

一种包装,诸如乳胶手术手套的包装分取容器具有手套形内部,该内部使多只可膨胀的,有弹性的,互相套在一起的手套掌部缩小了,并迫使这些手套的手指部分膨胀并达到适当的膨胀位置以便使用者的手插入这些手套中露出的最里面的手套中。该包装可顺序分取一只或多只有弹性的,可膨胀的手套,诸如乳胶手套。在抽真空时,这些手套被保持在张开、膨胀状态,在此,使用者轻轻地把一只手插入这许多手套中的最里面的一只手套,拉一个拉片打开空气密封,这样使空气泄入最里面的手套周围,使得该手套以紧配合的方式扣于使用者插入的手上。

96080 **公开日**:1996.5.15 **国际分类专利号**:B65D 85/00 **公开号**:CN 1122302A **申请号**:94111499.6 **申请人**:中国航天工业总公司 8511 研究所(中国) **发明名称**:包装食品的自加热方法及结构

一种包装食品的自加热方法,在盒状或筒状的外包装容器内底部,放置隔离包装的发热反应剂,发热剂上搁置食品包装容器,其特征是二者间留有热蒸气的通道,再用热收缩薄膜封装成一个整体,外包装材料可选自耐热塑料或硬纸—铝箔—塑料复合材料,食品包装容器可选自食品级聚丙烯,聚苯乙烯等塑料片材经成型后再用复合铝塑蒸煮膜封装食品,也可选用铝塑复合软包装或金属容器包装食品,发热剂配方中的固体粉粒料包含选自碱土金属氧化物或其氢氧化物,如 CaO, MgO, $Ca(OH)_2$, $Mg(OH)_2$ 等。

96081 **公开日**:1996.5.15 **国际分类专利号**:B65D 5/50 **公开号**:CN 1122301A **申请号**:95103789.7 **申请人**:诺伯特·弗洛伦(德国) **发明名称**:用于管形物,特别是荧光灯或瓶子的间隔保持装置

在一个用于间隔在分层排列中相互平行的管形物,特别是荧光灯或瓶子的间隔保持装置中规定,间隔保持装置为其上有交替相互平行伸展的突出部和凹入部的、预成型的弯曲的平面构型物。该平面构型物分别部分地包围在一个层次中相互平行放置的管形物,使在一个层次中相邻的管形物分别交替处在平面构型物的不同侧上的相邻凹入部内。可用这种间隔保持装置取代单个封住管形物的间隔保持装置(如单独包装荧光灯的纸板盒)。

96082 **公开日**:1996.5.22 **国际分类专利号**:B65B 61/26 **公开号**:CN 1122763A **申请号**:94117282.1 **申请人**:程云庆(中国) **发明名称**:包装袋编号的印刷方法及装置

本发明包装袋编号的印刷方法及装置,结构简单,操作方便。使用由 5～20 个字轮组成印刷滚筒的印刷机和包装袋呈阶梯状经过印刷滚筒的方法,只在包装袋的一部分印上编号。其中,字轮上均布由 5～50 个字样相同的字模。利用本发明的包装袋编号的印刷方法及装置,能在不提高印刷滚筒转速的情况下,比现有的包装袋编号印刷机提高印刷速度 5 倍以上。可用于建材、化工等行业在包装袋上印刷编号。

96083 **公开日**:1996.5.22 **国际分类专利号**:B65D 23/02 **公开号**:CN 1122764A **申请号**:94113896.8 **申请人**:陈文成(中国) **发明名称**:活性化陶瓷容器的组成及其制造方法

一种活性化陶瓷容器组成及其制造方法是以麦饭石,大陆土,金门土,半瓷土等粘土矿组成,其特征在于:在麦饭石 5%～80%中加入 5%大陆土,5%金门土及 10～85%的半瓷土组成,先将依上述适当比例的各种原料碎研成粉末状,再与水分拌合成浆料,充模后,待其形成坚硬的容器坯体,取出容器坯体,再在容器坯体内加入麦饭石浆料,经旋转拉坯使容器内表面渐次形成一薄膜层,修坯后,待其充分阴干,再涂上釉药以 1200℃ 烧结组成一个强力吸附作用与离子交换作用且易于再生的容器。该容器具有产业上的实用价值。

96084 **公开日**:1996.5.29 **国际分类专利号**:B65D 47/28 **公开号**:CN 1123243A **申请号**:94118410.2 **申请人**:颜贻宗(中国) **发明名称**:粘合剂导流针结构

一种粘合剂导流针结构,是由针管、针座、针盖、导套及封闭垫等组件所组成,其中该针座一端中心设有向内延伸的锥柱孔,另端中心设有接着面及导孔;该针管的一端为斜口,穿置于针座锥柱孔的中心位置,另端为平口,位于针座的外端缘,平口端距针座有一长度,该针管与针座间以粘合剂接合。该导流针以针轧孔方式将针座插接于粘合剂容器压封盖的锥柱上,由针管导引粘合剂来使用;该针盖的内缘预设有一导套及封闭垫,在粘合剂使用后盖合针盖,该导套使针端易于滑向中心,导入于封闭垫中心的柱坑使针管平口端与外界空气隔离封闭,防止针管内的氰基丙烯酸酯单体与空气接触,在取下针盖时可继续导引粘合剂来使用,遇针盖内缘封闭垫失效或遗失时,藉由针管先端部的聚合曲面产生聚合及封口。

96085 **公开日**:1996.6.5 **国际分类专利号**:B65B 11/00 B65D 75/26 **公开号**:CN 1123759A **申请号**:95117105.4 **申请人**:索尼公司(日本) **发明名称**:用于包装具有长方体形状物品的包装方法和包装结构

用于包装象盒式磁带收存盒及盘形记录介质收存盒之类的具有长方形状物品的一种包装结构,它包括一粘接部分,以及只至一个非粘接部分;当利用膜状包装材料包装具有长方形型状的物品时,在膜状包装材料的一端与其另一端相重叠之处形成所述的粘接的非粘接部分。通过贴接该粘接部分和做为打开起始部分将非粘接部分加以保存使所要包装的物品得以包装。

96086 **公开日**:1996.6.5 **国际分类专利号**:B65B 19/02 **公开号**:CN 1123760A **申请号**:95107621.3 **申请人**:吉第联合股份公司(意大利) **发明名称**:向卷烟包封生产线供送封条和赠券组件的方法和装置

为生产硬壳翻盖卷烟盒的包封生产线供应封条和赠券组合件的一种方法及装置,借助于该方法及装置,封条及相应的赠券在沿着各自的通道往搭配工位行进时,被分别或以切割的方式切了一条凹槽,或带上了一个在搭配工位处至少部分地插入相应凹槽 里的附件使得封条及赠券在沿着延伸于搭配工位下游的一条共用通道行进时实际上彼此联为一体。

96087 **公开日**:1996.6.5 **国际分类专利号**:B65D 25/14 **公开号**:CN 1123761A **申请号**:95111942.7 **申请人**:张雪松(中国) **发明名称**:以玉米朊作涂层的纸容器

本发明属于一种带涂层的纸容器,特别是涉及一种涂有玉米朊为材质的纸容器。它将玉米朊溶解后涂在纸张的表面,然后制成纸制杯体、饭盒或菜盒等,解决了以往纸制品涂有聚乙烯或涂蜡等方法形成的白色污染,同时可以增加纸体的硬度,可以制成大容器或纸盘子等,防水性能也符合要求。

96088 **公开日**:1996.6.5 **国际分类专利号**:B65D 30/00 **公开号**:CN 1123762A **申请号**:95116237.3 **申请人**:罗姆和哈斯公司(美国) **发明名称**:可反复使用的散装袋容器

可反复使用的散装袋容器,包括一外部织物层和一内部织物层或内部薄膜衬里。这类散装袋容器用来存储和运输粉状、颗状或粒状材料。这类容器的载货量高达一吨以上。

96089 **公开日**:1996.6.5 **国际分类专利号**:B65D 41/00 **公开号**:CN 1123763A **申请号**:94112966.7 **申请人**:徐清和(中国) **发明名称**:自动闭合式安全瓶盖

一种自动闭合式安全瓶盖,为提供一种使用方便、安全可靠的瓶盖,提出本发明,它由盖体、盖板和弹簧片组成,盖体的底面设有与瓶口吻合的开口,其顶面前端设有供给口,顶面两侧设有形成空穴的竖壁;盖板底面前端设有与盖体供给口吻合的柱塞，盖板置于盖体空穴内并铰接安装在盖体顶面两侧坚壁上；弹簧片呈V字形，并置于盖板底面后端与盖体顶面后端形成的空腔内。

96090 **公开日**:1996.6.5 **国际分类专利号**:B65D 81/24 **公开号**:CN 1123764A **申请号**:95112722.5 **申请人**:江阴市微型喷雾器总厂(中国) **发明名称**:液态罐装食品包装方法

本发明涉及一种食品的包装方法，尤其涉及一种液态罐装食品的包装方法，属食品包装技术领域。其工艺过程是将经真空浓缩或冷冻浓缩的液态食品加适量的糖或盐，经杀菌处理后经阀口装入一气液分隔式喷雾罐的真空浓料室，并排尽夹层空气后压入氮气或其它食品级惰性气体形成内压。本发明实现了隔离加压包装和使用了单向阀门排放，采用了一种在自然环境中只出不进的包装方法，使外界空气及污染无法进入包装容器内，从而达到了可多次开启、长期保鲜的目的。可广泛应用于饮品、调料品的包装。

96091 **公开日**:1996.6.12 **国际分类专利号**:B65B 19/02 B65B 11/06 **公开号**:CN 1124219A **申请号**:95108341.4 **申请人**:吉第联合股份公司(意大利) **发明名称**:生产包装盒的包装方法

一种用于生产包括内包和外包的软包装盒的包装方法，每个内包与绕内包折成U形的涂胶的包装材料片一起送至包装输送装置的处于转送工位的座；包装材料片经受一系列折叠操作以形成绕内包的管状包装，并在其一端部轴向封闭；上述折叠操作是在座从转送工位起运行经过数目尽可能小的工步时进行的。

96092 **公开日**:1996.6.12 **国际分类专利号**:B65D 71/00 **公开号**:CN 1124220A **申请号**:94109001.9 **申请人**:伊利诺斯工具制造公司(美国) **发明名称**:将运载架以边缘运载或侧壁运载的方式用于容器如饮料罐上的改进型机器

披露了对机器中将弹性聚合材料的运载架用于大致相同的容器上时所作的改进，每一容器带有一给定直径的上边缘和一较大直径的侧壁。运载架具有纵行的容器接纳器。轮组件包括带有成对夹紧爪的两个轮，它可以接收该架，横向张开该架并向下移动该架通过诸边缘。传送带、轮组件和一在一个轮上的夹爪是可调的，以便选择性地以边缘运载位置方式或侧壁运载位置方式使用运载架。通过可插在工作台和底座间的诸垫片，工作对传送带加以支撑，并且可做垂直调节。位于一个轮上的夹爪，可由螺旋加以横向调节。

96093 **公开日**:1996.6.12 **国际分类专利号**:B65D 85/10 B65D 19/02 B65D 5/44 **公开号**:CN 1124221A **申请号**:94116512.4 **申请人**:福克有限公司(德国) **发明名称**:盒烟以及为置备盒烟内包装的薄层材料

盒烟，尤其是带折盒盖和软封套的盒烟，是按这种方式设计的，即盒烟内装物——烟组全部被内包装包封住，内包装用纸制成其外部有装饰印刷，为节约费用，仅在盒烟开启后(折合盖式盒烟)暴露在外的或根据其构造外露的内包装的表面区域才有印刷。内包装是从纸或类似物的薄层材料切割下制成。取决于内包装设计或折叠结构，印刷区相互按一定间隔布置或位于一侧边上呈连续带状的印刷区。

96094 **公开日**:1996.6.12 **国际分类专利号**:B65D 85/10 **公开号**:CN 1124222A **申请号**:94118633.4 **申请人**:黄玉云(中国) **发明名称**:使卷烟过滤嘴倒置包装的方法

本发明是一种使卷烟过滤嘴倒置包装的方法，其特征在于在卷烟的包装过程中，将卷烟支的方向改变180°，或滤嘴调头连接，或烟包调端包装，即包装成滤嘴与包装壳开口反向的卷烟包。本发明的卷烟包装方法，可使烟支从点火端取吸或传递，符合卫生要求，避免疾病以此方式传播；方法简单易行，不必花费较大的费用。

96095　**公开日**:1996.6.26　**国际分类专利号**:B64B 1/00 B64B 1/06 B64B 1/58　**公开号**:CN 1125188A　**申请号**:95112750.0　**申请人**:汪波(中国)　**发明名称**:中低空飞行系统

本发明涉及一种长行器及其停靠站,它由飞艇和飞艇中间站组成,飞艇由多节巨型金属板气囊串接而成,它们下端连有多个厢体,厢体两侧设有大功率推力风扇。飞艇中间站为多辨橘片状金属板气囊组成的球体,球体气囊下部连有大型客站体,客站体下部通过电动绞盘连有透明吊厢,并通过钢索与地面强力水泥桩连接。

96096　**公开日**:1996.6.26　**国际分类专利号**:B65B 57/00　**公开号**:CN 1125189A　**申请号**:94113273.0　**申请人**:王槐生(中国)　**发明名称**:包装袋商标和物品包装位置自动定位控制方法

本发明是一种用于连续制袋包装机,特别是卧式枕形包装机的包装袋商标和物品包装位置自动定位控制方法。对于各种规格的包装材料可自动识别其包装袋长、商标位置、物品包装位置;并得出各自的偏差,控制各自的校正执行机构予以自动校正;使包装机实现了完全自动控制。

96097　**公开日**:1996.7.3　**国际分类专利号**:B65D 65/46　**公开号**:CN 1125681A　**申请号**:94120189.9　**申请人**:张树希(中国)　**发明名称**:一种用于包装方便面调味剂的水溶性可食材料

一种用于包装方便面调味剂的水溶性可食材料,由食用明胶和符合食品添加剂标准的蜂蜜、植酸、羟甲基纤维素钠、山梨酸钾和纯水制成。用本发明研制的水溶性可食材料包装方便面调味剂,不仅食用安全、遇热水即溶,而且富有营养。显著改善了方便面食用时的便利程度。消除了目前食用方便面时调味剂包装要逐一拆封、倾倒的麻烦。从根本上避免了调味剂(特别是动、植物油类)从包装中倾倒出时倒不净而造成的浪费以及对环境的污染。

96098　**公开日**:1996.7.3　**国际分类专利号**:B65D 71/00　**公开号**:CN 1125682A　**申请号**:94109564.9　**申请人**:伊利诺斯工具制造公司(美国)　**发明名称**:带有复合式支架的容器包装件

一种瓶罐包装件,它包括:一阵列的依纵列与横行设置的瓶罐;由弹性可挠曲塑料构成的第一支架件,它包括一相似阵列的孔来置纳相应的瓶体;自支承板料或纸板机构的第二支架件,它包括覆盖住瓶罐凹边的顶板以及沿这些瓶罐相对侧下廷并固定到第一支架件上的相对侧板。在第二支架件上于上述顶板和侧板间会合处形成的槽缝,用来界定出分别延伸过相邻瓶罐凹边并与凹边下侧相配合的相对边缘。

96099　**公开日**:1996.7.3　**国际分类专利号**:B65B 19/00 B65B 43/08　**公开号**:CN 1125678A　**申请号**:95116696.4　**申请人**:吉第联合股份公司(意大利)　**发明名称**:烟草制品,特别是纵向斜边硬盒卷烟调湿机盒皮摺边法

为了用相应盒皮制成纵向斜边硬盒,所用每一盒皮具有两对预成型纵向弯曲线,限定相应条带,分别对应相关斜边,每一盒皮分两步沿其纵向弯曲线摺边,其作法,首先使盒皮沿至少每一条带的一外弯曲线摺边,然后通过此外弯曲线之间距的窄的通道喂给局部摺边的盒皮。

96100　**公开日**:1996.7.3　**国际分类专利号**:B65D 17/34　**公开号**:CN 1125679A　**申请号**:95118422.9　**申请人**:雷诺兹金属公司(美国)　**发明名称**:撕裂板上具有凸块的带拉舌罐端

一用于容器的易开结构,通过操作一拉舌,将基本上由一可撕裂的刻痕线限定的板打开,拉舌的一端适合于压在撕裂板上与刻痕线隔开

的一位置上，仅遮住由撕裂板在处于打开状态时留下的开口的一小部分。拉舌的另一端可提起来打开撕裂板并直接回到挨着端壁的初始位置。在撕裂板移到其打开位置后拉舌和撕裂板保留着与端壁的连接。为了保证特别是初始撕裂经过 3:00 位置的过程中刻痕线的完全撕裂，形成一在拉舌下面延伸的凸块。

96101　**公开日**:1996.7.3　**国际分类专利号**:B65D 51/00　**公开号**:CN 1125680A　**申请号**:94114320.1　**申请人**:周中豪(中国)　**发明名称**:扳启式皇冠瓶盖

一种用于小口经玻璃瓶的板启式皇冠瓶盖，主要是在现有的皇冠瓶盖下沿增加一根具有杠杆作用的开启杆，使打开瓶盖无需另备工具，只需将开启杆扳向盖顶后再向下按压即可，具有结构简单、使用省力、方便等优点。

技术交流篇

TECHNICAL EXCHANGE

谈国产蜂窝纸板设备的改进和使用

蜂窝纸板是一种极具开发前途的新型包装材料。但国产蜂窝纸板生产线实现规模化生产确有一定难度，对照国外设备国产设备存在如下问题：

(一)在设备的整体结构、制板性能、制板功效方面，以及调整机理方面，均不先进，在技术水平上差一个档次。

(二)蜂窝纸板生产线中的关键设备切纸机未采用先进的微机控制，致使控制精度差，自动化程度低。

(三)蜂窝纸板设备生产纸芯速度较高，而蜂窝纸板生产线的成板速度太低(班产 $1000m^2$ 左右)，匹配协调不好。

(四)用蜂窝纸板替代瓦楞纸板制作市场用量大的纸箱时，需对传统瓦楞纸箱工艺中的一些设备进行适应性改进。

几点建议：

蜂窝纸板是一种新型且性能优良的绿色包装材料，蜂窝夹层结构有突出的抗压和抗弯曲能力，用最少的材料获得最大受力，很符合现代运输包装的特点，潜在市场很大。既然纸质蜂窝结构投入使用是“包装史上的一次革命”，在大力发展运输包装的新潮中一定会起着重要作用，我们就需要做很多工作。

加大开发力度，赶超世界先进水平。国产蜂窝纸板技术与世界先进水平相比差距较大，需从四个方面进一步开发：

(一)对现有的设备在整体上进行调整，使设备的制板速度有较大提高，从而保证设备有较高的制板效率。

(二)参照国外引进的技术和设备，研制高精度微机控制的切纸机。

(三)对蜂窝纸板生产线烘干部分进一步改进。

(四)对现有的瓦楞纸箱工艺中的碰印机、分纸机、轧线机改造，开发与蜂窝纸板配套的专用制箱设备。

总之，随着改革开放的不断深入，可以预料，蜂窝纸板使用的范围将不断扩大，新型包装箱将成为我国包装领域的主力军，需求量迅速上升，而先进的国产蜂窝纸板设备也一定应运而生。　　(刘谟培　张平生　周兰坤)

包装材料、容器对药品质量的影响及其生产企业实施 GMP 的必要性

药品是一种特殊的商品，它关系到人们的身体健康及生命安全，因此，保证药品的质量是至关重要的问题。药品的质量虽然取决于药品的生产，但亦受到包装的很大影响。影响包装质量的因素很多，比较突出的是包装材料、容器的质量，对药品的质量影响很大，这是药厂和包

装材料、容器生产企业必须重视的问题。

具体来说，包装材料、容器的质量问题会给药品的质量带来如下的问题：

一、药品的污染

1. 由于包装材料、容器生产企业的生产环境(如厂区附近马路和厂区内道路的灰尘、环境烟尘、水源等)、生产方式(如机械生产或手工生产)、管理、包装材料及容器的包装材料、仓贮运输的不善等原因，使包装材料、容器产品附有各种异物(如灰尘、油墨、油迹及其它碎屑、微粒等)或受到细菌的污染，面直接接触药品的包装材料、容器很容易把污染转移到药品上。

2. 由于包装材料、容器的内在质量问题而使药品产生污染，如输液瓶、安瓿的玻璃碎片，橡胶塞在高温灭菌过程中产生的结块或变性而掉下橡胶屑，复合膜中较多的残留溶剂等均属此例。

3. 药品在使用过程中，由于包装材料、容器的原因，也会使药品产生污染。如医师或护士给病人进行肌肉注射或静脉注射时，在打开安瓿的一瞬间，会有玻璃微粒落入药液中。又如当注射针头插入大输液瓶或粉针剂瓶的胶塞时会产生橡胶微粒使药品受到污染。

二、药品的药效下降甚至变质

由于包装材料、容器的质量差、不符合标准要求，造成产品的阻隔性及包装密封性差，使药品受氧气、水蒸汽和光的影响而致药效下降甚至变质。如玻璃瓶、塑料瓶瓶口不圆、不平滑，内塞、瓶盖与瓶子三者之间配合不严密，塑料瓶壁太薄、不均匀，药品包装用铝箔针孔过多，空心胶囊气泡，复合膜的剥离强度过低等等缺陷都对药品质量产生影响。

此外，包装材料、容器产品的标识、说明书质量低劣，文字差错、不清晰，印有不同药品名称的包装材料混杂等还会造成药品错包事故、医疗单位错误给药事故或者患者错误用药事故，后果就会更严重。

由上所述可以看出，包装材料、容器的质量对药品的质量有很大的影响。那么，怎样才能保证包装材料、容器产品的质量呢？人们很容易认识到，包装材料、容器的生产质量与企业的生产技术水平有关。但同时我们也应该认识到，包装材料、容器的质量还与企业的管理密切相关，有时企业的管理还对产品的质量起着决定性的影响作用。具体些说，包装材料、容器的质量与其生产企业的人员素质(如厂长、生产、技术副厂长、生产部门、质监部门负责人、技术人员、技术工人、检验人员的素质)、各级管理人员职权的明确与行使、厂房与环境条件、设备状况与管理、卫生状况、原辅料与包装材料的管理、生产过程管理、质量管理等因素有关，与产品生产的全过程有关。因此，为了保证包装材料、容器的质量，进而保证药品的质量，保障用药的安全与方便，有必要对药品包装用材料、容器的质量影响因素进行全面的控制，对生产全过程进行规范化管理。这样，继《药品生产质量管理规范》之后，又出现了《药品包装用材料、容器生产质量管理规范》(即 GMP)。目前，国家医药管理局组织制定的药品包装用材料、容器 GMP 即将定稿。

GMP 是 Good manufacturing Practice 的缩写，国内称之为“生产质量管理规范”。GMP 的作用是使直接接触药品的包装材料、容器产品在生产全过程处于严密的控制状态，防止差错、混杂、污染，确保产品质量。

为什么实施了 GMP 就能确保产品质量？只要我们看一看 GMP 的基本内容就不难得出答案。

GMP 的基本内容概括起来主要是：

一、“硬件”方面

1. 生产环境及水源无污染。

2. 厂房大小、结构、布局应适当、合理，人流、物流分开，生产区与生活区分开，对生产区有洁净度要求，温度和相对湿度应与工艺要求相适应，应有符合卫生要求的厕所及洗手更衣、消毒设施等。

3. 厂房及仓库应有防止昆虫、鸟类、鼠类等动物进入的措施，对洁净区地面，墙壁、天花板的要求，仓贮区应有足够的面积和确保良好的存放条件等。

4. 对设备设计、选型、安装,维护保养、验证的要求。

5. 对化验室的面积、需配备的仪器和设备的要求。

二、"软件"方面

1. 对各类人员的素质要求及各级管理人员的职责、权限。

2. 设立独立于其他部门的质监部门,该部门的负责人不得兼任生产部门负责人。

3. 生产企业必须获取许可证方能生产经营直接接触药品的包装材料、容器,原辅料、半成品、成品均应有质量标准,并严格执行。

4. 应有产品工艺规程及岗位操作法,并严格执行。

5. 制定生产管理制度、质量管理制度、设备管理制度、物料购入、仓贮、发放使用管理制度等,并严格执行。

6. 对生产场所、人员、设备的卫生要求。

7. 生产、质检、销售记录。

8. 对用户意见的记录及调查处理。

由此可见,实施了 GMP 则生产全过程便能得到控制,产品质量就能得到保证。

基于对包装材料、容器的质量与药品质量关系以及药品 GMP 的实施有效性的认识的逐步深入,欧美及日本一些包装材料、容器生产企业早在二、三十年前就开始逐步实施 GMP,而国内这方面的动作只是近几年的事。

我国实行改革开放政策以来,药品包装用材料、容器的生产有了很大的进步,新建和改造了一批工厂,其中有些新建工厂或车间按 GMP 要求进行建设,引进了一些新技术和先进设备,增加了一些新的包装材料、容器品种,如 PTP 铝箔、机制空心胶囊、高密度聚乙烯瓶、丁基橡胶瓶塞、易折曲颈安瓿、薄顶铝质软膏软管、易开式铝盖、药品包装用复合膜等,同时也逐步淘汰了一些落后的包装材料、容器,如直管料针瓶、直颈安瓿、部分天然橡胶瓶塞等。

国家医药管理局组织制定了一批包装材料、容器的国家标准或行业标准,颁布了《药品包装用材料、容器生产管理办法(试行)》。各省、市、自治区行政主管部门据此对药品包装用材料、容器生产企业进行了核发生产许可证工作,且目前正进行复验换证工作。这些措施无疑已经或者将会大大促进药品包装用材料、容器的生产,促进产品质量的稳定和提高。

然而由于各种原因,我国目前药品包装用材料、容器行业的生产技术水平和产品质量,除少数产品外,多数仍处于 50~60 年代的落后状况,而且由于历史的原因和某些条件的限制,想很快改变这种状况是不现实的。但即使如此,我们还应尽最大努力,力争使药品包装用材料、容器的生产发展得更快些,以适应药品包装市场越来越高的要求。

当前,制药行业正在加快 GMP 的实施,如果药品包装用材料、容器行业不尽快推行 GMP,势必给整个医药行业的发展造成不利的影响。

如何选择优质高效的复膜制袋设备

近十年来,我国的水泥年总产量从不足 1 亿吨跃升到 1995 年的 4.5 亿吨,成为世界上最大的水泥生产国。水泥战线的广大职工为此付出了辛勤的劳动,取得了举世瞩目的成绩。但是,由于种种原因,我国的水泥包装袋的制袋设备在技术上明显滞后。多年来使用的无复膜塑编包装袋,防潮性能差,漏灰严重,影响了水泥的质量,污染了环境,制约了水泥工业的发展,出现了水泥质量不断提高,而包装袋质量却每况愈下的趋势,引起社会的严重关注。

1996年1月25日，国家建材局已发出《关于淘汰水泥包装用无复膜塑料袋的通知》，规定水泥生产企业尽快停止使用无复膜塑编袋，最迟不得超过1996年12月31日。同年9月10日，国家技术监督局批准发布GB9774—1996《水泥包装袋》国际标准，对水泥包装袋提出明确的技术要求。

对于广大企业来说，使用符合新国标的水泥包装袋已经到了刻不容缓的地步。目前众多水泥企业和制袋厂家都面临着重新选择包装袋型和购置新型制袋机械设备的情况。选择水泥包装袋生产设备虽说不上是百年大计，但也牵扯到几十万乃至几百万的资金投入。因此能否选择一套高档次、高效益的制袋设备，不仅关系到一个企业的兴衰胜败，也关系到一个企业家的荣誉和前途，所以水泥企业和包装袋厂家的决策者在选择设备时慎之又慎。

对包装袋厂家来说，如何才能选择高档次、高效益的复膜制袋设备呢？这里我提出几点看法，供大家参考：

一、认真进行考察。要购置一套制袋生产线，使投入的资金在短期内发挥最大效益，就要选择功能多、产量高、质量好、成品率高，而且节电省料的复膜制袋设备。要有一个由企业主管领导和懂制袋生产、机械制造工艺的工程技术人员组成的考察组，对国内的复膜制袋设备制造厂家的设备从功能、产量、质量等各项技术指标进行全面综合考察，认真比较、分析，从中筛选出合适的设备。

目前使用的复膜制袋设备大致可分为三个档次：1. 进口的复膜制袋设备；2. 国产优质高效的复膜制袋设备；3. 普通的复膜制袋设备。据了解：进口的复膜制袋设备每套价格为1200多万元，优质高效的国产复膜制袋设备每套价格160万元左右，而普通的复膜制袋设备每套则是几十万元。包装袋厂家以购置国产优质的复膜制袋设备为宜，因为使用10年其技术性能也不落后，价格仅为进口设备的八分之一，差价高达1100万元；反观一些普通的制袋设备价格虽然便宜一样，但较粗糙，质量不可靠，容易出故障，远不能与优质高效的复膜制袋设备相比。

国产制袋设备的切袋装置，一般都采用平切法，边角料浪费大。近期，有一种新型的制袋设备，采用与众不同的“经济剪切”装置，即用特殊的切袋刀具，把两个袋的阀口对接剪开。这样每生产40条袋可节省一条袋的材料。换言之，年产2000万条袋就可以多做50万条袋，价值近80万元，经济效益非常显著。生产水泥包装袋的利润并不丰厚(每条袋以分计算)，包装企业要从节省材料方面挖掘潜力，最好选择带“经济剪切”装置的复膜制袋设备。

二、资金不足怎么办？有的包装袋厂家要上纸塑复膜包装袋项目，但又受到资金不足的困扰，怎么办呢？与其匆忙之中订购低档的制袋设备，不如采用股份的方式，筹足资金买一套高效益的复膜制袋设备。因为有的制袋设备价格虽然便宜，但制作粗糙，功能少、产量低、次品率高，而且经常出故障。故此，买高效益的制袋设备一次性的投资虽然多一点，但资金回收期短、经济效益好，这一点请包装袋厂家三思而行。

另外，对有资金条件的包装袋厂家来说，最好同时购置两条以上的复膜制袋生产线(年产量4000万条以上)，力争短期内形成规模生产，创造更大的经济效益。

三、由于国家建材局规定从1997年起实施《水泥包装袋》新国标，时间紧迫，任务繁重。许多厂家要选购、添置能生产符合国家新标准水泥包装袋的复膜制袋设备。一时间，各式各样的制袋设备纷纷登场，使人眼花缭乱。有的厂家不具备生产能力，也跟着搞制袋设备；有的厂家为了抢客户，粗制滥造，压价销售……。据我们所知，有的单位花了几十万元买的便宜设备，到头来机器开不了，成了一堆废铁，既浪费了资金，又浪费了宝贵的时间。面对这些现象，希望包装袋厂家的决策者，一定要头脑清醒，认真比较分析，选择优质高效的复膜制袋设备，以免上当受骗吃哑巴亏。

以上是本公司对如何选择复膜制袋设备的几点浅见，希望对包装袋生产厂家的决策者有所裨益。

浅谈水泥包装袋用工业缝纫线

随着我国包装事业的蓬勃发展,特别是中国建材包装工业的改革和发展,对水泥包装提出了较高的要求。《水泥包装袋》新国家标准的实施发布,标志着水泥包装的质量进入一个新的阶段。面对新标准的出台,作为水泥包装的辅助材料——工业缝纫线就必须适应水泥新标准的各项质量要求,以保证水泥出厂前的破包率不大于0.2%,流通过程中的综合破包率不大于2%的质量目标。

工业缝纫线在水泥包装制袋中所占比重较小,人们容易忽视它的作用。市场上大量劣质工业缝纫线的出现,确实给缝纫过程带来很多困难,造成水泥破包事件屡有发生,给水泥包装带来质量隐患。

水泥袋使用的工业缝纫线同其它缝纫线不同,有其独特之处,它必须满足以下三个条件:

一、耐腐蚀,耐高温(置于150℃温度下不变形),强力/50cm不小于80N;

二、柔软,光滑,无结头,大卷装,在高速缝纫条件下不断线,不绊针,不跳线;

三、符合中纺部FZ63001—92《中华人民共和国涤纶本色缝纫线质量标准》,重量偏差(即粗细程度)不超过±2.5%,以保证正常的出袋率,降低制袋成本。

选料:

(一)优质缝纫线具有的性能:

1.条干均匀,无卷缩,结杂少;

2.平滑柔软、伸度小;

3.耐热性好,强度高。

(二)水泥袋用线特有的必要性能:

1.强度高,耐冲击;

2.耐腐蚀,抗热、抗老化性能优良。

目前市面上工业缝纫线选用的纤维种类有棉、维纶、丙纶、涤纶等。

棉纤维耐热,耐腐蚀性能较好,但由于强力较低且生产成本高,已逐渐被淘汰。

丙纶纤维成本低,但耐热性能差,达到145℃时即软化,且极不耐老化,因此不适宜在水泥袋上使用。

维纶和涤纶原料都具有耐腐蚀,耐高温(维纶软化温度为220℃,涤纶为240℃)的特性,但两者比较,在强力、抗老化性和光滑度方面,维纶不如涤纶,因此涤纶原料以其强力高,耐高温,耐腐蚀,耐老化和成本较低被广泛采用。这种原料基本满足了优质缝纫线和水泥袋用线特有的性能。

涤纶原料根据用途又分为棉型,中长型和毛型三种,作为工业缝纫线应优先选用优质、高强的棉型涤纶纤维。

工艺设计:

在对制袋企业深入调查中发现,水泥包装袋材料较厚,使用的工业缝纫线不仅要求强度高,对柔软、平滑性也有较高的要求,它直接影响到缝纫时线圈的形成和固定,从而影响到跳线和断线的多少,而平滑性的好坏,又影响到机针温度的高低。因此,在工艺设计上采用ZSZ拈向,捻度设计时必须考虑初、复捻的搭配,使纱线内紧外松,强度较高,且手感柔软,无卷缩,有利于高速缝纫。

为了降低缝纫时机针温度和提高可缝性,还应在生产上增加后处理,克服涤纶抗静电性的不足。

三、生产管理及物理指标:

在生产管理方面,必须在设备、工艺、操作、文明生产和现场管理方面狠下功夫,在全部生产工序和全体员工中实行全面质量管理,实行质量否决权，保证工业缝纫线的各项指标稳步提高。

我们认为，水泥袋用工业缝纫线的20支/3×3的强力应大于80N，百米重量约27.5克，每佣标准壹公斤筒子重量±0.025；20支/4×3的强力应大于120N，百米重量约37克，每个标准壹公斤筒子重量±0.030。

以上是笔者对水泥袋用工业缝纫线的浅显认识和体会。随着我国水泥包装的改进和发展，对工业缝纫线的要求也会不断提高。制线行业应以市场为导向，以质量为根本，不断开发研制出更多更好的工业缝纫线，以满足水泥包装发展的需要。

瓦楞纸板中的瓦楞楞形

瓦楞纸板包装，其瓦楞楞形常见有三种形式：U形、V形、UV形。楞形从U形到V形以及中间过渡的UV形，在同一节距t范围内只在于它们的楞峰圆角R的变化。V形楞楞峰圆角较小，R→0方向；U形楞楞峰圆角较大R→1/4t；而UV楞的楞峰圆角趋于两者之间，通常UV楞的楞峰圆角R在1/8t≤R<1/4t。

由此可见三种楞形的变化主要在于楞峰圆角R的改变，然而圆角R的变化，对瓦楞纸板的影响是很大的。

U形楞：圆弧R大，支承边（两圆弧过渡连接的直边）骨架较弱，它的承载能力较低，抗压力弱，变形量较大，但富有弹性，吸收冲击能量的能力大，在弹性限度内，当压力消除后能恢复原状。同时由于圆角R较大，施胶面和与面纸的接触面增大，易于涂胶，但用胶量也很大。

V形楞：与U形楞相反，圆角R较小、支承边较长，骨架较硬，抗压力强，但在较强的压力下，加压初期抗压性能好，超过承载的最大值以后，容易迅速破坏，压力消除后，不易恢复原状。由于R值较小，用胶量比较少，但施胶能力差，特别是对于较小的楞形，如B、E型楞，容易造成粘合不良。

UV楞介于U形楞与V形楞之间，兼有二者的优点。

的以国家标准GB6544—86中规定：各种楞型的瓦楞纸板均应为UV形。

我国目前生产的瓦楞纸板设备，从土单机到瓦楞纸板生产线，生产的瓦楞纸板均为UV形，但是各厂家设备的楞形却有所不同，A、C、B、E各种型号的楞形中，R值各不相同，由于UV形圆弧半径R的值比较广泛，怎样确定和选择各种楞型的圆弧半径，以下的分析论证，供有关人员参考。

首先在瓦楞纸板的强度方面，楞形的选择尽可能保证骨架的坚实，对于A、C楞圆弧R应按偏小值选择；B、E楞由于节距较小，同时还要考虑纸板的粘合性能，选择圆弧时适当偏大，这样有利于纸板的施胶粘合。

双瓦楞纸板（五层板）A—A型、A—C型、C—C型，由于楞型较大，圆弧R选小值，有利于增加纸板的强度和减少施胶量；A—B型、C—B型，面纸方向上的瓦楞即B楞，R易选择较大值。

从制楞角度上看，瓦楞辊的磨损U形比V形小，R值偏大有利于增加瓦楞辊的使用寿命；瓦楞原纸压楞时，峰顶的损坏现象，U形远比V形好，因此增大R值也有利于制楞操作。

在瓦楞纸板的利用率方面，节距t、楞高h一定的情况下，V形楞较U形楞节省原纸10%左右，所以圆弧R小，原纸的利用率高，节约原材料。

综上所述，瓦楞楞形的合理与否，直接影响瓦楞纸板的强度，以及制作瓦楞纸板的操作性、经济性，选择一个正确的瓦楞形状，在很多方面有着重要的意义。

在此还需说明：对于瓦楞辊来说，由于楞形分布在辊径的曲面上，因此瓦楞辊的楞形由楞峰 r_1，和楞谷 r_2 组成，r_1、r_2 大小的确定，在满足楞形按平面展开的 $1/8t \leqslant R \leqslant 1/4t$，同时在辊面上还应满足 $r_1 + r_2 < 1/2t$。

（熊诗明）

形形色色的多功能型包装用纸

目前，包装用纸的开发正朝着多功能方向发展：

1．防湿：浸涂过蜡的纸，可用来制作防雨袋、防露袋。

2．防腐：掺入方晶石和活性炭制成的纸，可以防止鲜花凋谢、腐烂。

3．保鲜：天然纸浆经过化学处理后与具有吸收性的树脂一起抄造制成的纸，适宜于新鲜食品的保鲜包装。

4．防氧化：采用弱碱打浆制成的纸，能保护字画和书籍在酸性条件下不受侵害。将不含氯离子的纸涂上一层防锈剂，可用于金属的防锈包装。

5．防菌：抄造天然纸浆时注入灭菌气体而制成的纸，具有防止细菌侵入的功能。

6．除臭：将多孔无机物和有机黄酮醇一起抄造制成的纸，能够吸收胺类等异臭。

7．消音：用非致癌性的石棉纤维、废纸、破布等制成的低密度的纸，具有优良的吸音、吸水、隔热和缓冲效果。

8．防火：由氢氧化铝和天然纸浆混合抄造制成的纸、用磷酸化纸浆和玻璃纤维混合制成的纸，具有良好的耐火效果。

9．耐水：在100％的天然纸浆中掺入乳胶、树脂制成的纸，具有优良的耐水、耐折、耐摩擦特性；掺入耐水剂制成的纸，防水性能优越，并具有抗撕裂性能。

10．耐油：纸板里层经过耐油脂性处理后可防止油的浸透，用于油脂性食品的包装。

11．耐酸；采用特殊纸浆与添加剂混合制成的纸，具有优良的遮光性、耐酸性。

12．耐热：采用经过特殊处理的纸浆制成的纸板，有良好的耐油性和吸收水蒸汽性能，可用来制作微波食品的包装盒。

13．感温：在造纸过程中，加入随温度变化而改变颜色的化学纤维，可具有温度指示器的功能，显示出温度变化。

14．感水：采用特殊涂层处理过的纸，在吸收水分后，可使白色立刻呈现透明状，不经拆封便可透过包装看清内容物。

（柴文华　辑）

纸蜂窝夹层材料用基材与胶粘剂技术条件初探

韩立泉

生产蜂窝夹层材料在发达国家已经有60多年的历史。二战之后应用发展很快，特别是荷兰、英国,技术装备的现代化水平很高、产品质量稳定在航天航空、建筑、包装、交通运输,很多领域都已广泛应用,相应配套装配技术也很完善。

蜂窝夹层结构,有很大的比强度、比刚度、减震性、保温隔音性、优良的透波性、表面平整和良好的可加工性。近些年我国有眼光的企业家开始引进发达国家的制芯制板生产线。与此同时,国产设备也投放市场,全国有十余条生产线。

根据最近召开的,全国蜂窝夹层材料技术与产品开发方向研讨会的信息和作者本人一年多的调研,国产设备生产的产品定位准确,运作和经营较好。多数厂家处于试产或半停产状态。主要原因是产品质量和成本未能过关,产品定位不准、装备和工艺落后,有的厂家用户等要货也拿不出合格的产品来。对不同用途的夹层材料,选用什么样的基材,粘结体系用什么性能的粘合剂,都没有规范和要求。产品质量、成本核算就可想而知了。

本文参照国外文献,结合作者自身体会对基材和胶粘剂的选择谈一点看法,期望有所裨益。

一、纸的表面粘结特性

要设计并选用好芯纸和面纸是生产出合格的有价值的蜂窝夹层产品的最基本要求。纸的表面特性是什么?这也是生产经营者必须掌握的基本知识。纸的表面有那些粘结特性呢?

1.纸的多孔性

虽然纤维纸主要成分是纤维素、半纤维素。多孔性是纸的基本特性。胶粘剂特点是因含量少的胶粘剂很容易顺毛细管渗透。粘结剂固化后,发生投锚和钩扣效应,产生巨大的物理粘结力,同时也增强了纤维间分子引力。

2.纸的表面极性

纤维素的大分子单元有三个羟基(—OH)。羟基的强极性对水、水蒸汽、粘合剂中的水分十分敏感。决定了纸的吸潮性和易粘性。

3.纸的湿润性

纤维的表面纸力 $r_s = 72\%$,约为 4 达因/cm^2,几乎与纸的表面张力相等。当纸遇水分后表面各项异性变化很大,长宽厚之比 = 1:2:50。那么胶中水份过多时,渗透就严重。界面破坏也严重,还容易产生变形。粘结强度不好,这时很容易误认为是粘合剂不好,而忽视了纸的因素。

由于纸的表面特性,作为蜂窝夹层用纸、工业用纸都必须有一定的防水功能,方法有两种,一是制造时加入防水剂、三聚氰胺树脂、尿醛树脂或松香;另一种方法是表面加施防潮剂。选用蜂窝芯纸、面纸,要求有一定的施胶度就够了。蜂窝夹层芯纸、面纸、施胶度,国家没有标准,不好按 GB 级要求。作者提个建议值为:35g/m^2,基本能达到使用要求。怎么试验呢?简单的办法是取一小块纸,洒 1—2 滴水在纸面上,倾斜往下到,水珠能滚落为合格。水珠全湿散开剥不下水珠来,可判定施胶度太低。很难保证粘结质量。

二、芯纸与面纸的一般技术条件

芯纸与面纸的质量好坏直接影响到夹层结构的质量和力学性能。主要技术参数作者认为有三点:

1.蜂窝芯的节点强度。有足够的节点强度才能保证纸芯的稳定性。才能保证纸壁有足够的刚性和强力。

2.蜂窝格子的规整性、六边形边长差异应符合允许的公差范围(公差范围确定多少合适,企业应该自己制定标准以控制纸芯使用)。

3.蜂窝芯格子容易,国外同类产品经验证实,蜂窝格子容易变化尽量要小,这样,力学结构合理而性能稳定。内切圆直径、格子高度、纸的克重是构成夹层材料力学强度的基本要素,它们之间的线性数学关系尽管尚无科学准确的计算方法但推理分析,相关性也十分明了。

根据以上分析蜂窝芯纸与面纸应有一定的规范要求。

目前国内造纸厂制造的再生纸没有标准,而且混合浆为多,达到一定指标是较困难的,国外成功的经验是用半木浆纸,而且是专业化生产。荷兰在广州独资企业芯纸是法国专业造纸厂的产品，其质量的稳定性是绝对可靠的。

三、蜂窝夹层结构的系列化问题

蜂窝格子的系列化、标准化既是个理论问题，也是个迫切的实践问题。目前我国还没有人作这方面的课题研究，因此结构（内切直径D、格子壁高H、芯纸厚t）与力学强度的关系尚无法通过设计求得最佳值，这也是个很复杂的问题。根据国外资料大体有以下几点可供参考。

1. 按蜂窝夹层使用环境、严格选材。如夹层有凝聚力结构件、浅承力结构件、阻尼缓冲件其特殊要求是防火、防静电等功能。因功能与条件不同，选材和工艺差异很大。

2. 芯纸克重用户无特定要求时，一般首选 $140g/m^2$。好处是格子的节点粘结稳定、芯壁挺硬，便于稳定供货渠道。

3. 芯纸克重确定为相对稳定的常数，内切直径就可以优选一组，或系列化。

内切直径系列化、规模化是以技术装备标准化系列化为前题的，是技术成熟的重要标志之一。希望国内设备制造厂家，引进国外生产线的厂家都能注意此问题。

四、蜂窝格子的高度

一般推理、纸基材确定后、H值越高，稳定性，剪切强度愈差，反之抗平压强度愈高（实际上 $H \leqslant 3mm$ 已经无使用价值了）。H值越小，夹层板容易卷翘质量不易控制。生产难度大。

蜂窝纸板的用途种种

左光申　郭宝军

蜂窝纸板是一种强度高、重量轻、用途广的材料，易于钻孔、切削，可加工成各种形状和尺寸，可以代替木材、塑料和金属等用在包装、材料贮运和内部结构等许多领域。

一、包装领域。蜂窝纸芯和纸板可用于下列产品的包装：

1. 电子仪器和设备，从电脑到各种家用电器。蜂窝纸衬垫对振动或装卸不当造成损害可起很好的防护作用。

2. 家具和箱式物品。

3. 玻璃及其制品。

4. 成箱的印刷或装订产品。

5. 不规则形状产品。无论是家用产品还是工业产品，既使最薄弱的部分也可使用蜂窝纸芯衬垫达到保护目的，且所用材料一般比其他包装材料要省。

常用的包装物品有：摩托车、汽车零部件、灯具、陶瓷制品（如卫生陶瓷）、电冰箱、空调、洗衣机、干燥（衣）机、复印机、电话机、电视机、传真机、收录机、组合音响、厨柜、高光亮装饰灯、遮光帘、雷达器件、电路插接器、设备的门盖、工艺美术品、除草机和园艺设备等。

二、运输和装卸领域。蜂窝纸板可应用下列产品的装卸和运输作业中：

1. 杂物。采用可回收的蜂窝纸托盘，可保护产品，减轻重量，降低使用成本。

2. 大型包装箱。

3. 汽车和火车运输的货物。夹在货物与货物、货物与车厢之间，可避免损坏。可与气囊一起使用，也可单独使用。

4. 印刷和装订材料。将蜂窝纸放置在两层印刷品之间，防止印刷品受到挤压损伤。

5. 成卷的塑料薄膜。

6. 袋装化学物品。使用蜂窝纸托盘可使托盘重量减轻，提高车辆的装载量。

常用蜂窝纸托盘（板）的贮运物品有：床架、

塑料零部件、复印机、除草和园艺设备、计算机元器件、运动器材、医药物品、汽车零部件、平板纸和卷筒纸、摩托车、清洁用产品、仪表、门框、健美器具、五金产品等。

三、结构领域。蜂窝纸板可做多种构件：

1. 广告牌。重量轻、安装便捷、成本低。

2. 商用和家用门。可减轻门的自重，同时增加稳定性、减轻门轴磨损。

3. 桌面和组合家具部件。蜂窝纸芯可减轻重量，减少弯曲变形，提高强度。

4. 车辆零部件。可作为车厢顶棚、地板和壁板，有利于改善车辆总体结构。

5. 隔音板。蜂窝纸芯具有吸音的功能。

采用蜂窝纸板作为构件的物品有：阶梯(舞台)地板、住房隔板、展览牌、车辆部件、桌面、舞台布景、壁板、隔音板、交通牌、店牌、陈列货架、书架等。

浅谈烘干设备在确保出口纸箱质量上的重要性

福建商检局从1992年起，在对出口纸箱生产厂实行质量分类管理和许可证考核评分办法中，强调了该生产厂必须配备和使用较先进的烘干设备。在分类及考核时，根据烘干设备的优良程度、日烘干能力进行评分。以没有烘干设备或虽有但没有使用的进行扣分。本办法执行后，对确保出口纸箱，质量起到了积极的促进作用。

然而，从莆田市出口纸箱厂重视、使用烘干设备的情况来看，不尽如人意。该市现有出口纸相生产许可证企业22家，除两家拥有联动生产线外，其余的是单面机或单面机、单机并存，按要求后两者设备必须同时配有烘干设备。由于一些客观原因，仍有一定没有烘干设备，约三分之一厂家使用的烘干设备较为落后和过于简陋，且能耗大，效果差，周转慢。究其原因有三：一是烧煤的烘干设备，启用麻烦，又污染环境，许多厂家都不大愿意使用；二是较好的一套烘干设备要投资4～6万元左右，对习惯于传统生产的企业，靠天吃饭，得过且过，不愿一次性投资，且担心收回效益低；三是使用后纸箱成本增加，一般每个纸箱成本要增加3～6分钱，有的厂则更高些。因此，厂家就更不愿意使用，认为还是求助老天爷帮忙最“实惠”。遇到雨天，要是任务不急，宁愿停产也不愿动用烘干设备。遇到交货期要求短的，把刚生产的纸箱摆在走廊及仓库内，开动全部吊扇进行吹风。自以为可省些钱，其实是既耗电又不安全，更主要是直接影响了出口纸箱的质量。现以笔者下厂抽验纸箱时耳闻目睹的一件事来说明烘干设备的使用对确保出口纸箱质量的重要性。

去年四月间，某合资制鞋公司以试探方式同时向两家有出口纸箱生产许可证的企业订购鞋箱。对鞋箱的性能、规格、数量、单价等要求相同。两家生产的纸箱经商检实验室检验，检验结果显示，在性能上不相上下，所不同的是纸箱外观相差甚远。其中一家生产的纸箱外观良好；另一家生产的纸箱外观折皱严重，部分瓦楞塌陷，纸板潮软，长时间堆放后的纸箱还有霉变迹象。俗话说：“不怕不识货，只怕货比货”。经过对比，用户断然选择了前者，并与其签订了为期三年的供箱合同。痛失良机的后者厂家主要原因就在于没有使用烘干设备。用吊扇吹晾的纸箱干湿不均，潮软的纸箱(尤其是中、大型纸箱一经过多次的搬运，导致了上述的种种缺陷。由此可见，烘干设备的使用与否，不仅关系到出口纸箱的质量，而且直接影响了生产厂的生意和信誉。为此，笔者提些粗浅建议：

1. 商检部门要加强对出口纸箱厂的监管工作。对申请生产许可证单位，要严格审批手续，要求配备较为先进的烘干设备，否则不予发证。

2. 对已持有许可证但没有烘干设备的企业要限期配备。

3. 对落后的烘干设备要限期技改或更换。

4. 对虽有烘干设备但不使用的，造成出口纸箱质量下降或不合格者，在分类及考核时扣分，然后降低类别，直至吊销生产许可证。

5. 商检部门本着既把关又服务的精神，为生产厂提供一些有关目前国内较为先进的烘干设备信息及推广使用效果较好生产厂的经验。

总之，对出口纸箱生产厂来说，烘干设备不是可有可无或可用可不用的。它对保证出口纸箱质量，增强企业的竞争能力，提高企业经济效益，维护企业的信誉是十分重要的。

（胡文堂）

医药塑料包装容器的配方设计

白　冰

采用注射吹塑成型工艺方法生产的塑料包装容器，具有成型后容器收缩小，精度高，而且容器口部与盖的密封性能好，能保证药品在有效期内不变质，因此部分生产企业从国外引进此种设备生产药用塑料包装容器。从塑料工艺角度考虑，药用包装塑料中空容器的设计，主要有两大方面，在具备生产设备的条件下，首先要进行容器的配方设计，再就是成型工艺参数设计，而塑料容器的配方设计也相当重要，配方设计的优劣，直接影响产品的各项物理机械性能和使用性能，因此在设计医药塑料容器的生产配方时，应注重以下几个方面的工作：

一、药用塑料包装容器配方的设计原则

配方设计工作者必须对药用塑料包装容器的性能要求及使用条件有足够的了解，熟悉生产设备及工艺全过程，并对医药容器包装进行有针对性的设计，决不能草率设计、降低各项物性指标，也不能太保守，更不能无目地的选用贵重原料，因为配方设计宗旨是各项添加剂的合理组合，达到产品质量脱离工艺性能的最佳状态，为此配方设计工作者应从生产实际中了解情况，收集资料、包括技术指标，工艺数据设备性能。深入现场征求和听取生产者及用户的意见。设计配方时，在添加剂的选择上，不能使用有毒有害的原料，因为添加剂在医药用塑料容器中易引起迁移，造成药品的污染，从而失去保护药品安全的作用。药品是防病治病，保障患者身体健康的特殊商品，任何污染将会给患者带来痛苦，因此设计时要引起高度重视。

二、药用塑料包装容器的配方设计程序

1. 根据药用包装容器的使用要求，首先制定出一些基本配方，在制定过程中应先确定塑料品种及其参数，诸如塑料的隔体指数，热断强度，拉伸强度等等。其次认真选用添加剂如：遮光剂、着色剂。因为药用包装容器需要遮盖微米的光线，这样才能保证药品不受光线照射而变质。再次是确定增塑剂，其目地主要考虑在注射吹塑成型工艺加工过程中改善工艺加工性能。

2. 确定设计配方的变量试验方法，使得各类添加剂的用量达到合理。制定配方变量的范围及变量的试验配方，通常采用“正交试验法”。

3. 确定能反映产品物理机械性能的试验方法，诸如，冲击试验，跌落试验，气候老化试验，应力开裂试验，适湿性能试验等。

4. 通过实验室的试验对基本配方进行变量试验，从而精选出最佳配方。并连续再进行复试，然后从测试的结果中再精选配方，试制成

品，保证塑料与添加剂的工艺加工性能及各项物理机械性能指标可靠合理，并符合设备运行时的最佳工艺条件。

5. 结合试验室测试，对选出的配方逐步进行修正到适合大批量生产的条件，最后确定大批量生产的生产配方。

三、塑料包装容器配方的表示方法

同一种塑料配方，可用以下四种方法表示：

1. 基本配方：指以某种塑料的重量作为100份，其它各种添加剂（配合剂）都相对的以重量份数来表示。

2. 重量百分数配方：指以某种塑料及其它添加剂以重量百分数表示。也就是说：以基本配方的总重量为100%，再求出某种塑料及各种添加剂占总重量中的比例，列成配方表，即为重量百分数配方。

3. 体积百分数配方，配方中以某种塑料及其它各种配合剂以体积百分数表示的方法，即根据基本配方中塑料与配合剂的比重，通过塑料及添加剂的重量与比重求出塑料与各种配合剂的体积，以各组份的体积为100%，然后求出各组份对总体积的百分数，列成配方表，即为体积百分数配方。

4. 生产配方：也称实际应用配方。它是利用某种塑料及添加剂的比重，乘以所用设备的生产容量，得出每次加入设备内原料的总重量，将其总重量除以基本配方的总计得到的是倍数，以这个倍数乘以每种配合剂的份数，即得出实际应用各组份的重量，将各组份列成配方表，即得到生产配方，生产配方在实际生产中应用较为广泛，因为它是根据生产设备容积不同，计算出符合生产要求容量，便于生产过程的管理。

上述四种配方的表示方法，以体积百分数表示的方法，这能显示出原料中塑料与各种配合剂的体积含量，对塑料制品来讲，都是以成品体积来计算经济价值的。塑料制品一般是按个、条、根等计量单位，使用这种配方的方法，容易比较各种原材料的消耗，便于成本核算，因此体积百分数的表示方法具有特殊的意义。另外，在实际生产中，由于某些添加剂容易飞扬，造成粉尘，为改善操作环境，往往对添加剂制成母料或膏的形式加入设备中去，采用母料或膏的配方，还需要对生产配方进行换算，方能应用于实际生产。

有关重包装袋生产线性能及问题的解答

问：该生产线为什么要设计为中封复合？

答：该生产线是既能生产纸塑中封复合袋，又能生产复膜纸塑组合袋还能生产四层标准纸袋的多功能生产机组。无论是复合袋还是组合袋或者是四层纸袋，它们均由二层或二层以上基材组合而成并且要求一次成形，而要达到一次成型，就必须要中封复合，这是目前国际上最先进的制袋机生产厂家都无法改变的模式。否则，就须增加套袋工序，延长生产周期，增加生产成本。

问：该生产线能否无中缝复合？

答：该生产线可配备辅助装置，使编织圆筒袋一次性涂塑成型以及与纸进行六层圆筒（无中缝）复合。只是在外观上没有中封复合美观、大方，在印刷上也不能两平面两侧面一次性印刷，还须增加前面讲过的套衬袋等生产工序（这些缺陷是任何无中缝复合设备均不能克服的）。其复合牢固度也略不及中封复合，但比起国内其它任何复合袋及无中缝纸塑复合袋都要强的多。

问：目前国内生产的其它类型无中缝复合包装袋设备与该生产线有什么区别？其优劣程度如何？

答：1. 复合牢固度：该生产线采用塑料挤

出流涎复合工艺，以溶融塑料为粘合剂，对编织布与纸进行复合成型。该工艺是目前国际上最为有效的复合工艺，其复合牢固度当然还设有其它方法能与之相提并论的，而这恰恰又是包装袋质量好坏最为重点的要点。在灌装水泥大气冲击下，或在装卸摔包时，如果没有足够的复合牢固度，就会使纸与编织布分层，而其它类型无中缝纸塑复合的粘合方法又不可能锡本生产线溶融塑料一样使复合表面形成一层薄膜，从而就会产生纸破漏灰现象。这样无中缝编织圆筒纵然比中封复合牢固十倍也无济于事。

2. 中封复合牢固度：中封复合虽然没有无中缝圆筒那样的牢固度，但流涎复合工艺能使剥离强度绝对达到≥3N/CM，这个指标足以满足《水泥包装用袋》国家新标准16次不开包优质品要求，否则外贸出口包装指定袋型怎么能是纸塑中封复合袋而不是其它袋型呢？

3. 防潮性能：由于该生产线采用了溶融塑料为粘合剂，使复合面形成0.015～0.04mm的与塑编布及纸整体合一的塑料薄膜，使水泥及其它物料的防水、防潮性能大大提高，为长期储存及海上运输创造了条件。而其它粘合剂或粘合方法是绝对不能形成能与编织布及纸整体合一的薄膜层的，这也是外贸出口包装指定这个袋型的重要原因。

4. 多功能：前面我们已提到该生产线既能生产纸塑中封复合袋又能生产复膜纸塑组合袋，还能生产四层标准纸袋。设备的多功能给制袋厂家带来了拥有各种不同袋型的产品，使制袋厂家能适应各种客户的需要而立足于激烈的市场竞争之中，以求得较好的经济效益。这种集生产诸多袋型于一体的功能，除本类生产线外，其它各类予应力复合、玻纤夹筋复合以及无中缝纸塑复侯等设备均是无能为力的。

5. 纸塑复合袋：其中纸塑中封复合袋是目前各袋型中牢固度最强，防水、防潮性能最好，是外贸出口包装指定袋型。随着水泥产品真正步入市场，走向世界，纸塑中封复合袋的需求量将不断稳步增长，成为我国水泥或其它粉、粒状物料包装的主角之一。该产品只是在制造成本上略高一些。而以非溶融塑料为粘合剂的其它无中缝纸塑复合袋，其牢固度和防水、防潮性能绝对不可能与以溶融塑料为粘合剂的纸塑中封复合袋相比，适应不了长期储存及海上运输的需要，加上其制造成本也高于其它袋型与中封纸塑复合袋相差无几，其市场竞争力是可以想象的。可以这么说，纸塑复合袋是一只高成本带来高质量而适应于高档次需要的袋型，而如果高成本带来高质量而适应于高档次需要的袋型，而如果高成本带不来高质量又不能适应高档次的需要，又怎么能立足于市场竞争之林呢？

6. 纸塑组合袋：该产品是目前我国实际使用量最大的袋型，有十个袋中有其七之说。但由于原国家标准中没有强调塑编筒是否要复膜，以致不复膜的纸塑组合袋漏灰、不防水、不防潮。目前国家已明令整顿，要求纸塑组侯袋必须复膜，无复膜纸塑组合袋在新国标实施之时禁止使用(估计时间不会超过一年左右)。经复膜后的纸塑组侯袋各项性能虽略低于纸塑中封复合袋，但绝对高于其它任何袋型，而且由于该产品为纸塑分离的不粘合结构，所以其废弃物可分别回收，再生后综合利用，相对复合袋更符合国家环境保护政策，并且该产品制造成本较低(根据国际性的张纸大幅度上涨趋势，估计将成为成本最低的袋型，将深得用户的青睐。我国目前年需要水泥包装袋70亿条，其中的60%是纸塑组合袋，这是一个占绝对优势的市场。本生产线正好以其复膜的特性可轻而易举地生产复膜纸塑组合袋，使各用户拥有巨大的市场前景。而其它无中缝纸塑复合袋以及予应力、玻纤夹筋等复合袋等设备，只能望洋兴叹了。

7. 该生产线生产的无论是四层纸袋、复合袋还是组合袋均能折M边，使包装后的水泥码垛不滑包，而其它类型的复合袋就不一定有这种功能。另外，本生产线能使阀口折角部位一次成型，其它类型的复合袋也不能达到这一点，还须增加生产制造工序来完成。

8. 该生产线每分钟生产能力可达16～130条，而其它无中缝纸塑复合设备每分钟只能达到20条左右。另外，无中缝纸塑复合设备还存在前面第二个问题所提到的印刷与套袋等不足之处。

问：目前国内出现了一种“高强纸浆复合纸”，对该生产线有什么影响？

答：该种高强纸浆复合纸是新产品，确有其独到之处。而它作为一种制袋原材料，与该生产线并无冲突。该生产线也可用该复合纸生产各类包装袋。但也有几个方面值得商榷：一是复合纸的成本基本接近纸塑复合袋的成本，而高于纸塑组合袋成本，不知市场能否适应；二是该复合纸透气性相当好的同时，会否带来较高的吸水吸潮弊端；这与纸塑复合及组合袋打孔透气不同，打孔透气只在几只微孔之中，而且一旦水泥灌装后微孔的纸塑毛边就将孔给封住了。就是没封住，也只能在几只微孔中吸潮，其潮气也只能影响微孔表面而已。而袋体占90%以上的其它部位是密封的，所以经得住长期储存及海上运输的考验。但复合纸是全面透气的它能经得住长期储存及海上运输的考验吗？三是由于该复合纸把纸浆与玻纤、塑料、维棉等基材紧密地结合在一起，商品回收利用效果只能与纸塑复合袋相当，而不及纸塑组合袋的回收效果明显。

问：塑料袋能否用于粮食包装？

答：根据有关资料表明，按“八五”粮食包装改进规划的要求，我国每年需粮食小包装袋近500亿条，中包装袋百亿条以上，这是个巨大的新兴市场。该生产线生产的纸塑中封复合袋（纸塑/编织布）、复膜纸组合袋（塑/编织布/衬纸）、复膜塑编袋（塑/编织布）、二至四层纸袋以及加膜防潮袋（纸/塑）和夹膜防潮袋（纸/塑/纸）等各种类型包装袋，均可用于粮食包装。因为无论是塑编布还是溶融塑料均采用无毒聚乙烯和无毒聚丙烯为原料的，对人体没有危害。目前市场上的大小各色食品、饮料包装，十有八九是以塑料为包装体的，这些包装材料均达到国家卫生部门有关的标准及要求，所以，该生产线生产的包装袋用于大米、面粉以及其它粮食包装是可行的。

塑料软包装凹印常见故障及排除

凹版印刷因其产品色彩鲜艳、墨色厚实、层次清晰丰富，具有较强的质感，在包装印刷中，具有明显的优势。本文试就凹印常见故障及其排除方法介绍如下：

1. 套色精度差

在塑料薄膜进行多色套印过程中，套印不准会使图像模糊。

套印不准可分为：纵向和横向套印不准。

(1)纵向(印刷方向)套印不准

①薄膜牵引时张力变动

排除：a. 检查调整各控制装置；b. 若基材松弛于印版之间，则为版松，应及时拧紧相应的螺母。

②印版滚筒的径差不良

排除：应根据不同的印刷基材张力要求及机速采用不同的径差量，如印刷聚乙烯时，前色与后色版筒直径差约为30μm，且直径小的在前。

③版辊铜套的磨损

版辊轴端都设有铜套，与版轴配合间隙一般为0.04～0.06mm，当磨损量增至0.15mm时，将难以印出精美的印刷品，若磨损量达到0.5mm，套印就很不准，必须更换。

④温度不恒定，造成薄膜伸缩不良

排除：在油墨完全干燥的情况下，薄膜温度越低越有利于印刷套印。

(2)横向套印不准

①导辊水平性不足、脏污、粘墨而引起薄膜

轴向窜动。

排除：对导辊水平度检查调整，适当提高烘箱温度，降低静电，保持导辊清洁。

②印刷基材厚薄不均匀，变形成荷叶状及有一边因变形而伸长；另外，烘箱的温度、风量、风速不当造成薄膜变形。

排除：不合格的薄膜基材坚决不用，适当控制烘箱的温度、风量、风速。

③版辊或胶辊产生轴向窜动。

排除：检查并锁紧相应螺母或螺钉。

2. 图案尺寸移位

(1)印刷时，纵向图案尽寸收缩

排除：①制版时要适当地留有收缩量的尺寸。②尽量降底薄膜印刷张力。

(2)印刷时，纵向的图案尺寸伸长

排除：增加薄膜印刷张力。

3. 拉丝和灰雾

拉丝、灰雾一般显露在非图文部分，拉丝呈线状并沿印刷方向产生，而灰雾呈面状。

排除：①调整刮刀角度、压力，用砂布沾机油研磨刀口，若刮刀口磨损过大，应将其更换。

②油墨进入墨槽前要过滤，并尽量提高新油墨比例。

③采用低粘度油墨，或增加溶剂比例降低浓度。

④适当降低车速。

⑤采用短墨丝油墨进行印刷。

4. 堵版

堵版是由于油墨转移率下降，甚至完全不转移而引起的。

排除：①可采用二甲苯或丁醇等慢挥发性溶剂。

②调节刮刀位置及其角度。

③适当用铜刷沾溶剂刷洗版面，特别是高调部分。

④适当加快车速。

⑤保持印刷环境干净整洁，过滤油墨。

5. 回粘

回粘就是塑料薄膜印刷后印刷迹有干燥的假象，但在印好卷筒或制袋后存放时期又出现背面粘脏的现象，严重时使印件之间撕不开，图文墨层移染，造成产品报废。除高温外，回粘还与塑料、油墨、溶剂、风量、光照、速度等一系列因素有着密切的联系。

排除：①适当减慢车速，加大烘箱风量、温度，收卷后应竖放，减少薄膜表面之间的压力。

②在条件允许时，操作车间安装空调器，将室温控制在 18～23℃之间，相对湿度控制在 65%以下，更换墨性好的油墨。

③在塑料中添加抗静电剂。

6. 油墨粘着性不良

排除：①检测印刷基材表面是否达到 40 达因/cm^2 以上。

②对印刷基材进行预热处理或更换基材。

③控制好印刷环境的温湿度。

（柳炳辉）

我国包装装潢印刷工业存在的主要问题和发展重点

一、主要问题

1. 从行业发展的外部环境看，管理多头，产、供、销混乱，加上受地方保护主义影响，一般产品加工能力过剩，技术装备重复引进过多，设备闲置，企业布局不合理，部分重点企业的关键技术和设备不配套，企业规模效益不高；从行业内部的机制看，由于行业发展起步较晚，企业整体的技术装备水平、管理水平不高，对市场的应变能力较差，企业内部普遍存在管理与技术进步不同步，重前道工序、轻后道工序，重生产而忽视产品质量监测检验的现象。此外，整个职工队伍的业务素质较差。

包装装潢印刷业属于二次加工行业，它的发展不仅需要引进吸收国际的先进技术装备和成功的经验，而且更需要国内相关行业的发展为其提供高质量、多规格、系列化的原辅材料，但由于我国用于包装装潢印刷产品生产的原材料发展滞后，导致一部分在技术装备与国外差距不大的企业，不能生产与国外同等企业相同的产品。这严重地影响了企业产品品种、质量的提高。

2. 包装装潢印刷行业总体技术装备落后，综合评价仅能达到国际六七十年代的水平，而且发展也不平衡。一般地讲前道工序比较先进，有的已接近国际先进水平。而后道工序相对落后，大部分还是手工操作。有些设备国外早已淘汰，而在我国的企业中仍在使用。比较而言，装潢印刷企业的技术装备水平略高，印铁制罐企业的水平较低，除近几年引进开发的喷雾罐、易拉罐及部分马口铁制装备的水平仅为国外四五十年代的水平，亟待更新改造，但由于企业资金不足，需要国家扶持。

3. 专业化协作比较差，经济规模不高。部分产品设计系列化程度低，包装产品与被包装物不协调、不配套，新技术、新工艺的应用缓慢，企业的经济效益不高。

二、发展重点

要瞄准国内国外两个市场，积极采用先进的科学技术，使行业的总体发展速度与国民经济发展相适应，“九五”期间每年以 8—10% 左右的幅度递增，争取在本世纪末全行业总产值达到 300 亿元，利税总额达到 45 亿元。

装潢印刷方面要巩固和发展平版印刷，压缩凸版印刷，鼓励开发各种形式的防伪印刷，搞好印刷手段的合理结合，提高后道工序的综合配套水平，逐步实现设计、制版电脑化及桌面系统化、印刷分色调整自动化，模切成型纸箱和七层瓦楞纸重型包装箱等。其主要产品要达到“三化三多”，即：标准化、系列化、时代化，多品种、多基材、多用途。逐步实现纸制品行业由劳动密集型向技术密集型的转化，企业生产向产品精加工、深加工方面发展。

印铁制罐行业要在不断降低能源消耗、消除污染的前提下，向适应国际潮流的高档次、多品种、深加工方向发展。应广泛采用薄型高强度板材、镀铬低锡板材、大幅面板材，研制应用适合于各类内容物不同特性的内涂料，发展留空涂料工艺、加速制罐设备的改造，研制或引进一机多功能、多工位的调整生产线，废除锡焊工艺，推行高频电阻焊，发展形式多样、易开启以及具有防伪、防盗功能的瓶盖类产品。

胶粘带行业应开发高档热固化胶带、超低温胶带、耐高温胶带、抗辐射胶带、耐老化胶带、特种双面胶带、电子原件用胶带、装饰胶带、汽车用系列胶带等高档胶粘带。

我国塑料制品包装材料发展趋势

自改革开放以来，我国塑料制品业发展异常迅速，塑料制品产量已从改革开放初期的 92.3 万吨上升为目前的 650 多万吨，年增长率为 13.7%，现已进入世界塑料制品生产大国行列。其中，我国塑料农膜、编织袋、塑料鞋类产量均居世界首位。国内塑料包装制品产量已达 100 多万吨，新开发的各种新型复合包装材料为食品、土特产品、烟、酒、茶、化妆品等提供了大量优美的外包装，并为产品保质、保鲜、扩大产品出口创汇提供了有利条件。

由于塑料加工的发展需求，今后我国塑料原料将会变得比较紧俏。因此，有待积极开发和回收利用塑料资源。根据我国市场对塑料制品及其包装材料需求分析，在本世纪末及 21 世纪初，15 年时间内，我国对各类塑料制品发展趋势将会出现下列动向：

塑料包装制品 由于塑料在包装方面应用潜力巨大，本世纪末及 21 世纪初，仍需大量发展塑料包装材料，其中食品、粮食、化肥、矿产品、化工产品、水泥、食盐和食糖等产品急需大量的塑料包装材料，尤其是塑料编织袋、网眼袋、集装袋、包装膜和复合膜的需求将首当其冲。预计到 2000 年，化肥规划产量约为 15 亿吨，将需包装膜袋 80 万吨。由于食品工业和化妆品工业正在我国迅速发展，它们对周转箱、容器、复合膜及包装膜的需求十分巨大，迫切需要我们提供大量具有较好阻氧能力的复合包装材料，如 PVDC 肠衣膜，涂覆 PVDC 的包装膜。原有基材 BOPP、BOPET 的产量将进一步增大，包装的应用范围将进一步扩大，预计包装塑料制品总需求量为 250 万吨。

农用塑料制品 今后 15～30 年内，我国农村将不断提高农业生产率，因此对农用塑料膜将从数量、质量、品种等方面会有更高的要求。到 2000 年，农用地膜与棚膜覆盖面积将分别达到 8,000 至 9,000 万亩与 400 至 500 万亩，需要农地膜与氨化膜约为 100 万吨，农村水利建设需用塑料管道与塑料零配件 50 万吨，加上渔业、牧业、林业等所需农用塑料，到 2000 年共需塑料 200 万吨。

综观上述动向的发展，到 2000 年我国将需塑料制品总量为 900 万吨以上。其中包装塑料制品为 250 万吨，约占总量的 27.8%，到 2010 年，预计总需塑料制品将为 2000 年的两倍。因此，今后我国塑料制品及其包装市场开发前景仍是十分广阔的。

废弃饮料盒可望回收再造优质原料

经过多年来的潜心研究和反复实验，一项以经济效益为主要目的，结合环保需要的废弃饮料盒回收再造优质原料的技术在广东远东食品包装机械有限公司研制成功。与之配套的新技术新设备亦同时也由该公司研究开发成功。其研究论文参加世界包装组织召开的'96 国际包装学术讨论后被收入中国包装理论文献库。该项目是远东公司了解到属下复合包装厂的废次品、边料和社会上被抛弃的复合纸饮料盒因难分离无人回收利用，既白白浪费，又污染环境这一状况而下决心开展专题研究的。据科技情报检索，这种纸、塑、铝多层复合的包装物，目前国内外还没有很好地进行循环利用。多数是作垃圾焚烧或掩埋。即使有个别国家和地区利用试制人造板、日用杂品和破碎后回收纸纤维，但利用率低，经济价值不高，而这方面的投资却很大，不易推广。远东公司出于对环境的爱护和对材料资源的惋惜，对此项目紧盯不放。因为这类包装是由多种高级材料制成。据解剖分析，每公斤饮料盒含优质化学全木浆纸 75% 左右，含特种离子键树脂 20% 左右，含优质铝箔 5% 左右。在中国，这些高级材料全部依靠进口。丢掉既可惜又污染环境，回收嘛，许多造纸厂因无相关设备无法处理而不要。作为生产包装材料和包装机械的远东公司具有一种强烈的为民兴利，变废为宝的责任感。于是投入资金，由属下的食品包装研究所成立专门研究小组，展开系统的分析研究和实验。他们采取多种技术、多种工艺、多种方法和多种配方分别进行的办法，做对比试验，从中筛选出最优的工艺、技术、方法和配方，并不断总结提高，不断改进完善。结果，于 1994 年在实验室成功地将废弃复合饮料盒分离出纸板、特种塑料和铝箔。接着又进行了后期加工优质原料的研究。将分离出来的特种塑料经纯化后造成颗粒供制造复合材料使用；将分离出来的铝箔制成优质铝粉供制漆厂造金属漆；将分离得到的纸板制成优质纸浆板，供制复合原纸或其他高级用纸。1995年6月完成实验室的试验工作，所得产品完全达到设计要求。同年底，又完成了工业化生产的设计工作。整套设备由分选、切碎、清洗、特殊处置分离、脱色、纯化、过滤、制浆板、干燥、造粒、球磨等机械组成生产流水线。设计生产出年处理能力为1000吨、1800吨、3000吨、10000吨四种规格的设备。去年为国外某公司制造的1000吨的小型生产线无论在远东公司试车或是在国外试投产都非常成功，各项指标均达到设计和用户要求，用户非常满意。据试产初步核算，可制得优质纸浆板720公斤，特种塑料17.5公斤，优质铝粉4.2公斤左右，可获利润300美元，折合人民币2400多元。

该设备除了能处理复合饮料盒外，还可以处理饮料纸杯、纸餐盒和其他塑料包装物。不管有无颜色和干净与否，经处理纯化后均可制得洁白的纸浆、塑料粉沫或透明的塑料颗粒。到现场观看试车的专家学者认为，这套技术和设备在国内外都很有推广价值。经国外专家认定，此设备和工艺技术均属国际首创，达到国际先进水平。

浅谈纸桶合理用料问题

纸桶在市场上的竞争，是质量的竞争，是品种的竞争，是价格的竞争。而产品价格优势的形成，还是来自如何在企业内部挖潜，如何降低原材料消耗。纸桶的原材料费用约占全部成本的百分之七十左右，主要原因是卷筒箱纸板利用率较低。因此，如何提高国产卷筒箱纸板的利用率，是增收节支、降低成本，增加效益的主要途径之一。

1. 根据纸桶盛装物的需要，合理选择卷筒箱纸板的定量与复卷层数。

在保证盛装物的安全和质量的前提下，要充分发挥各类箱纸板的价值，避免功能过剩。在选材用材及核算上应精打细算，主要根据盛装物品的销售地点、存放方法、运输方式、轻重品质及使用性能诸多因素最后确定卷筒箱纸板的定量和技术要求，不要一味追求"三最"。所谓"三最"，就是"最好的纸"即全木浆、高工艺；最大的克重，即能用360克不用300克；最厚的层数。这些往往造成过分包装。

在包装容器纸桶国标《GB14187—93)内容中将纸桶按不同用途分为三级，每级均有不同的技术参数和检验要求，这就给我们合理科学地选择箱纸板，确定复卷层数，提供了较好的依据。

2. 纸桶的设计形状及其结构要立足节省原材料。

纸桶的形状不同，其材料用量均不等，在生产容积一定的纸桶时，什么结构其用纸最节省？这个问题通过对圆形纸桶的微积分的理论计算得知：其直径与高度相等时能达到最节省材料。从生产角度考虑，大纸桶较小纸桶更能节省材料。从纸桶的设计的结构力学方面看，纸桶的刚度系数值较小，纸桶结构弹性好，而结构弹性好时的材料纸的选用，应采用弹性模量低的箱纸板，选用纸张薄、层数少、纸桶直径大的结构，均有利于节省原材料。

3. 合理制定纸桶的材料消耗定额。

所谓消耗定额是指在生产既定条件的情况下，按规定质量制造单位产品需要材料的最大允许计划量。这里的生产条件，是指影响材料消耗定额大小的产品结构特征和生产的技术、组织特征而言。因此在基础消耗定额的制定过程中一般应按下列程序确定：①确定单位箱纸板的长度与宽度、厚度。②根据工艺流程图确定纸桶的切割余量。③绘制裁切箱纸板的下料图。④确定可用废料和不可用废料的数量以及每个纸板的平均废料量。⑤计算材料的利用率。

纸桶箱纸板的消耗主要分为三个部分:净消耗、工艺性消耗、非工艺性消耗。箱板纸的净消耗是指单位产品的有效消耗,它与纸桶用纸的周长、半成品纸桶的高度,箱纸板的定量、卷桶层数有关。而单位产品箱纸板的工艺性消耗是单位产品净重消耗与中道工序生产工艺消耗的重量之和。在生产纸桶的过程中,主要是控制非工艺消耗,并使之降到最低限度,对影响因素,例如:对箱纸板的幅度不等的情况应采取有力措施。由于国产箱纸板大多数幅宽在1.6米或1.94米等几个宽度范围,而生产纸桶的品种达几百种,这就需要对卷筒箱纸板的幅宽进行"套裁搭配"。所谓的"套裁搭配"是指在有限的箱板纸宽度上配裁多种多样的纸桶半成品的规格,并进行纸桶长度大小的合理组合,用数量统计的方法列出适合于纸桶长度的并能与箱纸板宽度基本一致的幅宽尺寸表格,形成不同尺寸的纸桶半成品的规格系列,并尽可能的使箱纸板余料(磨盘状)最小。这样在实际生产中,根据纸桶半成品规格系列来对应于箱纸板的幅宽,达到少投入、多产出,取得卷筒箱纸板有效利用的最佳效果。

(白冰)

浅谈塑料薄膜热封特性及热封效果

陆佳平

在袋装及裹包等包装应用中,柔性材料的封口是很重要的,其中塑包装及其复合材料的热封是常用的封口形式。但塑料薄膜的热封性能受到多方面因素的综合影响,有时往往也会形成较难的热封控制条件。因此,本文主要将讨论可热封材料的热封特性及其影响因素,浅述其一般规律。

热封通常指将数层热塑性塑料材料以一定手段加热使之熔融而结合在一起的一种方法。热封是一种在包装上广泛采用而较为简便的封口形式,因而具有较广的应用面,特别是应用于袋装和裹包。但如何取得有效的封口质量却是非常重要的,这里有理论的指导,也有实践的经验。目前常用于热封的材料是聚乙烯和聚丙烯。

材料的热封特性和实际热封效果将受诸多复杂因素的影响,例如温度、时间和压力及材料本身特性,如密度、熔融指数、厚度、制作工艺、表面性能和结构组成等。因此,实践中往往较难控制和操作,有时会造成苛刻的操作条件,而主要依赖于操作者的经验。从这个意义上讲,对热封性能一般规律的认识,可以帮助操作者摸索有效的操作控制条件。

一、影响热封特性的基本因素

热封需要在一定压力下,将多层材料加热至其熔融状态并保持一定的接合时间,因此,温度、时间和压力是热封的三个基本因素,准确地控制这些参数,可以获得理想的热封效果和操作条件。

1. 热封温度和时间的内在关系

热封时间越短,其热封温度范围越宽,而热封温度下限越高。热封温度越低,其热封时间范围越宽,而要求的最少热封时间越大。通常,热封时间决定了机器的循环周期和生产能力,因此,实用中通常被控制在短时间范围内,这就要求有较高的热封温度。对于连续封口机来说，温度的积累对高温操作是有利的。但是，应特别注意的是在较高操作温度下，可控的热封时间范围变窄。因此，在实际操作中应细心地把握合适的热封时间，否则很容易导致热封失效。

2. 热封压力的影响

热封时施加适当的压力可促进热封面材料的贴合和互熔，对热封效果提高起积极作用。但压力过高，会排挤热封面的材料而影响最终热封效果。压力的变化可以改变热封特性。显然，压力越大，所需热封时间或者热封温度都较小，但同时热封范围变窄。因此，实际操作中压力是可调的，在采用较高热封压力时，虽然能通过缩短热封时间来提高产量，但需要较高操作温度，且操作控制难度更大，必须特别小心。

3. 其它影响因素

(1)薄膜厚度的影响

热封温度和时间范围受材料厚度的影响较小。但当厚度增大时，热封的温度和时间也将随之增大，如果热封温度不变，则需延长热封时间。有关资料显示，薄膜厚度每增加 25 微米，则热封时间相应需增加 50%。

当热封材料厚度较小时，所需热封时间和温度随之减小，但温度和时间的控制必须格外小心。特别热封薄型材料，热封的压力必须很小，过高的压力会使热封时间和温度更小而难以控制。

如果包装设备适合于多种厚度，且生产能力要求相对稳定，则随着厚度的变化，需要调节适当的热封温度。显然，厚度越厚，需要的热封温度越高。理想的情况应该是温度能实现无级调节，以适应不同厚度的要求。

(2)材料密度和熔融指数的影响

一般材料密度越小，其熔融指数越大。密度的减小和熔融指数的增大，反映热封特性上将增大热封时间和温度的操作范围，这对机器操作是有利的。

吹塑薄膜比流延薄膜具有更大的热封范围，薄膜表面处理及印刷对热封有一定的影响，但影响相对较小；当热封表面受到水及内容物等外界污染后，其热封性能也将受到影响；如果采用复合材料，则热封特性不仅受到封合面材料的影响，而且也受到非封合面材料的影响，如 OPP/PE 包装材料，要注意 OPP 传热特性和热收缩特性来确定合适的热封控制条件。

二、热封效果的评价

1. 封口质量

针对特定的包装形式和热封材料，通过选择合适的热封时间、温度和压力，可以取得良好的热封性能和操作控制条件。但对于食品、医药包装，要求具有优良的防潮、阻气、防锈及防虫害能力。因此，要求包装封口质量更高，这就需要对封口质量作出准确、合理的评价。

评价封口质量通常采用测定热封合面的热封强度来衡量。虽然它是一个重要的评价指标，但不是唯一的指标。其理由是，热封强度的体现的是热封面的整体结合力，而热封面是否真正密封却无法体现。因此，封合面的检测，不仅要对测试结果进行观察分析，而且还要对检测过程现象作分析；不仅要进行宏观分析，而且要进行微观分析。当热封面剥离时，要分析被剥离表面状况及分离位置。严格地讲，被剥离表面应该是平整的，否则其封口质量是值得怀疑的。如果破坏是发生在材料之间的界面处，这就说明没有达到真正的封合；如果破坏发生在界面以外的地方，对复合材穿过粘合剂达到复合材料的外层，则说明达到了均匀的封合。微小的细孔及封合面的褶皱可能不会影响热封强度的测定值，但会增大泄漏量。因此，对于密封要求较高的使用场合，被剥离面应该作必要的显微观察，而且建议附加包装件的密封性能试验，并采取可能遇到的极端环境，如高温、压力等。

如果仅仅检测热封强度指标，那么某些热封在实验室可以得到很好的试验结果，但在实际使用中可能会导致失效。其原因可能是连续同速生产，操作条件不恰当，封合面并没有形成真正的封合，特别是在处理某些复合材料封口时；也可能是表面受到污染，如内容物吸附形成热封面夹杂物存在，这就需要改进供料结构；还有可能是封合面产生褶皱或收缩,这就需要在封口装置中加以特殊考虑。

2. 热封强度测试

热封强度指的是包装热封合面处的封口牢度的一个指标。对于某些特定的应用场合,热封强度测试还是具有较高的价值。热封强度的测试通常需要采用热封试验机和拉伸试验机来完成。

试样的采集可以将柔性材料通过热封试验机封合后取得,也可在软包装袋上取得。另外要求在材料的四个方向上封口部取样,各取10个以上的试样,以全面反映材料在制作过程中各项性能差异的影响。试样的宽度为15±1.0毫米,试样长度为以封合面为中心展开100毫米。

试验前,试样应作标准测验环境的培养。试验时,试样的长度方向两端分别夹持于恒速拉伸试验机的两端夹头,并应保证在同一平面上。随着载荷的逐渐加大,材料被拉伸,直至封合处发生断裂或剥离,如果封合面被剥离,则说明热封无效,断裂时的强度指示误差应小于2%。

三、结论

1. 不同的材料和构造反映出不同的热封特性。

2. 温度、时间和压力是热封的三个基本要素。根据被热封材料的不同属性,调节恰当的温度、时间和压力控制条件。

3. 必要的热封试验可以积极指导实际生产操作。

4. 热封效果的评价可以以热封强度指标为主,但应有全面的评价标准。

(作者单位　无锡轻工大学)

一次性防伪酒瓶

市场上出现的一次性防伪酒瓶,是适应市场经济发展所需要的一种附有较高智能性的产物,它只能使用一次,瓶子即告报废,设有回收重复使用的可能性,也称之为一次性使用的酒瓶。目前,在我国酒类市场上已开始应用。

一次性防伪酒瓶的独特防伪功能,与其它防伪手段相比,尤其与激光全息防伪标志相比,更为科学。这种瓶开启后,瓶子随之自行报废,使回收再装造假者成为妄想,是酒类杜假防冒较为理想的一种手段。目前,市场上开始相继出现一次性防伪酒瓶大体上有以下几种。

A、毁瓶式

这种形式是把销售奖券通过某种方法粘附于瓶体内,当消费者把酒饮用完后,即把瓶子砸破而取出奖券看是否中奖。这种利用消费者中奖的侥幸心理而使瓶子被砸破的形式,虽能起到一次性使用的目的,但其行为太原始,不适于推广。

B、撬断瓶口(或瓶颈)式

使用这种方法比毁瓶式科学,开启简便,防伪概率也较高,其结构是瓶口与瓶颈间没有易断带,每瓶酒均配备有一把启瓶器,饮用时用启瓶器把瓶口(或称瓶颈)直接撬断。但是,这种形式的附加工序较复杂,封装困难,成本也较高。

C、玻球防伪式

采用这中防伪手段是在瓶口内设置一个玻璃球,当瓶盖启开后,需用筷子把堵在瓶口内的玻璃球撞入瓶内才能倒酒,而当玻璃球落入瓶内就无法再取出,从而瓶子报废,不能重复灌装利用。这种防伪式工艺难度较大,且使异物进入酒瓶内的方式消费者较忌讳,而产品封装后,运输防震要求较高,成品的使用率也较低。

D、只出不进撬顶式

这种一次性使用、二道防范而封装的酒瓶，是先在瓶口内采用一种只能倒出不能灌入的塑胶材料装置，为防止该装置被撬或伪造，又再次把瓶口用球型顶式的玻盖粘封，消费者用酒时非把球型顶式玻盖砸破否则不能倒酒，这种防伪酒瓶被使用企业称之为双保险酒瓶。这种防伪功能独特，但是其制造工艺也较复杂，尤其是球型顶式玻盖的制作效率不高，封装工序也较复杂。

E、敲颈式

其方法较为简单，是在瓶颈上设有一薄玻槽沟，用酒时需把瓶颈敲断后才能倒酒，这种方法消费者不易接受，也不便于推广。

F、撬嘴式

这种形式也较独特，一改从瓶口倒酒的传统方式，灌装后瓶口则被严密封闭而不可拆卸，用酒时，只能从另一壶嘴的曲颈易断环处，用一启嘴器开启酒瓶斟酒，瓶子随之报废。这种防伪酒瓶设计形式美观，有返璞归真的仿古斟酒格式，也称之为壶式一次性防伪酒瓶，但每瓶酒都需配备一把启嘴器而把壶嘴撬断，且只能适合于陶瓷材料的制造工艺上。

广西有家研究包装新产品的单位，他们经过科学论证，针对仿冒激光防伪标志的劣行和一次性防伪酒瓶的美中不足，已研制出一种新颖的一次性防伪酒瓶。据悉，这种瓶型采用瓶体本身的外设置有防伪标志的工艺，通过瓶盖的旋转而专破防伪标记的方法，能使瓶子完完整整地保存着原有的整体形状。据介绍，这种新型防伪酒瓶的巧妙之处就在于瓶盖的设计上。

瓦楞纸箱质量检验要点

瓦楞纸箱作为一种技术含量低的产品，其质量控制环节很薄弱。有的纸箱生产企业根本不知道纸箱生产过程中如何对其质量进行把关，约有大多数中小企业没有配备专职质检人员，有的企业尽管有质检人员，但也仅限于对其含水率、印刷图文等进行简单的质量检查。实际上，在纸箱各生产环节中要进行质量控制的内容很多，也是提高质量的关键。本文介绍一下纸箱生产各道工序的质量控制要点。

一、原纸

原纸质量是影响纸箱质量的主要因素之一，检查可分为外观检查和计量检查。外观检查主要采用目测检查原纸卷取状态是否偏心，纸芯是否完好；计量检查主要采用抽样检查原纸克重、定量、含水率是否符合标准，有条件的企业还可采用压缩试验对原纸环压强度进行抽检。具体参照标准：GB13023—91、GB13024—91、GB6546—86、GB462—80 等。

二、单面瓦纸

对于瓦楞机压制成型后经粘合的单面瓦楞纸，主要检查内容是瓦楞纸与面纸的粘合状态，分别在操作侧及传动侧切出试样用手检查是否离层、起泡，用手剥离面纸和瓦楞纸，检查面纸纤维是否遭到破坏，或者用剥离试验机对其进行剥离试验，检查其粘合强度；用游标卡尺在操作侧、中部、传动侧分别切出试样检查瓦楞高度；目测瓦楞外型，检查瓦楞楞型是否饱满坚挺。参照标准：GB6548—86、GB6544—86 等。

三、双面复合

对各层单瓦分别进行剥离试验（或用手剥离）检查其粘合强度，特别注意各单瓦纸与夹芯纸间的粘合状况是否良好；分别在操作侧、纸板幅面中部及传动侧切出试样，用游卡尺检查其厚度；目测整个纸板幅面是否平坦，有无翘曲现象。参照标准：GB6547—86、GB6548—86 等。

四、纵横切

参照生产指令或工艺图纸，用卷尺检查纵向压线尺寸、横向裁切尺寸及修边等尺寸，尺寸误差应在厂标控制范围；目测修边是否起毛、压线线痕是否居中、压线深浅是否适宜、纸板是否露楞、空头或脱胶；用手对压线部位进行弯曲试验，顺折顺利不偏、反折不爆裂；有专用检验设备的企业可对纸板进行耐破强度、戳穿强度等机械物理性能的检验。参照标准有：GB6544—86、GB6545—86、GB6548—86、GB2679.7—81等。

五、印刷、分压、开槽、打孔

参照工艺图纸，用卷尺检查核对分压尺寸、开槽深度、宽度位置、打孔位置等尺寸是否符合要求；目测印刷图文是否与版面设计相符、印刷位置是否准确、套印是否有色彩重叠、墨色是否均匀一致、分切刀位置、开槽打孔位置是否光洁无毛边、无撕裂等现象。参照标准有：GB191—90及厂标、工艺图纸及有关印刷标准等。

六、钉箱、打包

钉箱打包是瓦楞纸箱整个生产过程中最后一道工序。钉箱的质量好坏直接影响瓦楞纸箱的搭接强度，进而影响瓦楞纸箱抗压等其他机械物理性能。目测钉是否钉透、钉牢，是否有叠钉、翘钉、断钉、曲钉、漏钉等现象；用卷尺检查钉距是否沿边线对齐一致、钉距及首尾钉等是否符合国标或其他内控标准；打包数量是否符合要求等；最后抽检部分成品纸箱，用卷尺检查其外径尺寸、内径尺寸、对角线尺寸误差、纸箱高度等是否符合工艺要求。参照标准有：GB6543—86及厂标等。

以上所述，只是对瓦楞纸箱在生产过程中质量进行控制的要点，也是纸箱生产厂家应该做到的常规质量控制。当然，影响成品纸箱的质量因素还很多，但是，只要能将上述要点控制在规定范围内，纸箱质量必能得到一定的提高。

塑料包装材料发展的新特点

塑料包装材料具有质量轻、机械强度好、大部分透明、对氧及水蒸汽有良好的阻隔性、加工成型容易、能源消耗少、价格低廉等其他材料无可比拟的优点，在近几十年内得到了飞速的发展。然而，塑料包装废弃物对环境的严重污染，使塑料包装材料遭受到“白色污染”的责难。但是，塑料包装材料并未因此而有任何减缩，相反却以更新、更强、更薄、更轻的新材料取代难以回收的老材料，更迅速地发展起来。预计从1996年至2000年，全世界塑料的年产量将以10—11％的高速度发展。其中，半数以上产品继续用于包装。另外，限于技术、设备和成本，在当前能够实际回收的包装废弃物数量是很有限的。有资料显示，到2000年也只能回收利用材料的15％和能源的35％。所以，开发研制强度更高的材料，使塑料包装更薄、更轻、更耐用，有利于环保，成为塑料包装材料发展的主要特点。

由茂金属催化剂生产的聚烯烃（MPO）是最新发展的强韧材料之一。由于使用了新型材料MPO，使拉伸膜的强度增加，因而厚度大为降低。用这种材料制造的18μm厚的拉伸膜可以得到360—400％的预拉伸率。而以前，同样厚的薄膜，预拉伸率只有200—250％。用这种拉伸膜制成的包装非常美观，透明度好，条码识读器可在膜外直接读取条码。第二代线性低密度聚乙烯（M—LLDPE）是强韧型塑料薄膜的另一个发展。线性低密度聚乙烯是分子结构与高密度聚乙烯非常相似的一种树脂，由于它的密度属于低密度范围（0.920g/cm^3）所以冠以“线性”二字以区别于通常的低密度聚乙烯。60至70年代，利用齐格勒—纳塔催化剂，在

HDPE的设备中由气相法生产出第一代LLDPE产品，由于它的强度比通常的LDPE高，因而大量地用作拉伸膜、购物袋、运输袋、工业品包装袋、食品包装袋等。据资料统计，每年全世界的PE膜的销售量高达250亿磅，其中大部分是LLDPE。第二代线性低密度聚乙烯是用先进的茂金属催化剂生产的。美国Mobil Chemical公司提供的测试数据表明，比第一代产品的室温落镖冲击强度提高了29%，低温撕裂强度提高了20—30%。这种新型的包装材料能适应"环境最优化"包装设计的新潮流以取代旧包装。美国已用它取代了原来的模塑HDPE瓶作为清洁剂粉末的包装，节约了80%的原料。

在包装容器方面，新型的轻质发泡聚酯或发泡聚丙烯为器壁的材料取代了原来的实体材料。由Stager & Co公司生产的PETG(苯二甲酸乙二酯和乙二醇的共聚物)发泡材料密度仅为$0.95g/cm^3$，比原来减少了25%。这种材料不透明，具有光滑的表面，可作为半硬包装容器的原材料用于食品或化妆品。发泡聚酯具有更好的隔热性，而且更便于回收。美国CSI公司已经有了生产可发泡聚丙烯树脂珠粒的生产线，这些珠粒可以象通常树脂那样生产食品包装和微波炉用的容器。据说，德国一家公司生产的发泡聚丙烯片材，密度仅为$0.62g/cm^2$，比原来减不了32%。用这种材料生产的包装可以使用绿点标志，比无绿点标志的聚丙烯材料每吨可以节省580美元的附加税。

英国ACI Rockware塑料公司开发了一步注塑成型的轻壁聚丙烯化妆品瓶，瓶壁由发泡的聚丙烯制成。这种塑料瓶外观与玻璃瓶安全一样，呈乳白色，由于重量非常轻，其抗破碎能力比玻璃瓶大得多。

一种新的，可以提供更好阻隔性能及更小的厚度的高分子合金材料——聚酯/液晶聚合物的发展令人瞩目。据报道，美国已成立了以马萨诸塞Superex聚合物公司为首的融资集团，以提供研究经费并实行技术垄断。由90%聚酯(PET)和10%液晶聚合物(LCP)组成的高分子合金PET/LCP材料比挤出级的PET的机械性能提高了220—550%，比标准的PET的阻隔(氧)性能提高了2倍，水蒸汽透过率仅为PET的一半。因而，用这种材料制造的薄膜厚度可以降低50%，而不影响包装的功能，这种材料也能回收再循环使用。PET/LCP合金材料可以广泛地用来制造单层薄膜、共挤出软包装膜、硬包装容器、半硬包装容器等。

浅谈二片罐的美术设计

随着时代向前发展，新产品不断涌现，美术设计在新产品中的应用也变得更为复杂起来。

二片罐的先印刷后制作，给设计带来了新的课题——弧形设计。我们知道，变形设计在美术设计中司空见惯，各种流派、各种风格的变化令人目不暇接，有的甚至变化得让人瞠目结舌。但是，不论如何变化都是在平面上得以再现的。而我却遇到另一个全新的课题，是一个在立体效果上体现的变化，也就是先在平面上变，后经机械拉延的变，设计要意在笔先，要考虑到制成罐后的设计效果。因为它是一个新问题，权且叫做弧形变化吧。

二片罐——实际上由一片金属片，经过拉延变化，由平面凸起的金属外形制成现代感的罐头食品罐。由于它无接缝、无污染、易包装存放食品，又适用于现代化销售需要，故发展很快。但这一生产制造技术难点较大。

我所面临的最大问题有三，其一是没有任何可借鉴的生产经验；其二是没遇到过弧形设计问题，国内也无此学术资料可参考；其三是国际条码的弧形变化——复原后的准确性问题。

由于生产制作需要，生产二片罐是需要先彩色印刷，但实际上产品是经过金属拉延后的产品。一系列的金属变化、高温变化，使产品（罐）的内在形态、表面图纹、印涂层都有一定程度的变化。因此，在美术设计中着重的便是怎样消除这些变化，使复原后的设计符合要求。

弧形变化，是二片罐生产的需要，是设计中的需要。文字是变化难点一，图形是变化难点二，条码是变化难点三。依据圆形拉延马口铁的生产技术参数，文字排列很快便得到了解决，着重点是扁字变形的准确及弧度的一致性。其次，也是二片罐的生产、设计重点，即弧形变化图案。因为它不像文字的外型具有条理性，各种角度的各种曲线不均在同一水平上、同一弧线内变动。我所采取的方式是先扁变，后弧变，再按层次逐级、逐段加大弧变力度。在线条应用上采取了横线扁变加细，纵线扁变放粗，在此基础上再做适度的组合弧形调整，使得图案变化更为繁杂，也更为符合生产工艺需求。由于拉延过程中，愈在外圆处的变化愈大的特点，弧变过程也是图案靠近中心愈近的部分，弧变愈小，反之则愈大。弧度图案设计于是便问世了。

文字、图形的弧变解决了，更繁杂的要数国际条码的变化了。由于我们需要的条码是拉延后的效果，这就使得设计、制作更加不易起来。我所采取的手法是，首先将条码弧变。这当中要注意中心轴的位置、距离，一切都要符合拉延后的设计需要。其次，要注意条间隔的微妙变化，合理地舍取有效部分，其放射轨迹一定要与中心轴吻合，只有这样拉延过程才能满足条码的需要。最后，要用仪器（条码识读仪）检测拉延后的条码是否符合要求。只有当以上诸款均符合操作需要时，才能获得满意的条码。

在通往设计自由王国的旅程中，难点不会少，但什么事情都有内在的必然联系，只有认真地对待它，善于发现和捕捉它的规律，那么困难便会变得容易些。这就是我在设计二片罐中得到的一点启发。至于以上谈及的一些具体设计数据，不便一一陈述，还望同行们谅解。

印刷开槽机的规格应该统一

作为瓦楞纸箱的成箱设备，中小厂家大多购置一套单机。其中包括瓦楞纸板双色印刷机、分纸压线机、开槽切角机以及钉箱机。许多较大些和新上的厂家，多采用具有双色印刷、分纸压线、开槽切角、外加堆积机的印刷开槽堆积机组。一些引进设备在机组内还加上了圆压圆模切，以及后产部的折叠粘箱，直至捆扎打包的全部功能。

国内目前已有多家企业能够生产半自动的印刷开槽堆积机组。档次高低不等，但机组的基本功能是相同的。

印刷开槽堆积机组的主要参数，即机器的规格，是用来说明机组的加工能力，即能做多大范围和规格的纸箱。由于没有标准，各厂家给出的数据都不统一。有的含混不清，甚至给错，使用户在文字上无法确认。有的则只简单的给出二三个数据，说不明白机器的功能。

用户在订购设备时首先要知道机器能做的最大箱片是多大，最小的箱片是多小，所能印刷的最大面积是多大，最小面积是多小。这些正是机组的主要参数，订货时必须搞清楚。

第一，机组的第一个参数是它所加工的纸板的最大宽度和长度。即机组最大能做多大的纸箱。

最大宽度是指机组左右墙板内侧的间距。它等于最大纸箱的周长尺寸，即纸箱长加宽的二倍。

最大长度来源于印刷辊筒和开槽刀盘的直

径。辊筒直径越大,所加工的纸板越长。例如印刷辊筒的直径(加上印版之后)为 460 毫米,则机组加工纸板的最大长度应为 $460\pi = 1445$ 毫米(如有跳跃送纸,还应给出跳跃送纸长度)。这个尺寸是纸箱的高度尺寸与箱底和箱盖尺寸之和。对 0201 箱它等于二倍的箱高。对于 0202 箱它等于三倍的箱高。这里提请注意的是:在机组上加工箱片的长和宽的规定尚需明确统一。因为它和瓦楞纸板生产线上的长和宽正好相反。有的厂家将瓦线上的长和宽沿用到机组上,造成概念混乱,厂家昏昏,用户昭昭。

第二在注明最大纸板尺寸之后还必须给出机组所能加工的纸箱板的最小尺寸。最小尺寸的长度决定于送纸辊的最小距离。最小尺寸的宽度决定于开槽刀盘可以调出的最小距离。

第三是机组的最大印刷面积和最小印刷长度。

最大印刷面积的宽度来源于印刷辊筒的长度。不等于加工最大纸板的宽度。最大印刷纸板的长度则等于印刷辊筒的圆周长减掉挂版接头的长度。

最小印刷长度(许多厂家把它错称为宽度)应大于两送纸辊间的最大距离,否则纸板无法通过。

第四应标明所使用印刷胶版的厚度以及加上印版后的印刷辊筒的周长,以便用户选用印版和掌握线速度。因为机组内的印刷辊筒的线速与开槽刀以及压线轮的线速都必须相等(压线轮线速准许稍快一点)。

此外开槽机的最小槽距、槽宽、最大槽深以及切角宽度也必须交待清楚。这些尺寸都影响着纸箱的规格。

国外许多厂家将上述各种规格尺寸用平面图来表示。这样可以使用户一目了然。对于掌握机器的使用性能十分方便。国内有的厂家照抄外国说明书,平面图上的尺寸仍为英制,动力仍旧是 HP。叫人看了不像那么回事。

最后应给出的是机器的速度,即每分钟生产的片数,以及机组总的动力、外形尺寸及总重量。以便用户选择。

(李绍先)

单面机上胶机构的改进

上胶机构是单面机的重要组成部分,而上胶机构的好坏直接关系到粘合剂的使用性能和纸板的粘合强度。因此,上胶机构是单面机中不可忽视的环节。但在实际生产中,许多厂家都忽视了上胶机构,造成纸板质量下降、粘合剂用量显著增大、生产成本提高等诸多问题。针对这些现象,笔者提出如下几点意见:

一、目前单面机上胶机构的组成及存在的问题

目前许多厂家使用的单面机的上胶机构主要由涂胶辊、调量辊和胶盘组成。这种机构存在的问题是:1. 胶盘中的胶没有经过循环。当单面机工作时,来自与瓦楞辊、压力辊等的辐射热会使胶盘温度上升,导致粘合剂粘化而不均匀,粘结质量下降,这样不但浪费粘合剂而且还会给操作带来困难。2. 胶盘内没有设置可以调整涂胶辊挂胶长度的装置。这样当所用纸的幅宽小于涂胶辊长度时,涂胶辊长度上只有等于纸的幅宽部分对粘合剂起作用,多出的部分对粘合剂不起作用,这部分辊上的粘合剂未能转移到纸上,所以易发生糊化。同样造成了粘合剂的浪费,而且还给操作带来诸多不便。

二、上胶机构的改进方法

1. 在原来上胶机构的基础上改装循环胶系统。该系统由胶泵、贮胶桶、胶盘、胶池和一管道连接而成。使用时,处于高位的贮胶桶内

的粘合剂由胶盘底部的入胶口流入胶盘，胶盘中的粘合剂通过出胶口流入胶池，最后胶池中的粘合剂经胶泵抽回到贮胶桶。这样经过循环，胶盘中的粘合剂得以冷却，减轻了糊化现象的发生，同时也使粘合剂始终处于均匀状态。

2. 在胶盘内设置可以调整涂胶盘挂胶长度的装置。具体方法是，用两块挡板将入胶部分和出胶部分分离开来，入胶口设在胶盘中部，出胶口设在胶盘两侧，这样胶从胶盘底部流入挡板之间，挡板之间多余的粘合剂就从挡板上溢流到挡板外的胶盘内，控制入胶的流量使挡板间的胶面与涂胶辊接触而挡板外的胶面不与涂胶辊接触，由挡板间溢流出的粘合剂经出胶口流入胶池，这样只需调整挡板的间距就可达到调整涂胶辊上胶长度的目的。

三、改进后的效果

上胶机构经过上述两项改进后，减轻了粘合剂糊化现象，提高了纸板的粘结强度，另外还能节省粘合剂的用量，方便了操作过程。

以年产值为500万元的厂家为例，此项改造仅节省粘合剂一项每年可达人民币约两万元，同时还大大地提高了纸箱的粘合质量。

纸桶丝网印刷易出现的问题及其对策

生产包装容器纸桶需要在其表面印制清晰完整的文字或图案，采用的印刷方法一般为丝网印刷。在印刷过程中影响印刷效果的因素主要有：印刷机械的型式、印刷油墨、丝网版的制做质量等。以下就丝网印刷过程中影响印刷质量的因素及易出现的问题分述如下：

一、丝网印刷的原理：丝网印刷印版的部分网孔能够透过油墨漏印在纸板的表面上，而丝网版上没有图案或文字的网孔堵死，不能透过油墨，因而在纸板表面形成空白。印刷过程中在丝网印版的一端倒入油墨，油墨在无外力的作用下不会自行通过网孔漏在纸板上，但当刮墨板以一定的倾斜角度及压力刮动油墨时，油墨通过网版转移到网版下的纸桶曲面上，从而印制了清晰的文字与图案。

二、丝网印刷机的结构：由于纸桶是圆柱体，因此要选择平网曲面印刷机，它主要由传动装置、印版装置、支承装置组成。在印刷的操作过程中，平面丝网的印版与圆形纸桶运动，而刮墨板静止，平面丝网印版夹持在网框上由平网曲面印刷机通过机械带动作匀速平移，由于网版在刮板的作用下与纸桶曲面磨擦，使放置在支承装置上的圆形纸桶随之转动，在压印线处曲面与纸桶线速度和平面丝网印版移动的速度一致，从而实现机械刮墨丝网印刷。

在操作印刷机进行纸桶曲面印刷时必须注意的问题是①纸桶圆的精确度要高：由于曲面印刷是通过纸桶的转动进行印刷的，因此要求纸桶自身应保持较高的圆柱度，若保证不了圆柱度，印刷质量较难保证，纸桶的圆周长越小，圆柱度的要求也就越高。②刮墨板中心的设定：刮板安装时其中线通过顶点，必须与纸桶曲面直径相重合。③印压：印压必须控制在最小的限度，尤其在纸桶曲面印刷中，印压过于大，容易使刮板性能变差。

三、用丝网印刷机承印纸桶时易出现的质量问题：

①跑墨：跑墨是指在印刷的线条外侧有油墨溢出的现象，在印刷一条线时，在刮板运动方向的一边油墨溢出而影响线条的整齐。出现此种现象，可以通过调整印版和油墨的关系、刮板的运行和丝网绷网角度的关系加以解决，而丝网板通孔的形状，在刮印时与纸桶曲面能够密合，这样印出的墨膜鲜锐、整齐、尺寸精确不跑墨。为了防止跑墨的发生，版膜应有适当的厚度、弹力和平滑性，为此可使用柔软的尼龙丝网

和尺寸精度高的聚酯丝网制版，为防止跑墨，制版工序中最好采用斜法绷网。

②印版漏墨：版膜一部分漏印时，故障及原因有：刮板的一部分有伤、刮墨的压力大、版与纸桶之间的间隙过大、版框变形大、局部印压不够、油墨的粘度过高、油墨不均匀、丝网过细、印刷速度过快等。如果纸桶表面及油墨内混入灰尘及沙粒后，不预先处理就印刷，由于刮板压力作用会使版膜受损产生针孔，会使版膜产生渗漏油墨，如果不在文字的范围内可用胶带从版背面贴住做应急处理。

③着墨不均：这种原因，对油墨而言是油墨调配不良或者是正常调配油墨中混入了墨皮，由于溶剂的作用发生膨胀、软化，将应该透墨网孔堵住，影响了墨的正常渗透。为预防这种故障，调配后的油墨，使用前要用网过滤一次再用。反复使用过的印版，也必须完全除去附着在网框上的旧或干的油墨。在保管印版时，要充分洗净版面及刮板。

（白冰）

具有发展前景的钢质包装

随着人类环保意识的不断提高，开发使用绿色包装材料已成为人们的普遍共识。那种以破坏生态环境为代价的经济发展模式已被人们所摈弃，取而代之的是积极寻求更亲和自然的新材料，致力研究更有利环境的新技术，大力发展更有益生态的新产业。正是在这种发展趋势下，钢质包装材料愈来愈被人们所看好，迎合了包装市场的发展。

一、钢质包装的新发展

自1814年英国商人发明了马口铁容器以来，金属包装就在包装领域内占有重要的一席之地。今天，金属包装以其自身的优势得到了更大发展，大到200升钢桶，小到几毫升的药盒，各式各样的杂罐，还有易拉罐、喷雾罐等，品种较多。在食品、饮料、医药、化工等行业得到了广泛应用，为发展经济、繁荣市场，提高人民生活水平作出了重要贡献。

近几年来，随着科学技术水平的不断提高，人类环保意识的不断增强，钢质材料在包装领域的应用又得到了进一步发展，其中钢质二片易拉罐就是一例。据统计，目前英国市场上饮料易拉罐的年销售量为160亿只，其中三分之二是以马口铁为原料的钢质二片罐。而在德国与法国，二片易拉罐的市场几乎全部为钢罐所占有。在我国，这一产品尚未进入市场，但已受到众多制罐厂家的关注，上海宝翼公司已率先投资引进了钢质二片易拉罐的生产线，同时还有几家企业也正在蕴酿投资建厂，估计不久的将来即可在国内市场上见到这一新产品，使我国的饮料包装又增添一种价廉物美的新品种。

源于钢质二片罐的生产技术，欧洲市场近年来又开发出一种新产品——钢质二片喷雾罐，并已由这一领域的先锋DCC公司首先推入市场。目前，在西欧市场上，该种钢质二片喷雾罐的市场占有率正在不断增长，在与其他材料（像铝罐、玻璃罐）的竞争中，正在进一步巩固它的领先地位，它的市场份额已由1994年的65%上升到1995年的70%。据专家预测，今后几年将达80%；而在美国，钢质二片喷雾罐的市场份额现在就已达到80%，由此可见钢质包装产品所具有的强劲市场竞争力。

二、钢质二片罐的价格优势

钢质二片易拉罐与喷雾罐之所以在激烈的市场竞争中立于不败之地，首先是由于它不容忽视的价格优势。

以其同类产品铝质二片罐为例，生产铝罐所用的材料本身价格就比较昂贵，国内现在使用的又几乎全部依赖进口；而生产钢质二片罐所需的马口铁带材在国内即可生产，价格远远低于进口铝材，并且国际市场的钢材价格相对稳定，不会引起材料，成本大的波动。

其二是钢质二片罐与铝罐相比，壁厚相比较薄，因而还可节省10～15%的原材料。两项因素相加造成钢罐比铝罐成本要降低20%左右。再与另一种同类产品三片罐相比，在保证不降低其产品强度要求的条件下，由于加工工艺不同，二片罐的罐身壁厚比三片罐减少了50%。

因此不仅减少了原材料的消耗，还使得产品成本大大降低。

除此以外，钢质二片罐的另一突出优势是去除了原有三片罐产品上传统的焊缝，使其产品外观更加完美，具有更好的展示效果，做到了既价廉又物美。

三、钢质包装的环境优势

近几年来，钢质包装得到迅速发展，其中一个重要原因是钢质材料所具有的环境优势，首先是易于分拣，众所周知，废物回收利用的第一步是分拣，由于钢质材料本身的物理特性，使其包装废弃物的回收分拣变得简单易行，只需使用电磁装置即可很方便地从杂乱的家庭废弃物中将其分拣出来。第二步便是回收处理了，与其他材料不同的是它不需使用任何昂贵的专门回收设施，也不需任何复杂的技术工艺，仅仅依靠现有的炼钢厂，以常规的生产方式即可轻而易举地完成回收处理工作。据测算，每回收1吨废钢铁即可节省1.5吨铁矿、0.5吨焦炭，以及冶炼钢铁所需能源的70%和用水量的40%。由此可见，开发使用钢质包装材料不仅有益环境保护，还可节省大量宝贵的自然资源。据有关资料表明，1995年欧洲钢质包装制品的回收率已达其用量的40%，预计到2005年，其回收率可望达到其用量的60%，大大低于有关当局规定的每种包装材料的最低回收率不得低于15%的额定指标，事实上，钢质材料在保护生态环境与节省自然资源方面均处于领先地位。

正是由于钢质包装材料所具有的诸多优势，近几年来钢质包装产品在整个国际市场上得到了不断开发与迅速发展，品种增多，产量增加，市场份额不断增长。因而可以相信，在人们更加珍惜生态环境，崇尚绿色包装的今天，钢质包装材料在我国也将得到更广泛的开发利用，为繁荣经济，提高人民生活水平作出其应有的贡献。

（刘晓玫）

包装标准化，市场呼唤你

虞梅　王芳

包装规范化在我国是一个老问题，特别与人民生活密切相关的烟酒包装、食品包装、饮料包装以及运输包装在规范化方面成了老大难。

国际标准化组织就是ISO，其前身是国际标准化协会（ISA），成立于1926年，在第二次世界大战中解体。1946年10月14日，中、美、英、法等25个国家的代表在伦敦召开会议，决定成立国际标准化组织。除了ISO以外，三个最高的国际标准化组织剩下的两个就是IEC和ITU。

我们可以设想一下，为了乘汽车、火车以及飞机来加速商务活动或每家每户外出旅行，为了把电站的能源输送到各个家庭的家用电器上，为了包装商品从中国产地运送到地球另一侧的用户手中，以及为了把金融数据通过计算机网络从一家亚洲银行传送到其设在世界各地的所有分支机构，这些需要多大的工作量和多少代理商。它们不仅表示商品的移动，而且表示能源和数据的移动，这一宏观的物流运输离开了ISO、IEC和ITU是不能实现的。

三个国际化组织不仅对国际政治、经济、贸易和技术的发展具有颇为重大的意义，而且与人民大众的工作、生活和学习息息相关。由于有了国际电工委员会IEC标准，人们方能安全使用各国的家用电器、电子机器；有了国际电信联盟ITU标准，人们才能舒适地坐在家里一览天下大事，联络世界亲朋。而国际标准化组织ISO标准，促进了工业产品的创新。货运集装箱的标准化，大大减少了港口装卸所耗费的时间，使海上运输进行了一场革命。电话、传真和计算机网络方面的标准化已极大地加快了国际间的通讯联络。由于实施了国际标准，使得公路、铁路和航空运输以及电气能源的供应更加安全，更加快捷，效益也更高。

对于产品全球化，贸易国际化，竞争公平化的现代国际市场而言，上述三个最高的国际标准化组织提供了两个方面的战略性支持。一方面，广泛实施有关产品和服务的国际标准，提供一个潜在的全球市场，制造商、供应商和网络经营商可以在这个市场中进行平等的竞争。另一方面，采用运输系统国际标准，可以方便地把产品和服务从地球上任何地方快捷而廉价地运输到顾客手中。

我国包装在标准化方面做了许多有益工作，取得了很大成绩，但仍然存在一些问题。解决这些问题的方案有四。

为加强宣传执行国际标准的力度。目前与包装密切的ISO标准有三个标准系列，即ISO9000，ISO14000，ISO16000。我国在宣传贯彻ISO9000质量标准方面做了大量工作，许多厂家都积极主动参加质量认证。而对ISO14000环境标准和ISO16000安全标准方面的宣传贯彻则有很大差距。两年多来我国几十万厂家获得我国“环境标志”的只有二十几家，大约三十种产品。一些产品因无“环境标志”而遭国外退货，损失惨重。再者包装安全事故也大小不断，如啤酒爆炸伤人的事时有发生，而且赔偿金只有数千至数万元额度。国外赔偿额一般都很高。例如，1987年美国有一83岁老妇被瓶盖击伤一眼，获赔50万美元，生产厂家还另被惩罚赔偿1000万美元。1991年德国一先生因破瓶伤手获赔4万马克。高额惩罚使此类事故大大减少。

其次是严格执行国标与我国法规。法规是一种强制性标准，我国《食品卫生法》、《固体废弃物污染防治法》、《水污染防治法》、《食品标签条例》等法规也有多种，但没有认真执行的厂家却还不少。例如，《食品卫生法》要求在包装标识上标明生产日期、批号、规格、配料、保质期限等，但上市的包装却有30%至40%缺少这些项目，而名牌烟酒、药品、食品、饮料、家电等则李逵与李鬼并存，假冒伪劣充斥市场。如今年三月上海警方破获一假药案，一对夫妇在18个月中造假药20吨，可使2.2亿人次遭殃。据广东调查资料显示，仅东莞、番禺两个县级市就有无证经营药店2000多家。

第三是加强包装“品牌”、“标识”的文字标准化、规范化。现在一些产品明明是国货，却拉“洋名”作虎皮；还有一些商品明明是国内销售，却在包装盒袋上印不知是什么语种的“洋文”，或生拉硬凑的日文汉字，叫人难以猜测。还有一些商品包装更是缺少基本原则，善恶不分，竟然推出了“刘文采豆腐乳”、“秦桧老酒”之类遗臭千古的品牌，更是令人难以理解，无法接受。

最后，要强化包装生产管理。这主要指包装印刷管理，绝大部分假冒伪劣包装，防伪商标都是盗印的，如果有关部门加强监督管理，则盗印将会大大减少。其次是包装计量监督，一些日常生活品，如米、面、油、盐、酱、醋、酒份量不足，特别是一些地方塑料袋小包装大米，短斤少两严重，群众意见很大，有关上级主管部门应该经常予以监督，抽查，及时纠正。

但愿我们的“标准日”、“质量月”活动，能带给生产厂家和消费者更多的标准化知识、标准化意识和标准化行动。

信息时代新包装　防电磁包装

1991年的海湾战争拉开了电磁战的序幕。从此，战争由原来常规的海、陆、空三维战争，演变成了四维战争（海战、陆战、空战、电磁战）。一般而言，电磁辐身更具威慑力和破不力，由于它是看不见、摸不着、感觉不到的东西，因而更具有神秘感和恐惧感，故而研究电磁辐射的防护包装就更加重要了。

近几年来，世界上电磁武器有了长足的发展，电磁炮、电磁导弹、高能微波，以及核爆炸电磁脉冲等进展迅速；另一方面，现代家庭随着家用电器和"大哥大"的增多，人们生活环境的电磁辐射强度也大大增加，对人类也产生了很多不良影响，甚至危及生命。与此同时，电磁辐射的防记包装研究（简称"防电磁包装"）亦有了较快进展，这对于设备产品（特别是军事设施）和人身安全具有十分重要的意义。本文介绍的就是防电磁辐射防护包装的基本知识

1. 电磁辐射管制法规

俄国科学家波波夫于1894年发明无线电，1934年控制射频干扰（REI）的国际组织CISDRE（Committee Internationel Special Desperaturbations Radio Electric）即宣告成立，当时便制定了管理规程。后来提出草案，认定工频在1000Hz以上的电子装置都是电磁干扰源（EMI），都要加以控制和屏蔽。这个草案成了各国制定EMI/REI法规（标准）的基础。草案送电子设备委员会（EEC）各成员国征求意见，为多数国家接受，又经EEC部长会议讨论，形成EEC各国的共同法规。

1952年德国电气工程师协会（VDE）亦制定了抗辐射的有关标准，后又经多次修改，规定了工业商业和家用住宅两类电子机器的"德国（VDE）电磁场强度标准"。1976年美国联邦通讯委员会（FCC）也制定了"FCC法规"，规定从1983年10月1日起，10000Hz以上工频的电子装置要屏蔽保护，并必须挂上EMI/RFI合格证才可投入市场。美国FCC按工业用和家庭用对电子设备的电磁辐射进行严格控制。

继美国"FCC"法规之后，加拿大标准协会CSA也制定了EMI控制条件，颁布了"C1028—M1983标准"，所限制的EMI/RFI极限值与"FCC法规"规定值相同。日本电子试验中心（JETL）主管研究EMI条例，在采用VDE和FCC法规的基础上，1988年12月进一步制定了它自己的相关标准"VCCI法规"。

我国在治理"电磁污染"方面也迈出了可喜的一步，颁布了"环境电磁波卫生标准"，《北京市2010年环境保护》文本中也制定了"电磁波发展与控制"的有关条文。

2. 防电磁包装的概念

所谓防电磁包装，就是采用导电性材料进行包装，以减少或消除包装件在贮藏、运输、使用过程中受到电的（如静电放电），或电磁的（电磁辐射）对包装产品的不良影响或损坏，以达到保护产品目的的"包装"。塑料在工业界的广泛应用，最初是因其为绝缘体和质优价廉而开始的。然而到了今天，由于电气时代的到来，电磁辐射的增强和微电子技术应用普及，塑料的绝缘性优点在某些场合已成为严重的缺点，在静电场合、电磁环境中，其塑料包装材料对导电性的要求日益迫切，防电磁包装也愈来愈多起来。这种包装的防护能力主要取决于导电包装材料的性能高低，静电逸散、静电导电、静电屏蔽、静磁场屏蔽、电磁场屏蔽用的包装材料，其电导率是不相同的。

3. 防电磁包装的类别

防电磁包装按其使用的包装材料的导电性质可分为：静电场屏蔽型包装、静电逸散型包

装、静电导电型包装、静磁场屏蔽型包装、主电磁干扰型包装等等。而按国际电工委员会(IEC)的包装分类则分一次包装材料、接触包装材料等。

海湾战争之后,我国开始重视研究产品在强电磁场环境中的适应性,不远的将来防电磁包装的种类将会逐渐增加。

正如"矛和盾"的故事一样,有多锋利的矛,就有多坚硬的盾。因此,从这种意义上讲,电磁辐射和电磁武器并不可怕,只要我们重视电磁辐射、重视防护包装,那我们就是胜利者。现代科学技术和新材料新产品也为我们提供了足够保护的基本条件。

(韩景平)

聚酯树脂复制制版技术在包装印刷中的运用

70年代国外发明了树脂感光制版法。80年代引入我国并进行了研究和推广。感光树脂版的出现使包装印刷技术迈出了一大步。

一、原材料的开发和利用

根据湿片晒版、间接加网、直接拷贝干片的原理,近些年来人们用硫酸纸(描图纸)进行绘稿或采用电子扫描或复印原稿或在微机上设计后输出原稿替代干片或湿片进行晒制印刷版的底片。由于潮湿、温度的影响,这种纸很容易收缩变形,往往致使印刷版面很难稳定尺寸,也无法作些底片制作柔性树脂版(单、双液型),更不易长期存档。早在80年代初聚酯绘图薄膜(俗称聚酯喷砂薄膜)进入国内市场后,在上百次的试验对比,研究分析之后,科研人员发现聚酯绘图薄膜具有耐热、耐磨、耐光、稳定、高强度、高回弹、高透明和薄而轻等优点,如果采用非银盐方法,结合重氮化合物和不饱和聚酯树脂制作重氮预涂感光版和柔性树脂版,可以提高感光制版速度,同时还可制作高反差的红光干片,拷贝片和真空镀铝薄膜名牌,丝网感光版,树脂版的支承体,并可制作包装装潢等各种饰品。其特点是速度快、操作简便、自动化程度高于描图纸类,与银盐照相制版具有同等的质量和价格。但其无毒性、无污染是任何照相制版所不能比拟的。

包装印刷制版的快慢直接影响着产品交货时间的信誉;制版印刷的好坏又关系到用户的产品质量在市场上的竞争,例如国内大多数纸箱、塑料编织袋包装的企业依然沿用手工雕刻制版(孔或凸版)法,由于制版的版与版很难达到精确的套印的一致性和耗费大量的人工作业,往往需2~6天才能完成。在经过反复的实践和论证后,科研人员认为:聚酯绘图薄膜有较高的压缩弹性、绝缘性和极小的吸湿性,其阻光率、透光率、密度等性能远远超过了硫酸纸,完全能代替描图纸来进行绘图,过稿,并代替湿片玻璃和干片;用感光重氮树脂可代替铜锌版;也可在不饱和聚酯树脂里引入导电体进行烫金;并同不饱和聚酯树脂结合制作出不同规格的柔性感光树脂版;用水溶性的丝网感光树脂版可代替纸版、漆膜版和橡皮雕刻版。更重要的是免去了照相、腐蚀、烘干、摇胶、晒版等工序。

二、在制版中的使用方法

在有照相制版设备的厂家,可将图文直接绘出或采用微机设计输出在聚酯绘图薄膜上,再将涂布在聚酯薄膜上的感光版树脂胶片用透明粘胶纸按正反要求粘贴住,直接通过曝光晒出阴片或直接晒制出凹孔版等。如需套色版或加网,可用原稿多晒出若干张底片,或用接触网屏加网,也可用阳片拷贝出阴片,再经高浓度酸性大红染色和明矾固色后,晒干修整。在阴阳图曝光、晒版、拼版、挖剪的过程中不会高时要减少曝光的晒版时间。技术好的绘图人员可直接晒制凸、凹、平和感光树脂版。对于原稿要求高的可采用复印法、化学脱画法、誊印法、拷贝法以及转移法都可达到用户的要求。聚酯薄膜黑图可直接用于晒制印刷版的底片，也是供长期保存进行再版的底图。不饱和聚酯树脂是直接用于晒制不同印刷版的主要原材料，也是供不同印刷机器制作不同版型、不同厚度、不同尺寸的必不可少的基材。

长期以来人们在采用感光制版和照相技术上，不论是国产的还是进口的化学药品，一个突出的问题是银盐的含镉和重铬酸盐的感光材料毒性大。采用聚酯绘图薄膜材料的同时再采用重氮盐(也就是上面谈的重氮树脂)可解决这个问题。再加上与不饱和聚酯树脂配合应用，既缩短了制版周期，又净化了环境卫生。无论是光化学制版，还是光化合制版其感光剂的配法是将P—重氮二苯胺和P—甲醛聚合或化合，得到重氮树脂N，也就是聚醋酸乙烯乳剂加入聚乙烯醇后，再加入光敏剂等而制成版。聚醋酸乙烯虽不是水溶物，但聚乙烯醇做乳剂时可使聚醋酸乙烯乳剂粒子的表面覆盖一层水溶性的聚乙烯醇保护膜。一次再用。聚酯绘图薄膜除能在极潮湿的条件下存档外，如需换稿，可在盛水容器里加点碱类便可冲洗成空白薄膜纸，克服了过去采用重铬酸盐法制出的版框网不能回收，底稿不能长期保存(如长期需定期翻晒)和不能重复使用的缺陷。柔性感光树脂版的制版速度还有一个引发光敏剂的多少等技术性问题(此略)。

以上两种材料(聚酯薄膜和聚酯树脂)配合制作包装印刷版，成本可降低一倍以上，时间可提前2～5倍，还适应于胶印制版等。

(刘家聚)

纸卷装卸的理想工具“纸卷头”

改革开放以来，中国纸包装工业发展迅速，造纸工业产量世界排名由一九七八年的第十位升到一九九二年的第三位。一九九五年产纸与纸板二千万吨左右；瓦楞纸箱生产线由一九八〇年的十五条发展到一九九六年的五百多条，全国纸箱年产量达到三十六亿平方米；纸盒、纸筒、纸盘、纸罐、纸杯、纸浆模塑、纸袋等纸包装制品也都有了长足的进步，花色品种增加较多，部分产品质量接近国际水平。但是，我国造纸工业仍不能满足国内各工业部门对纸的数量与质量的要求，每年不得不从国外进口大量的纸浆、废纸、纸和纸板，一九九一至一九九三年，平均每年进口总量三百三十五点五万吨，累计用汇四十三万多美元。然而，由于运输和堆垛不当，纸卷和其它纸制品的非生产性损耗严重，浪费金额相当惊人，如果能快速、安全地搬运纸卷，避免纸卷在装卸过程中的被损，无疑将大大缓和供纸不足的矛盾、节约外汇、节约劳动时间、提高纸包装工业企业的经济效益。美国卡斯卡特公司设计制造的纸卷夹，适配于国内外各种型号规格的叉车，是纸卷装卸的理想工具。纸卷夹应用范围广，用于夹持各种直径、重量的纸卷，实现快速、安全、无破损搬运。纸卷重量，一千一百至六千千克，纸卷直径，二百五十五至一千八百二十五毫米。纸卷夹可避免纸卷破损，夹臂和夹臂前端接触板，可对相邻紧密堆放的纸卷进行堆垛和夹取作业，既保证可靠地夹住纸卷，又充分保护纸卷的表面。叉车司机的视野宽阔，可对纸卷进行三百六十度翻转，运输时“卧式”夹持纸卷，确保安全；堆垛时“立式”夹持纸卷，即避免纸卷的变形，又能最大限度地利用仓库空间。驱动装置采用结构先进的油马达和回转支承，能承受二十五万次循还的破坏性试验；液压油缸密封可靠，保证被夹持的纸卷不松动；采用自润滑轴承，用寿命长，维护方便。

纸卷夹的种类有固定框架/固定短臂式，夹

持接近最大直径的纸卷时，夹臂轮廓最佳；固定框架/可动短臂式，适合夹持特别大或特别小的纸卷；摆动框架/可动短臂式，适合夹取排列非常紧密的纸卷，尤其适合在集装箱内对纸卷的作业。

现代社会不断对物料搬运技术提出新的更高的要求。随着高速印刷设备的诞生，要求纸卷有尽可能好的圆度。不圆的纸卷会在印刷过程中产生断纸现象，导致产量下降。另外，由于印刷速度的提高和纸卷尺寸的加大，当今纸卷的重量都在二千五百至一万三千磅之间，这些庞然大物必须得到有效的控制。由于高翻转率的要求，叉车司机必须能处理瞬息万变的情况。而且不正确地夹持纸卷，将加剧有缺陷纸卷的损坏程度，夹紧力过大而引起纸卷变形，夹紧力过小而引起滑落造成纸卷损坏。

经过认真细致的科学调研和开发，卡斯卡特研制出自动 纸卷夹。司机用一足够低的预设起始压力夹持纸卷以避免破损，在搬运过程中如果传感器觉得夹紧力不足，微电子装置将自动使高压油口打开，从而增加夹紧力。自动纸卷夹能连续控制夹紧力直至作业结束。

该产品于一九九二年十二月二十八日通过机电部组织的技术鉴定，认为产品达到国际先进水平，可以替代同类产品的进口，并已出口创汇，具有十分显著的经济效益和社会效益。投放国内市场以来，始终受到用户的信赖和赞誉。

25F—RC—04N 纸卷夹适合夹持直径 1.1 米、重量一千克的纸卷，经过用户一千小时以上的工业性试验及二十多个月的连续工作，无任何故障，结构设计合理，液压密封性能优越，操作灵活，旋转方便，夹紧力牢靠。45F—RC—04B 纸卷夹夹抱力量大，用户使用一千多小时没有出现纸卷滑落现象和其它故障。

（陈平）

本世纪末世界纸与纸板总量有多少？
——国内外造纸工业现状

改革开放以后，我国造纸工业飞速发展，九十年代初期，我国纸与纸板总产量达到 1725 万吨，品种约 500 余种。纸浆和纸的产量均位居世界第三，1995 年，我国纸与纸板总产量达到 2300 万吨，全国工业用纸尚缺口 250 万吨，预计 2000 年国内生产能力达到 2700 万吨，2010 年达到 4000 万吨能力。

随着工农业生产发展和科技进步，纸和纸板的用途已突破原有的传统功能，进入国防、科研、工农业、通讯、建筑、医药、办公现代化，包装用材、学校教学用纸、书报刊用纸等众多领域。各类不同性能要求的纸和纸板已成为国民经济各部门的重要技术配套运用的生产物资。九十年代以来，世界纸浆和纸总产量呈大幅上升趋势。九十年代初期纸与纸板总产量为 2.47 亿吨，人均消费量 46 公斤，预计到 2000 年本世纪末，世界纸与纸板总产量达到 3.3 亿吨。

在当今世界造纸工业中，节约原材料、降低成本，提高产品质量，节约能源以及减少污染仍然是技术改造、设备更新的主题，世界造纸业最显著的变化是废纸利用率不断增加。预计到本世纪末，世界废纸总耗量将增加到 1.06 亿吨，预计到 2030 年，化学机制浆占主要地位。

笔者在浙江湖州市，对浙江造纸业发展情况曾作过专题调查。目前，浙江全省有造纸厂约 700 多家，其中年产 3 万吨以上的大型企业有 7 家，1—3 吨的中型企业有 30 家，小型造纸企业 650 多家，1993 年底浙江全省机制纸和纸板生产能力49.81万吨，制浆能力23.18万吨，废纸浆达17.61万吨，占自制浆产量的46.38%，废纸浆比重较高，是符合当今造纸工业总趋势。

浙江造纸工业，近年来在调整产品结构，加大技改力度方面，有所突破。目前，浙江纸与纸板品种共有134种，其中薄纸100多种，纸板23种，加工纸25种，特种纸18种。特别是韧皮纤维造纸技术在全国处于主导地位。

湖州市近几年加大了造纸行业技改力度。在“八五”期间末，“九五”期间初，技改投入最高，影响最大的项目就在造纸业和浙江震州纸业有限公司，(原湖州造纸厂)近几年投入3.6亿元人民币，引进涂布牛卡生产线和项目配套设备，年产4.25万吨涂布牛卡生产能力，去年七月一日试产成功，填补了国内空白。采用美国废纸为原料的涂布牛卡，强度高、白度好、印刷适性强，用于高品位彩色销售包装，礼品包装。去年底，已在上海、广东等全国七省、市经贸厅，轻工厅(公司)建立营销点，将在全国形成营销网络。市场需求量大，前景看好。

最近，新加坡客商，来湖州与浙江震州纸业有限公司洽谈涂布牛卡二期工程启动投资意向，双方在湖州市签署了备忘录。

湖州市现有造纸企业36家，其中大中型企业4家，纸与纸板品种有40多种，高档牛皮箱板纸，涂布牛卡、中高档瓦楞纸，扑克牌芯纸，铝塑复合纸，各种纸与纸板在“九五”期间总产量在84万吨左右。1995年全市造纸行业工业总产值3.95亿元，工业增加值8504万元，利税总额2609.1万元，全员劳动生产率45840元/人·年，机制纸及纸板产量150055吨。

1996年，全市造纸行业总产值完成5.2亿元，工业增加值13832万元，利税总额4965万元，全员劳动生产率10328元/人·年。机制纸及纸板产量155875吨。

1997年至2010年各项指标分别递增19%、27%、22%、12%，产量每年递增18%。

湖州市造纸行业目前存在主要差距

1. 从整体上讲，小企业多，多数企业生产管理落后，产品质量差，效益低，原辅材料浪费情况普遍存在。

2. 科技开发能力薄弱，力量分散，相互协作配套的功能难于发挥。

3. 造纸行业专业技术人员(中专以上)仅占职工总数2%左右，低于全国6.8%平均水平。人才问题已成为制约行业发展的关键因素之一。

4. 为出口配套的高档次产品在质量、品种、数量等方面不能适应发展需要。

5. 小造纸厂对废弃物的管理、处置和回收利用等方面未能采取有力措施。

6. 投入不足，许多企业设备陈旧，没有进行过象样的技术改造，在相当程度上制约了行业的发展。

湖州市造纸业“九五”期间发展的主要措施

1. 推动行业科技进步。在全行业实施“科技兴包”战略，贯彻“振兴包装”科技先行”的方针，增大科技因素在行业发展中的含量，促使企业从速度数量型向质量效益型转变。推广造纸科研成果，完善行业技术监督体系，做好质量标准，生产许可证认证工作。

2. 加大人才培养力度。提高职工文化专业学历水平，做好职工的上岗培训和知识更新工作，提高行业队伍整体素质。

3. 制定合理的产业政策，促进造纸业产品结构、地区结构、企业结构进一步调整和优化。鼓励企业间联合，兼并及地区间横向合作，实现产业内部生产要素的合理流动和优化重组。使引进设备发挥出最大的经济效益。

王觉

对外交流与国外包装

INTERNATIONAL EXCHANGE AND FOREIGN PACKAGING

世界包装工业现状

G·K·汤申德

1. 全世界的包装工业

所谓的包装链(packaging Chain)包括原材料供应商、包装的加工厂与制造厂,包装的用户(主要是消费品和耐用消费品的制造厂家),分销商和零售商,回收和再利用机构。

据估计,全世界每年包装销售额为 500 亿美元左右,制造包装的公司达 10 万个,从业人员超过 500 万,占国民生产总值的 1.5—2.2%。通常,发达国家中的包装工业在其国内属于第九或第十大产业。

2. 发达国家的人口和其它变化

大多数发达国家的共同变化是:人口数量相对静止;总体失业人数居高不下;经济从衰退中缓慢地复苏;健康意识不断增长/医疗保健成本不断增加,人口老龄化/老年人增多;职业妇女增加/某些国家中超过 50%;单亲家庭增加;正餐减少/快餐增加/喜欢吃零食的人越来越多;环境保护意识在增强。

由此而产生的结果是:快餐食品或甜食店增多;出现更多的方便食品,包括微波炉食品;需要更多的易开而又能防盗的包装;低脂肪/低热量的食品和饮料;摒弃人工防腐剂和色素;适合环保的"绿色"产品。

3. 零售方式

由于人们喜欢开汽车去远处购物使大型联号零售店(multiple retailers)和连锁超级市场迅速发展。一些国家 90% 以上的全包装食品是经由联号零售店售出的。

在英国,65% 以上的日用杂货(包括食品和非食品)是由 6 家最大的联号零售店售出的。全部杂货销售中有 25~30% 是用零售店自己的商标售出的。零售商正在不断地寻找可以换上他们自己的商标品牌的新的产品或包装。另一方面,某些有很强的名牌效应的产品(例如速溶咖啡)则有大量的"仿制"的包装,常常使购买者被蒙骗。个别地区的零售商采取削价的办法推销商品,但却收效甚微。

现在新鲜食品,例如水果、蔬菜、奶酪、焙烤食品、熟肉、熟食和鱼等有一种不断发展的不用"预包装"的趋势。这种趋势由于大的超级市场设有较大的新鲜食品柜台、店内面包烘房和活鱼柜台而更加明显了。

联号零售店不仅在杂货方面占了统治地位,在下面几种商品的销售方面也在不断增强:居家用品,五金制品,园艺用品,手工艺品。

现在的趋势是向"城外"的购物联合体发展。结果出现了:小的地区商店减少;市中心商店、传统市场的营业厅、白天购物市场逐渐萎缩;个人服务减少;有地方特色的产品减少,但少数传统产品可以从更大范围的销售得到补偿,例如具有民族特色的食品。

4. 新的统一市场

欧洲和北美统一市场的建立导致了影响包装工业的一些变化,它们是:生产多个国家都需要的消费品的公司将集中到少数地区,产品和包装的合理化或标准化将会发生变化,购买力将会集中,供应厂家的数量将会减少,材料供应需要定点联系。

这些变化加强了如下几方面的重要性：工艺状况的转变和包装生产能力的重要性；供应链管理的重要性；供应厂家与用户之间的伙伴关系的重要性；总体质量管理/质量认证的重要性；及时服务的重要性；电子系统（计算机辅助设计、数码图象复制、电子创作、电子机械的安装与控制、电子邮件与发送）的重要性；对未来发展的影响的重要性。

新的统一市场同样鼓励一直进行着的企业之间的合并、兼并和收购。最近两年的300多起有记录的包装工业企业合并中，典型的例子是：利乐公司（Tetra）→利乐拉伐（laval）→格拉哈姆（Graham）；克罗考克（Crown Cork）→卡诺德麦特宝（Carnaud Metalbox）；奥鲁休斯（Alusuisse）→劳森玛登（Lawson Mardon）。

虽然主要的生产商和包装用户在他们的产品范围内进行合理化和标准化是一种趋势，但是除了运输容器/托盘外，全面的包装标准化还很不够。它阻碍了创新，也不符合零售商的需要。但是欧洲CENTC261包装标准化委员会在试验方法的标准化、定义和通用规格等方面的工作是有益的，例如对于危险品的包装和运输等。

5. 新兴国家或发展中国家的包装

大多数新兴国家或发展中国家有如下的共同点：工业和产品的年增长率达10%以上；较高的生活水平和购买欲望，正在向市场经济转化；增加了对包装食品、日用品和耐用消费品的需求；在某些国家中人口增长率也是较高的。

随着国民生产总值的增长，对包装的需求也是直线上升。通常占国民生产总值的1.5—2.2%。这就特别需要：人力资源的开发；特殊包装技能和技术的培训；争取外国的技术援助；与包装原材料生产、印刷、加工设备、包装系统有关的投资；鼓励上述的投资活动。

这对全世界的包装加工厂和制造厂来说是一个极好的机遇，特别是那些外国的有经验的跨国公司。有利的条件是：税收或其它激励政策；长期的信任或信心。为了成功可能需要较长时间的衡量和调查研究。当进行比较和做出投资决定时通常难以证明是正确的。

在许多发展中国家里，也存在着以最终包装好的形式出口产品的要求和倾向，这样可在增加原产地的附加值而不愿意只出口原材料或基本产品到其它地方继续加工。因此发展中国家需要了解出口商品输往国的有关包装产品的法律和其它方面的要求。

6. 环境问题

与包装有关的主要环境问题是：自然资源的消耗；垃圾的管理；废弃物。

(1)自然资源

它与制造包装的原材料有关，也与将这些原材料加工成最终的包装所需要的能源有关。

对于包装原材料的真实情况存在着大量误解。纤维板制品，例如纸和纸板通常被说成是雨林被破坏的原因，而真实的情况是：除了高水平的回收外，可更新的软木资源是不断地重新种植的，而且它们的重新生长比它们被砍伐的速度还要快。砂是玻璃的取之不尽的原材料。塑料包装是用石油产品制造的，它是可以二次利用的能源的储存。

但是，我们必须明确地支持“3R”原则（Reduce，Reuse，Recycle）。它规定了三个必需优先考虑的问题：

a. 减少用过的包装的数量。

b. 如果在技术上和商业上是合理可行的话，应当优先使用可再充填和再利用的包装。

c. 回收废弃物，包括用焚烧的方法回收塑料和其它包装的能源。

(2)垃圾的管理

在现代社会中，包装只占工业和家庭垃圾中的2%。但是包装废弃物在体积上构成家庭垃圾的30%左右。因此家庭垃圾的产生、处理和管理已成为一个敏感的、看得见的、具有政治意义的问题了。特别是在那些有着强大的绿色保护组织的国家中。

这里还应当强调一次“3R”原则的应用。无法避免的包装废弃物的管理和处理是一个活生生的问题。

某些国家有很广阔的陆地填埋地区，但是

真正合适的填埋地区是很少的。而且这种传统的处理垃圾的方法现在已被认为是最后的方案了。特别应当考虑水源的污染和难闻气味的扩散问题。其它国家,特别是人口密集的国家,依赖于分离出可回收的金属、玻璃后进行焚烧的方法。遗憾的是,老的不能有效燃烧的焚烧炉产生空气污染和酸雨的问题。并且很少能回收能量,例如供应城市热水。

因此,最近强调回收。世界上许多国家都制订了带有各种指标要求的回收法规。

应当避免制订任何基于某种程度的感情成分的、不完整的事实甚至是错误的信息的法规。这种法规可能破坏正常的商业平衡,有的会假借环境问题制造人为的贸易障碍。

为了现有的和即将出台的法规,许多新的积极性被动员起来,试图分离可回收的垃圾,例如设菲尔德和多伦多的"蓝盒子"(blue box)和德国的"双回收"系统。但是用商业上切实可行的系统将分离出来的可回收物质进行处理和再利用至今还没能达到。特别是德国的回收系统回收了大量的包装废弃物还没有得到工业利用。不仅在德国,在欧洲其它地方的回收和再利用系统也都被中断了。

但是由于对新的回收系统的开发给予了非常大的重视,因此我深信,经过一段较长时间,今天的许多问题将会得到解决。更多的材料将能经济合理地得到回收和利用。

用复杂的"从摇篮到坟墓"的生命循环分析技术对各种竞争的包装材料的相对影响进行过大量的讨论和思考。但是实际上没有任何一种包装,甚至被包装的产品能够完全地有益于健康或者是有利于环境保护(所谓的"Enviromentally Friendly")的。适当地关心和减少对自然资源的消耗总是会受到欢迎的。

事实上在过去的10年中,包装工业已经有了相当大的进步。为了给它的顾客提供商业机会,需要开发新材料、新工艺、新包装机械和新工艺,因此他们没有冒充多么地关心环境。

减轻重量和降低包装厚度是很激动人心的,但是还没有被广泛地认同。做为一个过程,通常需要10年甚至更多的时间才能一步一步地走下去。

常常被引证的轻量化的例子是装饮料的两片金属罐,从90克减少到不足30克,食品罐至少减少了1/3。两升聚酯瓶从70克左右的聚合物加底杯减少到不足50克,最近又省去了底杯。以英国的玻璃奶瓶为例,从世界大战前的600克逐渐减少到今到的不足230克。

降低软包装厚度的例子包括铝箔厚度的降低,例如装花生米用的铝箔。减小包装干菜和汤料的复合材料中的纸的克重,以及各种包装饼干和糖果的PP薄膜的一系列厚度的减低。

使用代用品同样是重要的,包括材料的重大改变。例如许多市场由玻璃瓶改用塑料,软包装中已有了许多的替代物,受过重视的赛璐玢被被PP薄膜取代;纸被珠光OPP薄膜取代;蜡复合材料被挤出贴面和复合代替;蜡纸和粘合剂复合制品被共挤薄膜取代;铝箔被真空镀铝薄膜取代。

大多数这些变化得到了更好的效果,并能更有效地使用原材料。同时减少了总的能源消耗。不仅对包装的制造,也包括运输和其它领域。

有非常多的理由相信,在设计包装时将会继续轻量化和用新材料替代旧材料。继续的开发将不断地给出材料和能源的进一步改进和节约。

(3)废弃物

废弃物是环境保护的第三个问题,并且常常不合理地把责任推给包装工业。某些欧洲国家和美国的强制性的保证金减少,但却没有根治这个问题。最成功地减少了乱扔废弃物的是新加坡和瑞典等国家,在那里对乱扔废弃物予以高额罚款。在那些国家里社会上有着强烈的自尊意识。

7. 向欧洲市场出口的包装

为了成功地打入欧洲和其它海外市场,出口商必须确实有符合输往国法规和其它法定要求的包装产品。世界包装组织做为国际包装计划的一部分,最近完成了一个新的"Lexpack"数据库。总结了所有有关欧洲联盟国家的包装法规。这个数据库是可以购买的，联系人是约翰·塞林(Johann Selim, IPP Director, Fax Int +(41)227889418)。包括日本和北美等国家的类似的数据库正在准备中。

出口商对消费品进行正确的包装后如何能够出口销售呢？传统的做法是利用不同国家的代理商甚至在国外建立自己的销售组织。但是，考虑到我前面关于包装食品和非食品的零售商管理方式的评论，特别是它们希望改用自己的商标和标签。我相信，打入一个新市场的方法之一是向所有有实力的零售商的采购经理表示，我能够提供质量好，成本低的产品并能提供试销用的可更换商标或包装。零售商总是希望安排他的一个部门，拿出适当的空间来试验可能吸收顾客的新的商品。

在结束语中我们再提一下：包装工业的规格和重要性，如果将包装材料的成本也加进来，将占国民生产总值的1.5—2.2%。

发达国家中人口和其它方面的变化趋势：零售方式，特别是包装的杂货零售方的变化以及采用商店自己的标签品牌的重要性；欧洲和北美统一市场对包装工业的影响；新兴国家和发展中国家工业与国民生产总值同步增长及出口机遇；与包装有关的环境问题，特别是开发商业上可行的回收系统的必要性；关于如何发展欧洲市场出口的一些想法。

欧洲归来话包装

今年8月，本人有幸随中国食品工业赴欧项目洽谈团赴意大利、法国、德国等地进行了工业与市场的考察，欧洲的食品商品包装给我留下了深刻印象，现就欧洲新型包装及包装材料的发展和应用谈点滴感想：

一、方便、快捷、卫生的销售包装

在欧洲，我们所到之处时时感受到好的包装给人们的生活带来了殊多的方便，商店里各种琳琅满目的销售包装；快餐店里一次性使用的纸盘、纸碟、纸杯；自助餐厅的奶油、奶酪、巧克力、奶、糖、水果、面包油精美包装；粮食的包装完全由1～2.5kg纸或塑料(真空)包装取代了25kg的沉重包装，都给我们留下了深刻的印象。欧洲的售货商店几乎都是超级市场，没有包装的商品是肯定没有市场的。欧洲完善的销售包装体系，使其商业服务更加快捷、方便、自信，例如一些超级市场推出了新的购物方式——顾客自己当帐房，即商场购置了大量移动式计价扫描器安装在购物手推车上，顾客可以不用再像过去那样把众多商品一样一样放到收款处的传送带上排队等着计价，只需在选购商品时自己用扫描器对准商品包装上的条形码，最后总共要交多少钱就可以全显示出来，收款员只要按一下显示总额收钱就可以了。要是顾客使用电子货币，那么连这一道手续也可以免了。许多商家希望以此“自我服务”来招徕服务顾客，包装工业及电子工业的发展给人们的生活带来了极大的便利。好的包装不仅给生活、生产带来方便，有着很大的实用价值，而且给人以美的享受，提高了商品档次，增加商品的附加值。学习和借鉴国外先进包装经验，了解掌握顾客对商品包装的心理，对于提高我国出口商品的包装质量和档次，彻底改变“一等商品，二等包装，三等价格”的局面，是极为重要的。

二、新型包装材料层出不穷

在欧洲市场上，为了解决食品的保鲜、保存期、销售网以及消费者的需求，新型包装材料不断涌出，特别是在肉类及肉制品、奶类及奶制品类包装方面，大量使用充气包装、真空包装、隔阻膜包装及复合热收缩膜包装等，水果的包装已实现托盘化、装卸机械化及运输集装箱化。在肉类包装方面，我国多以PVC、PE为主的单层热收缩膜为主，近几年在欧洲已开发出不少新型的复合热收缩膜，在肉制品包装上应用取得了很大的成功。例如：西式火腿、熟肉制品、冷却肉和冷冻肉等产品的包装，不但装璜美观而且保质期限增长；特别是冷却肉在良好的卫生和温度条件下，通过复合热收缩包装，可以有效地延长保质期，在2℃下可以贮藏一个月以上，对鲜肉的运销、冷藏的节能以及肉类食品的卫生质量等方面将带来很大的益处。熟肉制品使用复合热收缩膜后，复合膜紧贴肉制品，形状可以因模具而异，外形美观。由于避免了二次污染，所以产品保质期可以大大延长，在5℃下可贮藏几个月不变质，风味、口感明显优于罐头制品，给生产和销售带来了很大的好处，有很好的社会效益和经济效益。

三、强化环保意识、发展绿色包装

面临世界环境危机的挑战，全球开展轰轰烈烈的环境保护活动，包装工业首当其冲，担负着减少对环境污染的重任。在欧洲，特别是德国，早在1991年就颁布了调整包装材料收集和再生利用的法规，法规规定包装材料和带包装货物的供应商，应承担使用过包装材料的收集、分选和处理的费用，并要求供应商成立专业公司经营此项业务，并实施绿色包装标志(或生态标志)，国家在税收和价格上予以优惠。同时，某些包装使用后，经一定处理可以多次重复使用。如玻璃饮料瓶可以多次使用；PET瓶可以使用20次，每使用1次，用激光打上记号，使用20次报废；用聚碳酸酯树脂制成的奶瓶可以重复使用75次等。在欧洲大约有30%的固体废弃物可以回收利用。

在欧洲我们还注意到，由于塑料包装产品对环境的污染很大，纸包装产品使用量很大，有纸包装代替塑料包装的趋势。为了保护宝贵的森林资源和保护生态环境，政府大力提倡使用再生纤维，我们见到各种各样包装纸张，甚至一些非常精美的包装纸张上都印有RECYCLED(再生纸)的字样。我国的包装事业发展迅速，又是一个森林资源缺乏的国家，提高再生纤维的利用率，尽量多地利用价格低廉的再生纤维生产出高档包装产品，是摆在我们面前的一个重要课题。在国外把废纸再生喻为“城市森林”确实是很有道理的。

多糖类可食包装材料在欧洲已经开始使用，可食性食品包装材料的生产设备已开始批量生产。德国用小麦、豌豆、玉米和土豆加工而成的美味可食性包装纸，食用时把被包装食品连同包装袋一起投入锅里，吃起来香甜可口。绿色食品和绿色包装正风靡全球，可食性包装的发展前景十分广阔。

实施绿色包装工程、用高性能的包装材料代替现有的包装材料，利用先进的技术提高包装物的复用率和再生利用率，把包装废弃物对环境的污染降低到最低程度，这是我国包装工业“九五”科技发展的首要任务。

西欧考察随记

赵延伟

一、城乡掠影

西欧的天空因很少污染是蔚蓝色的，大地绿树成荫，绿草如茵，一座座尖顶红瓦白墙的小楼掩映在绿树红花之中，小楼旁边停着二三辆小轿车。这些蓝、绿、红、白色调，与平坦而辽阔的草上一群群黑白相间的乳牛，构成了一幅美丽和谐的水彩画。所到城市，街道整洁，布局得体，虽然行人如潮，车水马龙，但看不到扬起的灰尘，听不到熙熙嚷嚷的人声，更听不到汽车的喇叭声。一切是那样的安静，有序和繁荣。

西欧各国高度发达，高度文明，国强民富。工业实现了电气化，不仅能生产机电、轻纺、食品等产品，而且象荷兰、法国等国家都能生产世界上最先进的战斗机和核潜艇；农业实现了机械化，在丰收田野上只见收割机与运输机奔忙，不见农民身影；公路实现了网络化、立交化，高速公路密如蛛网，彩蝶式立交桥比比皆是。公路两旁树立着整齐的路灯电杆和规范化的蓝底白字的交通标牌；管理实现了计算机化，无论工厂、农村、商店、机关、学校，甚至挤牛奶都用电脑进行管理。

城乡掠影见到了西欧资本主义经过几百年原始积累和野蛮掠夺之后，所创造的高度物质文明，并在高效率地管理和发展这些文明。可见，我们在批判资本主义阴暗面的同时，也应看到和学习资本主义社会那些符合科学的人类共同财富——科学技术和管理经验。

二、包装市场

在西欧考察期间，每到一个城市，尤其是法国巴黎、德国法兰克福、荷兰阿姆斯特丹和比利时布鲁塞尔等著名城市，我都喜欢逛商场，五彩滨纷、琳琅满目的"包装世界"更使我流连忘返………

"包装世界"的第一印刷是多彩而不过分，豪华而不奢侈，每件包装都体现了美观、适用、新颖和适宜。不象我国"两极分化"的包装，即有的包装显得单调与陈旧；有的包装显得过分奢侈。例如，蔬菜包装，蔬菜都是洗得干干净净后，用塑料容器(据了解都是易回收且无毒的塑料)包装好后放在超级市场货架上；医药包装多用聚酯瓶和泡罩包装(国外叫卡片包装)，见不到我国用搪瓷饭盒和保温杯包装中药冲剂的过分奢侈包装。

"包装世界"的第二印象是食品包装多用纸或纸制品包装，我国食品塑料包装，尤其是造成"白色污染"的泡沫塑料快餐盒几乎未见到。细细观察，纸箱接口处也很少用易生锈的铁钉，而都是用胶贴合。值得引起注意和研究的是，酒的小包装也出现了用纸容器的现象。同时也发现了包装食品的容器在功能上也有改进，例如有的食品盒盖打开后，又可以重新粘合，并可重复多次。

由于全人类已达到了保护大气臭氧层，保护海洋生物，保护土壤，保护人类自己有共识，在包装的生产、使用、丢弃等一系列问题上，必须注意环境保护，从而都开始了废弃物处理研究。我曾向有关部门咨询过，塑料包装废弃物的处理问题，其回答是：其一，回收利用，其中包括循环再利用，单组分废弃物回收再生利用，复合废弃物也可以回收再生利用，化学法回收单体、化合物等；其二，高效处理，其中包括了降解塑料和减容化等；其三，焚烧，其中包括普通焚烧和回收热能等；其四，填埋，由于有些塑料埋在土里几十年都不烂，所 要深埋。也有的国家(如德国)，他们在空坪隙地上筑建空心墙，将捣碎的塑料牛奶瓶和洗涤瓶充填在这些夹墙内，上面填土种植花草，供人欣赏等。

三、企业管理

我考察了工业企业，也走访了荷兰马斯特里赫特市商会，其目的是学习西方有关企业管理方面的经验。

西欧的公司(或工厂)大都是股份制公司，且大都是以私人股份为主。母公司是怎样对子公司实施管理呢？他们的做法是：母公司通过招聘，委任厂长或经理对子公司进行目标管理；子公司通过厂长或经理承担起对母公司的各种经济责任。并通过政府法律、公司制度对子公司负责人的行为进行约束。如果子公司负责人以权谋私，侵吞公司财产，不但要受到法律、制度的制裁，而且要使他在企业界声名狼籍，很难再找到工厂。因此，一般厂长或经理都能兢兢业业的工作，规规矩矩的做人。

四、税收特色

西欧发达国家的税收是政府财政收入的主要来源，一直得到政府的重视和支持。我重点了解了荷兰的税收情况，略介绍一二。近几年，荷兰为了确保税收收入，在税收管理结构上进行了改革，使其税收征管的做法更具特色：法规健全、分工明确、制度严密、方法科学。

荷兰国会制定了单行的法律来管辖每一个

税种，这些法律规定了每一种税的纳税义务人、课税对象、适用税率以及需缴税额的计算方法等。荷兰税收机构的设置不受行政区划的影响，实行垂直领导的管理体制。财政部设的税务局为全国最高税务机关，下设5个目标管理局和80个税务所组成。局一级主要负责计划、财务、控制和目标管理。局属下的税务所具体负责所管辖的税种计征和审计。另外，财政部税务局下还设有为各目标管理局提供服务咨询的机构，如税务情报和调查服务局、计算机中心和软件库、培训中心等。

荷兰对纳税人的管理，规定了严格的登记、申报、评税、审查、分户档案储存和税款征收制度等。由于税务审核往往会追溯到以前年度的经营业务，所以纳税人有义务将其营业记录保存10年后才能处理，否则税务机关有权对其进行处罚。

为了保证高标准的税收，荷兰税务机构在税收征管方法上全面推广计算机管理；一是建立纳税人控制系统；二是建立反向情报和纳税编号系统。

五、重视教育

市场竞争归根到底是人才的竞争。西欧各发达国家都非常重视全员教育和继续教育，各个企业也十分重视岗位培训。我参观了DSM公司，其全员培训的经验很好。该公司是从一个资源枯竭、亏损严重的煤矿企业转产而来的化工公司。经过十五年的发展，现下辖25个工商企业，拥有19000名雇员，分布全世界各大洲，我国北京与上海也有类似子公司的办事处。1994年销售额实现了60亿美元，跻身于世界化工行业的世界前20名。DSM公司成功的经验最突出的一点就是注重不断地对全体员工培训，更新知识。公司领导认为，在知识和信息爆炸的时代，为了提高公司产品质量和市场竞争能力，必须提高工程技术人员的专业知识，必须提高工人的操作技能，必须提高经营人员的营销水平和决策能力。因此，公司每年都要对全体员工分别进行脱产培训或不脱产培训，时间有几十小时到一、二百小时不等，根据需要与可能确定。这种智力投资不仅提高了企业职工的素质，增强了企业的活力和市场竞争能力，而且也给企业带来了巨大的经济效益。

我也考察过高等院校，值得我们借鉴的是教学方法与教学手段。他们的教学方法提倡发挥老师与学生的“双向”积极性，老师上课时除了传统的方法外，还经常让学生进入角色，如扮演“总裁”、“经理”、“工程师”等，让学生利用所学知识处理生产经营中出现的问题等。学生进入角色，积极性极高，学习极其认真，思维极为活跃，不仅收效大，而且记得牢，达到了事半功倍教学效果。西欧发达国家的所有学校都采用的电化教学手段，不仅有幻灯、投影、电视、电影教学等手段，而且计算机多媒体教学也进入了课堂。

台湾包装工业考察报告

渝州大学校长、教授　戴宏民

95年11月，我有幸参加以中国包协副秘书长张惠曦为团长的中国包装代表团，一行七人，应台湾地区发展研究院的邀请，赴台参加联合举办的’95海峡两岸包装技术交流学术研讨会，同时参观考察台湾包装工业。

在七天访问期间，我们先后参加了由台湾区域发展研究院创办人兼院长梅可望博士主持的学术研讨会，参观了在台北世贸中心举办的颇具规模，以包装机械、包装材料、包装印刷机材为主的’95台北国际包装展览会，参观考察了在台北和台中的财顺机械工业有限公司、桢顺实业有限公司、添进裕机械股份有限公司、正隆股份有限公司、逻兴镀金股份有限公司、唐京纸业股份有限公司和裕力机械股份有限公司等七个企业,还参观了工业技术研究院机械工业研究所和铭传管理学院、朝阳技术学院等二所院校。

学术研讨会在朝阳技术学院举行,我和台湾逢甲大学骆荣富博士、冯景如博士,朝阳技术学院陆蓉之教授就包装理念、包装材料、包装机械和包装设计方面作了学术报告,并与与会各位学者作了探讨交流。会议主席梅博士认为我的报告《我国发展绿色包装的策略》“内容充实、系统全面、很有启示”,并提问研讨,我尊敬地作了认真回答。车相福副秘书长就我国发展绿色包装和代木包装的情况作了即席发言,受到欢迎。研讨会开得热烈、谐和、探讨心得,交流信息,十分成功,受到与会学者和企业家的一致好评。

在访问期间,台湾区域发展研究院在台北和台中为我们举行了两次盛大的欢迎宴会,许多企业家和知名人士出席,气氛亲切;我们参观所到之处,均受到了各位东道主的热情欢迎和盛情款待,研究院的王瑞拱所长、何永全所长、江文国副所长更不辞辛劳,全程陪同,关照我们的生活住行。这次访台使我们亲眼目睹了台湾人民对祖国人民强烈的手足同胞情,强烈的感受到了台湾广大企业家对祖国大陆近年经济迅速发展,想来祖国大陆投资办企业的响往之情。也使我们有机会对台湾包装工业的发展状况有了实地的了解,现将了解的情况记述于下:

中小包装企业居多

台湾约有生产包装机械的企业400余家,其它包装企业百余家,其中员工人数为30——200人的中小企业占了90%以上,一般企业的员工人数多为30—50人,几乎全部是私有企业。六十年代,台湾外销包装还是一片荒漠,包装工业十分落后,进入六十年代中期,随着对海外加工工业的兴起,包装工业逐步的发展起来,目前已在包装机械、纸制品、塑料制品、金属制品、包装印刷及装饰材料等方面取得了较大的发展,1991年包装机械产值为75.64亿元台币,1994年产值上升到115.43亿元台币,包装机械的出口值也由1989年的12.25亿元台币上升到1994年的30.01亿元台币,五年中增长了2.4倍,其中三分之一是出口香港转口大陆。

台湾包装企业规模偏小,缺乏资金及专业设计人才是其发展的制约因素,但重视信息,注重提高管理水平,不断改进及提高产品质量,又使其具有较高的应变能力及灵活性,使其多年来能在世界市场上维持相当的竞争力。笔者在参观裕力机械股份有限公司时了解到,于1978年成立的该公司员工仅220人,现代化设备近百台,但是管理严格,重视产品研制开发(研发设计人才有60人),严格质量把关,通过与日本、芬兰公司合作制作,现已能生产制浆机、抄纸机、瓦楞纸板生产线等成套设备,包括造纸幅宽6、8米,每分钟车速800米,日产700吨的大型芯纸抄纸机,一年的销售额达到4000万美金;台北的财顺集团拥有六家关系企业,以包装机械为主要产品,整个集团员工也仅200多人,每个关系企业只有员工40～50人,年产值也达到4900万美金;另一个正隆集团以造纸及纸制品为主要产品,属下也有几个关系企业,员工共800人,可年产造纸量达到80万吨,十分可观。究其原因,严格的管理和人事竞争机制应是主要的。笔者还在参观裕力、唐京和逻兴公司时,均见其管理员工和设计人员都在大办公室办公,各司其职,秩序井然,没有闲谈声,也没有看报纸杂志的,吃饭时一人一盒饭,就在办公桌上吃,也不交谈喧哗,饭吃完即开始工作,这也是在严格管理下产生的敬业精神和高效率工作,严格管理还产生使产品品质不断提高的高质量意识。严格管理是在这次考察中给我留下的很深印象。我深信这也必然是我国企业深化改革,努力的方向。

台湾包装企业也有自己的行业协会,称为产品包装协会,成立于1965年,有团体会员单位172个,会员大会选举产生理事长、常务理事和监事,理事会在会员大会闭会期间行使权力。

产品包协以研究产品包装学识与技术,发展包装器材工业,改进包装方法,促进产品销路为宗旨。台湾产品包协已举办八届台北国际包装展览,和中国包协也联合举办了三届海峡两岸包装学术研讨会。

包装机械为主体

包装工业之发展须仰赖包装机械为后盾。德国、日本、美国与意大利是世界四大包装机械的产制国家,每年都有很大的出口额。台湾包装工业由加工工业开始,包装机械起步也较晚,至今约30年历史,但为适应市场竞争和出口的需要,发展较快,包装机械现在已成为台湾包装工业的主体,年产值和出口值自89年以来逐年增加,产品质量也有较大提高,尤其是我国大陆包装工业的迅速发展,更为其开拓了巨大的市场。目前我国包装机械进口率最高的地区依次为日本、台湾、德国和意大利,台湾居第二位,其出口量占其总出口额的34%,居其出口分布的首冠。在'95台北国际包装展览会上,参展厂商有214家,国外有23家,台湾包装机械企业占了110家,也是参展的主体,其展品有造纸机械、食品包装机械、捆包机械、制药包装机械及瓦楞纸箱生产机械等,以单机为主,亦有整合生产线,其自动化、标准化、速度、稳定度都较前几年有较大进步。

台湾包装业界、经济信息业界都十分关注包装机械的发展,发表了大量的国外包装机械(如日、美、德)的发展趋势分析报告,台湾包装机械的技术调查报告、用户调查报告和国外同业的比较分析报告以及信息分析报导等。根据他们的分析及见解,台湾包装机械今后的发展方向是:

1. 适应世界环保潮流,发展包装材料减量化的包装机械,以减少包装用料,减少包装废弃物;包装机本身也应走向精密及小体积的发展方向。

2. 根据市场调查,发展内包装机械的功能需求依次是高速,高精度,简单功能型的专机,电脑化及规格功能自动调整,自动化包装单元,智慧化趋势;而对外包装机械的未来技术发展趋势则依次是系统化,自动送收料,安全防护,高速化及高精度化,单机自动化。

3. 面对我国大陆市场的需求,提出要重视发展包装食品机械。认为先进工业国家农业产值与经过机械加工的食品工业产值之比为1:4.5～5,台湾地区为1:2.8,而大陆现在仅为1:0.48,因此这方面需要的潜力很大;认为我国大陆当前最需要的包装食品机械为:农副产品深加工设备,营养保健品及婴儿食品成套设备,方便速食食品成套设备,节能及节约原料的食品加工和包装设备等,以及相适应的运输包装(瓦楞纸箱)生产设备。

参观后,笔者认为我国近年包装工业发展迅速,但包装工业内部结构似应有调整,存在一个由轻(加工工业)向重(机械生产设备)的转变问题,包装机械应该摆上我国包装工业进一步发展的重点位置。

研究协助产业升级

在从台北去台中的途中,我们一行参观了设在新竹的工业技术研究院的机械工业研究所。该所以协助产业升级为宗旨,已成立20余年,有900多名员工,年经费20亿元台币。研究项目以自动化技术、精密机械和动力机械为三大研究方向,具体研发电脑整合制造系统,PC—BASED控制系统,CNC工具机与弹性制造单元,机械业关键另组件,资讯电子业关键另组件与模具,汽车共用引惊六个高技术关键计划。包装机械属于精密机械方向下的一个分支,目前研究的项目有:物流技术的自动化仓库,架空型机器人和高速分类输送机;自动化包装技术的电脑化枕袋机,伸缩包装机,自动化装盒机,粘稠液充填包装机,多磅称计量包装机和智慧型包装机等。

该所公关负责人向我们介绍:该所强调发挥团队精神,紧密与产业结合,致力提升厂商制造能力与产值,关心本土产业的未来,愿为本土产业多尽一份关怀与用心。该所的研究项目均与“产业升级”密切相关,研究成果务求实用。为此,他们采取两条措施,一是研发的新产品领先目前的产业时间要适当,既要超前也不能太超前,否则也不适用,他们认为一般领先产业现状3～5年最适宜;二是强调业界要参与研究,适当的出钱出力,出资一般可由3～5家企业分担,经费约占项目总经费的15%,业界参与研究,对项目了解,就能更好地接受项目转让,同时也能更好地发挥项目转让后的效益。

该所十分重视技术转让和推广工作,近几年技术成果转移业界的数目逐年在增加,94年转让66项给126家,95年转让83项给115家,95年转让数分别是91年转让6项给22家的12和5.2倍。96年拟做到转让推广收入接近拨款的专条经费,各占年总经费的50%左右。

该所人员构成情况是:学机械的占50%,学电脑的占25%。技术人员的主力是硕士和学士,各占32%,博士不多,仅占4%,这是因为要适应研究所是应用型性质而确定的。

重视开发绿色包装产品

在世界环保大潮冲击下,为了适应在这一潮流下世界市场的包装产品竞争,台湾许多包装企业都已动作起来,积极发展保护生态环境的绿色包装产品,如我们参观考察的唐京纸业股份有限公司努力以纸杯、纸饭盒取代污染环境的发泡塑料饭盒;逻兴镀金股份有限公司用高价从德国引进设备,发展蒸镀铝纸,替代原生产的对环境有严重污染的胶膜镀铝包装材料;机械工业研究所为取代给台北等城市造成空气污染的汽油摩托车,正在积极发展使用电瓶的电动摩托车;在台北 展览会上也多处看到用废纸模塑成型缓冲衬垫代替保丽龙衬垫产品以及生产纸塑成型机的纸厂设备。发展绿色包装产品,会使生产成本有提高,在目前的市场竞争中需要降低售价,损失部分利润,但我们见到台湾包装企业厂商仍表示为了在环保新一轮竞争中立于不败之地,降低西方许多工业国家已经强行收取的包装材料回收处理费用,仍要继续努力发展绿色包装产品。台湾包装业界及经济信息业界在评论中,也将适应国际潮流,发展符合环保需求的包装机械和包装产品列为台湾包装业提升国际竞争力的第一重要途径。笔者认为这是把握形势有远见的作法。

笔者曾在国内《中国包装》、《现代包装》等杂志上发表文章大力呼吁我国要及早发展绿色包装,要制定我国的绿色包装发展规划,要制定保护生态环境的包装废弃物限制法,并提出了七条轮廓意见。发展绿色包装是包装观念的重大转变,是包装工业的技术大革命,也是包装工业发展的必然归宿。谁先认识到这一点,谁就在今后世界市场的竞争中处于主动地位和不败之地。在今后的市场竞争中,有益于环境的包装将存在并发展,而有害于环境的包装将被淘汰,这是世界包装发展的总趋势。

培养人才重实务

台湾有高等院校130所,公立和私立的各约占一半,其中有不少院校设置了与包装设计有关的商业设计学、工业设计、空间设计、工艺美术设计等专业。在这次访台期间,我们访问了已成立29年的私立铭传管理学院(台北)和新办的私立朝阳技术学院(台中),它们均设置有与包装有关的商业设计学系或工业设计系。铭传管理学院举行了欢迎会欢迎我们一行,常务副校长主持会议并致欢迎词,商业设计学系主任作了简要报告,并领着我们参观了系的空间教学设备。

铭传学院商业设计学系强调理论与实务并重,培养有创意的应用型人才。为此,他们在教学方式上除讲授外,教师还要就学生作业与以讲评,着重“观念”、“理解与分析”、“技术实务并重”的分析;每学期要定期举办作品观摩展,对外商业设计展,积极鼓励学生参与校外竞赛,以积极提升学生的素质与能力;重视与各厂商及公司机构建立建教合作关系,为厂商进行包装系列形象设计、企业形象设计、促销宣传设计等,并设立“设计奖学金”以奖励优秀设计的学生。在课程规划上则着重包装设计及广告设计方法的应用及理论探讨,配合设计实务的模拟体验,培育学生能运用先进资讯设备(如CAD,表达创意;同时重视培育学生的设计道德观、社会观和国际观。该系同台湾许多高校一样实行学分制,修完128个学分课程即能毕业,学制四年。在课程安排上区分为包装设计组与广告设计组两大选修重点，包装设计组侧重行销理念与市场分析，以达到包装的商业促销的功能；广告设计组除侧重平面方面媒体与印刷设计外，并辅以广告企划及印刷实务，以达到设计再现的可行性与视觉传达的有效性。

铭传学院重视教学硬件建设，商业设计学系的空间设备有：期刊室、资料图书室、中庭设计展览场、专业摄影棚、暗房、印刷制版室、平面制作室、影片剪接室、多媒体制作室、MAC电脑系统55台、PC电脑系统60台等教室。学院对该系的硬件投入是较大较完善的。

铭传学院商业设计学系有20位专任专业教师，多数具有硕士学位，还有14位兼任专业教师，学生有800多人，分白日部和夜间部上课(台湾许多高校为扩大学生容量，均分为白日和夜间两部上课)。专任教师和学生比为1:40，专兼任教师和学生的比也达到1:24，办学效益是好的。铭传学院教学管理基本实现了计算机管理，朝阳技术学院还将计算机延伸到住读的学生宿舍，使学生在查阅资料以及对学生的管理方面都带来了方便。

铭传学院设有学生就业辅导中心，由专职人员负责。商业设计学系 毕业生就业率较高，分布面也较宽，大多从事广告设计、包装设计、广告企划、印刷设计、美术编辑、室内设计与商品设计等工作。

在本文结束之际，回想起在台湾访问难忘的日子，我愿祝愿台湾的包装企业在新的一年里进一步兴旺发达，更祝愿海峡两岸能早日实现祖国统一大业，到那时，让我们各扬所长，携手共进，把中国包装工业推行世界前列！

香港印象
在香港看到和想到的

王觉

1992年5月，我随浙江包协赴港考察团从深圳到九龙，住在九龙京港酒店，我们在香港同行的陪同下，每天去工厂参观、交流、座谈，晚上，逛马路、去商店、看风景，与在港的朋友们谈家常，每晚不到12点不休息。时间过得很快，下面我把在香港看到和想到的美好回忆写几个篇章献给读者朋友们。

香港气候温和，街市繁华，风景秀丽，位于广东省珠江口外南海，平均气温28℃，全境面积1092平方公里，631.1万人口(华人占95%以上)。

香港是一个创造潮流和追赶潮流的城市，香港人重视服装文化，讲究人体包装，看人，首先看穿着判断他的身份和地位。也就是所谓“先敬罗衣后敬人”，因此，追求名牌服饰是香港着装的一个特点。另一方面，奇装异服、叛逆传统的打扮也能坦然出街，人们也是见多不怪。

在中环皇后道后小街有家老式陆羽茶楼，在香港赫赫有名，宾客满座，品红茶的人比品绿茶的人多。酒家、茶楼、饭店、餐厅、快餐厅、粥面店、大排档星罗棋布，京川沪粤法意日韩，各种风味各种菜式应有尽有。一位在香港生活了近20年的朋友告诉我：“一个人如果每天晚上到香港的餐馆吃饭，两年之内可以不重复一家饭店，也不会重复一道菜。香港人工作频率高，不习惯在家里开伙，认为自己开伙，浪费时间，“时间就是金钱”，一般中高档层次的家庭，都喜欢在饭馆用餐。快餐盒饭每盒人民币20元，啤酒10元人民币一杯。

自60年代至80年代，香港兴建了大批公

共房屋及公寓，实行了“廉租屋”和“居者有其屋”计划，以低租金租给或以分期付款的方式售给低收入居民（在港户口五年以上者），改善和解决了近200万人的住房困难。

香港交通方便，最繁华的市区和人口最稠密的地区，有三条地铁，总长度38.6公里，平均每2～3分钟开行一辆，日载客量200万人次；巴士（公共汽车）服务遍及全港，有400条运行路线，各种客车6000余辆，每天载客400万人次，九龙市区与远郊市镇间有电气化铁路相连接，每天开行几百组列车，运送乘客数十万人，在香港岛与九龙之间，除海底隧道外还有近百艘渡轮来往运客，16条线路日载10余万人。

香港是个国际信息中心，全港拥有120多个外国新闻机构。正式出版的报纸有70家，大部分是中文版，也有英文版，如香港文汇报，香港大公报，香港镜报发行量都比较大，香港报纸特点，每份的张数较多，最多的达12大张，发行最多的报纸达40万份。星罗棋布的街头报摊约有2500个，几乎每隔几十步就有一个。全世界报纸发行的平均数是每千人中有100份报纸，香港却是每千人超过300份，按人口和报纸日印行量的比例，可称为世界第一。全港共有10个广播电台，24小时不停，有二个电视广播公司，1967年11月开播无线电视，设中英文两台，24小时不停。90年代香港市民普遍安装卫星天线，接收中国内地、日本、俄罗斯的电视节目。

位于香港岛和九龙半岛之间的维多利亚港，是世界上最优良的深水港之一，是亚太地区重要的贸易港口，明清时期的海防要地，元、明、清三朝政府先后在这里设置过屯门巡检司、官富巡检司和九龙巡检司，建立了完备的政权机构进行有效的行政管理。

从18世纪开始，英国公然践踏中国法律，和侵犯中国领海，对我国进行罪恶的鸦片走私活动。1840年英国借口中国查禁鸦片，发动侵略中国的第一次鸦片战争，并于1841年占领香港岛，1842年强迫清政府签订中英《南京条约》，予以割居。《南京条约》是中国近代史上第一个不平等条约。1856年至1860年，英、法对中国进行了第二次鸦片战争。英国在战后，强占了九龙半岛的南端，并通过中英《北京条约》强占香港。

十九世纪末期，帝国主义列强掀起了瓜分中国的狂潮。英国乘机胁迫清政府签订《展拓香港界址专条》等条约，强行租借了界限街以北，深圳河以南的大片中国领土及其附近235个岛屿，（后称“新界”）期限为1899年，到1997年6月30日期满。1843年4月英国公布了《香港宪章》，同时任命璞鼎查为香港首任总督，并授予广泛的统治权力。1917年英国政府又颁发了《英皇制诰》和《皇室训令》两项宪制性文告，英国以此政治框架对香港进行殖民统治。这种政治体制，一百多年来没有实质性的变化。

英国的侵略行为，清朝政府的卖国行径，爱国将士、爱国同胞强烈义愤，1841年关天培率领400多名官兵与英国在虎门苦战，壮烈牺牲，1842年陈化成率军与英军战斗，在吴淞炮台流尽最后一滴血外，三元里人民的抗英斗争成为近代史上劳动人民抗击外来侵略的先声，还有1925年6月的香港工人大罢工。解放前夕，在港的中国航空公司和中央航空公司的起义最有影响。在中国航空公司总经理陈卓林和中央航空公司总经理刘敬宜的领导下，1949年11月9日在香港起义，他们乘飞机回到解放了的天津和北京。两航的资产，除70多架飞机外，中航有2000多万美元的工厂，国航有1500万美元的工厂。两航起义震惊中外，在两航起义的影响下，香港招商分局在1950年1月13日也宣布起义。

在经济上，香港凭借处于亚洲太平洋地区中心，背靠中国内地的优越地理位置和拥有天然良港有利条件。到19世纪末期，香港已发展成东方最大的转口港。

从20世纪五、六十年代，香港逐步完成了从转口港时期向工业化时期的过渡。六十年代的香港工业在国际市场上已形成纺织、服装、靴鞋、玩具、假发、塑料花、手电筒、搪瓷等产品制造中心。六十年代初期，香港的印刷业还是起步阶段，均是单一的作坊加工企业，如纸张供应，开好料送到印刷厂。照相制版是专业加工厂，印刷、装订、模切等均是单一的作坊式的小企业。六十年代初，中国内地京、津、沪印刷界实力雄厚。当时周恩来总理曾指示上海印刷界做好印制苏加诺总统精装画册出版印刷任务。上海市出版局作为一个政治任务来抓，发动上海摄影界、出版界、印刷界领导和专家组科技人员通力合作、全力以赴，摄影师完成了去印尼总统博物馆拍摄原稿的任务，胶片送上海分色制版，排列设计、印刷装订，通过上海中华印刷厂等单位精心合作完成了世界一流的苏加诺总统精装本画册，每套两册。当时，我在上海印刷专科学校读书，记得教色彩学的徐则达老师把苏加诺画册送到我们班传阅，规定不准用手直接翻阅，戴上薄型棉手套才能翻阅。在画册里看到了毛泽东主席、周恩来总理等领导人赠送给苏加诺总统的精品国画，均是我国著名大画家的作品。六十年代初，上海的印刷业技术质量、印刷水平在香港之上。就在文革10年内乱期间，香港印刷业横跨包装与印刷两个行业。两业发展都很快，它们的外销额均呈两位数字的年增长。则印刷品及包装制品的最大输出地为美国及中国内地。特别是包装印刷品，中国内地市场的销售潜力更大。

香港的许多印刷厂都已使用现代化装备，包括电子分色机、多色高速印刷机及电脑化印刷生产管理系统，电子印前系统已可将植字、分色、拼版等工序连在一起，使彩色影像的处理速度及素质大提高；此项技术也广泛地应用在包装印刷设计上，各种不同包装盒型，已能通过电脑辅助设计系统作快速及优质的处理；多色高速印刷机也因广泛使用电脑辅助色控系统而使长版彩色印刷套印十分准确、稳定。虽然香港的人工成本不断上涨，但电脑化设备的使用使印刷工业得以继续保持其竞争力。

目前，由于香港人工成本的持续上涨，增加了生产总成本，已明显地影响香港印刷生产力，也直接降低了包装印刷的竞争力，并影响业者在香港作长远投资计划的信心。调查显示：香港印刷业在海外已设有分厂的占20.5%，计划在海外投资设厂的占19.3%；而其中最主要的投资地区为华南，其主要的目的是利用中国内地廉价的劳动工及土地。此种生产环境、生产基地的转移趋势，在今后将会持续下去。

这次在香港考察了一家印刷机刷公司和二家小型印刷企业。由印刷机械公司洪先生陪同，这家印刷机械公司主要经销二手设备。有西德罗兰、西德海得堡多色高速胶印机，这些二手设备，通过该公司检修、整理出新、安装，供东南亚地区，因价廉物美，使用单位比较实惠。据洪先生介绍：西欧国家设备保养，利用率等方面比较文明，设备磨损率低，所以西欧更新的二手印刷机械在质量上，使用价值上比较高，目前，内地许多印刷企业均去香港引进西欧国家更新的二手印刷机械设备。洪先生又陪同我们去看了一家三口之家印刷厂，这家印刷厂是个印刷成品模切的专业加工厂，业务饮满，印刷设备半自动化，劳动强度较高，丈夫是业主，每月给妻子、儿子发工资，月工资平均在2000美元左右。接着洪先生又陪同我们去参观了一个10多人的印刷厂，该厂是一个小型彩印厂，设备有小胶印、凸版海得堡、立飞等，印刷车间不大，感觉上很拥挤，香港是寸金之地，房费特贵，看到印刷工赤膊上阵，脖子上戴着宽边的金项链，流汗夹背地在操作，有的印刷工在装版，版子都是采用感光树脂版，虽然车间非常拥挤，现场管理、印刷质量比较好。

从70年代开始，特别是1978年内地实行改革开放政策以来，香港经济蓬勃发展，创造了令人瞩目的经济奇迹，被誉为“东方明珠”，居亚洲“四小龙”之首。从1966年到1994年，香港经济的增长率平均每年为7%，按人口平均计算的本地生产总值由668美元增长到21670美元，增长31.7倍，已超过美国、加拿大、意大利等发达国家，列世界第六位，在亚洲次于日本，位居第二。目前，香港已成为亚大地区的国际金融、贸易、航运、旅游和信息五大中心。

香港有十大华商企业，他们是郭炳湘的新鸿基地产发展有限公司；霍建宁的和记黄埔有限公司；李嘉诚的长江实业(集团)有限公司；李兆基的恒基兆业地产有限公司；郑家纯的新世界发展有限公司；李唯仁的九龙仓集团有限公司；余立仁的香港电灯集团有限公司；马文思的香港中华煤气有限公司；李唯仁的会德丰有限公司；李国宝的东亚银行有限公司。

香港的繁荣是以中国人为主体的香港人干出来的。目前香港华资财团控制的上市公司市值，约占香港股市总值的55%左右，华资已成为香港经济的基础和主体。1988年底香港股市的十大财团中，华人即占7家，他们是李嘉诚、包玉刚、郭得胜、李兆基、郑裕彤、陈曾寿、邵逸夫。据香港1991年统计，香港华人亿万富翁有197位，他们的财富为3453.5亿港元。

据香港中国企业协会公布，到目前为止，驻港中资企业已有156家，在港总资产已达425亿美元，成为在香港仅次于英资的第二大投资者。现在，在港的中资公司以中信的成绩最佳，1992年8月成为香港恒生指数的成份股，1994年1月底市值已超过400亿港元，成为香港十大上市集团之一。中国银行已成为香港最实力和影响的银行机构之一，其资产已达7000多亿港元，中银集团已成为香港三个发钞行之一，1994年5月首批发行30亿港元，约占香港钞票发行总额的5%。

漫步香港街头，卖金手饰的商店随处可见。全港有193家金银业贸易商号，其中33家具备铸造标准金条的资格。这里的金价比其他地方低，而金制品的样式却比其他地方好。在金店我给爱人买了一条24K颈链，只化人民币伍佰元左右。我的同事给他女儿买了一块一两重金块，(为女儿出嫁用)只化了3000元人民币。从1975年开始，香港平均每年从英国、瑞士、澳大利亚等国输入黄金约5万公斤，最高年份达10万公斤，成为世界上最大的黄金销费市场之一，同纽约和伦敦的黄金市场鼎足而立。在金店，我们又看到四位服饰威武、荷枪实弹的港警雄健地走进金店，取走库房营业现金，送上警车、护送入库。在金融业治安防卫方面香港警方比内地做得出色。

香港又被称为“商品的海洋”、“购物的天堂”。仅1995年上半年，旅客用于购物的消费就高达150亿港元。香港的商店顾客盈门，商店大体分6类：大型综合商业中心，约有20多家；超级市场约有80多家；超市货架上的水果、蔬菜都采用保鲜包装，特别是新鲜蔬菜，经精心整理后，通过保鲜薄膜印刷包装，上柜供应。香港的日夜商店约有230多家；百货公司约有10000家；遍布大街小巷的中低档杂货摊商22300多个，无牌摊商1600多个。目前，香港的商业市场已形成港资、国资、日资和英资四强争雄的新格局。

香港有42处泳摊，22个泳馆，享有“天下第一湾”之誉的浅水湾、沙滩线长，滩体宽阔，沙粒黝细，滩坡平缓，海水清净，交通便利，风景迷人而成为香港最著名的海滨浴场。香港现有郊野公园21个，共有1050座公园和花园，1670个各类球场。在导游小组的带领下，我们到了著名的海洋公园，进入亚洲第一个水上乐园，观看海豚表现，又参观了目前世界上最宏伟的水族馆，座上亚洲最长的过山车，由于时间关系还有好多景点如“百鸟居”、“蝴蝶馆”、“集古村”等没有来得及观看。香港虽然是弹丸之地，但香港的旅游业已充当了经济发展的先头部队。目前香港约有1000家旅行社。1992年到香港旅游者达800多万人次，旅游收入约400多亿港元。

转眼还有50多天，香港就要回归祖国的怀抱，“一国二制”、“港人治港”是邓小平同志的伟大创举。香港回归，是1997年在我国政治生活中一件大事，到7月1日，那面在中国领土一角飘了156年的米字旗，将从香港总督府楼顶落下，鲜艳的五星旗将冉冉升起，随后升起的还有五星花蕊紫荆花图案的香港特别行政区区旗，在香港上空高高飘扬，永远飘扬。

一九九七年五月六日

综析香港包装工业

吴国荣

地少人多的香港有几百家规模较小的包装品生产厂家，雇员共5400人。包装工业只是一个小型产业，但它对香港的贡献却不容小觑。

首先表现在出口上。1996年1至11月，香港包装品出口值达266.9亿港元，其中本地包装品出口值40.2亿港元，转出口值226.7亿港元，比上年同期增长29%。在转口包装品中，有相当一部分是港商在境外设厂生产并通过香港转口的。这是由于香港成为国际贸易中心而具有得天独厚的优势。

其次表现在包装设计上。香港有许多出类拔萃的设计师，他们的出色包装设计大大提高了香港产品的形象，促进了工业产品的出口。值得称道的是，香港设计师荟萃东西方设计风格，合璧中外设计的特色，不但吸引越来越多的内地和亚洲各企业，通过香港包装设计，把产品扩展到西方市场；而且西方产品通过香港包装设计，增加东方韵味，吸引东方的消费者。香港这种揉合东西方两大文化精髓、贯穿中西的设计能力，使它成为商品包装的国际枢纽和亚太地区的包装设计中心。这是香港最宝贵的财富之一，也是香港在激烈的市场竞争中的最大优势之一。

再次表现在包装服务上。香港许多制造工业能在世界上打响，包装工业功不可没。香港包装业凭借创意丰富、配套成龙的包装服务，积极扶助港商在国际市场大展鸿图。这些服务除了设计外，还有信息服务、技术咨询、人才培训、科研开发等。

香港包装工业之所以能在短时间内成绩斐然，这与内地经济蓬勃发展息息相关。改革开放以来，不少跨国企业在香港设立办事处，作为涉足内地的据点。一些企业在高档产品的包装上投入巨额资金，刺激了香港包装工业的发展。另一方面，由于香港包装工业的发展，尤其是包装设计的生机勃勃，吸引海外各类包装专业人才，包括设计师来港，他们带来世界各地最新潮流和信息，使香港成为东西方包装文化的汇聚地促进香港包装工业新一轮发展。

香港包装工业蓬勃发展的根本原因是内地为它提供了广阔的市场。自1981年以来，内地一直是香港包装品最大的出口市场。1995年香港输往内地的包装品总值达172亿港元，占香港包装品总出口63%，而香港输往美国和英国的包装品分别占香港包装品总出口的20%和4%。由于内地企业进一步认识到包装对提高产品附加值及市场占有率的重要作用，继续增加对香港包装品的需求，致使香港与内地包装品的贸易往来有了更明显的增长。今年7月1日香港回归祖国，内地将为香港包装工业拓展广阔的发展空间，香港包装工业将在东西方商品贸易沟通中担当更重要的角色，将更加蓬勃地发展。

上海市包装技术协会访日团出访报告(摘要)

以上海市科协科普事业中心主任、上海市包装技术协会秘书长庄英杰为团长的上海科协科技合作访日团一行四人,应日本包装设计协会的邀请,于1997年3月5日至3月16日访问了日本大阪、京都、东京、横滨等地的相关科技社团、科技展馆、商会和企业。在短短的12天中,代表团拜会了22个单位,参加了今年将于大阪召开的"第四届亚洲包装设计交流会暨展示会"筹备会,与各相关团体就双方的业务合作作了广泛的探讨,并从各个角度对日本的有关科技现状、科普展教情况,以及包装技术和市场情况作了考察,圆满地完成了各项出访任务。

一、关于"第四届亚洲包装设计交流会暨展示会"大阪筹备会情况

亚洲包装设计交流会暨展示会(略称"APD")是由日本包装设计协会、韩国包装设计协会、上海市包装技术协会、台北包装设计协会发起,联合组织召开的会议。今年继汉城会议、上海会议、台北会议之后,已是第四届会议。"'97APD.大阪"以日本包装设计协会为东道主,计划于今年10月2~4日在日本大阪召开。为了开好这届会议,亚洲各有关国和地区的团体,分别派员参加了于3月7日~3月8日在日本大阪召开的筹备会,上海代表团代表上海包装协会与各团体共同讨论了'97APD.大阪会策划意向书。

二、加强与日本相关科技团体的关系,开拓合作业务

为了进一步扩大对日合作,访日期间,代表团分别拜访了上海市科协的相关日本科技团体和与上海市包装技术协会相关的日方科技团体,并与各团体进行了科技交流。

1.此次访问的科技团体中,与上海市包装技术协会相关的团体有:

(1)日本包装设计协会是日本全国性的组织,社团法人,其本部设在东京。该会由100多家企业团体会员和几百个个人会员组成,主要从事包装设计技术的国内外交流,设计与市场的调研,其宗旨是为培育和促进工业产品市场的竞争力,提高产品包装设计水平和效果,增加产品的附加效应和市场占有率。

(2)日本包装资材全国联合会是日本包装材料领域的一个全国性民间行业协会,总部设在东京,各市和地区有其分支机构——包装资材组合。团体会员有近4百,主要是包装材料生产企业和各种包装材料商会、商店。主要从事日本包装材料业企业经济、技术、和社会协调的发展研究,实施科技教育、市场信息的沟通,包装材料价格的协调平衡,日本行业间国际间的相互交流、人才交流等。

(3)日本包装技术协会系日本国家的综合性包装社会团体。该会现有团体会员1200多,个人会员240人,协会本部设在东京,各地区设有支部,设理事会、常务理事会、运行委员会、技术委员会、国际委员会等机构。其业务有:组织日本JIS(日本标准)国际调研、举办研究会、恳谈会、讲演会、学术讨论会、包装管理讲座、包装展览会等全国性活动,进行包装控制试验,对全日本包装业的技术、经济发展进行调查,开展国际交流,评选日本国内包装优秀产品"日本之星"、推荐"亚洲之星"、"世界之星"等。

出版发行"包装技术"月刊等刊物,为政府制定政策提出公正的依据等。

2.日本包装业的技术动态和市场动态

(1)日本包装行业的技术动态

随着日本国的经济发展,日本国民的生活形态发生着很大的变化,如何对应变化着的社会环境开发新的包装材料,增加产品的价格竞

争力，促进生产软件的向外输出，针对这一问题，日本的包装业目前在处于产业巨大的转换时期，政府相应地制定了PL法容器包装再利用法，保证品质、废物处理等问题已成社会热点，包装产业的动向已倍受整个社会关注。

传统的包装功能在于物品的保护及保存性，随着科技与经济的发展，包装功能更加多样化，渐趋注重消费者功能需求。为减少环境负担，建立可持续发展的社会结构，日本已设《环境基本法》，重新认识包装的本质，开始开发包装废物的减量、易分门别类回收、可合理化处理、可资源再利用等对社会环境适宜的功能性包装材料和包装技术。

包装设计必须从时代的要求出发加以思考：以功能性为基础的设计追求彻底的社会性、合理性，迄今的表面感性色彩趋于减弱，视觉表现比过去的设计更富有变化和使感觉更为广阔，更有个性化，设计更趋于实在性。

(2)包装材料的技术开发动态：

包装材料的高技术化，改进老的包装性能，开发具有全新的功能包装材料已成为今后永久性的课题，其中“减少环境负担”是新附加的制约性条件，最近最为引人关注的材料是：

a. 气变型性材料　b. 透气性包装材料　c. 分解性/生物破坏性包装材料　d. 耐热容器　e. 金属触媒树脂

运输包装技术动态：

日本工业根据市场的需求，采取了多品种、少生产的策略，因而也实现了运用机器人、机械手的FMS化，在运输包装业，运输包装容器向小型化，大型化两个极端发展，集装箱运输推进了国际复合一贯制运输。由印刷技术、精度的提高，物流条形码已从标准1.2～0.625扩大到1.2～0.25。分门别类运输技术、缓冲包装技术、防捆包破裂技术，CAD包装工艺设计，CAD/CAM包装改进系统，环境对应包装运输技术等等都在积极地得以开发。

3. 包装技术信息

通过访问包装科技社团，代表团获取了大量科技信息。

(1)日本包装材料全国联合会振兴包装材料企业，将3月18日列为全国包装日，并得到有关政府机构的支持，在全国开展一系列的包装研究，对应社会环境开发包装材料的宣传；

(2)日本包装技术协会，在深入促进日本包装业的发展中，除做大量的民间性行业科技教育、宣传、调查研究外，还接受政府委托出版发行了“'96包装白皮书”、“包装与环境”等书籍，为政府机构制定各种相关工业法律做大量的第一手工作。“包装与环境”、“'96包装白皮书”系统地阐述了日本包装的现状和发展对策，回国后，呈市经委政策规划处作为包装参考材料，可用于对本市的包装产业振兴对策的制定。

三、体会

代表团成员虽然这次访日考察都已经是第二次了，但是，日本毕竟是比较发达的资本主义国家，市场经济发展比较完善，作为企业必须在市场中竞争生存，作为政府在经济发展后就十分注意公益性的事业，因此，这次有针对性的考察，仍然在代表团中留下深刻印象，有不少体会。

1. 从日本的东京包装材料协同组合的考察了解中，这些小企业规格都不大，技术难度不高，设备也较简单，类似于家庭工业类型。如：各种塑料封口袋的制作，特殊规格包装盒袋，小批量的包装商品，小型包装商店等，前店后工场的加工形式，适应“船小易掉头”的市场需求，这对城市型工业有借鉴之处。

2. 考察了解包装产品超市，在东京包装协会陪同，代表团一行参观了一家包装产品超市。这家商店的包装产品超市，完全不同于国内的包装市场，但在这家超市里除了包装机械外，从一楼到八楼每层陈列不同包装材料和成型的包装用品，如：各种材料、容器、包装纸张、包装礼盒、辅助材料、包袋、塑纸花卉等应有尽有。

这些商品有来自中国、韩国、马来西亚、越南等国家，聚合的包装产品有12000余种，可以供顾客零售和批发。以不同品种，不同款式、不同规格，不同材质大大方便了企业的产品包装，但是我国内没有一个省市有类似的包装产品超市，给代表团以新的感觉。

3. 注意包装信息技术研究，代表团听了日本包装技术协会下属包装技术研究所的介绍，产生强烈的兴趣，作为上海应该有个专门研究的信息和技术的研究机构，收集国内外的包装信息资料，研究开发包装新成果，推动促进商品包装水平的提高，开办各类包装人才培训，提供包装技术咨询服务等，但是，像这类似社会效益为主的机构，前期应得到政府部门的扶植。

4. 代表团一行还拜访了日本国际设计交流会，对今年同时与亚洲包装设计展示交流举行的国际设计展览会进行了深入探讨。代表团二次走访该协会，得到该协会事务局长等接待。日本国际设计交流协会与中国工业设计协会对口，该协会在日本每年举行国际设计展览会。双方就加强合作交流进行商量，中方有意邀请该协会组织到上海来参加上海国际设计展览会，日方表示研究以后，再予回复。

代表团认为，上海作为国际性的大都市，设计代表一个城市的工业水平，文化生活以及城市文明的象征。它涉及工业设计、建筑装潢设计、广告设计、服饰设计、包装设计、形象设计等各个领域，提高城市设计水平，将带动和促进各个方面的发展。因此，代表团建议有关部门要研究协商，创造条件在上海举办国际设计展览会。

（上海市包装技术协会访问团）

从美国包装业看我国纸制品行业的前景

一、美国包装行业概况

美国是一个包装业十分发达的国家，纸制品包装行业在美国发展迅速。仅折叠纸盒的年产量就达 325.9 万吨，销售总产值 50.68 亿美元；刚性纸箱销售值为 189.96 亿美元；纸制品（不含造纸业）年产值总额达 292.03 亿美元。

在市场经济发展比较成熟的美国，纸制品行业的发展不受客观外部条件的约束和影响。各企业根据企业实力，资源情况，市场发展趋势，在行业组织宏观协调监控下，自觉地运用行业机制、市场机制，合理地配置产业结构。如美国南斯屯纸箱机械总公司，创办于 19 世纪 90 年代初，它从单一的纸板单机制造厂发展到纸箱机械跨国公司，成为美国纸制品行业的佼佼者，在市场需求的杆杠作用下，适应了产业发展，引导着纸箱生产机械化现代化的发展道路。

随着生产力的发展，建立现代化企业必须走强强联合发展道路。从世界发达国家发展状况看，所有大集团公司，跨国公司，都是聚集了十分有实力的企业和财团组成大公司。美国的“AP”公司就是一例。“AP”公司创办于 1898 年，是一个由 20 个工厂组合成的纸制品跨国集团公司，企业分布在世界各国，共有 126 个分公司，员工约 7 万余人，全年产值达 156 亿多美元。公司拥有 150 多英亩的森林资源，在本国有 26 个纸浆公司，54 个包装公司，43 个林业公司，38 个特殊产品公司，形成工、农、轻、化、畜牧业相互配套生产的经营基地。从其体系分支可以看到，造林研究、包装开发研究、产品研究、机械研究、分销、环境科学研究、微波熟食研究都实行专题研究开发与生产相结合的方法，具有很强的技术实力和专业设备实力，成为美国包装业举足轻重的纸制品公司，为产业生产上规模，形成一业为主多种经营并存的生产模式打下了良好的基础。

美国纸制品行业装备趋向自动、高速、多功能化。生产企业淘汰了落后的单面机，形成以生产线或成套设备配套的多功能生产流水线。

如3—5层的自动瓦楞纸板线、横切自动印刷开槽机与胶合机联为一体，并配置有关辅助设备圆压圆高速自动模切机，以及最新的彩色纸盒制造和模版激光切割机。纸箱纸盒设计、检测仪器都由计算机系统操作。这些均体现出设备本身规格、尺寸功能多样化，技术新颖专利化以及高速运作自动化。

美国的纸制品行业是以科学管理、先进技术为前提，以生产出高品位的纸质包装箱(盒)为宗旨，朝着生产规格集约化的方向发展；朝着自动化、高速化、功能化的方向发展。

二、从美国包装市场的繁荣看中国纸制品工业行业的发展前景

我国经济建设处于振兴发展阶段，随着生产力的发展，产业结构的优化配置，纸制品行业将由配套产业发展成为主导产业。如江苏省把发展包装工业作为本省实现四化突破口之一，深圳市将其作为四大支柱产业，广东省将其作为拳头产业。然而我国包装行业起步晚，与美国等发达国家相比仍有差距和不足，我们应该借鉴国外包装行业发展成功之经验，并结合我国实际，发展具有中国特色的包装行业。

我国的社会主义经济建设面临着两个根本性转变，从计划经济转向市场经济，从粗放型经营转向集约型经营。如何合理地配置生产资料、资源，优化组合生产机制，建立起新型的企业模式，已严峻的摆在我们面前。走强强联合企业集团发展战略的道路是适应社会化大生产之必然，是企业生存发展的趋势。根据我国的现状与“九五”规划，强强联合模式，可逐步分为以下几种类型：

①集优势精锐部队，组成纸制品行业国家队、省级队，并集聚有一定能力的造纸厂、瓦楞纸板厂、纸箱厂形成规模企业，形成综合开发、综合利用的拳头企业，增强包装业的国际竞争实力。

②专业集团化，优化组合，合理配置资源；集一定专业性包装企业，形成一定特色的包装实体；避免多头投资，重复投资；克服小而全的资源配置。根据经济区域划分产业结构，形成区域专业集团化包装公司。

③配套补缺专业化。依据行业特点和集团化、规模化特点及时注意配置生产龙头企业，配置企业之间空隙包装生产，解决间隙包装产品。

中国包装企业走出困境必须坚持以质量求生存，以质量求发展的原则。质量是效益，质量是财富，质量是生命线已成为企业发展的保证。造精品创名牌战略已成为企业的主旋律，为繁荣我国纸制品行业必须贯彻国家质量标准，推行“ISO9000”的质量管理体系，改变当前企业中存在的仅为追求生存，获取眼前利益而生产价廉、质次的产品，满足那些为降低成本而使用低劣包装产品的用户需要，而导致纸制品质量下降的被动局面。

要加强专业培训，提高纸制品专业人才素质。在建设有中国特色的社会主义理论指导下，遵循社会主义市场经济之规律，大力培养适应包装行业专业人才，解决包装行业人才短缺问题。要充分发挥现有包装院校的作用，使其担负起三项重任，即培养德才兼备的校园内的专业人才和通过开设自学考试，培养校园外的专业人才；二是采取灵活多样的方式，加强在职在岗人员培训，努力提高行业职员的业务素质；三是组织在职管理干部、技术干部开展定期与不定期相结合的培训。

(郑祖平)

德国杜塞尔多夫国际展览会一瞥

杜塞尔多夫展览机构始创于1947年,属杜塞尔多夫市政府管辖。该机构除以主办大型国际工商业展览会而闻名于世外,还拥有杜塞尔多夫展览场馆及会议中心的业权,是目前世界上设备最先进的国际展览场馆之一。

在过去四十年,杜塞尔多夫展览机构一直致力推动展览事业,公司在世界80个国家和地区设有代表处。每年由杜塞尔多夫展览机构筹办的国际性展览会、包装原料展览会、食品加工机械国际展览会、包装原料展览会、食品加工机械国际展览会、塑胶及橡胶国际展览会、测量仪器及自动化装置国际展览会、采矿业国际展览会及国际金属及玻璃制造技术贸易展览会均为这些行业最具代表性的国际贸易展览会。

杜塞尔多夫国际包装展览会

国际包装展览会不仅是一个全面的技术展览会,它也是包装机械、包装和糖果机械领域未来发展的指南、窗口、检验的场所和标志。

在1996年德国杜塞尔多夫举办的国际包装展览会上,人们发现在过去的几年里,一股全球性的包装材料再利用及再循环的潮流正在复苏。行业专家的统计资料表明,由于食物腐烂和资源滥用所造成的损失为30—50%,各国政府为保护环境纷纷开展再循环工程。包装工业对于保存、保护食物是十分重要的,但它比其他工业在某种程度上会产生更多的废弃物。因此,世界各国的包装企业摸索出各种各样的可再利用材料,并致力于国家级的各种项目以研究包装材料的收集与再循环。再循环制品与再循环材料有着重要的区别,如今制造的包装材料含有部分可再利用材料,而其发展的趋势是所含比例越来越大,如PET、饮料瓶、铁制食品罐、成型纸制品等,这些产品都包含有可再循环材料。

杜塞尔多夫国际包装展览会每三年一届,每届有来自40多个国家的2000多家公司参展,展览净面积逾13万平方米,参观人数近20万人次。

该展览会是该行业居领先地位的展览会它不仅是比较全面的技术展览会,同时也是包装机械、糖果机械和包装未来发展趋势的指南和窗口。多年来杜塞尔多夫国际包装展览会已成为包装界最具代表性的展览会。

1999年杜塞尔多夫国际包装机械、包装、糖果机械展览会将于1999年5月6—12日举办。

展品包括包装机械及器材、包装材料及辅助设备、糖果机械及器材、包装行业及糖果行业的相关服务。

德国杜塞尔多夫国际玻璃及应用技术展览会

杜塞尔多夫国际玻璃及应用技术展览会每两年一届,每届有来自30多个国家的700多家公司参展,展览面积近4万平方米,参观人数逾5万人次。

该展览会范围广泛,展品涉及玻璃制造和生产技术、玻璃加工和精炼等,是唯一囊括整个玻璃工业的专业展览会。1998年杜塞尔多夫国际玻璃及应用技术展览会将于10月在德国杜塞尔多夫展览馆举行,展品范围包括玻璃生产和制造技术、玻璃加工和精炼、玻璃工业成套设备、环保技术、玻璃制品、服务等。

德国杜塞尔多夫国际及废弃物品管理展览会

杜塞尔多夫国际环境保护及废弃物品管理展览会每三年一届,每届有来自20多个国家的1300多家公司参展,展览净面积逾4万平方米,参观人数逾50,000人次。

当前环保问题已成为公众关心的焦点，而国际环保展已成为世界唯一的大型环保及废弃物品管理的贸易展。多年以来，杜塞尔多夫国际环境保护及废弃物品管理展览会已成为环保界最具代表性的展览会。

1998年杜赛尔多夫国际环境保护及废弃物品管理展览会将于1998年3月2日—6日举办，展品包括废品处理及回收废品再循环、有害废品及污染土壤的处理、水及废水处理、空气污染控制、噪音消除、测控分析系统及其各类环保服务。

把德国包装印刷管理经验真正学到手

上海紫丹印务公司总经理张寅

上海紫丹印务有限公司是由上海紫江集团和丹麦“发展中国家工业化基金会”共同投资的中外合资企业，先后引进多种新颖的德国海德堡、罗兰胶印机等印刷机器。先进的机械有了，如何把德国包装印刷先进的管理一起引进来呢？这是紫丹公司追求的迫切愿望。

代表团在国外短短10天里行程3000公里，共考察了德国、荷兰印刷包装企业8家，收集了包装印刷精品、纸包装样盒上百件，设备技术资料及珍贵照片上百张，真可称得上是收获颇丰，尤其是对他们的企业管理更是印象深刻，概括起来有“四个高”。

高度集约化的管理

在考察过的德国几家包装印刷工厂，给他们的第一印象是工厂的服务台，奇怪的是服务台的服务员只有一位，而且不仅是负责总机、接待、传达收发工作，还要兼文秘等行政工作，什么传真机、复印机、计算机、电话机、打印机等一应俱全。服务员的神态看上去很笃实，一点也不显得手忙脚乱。而国内往往需要两人以上才能完成这些工作。可见，其工厂用人方面的高度集约化，无疑对国内包装印刷企业是一个很好的启示。

除了服务台管理以外，生产车间的管理也是如此。一台700五色印刷机，只有两个操作工，而印刷速度都在每小时一万张以上，保量又能保质，这在国内真的难以想象，然而在德国却是真实的事。更惊奇的是印刷工厂的每个车间都没有车间主任，没有看到过一个管理人员在巡视和检查，生产和机器却很正常地运转着，工人们都很自觉地干着各自的工作，部门办公室里更是人员稀少，各人忙着各自的事，没有一个闲散的人。正由于企业在人事方面的高度集约化，虽然德国的工厂规模不大，人员不多，但人均产值和创利都相当可观，这就是高度集约化带来的益处。

高度的环境理念

在德国的包装印刷企业，环境极具理念。譬如象海德堡印刷机械制造公司，一个大型的机械制造厂，偌大的车间，地面竟然一尘不染，没有一丝油迹和污垢。同样，在环境较难维护的印刷厂也是如此。他们参观的同行业ABT印刷公司，印刷车间窗明几净，地面铮亮如镜，物料堆放整齐有序，工人操作台上的物品、工具都摆放得干净、整齐，写字楼里的地毯象新地毯刚铺上一样，崭新如初。厂区周围的环境更是无可挑剔，没有纸屑，没有尘埃，取而代之的是草坪和花木，没有一处“黄土朝天”。这些情景对于国内来讲好象是天方夜谭，而对于身临其境的人来说，确实无可置疑。我们就要朝这个方向去努力，紫丹印务公司就是想办成这样一个环境理念的工厂，目前我们的新厂区、新厂房，就是按照这个样式设计的。

高质量的品质控制

德国企业的品质管理也是一流的，他们的品质管理不是被动型的管理，而是主动的品控。换言之，他们在产品设计开发时就注意到如何圆满地把新产品造出来，根据自己的设备，制定周到的加工工艺。譬如GATF印刷公司在印刷CD和VCD等光盘包装纸和宣传单片时，为了使印刷品在放入包装箱内时手指不伤害印刷品，品控部门专门设计了一种可旋转的活络门纸箱来包装印刷品，这就确保了印刷品的清洁和质量。

高尚的敬业精神

为什么德国包装印刷业的普通员工都如此出色，角色如此到位，员工象员工，老板象老板，工作状态极佳。在GATF公司我们看到有位印刷工人在把洗干净油墨的揩布小心翼翼地展开、摊开，又仔仔细细地折好叠好，折得方方正正，叠得整整齐齐。他们是用心做着每件事，哪怕是一件很不起眼的小事，标准只有一个：追求百分之百的完善。

10天的考察是有限的，但留在心中的思索是无限的。回国后，我们马上进行总结，在该公司的会议厅中用照片、实样再配比文字向全体员工宣传。

紫丹印务公司创建于90年代末，是我国跨世纪的一个新型印务企业。考察回来，他们更加意识到要高目标、高起点，必须从细处做起。一个企业只要善于同各个蕴含着巨大创造力的员工真诚地结合在一起，才能最大限度地发挥自身的优势，加快自身发展的步伐。能把德国的包装印刷管理真正学到手！

包裝機自動化設備・規劃製造

★詳細目錄備索★

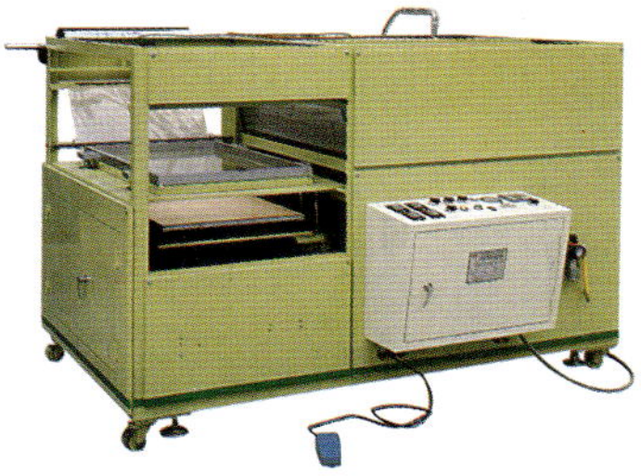

PW-609V

〈重型〉真空密著包裝機

(Heavy-Duty)VACUUM SEAL PACKER

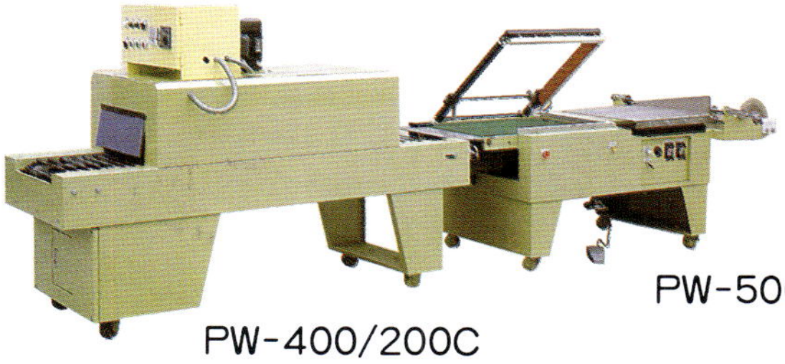

PW-500L

PW-400/200C

自動 L 型封口收縮包裝機

AUTO.L-TYPE SEALING &SHRINK TUNNEL

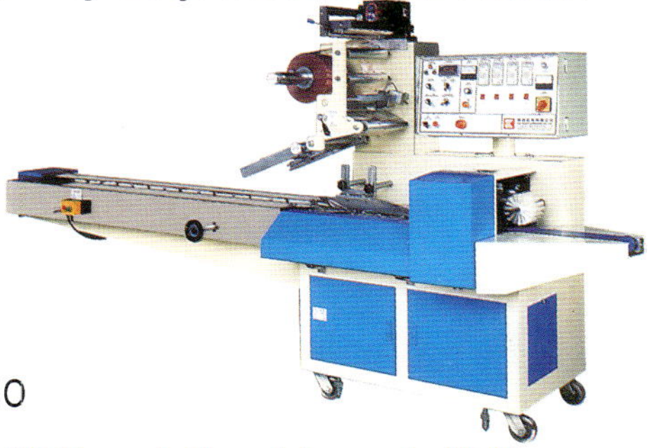

PW-380

自動/製袋、充填、封口、包裝機

AUTO/BAG FORMING/FILLING/SEALING & PACKING MACHINE

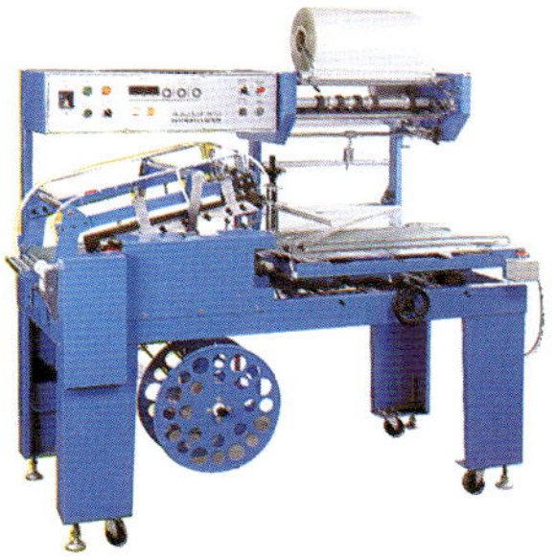

PW-500

全自動/L 型封口機

AUTO/L-TYPE SEALING MACHINE

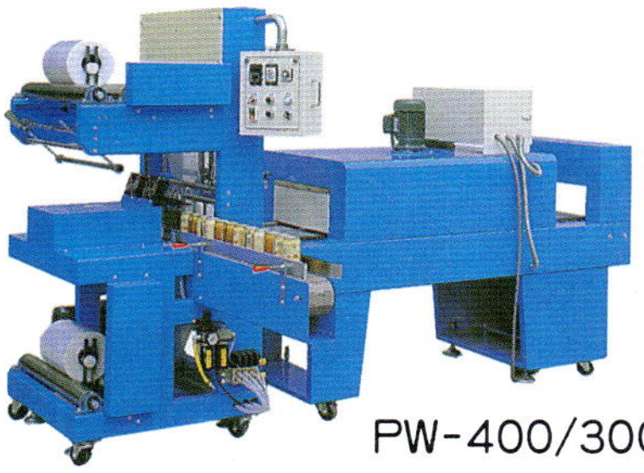

PW-826

PW-400/300E

全自動/袖口式計數整列封口收縮包裝機

AUTO/SLEEVE TYPE SEALING & SHRINKING TUNNEL
WITH COUNTING & FORMING

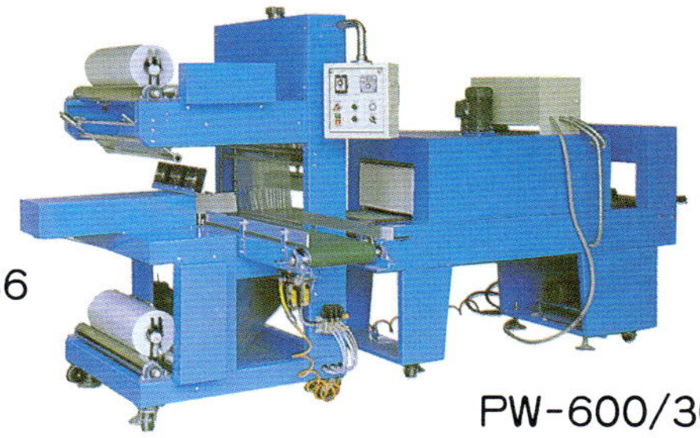

PW-836

PW-600/300E

全自動/袖口式封口收縮包裝機

AUTO/SLEEVE TYPE SEALING & SHRINKING TUNNEL

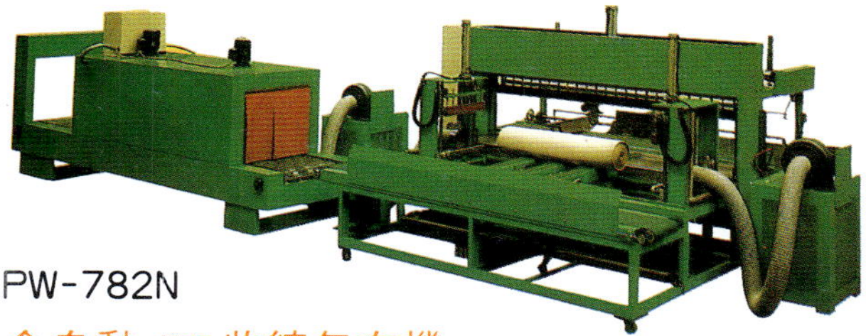

PW-782N

全自動/PE 收縮包布機

AUTO/PE SHRINK PACKING MACHINE FOR CLOTH

PW-728

全自動/集體 PE 收縮膜包裝機

AUTO/GROUP PE SHRINK FILM PACKING MACHINE

pao wang

包旺興業有限公司

臺灣省台中縣大里市新仁三街 16 號

PAO WANG CO., LTD.

16,HSIN JEN 3rd ST., TALI TAICHUNG, TAIWAN R.O.C.

TEL:886-4-2776488 FAX:886-4-2777719

業務接洽人：邱大進

其他機種：

泡殼包裝機/迷你收縮機/密著包裝機/各型封口機/PE・PVC 收縮機/高速收縮機

＊如有包裝上的難題，本公司具有 25 年以上的包裝機械專業製造之經驗，其他機種維修服務，歡迎洽詢，本公司很樂意爲您服務解答。

JAPAN CARTON & BOX CONVERTING MACHINERY EXHIBITION

JCBM '98 OSAKA

全国纸器、纸工、纸箱机械展

主题：开拓美好明天的纸工技术全貌

1998年

6月18日（星期四）

～

6月21日（星期日）

展出内容：周边纸箱机械、打印机、打折上胶机、模子裁断机、自动制箱机、自动合纸机、制袋机、缝合机、贴函机糊机、折曲机、自动平盘打拔机汤姆生打拔机、印刷机、捆包机、断裁机、控制装置、制版机械、其它关连机材。

规　　模：90间公司，1000间展厅
　　　　　展出日本尖端的技术、机械

会　　场：大阪国际展销新会场
　　　　　（INTEX OSAKA）

时　　间：上午10：00～下午5：00
　　　　　＊最后一天到下午4点为止

《主　办》 JCBM'98实行委员会

《事务局》 株式会社　日　　报　〒541 日本国大阪市中央区南本町1-5-11
电话：06－262－2401　传真：06－262－2090

我们全体大会人员竭诚欢迎贵宾们来场光临指导！

您已经用了吗?!

- 通过最新技术实现的长尺寸捆包带。
- 适用于现行使用的捆包机。※注
- 手感柔软，质地强韧。
- 对环境无害，减少废料，节省资源。

■专利／第1863054号
■专利／第1879392号
■JIS／Z1527

降低捆包成本的王牌 UNK NEO捆包带

※ 注：有可能不适用部分捆包机。请与NEO捆包带经销店或本公司接洽。

自动捆包机用PP捆包带

UNK ネオバンド

■NEO捆包带规格

公 称		NEO 15.5	NEO 12
宽度(mm)		15.5	12.0
厚度(mm)		0.50	0.50
强度(mm)		120以上	100以上
延伸度(%)		25以下	25以下
长度(m)		3,300	4,500
包装数量		2卷/包	
色	透 明	黄、蓝、本色	
	不透明	黄、蓝、白	

UNK
宇部日東化成株式会社
大阪支店 电话:06 (202)6395
名古屋支店 电话:052(201)2616
福冈营业所 电话:092(761)0261
佐贺办事室 电话:0952(29)4353
札幌营业所 电话:011(281)5505
仙台营业所 电话:022(267)6865
〒103 东京都中央区东日本桥1-1-7（东日本桥蓝天大楼） 电话:03(3863)5220

采用特殊加热器和精确调温的超群机械

自动打包(盒)机

S型系列——从小型半自动机到大型高速机——

S-5000TR-WW型(4连式)

●任选件

供盒装置、自动换包装置、移动定量充填装置、修边装置、热封机、中心切割、碎片、卷绕

适用包装

咸菜、蔬菜、煮菜类、调味肉、饺子、烧卖等烹调冷冻食品类、豆腐、菜干、蒟蒻类水产加工品、盒饭、果子冻、布林等。

◎S型系列的特色

- ●机种丰富，供用户按照用途、性能、预算选购。
- ●采用特殊加热器和精确温调，密封包装效率超群。
- ●机构极为简单，女性操作员也可轻松操作。
- ●易耗品极少，维持成本低。
- ●任选件种类丰富，可更加提高效率。
- ●彻底去除了无实用价值之处，运转无故障，而且价格低廉。
- ●利用修边装置，可同其它容器兼用。
- ●多连式结构，效率极高。

●规格

型　号	全长m/m	打包能力/小时	电　源
S-1400	1400	900～1300	100V(或200V)
S-1600	1600	900～1400	100V(或200V)
S-2000	2000	900～1500	100V(或200V)
S-2500	2500	900～1800	100V(或200V)
S-2500-T (3连式)	2500	3000～4000	200V
SR-3000	3000	3000～4000	200V
S-5000TR	5000	4000～6000	200V

自动打包(盒)机　　设计、制造

第一打包机工业株式会社

总　公　司：〒564 大阪府吹田市垂水町1-14-34

电话：(06)386-1694(总机)　传真：(06)386-0078

东京营业所：〒229 神奈川县相模原市桥本6-43-2

电话：(0427)79-8118(总机)　传真：(0427)72-1733

九州营业所：〒862 熊本市龙田町上立田 1 2 3 7

电话：(096)339-6552(总机)　传真：(096)339-6552

LASERCH

全 面 系 统

全部装置联机
实时启动作业

NEW MASTER-BENDER
冲模刀自动弯曲机
刃角可弯曲90度

刀材料厚度	0.45m/m	0.71m/m	0.89m/m	1.07m/m
刀材料高度	23.6m/m±0.5m/m			

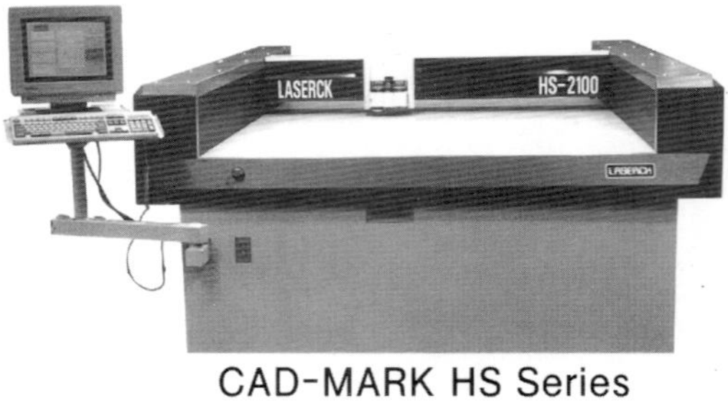

CAD-MARK HS Series
超高速、高精度自动制图机多头型
制图速度：50m/min
传动方式：XYZ θ 4轴自动控制
可加工50m/m层压瓦楞纸
可安装喷墨机构

MASTER-CUTTER
冲模刀自动切裁机
(刀库有6种用和1种用。)
可切裁缝纫机刀

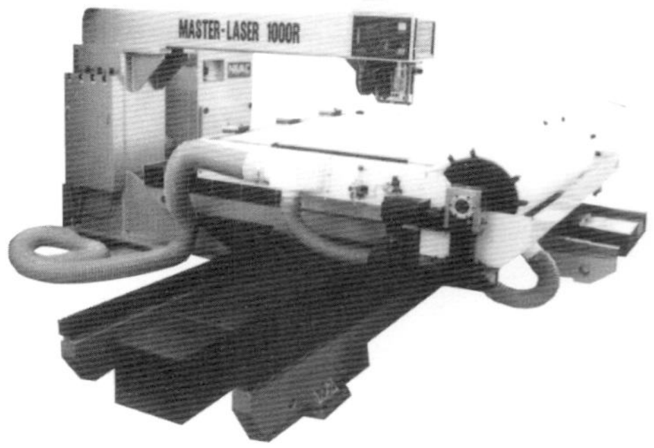

MASTER-LASER 1000R
二氧化碳气体激光加工机（旋转和圆盘兼用型）

株式会社 LASERCH

总　公　司	邮编581	大阪府八尾市南木之本9丁目84番1号	电话：0729(95)0394	传真：0729(95)0392
东京事业部	邮编340	埼玉县八潮市南后谷10番1	电话：0489(32)0394	传真：0489(35)0766
名古屋联络所	邮编452	爱知县西春日井郡清洲町西市场仲之割625	电话：052(409)7589	
㈱九州LASERCH	邮编830	福冈县久留米市大善寺町宫本166番地7	电话：0942(27)3140	传真：0942(27)3430

株洲工学院
包装设计艺术分院
学生设计作品

作 者:芦松涛
教 师:肖 禾

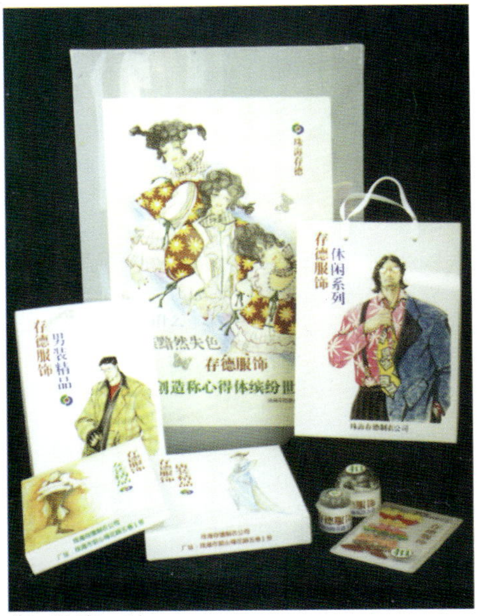

作 者:李 冰
教 师:许 超

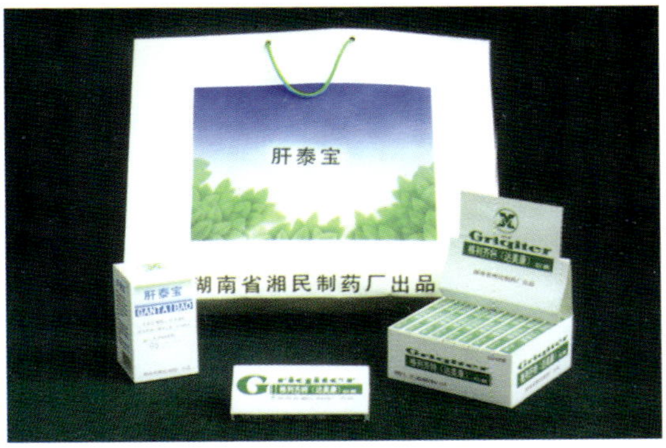

作 者:谢 璐
教 师:刘小玄

作 者:李二璞
指导教师:肖 禾 乔加強

作 者:黎伟安
教 师:肖 禾

株洲工学院
包装设计艺术分院
学生设计作品

作 者:郝 勇
教 师:刘牧千

作 者:葛喜睿
教 师:肖 禾

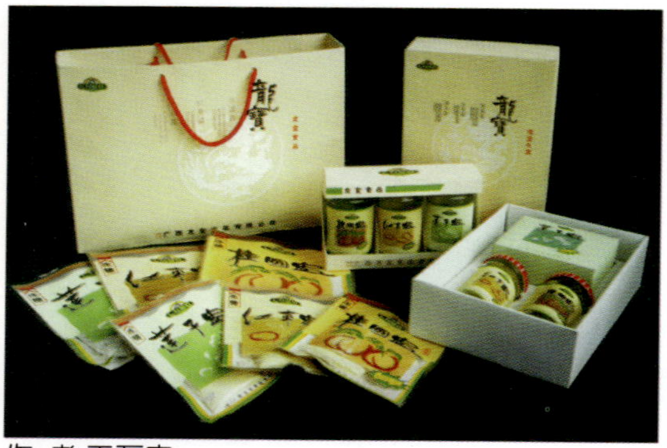

作 者:王万宏
教 师:刘牧千

作 者:叶学咏
教 师:杨艳萍

作 者:罗先斌
教 师:刘小玄

作 者:王俊贤
教 师:刘小玄

包装新技术、新工艺
新设备、新材料

NEW TECHNOLOGY EQUIPMENTS AND MATERIALS

包装新技术、新工艺、新设备、新材料

NEW TECHNOLOGY EQUIPMENTS AND MATERIALS

【自动加热易拉罐黄酒在绍兴投产】一种只要在底部轻轻一按，5分钟就能自动加热的易拉罐黄酒，近日在素有酒乡之称的绍兴投产。

自动加热易拉罐黄酒是由中国绍兴黄酒集团公司和广东汕头金龙集团公司合资生产的，总投资1200万元。自动加热易拉罐黄酒具有加热过程中无气、无味、无污染，饮用安全、方便的特点。据悉，该公司还将推出自热咖啡、牛奶、奶茶等多种高级饮品。

【定压防爆啤酒瓶盖问世】一种实用安全的新型啤酒瓶盖——定压防爆啤酒瓶盖，最近在河北廊坊市能源研究所研制成功。

这种瓶盖增设了透孔覆膜装置，在原金属瓶盖的中心位置，按不同要求冲制透孔。这使内部压入两层特殊材料的覆膜，即可起到密封作用，又可起到泄压作用。当瓶内压力大于正常值时，透孔覆膜会自动破裂，释出内压，从而避免瓶体爆炸。

【武昌鱼软包装问世】在一个精制透明的包装袋里，一条完整的武昌鱼静卧其中，开口品尝，味道鲜美无比。武昌鱼的故乡——武汉市江厦区星城公司开发的这种清蒸武昌鱼软包装最近正式投入批量生产，此举试图为水产品深加工另辟蹊径。

这种国内独家精制出的清蒸软包装武昌鱼，冷热均可食用，能够常温保鲜30—180天，该公司计划每年生产15万公斤。

【DBL—10型小袋自动计量封装机】河北唐山市华力达新科技应用研究所，吸收国外九十年代的先进技术，研制开发出了适合我国国情的实用新型的计量包装设备—DBL—10型小袋自动计量封半机。它可用于颗粒粮食及所有流动性好的颗粒物料的定量包装。

该设备设计精巧独特，经济实用，它采用自流双给料供料，大给料保证供料速度，小给料控制计量精度，其双给料方式全部通过自动控制闸门开合度，由同一出料口实现。为节约能耗，该机全部关门均不耗能，利用自重及重锤完成，安全可靠。称重部分根据物料性质及小袋特有的计量精度的要求，设计成便于自动化控制的1/5臂比的机电综合称。0.5～10Kg任意选择，准确灵活。将现有热合封口技术与该机形成一体化结构，并设有空袋储存包，从而实现了喂料、计量、装袋封口、计数自动连续完成。整机只需一人操作。

【衡水市电缆厂开发出肠类包装卡扣】河北省衡水市电缆厂瞄准国内市场，积极开发替代进口产品，使企业经济效益大幅度提高。

多年来，由于我国肠类肉食行业不仅肠类肉食灌装使用洋设备，就连肠类肉食的包装卡扣也要进口。去年初，衡水市电缆厂获得这一信息后，立即组织技术人员进行科技攻关。他们参考国外有关技术资料、组织技术人员到肠类肉食加工企业实地考察，先后经过上千次的试验，终于成功地生产出U型卡扣和长城卡扣，并逐步形成了两大系列50多个规格、月产1000多万个。该产品问世后，填补了国内空白，被定为省级新产品，并申请了国家外型专利。该产品投放市场后，迅速成为全国肠类肉食加工企业的抢手货。目前，全国共引进的30条低温火腿肠生产线中，就有15条使用这个厂生产的卡扣，仅此一项月销售收入就达20万元。

衡水市电缆厂在开发生产肠类肉食包装卡扣的同时，开发生产出操作简便、价格低廉的手动肠类肉食包装U型打卡机，属国内首创。它在今年5月份召开的全国肉食品包装机械展销会上，得到与会专家和客商们的好评，送展的6

台样机当场被抢购一空。

【食品包装膜在湖北投产】国家"八五"重点推广的科技成果——HPVC食品包装膜，最近在湖北枝城市塑料厂投入批量生产。

HPVC食品包装膜俗称特种玻璃包装纸，是一种优质的包装材料，广泛用于糖果、香烟、酒类、医疗药品、精密仪器、工艺制品、各种服装的内外包装。该产品的市场容量大，销售前景广阔。此种产品过去在我国大多依赖进口，此次在湖北凤产的食品包装膜项目，具有年产400多吨的生产能力，每年可为国家节省外汇150多万美元。

【永康开发成功组合式保温饭盒】由中外合资浙江永康飞鹰不锈钢保温瓶有限公司开发的新型产品——组合式不锈钢保温饭盒已获得成功。该饭盒新颖实用、制造精细、往久耐用，符合卫生标准，又能解除"白色污染"的不良后果。该新产品上市后，预计年产值可达1.15亿元，利税1300万元，具有很好的经济效益和社会效益。

【保护环境　控制污染　双降解淀粉塑料薄膜投产】广东省深圳市惠鹏树脂厂采用国产定型设备和技术开发生产可控生物和光双降解淀粉塑料薄膜，可减少白色污染，保护环境。

该双降解塑料薄膜主要基料是聚乙烯和淀粉，其中改性淀粉含量达70%。用挤出吹塑工艺加工成薄膜，其中改性淀粉的含量为20～40%，薄膜的折径为20～100mm，其各项技术指标符合国家标准。该薄膜及其包装袋制品可在生物和光的作用下降解，最终消失，其价格比普遍聚乙烯薄膜低了7～10%。

【福州开发出新型防锈贴体包装薄膜】一种新型多功能包装材料—PVC防锈贴体包装薄膜由福州市塑料科研所开发成功，并通过福州市科委的技术鉴定。

该包装薄膜是以PVC树脂为主，添加增塑剂、稳定剂等助剂，采用吹塑法制得热收缩薄膜，再在薄膜表面涂布一层防锈材料制成。它具有优良的热收缩性、热稳定性和防锈性等综合功能，可广泛应用于金属制品、仪表仪器、机械零件、五金配件、电器元件等方面的防锈包装。由于薄膜呈透明性，紧贴被包装物，既能看清被包装物的内容，又能起到保护商品、物件的作用。

【"海螺"牌复膜塑编袋通过省级新产品鉴定】皖港合资安徽宁昌塑料包装有限公司生产的"海螺"牌优质复膜塑编袋10月20日在合肥顺利通过了省级新品鉴定。

由省建材局、省科委、省经贸委、省包装技术协会、省产品质检所和水泥质检站等单位的20名专家组成的评审组详细听取了"海螺"牌优质复膜塑编袋研制开发报告和经济效益分析。专家们通过认真检查认为，该产品外型美观、尺寸稳定、强度高，防潮性能优异，废袋可回收利用，具有良好的经济效益和社会效益。该产品生产工艺先进合理，具有完善的质量检测手段和质量保证体系，各项经济技术指标均达到或优于国家标准，可投入批量生产。

【上海研制成功EVA贮血袋】上海达华塑料厂在上海塑料制品研究所的扶持下，研制成功EVA毛面薄膜贮血袋。贮血袋中存放的血浆，可在零下30℃环境中长期保存，克服了目前国内血库贮存血浆仅三个星期左右的弊端。

以往，这种贮血袋我国一直依靠进口，该产品完全可以替代进口，为国家节小了大量外汇。

【新型高性能纸箱专用胶粉研制成功】一种新型高性能纸箱专用胶粉最近由中国科协中普新技术开发公司研制成功。该产品具有干燥速度快、粘结力强、流动性好、涂布量小、无毒无异味等特点，用其粘结纸箱、纸板堆放不开胶，挺度好，纸箱不塌楞，不返碱，抗压强度高。

【新型苹果保鲜袋投入批量生产】山西省运城市联营塑料彩印厂研制生产的聚乙烯苹果保鲜袋，通过了国家轻工总会的产品鉴定，目前已投入批量生产。这种苹果保鲜袋以低密度聚乙烯(LDPE)为原料，用具有吸附作用的分子筛做填料，加上其它助剂加工而成。据我国几个主要苹果产区的用户试用后反映，这种保鲜袋严格控制二氧化碳和氧气的透气率，水分损失在1%以下，保证苹果新鲜饱满，坏果率在5%

以下。

【新型食品包装材料在武汉问世】武汉富拓包装技术公司研究发明，武汉第二机床厂与其联合开发、共同生产的CL无污染发泡材料近日问世。该材料无毒、无污染，并且极易溶解，用它替代目前的发泡塑料制作食品包装及快餐盒可在大降低生产成本，各项指标均优于普通发泡材料。据权威机构对世界新科技检索，该项工艺技术为世界首创。

【汕头开发成功内热熔胶型封口内膜】广东汕头虹桥塑料厂开发成功内热熔胶型封口内膜。

这种膜是生产可撕口热熔胶复合封口膜的关键材料，可方便具有干式复合生产能力的厂家，在无须投入更多的配套生产设备前提下，生产可撕口型内热熔胶复合封口膜。

这种内热熔胶型封口内膜，经检测质量达到国际食品卫生标准，可与国外同类产品媲美，可广泛用作果冻、布丁、发泡型碗仔面、快餐饮盒、配餐盘、鲜奶杯、液体饮料杯、冰淇淋杯等的封口膜，也可用于工业产品可撕口型的封口包装。（缪惟民）

【西安造纸网厂研制生产出聚酯螺旋干网】西安造纸网厂研制生产的聚酯螺旋干网，是代替干毯用于造纸工业的理想网带。

我国造纸工业使用的干毯，其成本不仅高，而且寿命短。西安造纸网厂充分发挥科技人员的潜力，经过反复试制生产出西北地区首条聚酯螺旋干网，其网具有耐酸、耐磨、挺实、洁净、网面平整、运行平稳、透气滤水均匀、安装方便、纸张性能稳定、质量好等特点，经陕西咸阳造纸厂使用，其寿命长达315天，是干毯的二三倍，深受用户的青睐。（国文）

【聚苯乙烯发泡复合板材问世】中外合资烟台海湾塑料制品有限公司，引进国外先进技术和设备，生产销售聚苯乙烯发泡复合板材并已投放市场。

聚苯乙烯发泡复合板材在发达国家已有几十年的历史，它广泛应用于高档包装、装饰装潢、陈列展览、广告宣传、工艺美术、文教用品、建筑模型、保温隔热等领域。该公司的开发生产在中国尚属首家，并已开发出厚度1～10mm、宽度200～900mm，原白色及各种彩色的复合板材。

聚苯乙烯发泡复合板材的开发成功填补了国内空白，将对提高包装档次，美化人们生活以及增加广告宣传手段等方面起到积极作用。

（广文）

【本色浆涂布纸在佳木斯投产】我国首家国有本色浆涂布纸在黑龙江省佳木斯市正式投入生产。本色浆涂布纸是生产高、中档纸包装制品的材料，具有防水、防潮、耐磨和亮泽的性能。用它包装商品，既可降低成本，又可起到美化商品、促进销售的作用。1995年4月国家轻工总会在江西抚州召开的全国涂布板纸、白板纸学术研讨会透露，我国每年约用本色浆涂布纸20多万吨，全部进口，需十几亿元人民币。年产8000吨的佳木斯纸业集团有限公司造纸三厂，可在针叶浆、阔叶浆、草浆等任何原纸上进行涂布，生产以来，除满足本省、市需求之外，还远销北京、上海、福建、广东等十几个省市，产品供不应求。

【阻燃注塑合金材料问世】一种新型的阻燃塑料已由浙江省宁波中港塑化实业有限公司与南开大学研制开发成功，并通过专家鉴定。

由丙烯腈—丁2烯—苯乙烯合成的塑料，因其性能优良，已成为目前家用电器、电动工具、电子产品、汽车配件等行业的主要原料。但它也存在着明显的缺点，这就是易燃，往往因此导致火灾事故、散发毒雾、污染环境。有鉴于此，国际上正在逐步采用阻燃塑料系列。我国也已明确规定，家用电器、电子产品、汽车配件等行业的塑料制品，必须采用阻燃系列，以确保人们生命财产的安全。针对这个实际问题，中港塑料实业有限公司与南开大学的科技人员展开了联合攻关。他们将通用型聚氯乙烯与由丙烯腈—丁2烯—本乙烯合成的工程塑料，经合金化技术处理，加工造粒，合成了中港阻燃注塑合金材料。经专家检测鉴定，其拉伸、弯曲、缺口冲击强度，热变型温度、熔融指数、阻燃性能等均达到和超过国外同类产品水平。

【江南造纸厂开发出香皂包装纸】力士香皂是国际名牌产品，其专用包装纸需有特殊的防霉性能和印刷适性。随着力士香皂包装需求量的增加，急需防霉包装用纸国产化。江南造纸厂抓住这一信息，下大力气开发出力士香皂防霉包装纸。

他们组织专门的新产开发小组，进行技术攻关，在广大技术人员的努力下，在上海凹凸彩印总公司、上海利华有限公司、上海造纸公司和国家纸张质量监督检测中心上海站的大力支持下，从原纸生产到涂布加工尽可能减少霉菌生长所需的营养源、选择应用特殊的防霉剂，严把每道工序的质量关，经过10个月的反复试验和攻关，这一项目获得成功。高级香皂防霉包装纸在该厂试制成功后，经有关单位专家检测和用户使用，质量指标达到进口纸水平，达到了预定目标，目前该项目已通过了市级鉴定。

【夹筋水泥袋纸在天津问世】一种夹筋水泥袋纸最近在天津造纸厂研制成功。这种巧妙地将线网嵌入纸坯内部，使普通纸成为内含线网的特种纸，具有强度高、用料省、能回收、防潮、耐热、无公害等优点，而生产成本只是普通水泥袋纸1/2—1/3。

【湖北宜昌研制出珠光铜版纸】由湖北省造纸公司、湖北工学院和宜昌造纸总厂联合开发的新产品——珠光铜版纸，最近通过省级鉴定，各项技术指标已达国际同类产品标准，填补了国内空白，并获湖北省轻工科技进步一等奖。

珠光铜版纸是一种新型高档包装用涂布加工纸，是国际上90年代新型的高科技产品。珠光颜料，由于它能赋予物体珍珠般的光泽而得名，以纸面优美艳丽，纸质丝绢般地柔美而著称，广泛应用于高档商标、彩虹名片、精美挂历、包装装潢等领域。

【蔬菜巧包装畅销海内外】辽宁北宁市窟窿台镇种植的蔬菜今年贴上了“翠龙”商标，包装后源源不断地运往市场并出口国外。

窟窿台镇种植蔬菜的历史悠久，近年来，该镇蔬菜经过改良品种，进行无污染栽培和生物防治，而获得绿色食品证书。在此基础上申办了商标，改进了包装，使蔬菜声名远扬。尽管价格略高于外地同类品种，仍然供不应求。今年这个镇共计产菜2800万公斤，已经订售一空。该镇的蔬菜不仅畅销东北，还远销到日本、韩国和朝鲜。

【无锡制成耐高温四旋瓶盖涂料】新型高档瓶盖涂料——耐高温四旋瓶盖内涂料，最近由无锡市鸿塑印铁涂料厂与有关科研单位研制成，可替代进口产品。该产品是采用高档进口原料精制而成的耐高温涂料，具有耐酸性，抗硫化、耐腐蚀性能好，并与PVC滴塑胶密封圈有良好的粘合力和附着力。涂膜后在125℃30分钟高温高压灭菌后，涂膜不起泡、不脱离、不失光。可广泛用于水果、酱类、芦笋、蘑菇、酒类及荤油等食品包装瓶盖涂膜。

【上海推出纸塑强力复合包装袋】上海天昌包装有限公司最近推出的纸塑强力复合包装袋，已申报市级科技新产品专利。

该产品采用先进的圆筒型塑编机生产，将高压聚乙烯、聚丙烯挤塑呈溶融状薄膜，均匀涂在基材上牢固粘合。这种以聚丙烯等为编织基材，与纸复合而成的新产品，不透光、不透水、强韧、耐折耐磨、耐化学腐蚀、质轻、易印刷、无毒无味，主要用于水泥、化肥、矿砂等粉状物料的包装，可提高被包装产品的档次，是目前国内较佳的更新换代包装产品。

【北京华威凹印制版发展公司无软片雕刻系统通过验收】北京华威凹印制版发展公司引进瑞士MDC无软片雕刻系统近日通过北京市经委组织的验收。

北京华威凹版印制发展公司是1993年由北京市商标印刷三厂全额投资建立的公司，随着生产量的不断提高，原有的生产能力已显然不足，为了适应市场不断发展的需要，1994年决定投资扩大凹版制版的生产规模。经过市场调研发展，随着桌面拼版系统技术与电分机高端联网技术的发展，轮转凹版的无软片雕刻技术已逐步进入实用化。这一技术的特点是大幅度的减少了照相、手工拼版、拷贝、修片等中间工序，减少了因人为因素因素而造成的错误率，提高了工作效率与产品质量，属于国际90年代的先进技术。经过反复比较，决定选用瑞士MDC公司做为无软片雕刻技术改造项目的总承包商，该项目是北京市政府40项重点技改项目之一。这套无软片雕刻系统通过验收，将使该公司年增产凹印版辊3600支，利润461万元。1995年9月该系统开始安装调试和技术培训，经过近一年的运转，所生产的产品经用户使用，反映良好，制版的周期显著缩短，以前手工解决不了的质量难题，计算机即可以解决。这套系统简化了生产工艺，节省了原材料的资金，能够满足生产较高档次、各种印刷印版任务的要求，为该公司坦步提高产品质量和市场竞争力打下了良好的基础。

【上海生产低塑强力复合包装袋】上海天昌包装有限公司新近开发生产了低塑强力复合包装袋新产品，已投放市场。

低塑强力复合馐主袋以聚丙烯编织为基材，与纸复合而成。具有不透光、不透水、强韧、耐折、耐磨、耐化学腐蚀，质轻，易印刷，无毒、无味等特点。

该产品可提高被包装产品档次，属于国内更新换代的包装产品。

该新产品广泛适用于水泥、化肥、合成材料、粮食、食糖、盐类、矿砂等各种粉状物料的包装。

【景德镇市生产出防震软质纤维板】景德镇市纸业有限公司生产的防震软质纤维板产量居全国之首。

防震软质纤维板是根据玻璃运输包装的要求，扬发泡板之功能（防震）、避发泡板之弊端（白色污染），利用植物纤维之特性（可回收利用、无污染）研制而成的。

该产吕主要用于平板玻璃的防震、隔热，玻璃之间及玻璃与箱体之间的防震隔防，也可用于隔热、隔音等工业及民用领域，有着广阔的发展前景。

防震软质纤维板原料选用废旧纸箱、硬质木边、草类纤维，采取特殊工艺、专业设备加工而成。

【建平造纸厂生产出防水白纸板】辽宁朝阳市建平县造纸厂应用造纸防水新工艺生产出高级防水白纸板新产品。该产品除具有普通白纸板的性能外，还有高级防水的独特性能，可使包装物品在运输中因具有防潮性而减少包装破损，特别适合水产品、冷冻物品及其它防潮物品作包装纸盒和包装纸箱，是理想的包装材料。

【四川福斯特公司投产高精度瓦楞辊】四川福斯特公司包机分厂投入近百万元购进国内制造、引进日本微机控制的高精度瓦楞辊专用生产设备已安装运转，从而结束了该厂过去依靠外购这种纸箱设备关键部件的历史。目前生产工艺达到国内先进水平，提高了该厂的单面瓦楞纸板生产线及三、五层瓦楞纸板生产线机械设备的生产能力。除了满足本厂的生产需要外，还可为用户提供高精度瓦楞辊的维修服务。

【北京印铁制罐厂开发1升、0.6升缩颈圆桶】为了满足公路运输日益繁忙的需要，北京市印铁制罐厂通过社会调研积极开始小型马口铁包装容器新产品。日前，1升、0.6升缩颈圆桶已经批量投产，先后为客户加工制作了盛装车辆合面制动液和汽油、机油等的彩色印刷和素白圆桶近万只。

这种圆桶，由于体积较小，具有携带方便，使用灵活的特点。在制作工艺中除商标图案要进行胶版彩色印刷外，在制罐工艺中需要经过圈圆、缝焊、封底、缩颈和封口等10多道工序。桶底用涂布密封胶，上冠加衬塑垫的镙旋式瓶盖，以确保圆桶的质量。

【四川开发出JL96—4型柔性凸版编织袋油墨】四川江油市江龙精细化工厂研制开发成功江龙牌96—4型柔性凸版塑料编织袋专用彩色油墨。它具有流动性好、低温无凝固、着色浓度大、干燥速度快、无异味、无毒性的特点，印刷后的图版色彩鲜艳、透明感强，表面结膜平整、光洁度高，粘结牢度好，并且色彩浓度高，稀释量可提高到30%～50%，该产品可广泛用于纸张、纸板、瓦楞纸、牛皮纸、包装纸、玻璃纸、塑料板、塑料薄膜、塑料编织袋、铝箔等承印材料的柔性印刷，是编织袋的理想印刷油墨。

【新型表面保护膜面市】一种新型保护材料——表面保护膜，由江苏省江都市文体制品厂开发试制成功。产品经检测，其粘着力、耐水、耐高低温、耐老化性能等指标均符合国家标准，目前该产品已投入正式生产。

该保护膜系采用聚乙烯薄膜为基材，用丙烯酸乳液作为压敏胶制成。它粘贴在高级铝合金门窗、金属板、塑料板、陶瓷及花岗岩、大理石等物件表面上，在运输、加工、贮存和使用时，对物件的表面加以保护，免受划伤、污染，可增加产品的美观性和二次加工的成品率。产品经国内用户实际使用，表明该保护膜粘贴牢固，不开裂、不皱折、撕下后无残迹，完全可替代进口同类产品，受到用户青睐。（张立荣）

【不干胶标签打印纸研制成功】每年高考招生，考生的考号、姓名、分数要制成标签贴于档案上，如果靠人工裁制、粘贴、工作量无疑十分繁重。武汉佳友防伪印业开发公司最近研制出一种不干胶微机打印纸，通过高速打印机将标签打印好，只需轻轻一揭，标签就可撕下，直接贴到档案袋上，这就省去了人工裁剪、胶水粘贴的繁琐过程。据悉，湖北省招生办公室今年在高考招生中率先使用了这种不干胶微机打印机，工作效率比使用普通打印机提高6倍。佳友公司总经理董良平介绍，这种打印纸在国内是首创，它不仅适用于档案标签，也适用于录相带标签、信封标签等，用途相当广泛。（翟边）

【一种新型的易拉瓶盖在佳木斯市研制成功】佳木斯市江丰纺织品有限责任公司研制成功一种新型易拉瓶盖，该产品方便、实用，此项成果已获得国际专利。该产品将大大提高啤酒生产厂家产品的防伪能力，同时还提高了酒瓶的回收率和产品的档次。这种开启方式还可适用于各种酒类及瓶装饮料。这种新型易开拉启瓶盖近日已由上海北大贸易有限公司负责生产和推出。

【我国首批无菌软包装袋问世】我国第一批无菌软包装袋在国家一级企业——新疆塑料总厂宣告诞生，这表明我国无菌软包装袋完全依赖进口的历史将被改写。无菌软包装袋是90年代国际上广泛使用于食品、饮料、水果原汁、蔬菜酱汁的长时期储存包装的最佳包装物。由于该产品对其材料、生产工艺、专用设备、灌装口生产设备、生产条件等要求很高，产品本身技术含量高，所以目前世界上只有美国、日本等国拥有此项目技术。该项目的成功，产品填补了国家空白，将使我国的无菌包装上新的台阶，并为国家节省大量的外汇。

【江苏生产出低发泡防水阻隔薄膜】最近在江苏常州市问世的一种新型低发泡防水阻隔薄膜，将使我国机电产品的内衬包装出现新面貌。

据专家检测，这种新型包装材料内设有细密封闭的微泡，能产生较好的阻隔作用，防水、防潮、抗凝聚的性能较好；生产过程中无污染；在50℃至—30℃的温差内也不会发软变脆。由于这种材料还可按包装产品定尺生产，其利用率可比油毛毡提高15%左右，而售价与油毛毡相仿。

【胃复春片推出新型包装】由浙江杭州胡庆堂制药厂独家研制生产的胃复春片，最近推出铝箔新型包装盒，病人用后普遍称好。这一新型包装只有原来重量的三分之一，克服了原来瓶装携带不便的缺点。该药进入上海后，经中山、华山、龙华、曙光等几家大医院临床应用反应效果良好。

【青岛东企保温容器厂研制成功新型DQ—120扎啤桶】青岛市东企保温容器厂建于1988年，当时只年产2万只扎啤桶。随着人民生活水平的提高，啤酒保鲜的市场竞争也日益激烈。

于是他们积极从事新产品的开发，经过艰苦的努力，终于研制成功新型的DQ—120扎啤桶，并于1995年9月获得了国家专利。这种新型的扎啤保鲜桶内胆采用无毒无味的高分子材料，无死角，有利于清洗和消毒；外观色泽亮丽、造型优美，颇具时代特色，而且外表采用抗碰撞、便于储存搬运的有机材料。该产品较一般啤酒保鲜桶的保冷保鲜性提高30～50%，产品的抗压强度达到2～4个大气压，与金属扎啤桶相似。为保证鲜啤酒防伪,可在盖上加上铅封。

该扎啤桶曾在第二届中国国际新科技名优产品博览会上荣获金奖。

【济南大易造纸有限公司研制开发出新产品——离型纸】济南大易造纸有限公司最近成功地研制出了一种新型纸——离型纸。这种纸可分为硅系列离型纸和非硅系列离型纸,是主要用于生产聚氨酯(PU)和聚氯乙烯(PVC)人造革的工业用纸。离型纸生产人造革是在离型层表面涂布糊状树脂,经发泡工艺处理、烘干、交联、固化定型,然后将离型纸剥离即制得人造革产品。采用此法生产人造革纸张可使用多次,生产出的人造革具有天然革的花纹,富有弹性,并有一定的透气性,是代替民用及工业皮革的理想材料。它可以制做外衣、皮包及飞机轮胎上的衬垫等。

目前我国合成革、人造革厂家很多,离型纸需求量很大,但主要依赖进口,而该公司推出的这种新产品经石家庄、南京、烟台等地的有关厂家试用后,用户反映该产品在机器上反复使用10次进行合成革生产效果良好,很有推广价值。目前该公司正在积极组织生产,以满足用户的需求。

【济南大易造纸有限公司一次性PE膜饭盒纸板通过了省级鉴定】济南大易造纸有限公司新近开发生产的一次性PE膜饭盒纸板通过了省级鉴定。专家们认为该产品填补了省内空白,达到了国内先进水平。由省科委、省一轻厅、省纸张质量监督检验站等8家省级单位组成的专家鉴定委员会,对济南大易造纸公司生产的"一次性PE膜饭盒纸板"的主要质量指标进行了现场审查。专家们一致认为该公司测试手段齐全、测试数据正确,有完善的质量保证体系,同时经山东省纸张质量监督检验站、济南卫生防疫站检测,该产品各项指标完全达到Q/01DY—1996和GB9687《食品包装用聚乙烯成型品卫生标准》要求,并且该产品市场广阔,具有明显的经济效益和社会效益,尤其对消除"白色污染",保护环境将起到重要作用,所以专家们认为试制是成功的,可以批量生产。

【铁岭推出新型全叠粘式瓦楞纸箱】辽宁省铁岭水泥纸袋厂生产的新型全叠粘式纸箱新产品,最近通过了省级鉴定。

专家们一致认为,该产品各项技术指标达到国家标准和国内同类产品先进水平。

目前已有20余家用户使用该产品,其中有3家用于包装出口产品,他们对该纸箱质量反映良好。

【触摸式防伪商标研制成功】一种比激光全息防伪商标更简单、更方便的触摸式防伪商标由青岛商科技园众光液晶器材公司与美国戴维斯公司通力合作研制成功的。使用这种触摸式防伪商标,只要将手放在商标上十几秒钟,其变色图案就会立即显示出来,把手放开,其颜色又会恢复原样。采用这样防伪商标标示印制新技术,不仅会大大提高商标防伪能力,而且也有利于保护消费者利益,因此,具有很高的推广价值。

【如皋生产无污染纸质餐盒】江苏省如皋市地毯厂投资260万元从轻工部购得国家专利,最近生产出无污染,耐高温,耐压纸质快餐盒,成为我国目前唯一能生产这种餐盒的厂家。该餐盒具有防油防水等功能,可以盛装90℃的水,同时还有耐压功能,叠层运输保持不变型,使用后则能很快分解,不会造成"白色污染"。

【四川长江包装纸业公司推出高强度伸性纸】一种具有高强度、高承受力的新型伸性纸,最近在四川长江包装纸业公司研制成功。

据介绍,伸性纸是纸袋纸的换代产品,它以大幅度提高纸张的纵向伸张力来达到提高纸张的抗张能量吸收值的目的。用3层90g/m^{2}伸性纸制的水泥袋抗冲力较强,水泥破包率相当低,比4层普通80g/m^{2}纸制成的水泥包装袋牢固度提高4倍。

长江包装纸业公司为确保伸性纸质量,除精心设计配方、进行制浆改造外,还花重金引进国外优质胶毯,使研制生产的伸性纸成为品质优良、性能超常的新型包装材料。

该产品曾荣获四川省重大科技成果二等奖和轻工总会优秀新产品奖。

【番禺富来镭射防伪包装产品问世】广东番禺富来防伪包装有限公司采用印尼富来集团的设备、技术和工艺生产的镭射全息安全包装印刷生产线和六色凹版印刷生产线及平版生产线,近日投产。该公司生产的镭射铝箔是自己独有的技术,其整体防伪安全包装印刷技术是卷烟、酒类、食品、医药、化妆品、电子产品、证券、股票、各种重要票证及其他商品提高档次以及防范假冒伪劣侵害的有效手段。

【可回收纸容器在山东淄博投产】一种能回收的纸质容器日前在山东淄博投入生产,这种新型纸质容器采用纯木浆为原料,硬度高、拉力强、耐油水、耐高温,符合国家食品包装用纸的卫生标准。经使用,它不仅可与所容食物共同冷藏,而且可在微波炉、电热锅中加温,热度在100℃时不变形,此外,该食品容器的显著特点在于可回收,然后用于造纸,创造二次利用价值。

【福州开发出多用途密封包装塑料桶】福建省福州市第八塑料厂根据当前市场发展变化需求,日前开发出多用途密封包装塑料桶,此项技术获国家专利,产品投放市场后深受欢迎,十分畅销。

这种塑料桶容量25公升,设计独特,密封性能极佳。该桶设有密封槽、圆扣环等,形成密封锁状态,即便在外力冲击下,桶内的液体物质经振荡也不会外溢,达到了滴水不漏的程度,受到客户的欢迎。

【新型塑料凹印油墨研制成功】为了攻克国内塑料印刷品在低温、高温下易脱色的技术难题,近日,山东烟台市油墨厂(莱阳)在专家的帮助下,研制出一种具有90年代国内外领先水平的新型塑料凹印油墨,填补了该项在山东省内的空白。

新型塑料凹印油墨具有光泽好、色泽艳、附着力强、耐腐蚀、耐老化、耐低温、耐高温和干燥性能好的特点。其浓度、细度、色泽和粘度均达到或超过国内外同类产品领先水平。该产品的研制成功,缓解了我国塑料印刷行业此项油墨需长期依赖进口的困难。它将带来显著的经济效益和社会效益。

【新型铸涂牛皮纸研制成功】江西省永丰县造纸厂最近研制成功一种新型的铸涂牛皮纸(箱板纸),铸涂牛皮纸是一种既能满足包装装潢要求,又有足够的强度且价格适中的包装材料。经铸涂后它不但保留了牛皮纸(箱板纸)物理强度好的特点,而且弥补了其不能适应彩印装潢要求的不足。该产品被评为1996年国家级新产品,国家轻工总会已将其列为近期重点开发项目。

【聚丙烯环保合成纸受好评】海南先基贸易有限公司推出的以聚丙烯为原料的环保合成纸,能印制成丰富多采的文化用品,如书刊广告彩页、日历、地图、书签、扑克,以及手提袋、餐具等。其彩图不仅与传统纸张一样,甚至某些方面还优于传统纸张。另外它不怕虫蛀、不怕油污、完全防水、耐撕裂。这种纸之所以被称为环保合成纸,一是它以石油副产品聚丙烯和天然石粉造纸,不用木浆;二是能多次回收,再造同样质量的原纸,即便做为垃圾处理,也可完全燃烧,不会产生有毒气体,符合无二次公害的环保要求;三是生产中不造成工业污染。

【新型塑料软包装容器——箱中袋】两年前在北京举行的国际包装展和国际塑料展上,一种被称为“箱中袋”的新产品引起了参观者的浓厚兴趣。

这种塑料容器是由德国一家公司研制并生产的,适用于食品、饮料、洗涤用品、化学品、油漆涂料、药品及危险品等液状物品的包装。箱中袋的特点是壁薄,与硬质中空塑料容器相比,它不仅节省原材料、成形简单,而且生产效率高。当利用箱中袋盛装液体时可单独使用,放入瓦楞纸箱中存放、储藏运输及使用时相当方便。这种容器不仅重量轻,品种多,而且其容积范围比较广,从一升至数百升都有。若把它折叠堆放将会使得仓储运费降低。采用专利技术的硬质口圈及普通旋盖可保证其不渗漏,此外,它本身外带纸盒包装,表面印刷精美,灌装方便,配合使用普通灌装机即可。

这种容器通过了联合国有关机构的检测认

可，可盛装危险液体，能多次重复使用，废弃后易回收。抽取液体后容器内残留物甚少。容器有单层、多层之分，共挤软包装容器最多可达14层，可起到保鲜、防渗漏、挥发及防紫外线作用。

作为塑料容器制造商，这家公司也生产塑料软包装容器快速生产线。由于这种容器及其生产设备的技术含量较高，因而专利性很强，的确是软包装容器中的佼佼者。

【新式中缝搭接饮料盒】由广东远东食品包装机械有限公司率先开发成功的国产无菌包装中缝搭接饮料盒，材料、技术、设备全部国产化，产品成本低且性能好，可与进口同类产品相媲美，深受用户欢迎，经济效益显著。1996年获中国包装总公司科技进步奖。

该产品的研制论文还分别被世界包装组织(WPO)召开的“21世纪世界包装技术和包装发展”国际包装学术讨论会(IPC’96)录用收入大会论文集和被中国包装技术协会收入中国包装理论文献库。

由于此项产品适合食品包装的发展潮流和我国具体国情，因此，产品销势较好，同时也吸引了不少外商前来洽谈订货。

【纸浆模塑包装进入市场】一种新型的环保软质体防震包装——纸浆模塑包装，已由广东源隆新型包装有限公司生产。

它以废纸为原料，经过碎浆并配成一定浓度的浆料，在特制的模具上经真空吸附成型，再经过干燥而成。由于它具有容易制成与被包装物外型相吻合的几何形状的特点和良好的防震、防冲击、防静电、防腐等效果，可替代发泡聚苯乙烯(EPS)、PS和PVC的包装制品，广泛适用于电子产品、机械零部件、仪器仪表、家用电器、食品和农副产品等的内衬包装。

【高效三防涂料氰凝开发成功】一种采用高分子材料及聚氨酯甲酸酯精制而成的新型材料——氰凝高效防水防腐防渗材料系列涂料，最近由江苏省无锡市东亚防腐材料厂研制成功，该产品能替代进口，现已被中国石化总公司列为新技术、新产品推荐项目。

该产品具有二次渗透及发生膨胀，可耐酸、碱、盐，并耐热、耐寒、耐油，耐化学腐蚀和抗霉菌。它遇水反应粘结度增强，附着力好，并具有良好的机械性能，光滑耐磨。这种涂料可适宜和于港口、码头、桥墩、煤矿、油田、地质钻探、铁路、化工及地下、地面建筑工程等行业的防腐、防渗、灌浆、堵漏和装饰。

【高级食用油瓶具】山东莱州市盛达实用技术开发公司研制成功一种全新的食用油瓶具——指控式液压气动食用油瓶具，并获专利。该产品通体部件选用无毒无味的材料制成，完全符合食用油包装的要求。

【“兴龙牌”瓶盖彩印机投入使用】一种适合中小型瓶盖厂使用的瓶盖彩印机最近在山东省龙口市文基镇归城滴塑机厂研制成功，并投入批量生产。该机最大优点是直接在瓶盖上印刷，而且色泽清楚、光洁度高、附着力好、绝不脱色。该机省工省电、印刷质量与大型彩印机一样，但价格却低于大型彩印机。班产6万个，投放市场后深受制盖行业的青睐。

【新型瓦楞纸板压平烘干机问世】哈尔滨天鼎包装有限公司研制成功瓦楞纸板压平烘干机，该机采用与传统烘干机完全不同的烘干机理，改以烘为主的耗能型作法为以风为主的新思路，烘干机两侧备有带加热器的大风量机4台。Ⅰ型为电加热型，加热器直接安装在风机中。Ⅱ型为蒸汽加热型，蒸汽网管密集排列在风机上下运行的轨道前面，两侧风机工作时，上下交错运行，强制高速、高压、大量的气流从瓦楞纸板的瓦楞空隙中流过，迅速将纸板中的水份带走。经实践证明：在不使用加热器条件下，从单面机或单机下来的纸板经7—10分钟的处理，可立即进入制箱工序，使用加热器时效果更佳。这两种产品具有很大的使用价值，且价格便宜。

【北京啤酒厂引进德国全自动贴标机】北京啤酒厂为了提高产品档次，增加产品销量，努力研制新产品，改进产品包装。去年该厂先后引进了德国BAPB精滤 机和德国全自动贴标机，二者在新品牌啤酒打开市场上做出很大贡献。

布鲁曼黑啤酒是该厂“五一”节前推出的一个新品种，该产品包装瓶体高雅、美观，瓶盖用金箔装饰，瓶体上有正标和背标，背标详细介绍产品配料，饮用说明。印刷上档次，商标豪华，投放市场后受到广大消费者欢迎。

新北京啤酒在瓶体商标中加了一个醒目的红色“新”字，其内在质量纯净爽口，口感柔和。

【PE热冷全自动收缩包装机在沈阳研制成功】一种用于聚乙烯(PE)热收缩膜的热冷全自动收缩包装机近日在沈阳市北方包装机械工贸公司研制成功并投入批量生产。、这种用于PE收缩膜的热冷包装机不同于普通PVC热收缩包装机，其加热温度要比普通热收缩包装订同高近200度。这台机器分两部分，前部分为加热部分，采用热循环风加热，又称为风式加热；后部分为冷却部分，利用冷风将收缩过的PE膜冷却，从而解决了普通机上PE膜出现的收缩后不稳定的弊病。目前，因PE热收缩膜无毒、包装强度高、成本低，已被国内市场及出口包装所注目。

沈阳市北方包装机械工贸公司自行设计制造的热冷全自动收缩包装机可替代进口产品，价格只有进口设备的三分之一，这台具有国际九十年代先进水平的热冷收缩包装机填补了我国包装机械的一项空白。

【全自动糖果切块成型枕式包装机问世】目前，一种新型的全自动糖果切块成型枕式包装机在江苏省如皋市仪器机械厂制成投产。该产品自动化程度高，计量准确，具有高效、安全、卫生、便于管理的优越性。其问世结束了我国同类设备依赖进口的历史。

【FBZ—1A粉料包装机在晋研制成功】中国航空工业总公司太行仪表厂机电分厂近日研制成功FBZ—1A粉料包装机。该机采用当前世界上先进的以微电脑控制的电子秤，配以高精度的重量传感器和精确的给料机构，称量准确，工作可靠。

该机由电子秤自动控制、振动下料、计数器、辅助电气控制、吸尘、自动卸料、机架等部分组成。该机用于定量称量包装粉末状、小颗粒状物料，适用包装的物料有奶粉、精盐、味精、白糖、咖啡、茶叶、大米、小米、小豆、洗衣粉等。

【上海平安机械厂开发纸板水性印刷分切压痕机】上海平安机械厂日前开发成功SYFY 1200—2000系列纸板水性印刷分切压痕机。

该机采用水溶性快干油墨及气压自动循环装置，换置及清洗简便、快捷。采用高精度，镀硬铬网纹辊传墨传统，该系统涂墨均匀，印刷出的图案和文字清晰、美观。网纹辊与字模板压力采用气压自动升降，并设有微调机构，不送纸还能自动抬起，避免了字模板积墨过大影响印刷质量，而且减少磨损。传墨系统还设有自动空转装置，暂时停机时，油墨不会粘于辊上，并设有分纸压纸功能。

【上海生产出大型软糖枕式包装机】一种新型的大型软硬糖果枕式包装机，最近在上海奉贤食饮设备厂研制开发成功，并已投放市场。

该新产品适用于特殊形状及较大规格软硬糖块的枕式包装。经该设备包装后的糖果其外形美观、密封性强，卫生条件优越，保存期该产品还可用于食品、医药、日用化工、精密仪器的包装。其生产效率高，每分钟包装100～200粒软硬糖果。

【奉贤设备厂开发出热收缩包装机】上海奉贤食品饮料设备厂最近研制开发成功了热收缩包装机新产品，投主市场后深受客户的青睐。

热收缩包装是当前国际上最流行的包装方法之一。该新产品就是针对这一国际流行的包装方法而研制开发的。该产品具有适用范围广泛的优点，适用于食品、饮料、医药、日用化工、电子原件等产品的热收缩包装。经包装后的产品不仅外形美观，而且还具有密封严、防潮好和防蛀等优点。

【“爱华”牌新型食品包装机械问世】天津天利航空机电有限公司最新研制成功了一种新型全自动半流体液体包装机。该机的关键部件采用新技术已申请国家专利。其主要特点为包装袋形式背封式宽封边，采用复合塑料薄膜为包装材料，包装袋强度高、彩印效果好。由于复合薄膜具有良好的防渗透性，可广泛用于包装食用植物油、高档酱油、洗涤剂及酱类物质的包装。

【大连生产出自动烫切四色连续印刷机】辽宁省大连市日前生产出自动烫切四色连续印刷机，目前已投放市场。该机改进原印塑料编织袋工艺，手续单张印刷和人工烫断两道工序，能连续印刷、自动烫断一次完成。该机最大特点，使用卷筒状材料塑料编织袋、纸张、布袋等系列产品，可以一次同时印一面四色，或一面一色、一面三色，也可以两面同时印双色。印刷后同时按需要的尺寸自动烫断，也可以睚动复卷，充分发挥一机多用、灵活多变、提高效率等功能，每小时可生产2400—3000条。

【盐城生产出XJ12KZ—9型烫印机】江苏盐城市轻工机械厂自行研制成功了一种主要用于鞋类、文具用品商标及装饰图案的自动化国产高科技烫印新设备——XJ12KZ—9型烫印机。鉴定结果表明该设备为我国首创，是理想的烫印机械换代产品。

该机采用先进的气压烫印。送料、烫印时间、温度自动控制，技术参数设计合理，适用范围较广。

【新一代YBJ95—B型全自动液体包装机面市】由河北省泊头食品包装机厂自行研制开发的新一代YBJ95—B型全自动液体包装机日前经河北省质检所检测合格并投放市场。

该机集普通灌装机优点于一身，并且有普通机所不具备的特点。储液罐改为定量自吸泵，省钱、省时、省力；横竖封由电热条改为电热管，封口牢固、换件方便；制袋长度由离合子调整改为螺栓调整，快捷、准确；由平放式底座，改为万向轮，搬动方便。具有料袋成型、紫外线杀菌、日期合成、定量灌装等特点，可广泛用于酱油、醋、果汁、牛奶、矿泉水等和液体化工产品的包装。

【DXDⅡ型加碘盐包装机被评为国家级新产品】近日，国家科委、国家技术监督局、国家外国专家局等部门联合组成评委会，对1996年度国家级新产品进行评定。河南省新乡市衡器厂生产的DXDⅡ型加碘盐包装机被评为1996年度国家级新产品。

【上海瓶装啤酒纸箱包装机通过鉴定】上海轻工装备(集团)总公司轻工机械厂开发成功每分钟30箱包装速度的高速纸箱包装机并通过局级鉴定，该机达用于每小时2万瓶的啤酒灌装生产线。

该厂开发成功的BP30型瓶装啤酒纸箱包装机主要用于0.65L啤酒瓶的纸箱包装。每箱能包装12瓶，呈4排3瓶格式，该机实现了纸板的输入、啤酒瓶的分组输送和装箱折叠、喷胶粘结、封盖压紧、整形、大箱输出的高度自动化。

【圆筒纸余料拼接机在哈面世】哈尔滨天鼎包装技术有限公司研制成功圆筒纸余料拼接机并获国家专利，目前已投入批量生产。

圆筒纸余料拼接机集余料放卷、磨边、涂胶、复卷二次拼接于一体，最大拼接幅宽达1.2米，最小用余料纸宽度100毫米，可一次同时拼接三盘余料。该机适用于瓦楞纸箱厂的各种余料纸的拼接(包括草浆、木浆、混合浆、瓦楞纸、牛皮箱板纸等)，该机采用磨轮将纸边磨薄的专利技术，突破了厚薄不同规格纸边的打薄难题，免去了铣刀无处修磨的困难，采用了纠偏机构可完全控制拼接过程中余料跑偏、拼接不匀的毛病，粘结处牢固。

【WDJ系列涡轮式粉碎机在浙研制成功】浙江省嵊州市机械厂和嵊州粉碎工程技术研究所研制生产的国家专利产品——WDJ系列涡轮式粉碎机，以其优良的性能获得国家科委、农业部的肯定，并发文在全国推广使用。

长期以来，我国许多行业一般采用牙盘式、鼠笼式、锤片式、齿爪式等粉碎机，普遍存在着效率低、能耗高、噪声大、粉尘污染严重等问题。WDJ系列涡轮式粉碎机的开发成功，克服了上述缺陷。

新型涡轮式粉碎机采用高速旋转的涡轮和装在筛网圈上的磨块结构，在工艺上采用迷宫式密封，使该机具有结构紧凑、运行平衡、噪声低、效率高、细度好、耗能低、机械密封性能好等特点。产品经农业部农业机械试验鉴定总结、浙江省产品质量监督检验所检测，各项指标全部合格。经上海、北京、广东等地数百家用户使用证实，该机性能优良，达用于化工、染料、助剂、饮料、食品、医药、非金属矿等不同行业的中低硬度物料的粉碎加工，选用不同网经罗底调整达到不同细度要求(在40～325目之间)；不用地基即可运行；在常温不需要冷配的前提下，对聚乙烯等物料可进行连续性粉碎，自冷功能好，大大降低了生产成本；安装、拆洗检修方便；无粉尘污染，噪音小，改善操作者环境；具有很好的经济和社会效益。

【局部UV上亮机在天津批量生产】天津市轻工装潢机械厂自去年初在国内率先推出首台局部UV上亮机，后经过一年的使用和改进，现已日臻完善并批量生产。

UV上亮技术是国外包装印刷工业普遍采用且发展很快的新工艺新技术，目前正逐渐被国内有识之士采用，用于书刊、包装、印刷的后序加工。

天津市轻工装潢机械厂研制的ZJBSL900局部UV上亮机日前在第四届北京国际印刷技术展览会上展出。该机采用先进的给纸结构，自动给纸，快捷平稳；具有双张控制和自动安全离合装置；采用变频无级调速器，调速平稳、可靠；既可局部图案上亮，又可全部上亮；采用循环供胶系统，涂层均匀，上亮厚度可调节，而且薄纸、厚纸均适用。该机在展会上受到关注和好评。

【上海生产出SLB系列双铝箔包装机】上海天和制药机械厂最新开发出SLB系列双铝箔包装机新产品并投放市场。

SLB系列双铝箔包装机有140、180、240等多处规格，是通过一对加热模轮将片剂或胶囊与铝箔复合，四周热压密封、冷却成型，按需要冲制撕裂线和按产品规格冲裁落料成产品，是快速、简易、美观的包装方法之一。转速采用变频无级调速，撕裂线和切断由电信信号控制起动元件完成，产量每分钟可包装600～1500片。该机整体结构合理，操作安全，方便，技术指标符合国家GMP标准。

此新产品广泛适用于药品、食品、化工类等各种形状的块状和胶囊包装及茶叶、感光胶卷以及其他易潮、易干、易锈的产品包装。

【福建省古田农械厂研制出新型自动装瓶机】福建省古田农械厂为了满足蘑菇、香菇等多种食和菌菌种生产装瓶作业的需求，设计制造了LSJ—16型自动装瓶机。目前已通过农业部的技术鉴定，并批量生产。

该机采用了先进的搅拌、振动、压实的自动化装瓶工艺，保持了日本原机专用塑料瓶高速定量装入培养基的特点，增加了程序选择功能。可选择不同程序，对多种口径塑料瓶进行装瓶，装瓶高度可调，可进行木屑、小麦稃培养基的装瓶，从而提高了工作效益，减轻了劳动强度。

【新型手动U型打卡机在衡水研制成功】一种被列为河北省科技开发项目的新型手动U型打卡机，近日在河北省衡水市包装线材厂研制成功，并投入批量生产。

新型手动U型打卡机是一种包装肉类食品活脚肠封口的专用工具，该产品吸取德国、瑞士同类产品的优点，小巧灵活，操作简便，便于维修，且价格低廉，是中小型企业生产高低温活脚肠封口的理想工具。

【国内首台采用无刷直流电机驱动的瓦楞纸板电脑横切机问世】由广东工业大学自动控制工程研究所王鸿贵教授等研制的采用无刷直流电机驱动的瓦楞纸板电脑横切机，已于今年4月在广西玉林市桂和纸业公司正式投入使用。该系统采用自行研制的无刷直充机及驱动装置和多项CPU微处理器。该设备是在参考了国际上先进的瓦楞纸板电脑横切机的基础上，结合我国的实际情况，开发的一种新型的电脑横切机。该系统性能可与进口同类产品媲美，但价格不到进口产品的一半。目前，广东工业大学已与肇庆包装机械厂、邯郸包装机械厂等合作配套生产此产品。无刷直流机及其驱动装置是广东工业大学承担的广东省科委八五重点攻关项目。该装置的适用场合与直流电机相同，如造纸、纺织、印刷、印染、机床的主传动、钢铁工业的冷弯型钢机以及电动汽车等都可用此机。它的性能比直流电机更好，成本更低。采用无刷直流机驱动的瓦楞纸板电脑横切机仅是应用实例之一。

【新型枕式饼干包装机投放市场】上海奉贤胡桥食品饮料成套设备总厂，日前推出枕式饼干包装机新产品。经其包装后的饼干等产品外型美观，保质期长，是一种理想的包装机械设备，具有操作方便等优点，生产效率每分钟包装60—100包。

【达鸿全自动冲瓶灌装封盖机连获金奖】上海市奉贤县胡桥镇达鸿食品包装机械有限公司生产的新产品："达鸿 PGF—16166 全自动冲瓶、灌装、封盖机"在第四届中国国际食品加工和包装机械展览会上荣获金奖。

该公司是一家中德合资企业。研制开发生产的全自动冲瓶、灌装、封盖机新产品是针对矿泉水及无碳酸饮料而设计的，集冲瓶、灌装、封盖为一体。它设计合理、新颖，可节省能源消耗，减少操作人员，降低饮料的空气污染，其驱动装置采用悬挂式，可减少维修时间及设备所占空间。该机输瓶杆、星状轮与瓶轨道及输送带有非常先进的设计，能确保了瓶体在高速运转时保持平稳。该产品具有生产能力大，16头冲瓶、16头灌装、6头封盖，每小时冲瓶、灌装、封盖达5000瓶。

【山东又推出滚筒式三色印刷模切机】最近，一种国内纸箱包装行业中的更新换代产品GSM16型滚筒式三色印刷模切机在山东郯城造纸机械厂研制成功。这一科技成果是在这家工厂继滚筒式双色印刷模切机研制成功后，根据包装市场发展的需要，精心研制的纸箱包装设备中的又一精品。

山东郯城造纸机械厂是沂蒙山区唯一生产包装机械的工厂，在国内同行业中，纸箱包装机械的研制一直处于领先地位。

去年该厂研制的滚筒式双色印刷模切机问世后，市场呈供不应求之势，给企业带来较大经济效益。初尝胜果后，他们不满足于已取得的科研成果，仍继续攻关。他们根据市场调查得来的第一手资料，结合目前国际包装行业的实际，把目光集中在三色印刷模切机的研制上，并一举成功，又一次填补了我国纸箱包装行业中的一项空白。

这种滚筒式三色印刷模切机集印刷、模切为一体、对单、双瓦楞纸坯能一次性完成多色印刷、分纸、压痕、切角、计数等多道工序，并具有根据特别需要压切斜线及曲线生产异形纸箱的加工特点，属国内首创。该机结构紧凑，省工节电、造型美观、一机多用是目前国内纸箱市场上较理想的机械设备。

【郑州研制出面粉小额电子包装机】最近，郑州粮食科学院与漯河包装食品机械厂研制出面粉小额电子包装机。

该机采用机械、电器、气动和电子传感相结合，集称重、灌装、输送、缝口于一体，由喂料器、电器控制等六部分组成。它具有灌装速度快、计量准确、数字显示、故障报警等特点，是当前国内制粉行业急需且比较理想的小额包装机。

【上海工行引进纸币真空包装机】为改变传统的用纸条扎捆钞票的落后方式，最近，上海市工商银行在国内率先从德国引进一批纸币真空包装机。这种型号为A200—15E的纸币包装机，采用专用塑料袋，经抽真空后，热压封口，从而，可提高成捆钞票入库的整洁度，确保成捆钞票在流转过程中的安全性，同时，也减轻了银行出纳人员的劳动强度。

【DT—200型用自动包装机】天津市轻工包装机械厂最近研制成功DT—200型通用自动包装机，在1996年中国包装总公司科技成果评比中，荣获科技进步二等奖。

该机控制采用微机程序控制，各执行机构采用气动元件驱动。具有自动计量、制袋、封合、打印批号、分切，计数、商标定位等功能。计量范围150—1000毫升，制袋尺寸宽100—200毫米，长150—280毫米，包装速度5—40袋/分。包装材料为可热封复合材料，袋型为背封枕式袋，柱塞泵，可调料盘计量杯、电喂料电子秤三种计量装置。可满足粘稠酱类物料、颗料、粉沫固体物料和不规则块状物料的自动充填计量要求，特别是电子秤计量装置，确保了容积法计量难以实现、密度变化较大的物料高计量精度自动充填要求。目前该机已销往国内外不同地区，应用于包装洗衣粉、膨化食品、麦片、空心面、油炸花生米、大米等物料。

DF200爱用自动包装机以其工作可靠，性能稳定，操作简单，维修方便的特点受到用户欢迎。由于该机通用性强，因此具有较大的市场开发潜力。

【华大HD型真空充氮包装机问世】一种新型保鲜包装设备——华大HD型真空充氮包装机，不久前由浙江华大机器有限公司研制成功，并投放市场。

该包装机设有自行制氮、抽真空、储气、空气净化、热封等系统，采用微电脑控制，外型美观，结构紧凑，可一人操作，比一般腔式包装机提高工效2倍以上，1分钟可包15袋产品，耗能只相当于同类包装机的40%，可广泛用于高档食品、贵重药材、土特产品、贵重金属等固体、颗粒、粉状及多种形态的产品真空包装或充氮包装，特别适合于酥脆、油炸、果蔬等小食品的包装，并可自由选择包装尺寸与热熔性包装材料，自动调节氮气纯度。

【电动缝箱机在南京投产】一种新型“无钉箱”生产设备——电动缝箱机近日在南京批量投产。该设备操作简单，使用棉线、麻线或其他无污染易回收的材料，作为缝箱用材料，由1人独立操作。使用材料成本低于扁金属钉，而且材料来源丰富，满足了纸相厂家的需要。

该设备可以满足各种品质纸箱，其抗压强度和抗跌落强度指标均高于用扁金属钉合的纸箱，有效地减少了纸箱在运输周转环节中造成的包装破损。

电动缝箱机的问世，为纸箱行业寻找“无钉箱”生产设备开辟了一条新途径。该科研项目已获国家专利局颁发的实用新型专利证书。

【上海开发成功电磁感应瓶口封口机】上海科普包装机械厂日前开发成功能对塑料瓶或玻璃瓶进行密封的封口机。

这种DCF系列电磁感应瓶口密封封口机广泛应用于药液、果汁、香料、调味品、汽油等的瓶口封盖，瓶口直径可从20mm至145mm。其主要特点有：一、采用可控硅触发、振荡管灯丝电压平稳，能实行稳压高精密的无级调压。二、输出功率强，瓶口即使不平整或沾有水、油、粉或被包装物料，仍能完全有效地封口。三、自动过载及冷却保护，开机60秒不封口，机器自动关闭，并能自动、广域的负载匹配。四、采用国际先进的封口线圈设计，有铝箔检测和自动剔除系统。

这家由上海包装技术协会创办的全资企业，经过多年的研制，开发成功了这种封口机，该产品一面市就受到用户的欢迎。

【FH—3型复合制袋机面世】已被国家专利局授于实用新型专利的FH—3型复合制袋机（几何周边滚动式芯胎装置），是江苏省武进市万事达包装制品厂和科研单位共同开发的新型制袋设备，已投入批量生产。

该机可生产各种规格的维纶水溶复合包装袋，生产效率高，成型、折边、粘合、印刷

切割一次自动完成。包装袋具有良好的拉拉、抗压强度，满袋后在一米高度内落下，包装袋不损坏，用它作水泥包装袋，灌装作业破损率接近零。水泥包装袋可回收利用2～3次，废包装纸可回收再生，既减少了环境污染，又可为企业增加效益。

【新一代全自动液体包装机投放市场】一种具有制袋成型、定量灌装、日期打印、封口切断、紫外线杀菌、自动计数等全自动功能的新一代液体包装设备——YRB系列全自动液体包装机，日前上上海赛维机械制造有限公司研制开发成功并投放市场。

该机采用进口不锈钢材料制造，生产效率每小时可包装1500袋到2000袋，可广泛用于牛奶、豆奶、冰块饮料、酱油、醋等各种液体的塑料薄膜软包装。该机是当前液体包装设备中较为理想的新产品。

【“宇航牌”单面机获包装成果金奖】河南省宇航包装机械厂研制生产的“宇航牌”单面机，在9月份举行的CIP’96国际包装技术展览会上，以高品质的质量和先进的制造技术，夺得本

届展览会“八五”包装成果金奖。该厂是中国包装总公司瓦楞纸箱机械定点生产企业，有着多年生产系列瓦楞纸板生产线的经验。他们与国防科技大学合作，依靠科技进步，努力开发高新技术产品。其中，单面机上的心脏部件——“宇航牌”瓦楞辊先后荣获CIP'94国际包装技术展览会金奖和第一届中华包装精品(1996年)。目前，该厂生产的单面机有蒸气加热式、煤气加热式、电加热式、真空吸附式等多种规格，产品畅销全国29个省(市)。

【多功能电脑热切封边机问世】为适应市场对包装物透明度的要求，替代昂贵的同类进口产品，浙江瑞安市瑞申机械实业公司日前研制成功“多功能电脑热切封边机组”。

该机采用电脑控制、放料、光电、纠偏、自动折膜，可夹衬珠光膜、热封压纹、数控定长、光电检测，并可自动贴胶带、自动打孔、热切封边、直接上胶，印刷多种成本低且精美的BOPP薄膜包装袋，广泛应用于小五金、文具、塑料日用品、文件档案、服饰、袜子袋等物品的包装。

【MW680卧式模切机问世】湖南第二人民机器厂于最近试制成功的MW680卧式模切机是印刷厂和包装装潢厂的理想设备。该机最大模切尺寸为670×490mm，最大工作压力为150吨，可加工纸张厚度0.1—1.5mm。该机系四开带电脑控制的平压平卧式模切压痕机，可进行多种纸板及瓦楞纸的模切压痕，具有自动化程度高、生产效率高、模切精度高、操作维修简便等特点。

【微型真空包装封口机在温州面市】一种体科学分析小、功能、造价低、适用范围广泛的真空包装封口机，日前在温州市瓯海真空包装实业有限公司试制成功，并获得国家专利。

该机重量12公斤，体积仅为普通收录机大小，以微型真空泵为核心，集抽气、封口为一体，操作简便、功效较高。将一只装有200克重食品的薄膜袋口平放在机口，轻按机盖两端，不到20秒钟，便可完成抽气封口。

据了解，该机造价仅为目前普通真空包装机的六分之一，这就为它进入机关、家庭创造了有利条件(家用机每只造价仅800元)。该机可随身携带，它不仅适用于小型食品厂、食品商店和专业户，也适用于家庭食品保鲜、衣物贮藏和档案资料、音像制品、照片胶卷与文物字画等的长期保存。是国内目前保鲜、防霉、防蛀的思想设备。

目前该机已投入批量生产。

【DC—200C线性称重包装机问世】天津市轻工包装机械厂最近研制成功DC—200C线性称重包装机，其结构合理、功能齐全、性能可靠，所采用的线性称重计量装置供料平衡可靠、计量精、机电一体化程度高，经市科学技术研究所查新检索证实该机物料流动及控制系气动传动在国内尚属首创。该机适用于粉状、颗粒状物料的包装，可自动完成制袋、充填、计量、封合，日前该机已通过天津市科委鉴定，投入批量生产。

【上海和第三印机厂生产出YTP4100四色商标印刷机】上海第三印机厂生产出YTP4100四色商标印刷机，这是一种用于包装装潢的商标印刷机，适于印刷各类丝带或纸张的商标，每次最多可套印四种颜色，套印准确，一次即成。该机使用树脂版或铜锌版，换版非常方便，工人只需根据需要印刷的数量拨好自动预选记数器，机器便可自动印刷、收料，这到需要数量后，自动停车。该机最大印刷宽度80毫米，最小印刷宽度9.5毫米，最大原带宽度100毫米。

【水性印刷切压机通过设计评审】一种采用90年代先进技术设计的SYQ—1400型瓦楞纸板水性印刷切压机，日前在哈尔滨通过专家的技术评审。瓦楞纸板水性所印切压机是哈尔滨国营风华机器厂为适应市场需求设计的。该厂的科技人员将当今先进的柔性印刷技术应用到设计中，采用短墨路装置。设计中将原来的瓦楞纸板印刷上油机的7个印刷滚筒简化为金属网纹辊和胶辊两个滚筒。该朵的供墨系统采用气动单隔膜泵，能使印刷水性墨循环使用，水性墨耗墨量比油性墨降低30～40%，经济效益十分显著。

由于水性墨印刷机具有所印文字、图案精

细，印刷压力小、耗墨低、印刷污染小、工人劳动强度低等优点因此市场销售形势十分看好。

【浙江生产出凹版彩印电脑自动套印系统】一种采用国际先进技术，结合我国国情，研制成功的集光、机、电为一体的新一代高科技产品，凹版彩印电脑自动套印系统，日前在浙江省平阳华星电脑应用有限公司研制成功。

该系统运用高新技术对原来的印刷机配套进行了改造，彻底改变了原印刷机精度低、废品率高的状况，使印刷速度高达每分钟 150 米，自动套印精度 0.1mm，而且图案清晰，立体感强，是凹版彩印配套的理想设备。

【我国第一台一步法注拉吹塑制瓶成型机在沪诞生】我国第一台大型三工位一步法 ZLC—250/500B 注拉吹塑制瓶成型机最近在上海轻工机械股份有限公司上海第一塑料机械厂研制成功。

注拉吹塑成型技术为我国塑机行业“八五”、“九五”的重点科技攻关项目，国家机械委和上海市有关领导十分重视。由该厂浓瑾琪副厂长任总设计的科研组经过两年多的艰苦努力，终于解决了主机、辅机、模具、工艺诸多方面的一系列难题，从而使我国成为继西德、日本等少数国家以后又一个能独立生产这种机械的国家，填补了我国包装机械的一项空白。

该机由全电脑控制、多路比例压力流量控制技术，萤屏显示、高重视性的位移传感技术，属机、电、液、气一体化，是高技术、高附加值产品。该产品效率高，工艺参数重现性好，制品质量稳定，社会效益与经济效益十分可观，而价格只有进口产品的四分之一。该机试制成功后，就受到我国食品、药品、洗涤、化妆品、农药等包装行业的欢迎，许多客户纷至沓来，外销前景也十分看好。

【FM 型碗面封盖机研制成功】一种 FM 型碗面封盖机新产品，已由上海奉贤食品饮料设备厂开发成功。该新产品是一种自动加热和自动封盖的连续式工作机械设备，适用于碗装方便面的封盖等，班产量 35000 碗，是方便面包装封盖的理想设备。

【新型灌装封盖机】河北廊坊斯拉克公司生产出一种具有世界先进水平的 R12V6/720 灌装封盖机。该中法合资企业生产的产品已获法国 4 项专利，属不含气称重式液体灌装封盖机，适用于矿泉水、果汁、果茶、酒类，油类等液体的灌装和封盖。该灌装机在生产过程中采用法方先进的灌装技术和制造工艺，目前关键部件由法方直接提供，其它部件也用法方检测装置逐件检验，质量可靠。

【津产钢珠自动包装机被评为中包总公司 1996 年度科技进步三等奖】日前，由天津中国包装科研测试中心研制的 DXDGZ——300 型钢珠自动包装机被评为中国包装总公司 1996 年度科技进步三等奖。

该机适用于自行车钢珠或钢球的包装，也可用于其他行业中规则粒状物品的计数包装。可连续自动完成制袋、钢珠计数、充填、滴注润滑油、封合、分切、计数等包装全过程，并设有光电商标定位装置，还可附加打字、切口等功能。

【国内首台太阳能电池组件封装机在沪问世】上海市机械工程学会科技咨询部与上海交大太阳能研究所最近开发研制成功国内首台 SMES600 型太阳电池组件封装机，将改变这类关键设备长期依赖国外进口的局面。

这种封装机采用可编程控制器，可对封装过程实现全自动控制，还可按要求实现手动操作。其主要技术性能指标已达到同类进口设备水平。

【FM3 自动枕形条块包装机问世】上海奉贤食品饮料成套设备总厂经过努力，新近研制开发成功了 FM3 自动枕形条块包装机新产品，并已投放市场。

FM3 自动枕形条块包装机是一种将定量枕形物块，经输送装置自动送料，用复合薄膜进行封口，再由切刀切断的连续式作业机械。该新产品是广泛适用于方便面、糖块、饼干、糕点等条块形状物定量的连续自动包装机械。生产效率每分钟包装 60～100 包，正品率在 95% 以上。

【沈飞公司开发出短纤维打包机】沈阳飞机

工业(集团)有限公司,发挥军工技术优势,成功地研制开发出适用于棉花、涤纶、晴纶、丙纶、人造棉包装的短纤维打包机,并投入批量生产。

这种短纤维打包机采用了当代国际上先进的集成块插装阀控制系统,并设有故障显示装置,自动化程度高。

【武进常宇推出新型液体软包装机】一种定量灌装、灭菌、自动计数、日期合成,所有操作均为全自动程序控制的CY型全自动液体软包装机,在江苏省武进市常宇包装设备厂开发成功,并大批量推向市场。该机以单片薄膜为包装材料,单机电源,不锈钢机壳及部件。广泛用于果汁、饮料、豆奶、牛奶、液体调味品及各种液体内酯豆腐、化工产品的包装。

【维纶水溶纱水泥包装袋和复合制袋机在武进问世】江苏省武进市万事达包装制品厂吸收国内外先进经验,并与甘肃省有关科研单位合作开发生产的新型水泥包装袋专用设备,FDJ—5型复合水泥包装制袋机械和维纶水溶纱水泥包装袋,目前已批量投放市场,也是97年跨时代的"绿色包装"产品,全机实现了经纱自动进行,自动印字、打孔、成形、折边、切断等成套功能。外层为标准纸袋纸,内层为标准纸袋纸或再生纸,中间由经纱和纬纱粘合成网状形,它具有强度大、无中缝、外型美观、利用率高,并能回收重新造纸,综合利用,不污染环境等优点,该产品各项指标均达到GB9774—1996优等品要求。维纶水溶纱复合水泥袋的诞生,将带动我国水泥的"绿色包装"迈向新的历程,在我国市场经济的大潮中独领风骚。

【纸盒成型机在杭研制成功】为了配合环保工作,浙江省机电设计研究院、杭州现代包装设备厂共同研制开发成功了半自动及全自动纸盒成型机。半自动成型采用双工位制,占地仅1平方米,每分钟产量40只饭盒,全自动成型机采用电脑控制,工人只需将成叠的纸卡上机器即可。其余工序自动完成。该产品适用于进口、国产的单面淋膜或双面淋膜纸卡,产品性能达到国外同类产品的水平。

【九星包装机械集团公司研制成功全自动粉状物料包装机】福建省福州九星包装机械集团公司研制成功的全自动粉状物料包装机,可对1～1.5公斤袋装面粉或与面粉相近的粉状物料进行全自动制袋、计量、充填、包装、封口,一次完成。物料的比重变化可自动跟踪,袋高超差自动报警、废品自动剔除,并符合食品卫生标准。

【江阴推出新型薄膜制袋机】全新机电一体化薄膜制袋机最近在江苏江阴市模塑集团公司吹塑车间研制成功,经初步使用,效果比较好。该设备操作方便,维修便利,宽度为105厘米,由数字开关自动调节,可靠性强,可用于各种塑料袋的制作。该设备投产后每小时可生产1800只塑料袋,是手工制造速度的20倍,提高了生产效率,降低了成本。

【得利新型油墨编码机研制成功】一种新型的油墨编码机新产品YT—500B型油墨编码机,由上海得利轻工机械厂开发成功,并已投放市场。

该新产品广泛适用于印酒瓶盖、矿泉水瓶盖、易拉罐商标、日期,字体为点阵式。具有投资少、效率高、操作方便等优点,该机使用效果与喷墨射印机相似,而价格只是其售价的二十分之一,因而倍受客户的青睐。

【全自动纸盒成型机投入批量生产】浙江省温州市东海节能设备厂科技人员参照国际先进技术,精心研制成功的全自动纸盒成型机日前正式投入批量生产。该机采用计算机控制,整个生产程序完全实现自动化,每分钟可加工190mm以内的各种纸盒35只。

【造纸浓黑液提取设备在河南生产】最近河南省济源市研制出一种新型的盘式造纸浓墨液提取设备。

河南省轻工业设计院在调查研究的基础上,确定了不同于现有提取设备的原理和结构,于去年9月制造出第一台样机。经改进、定型,分别在济源和巩义的造纸厂进行了生产性试验。检测数据表明:原料进浆浓度范围为10%—40%,出浆浓度可达50%以上,一道挤压黑液提取率可达70%以上;如果加水稀释后再挤压，可达到90%以上。

【凯宏工业公司研制成功新型板纸涂白生产线】西安凯宏工业公司集科研、制造于一体，实力雄厚、技术精湛，产品遍布全国。

凭借雄厚的技术力量，本着上精益求精、奉献社会的精神，公司领导敢为人先、勇于创新，曾独创过国内第一台铝塑复合机组；国家高科技金奖产品ML防火油毡机组轰动全国；ZX小型圆柱齿轮减速机国内独家生产；高效宽幅复膜机组国内首创。

最近，凯宏公司再传捷报：新一代板纸涂白设备研制成功。利用该设备生产的涂白板纸，面层均匀、光滑细腻、白度高、不起毛、耐折、耐磨、防水、防潮、印刷性能好，品质等同于进口同类产品，而售价仅为进口设备的1/3。该设备的问世填补了西北地区造纸机械的一项空白。据专家估计，该项技术的推广将会给我国造纸行业带来非常可观的经济效益。

【新型两米三层瓦线在上海投入使用】廊坊航星包装机械有限公司根据市场需求新研制的WJ60—2000型三层瓦线于1996年10月初在上海泾南纸箱厂一次调试成功。以最高生产速度(60米/分)生产出的三层瓦楞纸板完全达到国家有关瓦楞纸板的各项性能指标，此生产线经过几个月的使用，性能比较稳定。

该生产线结构简单，便于操作、维护，并能满足用户提出的投资少、能耗低、见效快，以后还可根据用户要求改造成五层。

该厂原有WJ100—1600型瓦线一条，新的WJ60—2000型瓦线要求在同一厂房内安装。因此该公司技术人员和泾南纸箱厂领导一起研究，进行工艺布置，开辟了两条生产线在同一厂房内安装而流程一致不调边的新的独特的工艺布局，并采用了同一套锅炉和制糊机，使两条线可同时生产，又可单条线单独开机，系统布局、结构合理，节约了能源和原材料，具有创新精神，受到行家好评。

单面机采用新的导纸板结构形式，使不停机可随时观察、调整、更换导纸板，提高生产率，又使操作简单方便，用户比较欣赏。

该公司结合我国包装行业现状和实际需要，在研制WJ80—1600(1800、2000)新型五层瓦线的同时，还为中小纸箱厂研制了将原有DW—2单面瓦楞纸板生产线改造成三层瓦线的新机型，为中小纸箱厂技术改造，增加市场竞争力，开辟了新途径，为我国瓦线生产增添了新的规格和品种，可以适应不同厂家的需求。

【枣庄玻璃制品总厂“蒙砂”瓶生产线投产】山东省乡镇企业管理示范企业之一的枣庄市玻璃制品总厂，通过挖掘市场信息，准确把握信息及时决策，成功开发了“蒙砂”玻璃瓶系列新产品。经过3个月对原有一座底面积25平方米的普通玻璃瓶生产窑炉及配套生产线进行技术改造，可日产新产品40吨的“蒙砂”瓶生产线于4月19日正式投入批量生产。

“蒙砂”系列玻璃瓶是以回收绿色废玻璃为主要原料熔制加工而成的一种内在质量优于普通瓶的产品。它是一种朦胧色彩鲜艳，造型美观的新型玻璃制品。产品特点趋于艺术化、高档化、多样化，广泛用于各高档名酒及化工、医药品遮光外包装，具有极其广阔的市场。该生产线还可为适应市场调节轮换生产啤酒瓶，具有一举两得的灵活性能。据现行市场价格预算，投产后可年新增产值1500万元，利税300万元。该厂现已形成年产量7万吨的设计生产能力。

【蔬菜脱水成套设备新产品面市】上海奉贤食品饮料成套设备总厂，新近研制开发成功STQL—500型蔬菜脱水成套设备新产品，并已投放市场。

该新产品是当前国内外广泛应用于蔬菜脱水前进行一系列生产处理的较为先进的自动化流水线设备，可供各类蔬菜脱水前进行高压清洗、翻搅洗涤、切菜、漂烫、冷却等连续化生处理，亦可与国内外各类脱水设备配套使用，生产各类脱水蔬菜食品。该产品具有操作简单、使用方便、占地面积小、便于清洗和维修、保养等优点。

【特形易拉罐生产线在常德投产】

常德华特制罐有限公司投资6000多万元，

引进国内第一条特型易拉罐生产线，于9月中旬正式投产。

该生产线全套引进瑞士、德国、意大利等专业厂家制罐设备，具有国际领先水平。可生产250ml～470ml饮料罐及啤(白)酒罐，年生产能力可达1.2亿只。产品设计新颖、造型美观，具有良好的防伪性能。广泛适用于各类名牌酒类、饮料、食品、医药、轻化产品的包装。华特公司已就该产品各外形向国家专利局申请了专利。

目前，华特公司第一批产品——湖南常德德山大曲酒厂生产的滴水洞、河南新乡红酒坊酒业公司生产的红酒坊特型罐装白酒已经面市，深受消费考青睐。

【CL材料餐具生产线在武汉投产】CL发泡材料无污染餐具生产线，近日在武汉第二机床厂建成投产，年产无污染餐具3000万只。国内40多个厂家的代表观看了生产的全过程。据这项专利CL材料发明人池洪透露，海内外已有上千家厂商来电来函，要求买断生产销售权代理权。

【福建第一条防伪瓶盖生产线投产】由台商、港商合作投资建立的福建第一条防伪瓶盖生产线于日前在东山正式投产。在这之前试产的400多万个瓶盖已被四川、山东、贵州等名酒厂家抢购一空。

台商、港商经过深入全国各地了解考察，根据市场需求，确定投建专利“防伪瓶盖”生产线。他们于今年初创办了福建东山润昌塑胶工业有限公司，投资2000万多元从日本、西德、瑞士等国家引进国际上最先进的技术设备和有关专家，全部生产流程实行电脑操作。

【小包装面粉生产线在上海投产】小包装面粉全自动生产线近日在上海面粉公司浦东面粉食品厂正式投产。该项目是今年上海商业实施的15个科技项目之一。小包装专用的雪雀牌面粉由市面粉公司研制生产，每分钟可生产1公斤装的小包装面粉80包，可向市民提供特级馒头自发粉、特级蛋糕自发粉、饺子专用粉、小笼包专用粉等近10个品种。

【不干胶带生产技术设备在京问世】位于北京东三环南路垂杨柳的化工橡胶设计院绘都化工部，率先在全国独家推出最新实用技术成果——不干胶流水线作业一机完成。可任意设定各类不干胶带：铝箔不干胶商标、镭射防伪商标、医用胶布、绝缘胶布、常用胶布等。该设备性能可与进口设备相媲美，价格只有进口货的十二分之一、国产品的六分之一。

【浙江“大东亚”CPP生产线调试成功】5月26日，浙江大东亚塑料公司引进的CPP流涎薄膜生产设备正式调试成功。这标志着我国高档食品包装材料将进一步由国产材料所替代。这条总投资200万美元，从德国莱芬豪舍公司引进的CPP流涎薄膜生产线，是90年代世界上最先进的制膜设备。

【华中最大的易拉罐生产线投产】湖北省富特波尔有限公司第一期工程——白罐生产线日前试车成功。

富特波尔有限公司是目前华中地区在建中的最大易拉罐生产企业，投资总额3000万美元，由香港富特波尔容器集团有限公司与湖北省葛店开发区开发总公司等合建，公司厂区占地111亩，计划生产能力为800只/分钟，年产两片罐3亿只，产值4亿元。

据介绍，随着市场需求的增加，该公司将计划扩大至年产两片罐10亿只，首期工程于1996年第二季度正式投产，供给武汉百威、上海健力宝等各大啤酒及饮料客户。

据悉，富特波尔容器集团有限公司已在国内开办了6个同类企业，1996年产量将占国内制罐总产量的一半。

【武汉5万吨A级强韧牛皮箱板纸生产线建成】武汉造纸厂投资1.25亿元，扩建的年产5万吨A级强韧牛皮箱板纸生产线，已正式建成投入生产。它可替代进口包装材料，每年可为国家节约外汇3000万美元。

该生产线主机、制浆、废纸处理等各主要环节，皆为电脑自动操作。它可生产多品种、多规格的各类包装纸板，用于出口包装，高档机电材料、纺织品、食品、医药等商品的包装。

【激光全息宽幅项目在第5808厂开工】国家"双加"项目——激光全息宽幅项目,日前在泰山脚下的兵总第5808厂开工。

该项目总投资1.8亿元,主要引进一条具有90年代国际先进水平的激光全息宽幅模压系统生产线,项目建成后年产激光宽幅模压制品920万平方米。

激光全息宽幅模压技术是先进的纸全息技术,其主要内容是在1米甚至更宽的塑料薄膜或纸上制作(模压)激光全息图像。这种图像色彩绚丽、立体感强,防伪性能好,装饰效果佳。

目前,国际上宽幅全息制品已广泛应用于食品、礼品、药品等需要高质量包装的商品上,另外,也可作为高档装饰、装潢材料使用。

【山东华众纸业有限公司20万吨涂布白板纸工程奠基】日前,山东华众纸业有限公司20万吨涂布白板纸工程在薛城奠基。该工程是由原山东华众纸业有限公司同印尼光彩集团、新加坡尧泰私人有限公司合资兴建的。该项目总投资1.5亿美元,合资期限为50年。

这次开工项目包括两条年产10万吨高档涂布白板纸生产线的造纸车间和制浆车间、一座年发电能力为4.2万千瓦的自备电厂及一座与之相适应的污水处理场,工期为15个月。投产后,该公司将新增生产能力24万吨。

【上海引进全自动小包装专用粉生产线】上海市面粉公司最近从意大利引进一条具有国际先进水平的全自动小包装专用粉生产线,目前正在抓紧安装调试,年内将有4000吨小包装专用面粉上市供应。

上海面粉公司具备生产各类专用面粉的能力,前不久推出的雪誉牌系列小包装专用面粉,营养、卫生、简便,适合市民家庭制作各类食品,已被中国消费者基金会认定为"向消费者推荐产品"。

上海面粉公司引进生产线投产后,不久将陆续推出特级馒头自发粉、特级蛋糕自发粉、一级煎炸自发粉、颗粒面粉、精制面粉等十多个品种,包装规格合理,消费者携带方便,将成为国内市场畅销产品。

【京山轻机厂第二条高档瓦线将在长虹落户】日前,在国内最大的电子工业基地长虹集团的国际招标会上,京山轻工机械厂与长虹集团签订产品合同,将于今年5月交付一条全自动高档五层瓦楞纸板生产线。

1995年,京山轻工机械厂在长虹集团的纸箱设备国内招标会上中标,售给长虹集团一条五层瓦楞纸板生产线。日前,长虹集团投入16亿元,兴建家电城和"红太阳一号"工程,其配套工程——纸箱设备采用国际公开招标的方式,京山轻工机械厂在众多国内外纸箱机械生产厂家中再次脱颖而出,以过硬的技术实力中标,其产品第二次打入长虹团。

【内道式纸膜塑圆筒中缝三复合机组在北京研制成功】一种可以生产水泥包装袋的纸、膜、塑编袋圆筒中缝三复合机组在北京英特塑料机械总厂研制成功,并投入生产。

该机组是该厂吸收90年代国际先进技术,并结合我国生产实际需要,加以创新研制而成的,是目前国内新一代制袋设备。在研制过程中,该厂的工程技术人员,走访了许多用户单位,进行了科学的调研,从而使该机组深受广大用户的欢迎。

该设备生产出的制品,可用作水泥、大石墨粒子包装,也可用作化肥、粮食等粉粒状物品的包装。这些包装袋,不但耐磨耐损、防潮,防水,耐高温,还具有低成本的特点,为广大用户带来了利益。该机组的印刷,内导热复合,冷却定型扎孔,折边(或不折边)切袋、叠袋,在一个流程中完成,该水泥袋质量符合国家新标准。

【汕头推出新型挤出复合设备】汕头金园区新湖食品机械厂推出一种高质量、低能耗的挤出复合设备,短时间内便引起行家注目。该设备有效地解决了当前我国复合软包装业存在的异味及高成本等问题。

目前国内用于复合软包装的工艺多数采用干式复合,它存在严重的不足。一是制做成本较高;二是产品很容易因溶剂挥发不彻底或粘合剂树脂气味而污染被包装物,产生包装袋异味。目前我国干式复合生产产量较低,速度也慢，耗能多、复合牢度较差，针对存在的异味和成本问题，汕头金园区新湖食品机械厂决心为行业争光，经过一段时间的努力，对国外先进挤出复合设备进行消化、吸收、创新，终于推出一种较理想的挤出复合设备。这种设备采用变频技术，收、送料及二放卷都采用双工位自动接膜装置，可实现120米/分收料。配有AC剂胶装置及烘箱。螺杆长径比为28:1。模头采用进口特殊钢制造，模腔表面超精加工后镀硬铬。温控稳定，其精度为±0.5℃。复合膜厚薄之差为±6%。冷却辊采用特殊的设计，冷却效果极佳。设备与国内同类产品相比，其耗能可降低30%以上，而且复合质量大大提高，设备价格仅为进口同类设备的四分之一左右。

【国产丁烷发泡聚乙烯(PE)生产线问世】徐州市现代实用技术研究所经多年研制，于近日生产出丁烷发泡聚乙烯(PE)生产线。整线试车成功，运行良好，各项指标基本达到引进设备产品水平。自八十年代初以来，我国仅聚苯乙烯(PS)和聚乙烯(PE)发泡片材生产线就引进了二百余条，其中百分之九十以上都是用氟里昂(F12)作为发泡剂。随着环保要求的愈加严格，该发泡剂已被有关国际组织限期淘汰。作为理想的发泡剂替代物石油液化气丁烷，除符合环保要求外，所需费用仅为氟里昂的三分之一，甚至四分之一，是很有发展前途的发泡剂。

【多层无菌塑料包装材料生产线在西安建成投产】由芬兰依莘克斯德公司、西安市奶业科学研究所、中国人民解放军3404厂三方投资500万美元兴建的西安依莱新食品包装有限公司，日前在西安建成并全面投产。

该公司从芬兰依莱克斯德公司全套引进国际先进水平的五层共挤吹塑包装膜生产线及六色卫星式柔版彩印生产线。产品主要为五层(EVOH)膜及二层(LDPE)膜，广应用于乳制品、肉制品、水产品、调味品及医药、化妆品等领域，该产品具有超乎一般塑料薄膜的保鲜性能。

该生产线年产量为2000吨，它的建成将使我国的无菌产品包装更上一层数。

【荥阳市最大的塑料编织袋厂建成投产】郑州市南川印刷公司出资250万元建成的荥阳市最大塑料编织袋厂——南川自动化塑料编织厂于最近正式投产。

荥阳市与巩义市毗邻，两市交界处大小水泥厂、化工厂数百家，每年需要大量的包装袋。随着水泥行业为了节约木材降低成本改用塑料编织袋包装水泥后，该地区塑料编织包装袋需求量成几倍增长。过去，用户都是到温州等沿海城市进货，因路途远，运输周期长，严重影响了该地区工业生产的正常发展。

南川印刷公司看准这个机遇，于去年6月份购进目前较为先进的四梭、六梭编织机22台，拉丝机两台，建成两条自动化生产线，仅用一个月时间就调试安装完毕。自去年7月份试生产到年底，共生产编织袋300多万条，完成产值270万元。由于在生产过程中严格按设计工艺流程操作生产，所出产品在外观、强度、抗冲击、抗老化等指标都达到了有关标准。这批产品已全部被江苏、安徽，及本省十多家客户购买。

【山西首条多功能喷雾罐生产线投产】山西省太华精细化工有限公司生产的多功能喷雾罐系列产品通过了由省经贸委组织的投产鉴定，开始投入批量生产。

山西太华精细化工有限公司1993年投资760万美元，引进一条具有国际八十年代先进水平的多功能三片喷雾罐系列产品制罐和灌装生产线，该生产线由47台(套)设备组成，全套设备分别从德国、意大利、瑞士、韩国等国引进，年生产能力为1100万只。经过两年多的土建、安装、调试，1995年8月生产线试车成功，至今已试产出两个系列、三种规格(∅52.3mm×178mm，∅65.3mm×168mm，∅65.3mm×240mm)，容积分别为320ml、450ml、600ml。经检测，产品质量指标符合GB13042—91国家标准，其中两项重要质量指标：变型压力和爆破压力远远高于标准要求。

该多功能喷雾罐是一种用于盛装喷雾物质的一次性使用的金属容器，它由阀门、罐身、底、盖组成。其制造工艺较为复杂，内装的喷雾物质在预压力的作用下，按所控制的形态通过阀门喷出，可广泛用于工业、日常生活，以及医疗保健等的气雾剂治疗方面。

此次鉴定认为：该产品质量指标符合GB13042—91国家标准，达到国内同类产品先进水平。

【"神雕"美工切割系统问世】上捷科技开发(湖南)有限公司最新推出——"神雕"美工切割系统并参加'96武汉全国计算机交易会，深受用户欢迎。"神雕"是一套专为美工、广告及招牌制造业设计的电脑软件操作系统，包括扫描、绘画、彩绘、排版系统，并可直接支持切割。该软件系统全中文菜单提示，操作简单快捷。具有易学、快捷、高效、实用、字体多的特点。该机行销全国28个省(市)，成为电脑刻字业内最畅销和最受欢迎的操作系统。

【新型电子程控式聚苯乙烯发泡系列设备问世】EPS电子程控式全自动发泡聚苯乙烯成型设备不久前问世。它是由130AV型加压发泡性聚苯乙烯成型机和EM—650型自动预发泡机组成。它具有生产效率高、能耗低、省人力、投资回收快等优点，近年已行销台湾、香港地区及东南亚国家，同时广泛应用于国内用户，替代了进口设备。这种设备是成都南光实业股份有限公司与台湾旭川机械有限公司合资的深圳新旭光机器有限公司与台湾旭川机械有限公司合资的深圳新旭光机器有限公司引进国外先进技术设计制造的。

加压发泡性聚苯乙烯电子程控自动成型机采用可编程序控制器，达到全过程自动控制；调整简单，操作方便，节省人力。真空热交换装置可提高生产速度，降低蒸气、水和电力的消耗，制品含水量低。使用加压进料，真空补料，减少废口，提高成品率。标准模具尺寸：850×1150mm和1350mm×1150mm两种。最大成型面积：700×1000mm和1230×1030两种。成型品最大高度：380mm。锁模力：25吨。

发泡性聚苯乙烯全自动预发泡机，蒸气由炉体下方特殊装置进入发泡室，发泡加热均匀，发泡温度可预设及控制，使发泡倍率稳定，节省蒸汽。螺旋进料装置的转速可调，可控制进料速率，与温度控制配合，可完成标准发泡密度。选择出料口高度，以控制发泡倍数。设有停电保护装置，避免结块，减少原料浪费。发泡功率(50—60倍)EM—680AV型，100～150公斤/小时；EM—750AV型，250～300公斤/小时；EM—850AV型，300—400公斤/小时。

以上设备具有技术先进，性能稳定，安全可靠，效率高等优点，适用于建筑、装饰、渔业、包装等行业。

【广州造纸厂引进年产15万吨新闻纸生产线】广州造纸厂15万吨新闻纸生产线已安装到位，将于今年竣工投产。该设备从国外引进，包括从芬兰引进的一整套废纸脱墨生产线，从瑞典购买的二手大型抄纸机，以及从加拿大引进的BCTMP制浆设备等。

【吉林建成万吨聚丙烯生产线】吉林省松原市与前郭炼油厂共同建设的年产万吨聚丙烯生产线于去年2月份建成投产。项目总投资6650万元。从破土动工到建成，仅用270天时间，创出了当年建设、当年投产、当年见效的建设高速度，该生产线的建成，将部分弥补聚丙烯的供应缺口。

【现代化包装箱生产线在吐鲁番建成】一套从上海引进的聚苯乙烯包装箱现代化生产线，在吐鲁番市利丰股份有限公司正式投入运行。

这套生产线总投资近60万元，可年产包装箱100万只。是鲜葡萄、哈蜜瓜理想的包装物，具有重量轻、耐挤压、保鲜效果好等特点。该包装生产线的建成，使该地区各类名优干鲜果品有了合适的"嫁衣"。(雨晨)

【福建引进流延膜生产线建成投产】福建省南平市第二塑料厂引进意大利帕兰迪公司的具有国际先进水平的流延薄膜生产线已建成投产。

该生产线是具有九十年代国际先进水平的机械设备，整体由PLA电脑控制，流延、冷却、收卷工序协调操作，采用γ射线测厚系统，整机有完善的自动保护报警系统，产品质量有可靠的保证。

目前，该厂已开发生产CPP、CPE流延薄膜等产品，质量达美国ASTMD2103—92、DZ2530—89标准，去年底通过该省经委的技术鉴定。该产品经上海、浙江以及本省许多用户使用，证明符合出口标准。

【涂料自动生产流水线在南通研制成功】江苏华宇印涂设备集团有限公司(南通印铁烘房制造厂)大胆引进、消化、吸收国外同类产品的先进技术，成功开发出一种高科技新设备——涂料自动生产流水线。该设备主要用于食品、饮料、日用化工品罐盒以及玩具、医药、种子等方面的包装表面印涂焙烘、收料等。该生产线集涂、烘、卸为一体，根据所需的工艺要求自动完成进铁、涂料、烘干、冷却、卸料、翻向、堆积等动作，并且设有温度显示、温度控制等。它既能满板涂料，又能留空涂料；既能横向留空，又能纵向留空，是国内目前先进的涂料自动生产流水线，该生产流水线已投放市场，深用户青睐。

【河南省建成大型防伪陶瓷瓶生产线】大型防伪陶瓷瓶生产线在河南省禹州市建成投产，它把我国陶瓷生产优势和现代防伪技术融为一体，年设计生产能力1000万只，产品已投放市场。

【广东引进美国易拉盖生产线】广东台山市英达利制罐有限公司最近投资1000万美元，引进美国易拉盖生产线和瑞士、台湾制罐生产线，年产马口铁饮料罐3亿个，Z09D铝质全开易拉盖2亿5千万片，Z00D、Z06D铝质易拉盖2.5亿片。

【铁道部劳动卫生研究所开发出降解快餐盒新技术】由铁道部劳动卫生研究所、北京亚辰机电有限公司降解塑料工程部以及北京凯发环保技术咨询中心等单位经过6年的研究，于最近开发出降解塑料快餐具新技术。该技术经国家棉纺织品产品质量监督检验中心安全卫生检验站、铁道部劳动卫生研究所多次检测试验证明它具有良好的降解效果。该产品除了充分考虑光降解和生物降解外，还考虑到热降解和自动氧化降解，因此降解的环境适应性更强。此外，母料较少；不影响现有的PS餐盒生产工艺；其边角料可以有效回收利用；生产过程无三废污染问题；生产运输和储存过程中不会出现明显降解而影响产品质量，而且原辅材料全部由国内生产。

【全新包装易拉罐米酒在沪面市】上海东明酿造厂研制开发出全新包装易拉罐米酒，已批量投放市场。

该新产品由精选糯米，经小曲发醇酿制而成的，清澈透明、口味甘醇，曾被评为第二届上海市科技博览会银奖。产品上市后供不应求，为扩大生产规模，该厂投资200多万元用于扩建一期工程，日前已峻工投产，形成了年产600多吨的生产能力。为适应不同层次消费者需求，该厂在生产瓶装酒的同时，试生产易拉罐米酒，最近出厂的1100箱已经上市，受到了消费者的青睐。

【华中农大推出生物降解地膜和包装膜生产技术】华中农业大学食品科技系适应环保需求，开发出生物降解淀粉农用地膜和包装膜生产技术。该技术的基本作法是以天然玉米淀粉改性与聚乙烯共混，制得可生物降解的农用地膜和包装膜，其质量达到轻工业部颁标准SG369—84。成本比现行纯聚乙烯膜每吨低600元，原料来源广泛，整个工艺生产过程中无三废产生，完全可以利用现行一般塑料厂造粒、吹塑的常规设备。

【上海首创鸡蛋保鲜包装新技术】上海金山浦江蛋鸡场将刚产出的鸡蛋，外表涂上一层保鲜液，再把鸡蛋装进用纸浆模压制成的小包装盒。这样，鸡蛋不进冷藏库储存，放一个月仍很新鲜，而且将蛋盒掷出20多米，落地后盒中鸡蛋可保持完好。这项鸡蛋保鲜包装新技术属国内首创。

【YHWY—1型“网印无级定位卡”问世】邯郸市冬复兴区艺华装饰加工厂针对当前手工网印(特别是多版套印)定位困难，印版更换时制作定位装置费时，费事，购买机器设备投资大，开发新产品不易等问题，经过反复研究，最近研制出一种极其方便、灵活、经济实用的新型定位装置——YHWY—1 型,“网印无级定位卡”(也可叫可移式万用定位卡)。这种定位装置不受网版大小、长短、宽窄等各种因素影响,只要用此定位卡规矩制版,配上普通台案,就可以套印出各种精美的网印产品。在套印中丝毫不会错版、移位。它不仅适合于手工网印产品的大型丝印厂,而且适合小型丝印厂,是目前丝印行业投资少,不受配版多少限制的最适用的网印定位装置。

【高级纸塑复合粘合剂在武汉研制成功】由湖北大学李建宗、程时远教授研制成功的“无毒溶剂型高级纸塑复合粘合剂”,最近已通过技术鉴定,该产品被认为达到世界先进水平。这种粘合剂有效地我国纸塑复合长期采用的有毒甲苯溶剂橡胶以及弥补了改进型产品有毒、透明度差等不足。经多家印刷企业试用表明,使用这种粘合剂具有剥离及剪切强度高、成膜透明度好、稳定性能好等优点,可使印刷品的表面更加光亮、平滑、色泽更加鲜艳和富于立体感。同时,还具有防潮、防伪、耐折、耐磨等特点,受到用户的一致好评。

【山东推出高得率造纸制浆等三项技术】山东轻工学院化工系在制浆造纸及废水处理方面进行了大量实验研究,最近已取得可喜成果。

一、高得率造纸制浆技术

该技术已通过国家级鉴定,其主要原理是采用化学方法与机械方法联合制浆,采用机械湿磨制浆工艺,得率可达 70%,比现行的麦草浆碱法化学制浆得率 38% 高约 1 倍,污染负荷总量降低约 50%。目前,以此成果为主、以红麻为原料的化学制浆抄造新闻纸的示范工程已经开工。

二、废纸浆酶法脱墨技术

目前,大多数工厂采用的脱墨技术大多为碱法化学脱墨,即在碱性条件下加入表面活性剂、过氧化氢及硅酸钠等化学助剂,这些化学助剂对水体有严重污染。而本技术采用纤维素酶及半纤维素酶处理废纸浆,使油墨与纤维分离,然后经过浮洗脱墨。本技术在实验室条件下取得了良好的效果,不仅减轻了污染,还大大提高了纸浆的抄造性能。

三、低污染造纸技术

在低污染制浆方面,以棉浆蒸煮为突破口,提出了氧碱制浆和碱—过氧化氢制浆技术,现已在高密化纤厂中试验成功。新技术改变了传统的高温高碱蒸煮工艺,通过碱与氧化剂的共同作用,选择性去除非纤维性成份,达到制浆目的,废液呈弱碱性,色度有所改善,纸浆得率及白度等指标大大提高。

【食品包装纸用防油剂面市】一种非含氟类的具有核壳结构的共聚物水性复合乳液——HOR 食品包装纸用防油剂,最近由浙江杭州化工研究所开发成功,并通过了杭州市科委组织的专家鉴定。

该产品具有优良的成膜性,所形成的膜防油、防水性能良好,对纸纤维有较强的附着力,并具有较好的耐冲击性、耐折性和热封性。产品可广泛应用于一次性餐具专用纸板的防油防水表面涂布处理、纸浆模塑法一次成型、纸盒杯碗的防油防水喷涂处理和一般食品包装纸的防油防水表面涂布处理。它还适用于其他纸质基材的防水、防油处理。

该产品售价与用户的使用成本远低于进口含氟类防油防水剂,适合我国消费水平。

【长荣集装箱储运公司投入运营】由青岛港集装箱公司与台湾长荣海运股份有限公司共同投资经营的合资企业青岛长荣集装箱储运有限公司日前投入运营。

据悉,台湾长荣海运股份有限公司是目前世界总载货量第一的集装箱运船公司。该公司位于青岛港 8 号集装箱专用码头,紧邻青岛至黄岛的高速公路入口,拥有 5 万平方米的集装箱堆场一处,设计年通过量可在 17 万标准箱。

【高得率低污染麦草化机浆通过省级鉴定】由黑龙江省造纸工业研究所承担的高得率低污染麦草化机浆的研究经近两年的努力,于 1997 年 1 月 21 日在哈尔滨市通过了由黑龙江省轻工业设计院、黑龙江省造纸总公司等单位的环保、设计和制浆造纸专家。

鉴定中专家们认真地审查了鉴定材料和有

关数据，并饶有兴趣地观看了废水处理的演示试验。他们一致认为：该项目结合了我国造纸工业现状及生产的迫切需要，选题正确，为解决我国部分中小纸厂污染严重问题办了一件大好事。与国内同类的以麦草为原料，生产瓦楞原纸的制浆工艺相比，它具有明显的经济效益、社会效益和环保效益。由于在化学预处理过程中没有使用造纸行业常用的碱、酸、盐及含氯、硫和亚硝基的药品，预处理条件温和，煮后黑液pH值在7.5左右，磨后浆得率在80%以上，抄片强度可达到国家瓦楞纸C级以上指标，采取适当措施可接近或达到B级标准：他们还认为，如采用大生产用盘磨磨浆不难达到B级以上指标。

蒸煮和磨浆产生的废水，加MD进行絮凝沉淀后，澄清液可达到国家二级排放标准。

【DS—2水基带复合防锈漆通过鉴定】辽宁丹东市环保科研中心科技人员研究的“DS—2水基带锈复合防锈漆”已通过技术鉴定，属国内首创。产品几项主要指标达到美国Konst国际集装箱涂料技术指标，处于国际先进水平。

该产品以水为介质，采用国家发明专利高细度合成复合树脂加特种填料、助剂、防锈防腐剂等制成。它无毒、无害、无污染，一漆两用，不需面漆，可直接喷涂在带锈钢铁表面，解决了以往涂油漆之前需化锈、铲锈、缓蚀等繁重的体力劳动，经济、社会、环境效益显著。它耐高温耐严寒耐腐蚀，附着力强、抗老化、耐擦洗、漆膜坚韧、干燥快，是钢铁防锈防腐的新型涂料。

【河南省开通国际集装箱专列】郑州至连云港国际集装箱专列日前在郑州海棠寺铁路口岸开通运营。自此河南省进出口货物运输又有了一条新的重要渠道。郑州至连云港国际集装箱专列是继郑州至九龙、青岛、天津专列开通后的第4条国际集装箱直达线路和。

【国内首条集装箱水运定期航线开通】一条上海——厦门集装箱水运定期航线日前正式开通。这是国内首条集装箱水运定期航线。

拥有上海港规格最大、设备最先进内外贸作业区，3万平方米集装箱堆场和集装箱作业配套机械的上海龙吴港务公司，在去年6月国家交通部出台《国内集装箱水上运输规则》后，紧紧抓住这个有利机遇，决然南下与福建厦门市轮船公司海运分公司商议筹建了厦门——上海集装箱水路班轮。12月21日，一艘满载国际标准集装箱的“丰顺”轮由厦门首航驶抵上海港。此集装箱航线的开通，将成为我国集装箱水运大发展的良好开端。

【CL无污发泡材料研制成功】武汉富拓包装技术研究所的池洪等科研人员经过6年的研制，发明了用稻草、麦秆等秸秆纤维作原料的CL无污染发泡材料，并获国家专利。此项发明成功后，池洪又以技术入股与武汉第二要床厂合资组建了武汉科瑞包装集团有限公司，最近又研制开发出一次性餐饮具成型机。用CL无污发泡材料生产的各种餐饮具或其它包装物，用后埋入地下，3个月后便可分化成泥土作肥料，从而克服了泡沫餐具脱离包装物垃圾难处理的弊端。

【一种高效复合光降解剂投入生产】成都市柯力化工研究所开发出一种高效复合光降解母料。它主要由光敏剂、光稳定剂和聚乙烯组成。在普通塑料中添加量为1%就能在一定的时间内把塑料降解成粉末状，达到保护环境的目的。经试验证明：本产品和生物降解母料有极好的协同降解效果，能把塑料薄膜降解成粉末状，其降解时间可控制在1—8个月。由该产品和生物降解母料合成的洁绿牌生物和光双降解塑料，在1994年美国国际发明和技术展览会上荣获金奖。本产品是目前国内新兴行业生物降解塑料厂不可缺少的高效降解剂。目前已形成每年60吨的生产能力。

【我国开发成功聚苯硫醚工程塑料制品】我国成功地开发出包括高纯度树脂产品在内的一系列聚苯硫醚制品。这使我国成为继美、日、德等国之后能独立实现聚苯硫醚工业化的国家，并迈入了世界先进行列。

国家“八五”重点科技攻关项目“聚苯硫醚工程塑料及其制品开发”最近在成都通过了有关部门验收。

聚苯硫醚是一种新型特种工程塑料。与普通工程塑料相比，它具有耐高温、耐腐蚀、耐辐射、韧性好、强度大等特性，在现代工业中广泛应用于电子电器、汽车、航空航天、石油化工、轻工机械等领域。由于其工艺复杂、技术难度大，目前仅美国、日本、德国等国实现了工业化生产，西方国家还长期对我国实行封锁和垄断。我国在聚苯硫醚树脂的合成方面进行了较大投资，开发了年产百吨级的聚苯硫醚树脂合成装置。近年来，我国树脂质量已与国外产品接近，但树脂的粒料品种和制品开发几乎还是空白，尤其缺乏高纯度聚苯硫醚产品。

由四川联合大学材料科学技术研究所牵头组织，北京市化工研究院、成都有机硅研究中心等单位参加共同完成了这一项目。通过几年攻关，现已建成一套年产10吨的聚苯硫醚纯化及高纯化中试装置，建成两条年产100吨聚苯硫醚粒料生产线和一条3.2万克的聚苯硫醚注塑成品生产线。开发出新材料5种，为汽车、电子电器、机电、航空等行业提供了28种制品。

据专家说，我国聚苯硫醚的工业化生产可在“九五”期间实现。

【密封胶复合包装筒通过鉴定】广东省南海市东亚复合罐厂研制的密封胶复合包装筒近日通过了广东省科委组织的技术鉴定。专家们经现场观摩和技术评估，一致认为该产品工艺先进、合理，技术处于国内领先水平，填补了省内空白。

东亚复合罐厂针对国内化工、建材领域密封胶市场的需求，经过两年多的研制开发，将此种新型包装推向市场。该产品由多层纸板和铝塑复合而成，具有外形美观，耐腐蚀、抗压和方便运输、使用等特点。由于气密阻隔性好和抗压强度高，盛装各种有机溶剂及液态产品，其保存期可大大延长，并且减少了产品的运输破损。目前该产品已投入批量生产。

【安阳市纸箱厂“撕裂带纸箱”通过省级新产品鉴定】安阳市纸箱厂在国内率先采用的在瓦楞纸板连续生产线上机械粘贴撕裂带而开发的“撕裂带纸箱”，日前通过了省级新产品鉴定，其各项技术指标均达到了国家领先水平，并填补了河南省一项空白。

随着居民生活水平的不断提高，家电冰箱的需求已由原来的小容量逐渐向大容积发展，冰箱高度均在1.6米以上，而一般居民住宅楼房高度在2.8米左右，消费者购回冰箱后去除外包装箱成了一大难题。为解决这一难题，该厂技术人员经过多方论证，及反复试验，研制成功了加贴撕裂带的纸箱。该产品的研制成功不仅具有开启纸箱方便，同时也具有防伪、易展示商品等功能。目前，该产品已应用到新飞冰箱等产品上，深受消费者青睐。

【“白龙”污染降伏有望：钱生球发明绿色快餐包装】号称污染“白龙”的废弃塑料快餐包装，现在降伏有望：中国科大教授钱生球日前发明绿色快餐食品包装，年内即可投入规模生产。

这种聚苯乙烯一次性快餐食品包装盒，自我国1985年从日本引进第一条生产线以来，被广泛使用。目前全国有1000家工厂在生产，年使用量高达70亿个。

中国科技大学近代化学系钱生球教授领导的海湾应用技术研究所，日前研制成功这种绿色快餐食品包装盒，绝对无污染。这种包装盒生产原料采用甘蔗渣、玉米秆、麦秸、稻草等，粉碎后加上特制胶压制成形。再用处理剂处理后，表面光滑、耐水、耐高温、耐酸。全部组成物质，包括食品盒使用的胶和处理剂均可食用。不同于国外的纸浆包装盒，在生产过程中也不产生任何污染物，废弃包装盒不存在降解问题，还可以破碎作饲料。产品成本与聚苯乙烯基本相同。该研究机构还与安徽通用机械研究所、合肥锻压机床厂等单位合作，生产日产20万只的绿色快餐包装材料自动化生产线。

【废纸脱墨再生新闻纸工程在沪通过验收】被列为上海市科技产业化项目的废纸脱墨再生新闻纸工程，日前通过有关部门验收，从而结束了上海无新闻纸生产的历史。

长期以来，需求量很大的新闻纸因上海市无木材资源而一直无法直接生产，而用量巨大的报纸却只能在低纸包装纸中再生产。上海造纸公司海滨造纸厂不负众望，经过刻苦钻研，终于攻克了废纸脱墨，新闻纸再造技术这一关。前不久首批脱墨再生的新闻纸经上海各大报社和江苏、浙江两省用户试用，反映良好。上海海滨造纸厂今年再生新闻纸的产量8000吨已争订一空。这种脱墨再生技术不仅能生产新闻纸，而且也能生产各种用于包装的纸张。

【DWJ—Y1600生产线通过鉴定】青岛胶南包装机械厂开发研制的DWJ—Y1600型油加热单面瓦楞纸板生产线经用户使用验证，于日前通过省级科技成果鉴定。

该产品处于国内领先地位，它的研制成功填补了国内空白。目前，该项技术已由国家专利局批准授权。

由于该产品采用的是油加热先进技术，并且设计新颖、工艺先进、性能稳定可靠。此外，其安装、操作均比较简便，不仅节能降耗、适应性强；而且不用安装锅炉和增加变压器容量，与国内电加热、气加热的同类产品相比可节能降耗75%，确是纸箱行业理想的节能型替代产品，社会经济效益显著。

【河南造纸黑液治理工程通过验收】河南省邓州市穰东镇造纸厂的黑液资源化治理工程，最近通过了国家、省、市16家单位选派的验收专家组织验收。此治理工程，为从根本上解决造纸黑液污染问题，开辟了一条综合利用、变废为宝的新路。

该工程采用中科院环境评价部研究开发的《造纸黑液资源化治理技术》，造纸黑液中木质素等副产品可全部回收为产品，回收的木素、亚硫酸钙、糖矿物，既可直接销售，也可以成为石油化工、建筑材料工业等行业的生产原料。

【全新的工艺技术高品质的PTP铝箔】为全面保证药品包装用(PTP)铝箔的产品质量，促进我国药品包装的更新换代和用药质量的提高，温州神力集团新型包装材料厂在引进消化国外先进技术的基础上，结合国内PTP铝箔生产的实际情况，投入巨资，采用神力公司自行研制、设计制造的，能一次性完成PTP铝箔双色印刷、二次涂布的全部生产工艺的自动化生产线，综合选材，开发出系列药品包装用铝箔——PTP铝箔，并辅之以进口仪器、电脑测试等系列先进的检测手段，以确保产品质量的稳定性和可靠性。

另外，该厂还采用特殊的生产工艺技术，为广东、江苏的一些客户生产精美的高档制酒瓶盖封口包装用铝箔，极大地提高了产品包装的档次。

【福州第三印刷厂聚酯离型铝膜通过省级新产品技术鉴定】福建省轻工业厅召开了福州第三印刷厂聚酯离型铝膜新产品鉴定会，并顺利地通过了该项产品的技术鉴定。

福州第三印刷厂是国内生产电化铝的主要厂家之一。九十年代初，激光全息防伪商标在国内开始得到广泛应用，但由于采用镀铝膜生产的激光商标粘贴后起动，商标不被破坏，给伪劣商品生产者以可乘之机。许多厂家纷纷上门希望福州第三印刷厂研制只能一次使用的商标铝膜。1993年6月开始，该厂技协经过几年的努力，目前，聚酯离型铝膜的生产工艺技术已经成熟，编制了企业的技术标准，并已形成批量生产。1995年共生产50.09吨，产品供不应求。

目前国内生产激光全息防伪商标的企业有300多家，现同福州第三印刷厂联系要货的已达100多家。

【新型盘式造纸浓黑液提取设备通过河南省科学技术委员会鉴定】一种新型盘式造纸浓黑液提取技术最近在河南省济源市通过了省科学技术委员会组织的专家鉴定。

造纸工业的污染负荷，90%来自黑液。用常规的提取方法，一般每生产1吨浆要产生$10m^3$黑液，一个日产浆100吨的企业，每天就有1000吨黑液需要处理。由于黑液量大，给后续工序带来很大压力。如何做到高浓度、高温度提取黑液，已经成为治理造纸污染的关键问题。河南省轻工业设计院为攻克难关，组成了以国家级专家为项目负责人的课题组。在广泛调研的基础上，研究确定了不同于现有提取设备的原理和结构，并于1996年9月制造出第一台样机。经过反复改进、定型，分别在巩义市第二造纸厂和济源市王龙口造纸厂进行了生产性试验。试验直接使用球下料，检测数据表明，原料进浆浓度范围为10%～40%，出浆浓度可达50%以上，一道挤压黑液提取率可达70%以上，如果加水稀释后再挤压，可以达到90%以上。挤出黑液波美度：文化纸为13°B'e20℃；高强瓦楞纸为8°B'e20℃。纤维流失率不高于4.32g/L，取得了满意的效果。

国家包装标准选登

SELECTED CHANA PACKAGING STANGDARDS

中华人民共和国国家标准

GB 9774—1996

水 泥 包 装 袋

代替 GB 9774—88

Sacks for packing cement

国家技术监督局 1996-09-10 批准 1997-01-01 实施

1 范围

本标准规定了内装物质量为 50kg 的水泥包装袋技术要求、试验方法、检验规则和标志、包装、运输、贮存。

本标准适用于各种类型的水泥包装袋的生产、流通、使用和监督检验。

内装物质量为 25kg 或 40kg 的水泥包装袋亦应参照使用。

2 引用标准

下列标准所包含的条文,通过在本标准中引用而构成为本标准的条文。在标准出版时,所示版本均为有效。所有标准都会被修订,使用本标准的各方应探讨使用下列标准最新版本的可能性。

GB 175—92 硅酸盐水泥、普通硅酸盐水泥

GB 177—85 水泥胶砂强度检验方法

GB 178—77 水泥强度试验用标准砂

GB/T 4122.1—1996 包装术语 基础

GB 7968—87 纸袋纸

GB 8947—88 复合塑料编织袋

QB/T 1460—92 伸性纸袋纸

3 定义

本标准采用 GB/T 4122.1 和下列定义。

3.1 纸袋 paper sack

由纸袋纸或伸性纸袋纸制作的水泥包装袋,包括有再生纸的。

3.2 复合袋 composite sack

由复合材料制作的水泥包装袋,包括有内衬纸的。

3.3 复膜塑编袋 composite plastic woven sack

3.4 复合材料 composite material

由两种或两种以上材料粘合而成的新材料。

4 类型、规格、代号与命名

4.1 水泥包装袋分糊底袋和缝底袋两种

4.1.1 糊底袋

糊底袋为平边，两底各粘合成平面六边形，上角留有阀口，如图 1 所示。糊底袋规格尺寸由表 1 给出。

表 1　糊底袋基本尺寸

mm

长度　*A*		宽度　*B*		底宽　*C*	
公称尺寸	偏差	公称尺寸	偏差	公称尺寸	偏差
560 依次递增 10	±5	490 540	±10	100	±5

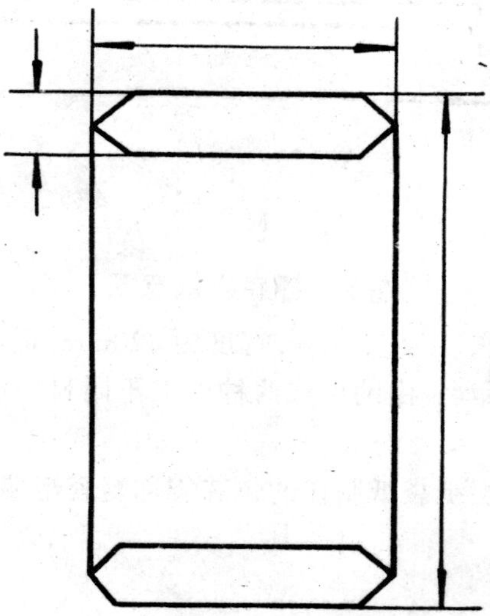

图 1　糊底袋示意图

糊底袋代号为 H-×××-×××-××。左边第一组数码代表长度；第二组数码代表宽度；第三组数码代表适用温度。

例：H-620-490-60，表示长度为 620，宽度为 490mm，适用温度 60℃以下的糊底袋。

4.1.2　缝底袋

缝底袋有 V 形折边，两底由缝线缝合，上角留有阀口，如图 2 所示。缝底袋规格尺寸由表 2 给出。

表 2　缝底袋基本尺寸

mm

有效长度　*A*		宽度　*B*		折边宽度　*C*	
公称尺寸	偏差	公称尺寸	偏差	公称尺寸	偏差
720 依次递增 10	±5	420	±10	78	±5

缝底袋代号为 F-×××-×××-××。左边第一组数码代表有效长度；第二组数码代表宽度；第三组数码代表适用温度。

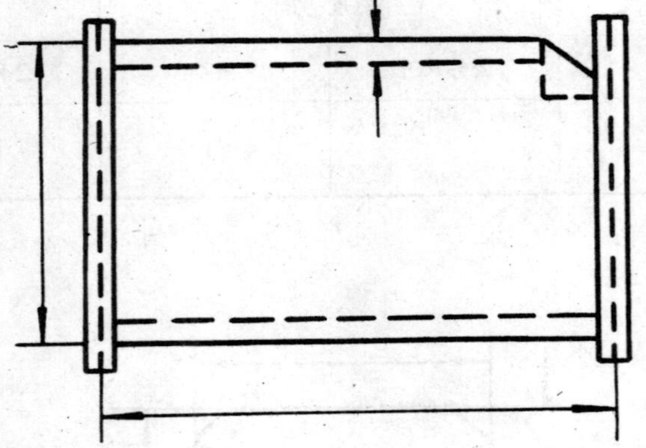

图2 缝底袋示意图

例:F-720-420-90,表示有效长度为720mm,宽度为420mm,适用温度90℃以下的缝底袋。

4.2 水泥包装袋可按制袋材料命名,由两种或两种以上不同材料制作的多层袋,以强度高的材料命名。

例:由一层复膜塑编布与一层纸袋纸制作的包装袋称复膜塑编袋。

5 要求

5.1 制袋材料

5.1.1 制袋材料(指制袋基材及粘合剂)对水泥强度无不良影响。

5.1.2 纸袋应由4层或4层以上符合GB 7968或3层或3层以上符合QB/T 1460—92中4.1的纸袋纸制成,允许增加再生纸,但不得加在最外层或最里层。

5.1.3 各类编织材料必须复合成复合材料。

5.1.4 复膜塑编袋应有内衬纸,其编织布复膜技术要求及物理性能应符合GB 8947

5.1.5 其他材料袋的材料应符合相应材料标准的要求。

5.1.6 水泥包装袋如有内衬纸则必须使用纸袋纸。

5.2 牢固度

水泥包装袋的力学性能以牢固度表示,其数值以跌落试验不破次数表示。其要求由表3中给出。

表3 牢固度指标

等级	优等	一等	合格
牢固度	≥12	≥9	≥6

5.3 外观

平整、无裂口、无脱胶、无粘膛、印刷清晰。

5.4 适用温度

包装袋适用温度指包装袋包装水泥时水泥的最高温度。

包装袋适用温度依材料而定，除纸袋以外，其他材料袋均需通过试验确定，其适用温度要求不得低于60℃。

5.5 防潮性能

水泥包装袋防潮性能分A、B二级。水泥包装袋防潮性能不得低于B级。

6 试验方法

6.1 包装袋外观从每编号15条样袋中任取10条样袋检验，用目测判定，当有7条以上符合要求，即认为符合标准要求。

6.2 材料对水泥强度影响试验方法见附录A(标准的附录)。

6.3 牢固度试验方法见附录B(标准的附录)。

6.4 适用温度试验方法见附录C(标准的附录)。

6.5 防潮性能试验方法见附录D(标准的附录)。

7 检验规则

7.1 编号与取样

水泥包装袋出厂前的取样编号按工厂实际生产能力分：

a)年产量大于5 000万条(含5 000万条)的以10万条为一个编号；

b)年产量小于5 000万条的以5万条为一个编号。

c)如果一天不足5万条的以一天的产量为一个编号。

取样时应随机从同一编号不同部位的15捆中各取1条样袋供作检验用。

7.2 出厂检验

包装袋外观、牢固度必须每个编号检测；外观、牢固度达到要求后方能出厂。

7.3 型式检验

有下列情况之一时，应对标准中规定的技术要求全部进行检验：

a)新产品或老产品转厂生产的试制定型鉴定；

b)正式生产后，如结构、材料、工艺有较大改变，可能影响产品性能时；

c)正常生产时，定期或积累一定产量后，应至少一季度进行一次检验；

d)产品长期停产后，恢复生产时；

e)出厂检验结果与上次型式检验有较大差异时；

f)国家质量监督机构提出进行型式检验的要求时。

7.4 判定规则

7.4.1 当出厂检验或型式检验结果全部符合要求时，判为合格品。其中任一项不符合要求时，允许扩大一倍取2组试样进行复检，只有当2组试样复检均符合要求时，才可判为合格。

7.4.2 新开发的包装袋，需经国家指定的检测机构鉴定合格后，方可投产使用。

7.5 仲裁

当供需双方对产品质量有争议时，由国家指定的检测机构从供方或需方库房正常贮存产品中抽样检验。

8 标志和包装

8.1 标志

水泥包装袋除按水泥标准规定印刷水泥及水泥厂的标志外，还应在侧面印刷制袋厂名、生产日期。

8.2 包装

水泥包装袋以50、100、150或200条为一捆，捆扎的绳索应不磨损袋子或在捆的边角处垫上软质材料。每捆附有合格证明，其上印有制袋厂名、代号、生产日期、编号、牢固度、适用温度及防潮等级。

9 运输和贮存

水泥包装袋在运输和贮存过程中，不得受潮、靠近高温或受阳光直射，装卸时要防止硬器划破袋子，水泥包装袋贮存期不宜超过半年，超过半年的需重新检验合格方可使用，其延长使用期为三个月。

附 录 A

（标准的附录）

制袋材料对水泥强度影响试验方法

本附录规定了水泥包装袋材料对水泥强度性能影响的试验方法，适用于各种材料水泥包装袋。

A1 仪器

A1.1 电热干燥箱，控温精度±2℃。

A1.2 水泥强度试验用仪器，符合 GB 177 的规定。

A2 检验方法

A2.1 任取2条被检验样袋，用其有胶结口面缝制2个有效尺寸为250mm×150mm小袋。复膜塑编袋应去掉内衬纸；对于其他复合袋，其他材料袋，挺度较大的，内衬纸沿小袋的长度方向剪开100mm；挺度较小的，应去掉内衬纸。

A2.2 取约2kg符合 GB 175 的硅酸盐水泥或普通水泥（425号以上）混匀，取1kg放入烧杯中，再各取500g放入2小袋中，把2小袋封口。然后将烧杯与小袋分别置于2个温度为105、±3℃的电热干燥箱内，恒温2h，取出放入符合 GB 177 规定的成型实验室冷却24h±2h。

A2.3 把2小袋水泥混匀，然后将此水泥及烧杯内水泥分别按 GB 177 的规定测定水泥3d抗压、抗折强度。

A2.4 结果与判定

样袋内水泥的抗折、抗压强度均不低于烧杯内水泥的93%及95%，则判定材质对水泥强度无不良影响。

A3 检验报告

检验报告应包括下列内容：

a)样袋规格代号及生产厂；

b)制袋基材、粘合剂；

c)水泥品种、标号；

d)水泥强度试验结果；

e)结论；

f)检验日期、检验人签字、检验单位盖章。

附 录 B

（标准的附录）

水泥包装袋跌落试验方法

本附录规定了水泥包装袋的跌落试验方法，适用于各种水泥包装袋。

B1 原理

将样袋装满规定重量的符合 GB 178 的标准砂，于1m高度自由跌落，使水泥袋承受一个标准的冲量，考核水泥袋能承受多少次冲击，以其数值衡量包装袋的牢固程度。

B2 试验设备

B2.1 台秤：称量100kg。

B2. 跌落试验机或试验架

a)支撑试验样袋的装置在释放前能使样袋中截面处于水平状态；

b)支撑装置使样袋置于1m高度(离冲击面),其高度差不得超过±20mm;

c)试验机(架)在释放过程中能保证样袋自由跌落；

d)冲击面为水平面,体大质重而硬。试验时不移动,不变形,不跳动,在样袋可能落到的范围内,任意两点的高度差不超过2mm,任何100mm的面积上受到100N的静负荷时变形不超过0.1mm,冲击面的大小要足以保证样袋完全跌落在冲击面内；

e)试验机(架)在提升、转移和释放样袋时不得损伤样袋。

B3 样品处理室条件

温度20℃±5℃,湿度65%±5%。

B4 试验程序

B4.1 每编号从15条样袋中随机抽取5条,试验前放入样品存放室内4h以上。

B4.2 样袋灌装标准砂50kg±0.2kg。

B4.3 将样袋平放于自动升降试验机底板中心,样袋胶结口面朝上,并使标准砂分布均匀;如使用跌落试验架,则直接将样袋置于支撑板中心。

B4.4 启动机器,提升样袋至1m高度,开启释放装置,使样袋自由跌落。

B4.5 检查包装袋情况,如未破包,反复操作至破包,记下未破包跌落次数。

B5 结果与判定

B5.1 破包判定

裂口处大于50mm或几处裂口合计大于80mm,或阀口外翻,均为破包。

B5.2 每编号水泥袋的牢固度以5条样袋跌落次数的平均数表示,计算至小数点后一位。

B6 试验报告

试验报告应包括下列内容:

a)样袋规格代号及生产厂;

b)制袋材料(纸、复合材料、粘合剂、缝底线);

c)样袋数目;

d)跌落高度;

e)内装物;

f)牢固度;

g)试验日期、检验人员签字、单位盖章。

附　录　C

(标准的附录)

水泥包装袋适用温度试验方法

本附录规定了水泥包装袋适用温度试验方法,适用于各种材料制作的水泥包装袋。

C1 原理

将样袋置于电热干燥箱内,按预定温度恒温预定时间,近似地模拟实用情况,然后检测包装袋的主要物理性能指标——牢固度的下降情况,看是否还具有足够的牢固度以保证水泥袋在包装高温水泥的情况下搬运不至于破损。

C2 试验设备

C2.1 电热干燥箱

C2.2 样袋支架

支架由金属或木材制成，用于使样袋分离侧立于干燥箱内。

C3 试验步骤

C3.1 跌落试验

a)将电热干燥箱加热至预计的使用温度 T；

b)取 3 条样袋侧立于支架上；

c)把放有样袋的支架置入干燥箱内恒温 1h；

d)取出样袋后 0.5h 到 1h 内按照附录 B(标准的附录)，内装标准砂 45kg 进行跌落试验。

C3.2 材料耐温试验

从样袋的纵、横向上取 30mm×30mm 的试片 2 片。将两片重叠起来，放入预定温度的烘箱内，在上面施加 9.8N(1kgf)的负荷，负荷底面积 20mm×20mm；1h 后取出将试片分开，检查表面的有无粘着，裂痕等情况。

C4 结果与判定

C4.1 若在预定温度 T 条件下，材料的耐温试验无粘着、无裂痕等情况，而且平均牢固度为 3 以上，则认为该种水泥袋适用温度为 T。

C4.2 若干规定

a)适用温度为 5 的倍数。

b)确定肯定某些材料在预定温度下无粘着、无裂痕等情况的，可以略去材料耐温试验，对于塑料或在高温下会软化的材料以及情况不明的材料必须做试验。由 2 层以上不同材料制作的包装袋，各层材料均应试验。

c)水泥纸袋可略去试验，只适用于 60℃ 以下。

d)无内衬纸的纸塑复合袋，其适用温度不宜超过 80℃，有内衬纸的不宜超过 90℃。

C5 试验报告

试验报告应包括下列内容：

a)样袋规格、代号及生产厂；

b)制袋材料；

c)预定温度；

d)材料耐温试验结果；

e)跌落试验结果；

f)适用温度；

g)试验日期、试验人员签字、公章。

附 录 D

（标准的附录）

水泥包装袋防潮性能试验方法

D1 原理

以小样袋盛装水泥，置于一定温度、湿度条件下，存放14d，检验小样袋内水泥强度，与标准小袋内水泥强度比较。以判别包装袋的防潮能力。

D2 试验步骤

D2.1 小样袋制作

由水泥样袋或制袋材料取料制作有效尺寸250mm×150mm小袋；再从复膜塑编袋及四层纸袋取料制作同样大小的小样袋。

D2.2 在每个小袋里装入符合GB 175的硅酸盐水泥或普通水泥(425号以上)800g。

D2.3 把三个小袋水泥放入20℃±5℃，相对温度70%～90%的室内存放14d。

D2.4 检验小袋内水泥3d的的抗压强度。

D3 防潮能力分级

D3.1 小样袋内水泥强度为复膜塑编布小袋内水泥强度的90%以上，定义样袋防潮能力为A级。

D3.2 小样袋内水泥强度大于四层小纸袋内水泥强度时，定义样袋防潮能力为B级，若小于，则不合格。

D4 试验报告

试验报告应包括下列内容：

a)样袋规格、代号及生产厂；

b)制袋材料；

c)防潮性能级别；

d)试验日期、试验人员签字、公章。

激光彩虹模压全息防伪标识

BB 0008—1996

Laser rainbow embossed holographic label for anti-counterfeiting

中国包装总公司 1996-05-24 批准　　1996-08-01 实施

1 主题内容与适用范围

本标准规定了激光彩虹模压全息防伪标识的技术要求、测试方法和检验规则等。

本标准适用于以聚酯、聚氯乙烯、聚丙烯薄膜等为基材，用彩虹全息图母版经过电铸、模压、真空镀铝、涂布等工序制成的全息防伪标识，也适用于一般模压全息制品。

2 引用标准

GB 2828　逐批检查计数抽样程序及抽样表(适用于连续批的检查)

GB 2792　压敏胶带 180°剥离强度实验方法

3 术语

3.1 黑斑

模压机辊轴上或模压版图上的缺陷等原因造成的全息图上出现的暗点。

3.2 水渍

全息图母版在制作过程中因处理不当而留下的痕迹。

3.3 划痕

对全息图像有影响的痕迹。

3.4 套色错位

标识中不同颜色图案之间的套准偏差。

3.5 模切中心偏差

图案中心与模切几何形状中心的偏差。

3.6 单通道视场角

标识中某种颜色图案内光栅衍射的最大可视范围。

3.7 信噪比

标识的衍射光中再现图案的信号光强与噪音光强之比。

3.8 衍射效率

信号光强与入射光强之比。

4 产品分类、型号及分级

4.1 分类

按产品膜层结构分为冷贴型、防揭型(一次性)和烫印型。

4.1.1 冷贴型

在薄膜基材上经真空镀铝、模压、涂布压敏胶、复合防粘纸和模切等工序制作而成。该产品可直接贴在承受物上。

4.1.2 防揭型(一次性)

在薄膜基材上经过涂布离型树脂层(脱落层)、真空镀铝、模压、涂布压敏胶、复合防粘纸和模切等工序制作而成。该产品可直接贴在承受物上,一旦被揭下,则全息图像即遭破坏,故只能一次性使用。

4.1.3 烫印型

在薄膜基材上经涂布制备层(分离层)与树脂层、真空镀铝、模压、涂布热敏胶和分切等工序制作而成。该产品可烫印在承受物上,无法被揭下。

4.2 型号

QXFW—△

△——分类序号,用1、2、3表示

QXFW——“全息防伪”四字的汉语拼音字头

注:1、2、3分别表示冷贴型、防揭型(一次性)和烫印型。

4.3 产品等级

按技术要求分优等品、一等品、合格品三等。

5 技术要求

5.1 外观质量应符合表1要求。

表1 外观

等级 指标名称	优等品	一等品	合格品
划痕	不允许有划痕	150mm×150mm左右的一版中划痕条数不超过2条,每条宽度不超过0.5mm,长度不超过20mm	150mm×150mm左右的一版中划痕条数累计不超过4条,宽度不超过1mm,长度不超过30mm
黑斑	不允许有黑斑	150mm×150mm左右的一版中,目测数量不超过4个,每个直径小于0.5mm	150mm×150mm左右的一版中目测数量不超过4个,每个直径小于1mm
水渍	不允许有水渍	150mm×150mm左右的一版中水渍数不超过1个,每个面积小于$1mm^2$	150mm×150mm左右的一版中水渍数不超过2个,每个面积小于$1mm^2$
平整度	无凹凸缺陷	无明显缺陷	无明显缺陷
清晰度	150mm×150mm左右的一版中图像清晰,色彩分明,无低频条纹	150mm×150mm左右的一版中图像较清晰,色彩分明	150mm×150mm左右的一版中允许边缘图像比中心图像暗
套色错位	≤0.1mm	≤0.15mm	≤0.2mm

5.2 模切中心偏差应符合下列要求:

a. 优等品≤0.3mm;

b. 一等品≤0.5mm；

c. 合格品≤1mm。

5.3 特性指标应符合表 2 要求。

表 2 特性指标

特性名称		指标值		
		优等品	一等品	合格品
单通道视场角 α	≥	30°	30°	30°
信噪比 R	≥	20:1	15:1	10:1
衍射效率 η	≥	12%	8%	4%

5.4 压敏胶 180°剥离强度值为≥2.5N/25mm。

6 试验方法

6.1 试验要求

6.1.1 试验环境

室内温度：23℃ ± 2℃；

相对湿度：(50 ± 5)%。

6.1.2 试样预处理

样品先在室内放置 4h，然后用丙酮或酒精脱脂棉球将样品表面擦净。

6.2 外观检查

将样品平放在平板玻璃上，距离样品 1m 处的 20W 溴钨灯为照明光源，并以再现角进行照明，观察者眼睛距样品 300mm 处进行观察。

6.3 模切中心偏差的测量

将样品放于平板玻璃上，用读数显微镜以图案中心为基准进行测量。

6.4 特性指标的测量

6.4.1 单通道视场角

6.4.1.1 检测仪器

a. He-Ne 激光器（功率≥30mW）；

b. 刻度尺；

c. 准直光学系统。

6.4.1.2 试验方法

6.4.1.2.1 在 150mm×150mm 左右的版面内任选 2～4 个标识，作为抽测样品。把每个标识固定在万向架样品面（XY 平面）内，标识正向沿 X 轴方向，法线 $\vec{N}$ 沿 Z 轴方向（见图 1）。

6.4.1.2.2 准直激光束照射在标识中的光栅处，改变入射角 θ，在标识法线 $\vec{N}$ 方向上接收沿 Y 轴方向的狭缝实像 S，直至目测该实像最亮时，停止改变 θ 角（见图 1）。

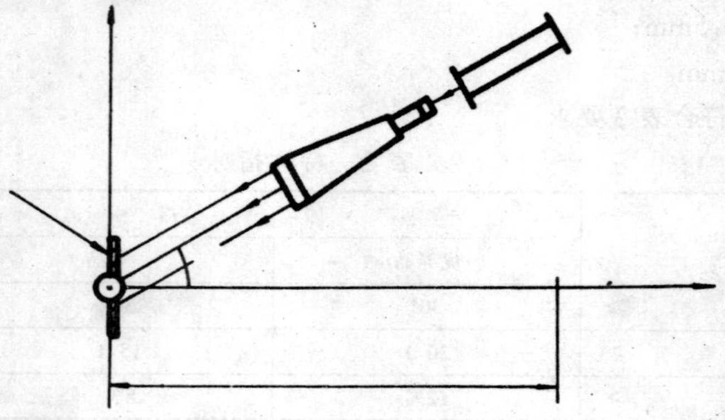

图 1 视场角测量示意图

6.4.1.2.3 在距标识约 L_S 处,用刻度尺测量沿 Y 轴方向上的狭缝实像长度 Y_S,并量出刻度尺到标识的最短距离 L_S。

6.4.1.2.4 视场角计算公式见式(1):

$$\lg(\alpha/2) = Y_S(2L_S) \quad \cdots\cdots (1)$$

式中:α——视场角,(°)。

6.4.1.2.5 如产品有两个或两个以上不同空间深度的图案,则至少应测出标识像面图案和一种非像面图案的视场角。

6.4.1.2.6 最终测试结果取所有被测标识测量值的平均值,计算公式见式(2)、式(3):

$$\alpha = (\alpha_1 + \cdots + \alpha_n)/n \qquad (n=3) \quad \cdots\cdots (2)$$

式中:α——像面图案的视场角,(°)。

$$\alpha = (\alpha_1' + \cdots + \alpha_n')/n \qquad (n=3) \quad \cdots\cdots (3)$$

式中:α′——非像面图案的视场角,(°)。

6.4.2 信噪比

6.4.2.1 检测仪器

a. 输出功率不稳定度为 ±5% 的 He-Ne 激光器(光束直径≤0.5mm);

b. 光电接收系统(接收面直径≤6mm);

c. 相当于凹球面反射镜的反射系统(相对孔径≥1:1,有效口径≥300mm)。

6.4.2.2 试验方法

6.4.2.2.1 同 6.4.1.2.1 与 6.4.1.2.2。

6.4.2.2.2 在狭缝实像处放置反射系统,要求狭缝实像充满反射系统有效通光口径(如狭缝实像长度大于反射系统的有效口径,允许反射系统移近标识直至满足要求);反射系统的光轴 $\vec{M}$ 与标识的法线 $\vec{N}$ 在水平面内有一个小夹角 φ(10°左右)。

6.4.2.2.3 在反射系统的反射光方向上可形成标识部分图案的实像,用光电接收器接受并测量其信号光强(见图 2),一步法时以 I_S 表示,二步法时以 I_{SN} 表示。

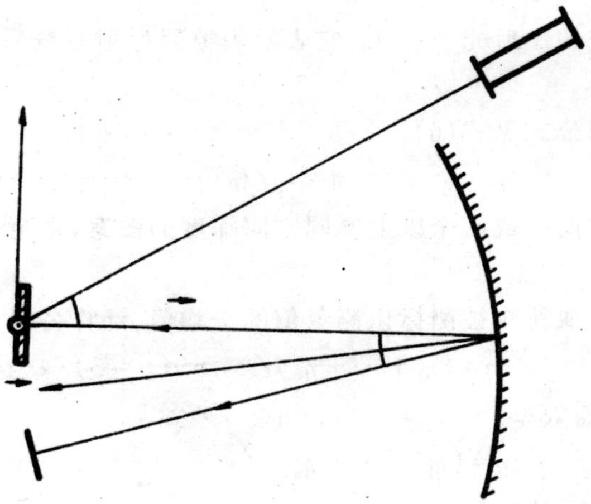

图 2　信噪比测试示意图

6.4.2.2.4　在 XY 平面内平移标识，让激光束照在标识中没有光栅处，光电接受器位置同上，测出噪音光强 I_N。

6.4.2.2.5　信噪比计算公式见式(4)：

$$R = \frac{I_S}{I_N} \qquad (4)$$

注：二步法中 $I_S = I_{SN} - I_N$。

6.4.2.2.6　最终结果取所有被测标识测量值的平均值，见式(5)：

$$R = (R_1 + \cdots + R_n)/n \qquad (n=3) \qquad (5)$$

6.4.3　衍射效率

6.4.3.1　检测仪器同 6.4.2.1。

6.4.3.2　试验方法

6.4.3.2.1　同 6.4.2.2.1～6.4.2.2.3，测出信号光强 I_S。

6.4.3.2.2　激光束直接照射在反射系统上，反射系统光轴 $\vec{M}$ 与入射光方向在水平面内有一个小夹角 φ(10°左右)，见图 3。

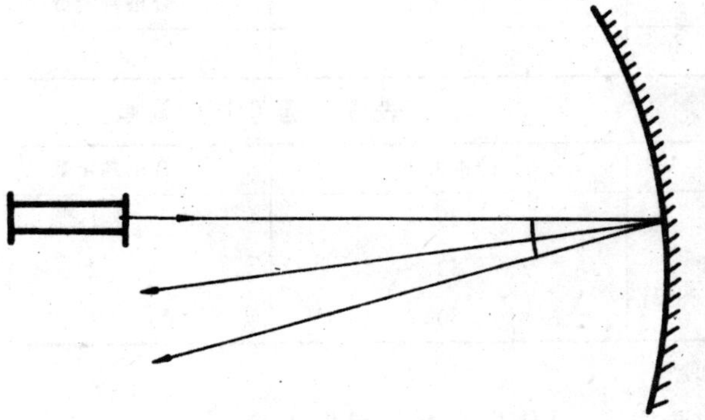

图 3　衍射效率测试示意图

6.4.3.2.3 测量反射系统的反射光光强 I_0，它表示去掉因反射系统吸收、散射所造成光强损失后的入射光强度。

6.4.3.2.4 衍射效率计算公式见式(6)：

$$\eta = I_S / I_0 \quad \cdots\cdots (6)$$

6.4.3.2.5 如果产品中有两个或两个以上不同空间深度的图案，则至少应测量标识像面图案和一种非像面图案的衍射效率。

6.4.3.2.6 最终测试结果取所有被测标识测量值的平均值，计算公式见式(7)、式(8)：

$$\eta = (\eta_1 + \cdots + \eta_n)/n \qquad (n=3) \quad \cdots\cdots (7)$$

式中：η——像面图案的衍射效率。

$$\eta = (\eta_1' + \cdots + \eta_n')/n \qquad (n=3) \quad \cdots\cdots (8)$$

式中：η'——非像面图案的衍射效率。

6.5 压敏胶剥离强度

依据 GB 2792 进行。

7 检验规则

7.1 产品须经生产厂质检部门按本标准检验合格后方可出厂。

7.2 产品检验分出厂检验和型式检验，项目见表3。

表 3

检验分类	项目
出厂检验	外观模切、中心偏差
型式检验	特性指标、压敏胶 180°剥离强度

7.3 出厂检验

7.3.1 组批

同一品种同一规格产品的交货批为一批。

7.3.2 抽样方案

按 GB 2828 中正常检查一次抽样方案进行，见表4、表5。

表 4 外观检查抽样方案

批量范围	样本大小	合格判定数 A_c	不合格判定数 R_e
≥10 001	125	21	22

表 5 模切中心偏差

批量范围	样本大小	合格判定数 A_c	不合格判定数 R_e
≤35 000	20	1	2
35 001～500 000	32	2	3
≥500 001	50	3	4

7.3.3 样本的抽取

从批中随机抽取样本，以使样本能代表批质量。

抽取样本的时间，可以在批的形成过程中，也可以在批组成以后。

7.3.4 样本的检查

7.3.4.1 外观的检查

逐个对样本单位进行检查,按表1规定的指标判定是否合格,并分别按外观检查项目(划痕、黑斑、水渍、平整度、清晰度、套色错位)累计不合格品总数。

7.3.4.2 模切中心偏差的检查

逐个对样本单位进行检查,按5.2规定的指标判定是否合格,并累计不合格品总数。

7.3.5 规定

7.3.5.1 根据表4规定的合格判定数和不合格判定数分别判定外观各项是否合格,若无不合格项,则判定该批产品外观不合格。

7.3.5.2 根据表5规定的合格判定数和不合格判定数分别判定该批产品模切中心偏差是否合格。

7.3.5.2 若外观、模切中心偏差均合格,则该批产品合格,否则为不合格。

7.4 型式检验

新产品投产、改变工艺、更换模具、变更主要原材料,必须进行型式试验。

7.4.1 组批

同一品种同一规格产品的交货批或试制批为一批。

7.4.2 抽样

7.4.2.1 外观、模切中心偏差抽样同出厂检验。

7.4.2.2 随机抽取样品5个,用作特性指标检验;随机抽取未经模切的半成品250mm×250mm试样5版,用作压敏胶180°剥离试验。

7.4.3 样本的检查

7.4.3.1 特性指标的检测

按6.4条的规定,对表2所列各项特性指标(单通道视场角,信噪比,衍射效率)逐个进行测试,分别记录数值,以5个数据的平均值为该项测试值。

7.4.3.2 压敏胶180°剥离强度的检测

从每版样品上切取纵、横向200mm×20mm试样各一条,按6.5条的规定对压敏胶剥离强度进行测试,以10个数据的平均值为该项的测试值。

7.4.4 判定

外观、模切中心偏差的判定同出厂检查。

特性指标各项按表2规定判定其合格与否。压敏胶180°剥离强度按5.4规定判定其合格与否。

外观、模切中心偏差、特性指标各项、压敏胶180°剥离强度全部合格,则该批产品合格,否则判该批产品不合格。

8 标志、包装、运输、贮存

8.1 标志

包装箱上应注明产品名称、色别、数量、生产厂名、厂址、生产日期。

8.2 包装

内包装用纸或塑料袋,外包装用瓦楞纸箱,箱内附有合格证。

8.3 运输

运输时产品应防晒、防潮、防雨。

8.4. 贮存

贮存环境要求通风良好,干燥。

附加说明：

本标准由中国包装总公司提出，由全国包装标准化技术委员会归口。

本标准由北京泛泰斯全息制品公司、中国包装技术协会防伪包装委员会、北京理工大学、北京机械工业学院负责起草。

本标准主要起草人：杜玲、哈流柱、刘守、蔡雪强、王跃、袁杰。

前　言

本标准是标准样品工作导则 GB/T 15000 系列国家标准中的一个独立部分。标准样品工作导则是指导和统一我国标准样品的研制、定值、鉴定、发布的推荐性国家标准。在这个总标题下，包括如下的独立部分。

GB/T 15000.1—94　标准样品工作导则(1)　在技术标准中陈述标准样品的一般规定

GB/T 15000.2—94　标准样品工作导则(2)　标准样品常用术语及定义

GB/T 15000.3—94　标准样品工作导则(3)　标准样品定值的一般原则和统计方法

GB/T 15000.4—94　标准样品工作导则(4)　标准样品证书内容的规定

GB/T 15000.5—94　标准样品工作导则(5)　化学成分标准样品技术通则

GB/T 15000.6—1996　标准样品工作导则(6)　标准样品包装通则

本标准由全国标准样品技术委员会提出并归口。

本标准由全国标准样品技术委员会秘书处负责起草。

本标准主要起草人：陈柏年、张淑英、姜清梅、张太生。

本标准由全国标准样品技术委员会秘书处负责解释。

中华人民共和国国家标准

标准样品工作导则(6) 标准样品包装通则

GB/T 15000.6—1996

Directives for the work of reference materials(6)
General rules for package of certified reference materials

国家技术监督局 1996-11-04 批准　　1997-04-01 实施

1 范围

本标准规定了标准样品包装的一般要求、包装容器要求、包装技术要求、标志、标签和运输、贮存等。

本标准适用于国家标准样品和行业标准样品。

2 引用标准

下列标准包含的条文,通过在本标准中引用而构成本标准的条文。本标准出版时,所示版本均为有效。所有标准都会被修订,使用标准的各方应探讨使用下列标准最新版本的可能性。

GB 190—90　危险货物包装标志
GB 191—90　包装储运图示标志
GB 5099—85　钢质无缝气瓶
GB 5100—85　钢质焊接气瓶
GB 7694—87　危险货物命名原则
GB 11640—89　铝合金无缝气瓶
GB 11806—89　放射性物质安全运输规定
GB 11268—90　危险货物品名表
GB/T 12122—89　产品包装质量保证体系
GB/T 15000.2—94　标准样品工作导则(2)　标准样品常用术语及定义
GB/T 19000—94—ISO 9000:94　质量管理和质量保证系列标准

3 定义

本标准采用 GB/T 15000.2 及下列定义。

3.1　标准样品的销售包装　sales package of CRM

以销售为主要目的,与内装物一起到达消费者手中的包装。

销售包装一般由内包装容器、外包装容器和辅助材料组成,也可由内包装容器单独组成。

3.2　标准样品的运输包装　transport package of CRM

以运输贮存为主要目的的包装。它具有保障产品的安全,方便贮运装卸,加速交接,点验等作用。

3.3　内装物　ontents

包装内所装的标准样品。

3.4　包装容器　container

为销售、贮存或运输而使用的盛装标准样品的器具总称。

4 一般技术要求

4.1 标准样品分危险品和非危险品。危险品分类及品名的确定遵循以下准则：

a) 有相应的技术标准时，以技术标准中产品的分类为准；

b) 无相应的技术标准时，按 GB 7694、GB 12268 的规定进行。

4.2 危险品的包装，除满足国家、部门有关的法规规定外，还须满足本标准的要求，放射性标准样品同时必须符合 GB 11806 中的有关规定。

4.3 标准样品的包装类别分为：

a) 固体标准样品的包装；

b) 液体标准样品的包装；

c) 气体标准样品的包装。

所有类型的包装都要进行防泄漏、防腐蚀、防潮、防锈试验以确保标准样品在有效期内的稳定性和均匀性。

4.4 应根据标准样品的实际用途选用合适的包装形式和材料；在涉及到特殊要求的标准样品时，还应符合相应的国家有关包装法规。

4.5 标准样品的内外包装必须分别粘贴符合本标准规定的标志和有证标准样品标志。

4.6 标准样品的销售包装一般由内包装容器、外包装容器和辅助材料组成，必要时也可由内包装容器单独组成。

4.7 标准样品的内装量值应符合标签中的净含量规定。

4.8 标准样品的包装容器或材料若采用外购件时，则应考虑分供方的质量保证能力。推荐选择通过 GB/T 19000—ISO 9000 质量体系认证的分供方或执行 GB/T 12122 的分供方。

5 包装容器要求

5.1 固体标准样品包装容器

5.1.1 内包装容器

按照标准样品的形状或硬度大小选择包装容器的类别、规格，必要时，可以在容器中填入适量的内衬以防止样品振动而损坏容器内壁。

5.1.2 外包装容器

需要时，可以采用外包装容器。外包装容器和内包装容器之间应有辅助材料——内衬，以减小两种容器的撞击。外包装容器应美观，一般为直方形状或圆柱形状，并具有一定抗压、抗冲击性能，尺寸应与内包装容器相适应。

5.1.3 包装材料

包装容器的材料可以是金属的、玻璃的、木质的或其他合成材料。但内包装容器及内衬材料必须清洁、干燥、无杂物渗入，并与内装物的理化特性相容并确保对内装物不发生不良影响，以防止内装物变质。

5.2 液体标准样品包装容器

5.2.1 内包装容器

按照标准样品的用量选用合适的规格和形状的包装容器，当有密封性、透气性、避光等要求时，必须严格按规定选择。

5.2.2 外包装容器

需要时，可以采用外包装容器。外包装容器和内包装容器之间必须有辅助材料——内衬，以减小两种容器的撞击而造成内包装容器破碎。外包装容器应美观，并具有一定的抗压、抗冲击性能，尺寸应与内包装容器相适应。

5.2.3　包装材料

包装材料一般选择玻璃或合成材料，内包装容器及内衬材料必须清洁、干燥、无杂物渗入，并与内装物的理化特性相容并确保对内装物不发生不良影响，以防止内装物变质或起化学反应。

5.3　气体标准样品包装容器

5.3.1　内包装容器

内包装容器的尺寸规格可根据标准气体的使用要求选择，本标准推荐如下几种：40L、20L、8L、6L、4L、2L、1L。

内包装高压容器的技术要求、试验方法及检验规则均应符合 GB 5099 以及 GB 11640 相应的规定。

5.3.2　外包装容器

在高压状态时，一般不采用外包装。在常压时可采用外包装，但与内包装容器之间应有辅助材料——内衬，以减小两种容器之间的撞击。外包装容器一般为直方形，并应具有一定的抗压、抗冲击能力。

5.3.3　包装材料

内包装容器可采用金属的、玻璃的或其他合成材料(高压容器则应采用钢质和铝合金材料)。但必须抗腐蚀，并保证材料与内装物的理化特性相容以确保内装物特性的稳定性和均匀性。

6　包装技术要求

6.1　包装环境要求

标准样品包装时，周围环境条件(温度、相对湿度、洁净度等)应符合标准样品的特性要求。

6.2　密封

当需要密封时应采用密封包装技术以防止渗漏；对危险品的密封则应按处理危险品的要求进行。

6.3　对危险品包装的特殊要求

对危险品的包装要根据其特性采取相应的防辐射、防爆、防燃、防震等特殊的技术措施。

7　标志、标签

7.1　标志

7.1.1　标准样品的外包装标志应符合 GB 191 的有关规定。危险品还应符合 GB 190 的有关规定，同时在外包装容器规定的位置上粘贴有关危险品的标志、图形、颜色、种类、名称等内容。

7.1.2　有证标准样品标志

标准样品应在内包装(或外包装)容器上标有有证标准样品标志，此标志应是国家技术监督局标准化主管部门(国家标样)或有关部门标准化主管机构(行业标样)统一印发。必要时，可采用防伪技术。

7.1.3　防伪标志

标准样品的研制单位也可以采取相应的防伪技术进行防伪标志，制作的防伪标志的位置一般应在内包装容器上(最好在容器的盖、塞上)。

7.2　标签

7.2.1　标签的文字应清晰，尺寸应按容器的大小确定。

7.2.2　标签应有编号、名称、贮存条件、成分(或技术参数)、研制单位及地址、有效日期、净含量等内容。推荐格式如下：

<table>
<tr><td>编号:GSB××××-××××
　或:XSB××××-××××</td><td>成分(或技术参数)</td></tr>
<tr><td>名称:(中文)</td><td rowspan="4"></td></tr>
<tr><td>名称:(英文)</td></tr>
<tr><td>研制单位及地址:</td></tr>
<tr><td>贮存条件:</td></tr>
<tr><td>有效日期:(××××年××月)</td><td>净含量:</td></tr>
</table>

7.2.3　标签位置

内包装的标签直接贴在内包装容器上,外包装标签应贴在打开包装后标签不被破坏的位置。

8　运输和贮存

8.1　运输

标准样品在运输时,应进行运输包装。运输包装的要求应满足相应的运输方法所规定的包装要求。对放射性标准样品的运输还应符合 GB 11806 的规定。

8.2　贮存

8.2.1　标准样品的外包装上应有贮存图示,并满足 GB 190 或 GB 191 规定的相应的贮存图示要求。

8.2.2　标准样品的贮存场所应规定相应的温度、湿度等要求,并应符合标签中规定的贮存条件。

8.2.3　标准样品贮存时,应按品种、规格、等级分别码放。

前　言

本标准等效采用德国标准 DIN 6120—1992《包装材料和包装物的回收利用标志:塑料包装材料和包装物的附加标号》。

本标准规定的塑料包装制品回收标志与 DIN 6120 及美国塑料工业协会(SPI)设计的“回收标志”相似,也有一个三个箭头组成的等边三角形图形、七个塑料代码及对应的缩写代号。但其适用范围更广泛,不仅适用于塑料包装制品,而且也适用于其他塑料制品。此外,本标准的内容也更全面,增加了塑料包装制品回收标志的制作、颜色、设置的数量及位置的具体章节。

本标准由中国轻工总会提出。

本标准由全国塑料制品标准化技术委员会归口。

本标准起草单位:中国轻工总会塑料加工应用研究所、中国轻工总会塑料工业办公室。

本标准主要起草人:曹同章、廖正品、翁云烜。

中华人民共和国国家标准

塑料包装制品回收标志

GB/T 16288—1996

Marking for plastic packing products recycling

国家技术监督局 1996-04-10 批准　　1996-12-01 实施

1　范围

本标准规定了塑料包装制品回收的标志及其表示的方法。

本标准适用于塑料包装制品,也适用于其他塑料制品。

2　引用标准

下列标准所包含的条文,通过在本标准中引用而构成为本标准的条文。本标准出版时,所示版本均为有效。所有标准都会被修订,使用本标准的各方应探方使用下列标准最新版本的可能性。

GB/T 1844.1—1995　塑料及树脂缩写代号　第一部分:基础聚合物及其特征性能

GB 7093.1—86　图形符号表示规则　总则

GB 7093.4—86　图形符号表示规则　标志用图形符号

3　塑料包装制品回收标志的组成

塑料包装制品回收标志按照 GB 7093.1 及 GB 7093.4 的规定设计。

塑料包装制品回收标志由图形、塑料代码与对应的缩写代号组成。其中图形为带三个箭头的等边三角形;0 代表材质类别为塑料,塑料代码为 0 与阿拉伯数字顺序叫组合的号码,位于图形中央,分别代表不同的塑料;塑料缩写代号按照 GB/T 1844.1 的规定表示,位于图形下方,见表 1,图 1。

表 1　塑料名称,代码与对应的缩写代号

塑料名称	聚　酯	高密度聚乙烯	聚氯乙烯	低密度聚乙烯	聚丙烯	聚苯乙烯	其　他
塑料代码	01	02	03	04	05	06	07
塑料缩写代号	PET	HDPE	PVC	LDPE	PP	PS	Others

图 1　塑料包装制品回收标志示例

4 塑料包装制品回收标志的尺寸

按照 GB 7093.4 的规定设计，也可以根据实际需要，按相关比例缩小或放大。

5 塑料包装制品回收标志的颜色

一般为黑色，也可以用其他醒目的颜色，要求均不易褪色或脱落。模塑的可以与制品颜色相同。

6 塑料包装制品回收标志的制作

可以采用模塑、印刷或喷涂等方法，但应不损害塑料包装制品的性能。

7 塑料包装制品回收标志设置的数量

每件制品一般为一个，如有必要，应于增加。

8 塑料包装制品回收标志设置的位置

一般应位于塑料包装制品明显处，如袋的正面、箱的四个侧面、瓶(桶)体外侧或底部。

前　　言

本标准在主要内容的制定上非等效采用了美国军用标准 MIL-STD-147D《托盘单元货物》。本标准对美国军用标准 MIL-STD-147D《托盘单元货物》中有关军用托盘包装的特殊要求进行了删除。

应用本标准有利于实现货物集装化运输，并可较好地与国际标准接轨。

本标准由中国包装总公司提出。

本标准由全国包装标准化技术委员会归口。

本标准负责起草单位：机械工业部机械标准化研究所、经贸部中国出口商品包装研究所。

本标准主要起草人：李雪龙、李建华、胡海沁、牛传实、黄雪。

中华人民共和国国家标准

GB/T 16470—1996

托 盘 包 装

Pallet package

国家技术监督局 1996-07-09 批准　　1997-01-01 实施

1 范围

本标准规定了托盘包装的要求、抽样、试验方法等技术条件。

本标准适用于可选用托盘包装的各类货物的运输包装。

2 引用标准

下列标准所包含的条文，通过在本标准中引用而构成为本标准的条文。本标准出版时，所示版本均为有效。所有标准都会被修订，使用本标准的各方应探讨使用下列标准最新版本的可能性。

GB 190—90　危险货物包装标志

GB 191—90　包装储运图示标志

GB 3716—83　托盘名词术语

GB/T 4122.1—1996　包装术语　基础

GB 4173—84　包装用钢带

GB/T 4892—1996　硬质直方体运输包装尺寸系列

GB 6388—86　运输包装收发货标志

GB 10486—89　铁路货运钢质平托盘

GB 12023—89　塑料打包带

GB 13201—91　圆柱体运输包装尺寸系列

GB/T 13757—92　袋类运输包装尺寸系列

GB/T 15172—94　运输包装件抽样检验

GB/T 15233—94　包装　单元货物尺寸

GB 15234—94　塑料平托盘

JB/T 5990—92　包装箱用金属附件

3 定义

本标准采用 GB/T 4122.1 和 GB 3716 的定义。

4 要求

4.1 基本要求

托盘包装主要用于包装件组合码放在托盘上，加上适当的捆扎和裹扎，以便利用机械装卸和运输。托盘包装应做到科学合理、安全可靠，满足装卸、运输和储存的要求。

4.2 尺寸及质量

托盘包装的尺寸及质量应与托盘尺寸及载物质量相适应。托盘包装的尺寸及质量的计算应包括托盘、捆扎材料、加固附件及被码放的货物的尺寸及质量。

4.2.1 尺寸

运输包装件尺寸应符合 GB/T 4892、GB 13201、GB/T 13757 的规定。

单元货物尺寸应符合 GB 15233 的规定。

托盘尺寸应符合联运通用平托盘关于尺寸的规定。

托盘包装的高度尺寸及公差应小于或等于 $2\,200^{0}_{-50}$mm。

托盘包装的平面尺寸及公差应符合表 1 的要求。

表 1　托盘包装的平面尺寸及公差　　mm

长×宽	公差
1 200×1 000	0 -48
1 140×1 140	0 -40
1 200×800	0 -32

4.2.2　质量

根据托盘的载物质量，托盘包装的质量应小于或等于 2 000kg。为了运输途中的安全，托盘包装的重心高度不应超过托盘宽度的三分之二。为适应质量限制，一般应尽量减小托盘包装的高度尺寸。

4.3　设计制造

托盘包装的设计制造，应按以下顺序进行：根据货物设计托盘包装的码放方式、固定方式、防护加固附件及选择托盘。并应保证托盘包装能承受装卸、运输过程中的合理冲击，确保预定码放状态和粘合、支撑、裹包、捆扎等牢固程度。

特殊要求的托盘包装按供需双方协商进行。

4.4　码放方式和要求

4.4.1　码放方式

根据货物类型、托盘载物质量和托盘尺寸，合理确定货物在托盘上的码放方式。并应符合 GB/T 4892、GB 13201、GB/T 13757 的规定。

托盘承载表面积的利用率一般应不低于 80%。

4.4.2　码放要求

托盘包装有如下基本码放要求：

a)　木质、纸质和金属容器等硬质直方体货物单层或多层交错码放，拉伸或收缩包装；

b)　纸质或纤维质类货物单层或多层交错码放，用捆扎带十字封合；

c)　密封的金属容器等圆柱体货物单层或多层码放，木质货盖加固；

d)　需进行防潮、防水等防护的纸制品、纺织品货物单层或多层交错码放，拉伸或收缩包装或增加角支撑、货盖隔板等加固结构；

e)　易碎类货物单层或多层码放，增加木质支撑隔板结构；

f)　金属瓶类圆柱体容器或货物单层垂直码放，增加货框及板条加固结构；

g)　袋类货物多层交错压实码放。

4.5　托盘

托盘的技术要求应符合联运通用平托盘的规定。钢质托盘应符合 GB 10486 的规定。塑料托盘应符合 GB 15234 的规定。

4.6　固定方法

托盘包装的主要固定方法为捆扎、胶合束缚、拉伸包装、收缩包装，并可相互配合使用(见表2)。

表2 托盘包装固定方法分类

类型	方式
捆扎	横向捆扎
	纵向捆扎
胶合	胶粘剂束缚
	胶带束缚
裹包	拉伸包装
	收缩包装

4.6.1 捆扎

捆扎包括金属带捆扎和非金属捆扎带捆扎。应根据货物特点选择捆扎带及捆扎结构(见图1)。

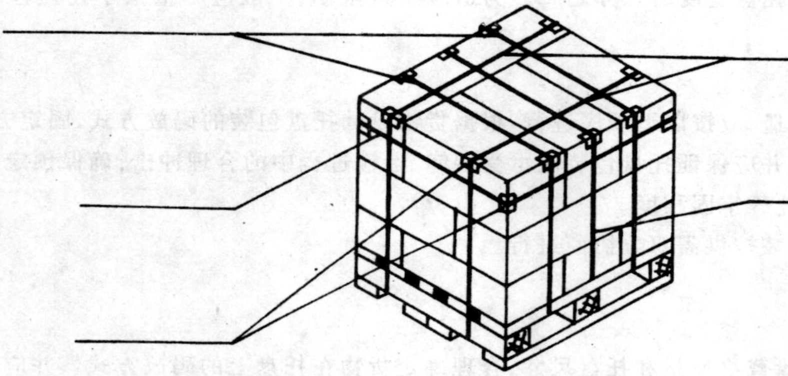

图1 捆扎示意图

捆扎带包括金属捆扎带和非金属捆扎带。

金属捆扎带主要为钢带，应符合 GB 4173 的规定。钢带宽度应大于或等于 16mm，厚度应大于或等于 0.5mm。

非金属捆扎带主要为塑料捆扎带。应符合 GB 12023 的规定。塑料捆扎带宽度应大于或等于 15mm，厚度应大于或等于 0.8mm。

捆扎带规格尺寸：

a) 纵向捆扎带尺寸

以托盘包装总质量除以所用纵向捆扎带的总数量，得出每条捆扎带应承受的质量。根据此质量确定捆扎带的规格尺寸，并按 GB 4173 或 GB 12023 的要求选用相同或较大规格尺寸的捆扎带。

b) 横向捆扎带尺寸

以托盘包装的每层货物的总质量确定并按 GB 4173 或 GB 12023 选择所需横向捆扎带的规格尺寸。

c) 当托盘包装同时使用纵向和横向捆扎时，二种捆扎带可采用同一规格尺寸。一般采用规格尺寸较大的一种捆扎带。

捆扎方法包括横向捆扎和纵向捆扎。

横向捆扎可用于除拉伸包装或收缩包装以外的托盘包装。应合理选用捆扎带种类、确定捆扎位置和数量。横向捆扎可与加固附件配合使用。

纵向捆扎分主要捆扎、次要捆扎和辅助捆扎,除拉伸包装或收缩包装的托盘包装外,所有的托盘包装都应进行主要捆扎。不通过托盘的纵向捆扎的捆扎方式为辅助捆扎。托盘包装的辅助捆扎可根据具体情况而定。

捆扎时捆扎带应平直,并具有合适的张力。捆扎应牢固,捆扎力不应过大,以免运输过程中断裂。捆扎带结合部位应封合。封合可用十字套封合或焊封。封合时,捆扎带不允许有位移。

捆扎顺序应为,先进行横向捆扎,并应先从底层货物开始捆扎。然后进行纵向捆扎。

4.6.2 胶合

胶合用于非捆扎的纸制容器等货物在托盘上的固定码放。

胶合包括胶粘剂束缚和胶带束缚。

胶粘剂束缚应在每一货物底面按长度方向上涂刷三道宽度大于 10mm 的胶粘剂,使其在码放货物时,上下货物及底部货物与托盘铺板表面之间通过胶粘剂加以固定(见图 2)。涂胶可采用机器施胶或手工涂胶。胶粘剂应符合有关规定,并应与被胶合的产品相容。

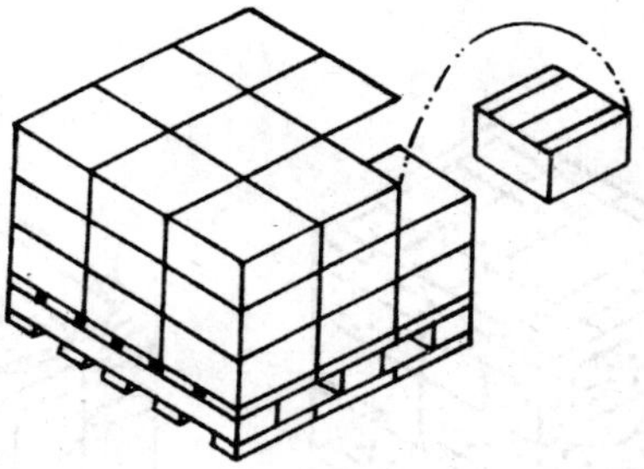

图 2　粘合剂束缚示意图

胶带束缚应用两面施胶的胶带粘贴在上下货物的接触面上或底部货物与托盘的上表面接触面上(见图 3)。双面胶带厚度应大于或等于 0.7mm,宽度应为 100mm,长度应为 400mm～600mm。每层货物边缘上至少应施加六条双面胶带。六条胶带中间施加四条成“X”型的双面胶带,使各层货物上下表面牢固接触。胶带应符合有关规定。

4.6.3 裹包

托盘包装可用帆布、纸、聚乙烯、聚氯乙烯等塑料薄膜(包括可拉伸和可收缩的)对单元货物进行全裹或半裹。

全裹包括拉伸包装和收缩包装。

拉伸包装可用于所有托盘包装的固定(见图 4)。

拉伸包装采用的聚乙烯或聚氯乙烯及其他拉伸薄膜应符合有关规定。质量小于或等于 1 000kg 的拉伸包装,应使用厚度大于或等于 0.05mm 的聚乙烯拉伸薄膜或厚度大于或等于 0.03mm 的聚氯乙烯拉伸薄膜或聚乙烯聚合树脂拉伸薄膜。质量小于或等于 2 000kg 的拉伸包装,应使用厚度大于或等于 0.06mm 的聚乙烯拉伸薄膜或厚度大于或等于 0.04mm 的聚氯乙烯拉

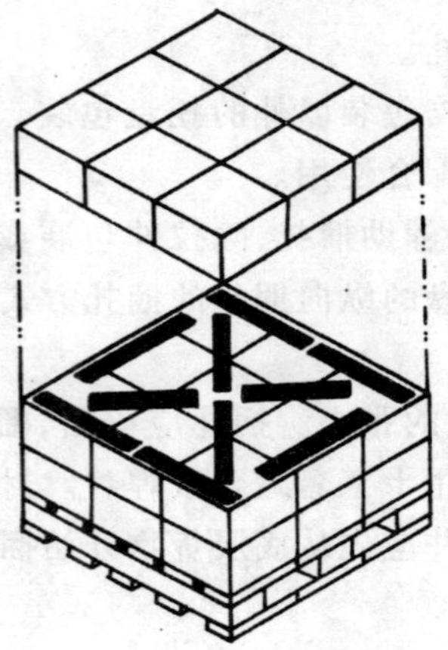

图 3 双面胶带束缚示意图

伸薄膜及聚乙烯聚合树脂拉伸薄膜。当使用挤压聚乙烯拉伸薄膜时，其厚度应大于或等于0.09mm。为适应附加保护，托盘包装在拉伸包装前，可在单元货物顶部放置一块防水瓦楞纸或塑料薄膜，并应盖住货物大于或等于 30mm。拉伸包装应是使单元货物各部位受力均等，并受到保护的外包装。

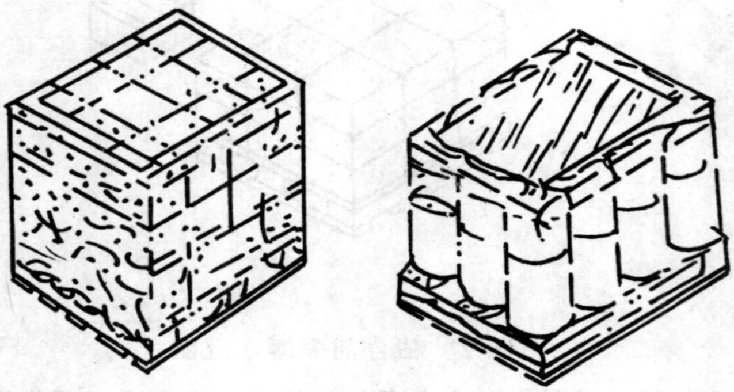

图 4 拉伸包装示意图

收缩包装可用于所有托盘包装的固定(见图 5)。

收缩包装采用的聚乙烯或聚氯乙烯热塑薄膜应符合有关规定。质量小于或等于 1 000kg 的收缩包装，应使用厚度大于或等于 0.06mm 的聚乙烯热塑薄膜或厚度大于或等于 0.03mm 的聚氯乙烯热塑薄膜。质量小于或等于 2 000kg 的收缩包装，应使用厚度大于或等于 0.08mm 的聚乙烯热塑薄膜或厚度大于或等于 0.04mm 的聚氯乙烯热塑薄膜。

4.7 防护加固附件

进行固定后仍不能满足运输要求的托盘包装，应根据需要选择防护加固附件。防护加固附件由纸质、木质、塑料、金属或其他材料制成。并应符合有关规定(见表 3)。

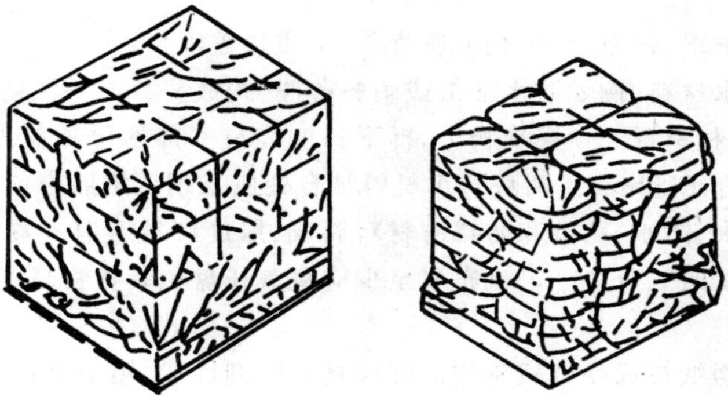

图 5　收缩包装示意图

表 3　防护加固附件分类

分类	主要形式
护棱	金属护棱 非金属护棱
货盖(罩)	防水护罩 帆布盖(罩) 纸质货盖 木质货盖
框架	边框架 上、下框架 端框架
支撑	支撑架 支撑板
隔板	纸质隔板 木质隔板 空格式隔板 槽形隔板
板条	托盘附板 十字板条 货顶(底)板条 货底侧板条
专用货框、箱	木质货框 可分托盘箱 分格箱
其他	成型填充构件

4.7.1　护棱

护棱包括金属护棱和非金属护棱。

金属护棱用于托盘包装木加固件的棱边保护。金属护棱应放置在金属捆扎带下面。金属护棱应有防锈涂层。金属护棱的厚度应大于或等于 1mm。为捆扎牢固，护棱外表面应有防滑结构。

非金属护棱主要指纸板护棱和塑料护棱等。用于托盘包装纸质加固件的棱边保护。非金属护棱应放置在非金属捆扎带下面。非金属护棱应耐腐蚀变质。纸板护棱应由双瓦楞纸板制作。尺寸根据要求确定。塑料护棱外表面应有防滑结构。

4.7.2 货盖(罩)

货盖(罩)包括防水护罩,帆布盖(罩)、纸质货盖、木质货盖等。

防水护罩由二块防水材料(例如防水油纸或塑料薄膜)构成。其中一块防水材料铺放在托盘上的木质盖内,另一块防水材料罩于顶层货物上,拆下长度能与下部木质货盖内的防水材料搭接,搭接部分的宽度应大于或等于 50mm。两块防水材料结合处应采用压敏胶带或涂胶封合。

帆布盖(罩)应由防火、防水、防潮和防霉的材料制成,厚度应符合有关规定。帆布盖至少应覆盖托盘包装顶层货物高度的三分之一。帆布罩至少应覆盖托盘包装货物高度的二分之一。并应用捆扎带捆扎。

纸质货盖应由双瓦楞纸板或硬纸板制作。并应具有防潮性能,用于非粘合束缚的托盘包装。

木质货盖分为封闭铺板木盖、非封闭铺板木盖、隔板式单向货盖、隔板式双向货盖。

封闭式木盖的铺板应为整块胶合板,并应符合有关规定。

非封闭式木盖的铺板由多块木板组成,间隔应小于或等于 100mm。每块木板截面尺寸应大于或等于 100mm×12mm。端部用钢钉应不少于 2 个,钉距应小于或等于 50mm。

隔板式单向货盖为盖内附加单向隔板的木质货盖。

隔板式双向货盖为盖内附加双向隔板的木质货盖。

货盖长度和宽度的尺寸及公差应与托盘的尺寸及公差相同。

4.7.3 框架

托盘包装用框架有边框架、端框架、上框架和下框架等。

框架的材料由具有足够强度的木质或胶合板组成。宽度应大于或等于 50mm。

4.7.4 支撑

支撑包括支撑板和支撑架。

支撑板由厚度大于或等于 20mm 的木材制成。长度与托盘包装长度相同。

支撑架与框架大致相同。

4.7.5 隔板

隔板包括纸质隔板、木质隔板、空格式隔板、槽形隔板等。

纸质隔板放置于托盘包装的各层货物之间。材料应用防潮和防水的双瓦楞板或硬纸板制成。并应符合有关规定。

木质隔板分为水平木质隔板和垂直木质隔板。水平木质隔板分散托盘包装的承载压力,垂直木质隔板应高于码放货物 10mm。

空格式隔板由瓦楞纸板制成。根据具体情况也可用金属材料或木材制成。与木质货框、箱配合使用。

槽形隔板由切口木板制成。切口可为上下对称切口或单向切口。切口距离名义尺寸应相等。

4.7.6 板条

板条包括托盘附板,十字板条、货顶(底)板条、货底侧板条等。

托盘附板主要用于加固托盘,与垂直木质隔板配合使用。厚度应大于或等于 5mm,长度与货物尺寸相同。宽度大于或等于 150mm。附板端部与托盘钉合用钢钉每块不少于 3 个。

十字板条为截面为十字的板条。十字板条垂直于托盘包装表面放置,长度与货物高度一致。并应使用 U 形钉与捆扎带固定。

货顶(底)板条平放于顶层货物之上和底层货物之下,厚度应大于或等于 20mm,宽度应大于或等于 150mm。长度与货物尺寸一致。

货底侧板条厚度应大于或等于 20mm，宽度应大于或等于 100mm。

4.7.7 专用货框、箱

专用货框、箱包括木质货框、可分托盘箱和分格箱等。

木质货框由厚度大于或等于 20mm 的木板制成。高度根据货物需固定部位的尺寸确定。

可分托盘箱为与托盘尺寸相同的可分中空容器，用厚度大于或等于 20mm 的木板与厚度大于或等于 15mm 的胶合板制成。

分格箱与托盘尺寸相同，由瓦楞纸板或木板制成。

4.7.8 其他防护加固附件

其他防护加固附件主要为成型填充构件。

成型填充构件用于填充托盘包装由于各直方体货物尺寸和形状的不同而造成的码放间隙。成型填充构件应使用硬纸板或瓦楞纸板，并根据所需的尺寸和形状折叠构成。填充构件应有大于或等于 $5N/cm^2$ 的强度。

5 抽样

托盘包装抽样检验应符合 GB/T 15172 的规定。

6 试验方法

托盘包装应进行稳定性试验。试验方法及参数应符合有关规定。

试验样品必须是完整、满装的实际运输的托盘包装。托盘包装上的货物可以采用模拟物。

7 标志、运输和贮存

7.1 标志

托盘包装的包装标志应符合 GB 190、GB 191 和 GB 6388 的规定。

托盘包装的包装标志应根据具体情况刷制或拴挂标签。

7.2 运输

托盘包装应根据可能遇到的流通环境条件进行防护并规定有关运输条件。

7.3 贮存

托盘包装应仓库或遮篷贮存。

托盘包装应根据装载货物的要求规定贮存的温度、相对湿度和通风要求。

托盘包装应根据装载货物的要求规定堆码的形式和高度。

托盘包装应根据装载货物的要求规定贮存期限。

前　言

本标准是 BG 7968—87《纸袋纸》的第一次修订。

本标准格式、结构和内容按 GB/T 1.1—1993《标准化工作导则　第 1 单元:标准的起草与表述规则第 1 部分:标准编写的基本规定》编写。

本标准产品分类按 GB/T 12707—91《工业产品质量分等导则》执行,本标准中优等品为国际先进水平。

本标准技术指标的测试和确定按 GB 10739—89《纸浆、纸和纸板试样处理和试验的标准大气、规定的温度(23±1)℃,相对湿度(50±2)%标准大气进行。

本标准为定量(60～110)g/m² 纸袋纸产品系列标准。

本标准非等效采用瑞典制浆造纸协会纸袋纸质量标准。

本标准的附录 A、附录 B 都是标准的附录。

本标准由中国轻工总会提出。

本标准由全国造纸工业标准化技术委员会归口。

本标准由福建省青山纸业股份有限公司负责起草。

本标准主要起草人:刘淑秋、黄宽桔、李芳梅、王华佳、张清文。

本标准自生效之日起,同时代替 GB 7968—87。

中华人民共和国国家标准

GB/T 7968—1996

纸 袋 纸

代替 GB 7968—87

Bag paper

国家技术监督局 1996-06-25 批准 1997-01-01 实施

1 范围

本标准规定了纸袋纸的产品分类、技术要求、试验方法、检验规则和标志、包装、运输、贮存。

本标准适用于水泥、化肥、农药等包装袋用纸。

2 引用标准

下列标准所包含的条文,通过在本标准中引用而构成为本标准的条文,本标准出版时,所示版本均为有效。所有标准都会被修订,使用本标准的各方应探讨使用下列标准最新版本的可能性。

GB 450—89 纸和纸板试样的采取

GB 451.1—89 纸和纸板尺寸及偏斜度的测定法

GB 451.2—89 纸和纸板定量的测定法

GB 453—89 纸和纸板抗张强度的测定法(恒速加荷法)

GB 455.1—89 纸撕裂度的测定法

GB 458—89 纸和纸板透气度的测定法(肖伯尔法)

GB 462—89 纸和纸板水分的测定法

GB 1540—89 纸和纸板吸水性的测定法(可勃法)

GB 2828—87 逐批检查计数抽样程序及抽样表(适用于连续批的检查)

GB 10342—89 纸张的包装和标志

GB 10739—89 纸浆、纸和纸板试样处理和试验的标准大气

GB/T 12914—91 纸和纸板抗张强度的测定方法(恒速拉伸法)

3 产品分类

纸袋纸为卷筒纸,分为优等品、一等品、二等品三个等级。

4 技术要求

4.1 纸袋纸的技术指标应符合表 1 规定。

表 1

指 标 名 称			单 位	规 定		
				优等品	一等品	二等品
定量			g/m²	80.0±3.0		
撕裂度 纵向		不小于	mN	1 040 (1 160)	840 (930)	800 (880)
透气度		不小于	μm/Pa·s	3.50		
吸水性		不大于	g/m²	35.0(30.0)		
抗张强度 横向		不小于	kN/m	3.20 (2.95)	2.20 (2.15)	2.00 (1.95)
伸长率 纵向		不小于	%	2.3 (2.5)	1.8 (2.0)	1.7 (1.9)
抗张能量吸收 (T.E.A)	纵向	不小于	J/m²	86.0 (90.0)	62.0 (65.0)	52.0 (54.0)
	横向			100.0 (105.0)	67.0 (70.0)	55.0 (57.0)
交货水分			%	9.0±2.0		
注:( )内数字为在温度(20±1)℃、相对湿度(65±2)%条件下测试的要求。						

4.2 纸页纤维组织应均匀,纸上不应有洞眼、裂口、褶子等影响制袋或使用的外观纸病。

4.3 卷筒纸应按下列要求进行卷取:

4.3.1 纸张应卷在干燥硬实的纸芯上,纸芯内径为(75~80)mm。

4.3.2 卷筒宽度(1 020±5)mm,卷筒直径为(850±50)mm,如有特殊要求根据协议规定。

4.3.3 卷筒应紧密,全幅松紧一致,卷筒端面应平整,弓形不超过15mm,锯齿形不超过5mm。

4.3.4 每个卷筒接头个数优等品不多于1个,其余不多于3个,接头应粘牢,不得粘上另一层,接头处应有明显的带颜色的标志。

4.4 卷筒纸在复卷过程中,不易发现的非周期性重复出现的纸病,如浆疙瘩等不许超过4%。

4.5 根据需方要求,供方可以生产不同定量的纸袋纸,其技术指标应符合表2规定。

表 2

指 标 名 称		单 位	规 定		
			优等品	一等品	二等品
定量		g/m²	60.0 70.0	90.0 100.0 110.0	±4%
撕裂度 纵向	不小于	mN·m²/g	13.0 (14.5)	10.5 (11.5)	10.0 (11.0)
透气度	不小于	μm/Pa·s	3.50		
吸水性	不大于	g/m²	35.0(30.0)		
抗张指度 横向	不小于	N·m/g	40.0 (36.5)	28.0 (27.0)	26.0 (25.0)

表2(完)

<table>
<tr><td colspan="3" rowspan="2">指　标　名　称</td><td rowspan="2">单　位</td><td colspan="3">规　定</td></tr>
<tr><td>优等品</td><td>一等品</td><td>二等品</td></tr>
<tr><td colspan="3">伸长率　纵向　不小于</td><td>%</td><td>2.0
(2.2)</td><td>1.8
(2.0)</td><td>1.7
(1.9)</td></tr>
<tr><td rowspan="2">抗张能量吸收指数(T.E.A)</td><td>纵向</td><td rowspan="2">不小于</td><td rowspan="2">J/g</td><td>1.07
(1.10)</td><td>0.75
(0.80)</td><td>0.60
(0.65)</td></tr>
<tr><td>横向</td><td>1.25
(1.30)</td><td>0.85
(0.88)</td><td>0.70
(0.68)</td></tr>
<tr><td colspan="3">交货水分</td><td>%</td><td colspan="3">9.0±2.0</td></tr>
<tr><td colspan="7">注:(　)内数字为在温度(20±1)℃、相对湿度(65±2)%条件下测试的要求。</td></tr>
</table>

5　试验方法

5.1　试样的采取按 GB 450 规定进行。

5.2　试样的处理按 GB 10739 规定进行。

5.3　卷筒宽度测定按 GB 451.1 规定进行。

5.4　定量按 GB 451.2 规定进行。

5.5　撕裂度按 GB 455.1 规定进行。

5.6　抗张强度、伸长率和抗张能量吸收(T.E.A)的测定按 GB/T 12914 规定进行,如果不具备试验条件可参照附录 A 进行。

5.7　吸水性按 GB 1540 规定进行,吸水时间为 60s。

5.8　透气度按 GB 458 规定进行。

5.9　交货水分按 GB 462 规定进行。

5.10　卷筒内部纸病检查按附录 B 规定进行。

6　检验规则

6.1　供方应保证产品符合本标准要求,以一次交货数量为一批,每件产品应附有一份检验合格证。

6.2　需方有权按本标准规定进行验收,在验收检查时应先检查外包装情况,然后按 GB 450 及 GB 10739 规定采取试样进行检验。

6.3　需方对产品质量有异议时,应在到货后三个月之内提出书面意见通知供方,由双方共同委托第三方抽样检验,检验结果判定不合格时,由供方负责处理;检验结果判定合格时,由需方负责处理。

6.4　交收抽样检验按 GB 2828 规定进行,样本单位为卷筒,交收抽样项目分组、检查水平、抽样方案及合格质量水平(AQL)按表 3 规定进行。

表 3

抽样方案 / 批量(卷筒)	正常检查一次抽样方案检查水平 S-3					不合格分类	
	样本大小	B 类不合格品 AQL＝6.5		C 类不合格品 AQL＝10		B 类	C 类
		A_e	R_e	A_e	R_e	不合格	不合格
≤50	3	0	1	0	1	纵向撕裂度 横向抗张强度 纵向伸长率 抗张能量吸收 (T.E.A)	定量 吸水性 透气度 交货水分 外观纸病
51～500	8	1	2	2	3		
501～3 200	13	2	3	3	4		

7 标志、包装、运输、贮存

7.1 纸袋纸的包装按 GB 10342 规定进行或按定货合同规定。

7.2 产品应妥善保管，防止雨雪和地面湿气影响。

7.3 运输时应使用清洁有篷的运输工具或用篷布遮盖，防止途中遇雨、雪、水等淋湿产品。

7.4 在搬运和堆垛时，不许从高处扔下，以防损伤产品。

7.5 由于运输和贮存不符合本标准规定，使产品质量发生变化，应由有关方面负责处理。

附 录 A

（标准的附录）

抗张能量吸收(T.E.A)试验方法

A1 原理

纸张受外力作用后产生应力应变效应，其应变效应与作用力成一函数关系，即 $F=f(x)$。在 $f(x)$ 力的作用下，产生 Δx 的应变，其应力应变作功为 $f(x)\cdot\Delta x$。当外力逐渐增大超过应变极限时，纸张破裂，此时应力应变作功总和计为该试样的抗张能量吸收值。

A2 方法

A2.1 作为仲裁检验应采用 GB/T 12914 规定进行测定。

A2.2 生产厂如缺少仪器时可采用摆锤式纸张抗张强度试验仪测出抗张力和伸长率进行换算。换算系数待定。测试步骤按 GB 453 规定进行。

A3 计算

A3.1 用恒速拉伸仪测试，可直接从数字显示屏上读出结果。

A3.2 用摆锤式纸张抗张强度试验仪测定，其换算公式如下：

$$\mathrm{T.E.A}(\mathrm{J/m^2})=\frac{E}{I\cdot B}\approx K\cdot F\cdot L \quad\cdots\cdots\cdots\cdots \quad (A1)$$

式中：E——抗张力伸长曲线与伸长轴线间的面积等效功；

K——换算系数（均应按本厂产品实测结果统计出来）；

F——抗张强度，N/m；

L——伸长率，%；

I——纸条有效长，m。

B——纸条宽，m。

计算结果准确至三位有效数字。

附 录 B

（标准的附录）

卷筒内部纸病检查方法

B1 卷筒内部纸病系指影响使用性能的外观纸病，如洞眼、严重透帘、死褶子、直径超过 10mm 浆疙瘩等。

B2 检查方法

将卷筒外部五层去掉，再切取五层，裁成 200mm×250mm 纸片，将纸片一并称重，然后选出并称量有纸病的纸片重量。

B3 计算

求出有纸病的纸片重量占全部纸片重量的百分数，计算结果准确至一位小数。

中华人民共和国国家标准

GB/T 4456—1996

包装用聚乙烯吹塑薄膜

代替 GB 4456—84

Polyethylene blown film for packaging

国家技术监督局 1996-04-10 批准　　1996-12-01 实施

1　主题内容与适用范围

本标准规定了包装用聚乙烯吹塑薄膜(以下简称薄膜)的产品分类、技术要求、试验方法、检验规则及标志、包装、运输、贮存。

本标准适用于以低密度聚乙烯树脂(LDPE)、线型低密度聚乙烯树脂(LLDPE)及以上两种树脂共混为主要原料(可加入添加剂)用吹塑法生产的薄膜。

2　引用标准

GB 2828　逐批检查计数抽样程序及抽样表(适用于连续批的检查)

GB 2918　塑料试样状态调节和试验的标准环境

GB/T 5009.60　食品包装用聚乙烯、聚苯乙烯、聚丙烯成型品卫生标准的分析方法

GB 6672　塑料薄膜和薄片厚度的测定　机械测量法

GB 6673　塑料薄膜与片材长度和宽度的测定

GB 9639　塑料薄膜和薄片抗冲击性能试验方法　自由落镖法

GB 9687　食品包装用聚乙烯成型品卫生标准

GB 13022　塑料　薄膜拉伸性能试验方法

3　产品分类

以使用原料种类不同分为 A、B、C 三类，见表 1。

表 1

类别	树脂种类
A	LDPE
B	LDPE 和 LLDPE 共混
C	LLDPE

4　技术要求

4.1　规格

4.1.1　宽度及偏差应符合表 2 要求。

表 2 mm

项目		偏差		
		优等品	一等品	合格品
宽度（折径）	<70	±1	±2	±3
	71～100	±2	±3	±4
	101～200	±3	±4	±5
	201～300	±3	±5	±7
	301～400	±4	±8	±10
	401～500	±5	±10	±12
	501～800	±7	±12	±15
	801～1 000	±10	±15	±20
	>1 000	±1.2%	±1.5%	±2.0%

4.1.2 厚度及偏差应符合表 3 要求。

表 3

项目		指标					
		厚度极限偏差，mm			厚度平均偏差，%		
		优等品	一等品	合格品	优等品	一等品	合格品
厚度 mm	0.010	+0.004 −0.003	±0.004	±0.005	+15 −10	+25 −15	+30 −15
	0.015	+0.005 −0.004	±0.005	±0.006	+15 −10	+20 −15	+25 −15
	0.020	±0.005	±0.008	±0.010	±9	±12	±14
	0.025						
	0.030	±0.006	±0.009	±0.012			
	0.035						
	0.040	±0.008	±0.010	±0.015			
	0.045						
	0.050	±0.009	±0.012	±0.017			
	0.060	±0.010	±0.015	±0.018	±7	±10	±12
	0.070	±0.011	±0.015	±0.020			
	0.080	±0.012	±0.015	±0.020			
	0.090	±0.013	±0.018	±0.022			
	0.100	±0.015	±0.020	±0.025			
	0.120	±0.017	±0.020	±0.025	±6	±8	±10
	0.150	±0.020	±0.025	±0.030			
	0.180	±0.022	±0.025	±0.030			
	0.200	±0.025	±0.030	±0.035			
	>0.200	±0.030	±0.035	±0.040			

4.1.3　每卷段数和每段长度应符合表 4 要求。

表 4

项　目	指　标		
	优等品	一等品	合格品
每卷段数(段)	≤2	≤3	≤4
每段长度(m)	≥50	≥30	≥20

注:断头处应有标志。

4.2　外观

不得有对使用有碍的气泡、穿孔、水纹、条纹、暴筋、塑化不良、鱼眼僵块等疵病。

4.3　物理机械性能

物理机械性能应符合表 5 要求。

表 5

项　目	指　标											
	厚度<0.05mm						厚度≥0.05mm					
	A 类		B 类		C 类		A 类		B 类		C 类	
	优等品	一等品 合格品	优等品	一等品 合格品	优等品	一等品 合格品	优等品	一等品 合格品	优等品	一等品 合格品	优等品	一等品 合格品
拉伸强度 (纵、横向) MPa	≥12	≥10	≥13	≥11	≥17	≥14	≥12	≥10	≥13	≥11	≥17	≥14
断裂伸长率 (纵、横向) %	≥150	≥130	≥200	≥180	≥250	≥230	≥250	≥200	≥280	≥230	≥350	≥280
冲击强度	不破裂样品数≥5 为合格											

注:厚度<0.03mm 不考核冲击强度。

4.4　卫生性能

用于食品包装、医药包装的薄膜应符合 GB 9687 规定。

5　试验方法

5.1　取样

从供试膜卷上裁取足够数量的试样,进行试验。

5.2　试样状态调节和试验的环境

按 GB 2918 中的标准环境与正常偏差范围进行,并在此条件下进行试验。状态调节时间 4h 以上。

5.3　宽度、长度

按 GB 6673 规定进行。

5.4　厚度

按 GB 6672 规定进行。

厚度极限偏差和厚度平均偏差按式(1)、式(2)计算和表示。

$$\Delta t = t_{max}(\text{或 } t_{min}) - t_0 \quad \cdots\cdots (1)$$

式中:Δt——厚度极限偏差,mm;

t_{max}——实测厚度的最大值,mm;

t_{min}——实测厚度的最小值,mm;

t_0——公称厚度,mm。

$$t=(t_n-t_0)/t_0\times100 \quad\cdots\cdots\cdots\cdots(2)$$

式中:t——厚度平均偏差,%;

t_0——公称厚度,mm;

t_n——平均厚度,mm。

5.5 外观检验

在自然光线下目测。

5.6 物理机械性能

5.6.1 拉伸强度及断裂伸长率

按 GB 13022 规定进行,试样为Ⅰ型,试验速度(空载)500±50mm/min。

5.6.2 冲击试验

按 GB 9639A 法规定进行。样品数量:10 片。

按表 6 规定的落镖质量进行试验。

表 6

厚度 mm	落镖质量,g					
	A 类			B、C 类		
	优等品	一等品	合格品	优等品	一等品	合格品
0.030 0.035	60	45	30	70	55	35
0.040 0.045	80	60	50	90	70	55
0.050	100	70	50	110	80	60
0.060	110	90	60	120	100	70
0.070	120	95	80	130	105	90
0.080	130	110	90	140	120	100
0.090	150	120	100	160	130	110
0.100	170	140	110	180	150	120
0.120	190	150	120	200	160	130
>0.120	220	180	150	230	190	160

5.7 卫生性能

按 GB/T 5009.60 规定进行。

6 检验规则

6.1 组批

产品以批为单位进行验收。同一牌号原料,同一规格,同一配方连续生产的产品,以不大于 8t 为一批。

6.2 检验分类

6.2.1 出厂检验

出厂检验项目为 4.1、4.2 及 4.3 表 5 中的拉伸强度和断裂伸长率。

6.2.2 型式检验

型式检验项目为技术要求中的全部项目。有下列情况之一时,需进行型式检验:

a. 新产品或老产品转厂生产时;

b. 原料、配方、工艺有较大改变,可能影响产品性能时;

c. 连续生产6个月时;

d. 产品长期停产后恢复生产时;

e. 出厂检验结果与上次型式检验有较大差异时;

f. 国家质量监督机构提出要求时。

6.3 抽样

6.3.1 规格、外观按GB 2828规定的二次正常抽样方案抽取。采用一般检查水平Ⅱ,合格质量水平(AQL)为6.5,见表7。每卷薄膜为一个样本单位。

6.3.2 物理机械性能、卫生性能从抽取的样本中任取一卷进行。

表7

卷

批量	样本	样本大小	累积样本大小	合格判定数 A_c	不合格判定数 R_e
26～50	第一	5	5	0	2
	第二	5	10	1	2
51～90	第一	8	8	0	3
	第二	8	16	3	4
91～150	第一	13	13	1	3
	第二	13	26	4	5
151～280	第一	20	20	2	5
	第二	20	40	6	7
281～500	第一	32	32	3	6
	第二	32	64	9	10
501～1 200	第一	50	50	5	9
	第二	50	100	12	13
1 201～3 200	第一	80	80	7	11
	第二	80	160	18	19

6.4 判定规则

6.4.1 合格项的判定

6.4.1.1 规格、外观样本单位的判定,分别按4.1.1,4.1.2,4.1.3.4.2条的规定进行。样本单位的检验结果若符合表7规定,则判规格、外观合格。

6.4.1.2 物理机械性能检验结果中若有不合格项,应在原批中抽取双倍样品对不合格项目进行复检,复检结果全部合格,则判物理机械性能合格。

6.4.1.3 卫生性能如有不合格,则判为不合格。

6.4.2 合格批的判定

规格、外观、物理机械性能、卫生性能检验结果全部合格,则判该批合格。

产品质量等级按全部检验结果中的最低等级判定。

7 标志、包装、运输、贮存

7.1 标志

每卷薄膜内应附有合格证,合格证应注明:产品名称、商标、制造厂名、厂址、规格、重量、批号、质量等级、标准号、生产日期、班次、操作者章、检验员章等。包装外也应有标志的主要内容。

7.2 包装

薄膜一般用牛皮纸或塑料薄膜包装。须捆扎牢固。长途运输必须加固包装。

7.3 运输

薄膜在运输时要加盖苫布，防止机械碰撞及日晒雨淋，在搬运过程中要保持外包装完好，严禁野蛮装卸。

7.4 贮存

薄膜应贮存于整洁、干燥、阴凉的库房内，堆码整齐，距热源不少于 1m，贮存期从生产之日起不超过一年。

附加说明：

本标准由中国轻工总会提出。

本标准由全国塑料制品标准化技术委员会归口。

本标准由北京华盾塑料包装器材公司负责起草。

本标准主要起草人：张大生、牛素菊、秦立洁。

本标准非等效采用日本工业标准 JIS Z 1702—1986《包装用聚乙烯薄膜》。

包装企事业名录

INTRODUCTION OF PACKAGING ENTERPRISES

包装企事业名录

INTRODUCTION OF PACKAGING ENTERPRISES

包装机械设备企业

北京盛安公司东方塑料机械研究所

地　址:朝阳区松榆西里 30 号

邮　编:100021　**电话:**63845291　67320574

厂长(经理):班显荣

经营范围或主要产品:ZRC600 全自动塑料热成型生产线、LSFH—1200 干式铝塑复合板材生产线。

北人印刷机械股份有限公司

地　址:北京市朝了区广渠路南侧 44 号

邮　编:100022　**电话:**67737711

厂长(经理):云庆华

经营范围或主要产品:四开系列单、双、多色胶印机;对开系列单、双、多色及单、双色多功能胶印机;对开、全张双面胶印机;表格印刷机、锻压机床设备。

北京北人富士印刷机械有限公司

地　址:北京朝阳区垡头

邮　编:100023　**电话:**(010)67364176

厂长(经理):高桥一智

经营范围或主要产品:BF 系列商用轮转印刷机、BF 系列商用表格印刷机。

华北光学仪器厂

地　址:北京崇文区珠市口东大街 346 号

邮　编:100050　**电话:**67017722

厂长(经理):陈济民

经营范围或主要产品:HGS—5000 台式桌面扫描机、HGS—6000 大幅面扫描机。

北京第四印刷机械厂

地　址:北京市右安门内大街 10 号

邮　编:100054　**电话:**(010)63526622

厂长(经理):高安

经营范围或主要产品:印刷机 PJ2787—02,PJS2880—01、YP4787G。

北人集团公司第二印刷机械厂

地　址:北京市丰台区芦沟桥南里 5 号

邮　编:100072　**电话:**(010)63817771

厂长(经理):刘祥忠

经营范围或主要产品:PZ1440B 小型平版胶印机。

北京四维包装机械有限公司

地　址:北京海淀区巴沟村 84 号

邮　编:100080　**电话:**(010)62544561

厂长(经理):叶雷

经营范围或主要产品:本公司是制造瓦楞纸板生产线关键易损件——瓦楞辊的专业公司。

承接国内外各种齿形瓦楞辊的制造和修理业务。保证质量,价格合理。

本公司坚持用户至上,信誉第一的宗旨,为用户提供快捷的服务。

天津市精大稀设备维修改造公司

地　址:天津市河东区郭左子大街 257 号

邮　编:300011　**电话:**(022)24412641

经　理:王育风

经营范围或主要产品:经营范围:金属包装设备的设计制造。主要产品:4、10、20 升提梁方便桶全套生产设备,各种规格锥形桶、缩口桶生产设备,4、9、12、18 升方罐扁方罐生产设备,80～200l 钢桶生产设备。

天津市轻工装潢机械厂

地　址:天津市河西区宾水道
邮　编:300061　电话:(022)28353676
厂长(经理):谷芳义
经营范围或主要产品:印后加工设备。

天津奥费来办公用品有限公司
地　址:天津河西区友谊路34号一幢103室
邮　编:300061　电话:(022)8358075
厂长(经理):王冠礼
经营范围或主要产品:捆扎机。

大连绿山包装有限公司
地　址:大连市黄河路421号
邮　编:116021　电话:(0411)3626424
厂长(经理):龙　锋　职工人数:138
经营范围或主要产品:纸浆餐具、工业品内包装、纸浆餐具生产线、绿色包装物、包装机械。

大连塑料机械工业公司
地　址:大连市旅顺口区三涧镇石灰窑
邮　编:116043　电话:(0411)6260348
厂长(经理):韩基政　职工人数:420
联系人:宁志骞
经营范围或主要产品:大连塑料机械工业公司是辽宁省专门从事包装塑料机械和工程塑料机械制造的科、工、贸一体化的企业集团。现生产以高、低、压聚乙、聚丙、聚氯乙烯导为原料的大、中、小型塑机设备、产品从30机至150机,十三大系列、四十多个品种,不但畅销国内二十多个省、市、区,还出口美国、中东、东南亚和非洲等地。

营口复印机有限公司
地　址:辽宁省营口市府路140号
邮　编:115000　电话:(0417)2832626
2832637
厂长(经理):刘学智
经营范围或主要产品:小型胶印机。

营口市印刷制版设备厂
地　址:辽宁营口市辽河大街四段菜市里48#
邮　编:115003　电话:(0417)2836826
厂长(经理):姚东民
经营范围或主要产品:系列铜版无粉腐蚀机、系列锌版无粉腐蚀机、立式、卧式照相机、系列单、双面晒版机。

辽宁省庄河市兰店机械厂
地　址:辽宁省庄河市兰店29号
邮　编:116400　电话:(0411)8460317
厂长(经理):高彦春
经营范围或主要产品:系列双色包装印刷机、纸盒成型机、对开胶印机、单面瓦楞纸板生产线、全套纸箱机械。

辽宁丹东印刷机械厂
地　址:辽宁省丹东市元宝区珍珠街190号
邮　编:118001　电话:(0415)4144007
厂长(经理):李远亮
经营范围或主要产品:J2101S胶印机。

吉林省延边龙川包装机械有限责任公司
地　址:吉林省龙井市朝阳川镇胜利街西路8—1户
邮　编:133401　电话:(0433)3589209
总经理:王利国　职工人数:860
经营范围或主要产品:延边龙川包装机械有限责任公司是冶金产品捆扎包装机械的专业生产企业。我公司技术力量雄厚,加工设备齐全、检测手段先进、生产工艺成熟。主要有气动组合式、分离式扎捆机和全自动包装生产线等15种系列产品。

我公司产品曾多次获省优和中国包装十年成果“银奖”等。

长春印刷机械厂
地　址:吉林省长春市绿园区延寿街7号
邮　编:130062　电话:(0431)7972914
厂长(经理):马福文
经营范围或主要产品:模切机、程控切纸机、放显、数显切纸机、胶订包本机。

吉林省白山市浑江印刷机械厂

地　址:吉林省白山市浑江大街 362 号

邮　编:134300　**电话:**(0439)3223641

厂长(经理):姜伟光

经营范围或主要产品:电动磨刀机、书芯压平机。

长春光机所电子印刷工程技术中心

地　址:吉林省长春市斯大林大街 112 号

邮　编:130022　**电话:**(0431)5684692

厂长(经理):陈世辉

经营范围或主要产品:JZJ—400 型激光照排机、JZJ—300 型激光照排机、CYGJ—3120 型 A3 台式激光印字机。

哈尔滨印刷机械厂

地　址:黑龙江省哈尔滨市道里区工农大街 146 号

邮　编:150070　**电话:**(0451)4307366

厂长(经理):李仁清

经营范围或主要产品:糊盒机、对开单、双色平版印刷机、四开、对开铅印机、对开液压、机械切纸机、机组式多色凹印柔版印刷机。

唐山玉印集团公司

地　址:河北省玉田县城西大街 34 号

邮　编:064100　**电话:**(0315)6114411

厂长(经理):张铮

经营范围或主要产品:自动模切机系列产品;QY401C、MY680A、MY720、MY1020、MY1150、MY1300、MY1600 自动模切机;MY1020—P 自动排废模切机;TYM720、TYM1020 自动烫印模切机。

河北省冀州市胶辊厂

地　址:河北省冀州市南桥街 85 号

邮　编:053200

厂长(经理):陈新功

经营范围或主要产品:印刷胶辊、电子打字(印)机胶辊、复印机胶辊、尼龙辊、PS 版造纸印染、皮革等各种型号。

河北工业缝纫机厂

地　址:河北省青县新华路 57 号

邮　编:062650　**电话:**(0317)4022563

厂长(经理):范有田

经营范围或主要产品:水泥纸袋缝口机、塑料缝口机。

邯郸包装机械总厂

地　址:河北省邯郸市陵西南大街 83 号

邮　编:056001　**电话:**(0310)3038484

厂长(经理):王文义

经营范围或主要产品:中高速瓦楞纸板生产线系列、各种类型的印刷开槽机、彩印纸盒设备系列、单面瓦楞纸板生产线系列、钢桶系列产品、高效节能液力偶合器系列、自动化酱油生产线系列。

唐山智能电子有限公司

地　址:河北省唐山市南新西道付 92 号

邮　编:063000　**电话:**(0315)2327746

厂长(经理):张颖智

经营范围或主要产品:水泥包装机及微机控制系统。

河北省青县轻工机械厂

地　址:青县清册镇南环东路 8 号

邮　编:062650　**电话:**(0317)4021307

厂长(经理):张松林

经营范围或主要产品:水泥粮食化工包装袋生产线成套机械设备。

太行印刷机械有限责任公司

地　址:山西省晋城市城区西关

邮　编:048000　**电话:**(0356)3033577

厂长(经理):路培忠

经营范围或主要产品:LYBQ4230 标签印制联

动机、YZP4180 不干胶标签机、YZW4230 不干胶标签机。

河南宇佳食品机械有限公司

地　址:河南郏县东关街 54 号
邮　编:467100　**电话:**(0375)5161843
联系人:王智敏
经营范围或主要产品:6DZ 系列带式榨汁机,适应各种水果蔬菜,参考价为 16.7～31.3 万元;GZS 果蔬汁加工成套设备,适应各种水果蔬菜,参考价为 30～50 万元;GF—16 多用途负压液体灌装机,适应各种瓶型,参考价为 8.3 万元。

河南省开封市第二轻工机械厂

地　址:自由路东段 15 号
邮　编:475000　**电话:**(0378)5950078
5954804
厂长(经理):时风梧　**职工人数:**349
经营范围或主要产品:C600—K 型全自动固相塑料热成型机,适用于 PP PVC PE BOPS 等塑料片材加工。可制作各类塑杯盒碗等。ZBJ 系列全自动纸杯成型机适用于单、双面涂塑纸板可制作各种冷热两用一次性饮杯盒。另:我厂还可提供与塑料成型机相配套的其他设备、塑料片材机、粉碎机、各类模具等。

长葛市宇龙塑机股份有限公司

地　址:长葛市八一路八号
邮　编:　**电话:**(0374)6165529
6123448—8002
厂长(经理):唐长山
经营范围或主要产品:塑料异型材生产设备、SJ—MF700 型吹塑薄膜机组、多功能圆筒塑编袋涂塑复合机组。

河南偃师天马包装器材有限公司

地　址:河南偃师市偃化口南
邮　编:471900　**电话:**(0379)7715995
厂长(经理):李焕章
经营范围或主要产品:柔性版制版设备、丝印系统、电子印前系统以及辅助材料。

洛阳卓飞技术开发中心

地　址:河南洛阳市 030 信箱 71 分箱
邮　编:471009　**电话:**(0379)3938811
厂长(经理):张建平
经营范围或主要产品:LYP—H1 型(轮转式)号码配页机、LYX—B 电脑连续信封机、LYD—A 电脑纸打孔折页机、LYF—B 分切打码复卷机。

河南舞阳县印刷机械厂

地　址:河南舞阳县城关南路北段
邮　编:462400　**电话:**(0395)7122341
厂长(经理):杨仁甫
经营范围或主要产品:QZ201A 型切纸机、J2101S 型单色单面自动胶印机、YPS1920 型单色双面自动胶印机。

安阳市群星技术开发公司试验厂

地　址:河南安阳安漳路东段
邮　编:455000　**电话:**(0372)2910023
厂长(经理):聂佩录
经营范围或主要产品:塑料彩印机及吹膜机组合装式和分体式。

青岛胶南利达机械制造公司

地　址:青岛胶南市人民路浮翠街一号
邮　编:266400　**电话:**(0532)8183797
厂长(经理):孙忠吉
经营范围或主要产品:AY—620 型组合式六色凹版轮转印刷机、GF—600 型塑料薄膜干式复合机、塑料复合薄膜袋滚压、袋步压、袋胶粘中封合掌机、FQ—250 型电脑分切机。

中日合资青岛日清食品机械有限公司

地　址:山东省青岛市水清沟长沙路 103 号
邮　编:266042　**电话:**(0532)4855979、4862370、4851666
传　真:(0532)4863994

常务副总经理:姜礼新　职工人数:188
经营范围或主要产品:以日本技术和电器元件生产各种包装机。枕式包装机适用于方便面、饼干、小食品、巧克力、纸巾、果奶、药品、胶带、香皂等多种产品。立枕式包装机适用于是条类散粒产品,可配装智能组合秤。配置电子自动计量机的供袋包装机适用于奶粉、麦片类粉末产品的包装。

外贸烟台包装器材实业总公司
地　址:烟台市楚凤二街二号
邮　编:264002　电话:(0535)6533472
厂长(经理):武卫国
经营范围或主要产品:真空吸附瓦楱机、双色印刷开槽机、轻型、中型、三层、五层、七层、幅宽1.3m、1.6m、1.8m、2.2m,电脑控制真空吸附、多功能、多规格瓦楞纸板生产线。

青岛山特维克力具有限公司
地　址:青岛市会昌路9号
邮　编:266031　电话:(0532)4875244
4875264
厂长(经理):
经营范围或主要产品:生产并销售模切刀系列产品及制板工具。各种规格的模切刀、压痕线、圆压圆刀、各类特殊刀线和制板工具。

烟台坤翊塑料机械有限公司
地　址:烟台北马路155号
邮　编:264000　电话:(0535)6253636
6742948
厂长(经理):
经营范围或主要产品:圆织机、土工布填充袋整厂设备、编织袋整厂设备。

国营青岛市建航包装机械厂
地　址:山东青岛流亭军用机场内
邮　编:266108　电话:(0532)4812737
厂长(经理):高建伟
经营范围或主要产品:复合机、制袋机组。

淄博印刷机械厂
地　址:山东省淄博市博山区颜北路257号
邮　编:255202　电话:(0533)4181512
厂长(经理):陈其福
经营范围或主要产品:对开切纸机。

山东潍坊录音机公司印刷设备厂
地　址:山东潍坊市潍州路728号
邮　编:261031　电话:(0536)8236431
厂长(经理):于勇
经营范围或主要产品:D81、D81A、D82A八开小型单双色胶印机。

龙口市电子技术研究开发中心
地　址:山东龙口市黄城西大街41号
邮　编:265701　电话:(0535)8517870
厂长(经理):谭树军
经营范围或主要产品:JLK600型立式照相机;SB600、800、1000型冷光源晒版机;KB900型明暗室拷贝机;碳素纸凹印制版成套设备;喷胶凹印次版制版成套设备。

青岛无线电三厂(青岛印刷机械厂)
地　址:山东青岛市金华路50号
邮　编:266042　电话:(0532)4852846
厂长(经理):邓力
经营范围或主要产品:TT402自动印刷机;引进瑞典桑纳125、225、425系列四开单、双、四色胶印机。

山东曲阜师范大学机械厂
地　址:山东省曲阜市静轩西路
邮　编:273165　电话:(0537)4424673
厂长(经理):田云飞
经营范围或主要产品:SBK—Ⅲ型微机控制快启动碘镓灯晒版机;SBF2翻转式双面晒版机;KBW明暗室拷贝机;XYZPS版自动显影机;SBWL卧式全自动连晒机。

山东省荷泽生建机械厂

地　址:山东荷泽市定陶路 61 号

邮　编:274030　**电话**:(0530)5333312

厂长(经理):王怀起

经营范围或主要产品:QS100A 型三面切书机、YP1A1C 型单色平版胶印机、ZJSG920 型局部 UV 上光机。

江苏省太仓市台钢机械有限公司

地　址:江苏省太仓市经济开发区浏太路 28 号

邮　编:215400　**电话**:(0520)3541993

3638099

厂长(经理):林济达　**职工人数**:90 人

经营范围或主要产品:以商独资台钢机械有限公司为"阿里山"牌胶粘带机械及包装机械专业制造厂家。

(一)胶粘带前段生产设备:胶带上胶涂布主机、丙烯酸胶粘剂反应签、橡胶型胶粘剂搅拌机、斜纹卷纸管机、切管机。

(二)胶带加工设备:OPP 分条机、高精度专业分条机、多功能分条机、多功能复卷机、手动裁切机、单轴自动裁切机、双轴自动裁切机、PVC 全自动双轴裁切机等,适合各类纸、布、薄膜、复合膜、金属膜及各类胶带加工须要。

(三)各类自动包装设备如半自动捆包装、全自动捆包机、自动封箱机、自动封口收缩机全自动套袋封口机等。

(四)胶粘带整厂规划:各项设备加工技术转移、各类胶带配方技术转移、胶粘带专业技术与生产管理培训。

江苏泰兴市印刷机械器厂

地　址:泰兴市黄桥镇宾馆西侧

邮　编:225411　**电话**:(0525)7212032

厂长(经理):顾锦亮　**职工人数**:120

经营范围或主要产品:印前制版设备专业厂家主要产品有拷贝机系列、晒版机系列、烤版机系列、固体感光树脂版制版机系列、柔性版制版机系列、PS 版软片打孔机系列、拷晒两用机系列明暗室拷贝机系列。

安徽省蚌埠市纸箱机械厂

地　址:蚌埠江淮路 41 号

邮　编:233010　**电话**:(0552)4081309

4083267

厂长(经理):赵东爱

经营范围或主要产品:瓦楞纸管生产线、纸浆模塑制品生产线。

无锡机床集团包装机械厂

地　址:江苏省江阴市顾山镇香山西路 49 号

邮　编:214413　**电话**:(0510)6321336

厂长(经理):王柱昌　**职工人数**:261 人

经营范围或主要产品:我厂是国家一级企业无锡机床厂的分厂,专业生产锡机牌软包装系列机械产品。主要产品有全自动制袋机系列、电脑套色高速组合凹版印刷机、通用分切机等,荣获 93 江苏省优秀新产品奖。我厂产品畅销全国,复盖 20 多个省市,部分产品出口东南亚,中东等国家和地区。

无锡市长城机器总厂

地　址:江苏省无锡市北郊

邮　编:214191　**电话**:3771022 总机

厂长(经理):倪渝宝　**职工人数**:1500

经营范围或主要产品:无锡市长城机器总厂是国家中型企业。主要生产的翔城牌印刷机械产品有:对开单色自动胶印机;对开中速自动胶印机(电脑控制);超全张自动胶印机(国内印刷幅面最大);四开和对开二色、三色、四色轮转胶印机;光华系列静电照相制版机等。

无锡富路特包装机械有限公司

地　址:江苏江阴璜塘镇环东南路

邮　编:214407　**电话**:6531017

厂长(经理):沈进良　**职工人数**:92

经营范围或主要产品:塑料制袋机、纸箱制函机、封箱机、塑料包装袋。

公司成立于 1989 年,由日本三菱商事控股企业日本特玛克株式会社投资兴建,主要产品包装机械,包括纸箱制函机、纸箱自动封箱机,塑料背心袋制袋机,塑料垃圾袋制袋机,以及各种塑料包装袋,1996年出口二百万美元内销占30%。

南京尧辰机械厂
地 址:南京尧化门街179号
邮 编:210046 **电话**:(025)5561048
厂长(经理):辛波 **职工人数**:850
经营范围或主要产品:主要产品为200升直开口、闭口钢桶。品种有内壁防腐钢桶、镀锌钢桶、钢塑复合桶、油漆钢桶等。产品采用国外先进标准组织生产,并多次荣获省优产品标号和国家出口商品包装质量许可证。另外,还生产经营20至100升各种规格的闭口、直开口、开口缩颈钢桶。

中国包装新技术开发包宁公司
地 址:南京市水西门西止马营52号
邮 编:210004 **电话**:2209596
厂长(经理):薛昌昕 **职工人数**:225人
经营范围或主要产品:主要研究开发推广用于生产纸浆模塑内包装如蛋托瓶托水果托盘家用电器仪器仪表包装及农用育苗盘等产品为主的ZMB型纸浆模塑制品生产线设备,用于生产各种快餐盒面碗餐盘饮料杯为主的ZKCA型纸浆模塑快餐具生产线设备以及各种纸浆模塑制品包括内包装农用育苗盘和快餐具。

南京印刷机械厂
地 址:江苏省南京市珠江路220号
邮 编:210018 **电话**:(025)3361637
厂长(经理):吴浦远
经营范围或主要产品:切纸机、四开机、数纸机。

江苏新象股份有限公司
地 址:江苏省如东县马唐镇建设路42号
邮 编:226401 **电话**:(0513)4541430
厂长(经理):孙宝玉
经营范围或主要产品:"新象"牌PYQ系列平压压痕机,PYQT系列平压压痕烫金机、HZ—600高速自动糊折盒机、HH—2000简易糊盒机、SJZ系列锥形双螺杆塑料挤出机、GF、YF系列辅机。

如皋印刷机械厂
地 址:江苏如皋市环城南路
邮 编:226500 **电话**:(0513)7513211
厂长(经理):沙晓明
经营范围或主要产品:"银雉"牌系列胶印机。

武进市益民塑机械有限公司
地 址:常州东门三河口镇南
邮 编:213115 **电话**:(0519)8675096
董事长:姚国正
经营范围或主要产品:SVF—750圆筒涂塑复合机组(边缝)、SQK—500圆筒制袋机组、SFJ—1360(2000)多功能复合机组、S—RZ41750塑料四梭圆织机。

国营常熟精达工业缝纫机厂
地 址:常熟市虞山镇西门外
邮 编:215500 **电话**:(0520)2776320
厂长(经理):李钧飞
经营范围或主要产品:封包、缝包缝纫机。

常州创成塑料机械有限公司
地 址:江苏省武进市三河口镇
邮 编:213115 **电话**:(0574)6220291
厂长(经理):江素月
经营范围或主要产品:高速回梭圆织机、纸塑复合涂膜机、制袋机组。

武进市创星塑料机械厂
地 址:江苏武进郑陆镇
邮 编:213111 **电话**:(0519)8732088
厂长(经理):吉国莱
经营范围或主要产品:塑料编织机械、涂塑机械。

武进市三河口卫翔机械厂
地　址：江苏武进市三河口镇梧岗村
邮　编：213115　**电话：**(0519)8675170
厂长(经理)：马细方
经营范围或主要产品：塑编袋双面三色、双面四色印刷机、编织袋打包机。

无锡中策机电设备有限公司
地　址：无锡市钱莱路乌泾桥1号
邮　编：214151　**电话：**(0510)3203224
厂长(经理)：寿晓彤
经营范围或主要产品：各类气泵、民品主要生产DOB、XGB、XGB系列吹吸两用气泵、ZX系列真空泵；电感式内外磨床自动测量控制仪及自动检测规；MF系列马达变频调速器、ZC型微型空压机。

无锡县沪东印刷机械厂
地　址：无锡县东北塘尖岸
邮　编：214191　**电话：**(0510)3771952
厂长(经理)：谢协新
经营范围或主要产品：YPIAID型对开单色平版胶印机、YPSIAI型对开双面平版胶印机、YPS2AI型对开双面双色平版胶印机。

江苏双鹰集团公司
地　址：江阴市石桥镇
邮　编：214441　**电话：**(0510)6601006
厂长(经理)：梅建忠
经营范围或主要产品：PYQ系列平压压痕切线机、FYJ系列分压联合机、WL系列瓦楞机、SYJ系列双色印刷机、GQK系列滚切开槽机、SHD系列钉箱机、DW系列单面瓦楞生产线、汽车转动轴。

无锡市崇安区恒友速印机厂
地　址：江苏无锡市周山浜锡沪弄108号
邮　编：214008　**电话：**(0510)2402938
厂长(经理)：周海斌
经营范围或主要产品：通宝牌355、486型自动高速油印机。

无锡奔达机械有限公司
地　址：江苏无锡市湖滨路3号
邮　编：214061　**电话：**
厂长(经理)：孙仁根
经营范围或主要产品：YT 1—6色柔性凸版印刷机、5J45吹塑机、高速制袋机。

无锡市照相排字机厂
地　址：江苏省无锡市梁青路22号
邮　编：214062　**电话：**(0510)5804197
厂长(经理)：熊小峰
经营范围或主要产品：ZBSY—385型液体树脂版制版机、ZL300制版照相机。

无锡市包装机械厂
地　址：江苏无锡市梁青路蒋巷5号
邮　编：214062　**电话：**(0510)5869265
厂长(经理)：朱仲明
经营范围或主要产品：GC—6650型印刷机、GF—1200型高速高式复合机、GF—600A型干式复合机、GZF—1100型自动分切机、GSD—300型微机控制全自动两用制袋机。

锡山市罗克印刷机械厂
地　址：江苏锡山市安镇新村路1号
邮　编：214105　**电话：**(0510)8782789
厂长(经理)：黄国良
经营范围或主要产品：各种印刷机用的输纸机。

锡山市第三机械厂
地　址：锡山市安镇中心街一号
邮　编：214105　**电话：**(0510)8781521
厂长(经理)：夏小弟
经营范围或主要产品：P615四开平版印刷机、ML180商标模切机、YBQ4270不干胶商标印刷机。

张家港市印刷机械厂

地　址:江苏省张家港市大新镇
邮　编:215636　电话:(0520)8760034
厂长(经理):肖中林
经营范围或主要产品:PS7 烫金机系列、PYQ 压痕机系列。

江苏泰仪集团公司
地　址:江苏省泰兴市根思路 50 号
邮　编:225400　电话:(0523)7681511
厂长(经理):丁永芝
经营范围或主要产品:印刷制版机械、阳图型 PS 版、PVA 版、柔性版、上光机、包装机械。

泰兴市长江印刷机械厂
地　址:江苏泰兴市大生镇中华西路 4 号
邮　编:225441　电话:(0523)7591252
厂长(经理):王俊山
经营范围或主要产品:SBD1000—1100 型对开碘镓灯晒版机 SK650、700 型台式拷贝晒版两用机、SK1050、1300 型明暗两用拷贝晒版机。

姜堰市人民印刷机械厂
地　址:江苏省姜堰市苏陈镇
邮　编:225512　电话:(0523)8515934
厂长(经理):刘荣林
经营范围或主要产品:ZJ—1000 型挂历铁条装订机、ZJ—560 型挂历铁条装订机、BYB—40 型半自动扒园机、ZZZ—880 型自动整纸机。

海门北人印刷机械有限责任公司
地　址:江苏省海门市圩角路 10 号
邮　编:226100　电话:(0513)2212811
厂长(经理):钟世平
经营范围或主要产品:四开单色胶印机(J4105A)、四开双色胶印机(YP2B2)。

中国包装进出口总公司宁波三环包装器材实业公司
地　址:浙江省宁波市江东南路 173 号
邮　编:315040　电话:7396680
厂长(经理):鲁久裕　职工人数:250 人
经营范围或主要产品:包装器材、包装机械装潢材料、承接“三来一补”业务。

DW16 单面瓦楞纸板生产线加热方式:电蒸气、煤气,楞型 A、B、C、E、D。

WX—1600 单瓦楞低板生产线、LW2202 瓦楞纸板双色印刷机、WK 系列瓦楞低板开槽切用机、瓦楞低极生产线配套的瓦楞辊、PM1500 平台模切机、WJB 系列瓦楞机、SJ 系列的瓦楞上胶机。

温州市印刷机械二厂
地　址:吴桥工业区
邮　编:325028　电话:8620551　8620552
厂长(经理):滕向群　职工人数:160
图文传真:(0577)8620552
经营范围或主要产品:生产印刷包装机械,主要产品有 UV 上光机、UV 紫外线干燥机、纸面上光机、纸面压光机、贴面(裱纸)机、多功能冲印机、制模切割组合机、上腊机、切纸机等系列产品,产品多次获奖,畅销全国各地,远销意大利、东南亚、中东十多个国家和港澳地区。连续多年被评为市级文明单位,先进企业、重合同守信用单位。欢迎新老客户来人、来函洽谈。

上海山利兴机械有限公司
地　址:上海市陆家浜路 1139 号
邮　编:200011　电话:(021)63188564
63188878 转
厂长(经理):
经营范围或主要产品:固体墨轮印字机、标签/塑料袋日期印字机、LR230 小圆瓶贴标机、纸盒印字机。

上海高斯印刷设备有限公司
地　址:上海普陀区云岭东路 286 号
邮　编:200062　电话:(021)62591260
厂长(经理):俞金根
经营范围或主要产品:“毕升”牌胶印机。

上海亚华印刷机械有限公司

地　址:上海市茶陵北路20号

邮　编:200032　**电话**:(021)64045160

厂长(经理):董荣根

经营范围或主要产品:生产各类印刷包装装璜机刷及其相关的机电产品,可供出品的其它机电产品,并提供对上述产品的售后服务。研究有关新技术,开发新产品,提供技术咨询服务。主要产品有TYM系列自动烫印模切二用机、MW系列自动平压模切机、ZH系列自动粘盒机、HZ系列自动合纸机等五大系列产品。

上海矢达机电有限公司

上海轻工机械二厂

地　址:上海市云岭东路120号

邮　编:200062　**电话**:62742280　62745522

经营范围或主要产品:粉状、颗粒、液体、膏体、水平式全自动包装机。

上海第三印刷机械厂

地　址:上海市宝昌路297号

邮　编:200071　**电话**:(021)56635109

厂长(经理):张龙海

经营范围或主要产品:丝网印刷机、柔性版印刷机。

上海通亚印刷机械有限公司

地　址:上海市永和路159号

邮　编:200072　**电话**:(021)56774317

厂长(经理):阮宝明

经营范围或主要产品:四开单色、对开单色、四开双色自动胶印机、电脑控制连续自动晒版(拷片)机。

上海先锋电机厂实业总公司

地　址:上海市灵石路702号

邮　编:200072　**电话**:(021)56656318

厂长(经理):吴德生

经营范围或主要产品:电机、建筑机械、塑料编织袋生产线成套设备。

上海飞浦科技发展有限公司

地　址:上海浦东新区云台路上南八村27号

邮　编:200126　**电话**:(021)58800708
58801610

传　真:(021)58800072

厂长(经理):张鑫隆　**职工人数**:100

经营范围或主要产品:成套日化生产设备(粉饼、膏霜、香波、口红、香水、液洗、睫毛膏……等)、包装输送和玻瓶自动清洗生产线、日化工程设计咨询。主产品:ST高洁度自动输送线、MZH—Z6型六头香波(液体)自动灌装生产线(理瓶灌装喂盖控盖或压盖)、各式半自动灌装机(膏体液体)。

上海申威达机械有限公司

地　址:上海浦东南路2266号

邮　编:200127　**电话**:(021)58891376

厂长(经理):丁兆兴

经营范围或主要产品:切纸机械、瓦楞纸板生产线、塑料机械。

上海第二印刷机械厂

地　址:上海闵行区景阳路820号

邮　编:200245　**电话**:(021)64301001

厂长(经理):胡雄卿

经营范围或主要产品:瓦楞纸箱机械、胶印打样机系列。

上海印刷器材制造厂

地　址:上海逸仙路280号

邮　编:200434　**电话**:(021)65423035

厂长(经理):吴兴根

经营范围或主要产品:印刷橡皮布、制版照相机、晒版机、拷贝机。

上海光华印刷机械有限公司

地　址:上海市真大路520号

邮　编:200436　**电话**:(021)56681572

厂长(经理):杨恒喜

经营范围或主要产品：平板印刷机、平版印刷机、烫印机。

上海理查包装机械有限公司

地　址：上海军工路1300号

邮　编：200433　**电话：**(021)654820025

厂长(经理)：赵国强

经营范围或主要产品：轮胎裹绕机各种托盘薄膜裹绕机、棒料水平包装。

上海新沪机械厂

地　址：上海市大华路688弄95号

邮　编：200436　**电话：**(021)56956672

厂长(经理)：金立石

经营范围或主要产品：服装商标印刷机、XH—93四色全自动商标印刷机、四色全自动商标模切、印刷两用机、XH—96双色高速带料商标轮转印刷机。

日研印刷材料(上海)有限公司

地　址：上海江场西路291号

邮　编：200436　**电话：**56656008

厂长(经理)：周家康

经营范围或主要产品：取代酒清的日研宇星3号润版液、日研高效油墨清洗剂，强力PS版洁版液。

上海悦达塑料机械厂

地　址：东新区川沙镇上川路11015号

邮　编：201200　**电话：**(021)58926330
91217076

厂长(经理)：绕利明

经营范围或主要产品：高速塑胶射生吹瓶机。

上海紫明机械有限公司

地　址：上海市老沪闵路2520号

邮　编：201108　**电话：**

厂长(经理)：阮德恩

经营范围或主要产品：JZ101A对开单色胶印机、QSB90B半自动，三面切书机、YP2A1对开双色胶印机、SG880UV局部上光机、HSK660全自动糊书壳机。

上海光学机械厂

地　址：上海市老沪闵路1901号

邮　编：201108　**电话：**(021)64975484

厂长(经理)：张国权

经营范围或主要产品：了威牌VP615B四开单色胶印机。

上海中亚包装机械实业公司

地　址：泰贤县平安镇四平路51号

邮　编：201413　**电话：**(021)57541843
57541846

厂长(经理)：丁根龙

经营范围或主要产品：2100自动高建水性印刷开槽机、MW1400×960型全自动平压平模切机。

上海新星印刷器材公司

地　址：上海浦东沪南路9331号

邮　编：201300　**电话：**(021)58022986

厂长(经理)：徐毛清

经营范围或主要产品：SB1150A对开碘镓灯晒版机、ZL600四开立式照相机、KBJ1000对开卷帘拷贝机、XY860对开PS版显影机、SBW1200丝网晒版机。

上海银星轻工机械厂

地　址：上海嘉定西门沪宜公路4667号

邮　编：201800　**电话：**(021)59532646

厂长(经理)：

经营范围或主要产品：单、双、三色水墨印刷机，适用于柔性版印刷。还可在较短时间内为用户设计制造特殊规格的包装印刷机。

上海东亚包装机械实业公司

地　址：上海市万航渡路1312号

邮　编：200042　**电话：**62103672　62522022
62511098

经　理:夏传林　**职工**:220 人

经营范围或主要产品:本公司属上海市包装和食品机械行业重点骨干企业,产品多项获上海市科技奖,塑料封口机被推荐为上海市名、特、优新品。主要产品有真空包装机;塑料封口机;热收缩包装机;塑带捆扎机;胶带封箱机;膏体、液体分装机;色带印字机及移印机等。

上海华阳印刷机械厂

地　址:上海市松江县华阳镇

邮　编:201611　**电话**:(021)57830596

厂长(经理):吴国芳

经营范围或主要产品:JL3394 胶印轮转印刷机、HXSZ—540 型双面双色划线机、P801 系列圆盘印刷机。

上海上人实业公司常州人民机器厂

地　址:江苏常州市洛阳镇东都西路 108 号

邮　编:213104　**电话**:(0519)8792481

厂长(经理):

经营范围或主要产品:PZ1915 型对开胶印机。

上海紫光机械有限公司

地　址:上海蒙自路 169 号

邮　编:200023　**电话**:(021)63018426

厂长(经理):胡雄卿

经营范围或主要产品:圆盘包本机、表格胶印轮转印刷机、混合式折页机、半自动锁线机。

湖北京山轻工机械股份有限公司

地　址:湖北省京山县新市镇公司弩大道

邮　编:431800　**电话**:(0706)7221352

厂长(经理):孙友元

经营范围或主要产品:主要生产纸箱纸盒两大系列 78 个品种、168 个规格的纸品包装机械,从三层、五层、七层瓦楞纸板到印刷、模切、捆扎一条龙配套生产,年产各类生产线 100 余条,单机 600 余台。配套生产橡胶制品、电脑管理系统、压力容器、纸箱用扁丝。包装机械被湖北省政府确定为首批精品名牌产品。

湖北广水轻工机械厂

地　址:湖北省广水市广水西河路 7 号

邮　编:432721　**电话**:(0712)6413197
6412582

厂长(经理):李钦　**职工人数**:248 人

传　真:(0712)6413205

经营范围或主要产品:湖北广水轻工机械厂是唯一形成印铁机、上光涂料机和塑料曲面胶印机系列(成套)产品的机器制造业。主要产品有:对开半自动、自动,全开自动单色、双色、三色金属板胶印机;对开、全开上光涂料机;三色、四色、六色塑料曲面胶印机等等。欢迎国内外同仁光临交友合作。

宜昌印刷机械厂

地　址:湖北宜昌市得胜街 40 号

邮　编:443000　**电话**:(0717)6751217

厂长(经理):杨基洪

经营范围或主要产品:标签机、切纸机、烫背机。

湖北天门佳龙电脑凹印机械有限公司

地　址:湖北天门市纺机大道 9 号

邮　编:431700　**电话**:(07261)225083

厂长(经理):周贤超

经营范围或主要产品:电脑凹印机(YDA6600A)、分切机(SNQ—1300)、凹印机电脑装置(J281—A)、(J281—C)

郴州印刷机械厂

地　址:湖南郴州工业大道 25 号

邮　编:423000　**电话**:(0735)2831115

厂长(经理):王抗源

经营范围或主要产品:凸版印刷机械。

湖南第二人民机器厂

地　址:湖南新邵县城

邮　编:422900　**电话**:(0739)3663051

厂长(经理):张定国

经营范围或主要产品:ZYH660 混合式折页机、

ZYHZY780 全栅式折页机。

湖南印刷机器厂

地　址:湖南邵阳市宝庆西路 62 号

邮　编:422000　**电话:**(0739)5323283

厂长(经理):王田清

经营范围或主要产品:J4103—1·四开单色平版胶印机、PZ2660 四开双色平版胶印机、YP1787 卷筒纸报刊轮转胶印机。

湖南机械刀片厂

地　址:湖南新化县大桥东

邮　编:417600　**电话:**(0738)3521163

厂长(经理):肖平新

经营范围或主要产品:切纸机刀片。

醴陵市轻工机械厂

地　址:湖南省醴陵市解放路 66 号

邮　编:412200　**电话:**(0733)3232414

厂长(经理):刘湘源

经营范围或主要产品:纸制品包装机械、纸板印刷机、压痕切线机。

国营三江机械厂

地　址:四川省宜宾市岷江北路 72 号

邮　编:644007　**电话:**(0831)3552231

厂长:刘世鑫　**职工人数:**2500

经营范围或主要产品:研制销售织物折径从 400～3100mm 的盐精型四梭、六梭、八梭三大系列十多个品种的圆织机及投梭数为 0～220 梭/分的新型高效四梭、六梭圆织机;同时还可提供年产量分别为 2200 吨、1500 吨、500 吨的各型拉丝机组以及最大涂膜宽度为 1300mm 的涂膜机组;折径为 400～750mm 的网眼袋编织机。

四川宜宾大业印刷机械有限责任公司

地　址:四川宜宾市西郊新村

邮　编:644003　**电话:**(0831)8270553

厂长(经理):李忠国

经营范围或主要产品:铁丝平订生产线成套设备、LQD8 骑马装订联动机、QZ920 系列切纸机、KYW800(1000)电动捆书机、MBL920 模切机。

四川中江机械厂

地　址:四川中江县城关公园街 85 号

邮　编:618100　**电话:**(0838)7202327

厂长(经理):熊伟光

经营范围或主要产品:QZ 系列、机械式、QZYX 系列、数控液显。

景德镇印刷包装机械有限公司

地　址:江西省景德镇市新厂陶阳路 76 号

邮　编:333001　**电话:**(0798)8441762

厂长(经理):万世杰

经营范围或主要产品:J4104 四开单色胶印机、PZ2660 型四开双色胶印机、PZ4660 型四开四色胶印机、TYMB660 型烫印模切两用机。

厦门市天一精密机械有限公司

地　址:厦门经济特区将军祠路 113 号

邮　编:361004　**电话:**(0592)2100833
2024939

厂长(经理):任培坚

经营范围或主要产品:专业生产 HP 系列生产日期热打码机型号如下:

HP—241B　台式半自动热打码机

HP—451、HP—400　配包装机用旋转式热打码机

HP—241、HP—501　配包装机用往复式热打码机

配套打码机用热打印色带、碳带、颜色有:黑、红、兰、白宽度 20mm、25mm、30mm、35mm、40mm。

福建省莆田县二轻机械厂

地　址:福建省莆田市涵江区塘北路 177 号

邮　编:351111　**电话:**3597336

厂长(经理):柯庆祥　**职工人数:**432

经营范围或主要产品:本厂主要生产各种规格瓦楞机、分纸机、碰线机、分碰两用机、胶水机、四联切角机、园筒切纸机、平台模切机、九联刀机、冲孔机、纸盒划线机、单、双钉订机、分碰切角联合机、单、双色印刷分碰机、鞋眼铆订机、除尘设备及各类风机等机械产品。

福建省丰泉机械制造有限公司

地　址:福州市五四路210号国际大厦21层B区

邮　编:350003　**电话:**7856666

厂长(经理):陈泽峰　**职工人数:**525

经营范围或主要产品:包装机械制造。

FEB50—Ⅰ型电脑控制自动制袋机组;SJQF65—600型塑料挤出轻软复合机组;SJFM65—1100塑料挤出复合薄膜机组;SJFM90—1500塑料挤出复合薄膜机组;JXZ系列双级真空挤砖机;FBJ—M150型全自动面粉包装机、QPW28—C盘式成球机、50T、100T高精度电子地磅系列。

长乐华周机械有限公司

地　址:福建省长乐市鹤上镇北山村

邮　编:350208　**电话:**(0591)8955008

厂长(经理):陈铁虎　**联系人:**张燕

经营范围或主要产品:"外商独资塑料软包装设备"、印刷机、干式、湿式贴合机、分条机(经济型、高速型、全电脑型)等、制袋机(合掌自动制袋机、三边封制袋机)、中封合掌机、封剪机检品机、PVC标签制袋机、粘合机等整厂设备、自动整平切片机等塑料软包装系列产品、从印刷机贴合机分切机、制袋机等整套设备。

蚌埠市振华包装机械厂

地　址:蚌埠市小蚌埠北首

邮　编:233020　**电话:**(0552)2011726
3062340

厂长(经理):吴子月

经营范围或主要产品:1600型单面线、纸盒纸箱单机各类水墨、油墨印刷机、印刷开槽机(水墨)。

航空航天部安中机械厂

地　址:陕西省汉中市21号信箱

邮　编:723000　**电话:**(0916)212853
2203921

厂长(经理):

经营范围或主要产品:FN—10系列制罐缝焊机。

甘肃平凉印刷机械厂

地　址:甘肃省平凉市崆峒西路270号

邮　编:744000　**电话:**(0933)8213948

厂长(经理):李卫中

经营范围或主要产品:系列程控、液压、数显切纸机、液体包装机。

兰州真空设备厂

地　址:兰州市七里河区龚家坪北路29号

邮　编:730050　**电话:**(0931)2327843

FAX:(0931)2333308

北京办事处:北京朝内大街甲190号51室

电话/传真:(010)65249331—2131

经营范围或主要产品:塑料薄膜和纸的真空镀铝连续卷绕镀膜机系列设备,镀制透明导电膜的大型平面磁控靶连续绕镀膜设备。

北方印机公司

地　址:陕西省西安市万寿中路57号

邮　编:710043　**电话:**(029)3230495

厂长(经理):仪秉椿

经营范围或主要产品:电脑张力控制六色组合式凹版印刷机。

西安黑牛机械公司

地　址:西安市户县草堂路75号

邮　编:710300　**电话:**(029)4812790

厂长(经理):李玉龙

经营范围或主要产品:全卡纸、玻璃卡纸、印刷型水松纸成套生产设备。

咸阳印刷包装机械厂

地　址:陕西咸阳市人民中路20号

邮　编:712000　**电话**:(0910)3213589

厂长(经理):王信

经营范围或主要产品:MYB1000型、1600型、2000型固压平模切机、MQ—254型全自动商标模切机、KYO—1600C型双色柔性纸板印刷机、YBS—1600型双色油性纸板印刷机。

陕西印刷机器厂

地　址:陕西渭南市朝阳中路12号

邮　编:714000　**电话**:(0913)2014140

厂长(经理):王福

经营范围或主要产品:柔版、凹版、凸版印刷机。

浙江省平阳县轻工机械总厂

地　址:平阳县钱仓镇垂杨104国道边

邮　编:325401　**电话**:(0577)3681625

厂长(经理):陈崇庆　**职工人数**:210人

经营范围或主要产品:专业制造塑料编织袋成套生产线设备,主要产品有SY24—750型圆织机、SY24—1000型圆织机、SYZG4—800型高效节能圆织机、塑料拉丝机自动扁丝卷绕机、吹膜机、编织袋彩印机、再生塑料造粒机、SDF1350型多功能塑料挤出薄膜复合机,ZCTD—1300型中封成筒制袋机,多功能圆筒编织袋涂膜复合机组。

浙江宏华机械塑胶有限公司

地　址:浙江省瑞安市飞云江大桥东侧(巾子山路)

邮　编:325200　**电话**:(0577)5615025
5602277

厂长(经理):张华林

经营范围或主要产品:普通机械、塑料制品制造、销售。

500型粘胶带成套设备、塑料气压热成型机。

浙江省邮电机械厂

地　址:浙江省海宁市赵家漾路257号

邮　编:314400　**电话**:(0573)7022601

厂长(经理):高根深　**职工人数**:250

经营范围或主要产品:浙江省邮电机械厂是国内最早生产全自动捆扎机的厂家之一,为目前国内全自动捆扎机销量最大的专业生产厂。"西湖"牌全自动捆扎机采用微电脑控制及液压传动等技术,自动化程度高,捆紧力可任意调节,噪音小、寿命长、维修方便"西湖"牌捆忆机荣获省优、部优全国金奖。产品有主式、卧式。

杭州轻达自动化技术开发公司

地　址:浙江省杭州市西溪河下39号

邮　编:310012　**电话**:(0571)8076226
8055463

厂长(经理):王亚长

经营范围或主要产品:HD600型高速制袋机控制系统是国内最新高档制袋机控制系统。性能达到国际领先水平。采用高档工控机为主机,双伺服双变频驱动,操作方便效率高。AMS—860自动套色控制系统适用于多色凹版及胶版类的轮转式印刷机。采用主从式计算机控制,实时检测各色误差,自动调整减小偏差,达到理想印刷效果。

浙江台州新华印刷包装机械厂

地　址:浙江省临海市人民路239号

邮　编:31700　**电话**:(0576)5113232

厂长(经理):杨义军

经营范围或主要产品:TYMB930、TYMB720型烫金模切两用机。

浙江德清印机厂

地　址:浙江德清县城关镇车站路4号

邮　编:313200　**电话**:(0572)8423440

厂长(经理):朱智明

经营范围或主要产品:JZ101S—A型胶印机。

浙江通业机械有限公司

地　址:浙江诸暨市安平路40号
邮　编:311800　电话:(0575)7223028
厂长(经理):孙文毅
经营范围或主要产品:飞达牌胶印机系列的输纸机。

东方通信股份有限公司电子设备部
地　址:浙江杭州市文三路80—84号
邮　编:310013　电话:(0571)8865228
厂长(经理):孔照元
经营范围或主要产品:激光照排机、激光印染成像机。

温州南堡印刷机械包装厂
地　址:浙江省温州市珠冠巷35号
邮　编:325000　电话:(0577)8247175
厂长(经理):闻德华
经营范围或主要产品:全自动信封印刷纸袋糊盒机ZDF—230型。

温州方正企业集团公司
地　址:浙江温州市飞霞南路33号
邮　编:325003　电话:(0577)8335981
厂长(经理):王扬武
经营范围或主要产品:印刷机械、包装机械。

温州瓯海印刷机械公司
地　址:温州市瓯海新桥翔工业区
邮　编:325006　电话:(0577)8411569
厂长(经理):季国良
经营范围或主要产品:对开自动平版胶印机。

温州市梧埏黄埔机械厂
地　址:浙江温州市梧田咸占渎
邮　编:325014　电话:(0577)6361191
厂长(经理):黄金文
经营范围或主要产品:OFM复膜机、干温两用复膜机、FQJ分切机分条机、模切机、转移式印花机、复合机、涂布机。

温州印刷机械厂
地　址:浙江温州市飞霞南路25号
邮　编:325027　电话:(0577)8333946
厂长(经理):顾金才
经营范围或主要产品:YP1A3型胶印机、PD1280型胶印机。

瑞安市康宏机械有限公司
地　址:浙江瑞安市十八家工业区
邮　编:325200　电话:(0577)5626507
厂长(经理):陈定富
经营范围或主要产品:FM—650、FM—800、FM—1000型、FM—1100型复膜机、FMS—800型双面复膜机、SJ—800型低塑流延复膜机。

瑞安市永华机械有限公司
地　址:浙江省瑞安市市心街60号
邮　编:325200　电话:(0577)5624883
厂长(经理):蔡杲清
经营范围或主要产品:ML系列压痕切线机、名片、卡片胶印机。

瑞安市印刷机械厂
地　址:浙江瑞安市新堂街22号
邮　编:325200　电话:(0577)5622070
厂长(经理):林万隆
经营范围或主要产品:"瑞星"牌QZYK切线机系列、ML平压压痕切线机系列。

瑞安市长江印刷机械厂
地　址:浙江省瑞安市林下路5弄20号
邮　编:325200　电话:(0577)5634331
厂长(经理):谢开茅
经营范围或主要产品:1400、1300、1100、930系列压痕机。

瑞安安顺机械有限公司
地　址:浙江省瑞安市城关周湖
邮　编:325200　电话:(0577)5632134

厂长(经理):陈木水
经营范围或主要产品:ML1040、ML1300、ML1600、PYQ410C、PYQ203C型平压压痕切线机、ML930F、ML1040F模切烫金机。

瑞安市华威印刷机械厂
地　址:浙江省瑞安市岭下工业区
邮　编:325200　电话:(0577)5632524
厂长(经理):蒋荣唐
经营范围或主要产品:FYB—1000复膜机、CKFM—650半自动窗口复膜机、PYQ203型平压压痕切线机、ZJC—1型纸质餐盒成型机。

瑞安市瑞光机械有限公司
地　址:浙江瑞安市隆山停车场对面
邮　编:325200　电话:(0577)5627218
厂长(经理):刘德光
经营范围或主要产品:QZ201型系列切纸机、各系列方箱印刷机、各系列烫金机、对开液压全自动切纸机。

温州戴氏印刷机械有限公司
地　址:浙江瑞安市上戴工业区
邮　编:325204　电话:(0577)5350359
厂长(经理):戴安玉
经营范围或主要产品:DQ201—1—2—3型对开切纸机、QZ1150—2—3型全张切纸机、QZ1300A高速全张切纸机、PYQ401C、PYQ203C型平压压痕切线机。

瑞安市印刷机械三厂
地　址:浙江瑞安市龙湖镇
邮　编:325211　电话:(0577)5747288
厂长(经理):刘国钦
经营范围或主要产品:TYMB920型对开模切烫金两用机。

华星电脑应用有限公司
地　址:浙江平阳县鳌江镇东风路化工巷5号
邮　编:325401　电话:(0577)3631851
厂长(经理):蔡云芳
经营范围或主要产品:GT600型塑料凹版彩印自动套印系统。

瑞安市长城印刷包装机械实业公司
地　址:市区沿江西路140号
邮　编:325200　电话:(0577)5664869
5663963
厂长(经理):戴松龄
经营范围或主要产品:六色凹版印刷机、自动纠偏分切机、系列复合、涂布机、中封边封制袋机、高建三边封制袋机、微控多功能封剪机、吹膜机、封口机、电晕处理机、涂布机系列。

温州日高包装机械有限公司
地　址:浙江温州吴桥路122号
邮　编:325000　电话:(0577)8226661
厂长(经理):
经营范围或主要产品:DZQ系列真空包装机、YT型系列油墨移印式日期印码机、塑料带捆扎机。

浙江平阳县科达包装机械厂
地　址:浙江省平阳县气象局对面前宕工业区
邮　编:325400　电话:(0577)3751168
厂长(经理):邱基甸
经营范围或主要产品:SJFM系列涂塑复合制袋机组、双嘴水泥包装机。

平阳县宏图塑料机械有限公司
地　址:平阳县敖江外浦工业区浦聊路中段
邮　编:325401　电话:(0577)3636990
经营范围或主要产品:ZPH—SZ60—1300中缝多功能制袋机组、ZPH—SF1300涂塑机组、SF—1300型塑料挤出复合薄膜机组。

浙江省平阳县轻工机械总厂
地　址:平阳钱仓垂杨104国道1973里程碑旁
邮　编:325401　电话:(0577)3681625
3681283

经营范围或主要产品：SR Z4—750 型圆织机、SLJ—110 型塑料拉丝机、SH—1300 型多功能涂塑复合机、S—JFJⅡ型自动卷绕机、QYJ2—850 型双色彩印机、1300 中封成筒制袋机组。

平阳县强力新型纸塑复合机械厂

地　址：敖江镇外浦工业区浦联路

邮　编：325401　**电话**：(0577)3638738

3621938

厂长(经理)：陈伟炮

经营范围或主要产品：多功能电脑自动塑编圆筒涂塑复合机组、SJ—FJ—11 型塑料收卷机、SJ—B5001500 系列塑料复合机组。

瑞安东方机械制造有限公司

地　址：市万松东路 82 号(新车站边)

邮　编：325200　**电话**：(0577)5613395

厂长(经理)：郑国平

经营范围或主要产品：ZF250—350 型中封制袋机、GF600—1000 型液压型干式复合机、ASY—600A 型六色组合凹版印刷机、SJ45—65 型吹塑薄膜机组、FZ—500 型平压式双工位边封制袋机、GFJ100—1300 型微机控制多功能高速分切机、DDFZ—350B 型微机光控(高速)自动封切机。

珠海市力威精密机器有限公司

地　址：珠海市香洲区紫荆路 27 号

邮　编：519000　**电话**：(0756)2252016

厂长(经理)：李跃均　**职工人数**：100 人

经营范围或主要产品：专业制造适用于医药、食品、化妆品、包衣烟种包装机械。颗粒、粉剂、片剂、液体、酱体型系列电脑数控全自动包装机，具有自动计量、制袋、充填、填合、热打码、分切、计数、商标定位等功能。光电—DDC 系统技术在国内率先应用。袋长控制更精确、性能更可靠。

深圳市华通包装机械有限公司

地　址：深圳市水贝二路二街一号 536

邮　编：518020　**电话**：(0755)5505616

厂长(经理)：奚炳生

经营范围或主要产品：公司采用国际先进设备和技术，专业生产高级塑料包装软管，产品有单层管和多层复合管，规格自 30ml—250ml 齐全，是化妆品、日用化工产品、食品、药品和其它产品的理想包装。产品质量达到国际同类产品先进水平，曾荣获 94'CIP 国际包装技术博览会金奖。

南海市南庄镇永恒塑料五金厂

地　址：广东省南海市南庄镇罗桥永光新工业区

邮　编：528219　**电话**：(0757)5331928

厂长(经理)：冼兆新　**职工人数**：38

经营范围或主要产品：我厂专业生产药用包装塑料制品已有十多年历史，生产品种有 1.5ml 至 135ml 的高密度聚乙烯塑料瓶和塑料药盒，我厂还根据用户要求可铸造其它的塑料包装，起货快质量实行三包，欢迎广大用户来人或来函联系。

广东轻工业机械集团有限公司

地　址：广州市工业大道中石岗路 12 号

邮　编：510288　**电话**：(020)84336972

厂长(经理)：胡翊民　**职工人数**：2400

经营范围或主要产品：制造、加工：啤酒及饮料加工机械、食品加工机械、造纸机械、轻工业品加工机械设备。承接上述设备的设计、承运、安装、调试、维修服务。批发、零售：机电设备、普通机械设备及配件。出口本企业自产的液体包装设备、计算机、工业自动化设备、工程塑料制品。

广东省顺德市堡印刷机械厂

地　址：顺德市北嵤镇蓬莱路 13 号

邮　编：528311　**电话**：(0765)6658087

厂长(经理)：

经营范围或主要产品：全自动电脑套色凹版印刷机、高速干式复合机、光电跟踪分切机、高速复合胶袋制袋机。

广东肇庆嘉隆包装机械制造有限公司
地　址:广东省肇庆市建设三咱30号
邮　编:526040　**电话**:(0758)2251651
厂长(经理):吴　棣
经营范围或主要产品:电脑控制高、中建1.4～2.2米幅宽七层、五层、三层瓦楞纸板生产线、单面瓦楞机组、水溶性双色、三色纸板印刷机、粘箱机、上油机、贴面机、旋转式开槽切角机旋转式切角开槽印刷联合机组、各种A、BC、BC、E等型叼高精度瓦楞辊以及纸箱包装机械等系列产品。

汕头市光华机械实业公司
地　址:广东汕头市光华路1号
邮　编:515021　**电话**:(0754)8212938
厂长(经理):李新忠
经营范围或主要产品:系列塑料深膜机组高速、多功能、经济剪切型纸塑成筒制袋机组(高建、全自动)、塑编篷布生产线、边丝回收机、打包机、干燥机等。

广东省汕头市粤东机械厂
地　址:汕头市金园咱2巷1号
邮　编:515041　**电话**:(0754)8602822
厂长(经理):李岳立
经营范围或主要产品:杯装全自动充填封口机、盒自动封口机、洗罐—加汁—输送、真空封罐成套设备生产线。

新星包装机械设备厂
地　址:广东省佛山市江湾一路31号
邮　编:528000　**电话**:(0757)2710320
厂长(经理):
经营范围或主要产品:高建横式自动包装机。

汕头市伟达塑机工业有限公司
地　址:汕头市汕樟路131号之九、十
邮　编:515041　**电话**:(0754)8670258
8660258
厂长(经理):
经营范围或主要产品:KS系列高速连续链式塑料真空成型机。

广州铭瑞企业有限公司
地　址:广州市天河高新技术开发区工业园禾田大厦五杰
邮　编:510665　**电话**:(0574)7886485
7887232
厂长(经理):
经营范围或主要产品:高温杀菌塑料瓶纯牛奶包装线、嗜喱(布丁)、果冻、豆腐花包装线。

汕头市金迅塑机制造有限公司
地　址:汕头市潮汕路金园工业城一片区11～12
邮　编:515064　**电话**:(0754)8106123
厂长(经理):李文
经营范围或主要产品:系列复膜机组、纸塑成筒制袋机组、塑料扁丝拉丝机组。

汕头市汕樟轻工机械厂
地　址:广东汕头市潮汕路金园区工业城六片区
邮　编:515064　**电话**:(0754)8826286
厂长(经理):王镇臣
经营范围或主要产品:SGF650、850电脑全自动高束凹版纸印机、SGF850、1000电脑全自动高速凹版塑膜彩印机、Y620、820、1000组合式轮转凹版印刷机。

汕头市华鹰软包装设备总厂
地　址:广东汕头市护堤路大窑东围片中段
邮　编:512021　**电话**:(0754)8826231
厂长(经理):许鹏
经营范围或主要产品:计算机控制高速凹版印刷机塑料复合薄膜全自动制袋机干式、挤出复膜机组。

北海华宇实业股份有限公司

地　址:广西北海市四川路 32 号

邮　编:536000　**电话**:3035202

厂长(经理):陈嘉睿　**职工人数**:352

经营范围或主要产品:公司是国家大型包装印刷企业、国家二级企业,拥有世界先进水平的四色、六色(带上光)胶印机、电分机、整页拼版系统等设备。经营范围:各类包装装璜,精美画册、挂历、商标、产品说明书,图书报表,彩色手提礼品袋,纸箱纸盒,复合薄膜包装等设计制版印刷业务。

广西柳州市机械刀片厂

地　址:广西柳州市柳邕路二区三号

邮　编:545005　**电话**:(0772)3836174

厂长(经理):雷奇昌

经营范围或主要产品:印刷行业刀片、胶木板工业刀片、造纸和纸浆工业刀片、削片刀、磨刀、料力。

广西金牛股份有限公司

地　址:广西南宁市民主路 4 号

邮　编:530023　**电话**:(0771)5622651

厂长(经理):马邕勤

经营范围或主要产品:YTY1A2 回转凸版印刷机、TY572 回转凸版印刷机、TYM572 微机程控烫印模切机、J8101 胶印机、YPA3—1A 印刷机、ATF 大卫臣 701 型多功能八开印刷机。

广西南宁麻纺织厂

地　址:南宁市白河大道 2 号

邮　编:530031　**电话**:(0771)4823357

厂长(经理):王维宗

经营范围或主要产品:内导式塑编纸袋圆筒复合机。

金属容器制盖企业

机械工业部北京机械工业自动化所实力易拉盖公司

地　址:北京市西城区德胜门外教场口 1 号

邮　编:100011　**电话**:(010)2032255—745

厂长(经理):王旭升

经营范围或主要产品:易拉盖生产线

郑州玻璃厂

地　址:郑汴路 35 号(河南省郑州市)

邮　编:450004　**电话**:6322535

厂长(经理):张丙寅　**职工人数**:1500 人

经营范围或主要产品:经营日用玻璃制品、平板玻璃。主要有异型白酒瓶、啤酒瓶、饮料瓶、药瓶等高白料、普白料、棕色料、绿色料四大系列 100 多种品种。及瓶罐蒙砂、烤花。

河北省博野县先锋印铁制罐有限公司

地　址:河北省博野县北祝村

邮　编:071300　**电话**:(0312)8367850
8367531

厂长(经理):李素田　**职工人数**:200

经营范围或主要产品:我厂生产经营冷板马口铁容量 0.5kg、1kg、4kg、10kg、16kg、20kg 和 18 公升、20 公升方便桶。

中外合资山西亚华制盖有限公司

地　址:山西省临汾地区曲沃县西大街 4 号

邮　编:043400　**电话**:(0357)4522753

厂长(经理):侯兆钧

经营范围或主要产品:铝质螺纹扭断式防盗盖、马口铁皇冠盖。

天津市利感超硬技术发展有限公司

地　址:天津市南开区西门里北大水沟 10 号

邮　编:300120　**电话**:(022)7330945

厂长(经理):

经营范围或主要产品:单片罐、两片罐机型制造出高精度的硬质合金拉伸凹模;为三片罐各机型制造出系列化硬质合金耐磨配件。

青岛美特容器有限公司

地　址:青岛市沧口区四流中路 262 号乙

邮　编:266041　**电话**:

厂长(经理):邴锦明

经营范围或主要产品:铝质易开盖二片罐和铝质易拉盖。

重庆长城瓶盖厂

地　址:重庆市沙埠区凤鸣山

邮　编:630037　**电话**:5216155

厂长(经理):罗启明

经营范围或主要产品:各种规格的扭断式铝防盗盖。

上海紫泉包装有限公司

地　址:上海七翠路1055号

邮　编:201100　**电话**:(021)64922442

厂长(经理):周洁碧

经营范围或主要产品:专业生产高品位皇冠盖,热收缩商标。

上海华达包装有限公司

地　址:上海市青浦县华新镇纪鹤路29号

邮　编:201708　**电话**:69791135

厂长(经理):徐红泉

经营范围或主要产品:37升—208升冷轧、热轧马口铁材料的各类金属包装容器。

上海化工制桶厂

地　址:上海市杨树浦路1362号

邮　编:200090　**电话**:65193935

厂长(经理):杨天纯　**职工人数**:380人

经营范围或主要产品:本厂用先进的进口设备专业生产35—100升,200升各类大小口及特殊钢桶,广泛应用于化工、轻工、医药、粮油、外贸、核电等领域,下属经上海市科委核准的"上海钢桶技术装备研究所"具有设计制造钢桶设备及开发制作特殊钢桶的能力,本厂最早并连获国家商检Ⅰ类危规及许可证、部优产品。

上海皇冠包装有限公司

地　址:上海浦东新区金桥出口加工迅达路340号

邮　编:201206　**电话**:58995108

总经理:罗浩光　**职工人数**:150

经营范围或主要产品:生产销售铝质二片易拉罐和罐盖及其他包装容器,产品边角料和回收的废料铝罐的出口。

上海市青浦县华新包装厂

地　址:上海市青浦县华新镇

邮　编:201708　**电话**:59791796

厂长(经理):徐红泉　**职工人数**:400人

经营范围或主要产品:我厂专业生产各类印铁金属包装桶、罐、听、盒,具有二十年的历史。主要产品及规格有:1升—8升工业用簿板园罐、方听、10升—24升印铁钢提桶(包括小口加仑桶、大口方便桶)200升、208升闭口、大开口钢桶。配有日本富士产金属板印刷机和上光机、台湾产自动制罐生产线。

联系人:吴月兴　电话:59791085

江苏大扬联合印铁制罐有限公司

地　址:江苏省扬州市二畔铺1号

邮　编:225003　**电话**:(0514)7246261

厂长(经理):陈胜泉

经营范围或主要产品:各型果汁罐、八宝粥空罐,并提供设计图稿、制版。

南京扬子制桶厂

地　址:南京市大厂区太子山路56号

邮　编:210044　**电话**:(025)7793543

厂长(经理):王家祥

经营范围或主要产品:200升七层圆卷边镀锌、油漆系列闭口钢桶。

杭州印铁制罐工业公司

地　址:杭州秋涛路358号

邮　编:310016　**电话**:(0571)6064922

厂长(经理):金明荣　**职工人数**:943

经营范围或主要产品:金属印刷制品、商标印刷、金属制包装用品、金属镀层制品。

铝制品、不锈钢制品、日用化工品(气雾剂)及生产所需原辅材料,含下属分支机构经营范围。

浙江中冠金属包装集团有限公司

地　址:杭州市机场路211—1号

邮　编:310021　**电话**:5140178

厂长(经理):冯利才　**职工人数**:420

经营范围或主要产品:文具盒、茶叶罐、饮料罐、固体食品罐、油漆听、机油罐。

本公司是以马口铁彩印,生产食品饮料罐、茶叶罐、文具盒、机油罐、油漆听等各种金属包装罐为主,及经营各种规格马口铁和油墨。有英国"马奎斯"双色印铁流水线,JT1101型金属板胶印全套流水线;DODO—S全自动高频焊生产线;半自动电阻焊生产线及辅助设备,具有年产1700万只罐,3250万套彩印的综合生产能力。

杭州美特容器有限公司

地　址:浙江省杭州市东新路善贤路13号

邮　编:310004　**电话**:(0571)5372339

厂长(经理):蔡振明

经营范围或主要产品:18L/19L笋罐、三片食品饮料罐,喷雾罐及其阀门。

浙江省义乌市易开盖实业公司

地　址:浙江义乌市义金路(稠城工业区)

邮　编:322000　**电话**:(0579)5315865

厂长(经理):骆立波

经营范围或主要产品:各种规格铝质、马口铁全开口或小开口易开盖。

汕头经济特区柏华容器有限公司

地　址:汕头经济特区珠池台商投资区31街区I_{10}、I_{17}

邮　编:515041　**电话**:8870012

厂长(经理):王少烈　**职工人数**:120人

经营范围或主要产品:柏华容器有限公司是一家专门生产经营铝质易开盖的外商独资企业。现有员工120人,其中拥有一批在国内外受过专业培训,在制罐行业有多年经验的经营管理人员、工程技术人员和技术工人。

公司从美国引进了两条九十年代水平的易开盖生产线,可生产力200、∅202、∅206拉环式,∅200、∅202、∅206保留式及∅209全开式等多种规格的铝质易开盖。年生产易开盖7.5亿个。适用于二片罐、三片罐、塑料罐等多种饮料食品容器。

公司自九三年七月投产以来,有大小客户二百余家。不但成功为海南海口椰树牌椰子汁、河北承德露露杏仁露等名牌天然饮料提供易开盖作为三片罐包装配套,而且还取得了百事可乐、健力宝等国内外著名碳酸饮料的质量认可证书。

公司的全体同仁将一如既往为客户提供优质的产品和满意的服务。

湖南万容包装有限公司

地　址:湖南省郴州市石盖塘工业小区

邮　编:423025　**电话**:(0735)2791388

2791488

厂长(经理):明果英　**职工人数**:200人

传真:(0735)2791288

经营范围或主要产品:生产经营HIPS一次性卫生饮料杯、塑料彩印复合软包装制品、高强度液体包装膜、工农业用膜、BOPS高透明塑料包装制品、纸张印刷商标标贴。并开发了以冰淇淋、雪糕、饮料等冷饮包装为主导的配套包装制品。产品远销全国十几个省市。为方便广大客户,公司在长沙、南宁、武汉、广东、郴州建立了五个市场部,欢迎各地新老客户惠顾。

珠海南顺制盖容器有限公司

地　址:中国珠海市红旗区红旗路22号

邮　编:519090　**电话**:(0756)7792888

厂长(经理):王伟梁总经理　**职工人数**:195人

经营范围或主要产品:我司主要生产易拉盖、PET容器以及承接包装容器的印刷业务。

目前主要产品是各种型号的易拉盖,依盖

的直径分为200、206、209及307等四类。

广州美特容器有限公司

地　址:广东广州经济技术开发区锦绣路

邮　编:510730　**电话**:(020)82212998

厂长(经理):姜卫士　**职工人数**:552

经营范围或主要产品:生产经营铝合金罐、易拉盖、马口铁涂料印刷和其它包装容器。主要产品:易拉罐及易开盖的各种型号与规格,各种塑料包装容器。

广东深圳新五州印铁制罐有限公司

地　址:深圳上梅林多丽工业区五洲大厦

邮　编:518049　**电话**:(0755)3311087

厂长(经理):黄世钊

经营范围或主要产品:马口铁饮料罐、食品罐、化工罐、喷雾罐及礼品罐。

三水健力宝富特容器有限公司

地　址:广东省三水市西南镇新华北路

邮　编:528100　**电话**:(0757)7826988

厂长(经理):马锦辉

经营范围或主要产品:易拉罐、三片罐等包装容器。

深圳华特容器有限公司

地　址:深圳市蛇口工业大道华发工业大厦

邮　编:518067　**电话**:(0755)6692211

厂长(经理):沈利峰

经营范围或主要产品:生产用于包装化工产品的多种规格型号的圆罐、方罐、喷雾罐。

漳州国际铝容器有限公司

地　址:福建漳州西洋坪

邮　编:363000　**电话**:(0596)2594691

厂长(经理):杨智远

经营范围或主要产品:生产206、209两种口径不同的易拉罐、易开盖。

珠海华迅精细化工有限公司

地　址:珠海吉大白莲路工业区一栋附楼一楼

邮　编:519015　**电话**:(0756)3332128

厂长(经理):林建华

经营范围或主要产品:塑料包装。生产经营药用、日用喷雾器、容器、定量分配器;并进行丝网印刷。产品经过国家、省、市技术监督局正式检验合格。经省级技术鉴定,喷雾器、定量分配器的主要技术达到国际一流水平。其密封度、灵敏度、精确度、耐用度、雾化度、耐用度可与任何国家同类产品作出对比性测试。

江门市新兴业包装材料有限公司

地　址:江门市港口路18号

邮　编:529030　**电话**:(0750)3380115

厂长(经理):钟德庆

经营范围或主要产品:食品、饮料罐易拉盖、铝塑罐易拉盖、医药瓶易开启铝盖。

成都川景印铁制盖有限公司

地　址:四川省都江堰市工业开发区

邮　编:611830　**电话**:(028)7282009

厂长(经理):黄成友　**职工人数**:60

经营范围或主要产品:印刷和涂布王冠盖、旋开盖、三片罐、油漆桶、电池、热水瓶等用的马口铁和镀铬铁,生产和销售旋开盖系列产品,配制和销售旋开盖用的密封溶胶。

白银市银光实业公司制桶厂

地　址:甘肃省白银市银光路二号

邮　编:730900　**电话**:

厂长(经理):董其远

经营范围或主要产品:200升闭口小开口钢桶

纸制品及材料

天津市第六人民造纸厂

地　址:天津市河西区温州道2号

邮　编:300202　**电话**:28309052

厂长(经理):李凤翔　**职工人数**:980

经营范围或主要产品:涂布白板纸250g～

800g,高光白板纸 250g～400g;白板纸 250g～800g;票板纸;衬衣板纸;高光泽板纸;彩色板纸。

齐河板纸厂

地　址:山东齐河县城纸厂路

邮　编:251100　**电话:**(0534)5513902

厂长(经理):

经营范围或主要产品:各种牛皮箱板纸、颜色包括本色、深黄色、日本黄色美国红。

烟台市丽鹏包装有限责任公司

地　址:山东省烟台市牟平区姜格庄镇邹革庄村

邮　编:264114　**电话:**(0535)4661128

厂长(经理):孙世尧　**职工人数:**780

经营范围或主要产品:公司主要产品有铝质防盗易拉酒瓶盖、医药保健品瓶盖、饮品矿泉水瓶盖。生产经营各种瓶盖进口、国产铝板。生产经营各种铝板涂色、印刷。生产经营各种包装瓶盖模具制造。

福斯达纸业(烟台)有限公司

地　址:山东省烟台市幸福南路西 8 号

邮　编:264002　**电话:**(0535)6533188

厂长(经理):

经营范围或主要产品:高级白卡纸文件夹系列,纸袋系列、白卡、白板包装盒系列。

山东章丘市枣元传达丝印纸厂

地　址:枣元镇两大街

邮　编:250214　**电话:**(0531)3651064

厂长(经理):付宝章

经营范围或主要产品:丝印纸、亦名雕刻蜡纸、用于丝网印刷、刀刻制版;纸箱防潮剂:用于纸制品防潮、阻水。

中外合资浙江中包天纳克纸箱有限公司(英文)
ZHEJIANG ZHONGBAO TENNECO CORRUGATED PACKAGING CO.,LTD

地　址:浙江绍兴市人民东路 999 号

邮　编:312000　**电话:**(0575)8644837
8643673

总经理:李祝涛　**职工人数:**330 人

经营范围或主要产品:该公司系浙江浙纸集团公司、美国天纳克包装公司、英国高诚投资公司联合创办的中外合资企业。注册资金 1928 万美元。主营瓦楞纸板、纸箱、纸盒和纸箱、盒装潢设计及印刷。公司现拥有国际一流水准的瓦楞纸箱成套设备,具备年产 7500 万 m^2 的生产能力,居浙江乃至整个华东地区的同行之首。

浙江驰星实业公司

地　址:浙江省衢州市荷花一路

邮　编:324000　**电话:**3086501

总经理:汪致远　**职工人数:**980

经营范围或主要产品:瓦楞纸箱、彩印纸盒加工;A、B 级 200～300 克牛皮箱板纸和高强度瓦楞原纸制造;商标、书刊、广告、票证、文化用品和扑克牌印制;柔性版、树脂版、PS 版、丝绢版和橡皮雕刻版制作;包装器材经营。

浙江宇雷包装集团有限公司

地　址:浙江缙云壶镇溪东南路 198 号

邮　编:321404　**电话:**(0578)9001055
3155999

厂长(经理):沈春雷　**职工人数:**200

经营范围或主要产品:纸制品、塑料制品制造、印刷;机制纸、纸板、防潮油、金属扁丝、包装印刷机械制造;建筑材料、金属材料、包装材料批发、零售;商标印制。

上海三樱包装材料有限公司

地　址:上海曹安路 2611 号

邮　编:201812　**电话:**(021)59137755

厂长(经理):陈子建　**职工人数:**330 人

经营范围或主要产品:积层加工产制各种复合积层软模;复合牙膏软管片材,各种积层盖材等。用于包装各种食品、药品、化妆品、化学品等;高温杀菌,微波食品,无菌,充气,真空等系统包装材料;多层塑料软袋等。

上海向益纸业实业公司

地　址:上海市营口路芦家桥80号

邮　编:200433　**电话**:65507259

厂长(经理):沈文标　**职工人数**:37

传　真:65485697

经营范围或主要产品:纸箱、纸盒、纸管。

重庆市南岸纸桶厂

地　址:南岸鸡冠石高堰沟

邮　编:630063　**电话**:62512099

厂长(经理):陈光源　**职工人数**:120人

经营范围或主要产品:纸桶制造、铁桶及木制包装箱制造。∅290、∅320、∅350、∅400、∅380、∅415、∅450的任何高矮的纸桶。

重庆包装制品厂

地　址:重庆市沙坪坝区上桥新街3号

邮　编:630037　**电话**:65213742

厂长(经理):张运灵　**职工人数**:264

经营范围或主要产品:各类高、中档内销及出口瓦楞纸箱、纸盒,瓦楞纸板,复合包装袋,纸张,建筑装饰材料,粘合剂餐巾纸,卷筒卫生纸。

摩托车系列、洗衣机、电视机、冰箱等五金、机械、家用电器日用百货、医药、食品等内销和出口瓦楞纸箱纸板。二合一、三合一纸塑复合包装袋。

泸州市包装制品总公司

地　址:四川省泸州市江阳区邻玉镇

邮　编:646002　**电话**:3890287

总经理:喻富贵　**职工人数**:300人

经营范围或主要产品:生产各种高、中档金属防盗瓶盖、特种防伪系列塑料瓶盖、瓦楞纸箱等系列包装制品,产品畅销省内外。其中高档金属工艺盖、特种防伪系列塑料瓶盖、瓦楞纸箱等酒类包装制品是泸州老窖、古蔺郎酒等名优酒的定点生产厂家。企业宗旨:"质量第一,恪守信誉,竭诚服务"。

四川长江包装纸业股份有限公司

地　址:四川省宜宾市马安石

邮　编:644004　**电话**:(0831)3581906

厂长(经理):沈振兴　**职工人数**:3100人

经营范围或主要产品:公司主要生产经营工业包装用纸及纸板、造纸包装检测仪器、纸制品包装袋三大类产品。主要有纸袋纸、伸性纸袋纸、精制牛皮纸、中性纸、底层纸、皱纹电缆纸、防锈原纸、强韧牛皮箱板纸以及多种造纸检测仪器等。"长江牌"系列包花纸为四川省名牌产品。

广东省中山市纸箱总厂

地　址:广东省中山市岐关西路

邮　编:528400　**电话**:8803795

厂长(经理):黄耀新

经营范围或主要产品:五层瓦楞纸箱,三层瓦楞纸箱纸盒包装,高档精美五色彩色印刷,彩箱及彩盒,电子元件,及新产品开发。

广东东亚复合罐厂

地　址:广东省南海市小塘镇洗马井

邮　编:528222　**电话**:(0757)6662618

厂长(经理):贝西湖　**职工人数**:86

经营范围或主要产品:本厂是国内制造复合罐的主要厂家之一,专业生产各类纸铝塑复合罐、管、筒容器。产品包括食品及饮料罐、石油化工品罐、茶叶包装罐、密封胶筒、羽毛球筒等。直径有40mm至160mm多个系列。

江苏省句容市包装实业总公司

地　址:句容市宁杭路104—6号

邮　编:212400　**电话**:(0511)7222705

厂长(经理):马宁一　**职工人数**:308人

经营范围或主要产品:该公司是市属重点企业,是镇江市包装行业最大企业,97年已晋升为镇江市"兴文"集团。主要生产"兴文"牌各式中高档瓦楞纸箱;有A、B瓦楞生产流水线。各类设备精良齐全。产品质量好、信誉佳。是为熊猫彩电、格力空调、合资洗衣机、永固彩电及3503

军品重点配套和省外贸重点生产厂家。“兴文”牌瓦楞纸箱获94CIP国际展金奖，是镇江市唯一获得包装免检产品。

安徽省阜阳市长征纸箱厂

地　址:白光阜阳市阜临路46号

邮　编:236034　**电话**:(0558)2263289

厂长(经理):刘忠良　**职工人数**:168

经营范围或主要产品:安徽省包装行业设备最先进，配套设施齐全，阜阳地区规模最大，生产能力最强，产品质量最好的外向型包装企业。主要生产高中低档出口或内销瓦楞纸箱、纸盒。本厂以一流的装备，一流的质量，一流的速度，优惠的价格为客户提供一流的服务，热烈欢迎新老客户和各界朋友光临惠顾。

厦门宇联纸制品包装有限公司

地　址:厦门市莲坂莲岳路口

邮　编:361012　**电话**:5053915　5088214

厂长(经理):张林　**职工人数**:190人

经营范围或主要产品:我司属中国航天工业总公司下辖三家专业公司与厦门第一纸箱厂联营的国内合资企业。公司引进航天高科技制造的瓦楞自动设备生产线和双色印刷开槽机，生产各种规格的符合商检标准的纸箱与纸板。公司严格的质量体系及科学的管理将为客户提供更为满意的产品。

福建省顺昌纸板厂

地　址:福建省顺昌县塔山路九号

邮　编:353200　**电话**:(0599)7829266

厂长(经理):陈怀甫　**职工人数**:630人

经营范围或主要产品:我厂生产的顺林牌牛皮箱纸板，以木材为原料，产品品质优良。曾荣获全国和福建省林业名特优新产品博览会金奖、最畅销产品奖、全国包装科技成果一等奖。

该产品是制造内、外贸商中档产品以及水果、冻品、机电产品包装箱的理想用料。规格有$230g/m^2$～$320g/m^2$、幅宽1.4米～1.65米。

装潢、彩印、材料

北京中兴包装材料厂

地　址:京通快速路双合桥路北向西200米

邮　编:100024　**电话**:65763932　65762153

厂长(经理):余　可

经营范围或主要产品:加工制造塑料包装制品。包装技术开发，技术咨询。批发零售木材、纸制品、金属包装材料。

BOPS包装制品，P.P包装制品、PVC包装制品。一次性口杯、冷饮杯、冰淇淋杯(盒)、巧克力托、快餐盒(碗)、海鲜盒等各色各型塑料包装托、盒、杯。

北京胶印厂

地　址:北京市东城区美术馆后街77号

邮　编:100010　**电话**:(010)64023734

厂长(经理):姜福祥

经营范围或主要产品:彩色书刊、高档画册、年月历、信封印刷、承印商标、包装盒印刷、丝网印刷特种工艺印刷。

河北省承德市第一印刷厂

地　址:河北省承德市南园东街122号

邮　编:067000　**电话**:(0314)2022785

厂长(经理):李新华

经营范围或主要产品:书刊零印、彩印装潢、纸箱包装制作。

山东酒业包装印刷厂

地　址:山东省莱州市大原林家

邮　编:261411　**电话**:(0535)2480028

厂长(经理):孙永喜

经营范围或主要产品:各种酒类包装物的彩印制作

胜利油田铝箔复合材料厂

地　址:山东东营市泰安路150号测井中心

邮　编:257096　**电话**:(0546)8730698

8761553

厂长(经理):彭润波

经营范围或主要产品:铝箔版(朱)纸系列。

江苏省江阴市油墨厂

地　址:江苏江阴市绮山

邮　编:214432　**电话**:(0510)6283489

厂长(经理):钱玉海

经营范围或主要产品:专业生产 BOPP 塑料系列油墨。

浙江省苍南县丰华实业公司商标材料厂

地　址:浙江苍南龙港人民南路 1004 号

邮　编:325802　**电话**:4203229

厂长(经理):杜成德　**职工人数**:128

经营范围或主要产品:生产各种不干胶印刷商标纸、压敏胶、离型纸(防粘纸),激光彩虹膜,年销售达 8000 多万元。在全国六十多个大中城市设有特约经销单位。

浙江富通塑料包装有限公司

地　址:浙江省衢州市官庄

邮　编:324002　**电话**:(0570)3082389

厂长(经理):

经营范围或主要产品:PVDC 涂敷膜包装。

东阳市东亚润滑油有限公司包装车间

地　址:浙江省东阳市蔡卢工业区

邮　编:322105　**电话**:(0579)6670446

厂长(经理):吴友仙

经营范围或主要产品:塑料包装容器。

上海远虹塑胶色料有限公司

地　址:上海吴中路 855 号

邮　编:201103　**电话**:(021)64065373

经　理:姜杰

经营范围或主要产品:塑胶色母料、塑胶包装容器、包装。本公司引进先进塑料色母生产线;年产 2400 吨着色母粒和阻燃母粒。色母色种达 1000 个,分别适合于 PE、PP、ABS、PS、PVC、EVA、PC 等塑料着色,均有现货,本公司色母浓度高、分散性好,获美国 UL 认可,另有代客染色造粒和注塑业务。

上海永新国际包装制品有限公司

地　址:瞿溪路 764 号

邮　编:200023　**电话**:63774142

厂长(经理):章继孟

经营范围或主要产品:专门制造 PVC 及 PETG(环保料)透明塑料包装盒,常用于包装礼品、玩具、内衣、糖果、食品、干花及文具等,包装盒有不同的形状,如圆筒盒、天地盒、折盒、 纸及透明胶片混合盒等。各类吸塑制品。同时承接包装盒上的移印及丝印。

莅敏实业(上海)有限公司

地　址:上海市漕溪路 251 弄 4 号楼 206 室

邮　编:200233　**电话**:(021)64855171
64855172

厂长(经理):

经营范围或主要产品:日本武田药品工业株式会社普通型、耐高温型、无溶剂型胶水;日本丽光株式会社镀铝聚丙烯薄膜、镀铝聚酯薄膜;日本油化三昌株式会社低温热封型聚丙烯薄膜;日本东丽合成株式会社,耐高温聚丙烯薄膜无延伸尼龙;日本尤尼吉可株式会社尼龙薄膜;台湾允享公司 WS—1101 型全自动纸餐盒成型机。

上海华鑫包装材料有限公司

地　址:上海松江袜子弄 38 号

邮　编:201600　**电话**:7831775

经　理:王玲华

经营范围或主要产品:PVC 热收缩(电池)套管、PVC 热收缩(商标)印刷膜、包装膜、PE 热收缩薄膜、热收缩包装机械。

华王塑料制品有限公司

地　址:上海市南陈路 24 号

邮　编:200436　**电话**:52507667

经　理:余耀雨

经营范围或主要产品:本公司引进台湾先进设备和技术、生产和销售以塑料中空吹塑容器为主的各类日用包装瓶类及其他塑料制品。主产品聚氯乙烯包装瓶荣获“上海市一厂一品”“中国包装十年成果优秀奖”、“上海市新产品奖”。本公司重质量,讲信誉、品种、造型设计居同行前茅,是国内吹塑包装瓶最大生产厂家之一。

上海富达铝箔包装材料厂

地　址:上海市闵行区临沧路21号

邮　编:200240　电话:(021)64302216

厂长(经理):王伟斌

经营范围或主要产品:铝箔印刷纸、平张铝箔纸。

上海金山旭洲箱包厂

地　址:上海市金山县张堰镇板桥西4号

邮　编:201514　电话:(021)7216002

经　理:黄密珍

经营范围或主要产品:PE、PP、PVC类塑胶袋、手提袋箱包、编织袋加工及出口,塑料垃圾袋用缚口铁丝条(涂塑)、废旧塑料回收造粒。

顺德顺发塑料实业有限公司

地　址:广东省顺德市杏坛镇新涌工业区

邮　编:528325　电话:(0765)7772268
7772269

经　理:潘恩郁

经营范围或主要产品:生产双向拉伸聚丙烯BOPP薄膜。主要产品有通用型印刷薄膜;有适用于香烟、食品、药品包装的热封型薄膜,以及食品包装珠光膜、印刷用的消光膜。下属有一纸管厂,专生产BOPP和粘胶制品用的纸管。

揭阳市南光实业有限公司

地　址:

邮　编:515500　电话:(0663)5253608
5255608

厂长(经理):李涌泉

经营范围或主要产品:真空镀铝膜。

中山市中升包装材料有限公司

地　址:广东省中山市湖滨路20号

邮　编:528402　电话:(0760)8823074
8829914

经　理:吴东就

传　真:(0760)8829914

经营范围或主要产品:CPP、CPE流延膜;CPP、CPE、BOPP、PVC、PET真空镀铝膜;LLDPE缠绕膜、自粘膜;PE、PVC热收缩膜;各款复合、彩印包装袋。

中山市永大胶粘制品厂有限公司

地　址:广东中山市小榄镇永宁工业大道

邮　编:528415　电话:(0760)2253112

厂长(经理):卢铨枝

经营范围或主要产品:BOPP封箱胶粘带、文具胶粘带、彩色胶粘带、双面胶粘带、美纹纹胶粘带、铝箔胶粘带、PVC保护胶粘带、压敏胶粘带。

广东省肇庆油墨厂

地　址:肇庆市小湘开发区

邮　编:526122　电话:(0758)8288400
9006794

厂长(经理):冯　毅

经营范围或主要产品:“天龙牌”水性油墨。

深圳永合科技化工有限公司

地　址:深圳市北环大道西南山第五工业区永合科技园

邮　编:518051　电话:6639633　6639027

经　理:赵　贤

经营范围或主要产品:双向拉伸聚苯乙烯(BOPS)片材:环保透明胶片及有色胶片。BOPS热成型制品:一次性快餐食品盒、保鲜食品盒、冷冻食品盒;饼干、蛋卷、口服液内托;饮料、冰淇凌杯、杯盖等。

广东梅州市银鹰实业集团公司

地　址:广东梅州市中山路22号

邮　编:514000　**电话:**2233427

厂长(经理):梁万达　**职工人数:**603

经营范围或主要产品:广东梅州市银鹰实业集团公司是全国优秀包装企业、省级先进企业,国家中二型企业,该集团公司由包装、印刷、设计、制版、装潢、装修、纸箱、广告设计、房地产等12家企业组成的多元化,多功能综合性集团公司,企业拥有西德罗兰四色胶印机,博斯特多功能模切机"施耐德"电脑切纸机,日本过油压光机等国外先进设备。企业主营:精美包装装潢印刷、书刊、画册、商标、广告、房地产等业务。

汕头市金园区粤东实业轻工物资公司

地　址:石炮台新大路商品楼A座201室

邮　编:514031　**电话:**(0754)8532982

经　理:李少明

经营范围或主要产品:长期进口各种包装材料:PP合成彩旗、画册、名片纸,BOPP烟膜、复合膜、挂历膜、胶带膜,尼龙膜、纯铝箔、白卡纸、传真纸、硅油纸及各类不干胶商标纸。变频器、温控器、计数器、光电器、离合器、制动器各类电机,开关液压气动元件。

汕头经济特区德业包装发展有限公司

地　址:广东汕头市珠池工业区四座五楼

邮　编:515041　**电话:**8825503

总经理:刘少明　**职工人数:**110人

FOX:(0754)8811514

经营范围或主要产品:塑料喷雾器、塑料泵类、中空塑料瓶、丝网印刷、各类洗涤剂产品及气雾剂产品。

佛山太阳包装有限公司

地　址:佛山市张槎一路张槎开发区

邮　编:528000　**电话:**2211202

厂长(经理):谢伟志　**职工人数:**700人

经营范围或主要产品:主要生产经营电化铝系列,全息系列,纸类、塑料印刷及其包装装璜。

顺德金龙油墨化工有限公司

地　址:广东省顺德市顺峰工业开发区

邮　编:528333　**电话:**(0765)2291101

厂长(经理):何明伟　**职工人数:**298人

经营范围或主要产品:生产和经营塑料印刷油墨、金属印铁涂料和油墨、水基型凹凸版瓦楞纸印刷油墨、平版胶印油墨、丝网印刷油墨、合成树脂、聚酯家具涂料等产品。

云南昆岭薄膜工业有限公司

地　址:云南省昆明市宫渡区牛待庄昆明技术开发区46号

邮　编:650217　**电话:**(0871)7165626

厂长(经理):林逢生

经营范围或主要产品:"爱岭"牌可热封型、珠光型、可印刷型、可热封及镀铝型BOPP膜。

福建省福州市耀升胶粘软包装厂

地　址:福州市仓山区东升工业小区8号

邮　编:350007　**电话:**(0591)3437144
3436647

厂长(经理):刘志耀　**职工人数:**60人

经营范围或主要产品:彩印液体软包装膜、复合用聚乙稀增强膜、PVC、PE热收缩膜,各种工农业用膜、垃圾袋包装袋彩印BOPP胶粘带,保护胶带。

承德包装工贸有限公司

地　址:承德市下二道河子京承公路西侧

邮　编:067000　**电话:**(0314)2122026(传真)

厂长(经理):宫学林　**职工人数:**354

经营范围或主要产品:承印各种高档挂历、画册、装璜、商标、彩盒、套盒、瓦楞纸盒及制版软片的加工业务,及各种书刊、票证的印刷业务。公司下属工贸城经营五金交电、服装鞋帽、化工产品、装饰材料、钟表眼镜、金银珠宝等商品。愿与四海志士携手,共创辉煌。

大连壹品形象设计有限公司

地　址:大连市西岗区胜利路90号录音机厂写字楼

邮　编:116021　**电话**:(0411)3643617—533

经　理:韩玉春

经营范围或主要产品:壹品是一流品味的视觉形象创意群,为工商企业提供顶尖的品牌策划、包装装潢、促销广告、企业标志、办公用品等设计、印刷、制作、发布等形象塑造系统。

山西省长治市包装总公司

地　址:长治市太西街17号

邮　编:046011　**电话**:2022518　2025821

经　理:赵锦宏　**职工人数**:450

经营范围或主要产品:主营:包装装潢、广告设计;兼营:包装装潢原辅材料产品、包装材料制造销售、代购三种专营产品、钢材、铁路代发焦炭、汽车货运、五金交电、化工、电器机械及器材批发零售。

主要产品:三、五、七层高中低档不同规格不同类型优质纸箱、瓦楞原纸、矿用防爆电表箱、高低压计量柜、电控柜等。

河南省灵宝市新华彩印厂

地　址:灵宝市长安路132号

邮　编:472500　**电话**:(0398)8663885

厂长(经理):许　哲　**职工人数**:66人

经营范围或主要产品:我厂是经工商公安部门批准的特种印刷包装企业,中国包装协会成员单位、河南省优秀包装企业、河南省质量信得过企业。拥有四条先进的自动化生产流水线。专业生产各种铝箔复合袋、高温蒸煮袋、彩色镀铝袋、冰淇淋珠光膜和自动包装机适用的各种复合彩印卷料。

青岛人民印刷厂

地　址:青岛市兴华路15号

邮　编:266041　**电话**:(0532)4630542　4630543　4630577

厂长(经理):王义君　**职工人数**:1068

经营范围或主要产品:印刷、制版、装订。高档商品包装印刷品,包括各类烟标、酒标、香皂、牙膏、食品及外贸出口产品的包装等;各种书刊;纸制品类;各类报纸;不干胶印刷品;双线环产品。产品远销东北、华北、华东、中南等地区,并为出口企业配套,远销国际市场。

武汉包装印刷联合公司

地　址:武汉市江汉区民权路74号

邮　编:430021　**电话**:(027)5836487

经　理:屠　健

经营范围或主要产品:卷烟包装及各类轻工、医药、化工、服装、酒类等产品包装,样本、画册、画报、年历、精美书刊封面、图片等装帧品制版印刷加工;包装印刷机械、器材、油墨销售。

中日合资宁波华旭化学有限公司

地　址:浙江省宁波市经济技术开发区G4(宁波小港)

邮　编:315803　**电话**:6221684　6221312—207

厂长(经理):徐　坚　**职工人数**:108

经营范围或主要产品:本公司生产PEF包装材料采用日本CT技术发泡而成。产品具有不吸水韧性好表面色泽感强,无毒防震等特点,目前已广泛应用于各企业的产品出口包装。特别在照相器材,精密仪器、量具工具医疗器械和军工产品包装等产品中普遍应用。本公司还生产应用于电子产品包装的抗静电材料。

上海烟草工业印刷厂

地　址:上海市许昌路1018号

邮　编:200082　**电话**:65459091

厂长(经理):杨圣明　**职工人数**:1028

经营范围或主要产品:专业印刷卷烟商标,兼印画册、样本、挂历及各类纸质包装材料。拥有瑞士博斯特、法国尚邦六色凹印机组、罗兰、海德堡胶印机、日本全自动模切机组、电雕机、电分高端联网桌面设计等现代化制版印刷设备。具有美工创意设计、胶凹制版、胶印、凹印、烫金、模切等多功能综合印刷能力。铝铂卡纸折光印刷工艺处于国内领先地位。

上海卧龙包装设计有限公司

地　址:上海市天通庵路570号(甲)

邮　编:200081　**电话**:56627081

厂长(经理):宋小星　**职工人数**:212人

经营范围或主要产品:企业形象及包装设计,胶印制版,自制金卡纸,胶印,烫金,复膜,压凹,细瓦楞对裱成型等。特长金卡纸印刷年产量二千万只。能进行正规的CIS设计,使用先进的彩色桌面系统。

上海环球彩印有限公司

地　址:上海朱行路3号

邮　编:200237　**电话**:(021)64100090

厂长(经理):戴家寿　**职工人数**:309

经营范围或主要产品:制版、印刷、印铁、上光、压光、纸盒、不干胶印刷、纸制品(包括纸品玩具和纸制文化娱乐用品)及印铁制品。

上海界龙实业股份有限公司

地　址:上海浦东新区川周公路7111号

邮　编:201205　**电话**:58921888

厂长(经理):费钧德　**职工人数**:1600

经营范围或主要产品:公司以包装彩印为主,拥有电脑设计、电脑制版、彩色印刷、瓦楞纸箱、复合包装、印铁前罐等全套功能,并与加拿大摩亚公司合资生产商业表格纸、电脑打印纸等产品。公司还致力于发展印刷器材行业,生产高品质印刷用PS版。

目前,界龙实业已成为上海最大的包装印刷企业。

上海外贸界龙彩印厂

地　址:上海浦东新区川周公路7075号

邮　编:201205　**电话**:(021)58921888

厂长(经理):费钧德　**职工人数**:583

经营范围或主要产品:高档彩印包装、高档书刊印刷、电脑设计制作、DTP桌面制版系统、印后加工、高档彩印纸箱生产于一体。

湛江市彩印总厂

地　址:广东省湛江市赤坎北桥路31号

邮　编:524039　**电话**:3105986　3107543

厂长(经理):曹振殿　**职工人数**:390

传　真:(0759)3105986

经营范围或主要产品:本厂专业生产和销售的塑料彩印复合软包装产品在湛江市第一家通过广东省“采用国际标准”验收和第一批“替代进口”产品认证、并获广东省轻纺工业名牌产品称号;激光全息产品(防伪商标和服装吊牌等)荣获广东省优秀新产品和广东省轻纺工业科技进步二等奖。

浙江博升贸易有限公司

地　址:浙江杭州西溪河下77号

邮　编:310012　**电话**:(0571)8836155

经　理:叶槟　**职工人数**:56人

经营范围或主要产品:设计印刷高档包装品/印刷制口。光固化UV仿金属磨砂丝网印刷包装生产线。UV仿真镭射压纹印刷包装生产线。生产线设备/原材料/技术提供。烟酒标金银长/铝箔线。紫外光固化仿多属UV磨砂油墨。UV胶印油墨高光度丝印透明油墨。进口综合印刷设备。

厦门毕升印刷厂

地　址:福建省厦门市乐祥西路39号

邮　编:361004　**电话**:2022970

厂　长:郭荣贵　**职工人数**:213人

经营范围或主要产品:厦门毕升印刷厂系全民所有制包装商标印刷专业厂。具有平印、凸印等生产工艺,制版印刷设备齐全。平印凸印合一,精工印制内外销商品包装装潢、商标广告、以及各种帐表票证。

福建省连城塑料彩印厂

地　址:福建省连城县城关西大路

邮　编:366200　**电话**:(0597)6922095,

6923590

厂长(经理):罗维功　**职工人数:**206

经营范围或主要产品:主要生产适于食品、医药、化工产品、零件防锈品等各类对保质期有特定要求的塑料彩印软包装膜(袋)、高阻隔多层共挤流延膜、CPP真空镀铝基膜。连达牌系列粮油食品、医药保健、工艺美术品。

湛江市包装发展公司

地　址:广东省湛江市赤坎跃进路8号

邮　编:524038　**电话:**(0759)3331188

经　理:梁忠宝

经营范围或主要产品:塑料、纸张等包装原辅材料。包装机械、金属材料、化工原料、装饰材料等。

中国包装进出口浙江公司

地　址:杭州市庆春路115号

邮　编:310009　**电话:**7047932

经　理:许承中

经营范围或主要产品:中国包装进出口浙江公司创建于1973年,是经营包装原辅材料、包装食品、包装机械设备和进出口业务的国家专业外贸公司,公司注册资金843万元,年销售额达3.5亿元。多年来,已在欧美、澳新、东南亚、日本、港澳等国家和地区结交了许多贸易伙伴,建立了长期贸易关系,还先后建立起中外合资、贸工联合营企业18家,是生产经营一体化的经济实体。

山东省出口商品包装学会

地　址:山东省青岛市龙羊峡路10号

邮　编:266002　**电话:**2876175

主　管:刘国栋

中国包装进出口山东公司

地　址:山东青岛龙羊峡路10—12号

邮　编:2660002　**电话:**2877812

经　理:孙吉亮　**职工:**300人

经营范围或主要产品:经营包装材料、辅料、容器、五金产品、塑料、纺织品、食品、工业品、包装机械等商品的进出口业务;接受委托,代理上述进出口业务;承办来料加工、来样加工,来件装配业务;开展补偿贸易业务;经营转口贸易。兼营:经营进出口商品的国内贸易;经营进出口商品包装、装潢、广告、印刷业务的设计、咨询、委托加工业务;经营托盘组装、包装机械设备工具的租赁业务。

中国轻工总会西安机械设计研究所

地　址:西安西郊防房四路

邮　编:710086　**电话:**4244715

主　管:王遵平

经营范围或主要产品:包装机械和食品机械的研究和开发。主要产品有:含气、不含气饮料的灌装、压盖、旋盖和洗瓶系列设备;一次性混合机系列设备;粘稠物料灌装机系列设备;液体软包装机;冰淇淋雪糕高速包装机、装杯机、和蛋卷机;粉状、颗粒状物料包装机等。

广东包装杂志社

地　址:广州市惠福东路惠新东街24号

邮　编:510030　**电话:**83319954

主　管:黄彬森

经营范围或主要产品:《广东包装》是广东省包装技术协会主办的唯一有关包装的综合性科技刊物,反映改革开放以来广东包装行业的新貌。封面和广告均为彩色印刷,面向全国发行。主要栏目有:专论、技术交流、技术讲座、包装知识、包装与设计、海外之窗、企业管理、行业了望、市场纵横等,欢迎国内外同仁赐稿及刊登广告。

中国包装工业杂志社

地　址:北京市东四南大街礼士胡同10号

邮　编:100010　**电话:**(010)65261891

社　长:刘　盛

经营范围或主要产品:编辑出版中国包装工业杂志。主要内容为全国包装工业现状与发展评述,包装业分门类和地区情况,包装科技新进展，包装制品原辅材料研制开发与应用技术，包装市场动态商情，政策法规条例标准选登情，政策法规条例包装产品及设备推介，包装装潢设计论文、经济论文。

中国物资出版社包装书刊编辑部

地　址：北京市东四南大街礼士胡同161号
邮　编：100010　**电话**：(010)62561996　**传真**：(010)65261996

经营范围或主要产品：包装书刊编辑部是国内唯一出版包装书刊的部门，具有正规的出版书号。相继出版有《中国包装年鉴》、《佼佼纸包装》、《化工企事业名录》、《纸包装技术与加工设备》等十余种，欢迎购买包装书籍；联合出版有关包装的书籍。